DIREITO DAS SUCESSÕES

DO INVENTÁRIO E DA PARTILHA

ANOTAÇÕES E PRÁTICA

José Reinaldo Coser
Advogado em Mogi Guaçu/SP

Direito das Sucessões

Do Inventário e da Partilha

Anotações e Prática

6ª Edição

EDIJUR

Leme - SP
2019

ISBN 978-85-7754-191-1
© Copyright 2019 by CL EDIJUR Editora e Distribuidora Jurídica.
© Copyright 2019 by José Reinaldo Coser

Diretor editorial: Benedito Claudio de Oliveira
Arte: Karoline Rodrigues Farias
Diagramação: Nicolas Roberto Chinaglia
Organização: Roselene Cristiani dos Santos

DADOS INTERNACIONAIS DE CATALOGAÇÃO NA PUBLICAÇÃO

COSER, José Reinaldo;
   Direito das Sucessões do Inventário e da Partilha / José Reinaldo Coser - 6ª edição, CL EDIJUR - Leme/SP - Edição 2019.

   848 páginas

1. Direito das Sucessões - Inventário e Partilha
2. Direito Civil I. Título.   ISBN 978-85-7754-191-1

---

1. Inventário e Partilha - Direito das Sucessões
2. Direito Civil

TODOS OS DIREITOS RESERVADOS. É proibida a cópia total ou parcial desta obra, por qualquer forma ou qualquer meio. A violação dos direitos autorais é crime tipificado na Lei nº 9.610/98 e artigo 184 do Código Penal.

CL EDIJUR EDITORA E DISTRIBUIDORA JURÍDICA
Rua Ambrosina Abade, 208 - Barra Funda
Leme/ SP - CEP 13617-381
Tel.: (19) 3571-7149
E-mail: contato@edijur.com.br
Site: www.edijur.com.br

Impresso no Brasil
Printed in Brazil

PREÂMBULO

Este trabalho, assim como os outros que tive a oportunidade de compartilhar, tem por objetivo ser fonte de pesquisa e amenizar, o máximo possível, a carga horária de trabalho a ser despendida, em pesquisas, quando o colega advogado estiver trabalhando com a matéria que vamos tratar, haja vista a tentativa de reunir, ainda que singelamente, todos os conceitos necessários para o conhecimento acerca do direito das sucessões, de fundamental importância para a lida com o inventário e a partilha.

Inobstante as conceituações que traremos, e faremos, este trabalho busca ser o mais prático possível e com este firme propósito faremos o estudo.

O Código Civil trata do Direito das Sucessões no Livro V, que é dividido em quatro títulos, dispostos da seguinte maneira: Título I - Da Sucessão em Geral (arts. 1.784 a 1.828); Título II - Da Sucessão Legítima (arts. 1.829 a 1.856); Título III - Da Sucessão Testamentária (arts. 1.857 a 1.990); Título IV- Do Inventário e partilha (1.991 a 2.027).

O Novo Código de Processo Civil trata da matéria no Livro IV, Título I, notadamente no Capítulo VI, disposto da seguinte maneira:- Seção I – Disposições Gerais (arts. 610 a 614); Seção II – Da legitimação para Requerer o Inventário (arts. 615 a 616); Seção III – Do Inventariante e das Primeiras Declarações (arts. 617 a 625); Seção IV – Das Citações e das Impugnações (arts. 626 a 629); Seção V – Da Avaliação e do Cálculo do Imposto (arts. 630 a 638); Seção VI – Das Colações (arts. 639 a 641); Seção VII – Do Pagamento das Dívidas (arts. 642 a 646); Seção VIII – Da Partilha (arts. 647

a 658); Seção IX – Do Arrolamento (arts. 659 a 667); Seção X – Disposições Comuns a Todas as Seções (arts. 668 a 673).

Ressalto, pois de suma importância para o leitor, que a expressiva maioria das ementas de acórdãos que fazem parte do presente trabalho dizem respeito ao Código Civil e ao Código de Processo Civil anteriores, tendo sido incluídas com vistas à tratativa de matéria idêntica.

Agradeço o empenho e a colaboração da Dra. Luma Nogueira Coser, pela revisão da parte prática, e do Dr. Mário Henrique Stringuetti, pela revisão da parte que trata do recolhimento de ITCMD.

SUMÁRIO

SUCESSÃO

a) - Conceito.. 17
b) Sucessão legítima e testamentária................................ 22
c) Sucessão universal e a título singular........................... 28
d) Herdeiro e legatário... 29
e) Da legítima.. 30
f) Do parentesco.. 31
g) Da comoriência.. 37
h) Dos modos de suceder... 55
i) Indivisibilidade da herança... 62
j) Direito do nascituro.. 73
k) Da cessão dos direitos hereditários.............................. 83
l) Da Sucessão dos bens do ausente................................. 99

DA SUCESSÃO EM GERAL

a) Disposições gerais... 113
b) Da herança e de sua administração.............................. 150
c) Da vocação hereditária.. 156
d) Da aceitação e renuncia da herança............................. 161
e) Dos excluídos da sucessão... 184
f) Da herança jacente... 197
g) Da petição de herança... 212

DA SUCESSÃO LEGÍTIMA:

a) Da ordem de vocação hereditária.................................. 224

b) Dos herdeiros necessários.. 265

c) Do direito de representação.. 270

DA SUCESSÃO TESTAMENTÁRIA

1. Conceito.. 277

    1.1. Elementos definidores do testamento...................... 279

    1.2. Formas de testamento... 280

2. Do testamento em geral... 282

3. Da capacidade para testar.. 289

4. Das formas ordinárias do testamento............................ 302

    4.1. Do testamento público... 308

    4.2. Do testamento cerrado... 330

    4.3. Do testamento particular... 343

5. Dos codicilos.. 359

6. Dos testamentos especiais.. 368

    6.1. Do testamento marítimo e do testamento aeronáutico... 368

    6.2. Do testamento militar... 369

7. Das disposições testamentárias..................................... 370

8. Dos legados.. 384

    8.1. Dos efeitos do legado e do seu pagamento............... 386

    8.2. Da caducidade dos legados...................................... 390

9. Do direito de acrescer entre herdeiros e legatários........ 394

10. Da substituição vulgar e da recíproca......................... 401

    10.1 Da substituição vulgar.. 402

    10.2. Da substituição fideicomissária.............................. 404

11. Da deserdação.. 420

12. Da redução das disposições testamentárias................... 425

13. Da revogação do testamento.. 428

14. Do rompimento do testamento....................................... 434

15. Do testamenteiro... 442

16. Da abertura, do registro e do cumprimento.................... 451

DO INVENTÁRIO E PARTILHA

1. Das disposições gerais... 461
   1.1 Competência do juízo do inventário........................... 466
   1.2 Administrador provisório.. 477
2. Da legitimidade para requerer o inventário..................... 490
3. Do inventariante e das primeiras declarações................. 499
   3.1 Das obrigações do inventariante................................ 517
   3.2 Das primeiras declarações.. 532
   3.3 Da sonegação de bens pelo inventariante................. 535
   3.4 Da remoção do inventariante..................................... 545
4. Das citações e das impugnações..................................... 555
   4.1 Dos que forem preteridos... 566
5. Da avaliação e do cálculo do imposto............................. 577
6. Das colações.. 588
7. Do pagamento das dívidas.. 606
8. Da partilha... 616
9. Da garantia dos quinhões hereditários............................ 629
10. Da anulação da partilha... 630
    10.1 Da anulação da partilha amigável............................ 632
    10.2 Da anulação da partilha judicial............................... 647
11. Do arrolamento.. 664
    11.1. Do arrolamento sumário... 665
    11.2. Do arrolamento comum.. 683

12. Da cessação da eficácia das medidas cautelares............. 690
13. Da sobrepartilha... 692
14. Do falecimento do cônjuge supérstite antes da partilha 698
15. Da morte do herdeiro na pendência do inventário........ 703
16. Do inventário negativo... 706
17. Do imposto de transmissão... 715
    17.1 Da incidência... 721
    17.2 Das isenções.. 722
    17.3 Dos contribuintes e responsáveis........................... 733
    17.4 Da base de cálculo... 734
    17.5 Da alíquota... 740
    17.6 Do recolhimento do imposto.................................. 740
    17.7 Das penalidades 744
18. INVENTÁRIO E A PARTILHA POR VIA ADMINISTRATIVA (LEI Nº 11.441/07)... 747
    18.1 DOS PRÉ-REQUISITOS PARA O INVENTÁRIO EXTRAJUDICIAL 750
        a) Inexistência de testamento..................................... 750
        b) Inexistência de interessado incapaz...................... 750
        c) Concordância de todos os herdeiros...................... 751
        d) Que os herdeiros sejam assistidos por advogado.. 751
    18.2 DAS OUTRAS EXIGÊNCIAS... 752
        a) Quitação dos tributos incidentes........................ 752
        b) Apresentação de documentos............................... 753
        c) Pagamento dos emolumentos............................... 754
        d) Certeza do notário em relação à declaração de vontade dos herdeiros e ausência de indícios de fraude.. 754

PRÁTICA

1 - PEDIDO DE ABERTURA DE INVENTÁRIO REQUERIDO PELO CÔNJUGE SUPERSTITE, QUE, CUMULATIVAMENTE ESTÁ NA ADMINISTRAÇÃO DOS BENS.................................. 757

2 - PRIMEIRAS DECLARAÇÕES.. 759

3 - PEDIDO DE REMOÇÃO DO INVENTARIANTE POR NÃO PRESTAR, NO PRAZO LEGAL, AS PRIMEIRAS DECLARAÇÕES... 763

4 - CONTESTAÇÃO DO INVENTARIANTE AO PEDIDO DE REMOÇÃO POR NÃO TER PRESTADO AS PRIMEIRAS DECLARAÇÕES NO PRAZO ESTIPULADO PELO ART. 620 DO CPC/15. 765

5 - PEDIDO DE HERDEIRO PARA QUE O JUIZ NOMEIE TERCEIRO COMO INVENTARIANTE FACE A GRAVES INCIDENTES AFERÍVEIS DENTRO DOS PRÓPRIOS AUTOS DO INVENTÁRIO... 767

6 - ARGUIÇÕES DE ERROS, OMISSÕES E SONEGAÇÕES DE BENS NAS PRIMEIRAS DECLARAÇÕES.................................. 771

7 - RECLAMAÇÃO CONTRA A NOMEAÇÃO DO INVENTARIANTE, CASO OUTRA PESSOA QUE NÃO AQUELE QUE DETINHA A POSSE DOS BENS TIVESSE REQUERIDO A ABERTURA DO INVENTÁRIO E SIDO NOMEADO INVENTARIANTE... 773

8 - CONTESTAÇÃO À QUALIDADE DE HERDEIRO DE QUEM FOI INCLUÍDO NO TÍTULO DE HERDEIRO............................ 775

9 - PEDIDO DE ADMISSÃO NO INVENTÁRIO........................ 776

10 - ÚLTIMAS DECLARAÇÕES.. 778

11 - ARGUIÇÃO DE SONEGAÇÃO DE BENS PELO INVENTARIANTE... 779

12 - PEDIDO PARA QUE HERDEIRO TRAGA BENS À COLAÇÃO 782

13 - CONTESTAÇÃO À IMPUTAÇÃO DE OBRIGAÇÃO DE TRAZER BENS À COLAÇÃO.. 784

14 - IMPUGNAÇÃO AO LAUDO PERICIAL DE VALORAÇÃO DOS BENS.. 786

15 - PETIÇÃO DE HERDEIRO TRAZENDO BENS À COLAÇÃO... 788

16 - PETIÇÃO DE HERDEIRO FAZENDO USO DA FACULDADE DE ESCOLHER DENTRE OS BENS DOADOS, PARA EFEITO DE REPOSIÇÃO DA PARTE INOFICIOSA................................ 789

17 - PETIÇÃO DE HERDEIRO SE NEGANDO A TRAZER À COLAÇÃO BENS PARA A CONFERÊNCIA............................. 791

18 - PETIÇÃO DE CREDOR DO ESPÓLIO REQUERENDO AO JUÍZO DO INVENTÁRIO O PAGAMENTO DE DÍVIDA VENCIDA E EXIGÍVEL.. 793

19 - PETIÇÃO DO HERDEIRO NÃO ANUINDO AO PEDIDO DE PAGAMENTO DO CREDOR DO ESPÓLIO............................ 795

20 - PETIÇÃO DE CREDOR DO ESPÓLIO REQUERENDO AO JUÍZO DO INVENTÁRIO A HABILITAÇÃO DE CRÉDITO....... 796

21 - PETIÇÃO DE HERDEIRO REQUERENDO QUE SE EMENDE A PARTILHA, NOS PRÓPRIOS AUTOS DO INVENTÁRIO, EM FUNÇÃO DE ERRO DE FATO NA DISCRIÇÃO DOS BENS DO ESPÓLIO... 797

22 - AÇÃO DE NULIDADE DE PARTILHA JUDICIAL EM FUNÇÃO DE PRETERIÇÃO DE HERDEIRO LEGÍTIMO........................... 799

23 - AÇÃO DE SOBREPARTILHA.. 801

24 - INVENTÁRIO NEGATIVO.. 803

25 - REQUERIMENTO DE EXTINÇÃO DE FIDEICOMISSO.......... 805

26 - PEDIDO DE BUSCA E APREENSÃO DE BENS NA POSSE DO INVENTARIANTE DESTITUÍDO.. 806

27 - APRESENTAÇÃO DE TESTAMENTO PARTICULAR PARA HOMOLOGAÇÃO 808

28 - CONTESTAÇÃO A TESTAMENTO PARTICULAR................. 811

29 - AÇÃO DE PETIÇÃO DE HERANÇA C/C ANULATÓRIA DE PARTILHA.......................... 812

30 - PETIÇÃO DE ALVARÁ JUDICIAL PARA LEVANTAMENTO DE VALOR EM CONTA DE PIS/PASEP, FUNDO DE GARANTIA POR TEMPO DE SERVIÇO E SALDO EM CONTA DE CADERNETA DE POUPANÇA.............................. 815

31 - AÇÃO DE EXCLUSÃO DE HERDEIRO POR INDIGNIDADE.. 819

32 - MODELO DE MINUTA DE ESCRITURA DE INVENTÁRIO E PARTILHA COM CESSÃO DE DIREITOS PARA OUTRO HERDEIRO......................... 821

33 - MODELO DE MINUTA DE ESCRITURA DE INVENTÁRIO ÚNICO HERDEIRO, ADJUDICAÇÃO......................... 827

34 - MODELO DE MINUTA DE ESCRITURA DE INVENTÁRIO E PARTILHA COM RECONHECIMENTO DE SOCIEDADE DE FATO....................... 831

REFERENCIAS BIBLIOGRÁFICAS 841

ÍNDICE REMISSIVO 843

SUCESSÃO : a) conceito; b) sucessão legítima e testamentária; c) sucessão universal e a título singular; d) herdeiro e legatário; e) da legítima; f) do parentesco; g) da comoriência; h) dos modos de suceder; l) da indivisibilidade da herança; j) do direito do nascituro; k) da cessão dos direitos hereditários; l) da sucessão dos bens do ausente.

a) - Conceito

Sucessão, em sentido amplo, exprime relação de ordem, de continuidade; define o que vem em certa sequência, o que vem depois.

No sentido jurídico, ensina Plácido e Silva, "Vocabulário Jurídico -Edição Universitária", 2ª edição, 1990, Vol. III, p. 288, Editora Forense, que "mesmo genericamente, a sucessão conduz sentido de substituição, compreendendo-se a vinda de coisa ou de pessoa para colocar-se no lugar, ou na posição ocupada por outra, investindo-se na mesma situação jurídica, que mantinha a outra coisa, ou a outra pessoa.

Em relação às pessoas, entende-se propriamente a substituição ativa dos titulares de direitos, que se transmitem aos substitutos. Neste particular, pois, a própria venda realiza uma sucessão, desde que por ela se transmitem ao comprador os direitos que pertenciam ao vendedor.

Na linguagem comercial mesmo, é muito comum o emprego do vocábulo sucessão para exprimir o ato por que uma firma, ou um comerciante, adquirindo todo acerco comercial de um estabelecimento ou negócio, substitui o seu dono anterior, continuando e mantendo negócios e relações anteriores.

E, assim, sucessão pode definir-se como a transmissão de bens e de direitos de uma pessoa a outra, em virtude da qual esta última, assumindo a propriedade dos mesmos bens e direitos, pode usufruí-los, dispô-los e exercitá-los em seu próprio nome.

Em sentido estrito, porém, e em significação mais técnica, sucessão é a transmissão de bens e de direitos a uma, ou mais pessoas vivas, integrantes de um patrimônio deixado por uma pessoa falecida.

Neste aspecto, sucessão configura-se instituição exclusiva do Direito Hereditário. E tanto se opera por disposição de ultima vontade, como por força de lei."

ROBERTO DE RUGGIERO, "Instituições de Direito Civil", Bookseller Editora e Distribuidora, 1ª edição, 1999, p. 607, anotada por PAULO ROBERTO BENASSE, já ensinava que como "em qualquer outra passagem de direitos de uma pessoa para outra, também na que tem lugar por herança há uma sucessão : as relações jurídicas passam da pessoa do defunto (autor, *de cujus*) para a do herdeiro (sucessor) e a transferência funda-se precisamente sobre a morte do autor. A sucessão *mortis causa* não é, pois, senão uma espécie das sucessões e se o direito hereditário se costuma designar também direito sucessório, isto se dá em virtude de um uso enfático da palavra, que tomada absolutamente exprime, na linguagem tradicional, apenas a sucessão hereditária. Tal sucessão ou se dá numa simples relação jurídica e também em várias relações singularmente consideradas, isto é, sucessão a título particular, e tem lugar no legado, ou seja : na disposição que alguém faz, para depois da sua morte, de uma ou mais coisas ou direitos determinados; ou se dá na totalidade das relações do defunto, no seu patrimônio considerado como unidade orgânica e autônoma, independente dos vários elementos que a compõem, isto é, sucessão universal, e tem lugar na herança, que se adquire ou por vontade do próprio defunto ou por disposição da lei."

Desta forma, a sucessão pode se dar por ato *inter vivos*, de modo voluntário (compra e venda, cessões de direitos, doações, contratos de uma forma geral, etc.), por determinação legal (sub-rogação), ou, ainda, *mortis causa*, que é a tratada pelo CC no Livro V, Direito das Sucessões, e é a que nos interessa por ora.

ORLANDO GOMES (Sucessões, p. 4 e 5), ensina que "As relações jurídicas modificam-se, permanecendo inalteradas em sua identidade. A modificação pode ser subjetiva ou objetiva. A mudança do sujeito na posição ativa ou passiva da relação toma o nome técnico de sucessão. O sucessor assume o lugar do autor da sucessão. Há, em suma, transmissão voluntária ou coativa. Nem sempre é possível, quer no lado ativo, quer no lado passivo. Nos casos permitidos, ocorre *inter vivos* e *mortis causa*. A sucessão por morte compreende todas as espécies de aquisição, sendo complexa por sua natureza. É o modo por excelência de sucessão universal, tendo tamanha significação que o substantivo se emprega comumente para designá-la. Caracteriza-se pela completa identidade de posição jurídica do sucessor e do autor da sucessão, de tal modo que, "ressalvado o sujeito, todos os outros elementos permanecem na relação jurídica: o título, o conteúdo, o objeto". A expressão sucessão hereditária emprega-se nos sentidos objetivo e subjetivo. No sentido objetivo, é sinônimo de herança, massa de bens e encargos, direitos e obrigações que compunham o patrimônio do *de cujus*. No sentido subjetivo, equivale a direito de suceder, isto é, de recolher os bens da herança. Conquanto a transferência de um patrimônio na sua totalidade se dê, *uno actu*, pelo direito hereditário, em condições que singularizam a sucessão translativa, ocorre igualmente quando o Estado recolhe o das associações dissolvidas e fundações extintas, quando se opera a fusão de duas ou mais sociedades anônimas, ou se institui, pelo casamento, a comunhão universal de bens. Por ser translativa, a sucessão hereditária implica definitiva transferência dos direitos do autor da herança aos seus herdeiros, ou legatários, que os adquirem na medida em que aquele os perdeu."

ARTHUR VASCO ITABAIANA DE OLIVEIRA, "Tratado de Direito das Sucessões", Max Limonad, São Paulo, 1952, vol. I, p. 52 e 53, define a palavra sucessão, na sua acepção jurídica, em sentidos *lato* e *stritus*.

No sentido *lato*, "aplica-se a todos os modos derivados de adquirir a propriedade - é a sucessão *inter vivos*. Assim o comprador sucede ao vendedor, do mesmo modo que o donatário ao doador, tomando uns o lugar dos outros relativamente à coisa vendida ou doada."

Relativamente ao seu sentido *stritus*, "implica uma ideia de morte, significando um dos modos de adquirir direitos e de transmitir, total ou parcialmente, a herança às pessoas a quem é devolvida - é a sucessão *causa mortis*. Neste sentido próprio e técnico, a sucessão é a transmissão do patrimônio de alguém, que morre, a uma ou mais pessoas vivas e toma-se em dois conceitos - subjetivo e objetivo : a) no conceito subjetivo é o direito por força do qual a herança é devolvida a alguém; b) no conceito objetivo é a universalidade dos bens que ficam de um *de cujus* com todos os seus encargos."

Assim, bem se vê, não há que se confundir sucessão com herança, pois não são sinônimos. Herança é, pois, todo o patrimônio do falecido, ativo e passivo. Já sucessão é o direito que determinada pessoa, atendidos os reclamos legais, tem em receber esse patrimônio, ativo e passivo.

Os bens que formam a herança, bom que se diga desde logo, são comuns a todos os herdeiros e indivisível o seu direito quanto à posse e domínio até que se ultime a partilha, quando então estará concretizado o direito do herdeiro.

Tanto é assim que, *v. g.*, quando um herdeiro reivindica algum bem ou coisa em proveito da herança, não o faz só para si e sim para a comunhão.

Essa possibilidade de transmissão dos bens para os herdeiros data de centenas de anos antes do cristianismo e, como não poderia deixar de ser, está intimamente relacionada com o instituto da família.

A esse propósito SÍLVIO RODRIGUES, "Direito Civil - Direito das Sucessões", 3ª edição, vol. II, Max Limonad, 1967, p. 12/14, ensina que "O culto dos antepassados constitui o centro da vida religiosa nas antiquíssimas civilizações, não havendo castigo maior para uma pessoa do que falecer sem deixar quem lhe cultue o altar doméstico, de modo a ficar seu túmulo ao abandono. Cabe ao herdeiro o sacerdócio desse culto. Assim sendo, a propriedade familiar a ele se transmite, automaticamente, como sendo corolário do fato de ser o continuador do culto familiar.

Essa a razão por que a sucessão, a esse tempo e durante séculos, se transmite apenas pela linha masculina, ou seja, aos agnados. Pois, como o filho é o sacerdote da religião doméstica é ele, e não a sua irmã, quem recebe o patrimônio da família. Aí, porém, a explicação da regra segundo o qual a herança se transmite ao primogênito varão.

Entretanto, o direito de primogenitura e varonia se perpetua em muitas civilização inspirado em outras razões de ordem política e social de considerável relevância. A primeira e principal delas é o propósito de manter poderosa a família, impedindo a divisão de sua fortuna entre os vários filhos.

Note-se que antigas regras sobre a sucessão, quer inspiradas em motivos religiosos, quer fundadas no anseio de fortalecer a família, não levam em consideração o sentimento de equidade, ou seja, o intuito de aquinhoar igualmente os descendentes, ou os parentes em igualdade de grau. Entretanto, foi nesse último sentido que o direito hereditário evoluiu, visto que hoje, na quase totalidade dos países, a sucessão legítima se processa entre os herdeiros que se encontram no mesmo grau e que, por conseguinte, recebem partes iguais. (...)."

Mais adiante arremata:

"Ora, a possibilidade de transmitir bens *causa mortis* constitui um corolário do direito de propriedade, pois, caso contrário a propriedade ficaria despida de um dos seus característicos, ou seja, a perpetuidade. Além disso, a admissão do direito sucessório constitui incentivo à poupança, pois almejando assegurar o bem estar de seus sucessores, o homem busca aumentar seus haveres.

O argumento se mostra mais nítido quando se encara a hipótese contrária. Não admitida a transmissão hereditária, falta ao indivíduo incentivo para amealhar e conservar a riqueza, sendo possível que consagre os últimos anos de sua vida a esbanjar um patrimônio que não pode deixar aos seus entes queridos. Tal comportamento representa prejuízo para a sociedade."

Carlos Maximiliano, "Direito das Sucessões", 5ª edição, vol. I, Livraria Freitas Bastos S/A., citando Enrico Cimbali , "La Nuova Fase dei Diritto Civille", 4º ed., nº 158, José D'Aguanno, "La Génesis y La Evolucion dei Derecho Civil", trad. Espanhola, nºs. 207, 208, 210, 211, 212, Paul Leroy Beaulieu, "Traité d'Économie Politique", 4º ed., vol. I, p. 593, Yves Guyot, "La Science Économiquc", liv. 2º, cap. 1º, p. 74, Alfred Marshall, "Principies of Economies", pag. 221/222, de forma robusta, e clara, assevera que "O direito hereditário surge e afirma-se na sociedade qual complemento natural da geração entre os homens; esta é a causa de sucessão interminável na vida da humanidade. A mesma cadeia ininterrupta que une as gerações, constitui o nexo sucessório civil; a continuidade da vida implica logicamente continuidade de gozo dos bens necessários à existência e ao desenvolvimento progressivo dos indivíduos.

A hereditariedade existe em toda natureza. O filho herda do pai, não só as qualidades gerais da espécie e da raça, mas também as particularidades da família e do homem; e não só as físicas, fisiológicas e patológicas; mas também psíquicas, morais, intelectuais; é, portanto, uma continuação e ligeira diferenciação do antepassado. A lei deve reconhecer o que existe naturalmente; se o descendente é biologicamente e psicologicamente o continuador do ascendente e se assegura a propriedade para este, por que não a manter contínua, ininterrupta, nas mãos do sucessor natural?

Além do laço da hereditariedade, outro vínculo une as gerações - a simpatia, o afeto, espontâneo, constante, resolvendo-se em atração recíproca entre indivíduos: tudo consequência da comunidade de sangue, tendências e inclinações, bem como da vida em comum. Aquela afeição, "afeição prática, sempre presente, ativa, dedicada, inclinada a generalidade dos homens a esforços quotidianos e sacrifícios frequentes", leva ao trabalho, ao estudo, à economia, fontes de progresso e bem estar.

O homem, em sua luta com a natureza, tende a obter: 1º) uma apropriação de agentes naturais destinados a aumentar a satisfação das suas necessidades e a diminuir os seus esforços; 2º) uma apropriação de agentes naturais destinados a tornar posteriormente mais fácil a satisfação das suas necessidades". Por afeto e bondade, leva adiante o seu labutar: até conseguir iguais vantagens para os entes que o cercam, auxiliam e estimulam.

O interesse pelo futuro e bem-estar da prole é instintivo; observa-se na própria natureza. As melhores espécies vegetais desapareceriam, se não houvesse o cuidado com as sementes.

As abelhas e as formigas trabalham e acumulam mais para a descendência do que para si próprias.

Labutam o chefe da família e a sua prole, em colaboração, pelo interesse comum; além do móvel ego-altruísta, há certa emulação; resulta o aumento do patrimônio individual e, para a sociedade, o da riqueza geral. Labora o filho para o pai e para a família; mas também, de fato, age para si próprio, para seu futuro.

Desdobramento da família é a sociedade; esta e aquela avançam e prosperam quando o indivíduo trabalha e se aperfeiçoa; logo, devem, todos, proteger e estimular a atividade útil, garantindo as vantagens individuais e familiares da mesma decorrentes. Os legisladores reconhecem, coerentes e avisadamente, os direitos patrimoniais; amparam e desenvolvem o hereditário."

b) Sucessão legítima e testamentária

A sucessão *mortis causa*, que *"é a transferência, total ou parcial, de herança, por morte de alguém, a um ou mais herdeiros"* (MARIA HELENA

Diniz, Código Civil Anotado, Editora Saraiva, 5ª edição, p. 1.000), pode ser legítima ou testamentária, a título universal ou singular. Essas as fontes da qual deriva.

No mesmo sentido a lição de WASHINGTON DE BARROS MONTEIRO, "Curso de Direito Civil - Direito das Sucessões", p. 10, Editora Saraiva, 17ª Edição, 1981, que assevera que "se não há testamento, se o falecido não deixa qualquer ato de última vontade, a sucessão é legítima ou *ab intestato*, deferido todo o patrimônio do *de cujus* às pessoas expressamente indicadas pela lei, de acordo com a ordem de vocação hereditária", entretanto, se o falecido deixou testamento válido, ter-se-á nesse caso a sucessão testamentária, cumprindo-se, então, observar o que o testador determinou.

A sucessão legítima é aquela que se dá por força de lei, com os herdeiros aferíveis, também, por força dela, ou ainda, a que se dá em relação àqueles bens que não estão compreendidos no testamento, ou quando este caducar ou for julgado nulo.

Reclama-se, para a sucessão legítima, três condições : estar vivo, ser capaz e ser digno.

Vê-se do disposto no artigo 2º do Código Civil que a personalidade civil do homem começa com o nascimento com vida, pondo a salvo, como veremos mais adiante, desde a concepção os direito do nascituro, encerrando a existência da pessoa natural, conforme prevê o art. 7º, com a morte, presumida quanto aos ausentes, nos casos em que a lei autoriza a abertura da sucessão provisória.

> *Art. 2º A personalidade civil da pessoa começa do nascimento com vida; mas a lei põe a salvo, desde a concepção, os direitos do nascituro.*
>
> *Art. 7º Pode ser declarada a morte presumida, sem decretação de ausência :*
>
> *I - se for extremamente provável a morte de quem estava em perigo de vida;*
>
> *II - se alguém, desaparecido em campanha ou feito prisioneiro, não for encontrado até dois anos após o término da guerra. Parágrafo único. A declaração da morte*

presumida, nesses casos, somente poderá ser requerida depois de esgotadas as buscas e averiguações, devendo a sentença fixas a data provável do falecimento.

A capacidade por sua vez, conforme dispõe o artigo 1° do Código Civil, é atributo que toda pessoa tem para adquirir e contrair obrigações e possui restrições no que concerne à faculdade real de seu efetivo exercício.

"Art. 1° Toda pessoa é capaz de direitos e deveres na ordem civil."

Em função de certos estados de fato, alguns com maior abrangência outros nem tanto, se observa a imposição de restrições ao exercício do próprio direito, surgindo daí, a capacidade relativa ou a incapacidade absoluta, conforme o caso. A personalidade ou capacidade jurídica, pressuposto de todos os direitos, não se confunde com a capacidade para agir. Qualquer pessoa, em verdade, seja recém-nascida ou demente, tem capacidade jurídica, mas não tem capacidade de agir.

Cunha Gonçalves diz que a personalidade é o homem jurídico num estado, por assim dizer, estático; a capacidade é o homem jurídico no estado dinâmico. Por outros termos: para ser pessoa, basta que o homem exista ou seja homem; para ser capaz, o homem precisa ter os requisitos necessários para agir por si, como sujeito ativo ou passivo d'uma relação jurídica (Tratado de Dir. Civil, vol I, pág. 169, n° 29).

Assim, é certo que o homem pode ter a capacidade de direitos e não ter a capacidade de fato, isto é, não possuir o exercício desse direito, podendo haver um limite da personalidade.

Enquanto existir, e por existir a atividade natural para querer, existirá o substrato necessário para a atribuição da personalidade; é suficiente, como já vimos, a idoneidade de poder querer juridicamente.

Mas o exercício, a manifestação da personalidade requer mais alguma coisa, como verdadeira capacidade de fato que é na realidade;

importa, consoante a famosa tríade de Viço, o compreender, o querer, o poder (*Homo autem constat ex animo er corpore; et est nosse, velle, e quidem posse tum anumim, tum corpore, quia utroque constat*).

Levando-se em conta, porém, que sempre o ato de vontade abrange e pressupõe o conhecimento, lícito é concluir, com os doutores, que a manifestação da personalidade resulta tão somente do querer e do poder. Vontade para deliberar; atividade submissa e contínua para cumprir, na feliz expressão de Giorgi.

Para exercer seus direitos, portanto, é essencial, além da capacidade de direito, que haja capacidade de fato, que é a capacidade de exercer os direitos que adquirir." (J. M. de Carvalho Santos, in "Repertório Enciclopédico do Direito Brasileiro", por Editor Borsoi, v. 6, p. 385).

Aos incapazes, absoluta ou relativamente, com o fito de impedir que tal ou qual situação de fato lhes prejudique, o legislador os colocam sob a proteção de representantes legais (pais, tutores, curadores).

Existem, entretanto, determinados atos que mesmo seus representantes não podem praticar, *v. g.*, casar, dispor dos bens por testamento, etc.

Especificamente no que concerne à sucessão legítima, a capacidade de suceder se observa no momento da morte daquele que transmite a herança, no momento da abertura da sucessão, que se regulará pela lei vigente a esse tempo.

Em função da sucessão legítima se assentar na afeição, real ou presumida, que o hereditando desperta na pessoa do herdeiro, está relacionada, diretamente, a que não tenha sido quebrado aqueles laços de respeito e gratidão com o *de cujus*, ou seja, são os deveres afetivos e morais que o herdeiro tem em relação ao falecido, enquanto em vida.

Assim, poderá ser considerado indigno, através de sentença em processo ordinário promovido por quem tenha interesse na sucessão, aquele que cometeu determinados atos ofensivos à pessoa, à honra e aos interesses do hereditando.

Em certos casos, previstos em lei, o herdeiro pode ser declarado indigno em relação ao dono da herança, fato que fará com que ele seja privado de seu direito hereditário. Declarado indigno, como se morto fosse perante os demais herdeiros, a sucessão daquele quinhão que lhe cabia será feita na pessoa de seus herdeiros, caso os tenha.

A sucessão testamentária, por sua vez, em oposição à sucessão legítima, é aquela que se dá por disposição de última vontade, ou seja, por testamento, que é "ato revogável e solene, mediante o qual uma pessoa, em plena capacidade e na livre administração e disposição de seus bens, vem instituir herdeiros e legatários, determinando cláusulas e condições que dão destino a seu patrimônio, em todo, ou em parte, após a sua morte, bem assim, fazendo declarações e afirmações sobre fatos, cujo reconhecimento legitima por sua livre e espontânea vontade" (DE PLÁCIDO E SILVA, ob. Cit., vol. II, p. 362).

Relativamente a essa forma de sucessão cabe deixar claro, desde logo - ainda que a estudaremos com maior profundidade mais adiante, que o testador está limitado no "*quantum*" que pode testar, ou seja, a liberalidade só pode alcançar a metade da herança, com vistas ao fato de não poder dispor da parte que cabe aos herdeiros necessários (CC art. 1.789), ou seja, a legítima.

> *Art. 1.789. Havendo herdeiros necessários, o testador só poderá dispor da metade da herança.*

Assim como na sucessão legítima, a testamentária também reclama condições, notadamente a capacidade e não ser deserdado. Essas as condições básicas para que se possa herdar por testamento.

No que se refere à primeira, a capacidade, temos de verificar suas duas espécies, ou seja, a capacidade de testar e a capacidade de adquirir por testamento.

A capacidade de testar está relacionada ao indivíduo que dispõe sobre seu patrimônio; a capacidade para adquirir diz respeito à capacidade da pessoa que é beneficiada com os bens conferidos pelo testador, herdeiro ou legatário.

Em polo oposto à capacidade temos a incapacidade que, tanto numa como noutra, pode ser absoluta ou relativa.

A segunda condição, não ser deserdado, assim como na sucessão legítima, onde temos a indignidade, está relacionada a atos praticados pelo beneficiário contra a pessoa do autor da herança.

Cabe aqui chamar a atenção para o fato de que, inobstante a deserdação esteja para a sucessão testamentária assim como a indignidade está para a sucessão legítima, elas não se confundem, haja vista esta última poder ser modificada por fatos posteriores à morte do autor da herança, enquanto aquele só se verifica relativamente a fatos ocorridos enquanto o autor da herança vive.

A sucessão testamentária é regulada, simultaneamente, pela lei vigente à época do ato de testar e, pela lei vigente ao tempo da abertura do testamento.

A esse propósito, a teor do disposto no art. 1.861 do CC, a incapacidade superveniente do testador não invalida o testamento, nem o testamento do incapaz se valida com a superveniência da capacidade, como veremos mais adiante com mais profundidade.

> *Art. 1861. A incapacidade superveniente do testador não invalida o testamento, nem o testamento do incapaz se valida com a superveniência da capacidade.*

Desta forma se observa que no primeiro momento, a lei da época em que se faz o testamento, regula a capacidade ativa do testador bem como a forma extrínseca daquele ato testamentário.

No segundo, o da abertura da sucessão, a lei vigente à época é que regulará a capacidade para suceder, ou seja, a capacidade passiva (art. 1.787, CC), bem como, nos dizeres de ITABAIANA DE OLIVEIRA, a eficácia jurídica do conteúdo do testamento ou das disposições *causa mortis*.

> *Art. 1.787. Regula a sucessão e a legitimação para suceder a lei vigente ao tempo da abertura daquela.*

O nobre doutrinador, ob. cit., vol. II, pág. 398, nos chama atenção para o fato de que no caso de instituição condicional, a capacidade do herdeiro, ou a do legatário, será regulada não pela lei do tempo da abertura da sucessão e sim pela que estiver em vigor ao tempo do implemento da condição de que depende. "Basta, pois, que o herdeiro, ou o legatário seja capaz ao tempo em que a condição se verificar, porque o testador, submetendo a sua vontade a uma condição, considerou que o herdeiro, ou o legatário, poderia tornar-se capaz ao tempo do implemento da condição, embora não o fosse no momento da morte do testador."

Assinala, mais adiante, p. 529/530, que "Em nosso Direito não há legados universais, como no Direito francês, e, consequentemente, não há legatários universais, por isso que por Direito pátrio, todo legatário, é sempre a título singular" - prossegue: "o legado universal do Direito francês e, portanto, o legatário universal correspondem em nosso Direito, respectivamente, à herança testamentária e ao herdeiro testamentário" concluindo: "daí a confusão de alguns, denominando, erroneamente, legado universal a herança testamentária".

c) sucessão universal e a título singular

Relativamente a seus efeitos, a sucessão é a título universal e a título singular ou particular.

Sucessor a título universal, o herdeiro, é aquele "a quem se transmite uma parte alíquota do patrimônio da pessoa falecida", exprime, "sua colocação como titular de todos os direitos do *de cujus*, ou se mais de um, como titular dos direitos que formam o seu quinhão." (autor e obra acima, p. 292).

Assim, transmite-se a totalidade da herança ou parte determinada dela. Com a abertura da sucessão, a qual se dá *ipso iure* e no preciso instante da morte do autor da herança, o domínio e a posse dos seus bens se transmitem aos seus sucessores a título universal, os quais passam a exercer a titularidade dos referidos direitos.

No que concerne ao sucessor a título singular temos o legatário, ou seja, aquele que, em oposição ao sucessor universal, foi favorecido por um legado, é aquele instituído pelo testador como seu sucessor. Quando se transmite apenas objetos certos e determinados.

Bom que se diga, inexiste qualquer obstáculo ao fato de um sucessor a título universal, herdeiro legítimo, ter sido instituído pelo *de cujus*, também, como seu sucessor a título singular, legatário, oportunidade em que acumulará a parte que lhe cabia pelo direito à sucessão e o que lhe foi destinado pelo testador.

Desta forma, quando é transferida ao sucessor a totalidade do patrimônio do *de cujus*, ou uma fração dele, abrangendo tanto seu ativo como seu passivo, o sucessor é denominado herdeiro universal e, por outro lado, quando o sucessor recebe bem específico e determinado, é herdeiro a título singular ou particular.

d) herdeiro e legatário

O herdeiro, como já tivemos oportunidade de grifar acima, é aquele ao qual se transmite a totalidade da herança, ou parte dela, sem que se determine o valor ou o seu objeto, podendo ele ser legítimo ou testamentário.

Para o legítimo, denominado necessário, temos aquele que recebe a herança em virtude de lei e, como testamentário, o que foi nomeado ou instituído pelo "*de cujus*".

Ao herdeiro legítimo, pertence, de pleno direito, a metade do patrimônio do *de cujus*, que constitui a legítima.

Podemos, ainda, classificar o herdeiro em direto e indireto ou fideicomissário. O direto é aquele que sucede o morto imediatamente e, o indireto, ou fiduciário, ou ainda gravado, é aquele ao qual a sucessão é transmitida por intermédio de herdeiro direto.

Legatário, a palavra sugere, é aquele ao qual o testador legou valores ou objetos determinados, ou parte deles.

Disso, concluímos, na linha dos ensinamentos de Itabaiana de Oliveira, que enquanto o herdeiro sucede a título universal, o legatário o faz a título singular ou particular; enquanto o herdeiro responde, proporcionalmente ao seu quinhão, ao passivo da herança, o legatário está isento dessa responsabilidade; enquanto o herdeiro sucede em parte indeterminada da herança, o legatário o faz em parte determinada e certa; enquanto o herdeiro "tem o direito de acionar, em juízo, para anular contratos e atos jurídicos feitos pelo autor da herança com terceiros", esse direito é negado ao legatário.

Conclui o iluminado, ob. cit., p. 58, que "o que caracteriza a instituição de herdeiro é o fato de suceder ele em todos, ou nos remanescentes dos bens, ou numa quota deles, ainda que assinalada em certa proporção, como 1/2, 1/3, 1/4, 1/5, etc.;", e o que caracteriza a instituição do legatário "é o fato de receber ele certa e determinada coisa, ou certo e determinado valor, (...)."

O legado pode ser feito a um herdeiro legítimo, quando temos, então, o denominado legado precípuo ou pré-legado; quando o herdeiro pré-legatário recebe o legado além dos bens que constituem a sua herança, a sua legítima.

Há de se apreciar, ou observar, o legado sob dois aspectos : - a) no que se refere à sua modalidade; b) no que se refere ao seu objeto.

No que se refere a sua modalidade, ele pode ser puro e simples, condicional, a termos, modal e subcausa.

Para o legado puro e simples temos aquele que produz seus efeitos independentemente de qualquer outro fato; para o condicional aquele que para gerar o efeito da transmissão está condicionado a evento futuro e incerto; na modalidade a termo o legado está condicionado a um certo lapso temporal, sem o qual a relação jurídica não atingirá o fim; o legado modal é aquele que contém cláusula "pela qual o testador, restringindo a própria vontade, impõe certos encargos ou obrigações àquele, em cujo proveito constitui um direito, nos atos de mera liberalidade" (ITABAIANA DE OLIVEIRA, ob. cit., Vol. II, p. 496); já o subcausa é aquele que o testador aponta a causa que o levou a fazer determinada liberalidade.

No que tange ao seu objeto, o legado pode ser : a) de coisa alheia; b) de coisa do herdeiro ou do legatário; c) de coisa comum; d) de coisa móvel; e) de coisa singularizada; f) de coisa, ou quantidade, localizada; g) de crédito; h) de quitação de dívida; i) de dívida; j) de alimentos; k) de usufruto; l) de imóvel.

e) da legítima

Como vimos acima, e voltaremos a estudar mais adiante, no direito sucessório a legítima quer significar a parte do patrimônio que o *"de cujus"* não pode dispor livremente, por força de lei. É a parte da herança reservada aos herdeiros necessários.

A intangibilidade da legítima, entretanto, não retira do testador a faculdade de gravar os bens com cláusulas restritivas (impenhorabilidade, incomunicabilidade e inalienabilidade), sob a condição de justa causa.

Calcula-se a legítima sobre o valor dos bens existentes na abertura da sucessão, abatidas as dívidas e as despesas do funeral, adicionando-se, em seguida, o valor dos bens sujeitos a colação.

A lei protege a legítima através dos preceitos relativos aos sonegados, as colações, a imputação de dívidas dos herdeiros, pela reposição da parte inoficiosa das doações, pela redução das liberalidades feitas pelo testador com lesão total ou parcial da reserva, etc.

f) do parentesco

SADY CARDOSO DE GUSMÃO, Repertório Enciclopédico do Direito Brasileiro por J. M. DE CARVALHO SANTOS, Editor Borsoi, v. 36, p. 49, citando lição de EDUARDO ESPÍNOLA, A Família no Direito Civil Brasileiro, p. 407, e PONTES DE MIRANDA, Direito de Família (Tratado), vol 3, § § 201 e seguintes, ensina que parentesco é a relação de direito de família "consistente em vínculo entre pessoas descendentes umas das outras, no entendimento de EDUARDO ESPÍNOLA, ou em sentido mais amplo, na definição de PONTES DE MIRANDA, a "relação que vincula entre si pessoas que descendem umas das outras, ou de autor comum (consanguinidade), que aproxima cada um dos cônjuges dos parentes do outro (afinidade), ou que se estabelece, por *filio iuris*, entre o adotado e adotante".

Num conceito mais amplo, ainda a par dos costumes, *genos*, entre os gregos, *gens*, entre os romanos, mas com latitude maior, por se estender à linha paterna e materna, compreendendo a sucessão no tempo e extensão no espaço do conceito geral de família, cuja noção mais estreita é a do art. 229 do Código Civil (família constituída pelo casamento) suscetível da extensão à que resulta do concubinato, na forma do disposto no art. 332 do mencionado Código."

Parentesco é a relação que une uma pessoa a outra por laços de sangue, por um fato natural, v.g. nascimento, ou por criação legal, fato jurídico, v.g. casamento, adoção. No sentido jurídico o parentesco é tratado de forma a abranger todas as relações ou nexos entre as pessoas, quer provenha de sangue, quer não.

Assim, o parentesco pode ser consanguíneo, afim ou civil.

É laço consanguíneo quando a ligação entre as pessoas provém do nascimento; para o laço de afinidade temos aquele que liga os parentes de um cônjuge aos parentes do outro no mesmo grau; civil quando o nexo é estabelecido pela lei, artificialmente.

O art. 1.593 do Código Civil estabelece que o "parentesco é natural ou civil, conforme resulte de consanguinidade ou de outra origem."

MILTON PAULO DE CARVALHO FILHO, "Código Civil Comentado", 2ª. Edição, Editora Manole, São Paulo, 2.008, p. 1678, ao comentar o art. 1593, CC, ensina que o "dispositivo classifica o parentesco, distinguindo os que resultam da consanguinidade do que tenha outra origem. De acordo com a regra em exame, o parentesco civil é todo aquele que não tem origem biológica.

Recorde-se, porém, que o art. 227, § 6º, da Constituição Federal assegura igualdade aos filhos havidos ou não do casamento. O termo "outra origem", usado pelo legislador, admite como fontes de parentesco os casos de reprodução artificial e as relações sócio-afetivas, sem vínculo biológico ou de adoção. A respeito do tema, a Jornada de Direito Civil, promovida pelo Centro de Estudos Judiciários do Conselho da Justiça Federal, no período de 11 a 13 de setembro de 2001, editou o Enunciado n. 103: "o Código Civil reconhece, no art. 1.593, outras espécies de parentesco civil além daquele decorrente da adoção, acolhendo, assim, a noção de que há também parentesco civil no vinculo parental proveniente quer das técnicas de reprodução assistida heteróloga relativamente ao pai (ou mãe) que não contribuiu com seu material fecundante, quer da paternidade socioafetiva, fundada na posse do estado de filho". Por seu turno, na III Jornada cristalizou-se o entendimento enunciado da seguinte forma: "a posse do estado de filho (parentalidade socioafetiva), constitui modalidade de parentesco civil" (Enunciado n. 256)."

Mais adiante (fls. 1681), quando comenta acerca do disposto no art. 1596 (Os filhos, havidos ou não da relação de casamento, ou por adoção, terão os mesmos direitos e qualificações, proibidas quaisquer designações discriminatórias relativas à filiação), ensina que referida disposição corresponde "ao § 6º do art. 277 da Constituição Federal e tem por objetivo eliminar as distinções que se faziam entre filhos legítimos e ilegítimos. Entre os filhos havidos ou não do casamento e os adotivos há distinção, mas elas não autorizam divergência de direitos e efeitos. Também não se admitem discriminações entre uns e outros. SILVIO RODRIGUES, porém, pondera a respeito do tema o seguinte: "Assim é que, para os filhos originados de uma relação conjugal, a lei estabelece uma presunção de paternidade e a forma de sua impugnação; para os filhos havidos fora do casamento, criam-se critérios para o reconhecimento, judicial ou voluntário; e, por fim, para os adotados, são estabelecidos requisitos e procedimento para a filiação" (Direito Civil, São Paulo, 2002, p. 304, v. XI).

O conceito de *entidade familiar* foi reformulado na nova ordem constitucional, especialmente com base na doutrina moderna que define a família sob a visão das pessoas que dela fazem parte. Em estrita observância ao *princípio da dignidade da pessoa humana* e considerando exclusivamente os integrantes da família e os laços de afetividade que os envolvem, foram reconhecidos, expressamente pela Constituição Federal de 1988 outros modelos de entidade familiar, além daquele decorrente do casamento: *o núcleo formado pela união estável e a determinada família monoparental constituída por um dos genitores e seus filhos*. Com referência às relações familiares e, especialmente, no tocante à filiação, identifica-se no Brasil de hoje a plena observância do **princípio da afetividade** como uma espécie de princípio geral da dignidade da pessoa humana, que privilegia os lações sociais e afetivos, em contraposição aos vínculos de origem biológica ou genética, que eram, em outros tempos, os únicos critérios considerados para a constatação da filiação."

Feitas essas considerações, o parentesco se conta por linhas e graus, o que é de suma importância não só para o Direito de Família, mas também ao de Sucessões, especialmente na parte relativa à sucessão legítima e a necessária, sendo irrelevante a circunstância de o descendente ser havido ou não da relação de casamento, ou mesmo por adoção, todos herdam em igualdade de condições (NERY JÚNIOR, NELSON; NERY, ROSA MANA DE ANDRADE. Código Civil Anotado e Legislação Extravagante. São Paulo: Revista dos Tribunais, 2003, p. 803.), sendo que os sucessores mais próximos afastam os mais distantes em grau de parentesco, salvo as hipóteses de representação.

Por linha, temos aquelas pessoas que vieram dos mesmos genitores, denominado de tronco, podendo ser reta ou colateral. "Contam-se", consoante norma estampada no art. 1.594 CC, "na linha reta, os graus de parentesco pelo número de gerações, e, na colateral, também pelo número delas, subindo de um dos parentes até ao ascendente comum, e descendo até encontrar o outro parente."[1]

São parentes em linha reta, conforme estabelece o art. 1.591 CC, as pessoas que estão umas para as outras na relação de ascendente e descendente, sem a limitação que ocorre na linha colateral. São parentes colaterais ou transversais, normatiza o art. 1.592 CC, até o quarto grau, as pessoas provenientes de um só tronco, sem descenderem uma da outra.[2]

Os irmãos, parentes em linha colateral, denominam-se bilaterais ou germanos e unilaterais. Para os bilaterais ou germanos, temos aqueles que descendem de um mesmo pai e de uma mesma mãe. Já os unilaterais, a lógica aponta, são aqueles que descendem de um só progenitor, podendo ser classificados em paternos ou consanguíneos, o que tem o mesmo pai e mãe diferente, e maternos ou uterinos, os que tem a mesma mãe e pai diferente.

Por grau tem-se a distância que separa uma geração da outra, quer em linha reta, quer em linha colateral. Na linha reta, ilimitada, se constata o grau de parentesco pelo número de gerações e, na linha colateral, que vai até o 4° grau, sendo que tal constatação, inobstante também se considere a número de gerações, sobe de um parente até o ascendente comum e ao depois desce até encontrar o outro parente.

No vínculo por afinidade, se vê do art. 1.595 CC, cada cônjuge ou companheiro é aliado aos parentes do outro, limitando-se tal parentesco aos ascendentes, aos descendentes e aos irmãos do cônjuge ou companheiro. Na linha reta, a afinidade não se extingue com a dissolução do casamento ou união estável.[3]

---

[1] CC/16 - Art. 333 - Contam-se, na linha reta, os graus de parentesco pelo número de gerações, e, na colateral, também pelo número delas, subindo, porém, de um dos parentes até ao ascendente comum, e descendo, depois, até encontrar o outro parente.

[2] CC/16 - Art. 330 - São parentes, em linha reta, as pessoas que estão umas para com as outras na relação de ascendentes e descendentes.
CC/16 — Art. 33J. São parentes, em linha colateral, ou transversal, até o sexto grau, as pessoas que provêm de um só tronco, sem descenderem uma da outra.

[3] CC/16 - Art. 334 - Cada cônjuge é aliado aos parentes do outro pelo vínculo da afinidade.

Caio Mário da Silva Pereira, "Instituições de Direito Civil", Editora Forense, 1.972, vol. V, p. 162/163, assinala que "Dentre as variadas espécies de relações humanas, o parentesco é das mais importantes e a mais constante, seja no comércio jurídico, seja na vida social. Tendo em vista os diversos aspectos de vinculação, os parentescos se classificam diferentemente e se distinguem em classes.

No primeiro plano, coloca-se a *consanguinidade*, que se pode definir como a relação que *vincula, umas às outras, pessoas que descendem de um mesmo tronco ancestral*. Esta predominância do parentesco *consanguíneo — cognario, cognação* — no direito civil moderno não corresponde ao que vigorava no Direito Romano, onde recebia destaque a *agnação (agnatio)*, que significava parentesco exclusivamente na linha masculina, conjugado à apresentação do filho ante o altar doméstico, como continuador do culto dos deuses lares."

Após explanar sobre a afinidade e a adoção, explica acerca do parentesco legítimo e ilegítimo, em linha reta e colateral.

"*Legítimo* é o que provém do casamento; ilegítimo o que se origina de relações sexuais eventuais ou concubinárias. À sua vez, a ilegitimidade pode envolver a concepção de filhos de pessoas que tenham entre si um impedimento matrimonial, e se diz então: *filho natural simples* (de pessoas que poderiam se casar, mas não se casaram); *filhos adulterino* (de pessoas que não podem casar em razão de uma delas já ser casada); *filho incestuoso* (de parente próximo).

Em *linha reta* é o parentesco que une as pessoas que descendem umas das outras, isto é, pessoas que foram procriadas uma de outra diretamente, dizendo-se ascendentes ou descendentes (também linha reta ascendente ou descendente), conforme se caminha em direção ao tronco comum, ou deste se afaste.

Linha Colateral, transversal ou oblíqua - é a que une os provindos do mesmo tronco ancestral, sem descenderem uns de outro.

Chama-se grau a distância em geração que vai de um a outro parente. Na *linha reta* contam-se subindo ou descendo, e tantos são os graus quantas as gerações "de pai a filho um grau; de avô a neto dois graus ou parentesco em segundo grau; de bisneto a bisavô três graus ou parentesco em 3° grau, etc. Na *linha colateral*, conta-se o parentesco subindo por uma das linhas genealógicas até o tronco ancestral comum e descendo pela outra até a pessoa cujo parentesco se determina, cada geração correspondendo a um grau de parentesco na linha colateral: irmãos são parentes colaterais em segundo grau; tio e sobrinho são parentes em terceiro grau; primos em quarto.

O grau de parentesco obtém-se pela contagem do número de gerações que separam as pessoas cujas relações estão sendo determinadas; *tot sunt gradus quot generaíiones*.

Este cômputo, segundo o direito romano (*ex iure quiritium*), que o nosso direito adota, difere da contagem canônica (*ex iure canônico*), que manda se computarem as gerações até o ancestral comum por uma das linhas apenas, incluindo porém o ponto de partida.

Na *afinidade*, embora inexista tronco ancestral comum, contam-se os graus por analogia com o parentesco consanguíneo. É assim que se diz serem sogro e genro parentes afins em primeiro grau em linha reta; cunhados são afins do segundo grau na linha colateral."

SÍLVIO RODRIGUES, "Direito Civil - Direito de Família", 2ª edição, vol. VI, Max Limonad, pág. 272/273, quando trata da contagem de graus, ensina que "Para aprender a contagem de graus mister se faz separar o parentesco na linha reta, do parentesco na linha colateral.

Parentesco em linha reta é o que se estabelece entre as pessoas que estão uma para as outras na relação de ascendentes e descendentes; assim, são parentes na linha reta ascendente o pai, o avô, o bisavô, etc.; são parentes, na linha reta descendente, o filho, o neto, o bisneto, etc.

O parentesco na linha colateral é o liame que liga as pessoas que provêm de um só tronco comum, sem descenderem umas das outras.

(...)

A contagem de graus de parentesco na linha reta se dá pelo número de gerações. Assim, uma pessoa é parente em primeiro grau de seu pai, em segundo de seu avô e em terceiro de seu bisavô.

Para a contagem dos graus em linha transversal também se recorre à gerações. Sobe-se do parente que se tem em vista, até o ascendente comum, descendo-se, depois ao outro parente; cada geração corresponde a um grau. Assim, para contar-se o grau de parentesco entre A, e seu tio B, sobe-se de A seu pai X; a seguir a seu avô Y; e depois desce a B. Três graus ao todo, pois a cada geração corresponde um grau."

g) da comoriência

"Não só a realidade da morte da pessoa deve ser conhecida, apurada e certificada. É preciso saber quando se efetuou, pois, apresentando-se situações em que a transmissão de direitos, em virtude do falecimento de alguém, se fará de um modo, se outra pessoa a ele sobreviveu, mas, no caso desta ter pré-morrido, obedece a outro critério, essa verificação de vida de uma pessoa, depois de falecida a outra, só será possível, apurando-se, com precisão e segurança, o momento dos respectivos falecimentos. Na generalidade dos casos, muito fácil é assenhorearmo-nos de tudo, havendo óbitos atestados e devidamente assentados no registro, onde se inscreve o dia e, salvo desconhecimento absoluto, a hora do passamento. Mas, há aqueles em que não se pode observar, nem se logra conhecer a premoriência ou comoriência de duas, ou mais pessoas, que perecem num mesmo sinistro, ou que morrem separadas, mas sem se conseguir determinar o instante exato, em que cada uma delas pereceu. É evidente que o assunto só reclama solução, de modo a fixar a *premoriença*, ou a *comoriença*, se há qualquer relação jurídica entre tais pessoas, em forma a que o fato de falecerem ao mesmo tempo, ou duma ter sobrevivido, por instantes mesmo, à outra influa quanto ao modo de transmissão dos seus direitos, ou quando às pessoas, que venham a receber as respectivas heranças, a estas incumbindo, então a prova do momento daquelas mortes." (EDUARDO ESPÍNOLA FILHO in "Repertório Enciclopédico do Direito Brasileiro", por J. M. DE CARVALHO SANTOS, Editor Borsoi, v. 10, p. 27).

Ensina que no direito romano, tinha-se a regra de MARCIANO que pronunciava a simultaneidade dos falecimentos com as seguintes distinções: "se há ascendentes e descendentes, presume-se a morte primeiro destes, se impúberes, e, se púberes, a sua sobrevivência; mas os pais e filhos libertos, em atenção aos interesses do patrono, se tinham como falecidos ao mesmo tempo, o que também se resolvia, quanto aos herdeiros gravados de fideicomisso, com a condição — *sine liberas decesserint.* ".

LUIZ DA CUNHA GONÇALVES, ob. cit., vol. X, Tomo II, anotado por MANOEL AUGUSTO VIEIRA NETO, aponta para a importância de se conhecer o exato momento em que a morte se deu, nos seguintes termos:-

"Toda a sucessão tem três pressupostos, que são: a *abertura*, a *devolução* ou *transmissão* e a *aceitação da herança*. Abertura da *herança* ou da *sucessão* quer dizer que uma pessoa faleceu e deixou bens, ou que nasceu o direito de alguém a recebê-los.

A determinação exata do momento em que a sucessão se abriu tem importância primacial para os fins seguintes:

a) *É com referência ao momento preciso da abertura da sucessão que se verifica qual a pessoa ou quais as pessoas às quais pertence a qualidade de herdeiro do falecido; o direito de suceder fixa-se nessa pessoa ou nessas pessoas no mesmo instante, sem intervalo (...), e torna-se imediatamente transmissível aos herdeiros daquele sucessor ou dos sucessores;*

b) *É pelo momento da abertura da sucessão que se determina se os herdeiros possuem a capacidade de suceder; e a esse momento retroage a sucessão sujeita a uma condição suspensiva;*

c) *Se, entre o falecimento do autor da herança e a partilha deste, no caso de existirem dois ou mais sucessores, decorrer certo intervalo, como é forçoso, haverá uma indivisão; mas, os efeitos dos atos jurídicos praticados durante essa indivisão, para a partilha, remontam ao momento da abertura da sucessão;*

d) *É pelo valor dos bens na data da abertura da herança que se liquida o imposto de sucessão (Regul. de 23 de dezembro de 1899, art. 41 § único)."*

O CC trata da comoriência no art. 8°, que prevê que quando dois ou mais indivíduos falecerem na mesma ocasião, não podendo averiguar se algum dos comorientes precedeu aos outros, presumir-se-ão simultaneamente mortos; encerra, portanto, verdadeira presunção relativa.

Art. 8° Se dois ou mais indivíduos falecerem na mesma ocasião, não se podendo averiguar se algum dos comorientes precedeu aos outros, presumir-se-ão simultaneamente mortos.

Assim, conforme a sempre autorizada lição de CLOVIS BEVILÁQUA: "O Código admite a presunção de que faleceram, simultaneamente, as pessoas mortas na mesma ocasião, quando os meios comuns de prova admitidos em direito, assim como os meios especiais, de que pode lançar mão a medicina legal, são inconcludentes... Na falta de qualquer elemento de prova, o que a razão diz é que não se pode afirmar qual das pessoas faleceu primeiro e, consequentemente, nenhum direito fundado na precedência da morte pode ser transferido de uma para outra" ("Código Civil Comentado", vol. 1/197-198, 2ª ed., Livraria Francisco Alves, 1921).

De fato, o comando emergente do art. 8º do Código Civil está alicerçado em duplo pressuposto: a) na existência de um estado de dúvida sobre quem morreu primeiro; b) que, dada essa dúvida, não se provou que uma delas haja morto antes que a outra.

Assim, "a opção pela presunção de morte simultânea (art. 8º, CC de 2002) parece a mais acertada quando não for possível, pelas vias médico-legais, comprovar a sequência dos eventos, pois o emprego de sistemas como o romano ou o francês, que pregam a presunção de anterioridade ou de posteridade da morte consoante a idade e o sexo dos indivíduos, se revela, mesmo, inconstitucional, face ao art. 5º, caput e I, CF, visto que sustenta desarrazoada discriminação." (GUILHERME CALMON NOGUEIRA DA GAMA e BRUNO PAIVA BARTHOLO, in "Personalidade e capacidade jurídicas no Código Civil de 2002", publicado no Juris Síntese nº 64 - Mar/Abr de 2007).

Bom que se diga, não há direito a sucessão entre comorientes, sendo certo que a comoriência pode ser afirmada no próprio inventário se há dados de fato disponíveis e seguros para tanto, sem necessidade de remessa para as vias ordinárias", conforme aresto da 2º Turma do Supremo Tribunal Federal de 02 de junho de 1981, em que foi Relator o Ministro DÉCIO MEIRELLES MIRANDA (RT 552/227).

Clássico o exemplo de morte de pai e filho em um mesmo acidente e em um mesmo momento. Os bens do pai vão para seus descendentes e seus netos, filhos do filho morto que herdarão por representação (CC art. 1851), cabendo lembrar aqui as inovações trazidas com a nova regra acerca da ordem da vocação hereditária, que estudaremos com afinco mais adiante.

> *Art. 1.851. Dá-se o direito de representação, quando a lei chama certos parentes do falecido a suceder em todos os direitos, em que ele sucederia, se vivo fosse.*

Já decidiu a 1ª Câmara do 1° Tribunal de Alçada Cível do Estado de São Paulo, Ap. 472.407-6, que não constando o horário da morte nos atestados de óbito, e não havendo prova cabal em sentido contrário, presume-se a comoriência. (JTACSP 143/168).

NELSON NERY JÚNIOR e ROSA MARIA DE ANDRADE NERY, "Novo Código Civil e Legislação Extravagante Anotados", Editora Revista dos Tribunais, São Paulo, 2.002, p. 13, segunda coluna, assinalam que a comoriência é "instituto de direito civil que visa fixar regra sucessória quanto à herança de pessoas falecidas em virtude do mesmo evento, ou em circunstância em que não se possa fixar com precisão a ocasião exata em que se deu o óbito de cada qual. Tudo isso para se evitar que, na eventualidade de uma ter direito de sucessão em face da outra, possa ocorrer confusão quanto à identificação de seus legítimos herdeiros. No instituto da comoriência, a presunção se relaciona como o tempo da morte, que não se pode precisar qual tenha sido, e se presume tenha ocorrido concomitantemente com a da outra pessoa que ao mesmo tempo e lugar também faleceu. Daí o instituto ser conhecido como morte simultânea. A comoriência refere-se à presunção legal do momento da morte, diversamente da hipótese do artigo anterior", referindo-se à previsão do artigo 7°, "em que a presunção legal se liga à ocorrência do evento morte."

Ensina MARIA HELENA DINIZ[4] que "A Comoriência terá grande repercussão na transmissão de direitos sucessórios, pois, se os comorientes são herdeiros uns dos outros, não há transferência de

---
4 Novo Código Civil Comentado, 2ª. Edição, Editora Saraiva, Maria Helena Diniz, Coordenação de Ricardo Fiúza

direitos; um não sucederá ao outro, sendo chamados à sucessão os seus herdeiros ante a presunção *juris tantum* de que faleceram ao mesmo tempo. Assim, quando há dúvida de quem faleceu primeiro, o magistrado aplicará o art. 8º do Código Civil, caso em que, então, não haverá transmissão de direitos entre os comorientes".

A Circular SUSEP 302 de 2005 – Seguro de Pessoas – Planos – Coberturas de Risco – Operação – Funcionamento e Critérios – Regras - Regras Complementares, no Capítulo V (Das Cláusulas Suplementares), no art. 36, estabelece que "Na hipótese de morte simultânea (comoriência) do segurado principal e do(s) segurado(s) dependente(s), os capitais segurados referentes às coberturas dos segurados, principal e dependente(s), deverão ser pagos aos respectivos beneficiários indicados ou, na ausência destes, aos herdeiros legais dos segurados."

> *AGRAVO DE INSTRUMENTO – Inventário – Habilitação de herdeiros – Indeferimento – Validade - Disposição testamentária no sentido de que ocorrendo a morte do casal em comoriência herdariam os bens os irmãos e cunhados recíprocos – Falecimento do varão anteriormente - Sucessão se fará com observância da ordem do art. 1.829 do Código Civil – Recurso desprovido. (TJSP; Agravo de Instrumento 2086239-80.2017.8.26.0000; Relator (a): Alcides Leopoldo e Silva Júnior; Órgão Julgador: 2ª Câmara de Direito Privado; Foro Central Cível - 3ª Vara da Família e Sucessões; Data do Julgamento: 11/10/2017; Data de Registro: 11/10/2017)*

> *ARROLAMENTO DE BENS – Direito de representação exige que, o herdeiro seja pré-morto em relação ao autor da herança, ou que tenha ocorrido comoriência – Não Caracterização – Herdeira, neta do "de cujus" que deverá postular partilha conjunta ou providenciar a abertura de inventário autônomo – Decisão mantida – Recurso improvido REMOÇÃO DE INVENTARIANTE – Pedido elaborado pela herdeira, neta do "de cujus" – Irresignação não acolhida – Deliberação proferida nos autos principais, inclusive quanto ao óbito da cônjuge supérstite que será objeto de análise,*

para regularidade do andamento processual – Decisão mantida – Ratificação dos fundamentos do "decisum" – Aplicação do art. 252 do RITJSP/2009 – Recurso improvido. (TJSP; Agravo de Instrumento 2032011-92.2016.8.26.0000; Relator (a): Alvaro Passos; Órgão Julgador: 2ª Câmara de Direito Privado; Foro de Jaú - 2ª Vara Cível; Data do Julgamento: 26/09/2016; Data de Registro: 26/09/2016)

SEGURO DE VIDA MORTE DO BENEFICIARIO E SEGURADA DEPENDENTE COMORIENCIA NAO AFASTADA HERDEIROS LEGAIS DIREITO A INDENIZACAO NEGATIVA DE PAGAMENTO DA INDENIZACAO DANO MORAL APELAÇÃO CÍVEL – SEGURO DE VIDA – Segurado principal beneficiário da segurada dependente por estipulação da seguradora. Beneficiário da segurada dependente que lhe causou o óbito. Impossibilidade de subsistir a indicação da seguradora. Observância da regra insculpida no artigo 792 do CC. Percepção da indenização securitária pelos herdeiros legais. Possibilidade. Comoriência não afastada. Circular susep 302. Recusa indevida ao pagamento da indenização. Falha na prestação do serviço. Responsabilidade objetiva. Negativa abusiva e insistente que enseja flagrante frustração da expectativa do consumidor e ultrapassa a barreira do mero aborrecimento cotidiano. Dano moral configurado. Quantia fixada em R$ 8.000,00 (OITO MIL REAIS) que merece redução para R$ 3.000,00 (TRÊS MIL REAIS) para cada autor. Atenção aos princípios da razoabilidade e proporcionalidade, bem como às circunstâncias do caso concreto. Recurso provido em parte. (TJRJ – Ap 0207919-34.2012.8.19.0001 – 26ª C.Cív. – Relª Desª SANDRA SANTAREM CARDINALI – DJe 16.09.2015 – p. 19).

RECURSO INOMINADO. COBRANÇA. SEGURO DE VIDA EM GRUPO. ACIDENTE DE TRÂNSITO. MORTE DO SEGURADO E DA BENEFICIÁRIA. INEXISTÊNCIA DE DIREITO DO HERDEIRO DA BENEFICIÁRIA. PEDIDO INICIAL QUE NÃO MERECE PROSPERAR. SENTENÇA REFORMADA. 1.

Tendo em vista que o segurado e a beneficiária faleceram no mesmo acidente de trânsito, sem ser possível identificar quem faleceu primeiro, deve ser aplicada a regra do artigo 8º do Código Civil, considerando-se que os óbitos ocorreram simultaneamente. 2. Havendo comoriência entre o segurado e a beneficiária, esta não recebeu a indenização securitária e, portanto, não a transmitiu para seu herdeiro. 3. Neste sentido: REGIME DE EXCEÇÃO. APELAÇÃO CÍVEL. SEGURO. VIDA. CAPITAL SEGURADO. FIXAÇÃO DE ACORDO COM A REMUNERAÇÃO DO SEGURADO. MULTIPLICAÇÃO PELO FATOR 30. AGRAVO RETIDO. FALTA DE INTERESSE DE AGIR. DESCABIMENTO DA LEGITIMIDADE ATIVA. 1. No caso em exame, restando demonstrada a comoriência entre o segurado e o beneficiário, este não adquire o direito referente ao contrato de seguro objeto do presente litígio, devendo a indenização ser adimplida aos herdeiros daqueles, de acordo com a regra civil que regula a matéria. (...) (Apelação Cível nº 70056550213, 5ª Câmara Cível do TJRS, Rel. Jorge Luiz Lopes do Canto. j. 06.08.2014, DJ 13.08.2014) (sem destaques no original)., esta Turma Recursal Única resolve, por unanimidade de votos, CONHECER E DAR PROVIMENTO ao recurso interposto, nos exatos termos deste voto. (Processo nº 0004722-11.2014.8.16.0117/0, 2ª. Turma Recursal do TJPR, Relatora Desembargadora Giani Maria Moreschi*, j. 11/06/2015).*

EMENTA: DIREITO CIVIL. AÇÃO DECLARATÓRIA DE INEXISTÊNCIA DE COMORIÊNCIA. APELAÇÃO CÍVEL. SENTENÇA QUE JULGOU PROCEDENTE O PEDIDO INICIAL. ACIDENTE AUTOMOBILÍSTICO QUE LEVOU A ÓBITO PAI E FILHOS. ARTIGO 8º, DO CÓDIGO CIVIL. PRESUNÇÃO LEGAL DE COMORIÊNCIA, QUE COMPORTA PROVA EM CONTRÁRIO. TESTEMUNHAS PRESENCIAIS AO EVENTO QUE COMPROVAM QUE A MORTE DO GENITOR PRECEDEU A DOS INFANTES. PRESUNÇÃO LEGAL QUE DEVE SER AFASTADA. SENTENÇA MANTIDA. RECURSO CONHECIDO E NÃO PROVIDO. 1. A comoriência é o instituto jurídico segundo o qual incide a presunção legal, estabelecida no artigo 8º do Código Civil, de morte simultânea, quando existem indivíduos que morrem num mesmo evento, sem que seja possível estabelecer qual das mortes antecedeu as demais, questão esta que tem especial relevo para fins sucessórios, notadamente porque a pré-morte do autor da herança (genitor) importa na imediata sucessão aos herdeiros (princípio da saisine).2. Por ser uma presunção relativa, a comoriência pode ser devidamente afastada quando existirem provas suficientes a atestar que a morte de uma das vítimas antecedeu às demais, especialmente através da colheita dos testemunhos daqueles que presenciaram o sinistro.3. No caso, é imperioso o afastamento da presunção legal de morte simultânea, ante a ampla e bem conduzida instrução processual que resultou em robusta prova da pré-morte do genitor em relação aos filhos. RECURSO CONHECIDO E DESPROVIDO. (Processo 1234978-3, 12ª. Câmara Cível do TJPR, Relatora Desembargadora IVANISE MARIA TRATAZ MARTINS, j. 15/04/2015).

EMENTA: AGRAVO INTERNO. DECISÃO MONOCRÁTICA QUE ENTENDEU PELA REGULARIDADE DA REPRESENTAÇAO DA PARTE AGRAVADA. INSURGÊNCIA. EXISTÊNCIA DE MORTE POR COMORIÊNCIA ENTRE AUTORA E FILHO. AUSÊNCIA DE TRANSMISSÃO DE BENS.IMPOSSIBILIDADE DE REPRESENTAÇAO DO FILHO MEDIANTE ESPÓLIO. HERDEIROS QUE INSTITUÍRAM A PROCURADORA COMO INVENTARIANTE. OUTORGA DE PROCURAÇÃO DO ESPÓLIO AO INVENTARIANTE. DESNCESSIDADE. APLICAÇÃO DA MULTA DE 1%. ART.557, § 2º DO CPC. RECURSO DESPROVIDO. *ACORDAM os Desembargadores integrantes da Décima Câmara Cível do Tribunal de Justiça do Estado do Paraná, por unanimidade de votos, em negar provimento ao recurso, nos termos do voto do Relator. (AGRAVO REGIMENTAL CÍVEL Nº 1185307-1/01, Relator Desembargador CARLOS HENRIQUE LICHESKI KLEIN, j. 22/05/2014).*

APELAÇÃO CÍVEL. AÇÃO DE COBRANÇA. SEGURO OBRIGATÓRIO - DPVAT. INDENIZAÇÃO POR MORTE. IRRESIGNAÇÃO ENVOLVENDO A COTA PARTE DEVIDA À AUTORA. DE CUJUS QUE TINHA QUATRO FILHOS, SENDO QUE UM DELES TAMBÉM VEIO A ÓBITO NO ACIDENTE DE TRÂNSITO. HIPÓTESE DE COMORIÊNCIA. INEXISTÊNCIA DE VÍNCULO SUCESSÓRIO ENTRE OS COMORIENTES. INDENIZAÇÃO QUE DEVE SER RATEADA ENTRE OS TRÊS FILHOS. SENTENÇA MANTIDA, POR FUNDAMENTO DIVERSO. RECURSO CONHECIDO E DESPROVIDO. Na hipótese de comoriência, com o passamento de pai e filho no mesmo acidente, não se sabendo quem faleceu primeiro, presume-se que os óbitos foram simultâneos, fazendo com que, entre os extintos, não se saiba quem é herdeiro de quem. Diante de tal cenário, tem-se como ausente o vínculo sucessório entre ambos, devendo o patrimônio que cada um possuía ser transferido para os seus respectivos herdeiros, como se entre os comorientes não houvesse relação de parentesco. (TJ-SC - AC: 20120299484 SC 2012.029948-4 (Acórdão), Relator: JORGE LUIS COSTA BEBER, Data de Julgamento: 28/08/2013, Quarta Câmara de Direito Civil Julgado)

INVENTÁRIO Comoriência Falecimento no mesmo acidente, do segurado e das beneficiárias (filha e esposa) Determinação de apresentação de novo plano de partilha Insurgência dos filhos do primeiro casamento do segurado, com pedido de partilha por igual do valor do pecúlio entre os filhos Presunção legal de morte simultânea. Ausência de prova de premoriência. Inexistência de transmissão do valor do pecúlio para as beneficiárias. Inadmissibilidade de pagamento do valor do seguro aos sucessores da beneficiária. Transmissão do pecúlio apenas aos herdeiros do segurado Inteligência do art. 792 do CC. Filhos que devem receber por cabeça, em igualdade de condições aos demais irmãos. Decisão reformada. Agravo provido. (Processo: AI 2523059420118260000 SP 0252305-94.2011.8.26.0000 - Relator(a): JOÃO CARLOS SALETTI - Julgamento: 03/07/2012 -

Órgão Julgador: 10ª Câmara de Direito Privado - Publicação: 05/07/2012)

SUCESSÃO – COMORIÊNCIA – ACIDENTE DE VEÍCULOS – *Prova dos autos indicativa da morte dos filhos posteriormente à da genitora. Inaplicabilidade da presunção de simultaneidade do Art. 11 do CC/1916. Sucessão do patrimônio da genitora consumado quanto a seus filhos, previamente ao falecimento desses. Condição de herdeiro do genitor das crianças, ex-marido da falecida, reconhecida, em detrimento dos ascendentes dessa. Sentença de procedência da ação declaratória em tal sentido confirmada. Apelação dos réus desprovida. (TJSP – Ap 994.04.073711-0 – São Luiz do Paraitinga – 2ª CD.Priv. – Rel. FABIO TABOSA – DJe 19.12.2011 – p. 274).*

RESPONSABILIDADE CIVIL – AÇÃO DE INDENIZAÇÃO – ACIDENTE SOFRIDO PELOS FAMILIARES DA INVENTARIANTE – LEGITIMIDADE ATIVA DO ESPÓLIO RECONHECIDA – INTELIGÊNCIA DO DISPOSTO NO ARTIGO 12, INCISO V DO CPC – *Legitimidade ativa dos autores para pleitearem em juízo reparação de danos sofridos pelos de cujos uma vez que o direito transmite aos herdeiros por força de herança. Comoriência. Conceito Artigos 11 do CC de 1916 reproduzido no Artigo 8º do CC pátrio. Indenização. Danos morais e materiais. Cobrança de despesas de funeral, compra de jazigo, e, indenização por danos morais. Inadmissibilidade. Culpa dos envolvidos no acidente que provocou a morte das vítimas. Ausência de provas do autor do ilícito. Não identificada a culpa dos envolvidos no acidente que ocasionaram a morte dos familiares da inventariante, acolhida preliminar levantada pelos espólios, afastada a carência da ação julga-se improcedente o pedido de indenização nos termos da inicial. Inteligência do disposto no Artigo 515 § 3º do CPC. Sucumbência mantida a condenação dos autores nos termos da decisão hostilizada. Acolhida a preliminar com* reconhecimento da legitimidade dos autores para figurar no polo ativo da ação, reformada a sentença, com apreciação pelo mérito julga-se improcedente a ação para os devidos fins de direito. (TJSP – Ap 992.08.011157-1 – Jundiaí – 28ª C.S.DPriv. – Rel. Júlio Vidal – DJe 28.11.2011 – p. 1187).

"DECISÃO.

Cuida-se de agravo de instrumento interposto por MARIA VENTURA PIRES SILVA E OUTROS contra decisão que negou seguimento a recurso especial (artigo 105, III, "a", da Constituição Federal) em que se alega violação do artigo 8º do CC de 2002.

Buscam os recorrentes a reforma da r. decisão, argumentando, em síntese, que, na espécie, que o óbito de seu irmão e de sua cunhada, ambos casados e falecidos em decorrência de acidente automobilístico, ocorreu no mesmo momento, a inviabilizar que esta venha (cunhada) a suceder aquele (irmão).

É o relatório.

A irresignação não merece prosperar.

Com efeito. Ab initio, veja-se que o interesse em estabelecer com precisão a precedência (ou não) da morte do irmão dos recorrentes relativamente a de sua esposa, está na relevante repercussão que tal fato causa na regulação do direito sucessório. Na realidade, os comorientes não herdam entre si, de modo que, nesta hipótese, cabe aos herdeiros individuais de cada falecido, na forma da lei de regência, o monte patrimonial deixado por cada qual. De modo diverso, havendo a prévia morte de um dos consortes, o seu patrimônio passa, ainda que momentaneamente, ao outro, o qual, uma vez falecido, deixa o referido acervo aos respectivos seus herdeiros.

Na espécie, o Tribunal local, após sopear o acervo probatório reunido nos autos, entendeu, de forma fundamentada, que:

"O conjunto probatório produzido nos autos tem sustentação

do Boletim de Ocorrência, na Certidão de Óbito e depoimento dos dois profissionais médicos que se relacionaram com os fatos, que a meu juízo não suficientes para estabelecer com segurança quem faleceu primeiro. O Dr. (...), que fez parte da equipe do SAMU, no dia do acidente e participou do atendimento, declarou que tão loco chegou ao local percebeu que a vítima João da Silva Pires não respirava e foi informado que a vítima Edir Sabino da Silva parou de respirar, naquele instante. Efetuou o monitoramento cardíaco imediatamente e constatou que não existia nenhum sinal elétrico no coração da vítima João (...). Em seguida fez avaliação na outra vítima Edir (...), constatando que não havia pulsação, nem respiração, porém, havia

atividade elétrica no coração; por esse motivo foi decidido fazer a manobra de ressuscitação (...), durante trinta minutos aproximadamente, que continuou tentando a ressuscitação da vítima sem êxito (...). Portanto, a meu juízo, após detido exame do conjunto probatório (...), principalmente o depoimento do profissional médico que fez parte da equipe do SAMU e atendeu as vítimas no local do acidente, creio não haver dúvidas de que houve a premoriência de João Ventura Pires em relação a esposa Edir Sabino, não permitindo admitir diante dos sinais de vida da esposa a comoriência do casal, até mesmo considerando que o marido faleceu por traumatismo crânio-encefálico".

Tal a consideração, não se pode, na estreita via do recurso especial, alterar a conclusão a que se chegou nas Instâncias ordinárias e, nesta exegese, acolher a tese dos recorrentes no sentido de que, em verdade, ambos os consortes morrem no mesmo instante.

Acresça-se, por oportuno, que o recurso especial se presta a definir a interpretação da lei federal e não a rediscutir a base fática sobre a qual se fundou o acórdão recorrido.

Nega-se, portanto, provimento ao recurso.

Publique-se. Intimem-se.

Brasília (DF), 20 de setembro de 2011.

MINISTRO MASSAMI UYEDA

Relator" (AREsp 0035391/MG, STJ, decisão monocrática do Ministro MASSAMI UYEDA, DJ de 22/09/2011).

"Sucessões Indenização de seguro Pretensão do recorrente, na qualidade de herdeiro da irmã, que era beneficiária de seguro de vida e faleceu em acidente de trânsito Comoriência do segurado e da beneficiária Inteligência do art. 8º do CC Indenização que não chegou a integrar o patrimônio da beneficiária, devendo ser pago aos herdeiros do segurado por expressa disposição legal Inteligência do art. 192 do CC Decisão mantida Agravo desprovido" (AI nº 0491943-87.2010.8.26.0000, rel. Des. THEODURETO DE CAMARGO, 8ª Câmara de Direito Privado, julgado em 27.4.2011".

ILEGITIMIDADE ATIVA DO ESPÓLIO. SEGURO DE VIDA. COMORIÊNCIA. Havendo comoriência entre o segurado e o beneficiário, não há que se falar em integração do capital ao patrimônio jurídico deste último, porque impossível afirmar pela abertura da sucessão hereditária entre ambos. (TRT-5 - RECORD: 1099005020085050008 BA 0109900-50.2008.5.05.0008, Relator: Renato MÁRIO BORGES SIMÕES, 2ª. TURMA, Data de Publicação: DJ 17/07/2009).

APELAÇÕES CÍVEIS. AÇÃO INDENIZATÓRIA. SEGURO. COMORIÊNCIA. PRELIMINARES DE ILEGITIMIDADE PASSIVA. AFASTADAS. São partes legítimas passivas o Banco do Brasil S/A e a BB Corretoras de Seguro, respondendo solidariamente com a seguradora pela cobertura do sinistro. PRESCRIÇÃO. Não se aplica a prescrição anua prevista no art. 178, §6º, inc. II do CC, porquanto se cuidam, as partes, de beneficiários, inexistindo, no caso em tela, relação segurada/segurador. No mérito, deve ser reformada a sentença vergastada, porquanto evidenciada a comoriência, não assistindo aos recorridos direito à indenização postulada. AGRAVO RETIDO DESACOLHIDO. PRELIMINARES

AFASTADAS. SUCUMBÊNCIA REDEFINIDA. RECURSO DA COMPANHIA DE SEGUROS ALIANÇA PROVIDO. RECURSO DO BANCO DO BRASIL E BB CORRETORA DESPROVIDO. (TJRS - APC 700032880 - 5ª C.Cív. -Rel. Dês. MARTA BORGES ORTIZ - Mg. 23.12.2004).

COMORIÊNCIA – ÓBITO DE PAIS E FILHOS NA MESMA OCASIÃO – NÃO TRANSMISSÃO DE BENS ENTRE ELES
– Menor que não deixa bens, irmãos ou descendentes – Abertura do inventário dos bens deixados pelos pais – Determinação judicial de abertura de inventário dos bens deixados pelo menor – Desnecessidade, entretanto – Inteligência do artigo 11 do Código Civil de 1916 – Decisão reformada - Recurso provido. (TJSP – AI 335.348-4/0-00 – Limeira – 10ª CDPriv. – Rel. Des. JOÃO CARLOS SALETTI – J. 31.08.2004).

"Vistos, etc. 1. Em consequência do falecimento de Corina Teles Sobral Hagenbeck e de seus dois filhos menores, Henrique e Bruna, em acidente de automóvel, foi providenciada pela ora requerente, mãe da primeira, a abertura do inventário da sua filha. Afirmou a requerente que teria havido comoriência, de sorte que os bens de Corina não teriam sido transmitidos aos filhos, ocasionando a sucessão na linha ascendente, em cuja ordem de vocação hereditária seria ela, Edênia Barbosa Teles Sobral, a única herdeira desse patrimônio.

O marido de Corina e pai de Bruna e Henrique, ora requerido, promoveu por seu lado a abertura do inventário tanto de Corina quanto da filha Bruna, afirmando que, segundo o laudo da polícia técnica elaborado no local do acidente, mas três horas após o evento, a filha Bruna teria sido retirada das ferragens do automóvel ainda com vida, vindo a falecer no trajeto até o hospital, pelo que a hipótese de comoriência estaria afastada e os bens de Corina teriam sido transmitidos a Bruna, sendo ele o único herdeiro da filha na linha ascendente.

O Juiz de Direito da 6ª Vara Cível de Aracaju houve por bem extinguir o inventário aberto pela requerente ao fundamento de não assistir à mãe a legitimidade ativa ad causam, uma vez que "a documentação acostada pelo marido e pai dos falecidos no trágico acidente, demonstra a possibilidade de averiguar-se o momento do falecimento de Bruna, portanto, em relação à mesma não houve comoriência", concluindo que, "tendo Bruna Sobral Hagenbeck tornado-se herdeira de Corina Teles Sobral Hagenbeck, ainda que por breve momento, com o seu falecimento tornou-se o seu genitor o seu único sucessor, e por via de consequência, de todos os bens que a menor herdou de sua genitora".

Interpôs a vencida apelação, argumentando que a questão da comoriência, como fundamento para a decretação de plano da sua ilegitimidade, fora mal decidida pelo magistrado, estando a merecer exame pela via ordinária, sendo-lhe possível produzir prova em sentido contrário, que poderia demonstrar essa circunstância. A menina, segundo sua assertiva, fora levada ao hospital apenas porque não se achava, como os demais ocupantes do veículo acidentado, presa nas ferragens, embora tivesse falecido também no momento do impacto.

Concomitantemente, foi ajuizada pela apelante, perante o Tribunal de Justiça de Sergipe, ação cautelar com pedido liminar, para ser suspenso o inventário aberto pelo ora requerido, na pendência da apelação. Concedida a liminar pelo Presidente do Tribunal, manifestou o apelado agravo regimental, provido pelo Grupo II da Câmara Cível, em acórdão de cuja ementa se lê:

"Agravo Regimental - Ação Cautelar inominada - Sucessão - Comoriência - Inventário duplo - Extinção de um dos processos - Apelação - Ação cautelar para impedir a prática de atos de inventariante e andamento do processo restante -Liminar - Deferimento - Ausência de um dos requisitos autorizadores - Inexistência do periculum in mora - Liminar cassada – Agravo conhecido e provido - Decisão unânime.

- Da decisão que concede ou nega efeito suspensivo ao agravo, que concede liminar em mandado de segurança

sujeito à competência do Tribunal, que concede liminar em ação cautelar ou em outra ação qualquer, cabe agravo regimental desde que comprovadas as suas hipóteses, como a ausência do fumus boni iuris e o periculum in mora".

Adveio recurso especial interposto pela agravada, fundamentado em alegação de negativa de vigência dos artigos 798 e 804, CPC, ainda não admitido, tendo sido aforada também a cautelar em exame com a finalidade de emprestar a esse recurso efeito suspensivo, "no sentido de suspender os efeitos do Acórdão nº 1891/2000, de sorte a continuar em vigor a liminar deferida na ação cautelar inominada nº 006/2000 em trâmite no TJ/SE, que determinou a suspensão do Processo de Inventário nº 2000.1060023-3 ajuizado perante a 6ª Vara Cível da Comarca de Aracaju/SE".

O periculum in mora acha-se caracterizado, argumenta a requerente, uma vez que, com a suspensão daquela liminar concedida em segundo grau, "os bens da inventariada passarão, mediante formal de partilha, em definitivo à propriedade de herdeiros não legítimos, mormente o requerido, o que demandará a posteriori demasiado esforço da requerente em anular todo esse processo", acrescentando, mais adiante, estar "a ação suscetível de causar dano grave e de difícil reparação à autora, mediante a consumação dos atos de partilha e consequentemente fruição dos bens divididos, por parte daqueles cuja legitimidade ainda não está positivada, sendo que o espírito do art. 798 está exatamente voltado à prevenção, mais eficiente do que a reparação posterior".

2. Não descortino o periculum in mora nas circunstâncias apontadas pela requerente. Esse requisito da tutela cautelar ocorre quando há possibilidade de dano de difícil ou incerta reparação, o que não ocorre pelo prosseguimento do inventário, que demanda a adoção das providências administrativas a ele concernentes, mediante arrolamento e avaliação dos bens e pagamento dos tributos devidos.

A questão que requer a realização de prova ampla, outrossim, não pode ser solucionada no inventário, que somente se presta à definição das questões de direito ou das questões de fato cuja demonstração seja documental, nos termos do art. 984, CPC(a propósito, REsp 4.625-SP, DJ de 20.5.91). E nada impede que a requerente apresente solicitação perante o juízo do inventário, promovido pelo viúvo, do resguardo dos direitos que esteja pleiteando na via ordinária, circunstância que enfraquece ainda mais o periculum in mora por ela alegado.

A situação posta a exame não favorece a concessão de liminar por este Tribunal Superior, a fim de emprestar efeito suspensivo ao recurso especial interposto pela ora requerente contra o acórdão que, julgando agravo interno manifestado pelo seu adversário processual contra a liminar a ela concedida pelo Presidente do Tribunal de origem, imprimira efeito suspensivo à apelação por ela interposta contra a sentença terminativa do inventário que ajuizara.

3. À luz do exposto, indefiro a liminar e a própria cautelar.

P.I.

Brasília, 6 de fevereiro de 2001.

MINISTRO SÁLVIO DE FIGUEIREDO TEIXEIRA *(MC 003482-SE, STJ, decisão monocrática do Ministro* SÁLVIO DE FIGUEIREDO TEIXEIRA, *DJ de 14/02/2001).*

"Vistos, etc.

Cuida-se de agravo de instrumento interposto de decisão que inadmitiu recurso especial, fundado na alínea "a" do permissivo constitucional e interposto contra V. Acórdão da egrégia Segunda Câmara de Direito Privado do Tribunal de Justiça do Estado de São Paulo, que restou assim sumariado:

"Questão de alta indagação. Dúvida sobre comoriência. Matéria dependente de prova não documental. Remessa das partes às vias ordinárias. Provimento do recurso para esse fim. Aplicação do artigo 984 do CPC. Saber se ocorreu, ou não, comoriência contestada, é questão de alta indagação, que só pode ser discutida nas vias ordinárias." (fls. 44).

Sustenta o recorrente violação aos artigos 265, IV, "a", 267, VI, 364, 387, 460, 515, 535, II do CPC, bem como, 11 do CC e 1º da Lei de Registros Públicos.

Não prospera o inconformismo.

O Tribunal "a quo" decidiu a lide pela aplicação do artigo 984 do CPC, em razão de a comoriência ter sido contestada, o que requer dilação probatória incabível nos limites do arrolamento. À falta de contrariedade, permanecem incólumes os motivos expendidos pela decisão recorrida. Incidência da súmula 283-STF.

Ademais, a solução do litígio decorreu da convicção formada em face dos elementos fáticos existentes nos autos. Rever a decisão recorrida importaria necessariamente no reexame de provas, o que é defeso nesta fase recursal. (súmula 07-STJ).

Não vislumbro, por fim, a violação ao artigo 535, II, do CPC. O V. Acórdão recorrido decidiu todas as questões relevantes postas para apreciação e julgamento, embora não na forma almejada pelo agravante. Não há, portanto, omissão, contradição ou obscuridade a ser sanada, revestindo-se os embargos de declaração de caráter manifestamente infringente.

Ante o exposto, nego provimento ao agravo.

Publique-se. Intime-se.

Brasília-DF, 17 de junho de 1999. (AG nº 219853/SP, STJ, decisão monocrática do Ministro BARROS MONTEIRO, *DJ de 29/06/1999).*

ARROLAMENTO - FALECIMENTO SIMULTÂNEO DE MÃE E FILHO. *Existência de um estado de dúvida sobre quem morreu primeiro - Comoriência reconhecida - Aplicação do artigo 11 do Código Civil. Recurso não provido. (TJSP - AI 107.108-4 - 6ª C.D.Priv - Rel. Dês.* MOHAMED AMARO*-J. 22.04.1999).*

h) dos modos de suceder

Relativamente à natureza do direito que assiste ao herdeiro em suceder, ela o é por direito próprio ou por direito de representação.

Importantíssimo para alcançarmos o entendimento necessário acerca das formas de suceder, que tenhamos ciência de que em relação à linha e grau de parentesco, o que determina a igualdade ou desigualdade na condição de herdeiro, eles sucedem por cabeça, por estirpe ou por linhas.

Ensina ITABAIANA DE OLIVEIRA, ob. cit., p. 152, que existe, portanto, "um nexo entre o modo de sucederem os herdeiros e a maneira de se partilhar, entre eles, conforme a seguinte regra:

I - *Primeira regra - Quando a igualdade de graus de parentesco, entre herdeiros, é verificada desde o momento da abertura da sucessão e, assim, perdura, esta tem lugar por direito próprio, partilhando-se a herança:*

a) *por cabeça (in capita) - entre os herdeiros e colaterais;*

b) *por linhas (in lineas) - entre os ascendentes, quando, no mesmo grau, concorrem herdeiros das duas linhas paterna e materna.*

II - *Segunda regra - Quando a desigualdade de graus, entre os herdeiros, é verificada, também, desde o momento da abertura da sucessão, esta tem lugar, em relação aos descendentes do herdeiro pré-morto, por direito de representação, partilhando-se, neste ato, a herança, sempre, por estirpe.*

III - *Terceira regra - Quando a igualdade ou desigualdade de graus se verifica depois da abertura da sucessão, esta tem lugar, em relação aos sucessores do herdeiro pós-morto, por direito de transmissão, partilhando-se neste caso, a herança:*

a) *por estirpe - quanto à classe dos descendentes e colaterais, quer estejam ou não em igualdade de graus de parentesco; e*

b)   *por linhas - quanto à classe dos ascendentes quando, no mesmo grau, concorrem em diversidade de linhas."*

Na partilha por direito próprio, quando são chamados os parentes mais próximos do autor da herança, a partilha é por cabeça quando feita a divisão em tantas partes iguais quanto forem os herdeiros, em igualdade de grau de parentesco, ou seja, na classe dos descendentes quando concorrerem à herança somente herdeiros do mesmo grau e, na classe dos colaterais, quando concorrerem, também, herdeiros do mesmo grau.

É, por linha, ensina o citado autor, ob. e loc., "quando a herança é dividida em duas partes iguais, sendo uma para a linha dos ascendentes paternos e outra para a dos ascendentes maternos que, no mesmo grau de parentesco, verificado no momento da abertura da sucessão, concorrem à herança conjuntamente. Este modo de partilhar a herança só tem lugar na classe dos ascendentes quando, em igualdade de grau e diversidade de linha, concorrem à sucessão, conjuntamente, os paternos e os maternos. Assim, a sucessão tem lugar por *direito próprio*, partilhando-se a herança por *linhas*, quando concorrem somente ascendentes do 1° grau, ou do 2° grau, ou do 3° grau, de *ambas as linhas*, paterna e materna; isto é, quando concorrem ou somente pai e mãe, ou somente avós paternos com os maternos, ou somente bisavós paternos com matemos, etc."

Para o direito de representação temos o chamamento dos parentes do falecido a suceder os direitos que ele sucederia se estivesse vivo, ou seja, antes da abertura da sucessão a seu favor falece, sendo chamados então, em concorrência com os herdeiros daquela herança da qual teria direito, os seus descendentes. Os direitos do representante na herança, em verdade, são os do representado. Os netos representam o pai pré-morto na sucessão do avô, concorrendo, em desigualdade de graus com os tios, ou seja, com os irmãos do pai.

O direito de representação se observa na linha reta descendente, em qualquer grau, e na linha colateral em favor dos sobrinhos, filhos do irmão morto, na hipótese de concorrerem com irmãos deste.

A representação, sem excluir os herdeiros mais remotos de outro herdeiro pré-morto, excluem estes que descendem do representado, sendo que a partilha se dá por estirpe, ou seja, o quinhão hereditário que seria do representado será divido igualmente entre os seus representantes.

Excepcionalmente, aqui se pode verificar uma hipótese em que se dá a sucessão de pessoa viva, é quando determinado herdeiro for declarado indigno, por sentença.

Neste caso, ele é considerado, por lei, como se morto fosse, e o que lhe caberia na herança será distribuído entre os seus herdeiros.

No caso da sucessão por direito de transmissão ela tem lugar na hipótese do herdeiro falecer antes de declarar se aceita ou não a herança, ou seja, no período de delação da herança, quando, então, esse direito passa aos seus herdeiros, haja vista ter falecido na posse de um direito - aceitar ou não a herança, direito esse que já fazia parte de seu patrimônio. Aqui a partilha da herança se dá por estirpe.

Note bem, a situação aqui é diversa daquela que se verifica na sucessão por direito de representação, haja vista lá o herdeiro ter falecido antes do autor da herança, ou melhor ainda, na sucessão por direito de representação o herdeiro que os representantes sucedem é pré-morto em relação ao autor da herança e, na sucessão por direito de transmissão o direito que é transmitido é de herdeiro pós-morto em relação ao autor da herança.

ITABAIANA DE OLIVEIRA, ob. cit, p. 165/166, nos dá as consequências resultantes desta diferença nos seguintes termos:

> "a) *pela representação, sucede-se ao de cujus, progenitor do herdeiro pré-morto, e não a este, porque representante é herdeiro do de cujus, à sucessão do qual é chamado pelo direito de representação; ao passo que, pela transmissão, se não sucede ao de cujus, e sim ao herdeiro pré-morto, porque, neste caso, o sucessor não é o de cujus, que deixou a herança, mas o herdeiro pós-morto, que a recolheu e transmitiu aos seus próprios sucessores;*
>
> b) *na representação, o representante é obrigado a conferir os bens que, pessoalmente, recebeu do de cujus, a título de doação, porque o representante é herdeiro do de cujus*

e a colação é devida por quem tem a dupla qualidade de herdeiro descendente e de donatário; ao passo que, na transmissão, o herdeiro não confere as doações que, pessoalmente, lhe foram feitas pelo de cujus, porque não é herdeiro descendente deste, e sim sucessor do herdeiro pós-morto;

c) pode representar, na sucessão do de cujus, uma pessoa pré-morta, embora tenha renunciado à sucessão desta pessoa; mas não pode recolher uma herança por transmissão, senão quando, o sucessor do herdeiro pós-morto aceita a sua sucessão, porque é necessário que a herança do de cujus faça parte da sucessão pessoal do herdeiro pós-morto, que, então, a transmite aos seus próprios sucessores;

d) a representação só tem lugar na linha reta descendente, em qualquer grau, e, na transversal, somente em favor dos filhos de irmãos do falecido, isto é, do herdeiro pré-morto; ao passo que na transmissão tem lugar em qualquer linha, seja descendente, ascendente ou colateral, e em qualquer grau, em que achem os sucessores do herdeiro pós-morto;

e) a representação só aproveita aos descendentes do herdeiro pré-morto, isto é, da pessoa representada; ao passo que a transmissão aproveita a todo e qualquer sucessor do herdeiro pós-morto, inclusive os seus legatários."

INVENTÁRIO – Sucessão da companheira – Existência de um irmão e dois sobrinhos, filhos de irmã pré-morta do falecido - Declarada a inconstitucionalidade do art. 1.790 do CC/2002, que previa diferenciação dos direitos de cônjuges e companheiros para fins sucessórios – Orientação decorrente de tese firmada na Corte Suprema, por ocasião da análise de recursos (RE 646.721 e 878.694), julgados em regime de repercussão geral - Incidência da regra prevista no artigo 1.829, III do CC/2002 – Afastada a sucessão dos parentes colaterais – Decisão reformada – AGRAVO PROVIDO. (TJSP; Agravo de Instrumento 2149411-30.2016.8.26.0000; Relator (a): Elcio Trujillo; Órgão Julgador: 10ª Câmara de Direito Privado; Foro Regional IV - Lapa - 2ª Vara da Família e

Sucessões; Data do Julgamento: 20/03/2018; Data de Registro: 20/03/2018)

AGRAVO REGIMENTAL NO AGRAVO EM RECURSO ESPECIAL. CIVIL E PROCESSUAL CIVIL. INVENTÁRIO JUDICIAL REQUERIDO POR QUEM NÃO É HERDEIRO PRETENDENDO A PARTILHA DE BENS ENTRE O CÔNJUGE VIRAGO SOBREVIVENTE E PARENTES COLATERAIS. PRETENSÃO QUESTIONADA PELA PROCURADORIA-GERAL DO ESTADO. INVENTARIANTE DESTITUÍDO. HOMOLOGAÇÃO TORNADA SEM EFEITO. PRECLUSÃO. INEXISTÊNCIA. PRETENSÃO CONTRA LEGEM. RECURSO IMPROVIDO. 1. *Na hipótese, o inventário judicial foi requerido por um dos sobrinhos do falecido, nomeado inventariante, requerendo a partilha dos bens entre a viúva e os colaterais. Homologado o plano de partilha, foi requerida a retificação das últimas declarações, tendo o juiz tornado sem efeito a sentença anterior e proferido uma nova, condicionada à concordância da Procuradoria-Geral do Estado, que questionou a inclusão dos colaterais havendo viúva-meeira (CC/2002, art. 1.829, I e II). Reconhecida a irregularidade das declarações prestadas, o Juízo do inventário revogou as decisões anteriores e destituiu o inventariante, determinando o prosseguimento do feito. 2. As circunstâncias da causa demonstram a inexistência de preclusão na espécie. O próprio inventariante, ao retificar as últimas declarações, deu causa à nova sentença de homologação, a qual foi dada em caráter condicional, cuja condição não se efetivou. 3. Tratando-se de herdeira única, não se revela útil a providência recursal requerida pelos agravantes - que não são herdeiros -, e que, ao final, objetiva o atendimento de pretensão formulada contra legem. A realização de partilha pressupõe a existência de coerdeiros ou de sucessores diversos com capacidade para suceder; os colaterais não concorrem com o cônjuge sobrevivente e não consta dos autos que sejam sucessores do de cujus por qualquer título. 4. Agravo regimental a que se nega provimento. (4ª. Turma do STJ, AgRg no AREsp 451968/MS, Relator Ministro Raul Araújo, DJe 15/06/2015).*

AGRAVO REGIMENTAL NO AGRAVO EM RECURSO ESPECIAL. VIOLAÇÃO DO ART. 557 DO CÓDIGO DE PROCESSO CIVIL. INEXISTÊNCIA. JULGAMENTO MONOCRÁTICO. POSSIBILIDADE. FAMÍLIA. INVENTÁRIO. HERDEIRO. EXCLUSÃO. CONJUNTO FÁTICO-PROBATÓRIO. REEXAME. SÚMULA Nº 7/STJ. SUCESSÃO HEREDITÁRIA. EXISTÊNCIA. HERDEIRO COLATERAL MAIS PRÓXIMO. MULTA POR LITIGÂNCIA DE MÁ-FÉ. APRECIAÇÃO. IMPOSSIBILIDADE. REEXAME DE PROVAS. SÚMULA Nº 7/STJ. 1. O relator está autorizado a decidir monocraticamente recurso fundado em jurisprudência dominante (art. 557, caput e § 1º- A, do CPC). Ademais, eventual nulidade da decisão singular fica superada com a apreciação da matéria pelo órgão colegiado em sede de agravo interno. 2. Inviável, em sede de recurso especial, modificar o acórdão recorrido que manteve a decisão de primeiro grau que excluiu a agravante do inventário, pois a análise do tema demandaria o reexame do conjunto fático-probatório, procedimento vedado, nos termos da Súmula nº 7/STJ. 3. De acordo com a redação dada pelo artigo 1.840 do Código Civil, na classe dos colaterais, os herdeiros mais próximos excluem o mais remotos. 4. A análise das razões recursais, quanto à aplicação da multa por litigância de má-fé, demanda o revolvimento fático-probatório da lide, o que é vedado, nesta sede, ante o teor da Súmula nº 7/STJ. 5. Agravo regimental não provido. (3ª. Turma do STJ, AgRg no AREsp 336752/MS, Relator Ministro Ricardo Villas Bôas Cueva, DJe 09/12/2014).

RECURSO ESPECIAL. INVENTÁRIO. EXCLUSÃO DE COLATERAL. SOBRINHA-NETA. EXISTÊNCIA DE OUTROS HERDEIROS COLATERAIS DE GRAU MAIS PRÓXIMO. HERANÇA POR REPRESENTAÇÃO DE SOBRINHO PRÉ-MORTO. IMPOSSIBILIDADE. 1. No direito das sucessões brasileiro, vigora a regra segundo a qual o herdeiro mais próximo exclui o mais remoto. 2. Admitem-se, contudo, duas exceções relativas aos parentes colaterais: a) o direito de representação dos filhos do irmão pré-morto do de cujus; e b) na ausência de colaterais de segundo grau, os sobrinhos preferem aos tios, mas ambos herdam por cabeça. 3. O direito de representação, na sucessão colateral, por expressa disposição legal, está limitado aos filhos dos irmãos. 4. Recurso especial não provido. (3ª. Turma do STJ, REsp 1064363/SP, Relator Ministra Nancy Andrighi, DJe 20/10/2011, RMDCPC vol. 45, p. 109, RT vol. 915 p. 429).

AGRAVO DE INSTRUMENTO – ARROLAMENTO – Óbito ocorrido quando os dois únicos filhos já eram falecidos. CC 1.835. Inteligência. Partilha por cabeça. Divisão da herança em quatro partes iguais atribuídas aos quatro netos. Recurso improvido. "A partilha é por cabeça quando a herança é dividida em tantas partes iguais quantos são os herdeiros que concorrem a ela, em igualdade de grau de parentesco, desde o momento da abertura da sucessão. Assim, a sucessão tem lugar por direito próprio e a herança é partilhada por cabeça. O que ocorre na representação é exatamente o oposto. É a desigualdade de grau de parentesco que a desencadeia". (TJSP – AI 994.08.042580-7 – São Paulo – 3ª CD.Priv. – Rel. JESUS LOFRANO – DJe 01.12.2011 – p. 1363).

RECURSO ESPECIAL – INVENTÁRIO – EXCLUSÃO DE COLATERAL – SOBRINHA-NETA – EXISTÊNCIA DE OUTROS HERDEIROS COLATERAIS DE GRAU MAIS PRÓXIMO – HERANÇA POR REPRESENTAÇÃO DE SOBRINHO PRÉ-MORTO – IMPOSSIBILIDADE – 1- No direito das sucessões brasileiro, vigora a regra segundo a qual o herdeiro mais próximo exclui o mais remoto. 2- Admitem-se, contudo, duas exceções relativas aos parentes colaterais: a) o direito de representação dos filhos do irmão pré-morto do de cujus; e b) na ausência de colaterais de segundo grau, os sobrinhos preferem aos tios, mas ambos herdam por cabeça. 3- O direito de representação, na sucessão colateral, por expressa disposição legal, está limitado aos filhos dos irmãos. 4- Recurso especial não provido. (REsp 1.064.363, 3ª. Turma do STJ, Relatora Ministra NANCY ANDRIGHI, DJe 20.10.2011, p. 781).

SUCESSÃO DE COMPANHEIRO – CONCORRÊNCIA DE FILHOS COMUNS E EXCLUSIVOS DO DE CUJUS – DOUTRINA MAJORITÁRIA – "Civil e processual civil. Agravo de instrumento. Sucessão de companheiro. Concorrência de filhos comuns e exclusivos do de cujus. Doutrina majoritária. Decisão parcialmente reformada. Tendo sido omisso o legislador quanto à hipótese de concorrência à herança do companheiro, composta por bens adquiridos onerosamente, de filhos comuns e filhos exclusivos do de cujus, recomenda a melhor doutrina que a sucessão se faça por cabeça, igualando-se os quinhões dos filhos – que pela constituição federal não poderiam jamais ser distintos, conforme art. 227, § 6º – com o quinhão do companheiro sobrevivente. Agravo de instrumento provido." (TJDFT – Proc. 20100020144503 – (521038) – Rel. Des. ANGELO PASSARELI – DJe 22.07.2011).

i) Indivisibilidade da herança

Todos os bens da herança são comuns a todos os herdeiros e, em função disso, quando chamada mais de uma pessoa a suceder, a herança será indivisível no que concerne à posse e ao domínio, até que se ultime a partilha.

Assim, se vê, o herdeiro tem direito a determinada parte da herança e não sobre essa ou aquela coisa. Tanto é assim que ao herdeiro é vedado vender, hipotecar ou ceder parte determinada da herança; o que pode ser feito em relação a sua parte ideal.

Neste sentido a lição de SÍLVIO RODRIGUES, ob. cit., p. 36, nos seguintes termos:

"A herança é uma universalidade *júris* e a lei, contemplando a hipótese de existirem dois ou mais herdeiros, declara que o direito dos mesmos, quanto à posse e ao domínio daquela, é indivisível até se ultimar a partilha.

Trata-se de uma indivisibilidade imposta por lei e que dura até a sentença de partilha. Sua principal, senão exclusiva consequência, é a de gerar, na pessoa de cada herdeiro, a prerrogativa de reclamar a herança inteira, de quem quer que injustamente a possua, sem que esta pessoa possa defender-se alegando caráter parcial do direito de reivindicante (Cód. Civil, art. 1.580, parágrafo único)."

Luiz da Cunha Gonçalves, ob. cit., quando trata da indivisão hereditária e seus efeitos, nos dá a seguinte lição:-

"Com efeito, a herança é indivisível, apenas, no sentido de que, antes da partilha, os direitos dos herdeiros recaem ou pairam sobre toda a massa da herança; são indeterminados ou incertos quanto aos bens que a cada um virão a pertencer. O quinhão de cada herdeiro é ideal, abstrato, porque diz respeito, tanto ao todo da herança, como a cada um dos elementos. Por isso, nenhum dos co-herdeiros se pode dizer senhor e possuidor exclusivo de qualquer coisa determinada pertencente à herança, ainda que seja de valor equivalente ao seu quinhão; nenhum pode praticar ato de domínio ou posse em seu exclusivo proveito; e, logicamente, nenhum pode alienar o seu quinhão, embora indeterminado, com prejuízo da opção, que aos seus co-herdeiros pertence, visto ser a herança uma universalidade, sujeita às regras gerais da compropriedade; enfim, nenhum co-herdeiro pode dividir a herança por seu arbítrio, sem o acordo e o concurso dos outros co-herdeiros e sem o processo legal das partilhas. Somente após a partilha é que o direito de cada co-herdeiro fica concretizado e se transforma em propriedade que, pelo efeito declarativo da partilha, retroage à data da abertura da herança.

A indivisão hereditária distingue-se da compropriedade por dois caracteres principais, a saber: a) o objeto da primeira é uma universalidade jurídica, divisível, de conteúdo um tanto indeterminado; o objeto da segunda é, sempre, uma coisa determinada, divisível por natureza; b) a primeira é uma situação precária e transitória, destinada a cessar pela partilha da herança, que pode ser requerida por qualquer dos co-herdeiros, a todo momento, e até imposta por lei, em curto prazo, como quando um ou alguns dos co-herdeiros são incapazes; a segunda é susceptível de durar, por convenção expressa ou tácita, por largo tempo, por sucessivos quinquênios.

A indivisão hereditária é de um estado puramente passivo, nascido da lei e não das vontades conjugadas dos co-herdeiros. Não é uma indivisão *organizada* e de indefinida duração, como a dos bens dos casados sob o regime de comunhão geral, a da compropriedade dum navio ou a da propriedade dum casal de família.

O estado de indivisão supõe a concorrência de direitos de idêntica natureza. Não há, por isso, indivisão entre o usufrutuário da herança e o nú proprietário dos respectivos bens. Mas, pode existir indivisão entre dois ou mais usufrutuários ou entre dois ou mais proprietários-nús. Nestes casos, uma só herança comportará duas indivisões distintas, que funcionarão de modo diverso, até a extinção do usufruto. E, se a herança for dum casado, teremos duas indivisões conjugadas: a do casal e a da herança do cônjuge predefunto."

> *APELAÇÃO CÍVEL. AÇÃO DE COBRANÇA. CONTRATO DE PROMESSA DE COMPRA E VENDA DE BEM IMÓVEL. MULTA POR DESCUMPRIMENTO. OUTORGA DE ESCRITURA PÚBLICA. SENTENÇA DE IMPROCEDÊNCIA. INSURGÊNCIA DA PARTE AUTORA. ALIENAÇÃO DE BEM IMÓVEL DA HERANÇA MEDIANTE CONTRATO DE COMPRA E VENDA. IMPOSSIBILIDADE. INDIVISIBILIDADE DA HERANÇA ATÉ A PARTILHA. PERMITIDA APENAS A CESSÃO DE DIREITOS HEREDITÁRIOS MEDIANTE ESCRITURA PÚBLICA. COMPETÊNCIA DO JUÍZO DO INVENTÁRIO A TRANSMISSÃO DA PROPRIEDADE OBJETO DA CESSÃO MEDIANTE CARTA DE ADJUDICAÇÃO. PROMESSA DE COMPRA E VENDA INEFICAZ E, CONSEQUENTEMENTE, INEXIGÍVEL A MULTA CONTRATUAL NELA PREVISTA. PRECEDENTES. SENTENÇA MANTIDA. RECURSO CONHECIDO E DESPROVIDO. (TJSC, Apelação Cível n. 0001573-58.2007.8.24.0075, de Tubarão, rel. Des. Rodolfo Cezar Ribeiro Da Silva Tridapalli, Quarta Câmara de Direito Civil, j. 07-12-2017).*

> *APELAÇÃO CÍVEL. INVENTÁRIO. SENTENÇA QUE HOMOLOGOU O PLANO DE PARTILHA APRESENTADO PELA INVENTARIANTE. INSURGÊNCIA DE UM DOS HERDEIROS. ALEGAÇÃO DE QUE A INVENTARIANTE DEIXOU DE COLACIONAR AOS AUTOS O IMÓVEL EM QUE RESIDIA COM O AUTOR DA HERANÇA E O VENDEU A TERCEIRO. CERTIDÃO DE REGISTRO DO REFERIDO BEM QUE APONTA NÃO SER O DE CUJUS SEU PROPRIETÁRIO. RECORRENTE QUE SUSTENTA A NULIDADE DA SENTENÇA POR CERCEAMENTO DE DEFESA. PRETENDIDA*

PRODUÇÃO DE PROVA TESTEMUNHAL. INVIABILIDADE. AUSÊNCIA DE QUALQUER INÍCIO DE PROVA ESCRITA DE QUE O AUTOR DA HERANÇA SERIA O PROPRIETÁRIO DO IMÓVEL DITO SONEGADO. INCIDÊNCIA DO ART. 984 DO CPC/73 (ART. 612 DO CPC/15). No inventário, o julgador deve decidir apenas as questões de direito e de fato que se acham provadas em documentos, tal como ordena o art. 612 do CPC/15 (art. 984 do CPC/73), não estando compelido a ordenar a coleta de depoimentos testemunhais para comprovação de situação que deve ser perseguida pelos meios ordinários. RECORRENTE QUE TERIA ADQUIRIDO, DE FORMA VERBAL, OS QUINHÕES DOS DEMAIS HERDEIROS, SEUS IRMÃOS, SOBRE O ÚNICO BEM DEIXADO PELO DE CUJUS, COM "VENDA" DE PARTE DAS COTAS A TERCEIROS. NÃO OBSERVÂNCIA DOS DISPOSTO NO ART. 1.793, CAPUT E §§ 2º E 3º, DO CÓDIGO CIVIL. IMPOSSIBILIDADE DE TRANSAÇÃO DE BEM DA HERANÇA CONSIDERADO SINGULARMENTE. INDIVISIBILIDADE ATÉ A PARTILHA. ALÉM DISSO, CESSÃO QUE SOMENTE PODE OCORRER POR MEIO DE ESCRITURA PÚBLICA. INEFICÁCIA DAS CESSÕES PERANTE O ESPÓLIO. SENTENÇA MANTIDA. Nos termos do art. 1.791 do Código Civil, "a herança defere-se como um todo unitário, ainda que sejam vários os herdeiros". Além disso, de acordo com o parágrafo único do referido dispositivo, "Até a partilha, o direito dos co-herdeiros, quanto à propriedade e posse da herança, será indivisível, e regular-se-á pelas normas relativas ao condomínio." "Como consequência da existência desse condomínio, existem restrições ao direito do herdeiro em ceder o quinhão hereditário a outrem. [...] Como primeira restrição, enuncia o § 2º do art. 1.793 que é ineficaz a cessão, pelo coerdeiro, de seu direito hereditário sobre qualquer bem da herança considerado singularmente. [...] Do mesmo modo, a lei considera como ineficaz a disposição por qualquer herdeiro, sem prévia autorização do juiz da sucessão, de bem componente do acervo hereditário, pendente a indivisibilidade (art. 1.793, § 3º, do CC)." (Manual de Direito Civil: volume único, 4ª ed. rev., atual. e ampl. São Paulo: Método, 2014, p. 1.347).

(TJSC, Apelação Cível n. 0000172-68.2006.8.24.0007, de Biguaçu, rel. Des. Jorge Luis Costa Beber, Segunda Câmara de Direito Civil, j. 17-11-2016).

SUCESSÃO DO COMPANHEIRO. Ação de prestação de contas. Autor da ação que faleceu no curso da demanda. Legitimidade concorrente dos herdeiros para figurar no polo passivo da ação em conjunto com o espólio. Princípio da saisine. Indivisibilidade da herança até a partilha. Agravante que viveu em união estável com o de cujus. Condição reconhecida na inicial da ação de inventário. Recurso provido. (Agravo de Instrumento nº 2146918-17.2015.8.26.0000, sessão permanente e virtual da 1ª Câmara Reservada de Direito Empresarial do Tribunal de Justiça de São Paulo, Relator Desembargador TEIXEIRA LEITE, j. 22/10/2015).

PROCESSO CIVIL Irresignação recursal contra a manutenção da penhora de imóvel arrematado em outra execução Decisão que determinou o levantamento da penhora. Ausência de interesse recursal. PENHORA - Impenhorabilidade Bem integrante da meação do cônjuge supérstite Meação não se confunde com herança, não estando sujeita à indivisibilidade do inventário. Como não há transmissão da propriedade da fração ideal do bem de titularidade do cônjuge supérstite, não há óbice para sua constrição. LITIGÂNCIA DE MÁ-FÉ Inocorrência - Não se detecta deslealdade processual no procedimento da parte que não foi bem sucedida na busca de apoio de suas pretensões Afastamento das penalidades impostas ao recorrente pela decisão recorrida. Recurso parcialmente conhecido e provido em parte. (Agravo de Instrumento nº 2123631-25.2015.8.26.0000, 20ª Câmara de Direito Privado do Tribunal de Justiça de São Paulo, Relator Desembargador ÁLVARO TORRES JÚNIOR, j. 05/10/2015).

Ação de usucapião extraordinária. Imóvel cuja posse *ad usucapionem* era exercida pela avó da autora, até a ocasião de seu falecimento. Transmissão automática do bem aos herdeiros por ocasião da morte (princípio da *saisine*). Indivisibilidade da comunhão hereditária. Ausência de citação dos herdeiros para integrar o polo passivo da lide. Litisconsórcio necessário. Art. 942 do CPC que, ao se exigir a citação daquele em cujo nome está registrado o imóvel contempla também os que são titulares do domínio por força de lei, como é o caso de herdeiros (CC, art. 1.784). Nulidade da sentença. Recurso prejudicado. (Apelação nº 0001271-24.2006.8.26.0361, 4ª Câmara de Direito Privado do Tribunal de Justiça de São Paulo, Relator Desembargador HAMID BSINE, j. 11/07/2015).

RECURSO ESPECIAL - SUCESSÕES - PRINCÍPIO DA INDIVISIBILIDADE DA HERANÇA - ALIENAÇÃO DE BEM SINGULARMENTE CONSIDERADO - IMPOSSIBILIDADE - RECURSO DESPROVIDO. 1. O princípio da indivisibilidade da herança, inserto no art. 1.580 do Código Civil de 1916, veda a alienação, por herdeiro, de coisa singularmente considerada do patrimônio a ser inventariado. Aberta a sucessão, a herança é considerada universitas juris, pois é deferida como um todo unitário, de modo que todos os herdeiros podem exercer sobre o acervo hereditário os direitos relativos à posse e à propriedade. Assim, uma das características marcantes do patrimônio a ser inventariado é a sua indivisibilidade, ou seja, enquanto este não for partilhado, não será permitido atribuir determinado bem a qualquer herdeiro individualmente, porquanto, tão somente após a superação das diversas etapas do inventário será viável a apuração acerca da existência positiva de haveres. 2. Irretocável o aresto hostilizado, visto que a indivisibilidade da herança, sob a égide do Código Civil de 1916, não comporta exceção, não possuindo, o cedente, a propriedade, de modo exclusivo, de qualquer bem do acervo hereditário, exercendo apenas o domínio sobre os bens em conjunto com os demais herdeiros. 3. Sem embargo, poderá ser realizada a alienação de bem específico, desde que haja concordância de todos os sucessores e autorização judicial, providência esta que viabilizará o controle de legalidade do negócio jurídico, coibindo fraudes e prejuízo aos demais herdeiros e aos credores. 4. Recurso especial desprovido. (REsp 1072511/RS, 4ª. Turma do STJ, Relator Ministro MARCO BUZZI, DJe 30/04/2013, RBDFS vol. 35 p. 169).

CIVIL – PROCESSO CIVIL – EXECUÇÃO – EMBARGOS DE TERCEIROS – APELAÇÃO CÍVEL – PENHORA DE BEM IMÓVEL – CÔNJUGE FALECIDO – NECESSIDADE DE INTIMAÇÃO DO ESPÓLIO – GRAVAME QUE ALTERA A SITUAÇÃO JURÍDICA DO BEM – CERCEAMENTO DE DEFESA CONFIGURADO – IMÓVEL PERTENCENTE AO ACERVO SUCESSÓRIO – INDIVISIBILIDADE DO PATRIMÔNIO QUE CONSTITUI A HERANÇA – Domínio transmitido de imediato aos herdeiros com a abertura da sucessão. Inadmissibilidade de penhora do bem. Precedentes no STJ. Sentença reformada. Conhecimento e provimento do recurso. *(TJRN – AC 2007.007093-6 – 2ª C.Cív. – Rel. Des. OSVALDO CRUZ – DJe 31.08.2011 – p. 112)*

AGRAVO DE INSTRUMENTO – PRELIMINAR – ART. 526, CPC MANIFESTAÇÃO DO AGRAVADO NO PRIMEIRO MOMENTO PRECLUSÃO – PRELIMINAR REJEITADA – AÇÃO DE INVENTÁRIO – HERANÇA INDIVISÍVEL – IMPOSSIBILIDADE DE CESSÃO DE BEM DETERMINADO DO ACERVO HEREDITÁRIO – ESCRITURA PÚBLICA DE CESSÃO DE DIREITOS HEREDITÁRIOS INEFICAZ PERANTE OS DO-HERDEIROS QUE NÃO ANUÍRAM COM A CESSÃO – O DIREITO DE PREFERÊNCIA INCIDE SOBRE QUOTA HEREDITÁRIA – ÔNUS DA PROVA – ART. 333, I DO CPC – RECURSO PARCIALMENTE PROVIDO – 1- O descumprimento do art. 526, caput, do CPC deve ser alegado pelo agravado, no momento processual oportuno, sob pena de preclusão. 2- Não pode a parte escolher o momento para se manifestar sobre o descumprimento do caput, art. 526. Deverá arguir o desrespeito à norma sempre no primeiro momento em que for intimada para se manifestar nos *autos, sobre pena de preclusão. 3- A herança transfere-se aos seus herdeiros como um todo unitário e que, até a partilha, o direito de propriedade e posse dos co-herdeiros será indivisível. Inteligência do art. 1.791 do CC/02. 4- Antes da partilha, nenhum herdeiro tem a propriedade ou a posse exclusiva sobre um bem certo e determinado do acervo hereditário, eis que somente a partilha individualizará e determinará objetivamente os bens que cabem a cada herdeiro. 5- Havendo pluralidade de herdeiros no inventário o co-herdeiro poderá alienar a terceiro a sua quota parte, ou seja, a sua parte indivisa, a fração ideal de que é titular, todavia, não pode alienar um bem determinado que faça parte do acervo hereditário, sem o consentimento dos demais, sob pena de ir de encontro ao princípio da indivisibilidade da herança. 6- Caso o co-herdeiro discrimine, através de uma cessão de direitos hereditários, o bem que deseja alienar, essa transação não obriga os demais co-herdeiros, sendo ineficaz perante estes. 7- O Código Civil, em seu art. 1.795, é claro em dispor que o direito de preferência dá-se somente sobre a quota hereditária do co-herdeiro, ou seja, o direito de sucessão aberta, uma vez que não é possível a cessão de bem determinado do espólio. 8- Não havendo prova de que o bem imóvel está ocupado por terceiros, não é possível expedição de mandado de imissão na posse. 9- De acordo com o art. 333, I, do CPC, cabe ao autor o Ônus da prova dos fatos constitutivos de seu direito. 10- Recurso parcialmente provido. (TJES – AGI 25109000064 – Rel. Des. JOSENIDER VAREJÃO TAVARES – DJe 18.11.2010 – p. 24).*

CIVIL E PROCESSO CIVIL. SUCESSÃO. INVENTÁRIO E PARTILHA. LEGITIMIDADE DO CO-HERDEIRO PARA DEFENDER EM JUÍZO A UNIVERSALIDADE DA HERANÇA. I - Nos termos do artigo 1.580 do Código Civil de 1916, até a partilha, "qualquer dos co-herdeiros pode reclamar a universalidade da herança ao terceiro, que indevidamente a possua". II - Considerando que é a própria indivisibilidade do bem objeto da herança que cria em favor dos herdeiros a situação de condomínio que lhes autoriza a, de per si, atuar na defesa do patrimônio comum, é de se concluir que sempre que presente essa situação, estará configurada a legitimidade destacada. III - Em outras palavras, a restrição temporal imposta pelo artigo 1.580, parágrafo único, do Código Civil de 1916 - "até a partilha", só se aplica em relação aos bens que foram objeto da partilha, porque em relação aos demais, sujeitos a uma sobrepartilha, persiste a situação de indivisibilidade e, por conseguinte, a legitimação. IV - Recurso Especial provido. (REsp 844248/RS, 3ª. Turma STJ, Relator Ministro SIDNEI BENETI, *j. 20/05/2010, DJe 10/06/2010).*

PROCESSUAL CIVIL – APELAÇÃO CÍVEL – ADJUDICAÇÃO COMPULSÓRIA – BEM VENDIDO POR PROPRIETÁRIO POSTERIORMENTE FALECIDO – PRETENSÃO DE TRANSFERÊNCIA DO IMÓVEL PARA OS ADQUIRENTES – IMPOSSIBILIDADE – Bem imóvel incluído em espólio levando à necessidade de abertura do inventário. Universalidade e indivisibilidade do direito dos herdeiros quanto à propriedade e posse da herança. Inadequação da via eleita. Extinção do processo que se impõe. Manutenção da sentença de 1º grau. Conhecimento e desprovimento da apelação cível. (TJRN – AC 2009.011008-5 – 2ª C.Cív. – Rel. Des. ADERSON SILVINO *– DJe 03.12.2009 – p. 66)*

HERANÇA – CESSÃO DE DIREITOS HEREDITÁRIOS – CONDOMÍNIO – INDIVISIBILIDADE – "Direito civil. Cessão de direitos hereditários. Condomínio. Indivisibilidade. Direito de preferência dos co-herdeiros. Art. 1.139 do Código Civil de 1916 (art. 504 do CC em vigor). 1. 'Os co-herdeiros, antes de ultimada a partilha, exercem a compropriedade sobre os bens que integram o acervo hereditário pro indiviso, sendo exigível, daquele que pretenda ceder ou alhear seu(s) quinhão(ões), conferir aos demais oportunidade para o exercício de preferência na aquisição, nos moldes do que preceitua o art. 1.139 Código Civil' (REsp 50.226/BA). 2. O art. 1.139 do Código Civil de 1916 (art. 504 do CC em vigor) não faz nenhuma distinção entre indivisibilidade real e jurídica para efeito de assegurar o direito de preferência ali especificado. Interpretação em sintonia com a norma do art. 633 do mesmo diploma legal, segundo a qual 'nenhum condômino pode, sem prévio consenso dos outros, dar posse, uso, ou gozo da propriedade a estranhos' (art. 633). 3. Ao prescrever, do modo taxativo, a indivisibilidade da herança, assim o fez o legislador por divisar a necessidade de proteção de interesses específicos da universalidade ali estabelecida, certamente não menos relevantes do que os aspectos de ordem meramente prática que poderiam inviabilizar a divisão física do patrimônio. 4. Recurso especial provido." (REsp 550940/MG, 4ª. Turma do STJ, Relator Ministro JOÃO OTÁVIO DE NORONHA, DJe 08.09.2009).

CIVIL E PROCESSUAL. ACÓRDÃO ESTADUAL. NULIDADE INEXISTENTE. JULGAMENTO DA APELAÇÃO. DIVERGÊNCIA EFETIVA ENTRE MAIORIA E MINORIA. EMBARGOS INFRINGENTES. CABIMENTO. MANDATO. IRREGULARIDADE SANADA. CPC, ARTS. 13 E 37. EXEGESE. SÚMULA N. 7-STJ. EXECUÇÃO. EMBARGOS DE TERCEIRO POR ESPÓLIO. TOMADA DE EMPRÉSTIMO E CONSTITUIÇÃO DE HIPOTECA POR VIÚVO MEEIRO EM RELAÇÃO A IMÓVEL AINDA NÃO PARTILHADO. INVENTÁRIO EM CURSO HÁ VÁRIOS ANOS. DECISÃO QUE ADMITE A HIGIDEZ DO ÔNUS REAL E RESPECTIVA PENHORA SOBRE A PARTE DO BEM QUE COUBER AO EXECUTADO. IMPOSSIBILIDADE. INDIVISIBILIDADE DO PATRIMÔNIO E HERANÇA. DOMÍNIO TRANSMITIDO DE IMEDIATO COM A ABERTURA DA SUCESSÃO. I. Não se identifica nulidade em acórdão que enfrenta suficientemente as questões essenciais ao deslinde da controvérsia. II. Possível nas instâncias ordinárias a convalidação do mandato, ao teor dos arts. 13 e 37 do CPC, com a regularização dos atos já praticados, necessária, por outro lado, a prévia oportunização para tanto pelo órgão julgador. Precedentes do STJ. III. "A pretensão de simples reexame de prova não enseja recurso especial" (Súmula n. 7-STJ). IV.

Aberta a sucessão, o domínio é transmitido de imediato aos herdeiros e os direitos são indivisíveis, até a partilha, de sorte que é vedado ao viúvo-meeiro, da mesma forma que em vida não poderia fazê-lo sem a outorga uxória, gravar imóvel objeto do inventário já aberto com ônus hipotecário, resultando, ao depois, na execução e penhora do bem ainda comum a todos, posto que o ato é viciado em sua origem. V. Recurso especial conhecido parcialmente e provido, com a procedência dos embargos de terceiro opostos pelo espólio. (REsp 304800/MS, 4ª. Turma do STJ, Relator Ministro ALDIR PASSARINHO JÚNIOR, DJ 28/05/2007 p. 342).

CIVIL – AÇÃO DECLARATÓRIA DE NULIDADE DE ATO JURÍDICO – CONTRATO PARTICULAR DE COMPROMISSO DE COMPRA E VENDA – HERDEIRO INTERESSADO – REPRESENTAÇÃO – ESPÓLIO – TRANSMISSÃO DE HERANÇA – PRETERIÇÃO DO DIREITO DOS DEMAIS HERDEIROS – PRINCÍPIO DA INDIVISIBILIDADE – ART. 1.580 DO CC DE 1916 – ESCRITURA PÚBLICA – NULIDADE – RECONHECIMENTO – PROVIMENTO – I - Age na qualidade de representante do espólio o herdeiro que celebra contrato de compromisso de compra e venda, pois, além de ser interessado na pactuação do feito, procede à intervenção sem demonstrar qualquer necessidade ou utilidade, e muito menos com intenção de trazer proveito para o representado, não preenchendo, assim, os pressupostos caracterizadores da gestão de negócios; II - O herdeiro que, antes do inventário e consequente partilha, e após celebração de contrato de compromisso de compra e venda, procede à escrituração do imóvel somente em seu nome, em preterição ao direito dos demais herdeiros, fere o princípio da indivisibilidade da herança, estatuído no art. 1.580 do CC de 1916, passível de reconhecimento da nulidade através de ação declaratória; III - Apelação provida. (TJMA – AC 024072/2005 – (58.245/2005) – Grajaú – 3ª C.Cív. – Rel. Des. CLEONES CARVALHO CUNHA – J. 15.12.2005)

j) direito do nascituro

Nascituro é o que ainda vai nascer, que esta gerado, mas ainda não nasceu. É o que ainda está no ventre da mãe.

PONTES DE MIRANDA define o nascituro como "o concebido ao tempo em que se apura se alguém é titular de um direito, pretensão, ação ou exceção, dependendo a existência de que nasça com vida". ("Tratado de Direito Privado", Tomo I, Editor Borsoi, p. 166, p.954).

Para SILMARA JUNY DE ABREU CHINELATO E ALMEIDA é a "pessoa por nascer, já concebida no ventre materno (*in anima nobile*), a qual são conferidos todos os direitos compatíveis com sua condição especial de estar concebido no ventre materno e ainda não ter sido dado à luz". (*"Direitos da personalidade do nascituro"*, Revista do Advogado n° 38, p. 21, dez/92, São Paulo).

No Direito Romano para que o nascituro tivesse personalidade civil era necessário que já tivesse nascido, com vida, não fosse escravo, fosse viável e não "*monstrum vel prodigium*", estivesse completamente separado das vísceras da mãe.

Na expectativa de que o feto nascesse com vida, o Direito Romano, sempre considerou o direito do nascituro, dando ao embrião proteção especial, resguardando todos os seus direitos para o nascimento com vida, conforme se pode observar do disposto por PAULO, dentre outros, no Fr. 7. D. 1.5:

> "*Qui in utero est, perinde ac si rebus humanis esset cusloditur, quotiens de commodis ipsius partus quoeritur; quamquam allii antequam nascatur, nequaquam prosit.* "

ALOYSIO MARIA TEIXEIRA in "Repertório Enciclopédico do Direito Brasileiro", por J. M. DE CARVALHO SANTOS, Editor Borsoi, v. 34, p. 15, a respeito da exigência do nascimento com vida no Direito Romano chama a atenção, para que não nos olvidemos, "das correntes antagônicas dos PROCULEIANOS e SABINIANOS que existiam ao tempo de AUGUSTO e eram divergentes mais por questões particulares e partidárias do que por causa de razões doutrinárias.

Os PROCULEIANOS, para prova da vida, exigiam um vagido produzido pelo recém-nascido, ao passo que os SABINIANOS, para nós com mais razão, formularam a hipótese de um recém-nascido mudo e desprezaram, por isso, a necessidade do sinal da voz, opinião esta aceita e seguida por JUSTINIANO."

Tão grande o respeito pela vida do nascituro no Direito Romano, respeitado os períodos, que não era lícito aplicar pena à mulher grávida; existiam penas para punir o crime hediondo do aborto e, no caso de cumplicidade nesta prática, os cúmplices eram expulsos para determinada ilha e tinham confiscado seus bens; se do aborto resultasse morte da gestante, o cúmplice era passível de pena de morte; nas heranças, seus direitos eram reservados, como se vivo fosse.

Referido mestre, ob. cit., p. 18, assevera que "apesar do Direito Romano não atribuir *in totum* personalidade ao nascituro, como se deduz do Fr. 2 Cod. VI - 291, pp. DIOCLETIANUS ET MAXIMINIANUS *"Uxoris aborti testamentum mariü non solvi, postumo vero praeterito, quam vis natus illico dicesseril, non restitui reptum, iuris evidentissimi est. "*, e mesmo do que diz PAULO no livro 4, Tit. 9 § 6 das Sententiae *"Aborsus et abactus venter partum officere non videtur"*, é certo e indiscutível que as INSTITUTAS e o Código JUSTINIANO, o próprio jurisconsulto PAULO nas várias disposições já citadas, assim como outros juristas Romanos já mencionados, protegeram sempre o nascituro e sempre lhe reservaram bens e prerrogativas jurídicas."

Nos dias atuais, de lado qualquer outra lei alienígena, o fato é que em função dos avanços, diuturnos, no campo da genética humana, imaginável várias situações novas e, outras tantas ainda não alcançáveis.

Estabelece nosso Código Civil no art. 2° que a "personalidade civil da pessoa começa do nascimento com vida; mas a lei põe a salvo, desde a concepção, os direitos do nascituro."

Da lição de SADY CARDOSO DE GUSMÃO, ob. cit., v. 34, p. 10, feita sob a égide da lei antiga, que é essa "questão intrincada de direito a que pela própria disposição legal não pode o nascituro ser reputado pessoa natural, e não o é jurídica, ante a concepção de pessoa jurídica dominante na doutrina, ou seja a de realidade jurídica, e não acolhida no nosso direito positivo a teoria de KELSEN, de pessoa formal.

A verdade é que, preocupando-se o legislador com o que efetivamente existe e normalmente acontece e, portanto, com a possibilidade positiva do nascimento com vida, trata o nascituro como se fosse pessoa, com uma espécie de capacidade latente, do mesmo modo e com mais força com que trata o ausente, por incidirem em relação à este incertezas quanto à vida e quanto à morte.

Por outro lado, a situação do nascituro se assemelha à da formação das pessoas jurídicas, cuja constituição precede o reconhecimento legal e há hoje, na prática do direito, figuras que não constituem pessoas propriamente ditas, mas que surgem na órbita do direito com aspectos semelhantes: as sociedades de fato, as associações eventuais e transitórias, como os Congressos, o condomínio, o espólio, etc.

O nascituro é um ente personificado, ou capaz de personificar-se, pelo nascimento com vida e é o quanto basta para reconhecimento de qualidade para suceder e daí a superioridade da doutrina do direito anterior, defendida por CLÓVIS e adotada no seu projeto, fazendo remontar a personalidade à concepção (...).

Ao nascituro, passível de ser descendente legítimo, ou de ser legitimado, ou reconhecido, a lei confere verdadeira capacidade de suceder, embora de forma anômala, em face das circunstâncias já apontadas."

Para MARIA HELENA DINIZ, "tem o nascituro personalidade jurídica formal, no que se refere aos direitos personalíssimos, passando a ter personalidade jurídica material, adquirindo os direitos patrimoniais, somente, quando do nascimento com vida. Portanto, se nascer com vida, adquire personalidade jurídica material, mas, se tal não ocorrer, nenhum direito patrimonial terá". ("*Lei de introdução ao Código Civil brasileiro interpretada*", Editora Saraiva, São Paulo, 1994, p. 205).

Ao nascituro, portanto, é reconhecida a qualidade de herdeiro presumível, com o seu direito condicionado ao nascimento com vida.

No inventário, a notícia da gravidez, se dará por ocasião das declarações, instruindo a informação com exame médico comprobatório e, se não houver resistência por parte dos herdeiros a situação estará sanada.

De se chamar a atenção para o fato de que a informação do estado de gravidez comprova a gravidez, não a paternidade que, segundo dispõe o art. 1.597, I e II, é presumida e, portanto, se considerada duvidosa, em nascendo o nascituro com vida, a matéria deverá ser resolvida nas vias ordinárias, ou seja, através de ação de investigação de paternidade a ser intentada pela mãe contra os herdeiros.

> *Art. 1.597. Presumem-se concebidos na constância do casamento os filhos:*
>
> *I - nascido cento e oitenta dias, pelo menos, depois de estabelecida a convivência conjugal;*
>
> *II - nascidos nos trezentos dias subsequentes à dissolução da sociedade conjugal, por morte, separação judicial, nulidade e anulação do casamento;*
>
> *(...)*

MOREIRA ALVES, "A Parte Geral do Projeto de Código Civil Brasileiro", Editora Saraiva, 1986, pág. 127-128, assentou:

"Manteve-se o princípio, firmado no artigo 2°, de que "a personalidade civil do homem começa do nascimento com vida; mas a lei põe a salvo os direitos do nascituro". A emenda - a de n. 7 - que propunha que a "personalidade civil do homem começa com a concepção, mas a plena capacidade de direito só se adquire com o nascimento", e que salientava ainda que, "se o nascituro não vier a nascer com vida, resolvem-se os direitos por ele adquiridos na fase intra-uterina" - fórmulas essas com que se pretendia evitar o reconhecimento de direitos a um não-sujeito-de-direito - foi rejeitada, tendo merecido o seguinte comentário da Comissão Revisora:

"A emenda, data vênia, não resolve o problema secular do DIREITO SEM SUJEITO, ou melhor, do DIREITO À ESPERA DE UM SUJEITO. Pelo contrário, cria uma distinção insustentável: personalidade civil e plena capacidade de direito. A personalidade jurídica e a capacidade jurídica são conceitos indissociáveis: aquela é um *quid* (a aptidão, em sentido absoluto, de ter direitos a contrair obrigações); esta, um *quantum* (aptidão de ter mais ou menos direitos, de contrair mais ou menos obrigações). E o *quantum* não varia em função de o portador da personalidade jurídica ser nascituro ou já haver nascido. O nascituro brasileiro pode ter mais direitos - e os adquirirá ao nascer com vida - do que, para o Brasil o estrangeiro já nascido. O problema é outro:

o Código Civil e o Projeto admitem direitos sem a existência de um titular".

> *APELAÇÃO CÍVEL – Ação de cobrança – Autor pretende receber sua cota em indenização recebida pelos requeridos em razão do falecimento do genitor comum, policial militar – Sentença de procedência mantida – Inocorrência de prescrição, não correndo o respectivo prazo contra menor, por expressa disposição legal – Direito de recebimento de sua parte, ainda que nascido dias após o falecimento de seu genitor, eis que já concebido quando do óbito de seu genitor, pondo a lei a salvo os direitos do nascituro – Existência de ação de investigação de paternidade, não se podendo acolher a alegação de desconhecimento do direito do autor, não havendo que se falar, ainda, em meação da viúva, eis que o direito à indenização surgiu apenas com o óbito do genitor e não pertencia ao patrimônio comum do casal - Recurso não provido. (TJSP; Apelação 1007580-89.2014.8.26.0320; Relator (a): José Carlos Ferreira Alves; Órgão Julgador: 2ª Câmara de Direito Privado; Foro de Limeira - 2ª Vara Cível; Data do Julgamento: 17/01/2017; Data de Registro: 17/01/2017)*

> *SEGURO OBRIGATÓRIO (DPVAT). DETERMINAÇÃO DE DEVOLUÇÃO AO NETO DO VALOR DA INDENIZAÇÃO RECEBIDA POR AVÓ. NECESSIDADE. RECONHECIDO O DIREITO DO NASCITURO, QUE AINDA ESTAVA SENDO GERADO QUANDO DO FALECIMENTO DO PAI. SEGURO REGIDO PELA LEI Nº 6.194/74, SEGUNDO A QUAL, NOS CASOS DE MORTE POR ACIDENTE DE TRÂNSITO, A INDENIZAÇÃO DEVE SER LIQUIDADA SEGUNDO O DISPOSTO NO ART. 792 DO CÓDIGO CIVIL. PRÉ-EXISTÊNCIA DO DIREITO DO NASCITURO AO RECEBIMENTO DO SEGURO OBRIGATÓRIO. ENTENDIMENTO DE QUE SENTENÇA DECLARATÓRIA DE PATERNIDADE GERA EFEITOS RETROATIVOS. PRECEDENTES DESTA CORTE. SENTENÇA MANTIDA. Recurso de apelação improvido.*

(TJSP; Apelação 1020014-15.2015.8.26.0405; Relator (a): Cristina Zucchi; Órgão Julgador: 34ª Câmara de Direito Privado; Foro de Osasco - 5ª Vara Cível; Data do Julgamento: 30/08/2017; Data de Registro: 01/09/2017)

DIREITO CIVIL. ACIDENTE AUTOMOBILÍSTICO. ABORTO. AÇÃO DE COBRANÇA. SEGURO OBRIGATÓRIO. DPVAT. PROCEDÊNCIA DO PEDIDO. ENQUADRAMENTO JURÍDICO DO NASCITURO. ART. 2º DO CÓDIGO CIVIL DE 2002. EXEGESE SISTEMÁTICA. ORDENAMENTO JURÍDICO QUE ACENTUA A CONDIÇÃO DE PESSOA DO NASCITURO. VIDA INTRAUTERINA. PERECIMENTO. INDENIZAÇÃO DEVIDA. ART. 3º, INCISO I, DA LEI N. 6.194/1974. INCIDÊNCIA. 1. A despeito da literalidade do art. 2º do Código Civil – que condiciona a aquisição de personalidade jurídica ao nascimento -, o ordenamento jurídico pátrio aponta sinais de que não há essa indissolúvel vinculação entre o nascimento com vida e o conceito de pessoa, de personalidade jurídica e de titularização de direitos, como pode aparentar a leitura mais simplificada da lei. 2. Entre outros, registram-se como indicativos de que o direito brasileiro confere ao nascituro a condição de pessoa, titular de direitos: exegese sistemática dos arts. 1º, 2º, 6º e 45, caput, do Código Civil; direito do nascituro de receber doação, herança e de ser curatelado (arts. 542, 1.779 e 1.798 do Código Civil); a especial proteção conferida à gestante, assegurando-se-lhe atendimento pré-natal (art. 8º do ECA, o qual, ao fim e ao cabo, visa a garantir o direito à vida e à saúde do nascituro); alimentos gravídicos, cuja titularidade é, na verdade, do nascituro e não da mãe (Lei n. 11.804/2008); no direito penal a condição de pessoa viva do nascituro - embora não nascida - é afirmada sem a menor cerimônia, pois o crime de aborto (arts. 124 a 127 do CP) sempre esteve alocado no título referente a "crimes contra a pessoa" e especificamente no capítulo "dos crimes contra a vida" - tutela da vida humana em formação, a chamada vida intrauterina (MIRABETE, Julio Fabbrini. Manual de direito penal, volume II. 25 ed. São Paulo: Atlas, 2007, p.

62-63; NUCCI, Guilherme de Souza. Manual de direito penal. 8 ed. São Paulo: Revista dos Tribunais, 2012, p. 658). 3. As teorias mais restritivas dos direitos do nascituro – natalista e da personalidade condicional - fincam raízes na ordem jurídica superada pela Constituição Federal de 1988 e pelo Código Civil de 2002. O paradigma no qual foram edificadas transitava, essencialmente, dentro da órbita dos direitos patrimoniais. Porém, atualmente isso não mais se sustenta. Reconhecem-se, corriqueiramente, amplos catálogos de direitos não patrimoniais ou de bens imateriais da pessoa - como a honra, o nome, imagem, integridade moral e psíquica, entre outros. 4. Ademais, hoje, mesmo que se adote qualquer das outras duas teorias restritivas, há de se reconhecer a titularidade de direitos da personalidade ao nascituro, dos quais o direito à vida é o mais importante. Garantir ao nascituro expectativas de direitos, ou mesmo direitos condicionados ao nascimento, só faz sentido se lhe for garantido também o direito de nascer, o direito à vida, que é direito pressuposto a todos os demais. 5. Portanto, é procedente o pedido de indenização referente ao seguro DPVAT, com base no que dispõe o art. 3º da Lei n. 6.194/1974. Se o preceito legal garante indenização por morte, o aborto causado pelo acidente subsume-se à perfeição ao comando normativo, haja vista que outra coisa não ocorreu, senão a morte do nascituro, ou o perecimento de uma vida intrauterina. 6. Recurso especial provido. (4ª. Turma do STJ, REsp 1415727/SC, Relator Ministro Luis Felipe Salomão, DJe 29/09/2014, RMDCPC vol. 62, p. 123, RMP vol. 55 p. 427).

"1.- P A L R e OUTROS interpõem Agravo de Instrumento contra decisão denegatória de admissibilidade de Recurso Especial com fundamento nas letras "a" e "c" do permissivo constitucional, contra Acórdão proferido pelo Tribunal de Justiça do Estado de São Paulo, de relatoria do E. Desembargador TEIXEIRA LEITE. O Acórdão ficou assim ementado (fls. 131): INVENTÁRIO. Colação. Descabimento. Doação feita a herdeira, por escritura pública levada a

registro, antes da concepção dos outros dois herdeiros. Art. 2002 CC. Direitos hereditários dos dois herdeiros supervenientes que não alcançam ato jurídico perfeito realizado pelo "de cujus" antes de sua concepção. Art. CC. Recurso provido. Foram interpostos Embargos de Declaração, ao final rejeitados (fls. 141). 2.- Nas razões recursais, alegam os recorrentes violação dos artigos 544 e 2.002 do Código Civil e 227, § 6º, da Constituição Federal, bem como dissídio jurisprudencial, pois os bens doados devem necessariamente reverter ao acervo, tendo em vista que as doações e vantagens realizadas em vida pelo ascendente em favor de algum de seus descendentes consistem em antecipações das respectivas quotas hereditárias. Assim, requerem que a recorrida, filha do primeiro casamento do de cujus, traga à colação o equivalente à fração do imóvel que lhe foi doado. É o relatório. O recurso não merece prosperar. 3.- Quanto à alegada violação ao dispositivo constitucional, inviável a sua apreciação por meio de Recurso Especial, sob pena de usurpação da competência do Supremo Tribunal Federal, tendo em vista o disposto nos artigos 102, III, e 105, III, da Constituição Federal. 4.- Referente à suposta obrigação de a recorrida, filha do primeiro casamento do falecido, trazer à colação a terça parte do imóvel que a ela foi doado, assim decidiu o aresto recorrido (fls. 133, grifamos): O de cujus doou à agravante, então sua única filha, por meio de escritura pública lavrada em 13.11.81 (fl. 86 e registrada em 02.12.82 (fl. 56), 1/6 do apartamento nº 22 do edifício localizado na rua Governado Pedro de Toledo nº 51, Santos/ SP. Somente em 17.4.88 (fl. 23) e, depois, em 28.8.90 (fl. 24), nasceram seus dois outros filhos, Pedro e Elena. O art. 2º do Código Civil dispõe que a personalidade civil da pessoa começa do nascimento com vida, resguardados os direitos do nascituro desde a concepção. O que se tem, no caso concreto, é que à data da doação, os agravados não haviam sido nem sequer concebidos, não se cogitando, portanto, de direito hereditários sobre o patrimônio que o de cujus tenha transferido a outrem antes da concepção, que se traduz em ato jurídico perfeito e acabado. Nesse particular, não há que se falar em colação. 5.- Ocorre que esse fundamento, suficiente por si só, para manter a conclusão do julgado, não foi atacado, de forma específica, nas razões do Recurso Especial, incidindo, à hipótese, comando da Súmula 283 do Supremo Tribunal Federal, por aplicação analógica. 6.- Por fim, referente à divergência interpretativa, o alegado dissenso pretoriano não restou caracterizado, pois os acórdãos recorrido e paradigmas não demonstram a similitude fática necessária ao confronto, a fim de se constatar a diferente interpretação da lei federal, conforme exigem os artigos 541, parágrafo único, do Código de Processo Civil e 255, § 2º, do Regimento Interno do Superior Tribunal de Justiça. 7.- Pelo exposto, nega-se provimento ao Agravo de Instrumento. Intimem-se. (Ag 1200244/SP, Relator Ministro SIDNEI BENETI, j. 10/11/2009).

"Impossível admitir-se a redução do valor fixado a título de compensação por danos morais em relação ao nascituro, em comparação com outros filhos do de cujus, já nascidos na ocasião do evento morte, porquanto o fundamento da compensação é a existência de um sofrimento impossível de ser quantificado com precisão. - Embora sejam muitos os fatores a considerar para a fixação da satisfação compensatória por danos morais, é principalmente com base na gravidade da lesão que o juiz fixa o valor da reparação. (REsp 931556/RS, 3ª. Turma do STJ, Relatora Ministra NANCY ANDRIGHI, DJe 05/08/2008).

"DIREITO CIVIL. DANOS MORAIS. MORTE. ATROPELAMENTO. COMPOSIÇÃO FÉRREA. AÇÃO AJUIZADA 23 ANOS APÓS O EVENTO. PRESCRIÇÃO INEXISTENTE. INFLUÊNCIA NA QUANTIFICAÇÃO DO QUANTUM. PRECEDENTES DA TURMA. NASCITURO. DIREITO AOS DANOS MORAIS. DOUTRINA. ATENUAÇÃO. FIXAÇÃO NESTA INSTÂNCIA. POSSIBILIDADE. RECURSO PARCIALMENTE PROVIDO. I - Nos termos da orientação da Turma, o direito à indenização por dano moral não desaparece com o decurso de tempo (desde que não transcorrido o lapso

prescricional), mas é fato a ser considerado na fixação do quantum. II - O nascituro também tem direito aos danos morais pela morte do pai, mas a circunstância de não tê-lo conhecido em vida tem influência na fixação do quantum. III - Recomenda-se que o valor do dano moral seja fixado desde logo, inclusive nesta instância, buscando dar solução definitiva ao caso e evitando inconvenientes e retardamento da solução jurisdicional. (RESP 399028/SP, 4ª Turma do STJ, Relator Ministro SÁLVIO DE FIGUEIREDO TEIXEIRA, *DJU 15.04.2002, p. 00232).*

"SEGURO-OBRIGATÓRIO - ACIDENTE ABORTAMENTO - DIREITO À PERCEPÇÃO DA INDENIZAÇÃO - *O nascituro goza de personalidade jurídica desde a concepção. O nascimento com vida diz respeito apenas à capacidade de exercício de alguns direitos patrimoniais. Apelação a que se dá provimento. (TJRS -AC 70002027916 - 6ª C. Cív. - Rel. Dês.* CARLOS ALBERTO ÁLVARO DE OLIVEIRA *- J. 28.03.2001).*

"RESPONSABILIDADE OBJETIVA DO ESTADO -ACIDENTE DEVEÍCULO-MORTEDOPAIDONASCITURO-PRESCRIÇÃO CONTRA INCAPAZ -AÇÃO DE INDENIZAÇÃO AJUIZADA PELA MÃE DO NASCITURO - RESPONSABILIDADE DO ESTADO PELA DEMORA DA PRESTAÇÃO JURISDICIONAL - ILEGITIMIDADE DO FILHO DA VÍTIMA DE AJUIZAR EM NOME PRÓPRIO DIREITO ALHEIO - I - *A sentença não é nula por ter sido prolatada por juiz que não fez a audiência de instrução. Não prevalece o princípio de identidade física do juiz em caso de promoção. II - O Código Civil, em seu art. 169, inciso I, dispõe que a prescrição não corre contra os incapazes de que trata o art. 5º. III - São absolutamente incapazes os menores de 16 (dezesseis) anos. IV - O pai do autor faleceu quando o autor era apenas nascituro, mas a lei civil põe a salvo, desde a concepção, os direitos do nascituro, ex vi do art. 4º do Código Civil. V - A prescrição começou a correr a partir do dia seguinte àquele que o autor foi legitimado. VI - O autor pede indenização por perdas e danos pela morosidade na entrega da prestação jurisdicional, no processo ajuizado pela sua mãe, Ventina Chaul, vítima de acidente de veículo que a tornou alienada mental. VII - O autor não tem legitimidade ativa para pedir em nome próprio indenização decorrente da demora no julgamento daquela causa em que foi autora sua genitora (art. 6° do CPC). VIII - Apelação parcialmente provida. (TRF 1ª R. - AC 96.01.37751-4 - DF - 4ª T. - Rela Juíza* SELENE MARIA DE ALMEIDA *- Unânime - DJU 18.06.1999, p.294).*

k) da cessão dos direitos hereditários

A cessão de direitos hereditários, que não tinha regulamentação pelo Código Civil anterior, inobstante houvesse menção a ela no art. 1.078 e 1.582, nada mais é do que a transmissão daqueles direito adquiridos com a abertura da sucessão enquanto não ocorrida a partilha, ou seja, trata-se da parte ideal da herança, ou parte dela.

Ensina CARVALHO SANTOS, ob. cit, vol. 8, p. 103, que a cessão de herança, "Quer seja feita a título oneroso ou a título gratuito, envolve sempre o conjunto dos direitos ativos e passivos recolhidos por um herdeiro na sucessão que lhe foi deferida. É venda ou doação de uma herança ou do direito a um ou de vários herdeiros por objeto.

Não tem a cessão de herança por objeto as diferentes coisas que integram o acervo, mas o conjunto de direitos do cedente, sem discriminação especial dos direitos ou dos encargos.

Em certo sentido pode dizer-se ter esse contrato um certo caráter aleatório, como bem acentua LAURENT (*Principes*, vol. 7, n. 569).

Acentuam os mestres a necessidade de não se confundir a cessão de herança com a venda de determinados bens da herança, pois nesta última hipótese, o que há, realmente, é um contrato de compra e venda, regulado pelos princípios do direito comum.

A cessão de uma herança compreende, em princípio, tudo quanto integra ou venha a integrar o acervo hereditário. Tem o cessionário direito aos frutos, mesmo os percebidos e consumidos. E a não ser que faça reserva expressa, não tem o cedente direito a reter qualquer dos objetos integrantes da sucessão.

Se, depois de feita a cessão, se verifica a renúncia de um herdeiro, entendem alguns que o acréscimo beneficia o cedente; outros, ao invés, sustentam que o beneficiado deve ser o cessionário.

A razão parece estar com Laurent, que opina tudo depender da intenção das partes, que deverá, para esse fim, ser pesquisada (ob. cit., n. 575).

Pode o cessionário acionar diretamente os devedores da herança, para cobrar a parte que lhe tocar na dívida.

Mas, os credores da herança, em regra, continuam a ter ação contra o cedente, que era o herdeiro, ressalvado a este o direito de regresso contra o cessionário.

Mesmo em face dos outros herdeiros, o cessionário pode ter o seu direito sujeito a certas restrições. Assim é que não poderá pedir remissão dos bens praceados no curso do inventário, por ser pessoal o direito de remissão assegurado ao herdeiro; na hipótese do art. 1.319 do Código Civil; não abrange os direitos de preferência."

Após a abertura da sucessão, podem os herdeiros, legítimos ou testamentários, esses se o testador não vedar, através de instrumento público, gratuito ou oneroso, transferir a terceiros os seus direitos na herança. Note bem, fiz questão de iniciar a frase com as palavras "após a abertura da sucessão", porque é a partir desse momento, o da abertura da sucessão, que o herdeiro adquire aquele direito.

Para a validade da cessão, exige-se, como nos contratos em geral, os requisitos da capacidade e consentimento do cedente e do cessionário, o objeto, e que seja feita através de instrumento público.

Consoante se observa do disposto no art. 80, II, CC, aberta a sucessão, para todos os efeitos legais, os direitos dela oriundos são considerados imóveis, reclamando, assim, que referida cessão seja por instrumento público e com a outorga conjugal, dependendo do regime de bens.

> Art. 80. Consideram-se imóveis para os efeitos legais:
>
> I - os direitos reais sobre imóveis e as ações que os asseguram;
>
> II - o direito à sucessão aberta.

Ressalte-se que a cessão só alcançará os efeitos pretendidos se buscado a manifestação dos demais herdeiros na cota parte, haja vista terem preferência legal sobre ela, consoante se observa da norma expressa no art. 1.794 do CC, segundo a qual o co-herdeiro não poderá ceder a sua quota hereditária a pessoa estranha à sucessão, se outro co-herdeiro a quiser, tanto por tanto.

> *Art. 1.794. O co-herdeiro não poderá ceder a sua quota hereditária a pessoa estranha à sucessão, se outro co-herdeiro a quiser, tanto por tanto.*

Tal matéria era bastante tormentosa na vigência do CC anterior, que como vimos acima não tratava da matéria, com vistas ao fato de que STJ havia pacificado a matéria no sentido de que tal manifestação não se fazia necessária, com vista ao fato de que a herança não era indivisível, mas tão-somente indivisa, até a partilha.

Em singular labor acerca do Direito de Preferência, o DR. RICARDO CÉSAR CARVALHEIRO GALBIATTI, JTJ 145/09, que esposa a tese da existência do direito de preferência na herança, transcreve voto, vencido, prolatado pelo Desembargador WALTER MORAES (Apelação Cível n. 104.913-1, Segunda Câmara Civil do Tribunal de Justiça de São Paulo, 31.3.89), nos seguintes termos:

"Como é sabido de todos, para o nosso direito, a herança tem a qualidade de uma coisa universal; é juridicamente uma entidade unitária, uma coisa só, uma unidade real (artigo 57). É uma coisa imóvel. E a nossa lei civil a faz objeto, exatamente, de domínio e de posse, como se fosse qualquer objeto corpóreo. O artigo 1.572 diz: "Aberta a sucessão, o domínio e a posse da herança transmitem-se, desde logo, aos herdeiros legítimos e testamentários". Não podia ser mais clara a lei. Então a herança, como uma coisa, é um domínio. É uma propriedade imóvel. Alienação onerosa da herança (que tem o nome tradicional de cessão da herança), é venda. Não que se compare a uma compra e venda; é uma compra e venda. Porque compra e venda é transferência do domínio por certo preço. Nosso Código Civil não traz uma só regra sobre a cessão da herança. Nem era necessário trazer, já que torna a herança uma coisa imóvel, objeto de propriedade. Cessão da herança é venda da herança.

Ao nosso legislador pareceu supérfluo colocar uma disciplina sobre a cessão, ao contrário do que se deu, p. ex., com o Código Alemão, que dedica uma cessão à *Erbschaftskauf* (quer dizer, compra da herança), e com o Código Italiano que também reserva um capítulo à *vendita di eredità*. Isto de a cessão da herança ser venda e compra (quando onerosa), é um componente simplesmente estrutural do direito das sucessões. No direito romano já se chamava *veditio hereditatis*, como se pode ver no Capítulo IV do Livro XVIII do Digesto.

....

É necessário notar, primeiro, que a divisibilidade ou indivisibilidade, em direito, só tem relevância quando há co-titulares; isto vale tanto para as coisas, como para os direitos, como para as obrigações divisíveis e indivisíveis. Dizer que o direito dos co-herdeiros é indivisível (ou dos condôminos, ou dos co-credores) significa que todos têm um só direito sobre um mesmo objeto. Se o direito é um só e não se pode dividir, o objeto também não se pode dividir, conquanto por natureza o pudesse.

....

A segunda nota que eu proponho é que a herança, ainda destacada do direito do herdeiro, é um bem juridicamente indivisível, até a partilha.

Alegar que a herança é divisível porque partilhável, é usar argumento enganoso. Partilha é o ato que põe fim à unidade hereditária, que põe fim à herança. Com a partilha, já não existe mais herança, já não existe mais herdeiro, já não existe direito hereditário.

A partilha é aquele ato que introduz patrimônio hereditário, antes autônomo ou separado, no patrimônio pessoal do herdeiro. Partilha não é divisão. A partilha dissolve a coesão juridicamente unitária da herança.

....

A terceira observação é esta: Há duas sortes de indivisibilidade: uma, efetiva (ou definitiva) - p. ex., o terreno rural igual ou menor que o módulo, não pode ser dividido, definitivamente (esta é a indivisibilidade do artigo 52 do Código); outra, é a indivisibilidade circunstancial. ORLANDO GOMES diz: A comunhão legal estabelece-se em virtude de indivisibilidade inevitável de certos bens ou em razão de circunstâncias que fazem-na necessária. Nesta última hipótese, denomina-se comunhão fortuita ou incidente. É provisória e inintencional'. Esta indivisibilidade circunstancialmente necessária é a da herança.

....

Se a herança é uma coisa objeto de domínio, se a sua alienação é uma venda verdadeira e própria, se ela é indivisível e se o direito é indivisível, então aplica-se o artigo l. 139 do Código e o co-herdeiro tem direito de preferência"

> *AGRAVO DE INSTRUMENTO – Contrato de cessão de direitos hereditários – Decisão agravada que declarou inválida a cessão de direitos hereditários e determinou que a remuneração da inventariante dativa nomeada seja custeada às expensas dos valores recebidos a título de aluguel do imóvel localizado na Rua 9 de Julho, 1.606, São Carlos/SP – Insurgência recursal dos herdeiros agravantes – Cessão que se deu sob a égide do Código Civil de 1916 – Conquanto o Código Civil de 2002 não seja aplicável ao caso em testilha, a mesma regra da vedação da cessão de direito hereditário sobre qualquer bem considerado singularmente já prevalecia no Código Civil de 1916 – Regra da indivisibilidade do direito à herança (art. 1580, caput do CC/16) – Cessão realizada sobre quota-parte de bem singularmente considerado – Declaração de ineficácia mantida – Fonte de custeio para remuneração da inventariante dativa – Valores dos aluguéis destinados à subsistência dos agravantes e do herdeiro incapaz – Limitação da quantia – Decisão agravada reformada apenas para dispor que seja reservada para a remuneração da inventariante dativa nomeada a quantia equivalente a 20% do valor do aluguel relativo ao imóvel localizado na Rua 9 de Julho, 1.606, São Carlos/ SP – Recurso parcialmente provido. (TJSP; Agravo de Instrumento 2193908-95.2017.8.26.0000; Relator (a): José Roberto Furquim Cabella; Órgão Julgador: 6ª Câmara de Direito Privado; Foro de Campinas - 4ª. Vara de Família e Sucessões; Data do Julgamento: 15/03/2018; Data de Registro: 15/03/2018)*

APELAÇÃO CÍVEL. AÇÃO DE COBRANÇA. CONTRATO DE PROMESSA DE COMPRA E VENDA DE BEM IMÓVEL. MULTA POR DESCUMPRIMENTO. OUTORGA DE ESCRITURA PÚBLICA. SENTENÇA DE IMPROCEDÊNCIA. INSURGÊNCIA DA PARTE AUTORA. ALIENAÇÃO DE BEM IMÓVEL DA HERANÇA MEDIANTE CONTRATO DE COMPRA E VENDA. IMPOSSIBILIDADE. INDIVISIBILIDADE DA HERANÇA ATÉ A PARTILHA. PERMITIDA APENAS A CESSÃO DE DIREITOS HEREDITÁRIOS MEDIANTE ESCRITURA PÚBLICA. COMPETÊNCIA DO JUÍZO DO INVENTÁRIO A TRANSMISSÃO DA PROPRIEDADE OBJETO DA CESSÃO MEDIANTE CARTA DE ADJUDICAÇÃO. PROMESSA DE COMPRA E VENDA INEFICAZ E, CONSEQUENTEMENTE, INEXIGÍVEL A MULTA CONTRATUAL NELA PREVISTA. PRECEDENTES. SENTENÇA MANTIDA. RECURSO CONHECIDO E DESPROVIDO. (TJSC, Apelação Cível n. 0001573-58.2007.8.24.0075, de Tubarão, rel. Des. Rodolfo Cezar Ribeiro Da Silva Tridapalli, Quarta Câmara de Direito Civil, j. 07-12-2017).

CIVIL E PROCESSUAL CIVIL. AÇÃO DE USUCAPIÃO. AQUISIÇÃO DA PROPRIEDADE E TRANSFERÊNCIA DE DIREITOS POSSESSÓRIOS. COMPROMISSO PARTICULAR E ESCRITURA PÚBLICA DE CESSÃO DE DIREITOS HEREDITÁRIOS. PENHORA SOBRE PARTE DA ÁREA. SUPERVENIENTE ARREMATAÇÃO. FATO NÃO REPERCUTENTE NO FEITO. PECULIARIDADES. DISCUSSÃO RESTRITA AO DECURSO DO LAPSO TEMPORAL. APLICAÇÃO DO DIREITO À ESPÉCIE. REGRA DE TRANSIÇÃO. ART. 2.029 DO CÓDIGO CIVIL DE 2002. SOMATÓRIO DO TEMPO ANTERIOR. POSSIBILIDADE. EXERCÍCIO DE POSSE MANSA, PACÍFICA E SEM OPOSIÇÃO POR MAIS DE 17 ANOS. AQUISIÇÃO DO DOMÍNIO PELA PRESCRIÇÃO AQUISITIVA. 1. Se, por uma cadeia de contratos, foram sendo cedidos os direitos hereditários sobre determinada área de terra rural e, ao longo do tempo, foi sobre ela exercida a posse ininterrupta, mansa e pacífica, sem nenhuma oposição, é possível acrescer esse tempo ao do atual posseiro para fins de aferição do decurso do lapso prescricional aquisitivo. 2. Considerando as peculiaridades do caso concreto, o fato de um dos herdeiros do falecido possuiro ter sofrido execução forçada e, naquele feito, terem sido penhorados e depois arrematados seus direitos hereditários não tem o alcance que o arrematante pretende atribuir no âmbito da ação de usucapião, notadamente se foi em decorrência de sua inércia que o lapso prescricional se consumou. 3. Segundo a orientação jurisprudencial predominante, a usucapião é direito que decorre da análise da situação fática da ocupação de determinado bem e independe da relação jurídica com o anterior proprietário. Preenchidos os requisitos, declara-se a aquisição do domínio pela prescrição aquisitiva. 4. Se a maior parte do tempo de ocupação (posse) do imóvel ocorreu sob a égide do Código Civil de 1916, aplica-se a regra de transição prevista no art. 2.029 do Código Civil de 2002. 5. Recurso especial conhecido e parcialmente provido para se restabelecer a sentença. (REsp 1279204/MG, 3ª. Turma do STJ, Relator Ministro JOÃO OTÁVIO DE NORONHA, DJe 06/11/2015).

AGRAVO REGIMENTAL NO RECURSO ESPECIAL. AÇÃO DE SONEGADOS C/C PEDIDO DE COLAÇÃO, NULIDADE DE DOAÇÃO INOFICIOSA E PERDAS E DANOS. 1. OMISSÃO DO ACÓRDÃO RECORRIDO. INEXISTÊNCIA. 2. ALEGAÇÃO DE QUE O "TERMO DE TRANSAÇÃO E CESSÃO DE DIREITOS E PROMESSA DE DOAÇÃO" FIRMADO ENTRE AS PARTES NÃO TERIA SIDO OBJETO DE HOMOLOGAÇÃO NOS AUTOS DO INVENTÁRIO. REEXAME DE PROVAS. DESCABIMENTO. SÚMULA 7/STJ. 3. ALEGAÇÃO DE QUE O REFERIDO DOCUMENTO TERIA SIDO ASSINADO POR ADVOGADO SEM PODERES ESPECÍFICOS E QUE A PROCURAÇÃO DEVERIA TER SIDO FIRMADA POR INSTRUMENTO PÚBLICO. QUESTÃO QUE SÓ FOI ALEGADA EM EMBARGOS DE DECLARAÇÃO. CARACTERIZAÇÃO INOVAÇÃO RECURSAL. AUSÊNCIA DE PREQUESTIONAMENTO. SÚMULA 211/STJ. 4. RECURSO DESPROVIDO. 1. Consoante dispõe o art. 535 do Código de Processo Civil, destinam-se os embargos de declaração a expungir do julgado eventuais omissão, obscuridade ou contradição, não se caracterizando via própria ao rejulgamento da causa. 2. Na origem, os herdeiros e seus respectivos cônjuges celebraram termo de transação e cessão de direitos hereditários em favor da viúva-meeira, o qual, anos depois, foi objeto de ação anulatória, cujo pedido foi julgado improcedente, tendo consignado o acórdão recorrido, no julgamento da apelação, que com a homologação do referido acordo nos autos do inventário é "inviável a caracterização da legítima como sonegação se inexistente prova de algum vício de consentimento quando da conclusão de tal negócio jurídico". A alegação de que o aludido termo de cessão não foi homologado nos autos do inventário só poderia ter sua procedência verificada mediante incursão no acervo fático-probatório da causa, o que não se admite em âmbito de recurso especial, ante o óbice da Súmula 7 deste Tribunal. 3. Sustentam os recorrentes que além de ter sido assinado por advogado sem poderes específicos para renunciar, também seria necessária a utilização de procuração por instrumento público, tanto para a cessão, quanto para a renúncia levada a efeito nos autos. Ocorre que essa discussão só foi suscitada em embargos de declaração, razão pela qual não tinha o órgão julgador a obrigação de se pronunciar a respeito, por se tratar de inovação recursal, ressentindo-se o recurso especial, no ponto, do indispensável prequestionamento (Súmula 211/ STJ). 4. Agravo regimental a que se nega provimento. (AgRg no REsp 1432345/SC, 3ª. Turma do STJ, Relator Ministro Marco Aurélio Bellizze, *DJe 14/08/2015).*

DIREITO CIVIL E SUCESSÓRIO. CONTRATO DE CESSÃO DE DIREITOS HEREDITÁRIOS FIRMADO NOS AUTOS DE AÇÃO DE INVESTIGAÇÃO DE PATERNIDADE SEGUIDO DE ACORDO DE PARTILHA AMIGÁVEL. AÇÃO DE RESCISÃO DO TERMO DE PARTILHA PROPOSTA PELA CEDENTE COM BASE NA ALEGAÇÃO DE VÍCIO DE VONTADE EXISTENTE NO PRIMEIRO CONTRATO. RELAÇÃO

DE PREJUDICIALIDADE. PRAZO DECADENCIAL DE QUATRO ANOS. ART. 178, II, DO CC DE 2002. 1. Cuida-se de ação de rescisão de partilha amigável proposta por autora que, após ser reconhecida como filha em ação de investigação de paternidade, celebrou termo de cessão de direitos hereditários, mediante pagamento em dinheiro e transferência de imóveis, pelo qual cedeu integralmente os direitos a que fazia jus aos demais herdeiros, que ingressaram com pedido de arrolamento dos bens, pondo fim ao inventário. Alegação de que teria sido induzida a erro, ante a desproporção do valor recebido no contrato de cessão de direitos em relação ao total dos bens da herança, bem como que os cessionários teriam agido com dolo. 2. No presente caso, o acordo de partilha entabulado entre os herdeiros cessionários foi válido e eficaz, o que implica dizer que, se houve algum vício na celebração do contrato atinente aos direitos hereditários, já que a autora afirma desconhecimento quanto ao real valor dos bens à época de sua assinatura, a ação deveria ter sido direcionada contra esse negócio jurídico e não quanto ao termo de partilha amigável, do qual ela não participou, ressentindo-se, inclusive, de interesse jurídico para discuti-lo. Existência de relação de prejudicialidade entre ambos, na medida em que o segundo só poderia ser rescindido ante o reconhecimento prévio de nulidade do primeiro. 3. Tratando-se de negócio jurídico anulável, sujeita-se a ação ao prazo decadencial de 4 (quatro) anos previsto no art. 178, II, do Código Civil. 4. Recurso especial a que se nega provimento. (REsp 1322726/MT, 3ª. Turma do STJ, Relator Ministro MARCO AURÉLIO BELLIZZE, DJe 30/06/2015).

PROCESSUAL CIVIL. SENTENÇA ESTRANGEIRA CONTESTADA. NULIDADE DE CITAÇÃO DA PARTE REQUERIDA NA CARTA ROGATÓRIA. NÃO OCORRÊNCIA. SENTENÇA ESTRANGEIRA QUE RECONHECE ESCRITURA DE CESSÃO DE DIREITOS HEREDITÁRIOS. SOBERANIA NACIONAL E ORDEM PÚBLICA NÃO VIOLADAS. HOMOLOGAÇÃO DEFERIDA. 1. "O ato citatório praticado *no exterior deve ser realizado de acordo com as leis daquele país, sendo, para tanto, incabível a imposição da legislação brasileira" (SEC 3.897/EX, Rel. Min. NANCY ANDRIGHI, DJe 1º/7/2011). 2. A sentença estrangeira que reconhece a validade de escritura de cessão dos direitos hereditários sobre imóvel no Brasil, apresentada pelo requerente, não ofende a soberania nacional nem a ordem pública. 3. Requisitos dos arts. 5º e 6º da Resolução STJ n.º 9/2005 atendidos. 4. Homologação deferida. (SEC 696/EX, Corte Especial do STJ, Relator Ministro ARNALDO ESTEVES LIMA, DJe 01/07/2014).*

AGRAVO REGIMENTAL NO RECURSO ESPECIAL. EXECUÇÃO DE TÍTULO EXTRAJUDICIAL. OFENSA AO ART. 535 DO CPC. COISA JULGADA. SÚMULA 211/STJ. NULIDADE DA CESSÃO DE DIREITOS HEREDITÁRIOS. PRECEDENTES. SÚMULAS 7/STJ E 283/STF. IMPROVIMENTO. 1.- Embora rejeitando os Embargos de Declaração, o acórdão recorrido examinou, motivadamente, todas as questões pertinentes, logo, não há que se falar em ofensa ao art. 535 do Código de Processo Civil. 2.- O prequestionamento, entendido como a necessidade de o tema objeto do recurso haver sido examinado pela decisão atacada, constitui exigência inafastável da própria previsão constitucional, ao tratar do Recurso Especial, impondo-se como um dos principais requisitos ao seu conhecimento. Não examinada a matéria acerca da ocorrência de coisa julgada pela instância a quo, mesmo com a oposição dos Embargos de Declaração, incide o enunciado 211 da Súmula do Superior Tribunal de Justiça. 3.- A cessão de direitos hereditários deve ser formalizada por escritura pública, consoante determina o artigo 1.793 do Código Civil de 2002. (REsp 1.027.884/SC, Relator Ministro FERNANDO GONÇALVES, Quarta Turma, DJe 24/08/2009). 4.- Ausente a impugnação a fundamento suficiente para manter o Acórdão recorrido quanto à nulidade do título executivo, o Recurso Especial não merece ser conhecido, por lhe faltar interesse recursal. Inteligência da Súmula 283 do STF, aplicável, por analogia, ao Recurso Especial.

5.- Para infirmar o entendimento do Tribunal a quo, para o fim de acolher a tese de validade do título executivo, como pretende o recorrente, demandaria, necessariamente, o revolvimento do conjunto fático-probatório dos autos, providência inviável em sede de recurso especial, tendo em vista o óbice da Súmula n. 7/STJ.

6.- Agravo Regimental improvido. (AgRg no REsp 1416041/ RS, 3ª. Turma do STJ, Relator Ministro SIDNEI BENETI, DJe 09/06/2014).

CIVIL E PROCESSO CIVIL. IMÓVEIS DOADOS PELOS ASCENDENTES AOS DESCENDENTES COMUNS. HERDEIRA NECESSÁRIA PRETERIDA. LEGITIMIDADE PARA PLEITEAR A NULIDADE DO ATO DE LIBERALIDADE. DOAÇÃO UNIVERSAL NÃO DEMONSTRADA. PATRIMÔNIO TRANSFERIDO QUE ULTRAPASSA A METADE DISPONÍVEL MAIS A LEGÍTIMA DOS DONATÁRIOS. INOFICIOSIDADE. NULIDADE PARCIAL DO NEGÓCIO JURÍDICO. ARTS. ANALISADOS: 1.171, 1.175, 1.795, CC/16. 1. Ação declaratória de nulidade de negócio jurídico distribuída em 2000, da qual foi extraído o presente recurso especial, concluso ao Gabinete em 25/01/2013. 2. Discute-se a legitimidade de herdeiro, que cedeu seus direitos hereditários, para pleitear a declaração de nulidade da doação realizada pelo ascendente aos demais coerdeiros necessários, bem como a validade desse negócio jurídico. 3. A cessão de direitos hereditários não retira da cedente a qualidade de herdeira, que é personalíssima, e, portanto, não afasta a sua legitimidade para ajuizar a presente ação, porque apenas transferiu ao cessionário a titularidade de sua situação, de modo a permitir que ele exija a partilha judicial dos bens que compõem a herança. 4. A doação universal, como apregoa o art. 1.175 do CC/16, é caracterizada quando, doados todos os bens, o doador não faz a reserva de parte ou renda suficiente para a própria subsistência, razão pela qual o reconhecimento da nulidade absoluta não prescinde da demonstração de ter ele se reduzido à miséria, em decorrência do negócio jurídico realizado. 5.

A melhor interpretação do art. 1.171 do CC/16 é a de que a doação feita de ascendente para descendente, por si só, não é considerada inválida ou ineficaz pelo ordenamento jurídico, mas impõe ao donatário obrigação protraída no tempo, de, à época do óbito do doador, trazer o patrimônio recebido à colação, para igualar as legítimas, caso não seja aquele o único herdeiro necessário (art. 1.785 do CC/16). 6. À luz do que dispõe o art. 1.795 do CC/16 (art. 2.012 do CC/02), se ambos os cônjuges doam bens aos filhos comuns, no inventário de cada um deles devem ser conferidos pela metade. 7. O ato de liberalidade do falecido de doar todos os seus bens aos filhos que possuía com a esposa, preterindo a filha, fruto de outro relacionamento, torna inoficiosa (nula) a doação no tocante ao que excede a parte disponível do patrimônio mais as respectivas frações da legítima, porque caracterizado o indevido avanço da munificência sobre a legítima da herdeira preterida. 8. Recurso especial conhecido e provido. (REsp 1361983/SC, 3ª. Turma do STJ, Relatora Ministra NANCY ANDRIGHI, DJe 26/03/2014).

Inventário. Cessão de direitos hereditários realizada por todos os herdeiros, maiores e capazes, de único bem a ser inventariado, por meio de escritura pública. Eficácia. Autorização judicial dispensada. Recurso provido.(Processo: AI 1412033320128260000 SP 0141203-33.2012.8.26.0000 - Relator(a): CAETANO LAGRASTA - Julgamento: 03/10/2012 - Órgão Julgador: 8ª Câmara de Direito Privado - Publicação: 11/10/2012).

AGRAVO REGIMENTAL NO AGRAVO EM RECURSO ESPECIAL. CESSÃO DOS DIREITOS HEREDITÁRIOS. DIREITOS ATRIBUÍDOS À CEDENTE POSTERIORMENTE À CESSÃO. ALEGAÇÃO DE VIOLAÇÃO AO ART. 422 DO CÓDIGO CIVIL DE 2002. CONTEÚDO NORMATIVO DEMASIADO GENÉRICO. DEFICIÊNCIA DE FUNDAMENTAÇÃO RECURSAL. APLICAÇÃO, POR ANALOGIA, DA SÚMULA 284/STF. REEXAME DO ACERVO FÁTICO-PROBATÓRIO. INCIDÊNCIA DA SÚMULA 7/STJ. PRINCÍPIO DA SAISINE.

AUSÊNCIA DE PREQUESTIONAMENTO. SÚMULAS 282 E 356 DO STF. 1. O conteúdo normativo inserto no artigo 422 do Código Civil de 2002 - "Os contratantes são obrigados a guardar, assim na conclusão do contrato, como em sua execução, os princípios de probidade e boa-fé" - é demasiado genérico para infirmar a conclusão do acórdão recorrido, no sentido de que a cedente não transferiu a totalidade dos direitos hereditários, porquanto detinha à época do negócio jurídico tão somente 50% (cinquenta por cento) do quinhão hereditário. Deficiência de fundamentação recursal. Aplicação da Súmula 284/STF. 2. Para se infirmar o entendimento do Tribunal local a respeito da impossibilidade de ceder a outra metade dos direitos hereditários, que foram atribuídos posteriormente à cedente, devido à exclusão dos outros habilitados no inventário, demandaria o reexame das questões fáticas e do acervo probatório constantes dos autos, o que é vedado pela Súmula 7/STJ. 3. A aplicação do princípio da saisine, encartado no artigo 1.572 do Código Civil de 1916 (artigo 1.784 do Código Civil de 2002) não foi debatida pelo Tribunal de origem, de sorte que a ausência de prequestionamento do tema impossibilita a sua análise em sede de recurso especial, sendo aplicável, por analogia, as Súmulas 282 e 356 do STF. 4. Agravo regimental não provido. (AgRg no AREsp 218686/RJ, 4ª. Turma do STJ, Relator Ministro LUIS FELIPE SALOMÃO, DJe 27/09/2012).

AGRAVO DE INSTRUMENTO. INVENTÁRIO. FORMAL DE PARTILHA. CESSÃO DE DIREITO HEREDITÁRIO. INTENÇÃO DAS PARTES QUE DEVE PREVALECER SOBRE O TÉCNICO LINGUISTICO. ART. 112 DO CC. CESSÃO POR INSTRUMENTO PÚBLICO OU POR TERMO NOS AUTOS. ART. 44, III, 134, II, E 1.078, DO CC/1916. ART. 1.792 E 1.806 DO CC/2002. DEPOIMENTO DE TESTEMUNHAS EM AUDIÊNCIA DE JUSTIFICAÇÃO QUE NÃO CUMPRE COM A SEGURANÇA JURÍDICA NECESSÁRIA. INDIVIDUALIZAÇÃO DA HERANÇA EM CESSÃO DE DIREITOS. IMPOSSIBILIDADE. ARTS. 1.791 E 1.793, §§ 2º E 3º, DO CC. 1. Válida a escritura pública de compra e venda de direito hereditários, se de seu teor e das circunstâncias que envolvem o caso se perceba o real intento das partes, qual seja, celebrar cessão de direitos de meação, o que se faz com base no art. 112 do Código Civil. 2. Tanto o Código Civil de 1916, em seus arts. 44, III, 134, II, e 1.078, como o Código Civil de 2002, em seus arts. 1.792 e 1.806, admitem a cessão de direitos hereditários por instrumento público ou por termo nos autos, sendo, neste último, necessária a presença do cedente ou de procurador com poderes específicos para tanto, aspecto imprescindível para garantir a segurança jurídica necessária. 3. Impossível a cessão de direitos hereditários com a individualização do bem, eis que a herança consiste em bem imóvel indivisível até a partilha, consoante arts. 1.791 e 1.793, §§ 2º e 3º, ambos do Código Civil. RECURSO PARCIALMENTE PROVIDO. (Processo: 7966283 PR 796628-3 (Acórdão) - Relator(a): VILMA RÉGIA RAMOS DE REZENDE - Julgamento: 15/02/2012 - Órgão Julgador: 11ª Câmara Cível).

APELAÇÃO CÍVEL Ação de adjudicação compulsória Extinção sem julgamento do mérito Hipótese em que os autores adquiriram o imóvel por meio de cessão de direitos hereditários feita por instrumento particular Inadmissibilidade Sentença mantida Recurso não provido. (Processo: APL 3344845620098260000 SP 0334484-56.2009.8.26.0000 - Relator(a): JOSÉ CARLOS FERREIRA ALVES - Julgamento: 23/10/2012 - Órgão Julgador: 2ª Câmara de Direito Privado - Publicação: 25/10/2012).

APELAÇÃO CÍVEL - CESSÃO DE DIREITOS HEREDITÁRIOS - VÍCIO DE CONSENTIMENTO – ERRO SUBSTANCIAL - DEMONSTRAÇÃO SUFICIENTE - Caso em que suficientemente demonstrado pela prova oral ter o autor sido induzido em erro substancial quando firmou escritura pública de cessão de direitos hereditários em favor do réu, por preço irrisório que, aliás, nem foi pago, conforme por esse confessado. Ademais, nem de cessão gratuita pode-se cogitar, demonstrado que o autor não tinha dívida de gratidão para com o autor. Valorização da impressão colhida pelo juiz a quo, que presidiu a instrução, em vista do princípio da imediatidade. RECURSO IMPROVIDO. UNÂNIME. (TJRS - AC nº 70005623806 - 18ª C. Cív. - Rel. PEDRO LUIZ POZZA - J. 13.05.2004).

ALVARÁ JUDICIAL - EXPEDIÇÃO INDEFERIDA - IRRESIGNAÇÃO - Observância do art. 1.793 do Novo Código Civil que exige, para a cessão de direitos hereditários, escritura pública. Recurso desprovido. (TJSP - AI 330783.4/9 - 9ª C. D. Priv. - Rel. Dês. SILVEIRA NETTO - J. 02.03.2004).

CESSÃO DE DIREITOS HEREDITÁRIOS - Existindo no processo de inventário prova cabal de que o cessionário obteve, e pagou o preço correspondente, cessão de todas as partes ideais da herança, a eventual falha da escritura pública de cessão de direitos, não nominando uma das herdeiras que esteve presente no ato notarial e que lavrou recibo, não poderá ser interpretada contra o cessionário de boa-fé e com posse apta ao usucapião. Adjudicação que se defere na forma do art. 5º, LICC, com observação. (TJSP -AC 163.00841 - 3ª CDPriv. - Rel. Dês. ÊNIO SANTARELLI ZULIANI - J. 17.12.2002).

AGRAVO DE INSTRUMENTO. CESSÃO DE DIREITOS HEREDITÁRIOS POR TERMO NOS AUTOS - Não se mostra possível a cessão de direitos hereditários, por termo nos autos, em favor de uma terceira pessoa, mas sim em favor do monte-mor. Tal pretensão deveria se dar através de escritura pública, nos termos do art. 134,11 c/c 44, III, do Código Civil. Agravo improvido. (TJRS - AI 70005173786 - 8ª C.Cív. - Rel. Dês. ANTÔNIO CARLOS STANGLER PEREIRA - J. 05.12.2002).

ARROLAMENTO - AÇÃO ANULATÓRIA DE PARTILHA - ESCRITURA DE COMPRA E VENDA DE MEAÇÃO E DE DIREITOS HEREDITÁRIOS • PATRIMÔNIO ADJUDICADO A COLATERAL -DESCABIMENTO - POSSIBILIDADE DE DEMANDA INVALIDATÓRIA - A cessão de direitos hereditários é feita por instrumento público, que pode ter natureza onerosa (compra e venda) ou gratuita (doação) e onde o cessionário assume a qualidade de herdeiro, somente podendo ser operada quando aberta a sucessão. A cognominada "cessão de meação" e manejada na sede do inventário, pois o óbito do cônjuge inibe o registro no álbum imobiliário, e não havendo ascendentes ou descendentes, o parceiro remanescente queda com todo o patrimônio, o que justifica a transferência global do espolio ao cessionário. Como herdeiro, o cessionário pode invalidar a partilha, e no prazo de vinte anos, quando preterido na partilha. Apelação provida e recurso adesivo desacolhido. (TJRS - AC 70004289773 - 7ª C. Cív. - Rel. Dês. JOSÉ CARLOS TEIXEIRA GIORGIS-J 12.06.2002).

AÇÃO DECLARATÓRIA DE. ANULAÇÃO DE ATO JURÍDICO. Cessão de direitos hereditários efetivada pela inventariante do espólio, antes da partilha, sem o consentimento dos demais herdeiros - Inadmissibilidade - Ato anulável consoante o disposto no artigo 1.580 do Código Civil, a requerimento de qualquer herdeiro não consultado, por implicar no desfazimento da indivisibilidade da universalidade da herança (parágrafo único) - Eventual prejuízo de terceiro de boa-fé poderá ser, no entanto, pleiteado junto a quem realizou o ato. Recursos não providos. (TJSP - AC 69.416-4 - 2ª C. D. Priv - Rel. Dês. LINNEU CARVALHO - J. 23.03.1999).

HERANÇA - Cessão de direitos hereditários. Venda de parte ideal de prédio por co-herdeiro. Inadmissibilidade. Bem que constitui a herança indivisível. Co-herdeiro que também não ofereceu sua parte aos demais para o exercício do direito de preferência. Inteligência e aplicação do art. 1.139 do CC. (TJSP - Ap. 162.642-1/6 - 3ª C - Rel. Dês. ALFREDO MIGLIORE-J. 14.04.1992).

l) da Sucessão dos bens do ausente

Sílvio Rodrigues, ob. cit., p. 405/406, ao discorrer sobre a ausência, aponta para o fato de que por vezes "ocorre que uma pessoa desaparece do seu domicílio sem que dela haja notícia, sem que haja deixado representante ou procurador e sem que ninguém lhe saiba o destino ou paradeiro.

Duas atitudes são passíveis frente à ausência. A primeira ditada pela possibilidade do ausente estar vivo, se revela através da necessidade de lhe preservar os bens, tendo em vista a defesa de seu interesse; a segunda, encarando a possibilidade de o ausente ter falecido, visa atender o interesse de seus herdeiros, que, por sua morte, teriam se tornado senhores de seu patrimônio.

Mas quer esteja ele vivo, quer esteja morto, é importante considerar o interesse social de preservar seus bens, impedindo que os mesmos se deteriorem, ou pereçam.

Tendo em vista essas razões, o ordenamento jurídico toma posição frente ao problema da ausência, procurando, de início preservar os bens deixados pelo ausente, para a hipótese do seu eventual retorno; ao depois, transcorrido um importante período de tempo, sem que o ausente regresse, o legislador, desacoroçoado de esperar sua volta, passa a cuidar do interesse de seus herdeiros.

Aliás, examinando a lei, vê-se que o critério do legislador varia de maneira marcada à medida que a ausência se prolonga, caracterizando três posições diversas.

De início o legislador supõe transitório o desaparecimento da pessoa em causa e as medidas que toma visam a preservar o patrimônio do ausente, para o caso de sua volta, sempre iminente. É a fase da *curadoria do ausente*.

Todavia, à medida que o tempo passa, menos provável se torna o regresso da pessoa desaparecida e mais veemente se manifesta a possibilidade do ausente ter morrido. Sua volta, embora plausível, torna-se improvável. Então o legislador, contemplando tal circunstância, propende menos a proteger o interesse do ausente, do que o de seus sucessores; é a fase da *sucessão provisória*.

Finalmente, se transcorre um enorme período de tempo sem que o ausente volte, seu retorno se torna cada vez mais problemático, acentuando-se a probabilidade dele haver perecido. De modo que, sempre contemplando a possibilidade remota de seu regresso, atende a lei principalmente ao interesse de seus herdeiros e a estes defere a *sucessão definitiva*".

A sucessão hereditária tem início com o falecimento daquele que era o titular dos bens, sendo certo que a comprovação desse evento se dá através da certidão de óbito expedida pelo oficial do registro civil do lugar do falecimento.

Estabelece o artigo 6° do CC que a existência da pessoa natural termina com a morte, sendo presumível esta quanto aos ausentes, nos casos em que a lei autoriza a abertura de sucessão definitiva.

Inicialmente cabe falarmos da morte presumida em função da ausência, quando então a sucessão hereditária se dará de forma provisória, podendo converter-se em definitiva.

A declaração de ausência, conforme estabelece o art. 22 CC, pode ser requerida pelo Ministério Público ou qualquer interessado, quando uma pessoa desaparece de seu domicílio sem que dela se tenha notícia e não tenha deixado representante ou procurador para administrar seus bens, oportunidade em que o juiz lhe nomeará curador, delimitando os seus poderes, conforme as circunstâncias, observando-se, no que couber, o disposto pelo CC a respeito dos tutores e curadores.

Também será declarada a ausência, nomeando-se igualmente curador, quando o ausente deixar mandatário que não queira ou não possa exercer ou continuar o mandato ou, ainda, quando seus poderes forem insuficientes para o fiel cumprimento do mandato.

O cônjuge do ausente, sempre que não esteja separado judicialmente, ou de fato a mais de dois anos antes da declaração da ausência, será seu legítimo curador, sendo que, na falta deste, a curadoria dos bens caberá aos pais ou aos descendentes, nesta ordem, não havendo, é lógico, impedimento que os iniba de exercer o encargo.

Entre os descendentes, os mais próximos precedem os mais remotos e, na falta de qualquer dessas pessoas, compete ao juiz a escolha do curador.

A sentença declaratória de ausência, conforme art. 29, VI e art. 94 da Lei de Registro Público, deve ser registrada no Registro Civil das Pessoas Naturais.

Passado um ano da arrecadação dos bens do ausente, ou três anos se deixou representante ou procurador, poderão os interessados (o cônjuge não separado judicialmente, os herdeiros presumidos, legítimos ou testamentários, os que tiverem sobre os bens do ausente direito dependente de sua morte, ou os credores de obrigações vencidas e não pagas), requerer que se declare a ausência e se abra provisoriamente a sucessão, sendo certo que, findo esse prazo e não havendo qualquer interessado na sucessão, cumpre ao Ministério Público requere-lá.

Feito isso, e determinada por sentença a abertura da sucessão provisória, com o trânsito em julgado desta, proceder-se-á a abertura do testamento, se houver, e ao inventário e partilha dos bens, como se o ausente falecido fosse. Entretanto, aquela sentença só produzirá seus efeitos cento e oitenta dias após a sua publicação na imprensa oficial.

Caso não compareça herdeiro ou interessado para requerer a abertura do inventário até trinta dias depois de passar em julgado aquela sentença que mandou abrir a sucessão provisória, proceder-se-á à arrecadação dos bens do ausente na forma estabelecida pelos arts. 1.819 a 1823, ou seja, na forma de herança jacente.

Havendo herdeiros, para que estes sejam imitidos na posse dos bens do ausente, necessariamente darão garantias da restituição caso determinado, mediante penhores ou hipotecas equivalentes aos seus respectivos quinhões, sendo que poderão ser dispensados dessa garantia os ascendentes, os descendentes e o cônjuge, desde que provada a qualidade de herdeiro.

Aquele que tiver direito a posse provisória de bem do ausente, mas que não possa prestar a garantia acima citada, será excluído, mantendo-se o bem ou os bens que lhe caberiam sob a administração e guarda do curador, ou, ainda, de outro herdeiro, designado pelo juiz, desde que preste aquela garantia.

Esse excluído poderá, provando a falta de meios, requerer lhe seja entregue a metade dos rendimentos do quinhão que lhe tocaria.

O descendente, ascendente ou cônjuge que for sucessor provisório do ausente, fará seus todos os frutos e rendimentos dos bens que a este couberem, sendo certo que o mesmo não ocorre com os demais sucessores, que deverão capitalizar a metade desses frutos e rendimentos, prestando contas, anualmente, ao juiz competente, sendo que se o ausente aparecer, e ficar provado que sua ausência foi voluntária e injustificada, perderá ele, em favor do sucessor, sua parte nos frutos e rendimentos.

Os sucessores provisórios, após serem empossados nos bens, representarão, ativa e passiva, o ausente. Se o ausente aparecer, ou lhe for provada a existência, depois de estabelecida a posse provisória, cessarão desde logo todas as vantagens dos sucessores nela imitidos, ficando, todavia, obrigados a tomar as medidas assecuratórias precisas, até a entrega dos bens a seu dono.

Após a posse provisória, se se provar a época exata do falecimento do ausente, considerar-se-á, nessa data, aberta a sucessão em favor dos herdeiros, que o eram àquele tempo.

Dez anos depois de passado em julgado a sentença que concede a abertura da sucessão provisória ou, provando-se que o ausente conta com oitenta ano de idade e que de cinco datam as últimas notícias a seu respeito, poderá, qualquer dos interessados, requerer a sucessão definitiva e o levantamento das cauções prestadas, consoante se observa do disposto no art. 37 e 38 do CC.

Regressando o ausente nos dez anos seguintes à abertura da sucessão definitiva, ou algum de seus descendentes ou ascendentes, aquele ou estes haverão só os bens existentes no estado em que se acharem, os sub-rogados em seu lugar, ou o preço que os herdeiros e demais interessados houverem recebido pelos bens alienados depois daquele tempo, conforme se observa do preceituado no art. 39.

O Código de Processo Civil regulamenta o processamento acerca dos bens do ausente nos arts. 744 e 745.

O art. 7°, CC, por sua vez, normaliza que pode ser declarada a morte presumida, sem decretação de ausência, se for extremamente provável a morte de quem estava em perigo de vida (inc. I), ou se alguém, desaparecido em campanha ou feito prisioneiro, não for encontrado até dois anos após o término da guerra (inc. II).

Observa-se do seu parágrafo único que a declaração da morte presumida, nos casos que aponta, somente poderá ser requerida depois de esgotadas as buscas e averiguações, devendo a sentença fixar a data provável do falecimento.

Ensina SÍLVIO DE SALVO VENOSA, "A morte presumida no novo Código Civil", publicada no Juris Síntese n° 91, Set/Out de 2011, que tudo que "é presumido é altamente provável, mas não constitui certeza. Caberá ao juiz, na nova lei, fixar a data da morte presumida do desaparecido na sentença, requisito que é essencial; melhor cabendo estabelecê-la no dia da sua última notícia, na ausência de critério mais seguro, segundo a prova apresentada. A maior cautela possível deverá, no futuro, ser exigida na declaração de presunção de morte, tamanhas e tão graves as consequências de ordem patrimonial e familiar. A nova disposição, de qualquer forma, harmoniza-se com o mencionado artigo da Lei dos Registros Públicos: acidentes, naufrágios, incêndios e outras catástrofes permitem maior grau de presunção de morte. A nova disposição menciona ainda o desaparecido em campanha ou feito prisioneiro quando não é encontrado até dois anos após o término da guerra. Guerra é termo que deve ser entendido com elasticidade, pois deve compreender também a revolução interna e movimentos semelhantes como, por exemplo, exercícios bélicos. Como notamos, há situações de desaparecimento da pessoa e de probabilidade de morte que exige um acertamento judicial, uma sentença. Essa declaração de morte do novo código, como é óbvio, dependerá sempre de sentença judicial, em procedimento no qual todas as investigações devem ser permitidas, além do esgotamento das buscas e averiguações de que fala a lei."

O óbito de pessoas desaparecidas em terremoto, inundação, naufrágios, incêndios, etc., quando não é possível encontrar o cadáver, consoante se observa do disposto no art. 88 da Lei n° 6.015/73, é feita através de justificação judicial.

A esse propósito a I. advogada ANA CATARINA FURTADO KÖHLER, in "A declaração judicial de morte presumida sem decretação de ausência decorrente de catástrofes", publicada no Juris Síntese n° 91, Set/Out de 2011, aponta para um "exemplo da aplicação prática de tal instituto se dá em tragédias aéreas, como a ocorrida com o avião Air Bus, que caiu no Oceano Atlântico em maio de 2009. Em casos como esses, o Poder Judiciário vem aplicando em conjunto o art. 7° do Código Civil e o art. 88 da Lei dos Registros Públicos (Lei n° 6.015/1973) para declarar a morte presumida sem a decretação de ausência, substituindo judicialmente o atestado de óbito:

> *Art. 88. Poderão os Juízes togados admitir justificação para o assento de óbito de pessoas desaparecidas em naufrágio, inundação, incêndio, terremoto ou qualquer outra catástrofe, quando estiver provada a sua presença no local do desastre e não for possível encontrar-se o cadáver para exame.*

Assim sendo, ajuizada ação declaratória e comprovado nos autos o desaparecimento da pessoa em virtude de acidente em alto mar, catástrofe aérea, incêndio, sequestro, etc., e, outrossim, que foram oficialmente encerradas as buscas pela pessoa desaparecida, é possível ver declarada a morte presumida da pessoa desaparecida."

A Lei n° 6.683/79 admitiu nos casos de pessoas envolvidas em atividades políticas, no período compreendido entre 02 de setembro de 1961 e 15 de agosto de 1979, o reconhecimento do óbito por justificação judicial, e ainda, conforme se observa da Lei n° 9.140/95, por declaração do próprio Estado.

> *DECLARAÇÃO DE AUSÊNCIA E ABERTURA DA SUCESSÃO PROVISÓRIA. INSURGÊNCIA DA AUTORA. PEDIDO DECLARATÓRIO DE MORTE PRESUMIDA, SEM ABERTURA DE SUCESSÃO PROVISÓRIA. NÃO PROVIMENTO. HIPÓTESE QUE NÃO SE ENQUADRA DENTRE AS PREVISTAS NO ART. 7º, CC. REGRA DO ART. 38, CC, QUE DEMANDA A PRÉVIA DECLARAÇÃO DE AUSÊNCIA E ABERTURA DE SUCESSÃO PROVISÓRIA. PESSOA COM MAIS DE OITENTA ANOS E CUJAS ÚLTIMAS NOTÍCIAS TENHAM MAIS DE CINCO ANOS. SITUAÇÃO QUE AUTORIZA A CONVERSÃO DA SUCESSÃO PROVISÓRIA EM DEFINITIVA EM PERÍODO INFERIOR AO DO ART. 37, CC, MAS NÃO ENSEJA DECLARAÇÃO DE MORTE PRESUMIDA. APLICABILIDADE DO ART. 38, CC, QUE DEVE SER RECLAMADA PERANTE O JUÍZO DE ORIGEM, SOB PENA DE SUPRESSÃO DE INSTÂNCIA. EXPEDIÇÃO*

DE OFÍCIO AO JUÍZO DO INVENTÁRIO COM CÓPIA DESTE ACÓRDÃO PARA QUE SE VERIFIQUE A CONDIÇÃO DE HERDEIRA DA AUTORA E A LEGITIMIDADE PARA FIGURAR COMO INVENTARIANTE. DÚVIDA QUANTO AO GRAU DE PARENTESCO E EXISTÊNCIA DE ANCESTRAL COMUM. APELAÇÃO DA AUTORA NÃO PROVIDA, COM DETERMINAÇÃO. (TJSP; Apelação 0004801-04.2007.8.26.0619; Relator (a): Alexandre Lazzarini; Órgão Julgador: 9ª Câmara de Direito Privado; Foro de Taquaritinga - 2ª. Vara Judicial; Data do Julgamento: 14/03/2017; Data de Registro: 14/03/2017)

AÇÃO DE DECLARAÇÃO DE AUSÊNCIA. SENTENÇA QUE EXTINGUIU O PROCESSO. REAPARECIMENTO DO AUSENTE. ARTIGO 36 DO CC. Dispõe o artigo 36 do Código Civil: "Se o ausente aparecer, ou se lhe provar a existência, depois de estabelecida a posse provisória, cessarão para logo as vantagens dos sucessores nela imitidos, ficando, todavia, obrigados a tomar as medidas assecuratórias precisas, até a entrega dos bens a seu dono". Declarada a ausência, durante os 10 anos em que se prolonga a sucessão provisória, o reaparecimento do ausente leva à extinção do processo, devendo os bens que se encontram na posse dos herdeiros retornar ao seu proprietário. Sentença de extinção mantida. Recurso não provido. (TJSP; Apelação 0005299-58.2007.8.26.0439; Relator (a): Carlos Alberto Garbi; Órgão Julgador: 10ª Câmara de Direito Privado; Foro de Pereira Barreto - 2ª Vara Judicial; Data do Julgamento: 25/04/2017; Data de Registro: 27/04/2017)

RECURSO ESPECIAL. CIVIL E PROCESSUAL CIVIL. SEGURO DE VIDA. DECLARAÇÃO DE AUSÊNCIA DA SEGURADA. ABERTURA DE SUCESSÃO PROVISÓRIA. PAGAMENTO DA INDENIZAÇÃO. NECESSIDADE DE SE AGUARDAR A ABERTURA DA SUCESSÃO DEFINITIVA, QUANDO SERÁ PRESUMIDA A MORTE DA PESSOA NATURAL. 1. O instituto da ausência e o procedimento para o seu reconhecimento revelam um iter que se inaugura com a declaração, perpas-

sa pela abertura da sucessão provisória e se desenvolve até que o decênio contado da declaração da morte presumida se implemente. 2. Transcorrido o interregno de um decênio, contado do trânsito em julgado da decisão que determinou a abertura da sucessão provisória, atinge sua plena eficácia a declaração de ausência, consubstanciada na morte presumida do ausente e na abertura da sua sucessão definitiva. 3. A lei, fulcrada no que normalmente acontece, ou seja, no fato de que as pessoas, no trato diário de suas relações, não desaparecem intencionalmente sem deixar rastros, elegeu o tempo como elemento a solucionar o dilema, presumindo, em face do longo transcurso do tempo, a probabilidade da ocorrência da morte do ausente. 4. Estabelecida pela a lei a presunção da morte natural da pessoa desaparecida, é o contrato de seguro de vida alcançado por esse reconhecimento, impondo-se apenas que se aguarde pelo momento da morte presumida e a abertura da sucessão definitiva. 5. RECURSO ESPECIAL A QUE SE NEGA SEGUIMENTO. (REsp 1298963/SP, 3ª. Turma do STJ, Relator Ministro PAULO TARSO SANSEVERINO, DJe 25/02/2014).

PREVIDENCIÁRIO E PROCESSUAL CIVIL. CONFLITO DE COMPETÊNCIA. JUÍZO FEDERAL E JUÍZO DE DIREITO. AÇÃO EM QUE SE DEDUZ PRETENSÃO A BENEFÍCIO PREVIDENCIÁRIO. RECONHECIMENTO DA MORTE PRESUMIDA DO CÔNJUGE DA AUTORA PARA O ÚNICO FIM DE OBTENÇÃO DE PENSÃO POR MORTE. COMPETÊNCIA DA JUSTIÇA FEDERAL. INTELIGÊNCIA DO ART. 78, CAPUT, DA LEI N. 8.213/91. 1. Tendo o pedido de reconhecimento de morte presumida o único propósito de percepção de pensão por morte (ex. vi do art. 78 da Lei n. 8.213/91), cabe à Justiça Federal o processamento e julgamento da lide. Precedentes: CC 121.033/MG, Rel. Ministro RAUL ARAÚJO, Data da Publicação 3/8/2012; CC 112.937/PI, Rel. Ministro JORGE MUSSI, Data da Publicação 03/12/2010. 2. Conflito conhecido para declarar a competência do Juízo Federal da Vara Única da Subseção Judiciária de Parnaíba, para julgamento da lide. (CC 130296/PI, 1ª. Seção do STJ, Relator Ministro SÉRGIO KUKINA, DJe 29/10/2013).

PROCESSUAL CIVIL – AÇÃO DE DECLARAÇÃO DE MORTE PRESUMIDA DE AUSENTE – AUSÊNCIA DE INTERESSE PROCESSUAL – SENTENÇA MANTIDA – Cumprido o requisito temporal do art. 37 do CC/02, e desde que haja provocação da manifestação judicial por qualquer interessado, a sucessão provisória será convertida em sucessão definitiva por meio de sentença, oportunidade na qual o juiz também declarará a morte presumida do ausente, conforme o art. 6º do CC/02, e ordenará o respectivo registro público. Por conseguinte, após o trânsito em julgado da sentença que autoriza a abertura da sucessão definitiva, o ausente é considerado morto para todos os fins legais, resultando, por conseguinte, na inutilidade e inadequação da ação ora proposta. Recurso não provido. (TJDFT – PC 20110111037994 – (551143) – Rel. Des. Humberto Adjuto Ulhôa – DJe 29.11.2011 – p. 130).

MORTE PRESUMIDA AUSENCIA DOS REQUISITOS LEGAIS DECLARACAO DE AUSENCIA DISTINCAO DOS INSTITUTOS NULIDADE DA SENTENÇA APELAÇÃO CÍVEL – AÇÃO DE DECLARAÇÃO DE MORTE PRESUMIDA – AUSÊNCIA DOS REQUISITOS DO ART. 7º DO CÓDIGO CIVIL – NULIDADE DA SENTENÇA – PROSSEGUIMENTO DA AÇÃO COMO DECLARAÇÃO DE AUSÊNCIA – AUSÊNCIA DE LEGITIMIDADE DA EX-CÔNJUGE PARA FIGURAR COMO CURADORA – Pelos documentos carreados aos autos, não há qualquer indício das hipóteses previstas nos incisos do artigo supra transcrito, e sim meras alegações da parte autora, ex-cônjuge do desaparecido, de que este teria morrido ao tentar fugir de prisão, em 1962, em Ilha Grande. Tendo em vista que desde 1962 a requerente não tem notícias do desaparecido, há de fato uma presunção de morte, caracterizada pela ausência, como prevê o art. 6º da Lei Substantiva Civil, mas não de morte presumida do art. 7º do mesmo diploma legal. De certo, a ausência e a morte presumida são figuras distintas, tendo em vista que, na ausência, não há perda da personalidade jurídica, ao contrário da morte presumida. PROVIMENTO DO APELO.

(TJRJ – AC 0005663-69.2003.8.19.0211 – 18ª C.Cív. – Rel. Des. JORGE LUIZ HABIB – DJe 19.05.2011 – p. 23).

MORTE PRESUMIDA – AÇÃO DECLARATÓRIA – AUSÊNCIA DE PROCEDIMENTO PRÉVIO – DESCABIMENTO – *"Apelação cível. Ação declaratória de morte presumida. Não tendo sido realizado o procedimento prévio de declaração de ausência, e nem esgotadas as buscas e averiguações acerca do desaparecimento, descabe o pedido formulado. Sentença mantida. Apelo não provido." (TJRS – AC 70032595795 – 8ª C.Cív. – Rel. Des. CLAUDIR FIDELIS FACCENDA – J. 17.12.2009).*

AUSÊNCIA – AÇÃO DE DECLARAÇÃO – PROBABILIDADE DA MORTE – *"Apelação cível. Ação de declaração de ausência. Probabilidade da morte. Participação do ausente na sucessão de filho falecido que deixa bens. Nomeação de curador. A ausência não equivale ao óbito do desaparecido, que participa da sucessão dos bens de seu filho como se vivo estivesse. Existindo bens a arrecadar, necessária a nomeação de curador, a teor do art. 22 do Código Civil, e a observância do procedimento disposto nos arts. 1.159 a 1.169 do Código de Processo Civil. Recurso improvido. Unânime." (TJDFT – AC 20060710081829 – 6ª T.Cív. – Rel. Des. OTÁVIO AUGUSTO – DJe 18.11.2009).*

MORTE PRESUMIDA – DECLARAÇÃO INCIDENTAL DE AUSÊNCIA – TERMO INICIAL – *"Apelação. Embargos à execução. Morte presumida. Declaração incidental de ausência. Segurado desaparecido há mais de 25 anos. O reconhecimento incidental da morte presumida do segurado para fins de recolhimento de verba indenizatória pelos beneficiários não implica violação do devido procedimento legal imposto para a decretação de ausência. Inteligência do art. 7º do Código Civil de 2002. Apelo provido, em parte." (TJSP – AC 992.08.075238-0 – 29ª CDPriv. – Rel. Des. PEREIRA CALÇAS – J. 18.11.2009).*

MORTE PRESUMIDA – DECLARAÇÃO DE AUSÊNCIA – DIREITOS E OBRIGAÇÕES – "Declaração de ausência-pedido que não se confunde com a declaração de morte presumida prevista no art. 78 da Lei nº 8.213/1991. Existência de interessados em condição de suceder o suposto ausente em direitos e obrigações. Ausência de bens arrecadável que não retira do autor o interesse processual. Carência da ação afastada. Sentença anulada. Recurso provido." (TJSP – AC 244307-4/6-00 – 5ª CDPriv. – Rel. Des. ERICKSON GAVAZZA MARQUES – J. 23.09.2009).

DECLARATÓRIA E CONDENATÓRIA – MORTE PRESUMIDA CUMULADA COM PAGAMENTO DE SEGURO – RITO ORDINÁRIO – POSSIBILIDADE – CONDIÇÕES DA AÇÃO – LEGITIMIDADE PASSIVA – INTERESSE DE AGIR – POSSIBILIDADE JURÍDICA – AUSÊNCIA NÃO CONFIGURADA – INÉPCIA – INOCORRÊNCIA – SEGURO – MORTE – PROVA – VERBA DEVIDA – CORREÇÃO MONETÁRIA E JUROS – TERMO INICIAL – É possível a cumulação de pedidos visando a declaração de morte presumida cumulada com cobrança de seguro de vida quando, diante de multiplicidades de ritos, adota-se o procedimento ordinário. A seguradora é parte legítima para ação declaratória de morte presumida cumulada com cobrança de seguro de vida, pois é ela a responsável pelo efeito patrimonial pretendido. Configura o interesse de agir o ajuizamento de ação declaratória cumulada com ação de cobrança, ante a necessidade de obter a declaração judicial de morte presumida com a finalidade de receber prêmio de seguro de vida. É juridicamente possível a cumulação de pedido declaratório de morte presumida com pedido condenatório de pagamento de seguro, quando ambos estão previstos no Código Civil. Sendo o pedido de pagamento de seguro consequência da declaração de morte presumida, não há que se falar em inépcia da petição inicial, uma vez que tais pedidos não são incompatíveis entre si. É devido o pagamento de seguro de vida quando reconhecida a morte presumida do segurado. Em se tratando de obrigação contratual decorrente de seguro de vida, os juros de mora devem incidir desde a citação e a correção monetária desde o ajuizamento da ação. (TJRO – AC 100.005.2004.011140-2 – 2ª C.Cív. – Rel. Des. MARCOS ALAOR DINIZ GRANGEIA – J. 04.10.2006).

PREVIDENCIÁRIO E PROCESSUAL CIVIL – PENSÃO POR MORTE PRESUMIDA – DECLARAÇÃO DE AUSENTE – CONDIÇÃO DE SEGURADO – JULGAMENTO ANTECIPADO DA LIDE – INÍCIO RAZOÁVEL DE PROVA DOCUMENTAL – 1. A declaração de morte presumida por ausência, para fins previdenciários, prevista no art. 78 da Lei nº 8.213/91, não se confunde com a declaração de ausência prevista nos artigos 1.159 a 1.169 do CPC, que tratam de sucessão provisória e administração de bens de ausentes. 2. Nada obsta que o juízo de origem aprecie o pedido de declaração de ausência, para fins previdenciários e, posteriormente, analise, o pedido de pensão por morte presumida, quando há cumulação sucessiva de pedidos, autorizada pelo art. 289 do CPC, observado o procedimento comum ordinário, nos termos do art. 292, § 2º do CPC. 3. O magistrado de primeira instância, embora não obrigatoriamente vinculado à orientação jurisprudencial do Tribunal, deve atentar para o fato de que o julgamento antecipado da lide, pode impor ao autor prejuízo maior do que a espera por uma sentença após cumprido o rito ordinário. 4. Havendo necessidade de produção de prova testemunhal em audiência, não é possível o julgamento antecipado da lide, devendo, portanto, ser anulada a sentença, de modo que se colha a prova testemunhal para, então, ser proferida uma nova decisão. 5. Apelação provida. (TRF 1ª R. – AC 01990397242 – MG – 2ª T. – Rel. Des. Fed. TOURINHO NETO – DJU 18.12.2002 – p. 93).

CIVIL E PROCESSO CIVIL – DECLARAÇÃO DE AUSÊNCIA – COMPROVAÇÃO DA MORTE – INICIAL INDEFERIDA – ARTIGOS 295, V C/C 267, I, DO CPC – A figura da ausência, *para o direito, tem a função de disciplinar a sucessão sobre os bens da pessoa desaparecida e importa em medidas como a nomeação de curador para administrar ditos bens, a abertura de sucessão provisória e, finalmente, a conversão desta em definitiva. Cód. Civ., Arts. 463 a 485 (Humberto Theodoro Júnior, curso de direito processual civil, vol. III, revista forense, 20ª ED., Pág. 435); não se prestando como prova objetiva do óbito do ausente. (TJDFT – APC 20000710090000 – 2ª T.Cív. – Rel. Juiz GETÚLIO MORAES OLIVEIRA – DJU 14.11.2001 – p. 156).*

RECURSO ESPECIAL. PENSÃO. MORTE PRESUMIDA. COMPETÊNCIA. 1. O reconhecimento da morte presumida do segurado, com vistas à percepção de benefício previdenciário (art. 78 da Lei nº 8.213/91), não se confunde com a declaração de ausência prevista nos Códigos Civil e de Processo Civil, razão pela qual compete à Justiça Federal processar e julgar a ação. 2. Recurso conhecido e provido. (REsp 256547/SP, 6ª. Turma do STJ, Relator Ministro FERNANDO GONÇALVES, DJ 11/09/2000 p. 303).

DA SUCESSÃO EM GERAL : - A) DISPOSIÇÕES GERAIS; B) DA HERANÇA E DE SUA ADMINISTRAÇÃO; C) DA VOCAÇÃO HEREDITÁRIA; D) DA ACEITAÇÃO E RENÚNCIA DA HERANÇA; E) DOS EXCLUÍDOS DA SUCESSÃO; F) DA HERANÇA JACENTE; G) DA PETIÇÃO DE HERANÇA

a) Disposições gerais

Com a morte do autor da herança, que é o marco da transmissão de direitos aos herdeiros, nasce o direito de herdar.

LUIZ DA CUNHA GONÇALVES, ob. cit., ensina que essa imediata transmissão é denominada pelos franceses pelo "obscuro termo de *"saisine"*, baseado no adágio jurídico: *"le mort saisit le vif"*. Esta transmissão opera-se ainda que os herdeiros não tenham, sequer, conhecimento da herança."

Se vê do disposto no art. 1.784 CC, aberta a sucessão, que se dá com a morte do *de cujus*, o domínio e a posse da herança transmite-se, desde logo, aos herdeiros legítimos e testamentários, ou seja, o monte, que para efeitos legais é considerado bem imóvel (art. 80, II)[1], passa a integrar o patrimônio dos sucessores do finado, mas não de forma individualizada. Ressalte-se, diversamente da norma que versava sobre o tema no CC/16 (art. 1.572), transmite-se a herança e não a propriedade, que, segundo nosso regramento jurídico, se adquire através do registro, inobstante, automaticamente, se transmita os direitos a ela inerente.[2]

No que se refere à posse da herança, estabelece o art. 1.206 CC, ela "transmite-se aos herdeiros e legatários do possuidor com os mesmos caracteres" que o autor da herança tinha, ou seja, sub-rogam-se na própria situação que o morto desfrutava. Para todos os efeitos legais, prevê o CC no art. 1.207, o sucessor universal continua de direito a posse do seu antecessor; e ao sucessor singular é facultado unir sua posse à do antecessor.[3]

---

1 Art. 80 — Consideram-se imóveis para os efeitos legais:
(...)
II - o direito à sucessão aberta. "
2 CC/16 — Art. 1.572. Aberta a sucessão, o domínio e a posse da herança transmitem-se, desde logo, aos herdeiros legítimos e testamentários.
3 CC/16 — Art. 495. A posse transmite-se com os mesmos caracteres aos herdeiros e legatários do possuidor.

Assim, portanto, na defesa de bens pertencentes à herança é parte legítima o herdeiro, bem como para interpor a qualquer demanda. O herdeiro, ainda que não haja inventário do *de cujus*, têm legitimidade ativa e passiva, vez que com a herança lhe foi transmitido esse direito/dever.

Tanto é assim que qualquer herdeiro pode reclamar a universalidade da herança ao terceiro, podendo exercer ação de esbulho, de turbação ou qualquer ação possessória, enquanto não designado inventariante no procedimento sucessório (JTACSP 143/312), aplicando-se aos direitos hereditários incidentes sobre imóvel pró indiviso as mesmas regras condominiais, o herdeiro de condômino se investe nos atributos de propriedade e posse deste, de conformidade com o disposto no art. 1.784 do CC, independentemente da sentença de partilha, que possui caráter apenas declaratório.[4]

Excetuando-se o legatário que, embora tenha adquirido a propriedade do legado puro e simples desde o falecimento do testador, não adquire a posse do mesmo (art. 1.923, parágrafo primeiro) que, em regra, deverá ser dada pelos herdeiros, e que a companheira tem, por direito próprio e não decorrente do testamento, de habitação sobre o imóvel destinado à moradia da família, nos termos do art. 7° da Lei n° 9.278/96, não há qualquer restrição à posse do herdeiro.

> *DIREITO REAL DE HABITAÇÃO. COMPANHEIRO. EQUIPARAÇÃO AO CÔNJUGE. DIREITO QUE PREVALECE APESAR DA EXISTÊNCIA DE OUTROS BENS A INVENTARIAR. RECURSO NÃO PROVIDO. Direito real de habitação. Companheiro da falecida, filha dos autores. Equiparação ao cônjuge. Direito que prevalece apesar da existência de outros bens a inventariar. Sentença mantida. Recurso não provido. (TJSP; Apelação 0003105-94.2015.8.26.0022; Relator (a): J.B. Paula Lima; Órgão Julgador: 10ª Câmara de Direito Privado; Foro de Amparo - 1ª Vara; Data do Julgamento: 20/03/2018; Data de Registro: 20/03/2018)*

CC/16 - Art. 496. O sucessor universal continua de direito a posse do seu antecessor; e ao sucessor singular é facultado unir sua posse à do antecessor, para os efeitos legais.

4 Art. 1.572. Aberta a sucessão, o domínio e a posse da herança transmitem-se, desde logo, aos herdeiros legítimos e testamentários.

INVENTÁRIO – Direito real de habitação perseguido pela ex-companheira do de cujus – Cabimento – Atual entendimento do E. STF que reconheceu a igualdade de direitos, para fins de sucessão, do casamento e das uniões estáveis – Incidência do art. 1.831, CC – Copropriedade de terceiros sobre o bem que não obsta a concessão do pleito, uma vez que a medida se limita à proteção da ex-convivente – Agravo provido.

(TJSP; Agravo de Instrumento 2246296-09.2016.8.26.0000; Relator (a): Galdino Toledo Júnior; Órgão Julgador: 9ª Câmara de Direito Privado; Foro Regional II - Santo Amaro - 5ª Vara da Família e Sucessões; Data do Julgamento: 27/02/2018; Data de Registro: 27/02/2018)

AGRAVO REGIMENTAL. AGRAVO EM RECURSO ESPECIAL. AÇÃO DE INVENTÁRIO. VIOLAÇÃO A LITERAL DISPOSIÇÃO DE LEI. NÃO CONFIGURAÇÃO. DISSÍDIO JURISPRUDENCIAL. NÃO INDICAÇÃO DO DISPOSITIVO DE LEI CONFRONTADO. DIREITO REAL DE HABITAÇÃO DO CONVIVENTE SOBREVIVENTE. ENTENDIMENTO DO STJ. PRETENSÃO DE REEXAME DE PROVA. ÓBICE DA SÚMULA 7/STJ. DECISÃO MANTIDA PELOS PRÓPRIOS FUNDAMENTOS. AGRAVO NÃO PROVIDO. 1. Companheira que vindica direito real de habitação de imóvel que foi local de residência do casal. Direito Real de Habitação garantido. 2. A ausência de particularização do dispositivo de lei federal a que os acórdãos - recorrido e paradigma - teriam dado interpretação discrepante consubstancia deficiência bastante a atrair a incidência do enunciado nº 284/STF. 3. Não cabe reexame de provas em sede de recurso extremo. óbice da Súmula 7/STJ. 4. A parte agravante não trouxe, nas razões do agravo regimental, argumentos aptos a modificar a decisão agravada, que deve ser mantida por seus próprios e jurídicos fundamentos. 5. Agravo regimental não provido. (AgRg no AREsp 671118/RJ, 4ª. Turma do STJ, Relator Ministro LUIS FELIPE SALOMÃO, DJe 10/12/2015).

DIREITO DAS SUCESSÕES E DAS COISAS. RECURSO ESPECIAL. SUCESSÃO. VIGÊNCIA DO CÓDIGO CIVIL DE 2002. COMPANHEIRA SOBREVIVENTE. MANUTENÇÃO DE POSSE. POSSIBILIDADE DE ARGUIÇÃO DO DIREITO REAL DE HABITAÇÃO. ART. 1.831 DO CÓDIGO CIVIL DE 2002. 1. É entendimento pacífico no âmbito do STJ que a companheira supérstite tem direito real de habitação sobre o imóvel de propriedade do falecido onde residia o casal, mesmo na vigência do atual Código Civil. Precedentes. 2. É possível a arguição do direito real de habitação para fins exclusivamente possessórios, independentemente de seu reconhecimento anterior em ação própria declaratória de união estável. 3. No caso, a sentença apenas veio a declarar a união estável na motivação do decisório, de forma incidental, sem repercussão na parte dispositiva e, por conseguinte, sem alcançar a coisa julgada (CPC, art. 469), mantendo aberta eventual discussão no tocante ao reconhecimento da união estável e seus efeitos decorrentes. 4. Ademais, levando-se em conta a posse, considerada por si mesma, enquanto mero exercício fático dos poderes inerentes ao domínio, há de ser mantida a recorrida no imóvel, até porque é ela quem vem conferindo à posse a sua função social. 5. Recurso especial desprovido. (REsp 1203144/RS, 4ª. Turma do STJ, Relator Ministro Luís Felipe Salomão, *Je 15/08/2014).*

CIVIL. DIREITO REAL DE HABITAÇÃO. INOPONIBILIDADE A TERCEIROS COPROPRIETÁRIOS DO IMÓVEL. CONDOMÍNIO PREEXISTENTE À ABERTURA DA SUCESSÃO. ART. ANALISADO: 1.611, § 2º, do CC/16. 1. Ação reivindicatória distribuída em 07/02/2008, da qual foi extraído o presente recurso especial, concluso ao Gabinete em 19/03/2010. 2. Discute-se a oponibilidade do direito real de habitação da viúva aos coproprietários do imóvel em que ela residia com o falecido. 3. A intromissão do Estado-legislador na liberdade das pessoas disporem dos respectivos bens só se justifica pela igualmente relevante proteção constitucional outorgada à família (art. 203, I, da CF/88), que permite, em exercício de ponderação de valores, a mitigação dos poderes inerentes à propriedade do patrimônio herdado, para assegurar a máxima efetividade do interesse prevalente, a saber, o direito à moradia do cônjuge supérstite. 4. No particular, toda a matriz sociológica e constitucional que justifica a concessão do direito real de habitação ao cônjuge supérstite deixa de ter razoabilidade, em especial porque o condomínio formado pelos irmãos do falecido preexiste à abertura da sucessão, pois a copropriedade foi adquirida muito antes do óbito do marido da recorrida, e não em decorrência deste evento. 5. Recurso especial conhecido e provido. (REsp 1184492/SE, 3ª. Turma do STJ, Relator Ministra Nancy Andrighi, *DJe 07/04/2014).*

DIREITO DE FAMÍLIA, SUCESSÕES E PROCESSUAL CIVIL. UNIÃO HOMOAFETIVA. RECONHECIMENTO. SUCESSÃO REGIDA PELAS LEIS N. 8.971/1994 E N. 9.278/1996. AUSÊNCIA DE ASCENDENTES E DESCENDENTES DO DE CUJUS. PEDIDO INICIAL QUE SE LIMITA A DIREITO REAL DE HABITAÇÃO SOBRE O IMÓVEL RESIDENCIAL. SENTENÇA QUE O ACOLHE NOS MESMOS TERMOS. RECURSO DE APELAÇÃO. INEXISTÊNCIA. PROPRIEDADE PLENA. PEDIDO REALIZADO EM GRAU DE RECURSO ESPECIAL. IMPOSSIBILIDADE. 1. No Superior Tribunal de Justiça e no Supremo Tribunal Federal, são reiterados os julgados dando conta da viabilidade jurídica de uniões estáveis formadas por companheiros do mesmo sexo. No âmbito desta Casa, reconheceu-se, inclusive, a juridicidade do casamento entre pessoas do mesmo sexo (REsp 1.1833.78/RS, Rel. Ministro LUIS FELIPE SALOMÃO, QUARTA TURMA, *julgado em 25/10/2011),* tendo sido essa orientação incorporada pelo Conselho Nacional de Justiça na Resolução n. 175/2013. 2. Por outro lado, o silêncio da Lei n. 9.278/1996 não excluiu o direito do companheiro à totalidade da herança, na hipótese de inexistência de ascendentes e descendentes do de cujus, na verdade, afastando a participação de parentes colaterais, tal como previsto no art. 2º, inciso III, da Lei n. 8.971/1994. Precedentes. 3. Todavia, tendo a inicial se limitado a pedir *apenas o direito real de habitação e a sentença a concedê-lo, inexistente também recurso de apelação, descabe pleitear, em recurso especial, a propriedade plena do imóvel no qual residia a recorrente com sua falecida companheira. 4. O direito de herança, embora seja decorrência ope legis do reconhecimento da união estável, consiste em direito patrimonial disponível, podendo o titular dele inclusive renunciar por expressa previsão legal (arts. 1.804 a 1.813 do Código Civil), razão por que o juiz deve limitar-se ao que efetivamente é pleiteado pela parte, sob pena de, aí sim, incorrer em julgamento extra ou ultra petita. 5. Recurso especial não provido. (REsp 1204425/MG, 4ª. Turma do STJ, Relator Ministro Luis Felipe Salomão, DJe 05/05/2014).*

DIREITO DAS SUCESSÕES. RECURSO ESPECIAL. SUCESSÃO ABERTA ANTERIORMENTE À VIGÊNCIA DO CÓDIGO CIVIL DE 2002. COMPANHEIRA SOBREVIVENTE. DIREITO REAL DE HABITAÇÃO NÃO RECONHECIDO NO CASO CONCRETO. 1. Em matéria de direito sucessório, a lei de regência é aquela referente a data do óbito. Assim, é de se aplicar ao caso a Lei n. 9278/1996, uma vez que o Código Civil ainda não havia entrado em vigor quando do falecimento do companheiro da autora, ocorrido em 19/10/2002. 2. Não há direito real de habitação se o imóvel no qual os companheiros residiam era propriedade conjunta do falecido e de mais doze irmãos. 3. O direito real à habitação limita os direitos de propriedade, porém, quem deve suportar tal limitação são os herdeiros do de cujus, e não quem já era proprietário do imóvel antes do óbito e havia permitido sua utilização a título de comodato.

4. Recurso especial não provido. (REsp 1212121/RJ, 4ª. Turma do STJ, Relator Ministro Luis Felipe Salomão, DJe 18/12/2013, RIOBDF vol. 82 p. 155, RT vol. 942 p. 328).

AGRAVO DE INSTRUMENTO – DIREITO REAL DE HABITAÇÃO – COMPANHEIRA – INVOCAÇÃO DO ARTIGO

7º DA LEI 9.278/96 – IMÓVEL ADQUIRIDO DURANTE O CASAMENTO COM A CÔNJUGE SUPÉRSTITE – CASAMENTO SOB REGIME DE COMUNHÃO UNIVERSAL DE BENS – ANTECIPAÇÃO DE TUTELA CONFERINDO-LHE O DIREITO REAL DE HABITAÇÃO – POSSIBILIDADE – REGRA DO ARTIGO 1831 DO NOVO CÓDIGO CIVIL – RECURSO IMPROVIDO – O direito real de habitação ao cônjuge supérstite é garantido pelo artigo 1831 do novo CC. Os direitos assegurados ao companheiro alcançam somente os bens adquiridos durante o período da união estável. (TJMT – AI 28045/2011 – Relª Desª MARIA HELENA GARGAGLIONE PÓVOAS – DJe 18.01.2012 – p. 131).

APELAÇÃO CÍVEL – UNIÃO ESTÁVEL – RECONHECIMENTO – PRELIMINAR DE PRESCRIÇÃO SUPERADA – PARTILHA DE IMÓVEL – AQUISIÇÃO DURANTE A CONSTÂNCIA DO RELACIONAMENTO – PRESUNÇÃO DE ESFORÇO COMUM – DIREITO DE HABITAÇÃO PRESERVADO – SENTENÇA MANTIDA – 1- Preliminar: Tem a ação de reconhecimento de união estável natureza pessoal recomendando, desse modo, a aplicação do prazo prescricional de 20 (vinte anos), se a ruptura da vida em comum ocorreu sob a égide do antigo Código Civil, a teor do art. 177. 1.2. Será, porém, de 10 (dez) anos o prazo prescricional se a ruptura ocorreu na vigência do Código Civil de 2002 1.3. Admitida que fosse qualquer um das datas - Ruptura da vida em comum no ano de 2000, como entende a apelante ou no ano de 2004, como reconhecido na sentença - A prescrição não alcançaria a pretensão porquanto ajuizada a ação no ano de 2006 1.4. Preliminar rejeitada à unanimidade. 2- Mérito: Situação retratada que demonstra a existência de união estável, configurada em convivência pública, contínua e duradoura, reconhecida como entidade familiar, nos termos do que dispõem o artigo 1º da Lei nº 9.278/1996, mantidos pelo art. 1.723 do atual Código Civil. 2.1. Aquisição de imóvel residencial que ocorreu na constância da união estável a implicar na presunção do esforço comum para a constituição do patrimônio. 2.2. Possibilidade de a companheira so-

brevivente, em razão do real direito de habitação previsto no parágrafo único do artigo 7º da Lei nº. 9.278/96, até a partilha, permanecer no imóvel em que residia com o de cujos. 3- Manutenção integral da sentença. Improvido o apelo. (TJPE – Ap 0018619-20.2006.8.17.0001 – 4ª C.Cív. – Rel. PAULO TORRES P. DA SILVA – DJe 16.12.2011 – p. 148).

AÇÃO REIVINDICATÓRIA – AUTORES QUE RECEBERAM O IMÓVEL OBJETO DO PEDIDO ATRAVÉS DA PARTILHA DOS BENS DEIXADOS POR SEU PAI – DE CUJUS QUE CONVIVIA EM UNIÃO ESTÁVEL COM A REQUERIDA – DIREITO REAL DE HABITAÇÃO – AUSÊNCIA DE POSSE INJUSTA – DECISÃO REFORMADA – IMPROCEDÊNCIA DO PEDIDO REIVINDICATÓRIO – INVERSÃO DOS ÔNUS SUCUMBENCIAIS – RECURSO CONHECIDO E PROVIDO – Se o imóvel sobre o qual controvertem as partes era utilizado como moradia de casal que convivia em sociedade conjugal de fato, com a morte do varão, é de ser assegurado à convivente o direito real de habitação, máxime sendo ele o único bem deixado pelo "de cujos", independentemente de ter a companheira sobrevivente contribuído para aquisição do mesmo. Interpretação analógica do art. 1.831 do Código Civil, coadjuvado com o art. 7º, § único, da Lei 9.278/96, e art. 226, § 3º, da Constituição Federal. (TJSC – AC 2011.002458-5 – Rel. Des. Subst. JORGE LUIS COSTA BEBER – DJe 09.12.2011).

AGRAVO DE INSTRUMENTO – INVENTÁRIO – DIREITO REAL DE MORADIA SOBRE IMÓVEL URBANO – OUTORGADO À COMPANHEIRA SOBREVIVENTE – ARTIGOS 1.831 DO CÓDIGO CIVIL E ART. 7º DA LEI 9.278/96 – REQUISITOS – OBSERVÂNCIA DO PRINCÍPIO DA SOLIDARIEDADE E MUTUA ASSISTÊNCIA – DECISÃO REFORMADA – RECURSO PROVIDO – É assegurado à companheira sobrevivente o direito real de habitação no imóvel em que residia com o de cujus, desde que seja o único a inventariar, dada a aplicação analógica do artigo 1.831 do Código Civil de 2002 e a expressa disposição do artigo 7º da Lei 9.278/96, não importando se o bem foi adquirido antes do relacionamento, visto que tal direito é calcado nos princípios da solidariedade e mútua assistência, ínsitos a união estável. (TJMS – AG 2011.028778-5/0000-00 – 2ª T.Cív. – Rel. Des. PAULO ALFEU PUCCINELLI – DJe 06.12.2011 – p. 21).

DIREITO REAL DE HABITAÇÃO – AÇÃO REIVINDICATÓRIA – "Direito de família e sucessões. Apelação civil em ação reivindicatória. União estável. Direito real de habitação. Não configuração dos pressupostos. Imóvel não utilizado como residência. 1. A única exigência que se faz para o deferimento do direito real aqui estudado é que só exista um imóvel de natureza residencial a ser inventariado, assim, existindo entre os bens a serem divididos um único imóvel residencial, que não era usado para moradia do autor da herança e de seu consorte, não haverá direito real de habitação sobre este imóvel que não era habitado pelo cônjuge sobrevivente. Hipótese esta que se alinha com perfeição ao caso em tela. Pois, de acordo com a demonstração nos autos, o casal residia na cidade de altos, no imóvel ali situado, e não na casa em Teresina, requerida pela companheira sobrevivente e já inventariada. Portanto, como bem apurado nos autos, a companheira/apelante não preencheu os pressupostos necessários para o exercício do direito pleiteado. 2. Recurso improvido." (TJPI – AC 2010.0001.006067-1 – 2ª C.Esp.Cív. – Rel. Des. JOSÉ RIBAMAR OLIVEIRA – DJe 27.07.2011).

AGRAVO DE INSTRUMENTO – SUCESSÕES – INVENTÁRIO – DIREITO REAL DE HABITAÇÃO À COMPANHEIRA SOBREVIVENTE – IMPOSSIBILIDADE – Bem imóvel que não mais fazia parte do patrimônio do de cujus, tendo sido doado aos filhos quando da separação da primeira esposa e antes da constituição de união estável com a agravada. Promessa de doação, com reserva de usufruto ao falecido, que, embora não registrada, produz efeitos, pois expressa a vontade das partes. Usufruto que se extingue com o falecimento do usufrutuário, pois direito personalíssimo (ARTIGO 1.410, INCISO II, DO CC). Agravo de instrumento provido. (TJRS – AI 70042084319 – 7ª C.Cív. – Rel. ROBERTO CARVALHO FRAGA – J. 27.07.2011).

AGRAVO DE INSTRUMENTO – AÇÃO DE REINTEGRAÇÃO DE POSSE DE IMÓVEL AJUIZADA POR DESCENDENTES CONTRA COMPANHEIRA DO DE CUJUS, SOB ALEGAÇÃO DE ESBULHO – DECISÃO CONCESSIVA DE LIMINAR – POSSE CIVIL DECORRENTE DE SUCESSÃO MORTIS CAUSA – Composse entre os herdeiros do de cujus, descendentes e sua companheira, que por força de união estável, declarada judicialmente, tem direito real de habitação sobre o imóvel destinado à residência familiar, por força do art. 7º, § único, da lei nº 9.278/96 e o direito de participar da sucessão do falecido, quanto aos bens adquiridos na constância da união estável, nos termos do art. 1790 do ccb, o que lhe garante a condição de herdeira. Esbulho não configurado. Recurso conhecido e provido, à unanimidade, para reformar a decisão que determinou a reintegração de posse aos descendentes do autor da herança. (TJPA – AI-PES 20103005935-2 – (93696) – Belém – 1ª C.Cív.Isol. – Relª Desª GLEIDE PEREIRA DE MOURA – DJe 15.12.2010 – p. 161).

CIVIL E PROCESSUAL CIVIL – APELAÇÃO CÍVEL – IMISSÃO DE POSSE JULGADA IMPROCEDENTE – IMÓVEL PERTENCENTE À COMPANHEIRA FALECIDA – DIREITO REAL DE HABITAÇÃO ASSEGURADO AO COMPANHEIRO SOBREVIVENTE ENQUANTO VIVER OU NÃO CONSTITUIR NOVA UNIÃO OU CASAMENTO – APLICAÇÃO DO PARÁGRAFO ÚNICO DO ART. 7º, DA LEI 9.278/96 – REQUISITOS QUE NÃO ESTÃO PRESENTES, NO CASO CONCRETO – COMPANHEIRO SUPÉRSTITE QUE CONTRAIU CASAMENTO – IMISSÃO NA POSSE QUE DEVE SER CONCEDIDA AOS HERDEIROS – Apelo conhecido e provido. 1- O parágrafo único do art. 7º, da Lei nº 9.278/96, que assegura ao companheiro sobrevivente da relação estável o direito real de habitação no imóvel que residia com a falecida, não foi revogado pelo novel Código Civil. 2- No entanto, o direito do companheiro supérstite de permanecer morando na casa somente pode ser reconhecido enquanto não contrair nova união ou casamento nos termos da norma referida. (TJRN – AC 2010.006880-7 – 1ª C.Cív. – Rel. Des. DILERMANDO MOTA – DJe 10.11.2010 – p. 46).

UNIAO ESTAVEL POST MORTEM IMOVEL ADQUIRIDO ANTES DA UNIAO INAPLICABILIDADE DO DIREITO REAL DE HABITACAO HERDEIRO NECESSARIO PREFERENCIA LEGAL EMBARGOS INFRINGENTES – *Direito real de habitação do companheiro. Acórdão que, em virtude das circunstâncias do caso concreto, negou o direito previsto no art. 7º da Lei 9278 à companheira do de cujus, o que fez por reconhecer a inviabilidade da convivência daquela com as filhas do falecido, uma delas menor, ambas moradoras do imóvel litigioso quando da data do óbito do próprio pai, e que agora estão submetidas à guarda materna, tratando-se de família de baixa renda. Voto vencido que dá pela objetividade do direito, insuscetível de restrição segundo as peculiaridades de caráter subjetivo. O art. 7º da Lei 9278 insere-se no conjunto de normas destinadas à proteção da família, conceito em que além da companheira devem ser incluídas as filhas menores do de cujus que com ele residiam por oportunidade do óbito e que não possuem recursos para aluguel de outro imóvel. Pois havendo conflito entre integrantes do núcleo que o ordenamento buscou tutelar, em relação jurídica marcada pela impossibilidade de exercício conjunto do direito de habitação, cabe ao Judiciário optar entre as partes em conflito, tendo como referência as particularidades do caso. Tratando-se de companheira que, à data do óbito, após quatro anos de união, contava com meros trinta anos de idade, e considerando-se ainda que a ela já foi deferida a habilitação no plano de previdência privada do falecido, ou parte dele, deve prevalecer o direito das filhas de no imóvel permanecerem, agora em* companhia de sua mãe, que reassumiu a guarda daquelas em lugar do obituado. Recurso conhecido mas improvido. *(TJRJ – EI 0006468-41.2006.8.19.0203 – Rio de Janeiro – 16ª C.Cív. – Rel. Des. EDUARDO GUSMÃO ALVES DE BRITO – DJe 14.10.2010 – p. 17).*

PETIÇÃO DE HERANÇA – SUCESSÃO DA COMPANHEIRA EM CONCURSO COM AS IRMÃS DO FALECIDO – Improcedência do pedido, afastando os colaterais, sob o fundamento da obediência à ordem de vocação legítima prevista no art. 1.829, do código civil de 2002. Apelação. Imóvel adquirido em período anterior à união estável. Inexistência de meação. Patrimônio que não se comunica com a companheira. Inteligência da regra específica contida no art. 1.790, do codex civil. Constitucionalidade do dispositivo reconhecida. A expressão "herança" utilizada no inciso III, do aludido dispositivo refere-se, tão somente, aos bens adquiridos onerosamente na constância da união estável, não abrangendo os bens particulares e recebidos pelo de cujus por doação ou sucessão. Eventual iniquidade do dispositivo que não tem o condão de afastar a sua aplicabilidade. Ausência de declaração de inconstitucionalidade. Direito real de habitação. Admissibilidade. Construção doutrinária e jurisprudencial. Aplicação da lei nº 9.278/96, art. 7º, parágrafo único, compatível com as disposições do código civil de 2002, nesse aspecto. Instituto que visa amparar o sobrevivente, atento ao princípio constitucional da dignidade da pessoa humana. Precedentes jurisprudenciais. Recurso conhecido e provido. Invertidos os ônus sucumbenciais. (TJRJ – Proc. 0000762-31.2007.8.19.0207 – Rel. Des. MAURO DICKSTEIN – J. 04.05.2010).

APELAÇÃO CÍVEL – AÇÃO DE REINTEGRAÇÃO DE POSSE – MORTE DO AUTOR DA HERANÇA – ALEGAÇÃO DE ESBULHO EM RELAÇÃO À EX-COMPANHEIRA DO DE CUJUS – A saisine, como preceitua o artigo 1.784 do código civil, transmite a herança e não a posse ou a propriedade dela, pois, via de regra, com a morte do autor da herança, forma-se um condomínio entre os herdeiros. De tal forma, reconhecida a união estável, de acordo com o parágrafo único, do artigo 7º, da lei nº 9278/96, atribui-se à companheira sobrevivente direito real de habitação em relação ao imóvel que servia de residência para o casal que, de acordo com o artigo 1414, do código civil, não mais se associa à ideia de usufruto vidual. Desprovimento do recurso. (TJRJ – Proc. 0003324-07.2007.8.19.0209 – Rel. Des. Luiz Felipe Francisco – J. 30.03.2010).

AGRAVO INTERNO – APELAÇÃO CÍVEL – DIREITO DE FAMÍLIA – RECONHECIMENTO DE UNIÃO ESTÁVEL – CARACTERIZAÇÃO DA CONVIVÊNCIA MORE UXÓRIO – DIREITO REAL DE HABITAÇÃO – INEXISTÊNCIA – INOBSERVÂNCIA DO FIM SOCIAL DO ARTIGO 1831 DO CÓDIGO CIVIL – AGRAVO INTERNO IMPROVIDO – I- Mostra-se tempestivo o Agravo, na medida em que seu prazo final caíra em data constituída de feriado no Município de Vitória, qual seja, dia 08/09/2009, ficando, como cediço, postergado seu prazo para o dia útil seguinte, ou seja, 09/09/2009, data em que fora interposto o recurso. II- Sendo maciça a prova que dá conta da convivência pública, notória, duradoura, contínua e sobre o mesmo teto que desenvolviam a Agravada e o de cujus, como se observa dos depoimentos acostados impõe-se o reconhecimento da convivência more uxório, reforçado pelo fato de a Recorrida ter o de cujus como seu dependente junto ao IPAJM, além de dependente em seu plano de saúde. III- O documento publico reveste de presunção de veracidade mas que admite prova em sentido contrário. IV- A existência de um relacionamento anterior entre o de cujus e a Agravante, não se mostra suficiente a impedir o reconhecimento de união estável entre o falecido e a Agravada, sendo este o objeto da lide, estando devidamente provado. V- A interpretação teleológica do art. 1831 do Código Civil, que se impõe diante do manifesto cunho social da norma, não permite conferir à companheira, ora proprietária de imóvel de caráter particular, o direito real de habitação ao imóvel deixado pelo de cujus, sob pena de desnecessária ofensa ao direito dos demais herdeiros. VI- Recurso improvido. (TJES – AGInt-AC 35050065826 – Rel. Des. Maurílio Almeida de Abreu – DJe 14.12.2009 – p. 27).

AÇÃO DE RECONHECIMENTO E DISSOLUÇÃO DE UNIÃO ESTÁVEL CUMULADA COM PEDIDOS DE RECONHECIMENTO DE MEAÇÃO E DIREITO REAL DE HABITAÇÃO – Sentença que reconhece, à autora, o direito à meação de imóvel adquirido durante a união estável, compreendida entre 1995 e 1999, afastando o direito real de habitação. Apelação da autora, insistindo no direito de habitação. Apelação das rés, pretendendo a exclusão da meação porquanto teria o bem sido adquirido antes da união estável. Sentença correta. Tendo sido firmada a escritura de compra e venda em 1997, presume-se a aquisição do bem nesta data, não havendo prova de que o de cujus o tivesse adquirido anteriormente. Inteligência da regra do art. 5º, L. 9.278/96. Na vigência do CC de 1916, o direito real de habitação só era concedido ao cônjuge casado pelo regime da comunhão universal de bens. Tal direito não era outorgado ao cônjuge casado pelo regime da comunhão parcial de bens (art. 1611, § 2º CC). Considerando-se que a união estável não está no mesmo patamar do casamento tanto que a CF determina a facilitação de sua conversão, não pode a companheira pretender direito que não teria a esposa. (TJRJ – AC 2007.001.50733 – 4ª C.Cív. – Rel. Des. Horácio S. Ribeiro Neto – DJe 02.06.2008).

USUFRUTO. Companheira. Meação. Habitação. - O companheiro que tem filhos não pode instituir em favor da companheira usufruto sobre a totalidade do seu patrimônio, mas apenas sobre a parte disponível. Art. 1576 do CC. - A companheira tem, por direito próprio e não decorrente do testamento, o direito de habitação sobre o imóvel destinado à moradia da família, nos termos do art. 7º da Lei 9278/96.

(REsp 175862/ES, 4ª. Turma do STJ, Relator Ministro Ruy Rosado de Aguiar, DJ 24/09/2001 p. 308, JBCC vol. 194 p. 346, RJADCOAS vol. 31 p. 86).

Competente para conhecer da sucessão, conforme 1.785, o Juízo do lugar do último domicílio do falecido.[5]

Bom lembrarmos aqui da competência estipulada pelo art. 48 CPC, que aponta para o foro do domicílio do autor da herança, no Brasil, como sendo o competente para o inventário, a partilha, a arrecadação, o cumprimento de disposições de última vontade, a impugnação ou anulação de partilha extrajudicial, e para todas as ações em que o espólio for réu, ainda que o óbito tenha ocorrido no estrangeiro.

Porém, prevê, ainda, o seu parágrafo único, que se o autor da herança não tiver domicílio certo, será competente o foro da situação dos bens imóveis (inciso I) e, em havendo bens imóveis em foros diferentes, qualquer deles (inciso II), e ainda, não havendo bens imóveis, o foro do local de qualquer dos bens do espólio (inciso III).

> *CPC - Art. 46. O foro do domicílio do autor da herança, no Brasil, é o competente para o inventário, a partilha, a arrecadação, o cumprimento de disposições de última vontade, a impugnação ou anulação de partilha extrajudicial e para todas as ações em que o espólio for réu, ainda que o óbito tenha ocorrido no estrangeiro.*
>
> *Parágrafo único. Se o autor da herança não possuía domicílio certo, é competente:*
>
> *I – o foro da situação dos bens imóveis;*
>
> *II – havendo bens imóveis em foros diferentes, qualquer destes;*
>
> *III – não havendo bens imóveis, o foro do local de qualquer dos bens do espólio.*

---

5 CC/16 - Art. 1.578. A sucessão abre-se no lugar do último domicílio do falecido.

CONFLITO DE COMPETÊNCIA. INVENTÁRIO. Juízo que, ao receber ação distribuída livremente, reconhece sua incompetência e remete os autos ao último domicílio do "de cujus", constante do assento de óbito. Impossibilidade. Competência territorial relativa que não pode ser declinada de ofício. Súmulas 71 deste Tribunal e 33 do STJ. COMPETÊNCIA DO JUÍZO SUSCITADO. (TJSP; Conflito de competência 0046136-65.2017.8.26.0000; Relator (a): Alves Braga Junior; Órgão Julgador: Câmara Especial; Foro de Sorocaba - 3ª. Vara de Família e Sucessões; Data do Julgamento: 29/01/2018; Data de Registro: 01/02/2018)

Arrolamento de bens. Decisão que declinou da competência em razão de ter sido declarada comarca diversa como último domicílio da autora da herança. Conhecimento do recurso em função de a decisão ter sido proferida em inventário. Art. 1.015, parágrafo único, CPC. Competência territorial. Natureza relativa. Impossibilidade de declinação de ofício. Recurso provido para que a competência seja prorrogada para o juízo de Jales. (TJSP; Agravo de Instrumento 2225421-81.2017.8.26.0000; Relator (a): Maia da Cunha; Órgão Julgador: 4ª Câmara de Direito Privado; Foro de Jales - 5ª Vara; Data do Julgamento: 14/12/2017; Data de Registro: 15/12/2017)

CONFLITO POSITIVO DE COMPETÊNCIA. INVENTÁRIO. ÚLTIMO DOMICÍLIO DO FALECIDO. DOMICÍLIO CERTO. INEXISTÊNCIA DE DUPLO DOMICÍLIO. I.- A competência para o inventário é definida pelo último domicílio do autor da herança. II.- Hipótese em que, diante das provas constantes dos autos, verifica-se que o falecido não possuía duplo domicílio, como alegado pelo suscitante, ou domicílio incerto, mas um único domicílio, no qual deve ser processado o inventário. III.- Conflito conhecido para declarar competente o JUÍZO DE DIREITO DA 7A VARA DE FAMÍLIA SUCESSÕES ÓRFÃOS INTERDITOS E AUSENTES DE SALVADOR - BA. (CC 100931/DF, 2ª. Seção do ST, Relator Ministro S<small>IDNEI</small> B<small>ENETI</small>, DJe 27/10/2010).

CONFLITO NEGATIVO DE COMPETÊNCIA – AÇÃO DE INVENTÁRIO – FORO DO DOMICÍLIO DO AUTOR DA HERANÇA – REGRA GERAL – COMPETÊNCIA TERRITORIAL – FIXAÇÃO RELATIVA E PRORROGÁVEL – LEGITIMIDADE DA INTERVENÇÃO DO PARQUET – RECONHECIDA – DIFICULDADE OU ONEROSIDADE À DEFESA DOS MENORES – NÃO DEMONSTRADA – Competência fixada no juízo onde se processou a causa inicialmente - Juízo suscitado - Decisão unânime. (TJPE – CC 0198156-8 – 6ª C.Cív. – Rel. Des. José Carlos Patriota Malta – DJe 18.03.2010 – p. 197).

RECONHECIMENTO DE UNIÃO ESTÁVEL POST MORTEM – Competência para processar e julgar a ação, diante das peculiaridades do caso concreto, do foro do domicílio do autor da herança. Decisão que assim não se orienta, incorreta. Agravo de instrumento provido. (TJSP – AI 310.047.4/4 – 10ª CDPriv. – Rel. Des. Márcio Marcondes Machado – DJSP 07.01.2004 – p. 33)

Comentário

Trata-se de Agravo de instrumento em ação de reconhecimento de união estável post mortem contra decisão de 1º grau que determinou a redistribuição dos autos à outra comarca, por entender que a competência para a ação de união estável é do foro do domicílio dos réus.

Irresignada, aduziu a agravante que residiu com seu falecido companheiro na comarca de São Paulo e o único bem adquirido por eles encontra-se na mesma Cidade devendo, pois, a presente ação ter continuidade neste local.

O TJ SP deu provimento ao recurso fundamentando com o disposto no art. 96 do Código de Processo Civil que diz que o foro do domicílio do autor da herança é o competente para o caso em questão, portanto, a ação de reconhecimento de fato deve ser processada na comarca de São Paulo.

Comentando o que dispõe o referido artigo do Código de Processo Civil, Nelson Nery Júnior e Rosa Maria de Andrade Nery nos ensinam:

> *"1 – Domicílio do autor na herança. Para o inventário dos bens deixados pelo falecido, bem como para a arrecadação destes mesmos bens, é competente o foro do último domicílio do morto. O lugar do óbito é irrelevante, como regra, para a determinação da competência.*
>
> *2 – Espólio réu. A norma fala da competência do foro do domicílio do falecido para as ações em que o espólio for réu, omitindo-se sobre as em que for autor. Consequentemente, para as ações em que o espólio for autor, a competência é determinada de acordo com as regras do CPC 94 ss."* (Código de Processo Civil comentado e Legislação extravagante. São Paulo: Editora Revista dos Tribunais, 2003, p. 496)

O jurista Euclides de Oliveira, discorrendo sobre a questão da competência da ação de reconhecimento de união estável, assim assevera:

"Assim já se entendia antes mesmo da Lei nº 8.971/94. Agora, com o reconhecimento legal dos direitos a alimentos e sucessão entre companheiros, virtualmente modificadas as disposições civis e processuais sobre a matéria, já não subsistem dúvidas quanto à competência das varas especializadas em família e sucessões, para o processamento e julgamento das ações ajuizadas àquele título.

O mesmo se diga das ações relativas à meação entre companheiros, pois também resultam no reconhecimento de união estável que lhes abre a porta para os consectários direitos a assistência alimentar e petição de herança, sem falar que pode haver cumulação dos pedidos com fundamento no mesmo substrato fático da vida em comum.

Nessa mesma linha de raciocínio, importa lembrar que o reconhecimento da união estável, nas referidas ações, tem outras consequências no plano familiar, em especial a possibilidade da conversão da união de fato em casamento, na pendência de regulamentação por lei específica, conforme já anotamos.

E depois, é o juiz de família quem se acha mais preparado e aparelhado para o julgamento de semelhantes questões, não só pela especialização no trato da matéria, mas porque dispõe de melhor infraestrutura técnica, com serviços auxiliares de psicólogos e assistentes sociais." (Concubinato – ações derivadas da Lei n° 8.971/94: competência das Varas de Família e de Sucessões. Repertório de Jurisprudência IOB, São Paulo, v. III, n. 06/96, p. 105, artigo n. 3/11833, 2. quinzena mar. 1996)[6].

AGRAVO DE INSTRUMENTO - INDENIZAÇÃO CONTRA ESPÓLIO EM COMARCA EM QUE NÃO TRAMITAM OS INVENTÁRIOS - COMPETÊNCIA DO JUÍZO DA COMARCA ONDE É PROCESSADA A INDENIZAÇÃO CONTRA OS ESPÓLIOS INSURGÊNCIA - INDENIZATÓRIA PROCESSADA EM COMARCA ONDE NÃO TRAMITAM OS INVENTÁRIOS IMPOSSIBILIDADE PROCESSAMENTO DOS INVENTÁRIOS - FORÇA ATRATIVA DA COMARCA ONDE SE PROCESSAM OS INVENTÁRIOS - OCORRÊNCIA - DECISÃO REFORMADA - RECLAMO PROVIDO. O foro do domicílio do autor da herança é competente para o inventário, a partilha, a arrecadação, o cumprimento de disposição de última vontade e todas as ações em que o espólio for réu, exceto os litígios que versem sobre propriedade, vizinhança, servidão, posse, divisão e demarcação de terras e nunciação de obra nova. (TJSC -AI 2003.003440-4 - 2ª C. Dir. Civ. - Rel. Dês. MONTEIRO ROCHA - J. 29.05.2003).

COMPETÊNCIA - Inventário. Foro do autor da herança. Critério adotado: Local do falecimento. Agravo. Decisão confirmada. Na impossibilidade de determinar o foro competente do autor da herança, pelos critérios legais: do local em que o de cujus mantinha o seu domicílio ou da situação dos bens por ele deixados, confirma-se a decisão que optou pelo critério do local de falecimento do autor da herança (art. 96, parág. único, II, do CPC). (TJPR - AI 46.159-4 - 6ª C - Rel. Dês. ACCÁCIO CAMBI - J. 14.02.1997).

---

6 Juris Síntese IOB, março/abril de 2010.

> *INVENTÁRIO - Interdito. Foro competente. Em sendo interdito o autor da herança, o foro competente para o inventário é o do seu curador, ex vi dos arts. 36 do CC e 96 do CPC, não admitida prova em contrário, sendo irrelevante o lugar da situação dos bens ou da sua residência ou do óbito. (STJ - REsp. 32.213-7 - SP - 4ª T - Rel. Min. TORREÃO BRAZ, DJU 27.06.1994).*

Em caso de o autor da herança ter duplo domicílio, com bens em vários municípios de diferentes estados, com óbito verificado em comarca diversa das dos domicílios e da situação dos bens, conforme ficou assentado no conflito de competência n° 6.539-9/RO, STJ, Segunda Seção, Relator Min. DIAS TRINDADE, DJ 11/04/94, é competente, por prevenção, o juiz que primeiro conheceu do inventário.

Ocorrendo de o finado ter domicílio no exterior, dependentemente da situação dos bens, aplica-se a lei do seu domicílio, consoante de extrai do art. 10 da Lei de Introdução ao Código Civil.

> *"Art. 10. A sucessão por morte ou por ausência obedece à lei do país em que era domiciliado o defunto ou o desaparecido, qualquer que seja a natureza e a situação dos bens.*
>
> *Parágrafo 1°. A sucessão de bens do estrangeiro, situados no País, será regulada pela lei brasileira em benefício do cônjuge ou dos filhos brasileiros, ou de quem os represente, sempre que não lhe seja mais favorável a lei pessoal do "de cujus".*
>
> *Parágrafo 2°. A lei do domicílio do herdeiro ou legatário regula a capacidade para suceder."*

Aqui cabe fazermos menção ao art. 23, II, do CPC, segundo o qual cabe à autoridade brasileira, com exclusão de qualquer outra proceder a inventário e partilha de bens, situados no Brasil, ainda que o autor da herança seja estrangeiro ou tenha domicílio fora território nacional.

Art. 23. Compete à autoridade judiciária brasileira, com exclusão de qualquer outra :

I - conhecer de ações relativas a imóveis situados no Brasil;

II - em matéria de sucessão hereditária, proceder à confirmação de testamento particular e ao inventário e à partilha de bens situados no Brasil, ainda que o autor da herança seja estrangeiro ou tenha domicílio fora do território nacional;

III – em divórcio, separação judicial ou dissolução de união estável, proceder à partilha de bens situados no Brasil, ainda que o titular seja de nacionalidade estrangeiro ou tenha domicílio fora do território nacional.

Note bem, essa competência, conforme assinala THEOTONIO NEGRÃO, ob. cit, p. 192, nota 3 ao art. 89 do CPC anterior, hoje art. 23, "é exclusiva e, portanto, absoluta (RTJ 76/48,78/675; STF-RF 257/189). Por isso: "Não se pode homologar sentença estrangeira que, em processo relativo a sucessão '*mortis causa*', dispõe sobre bem imóvel situado no Brasil" (RTJ 121/924)."

SENTENÇA ESTRANGEIRA CONTESTADA. INVENTÁRIO. PARTILHA. IMÓVEL LOCALIZADO NO BRASIL. IMPOSSIBILIDADE. ART. 12, § 1º, DA LINDB E DO ART. 89 DO CPC. 1. A partilha de bens imóveis situados no território brasileiro é da competência exclusiva da Justiça pátria, nos termos do art. 12, § 1º, da Lei de Introdução às Normas do Direito Brasileiro (antiga Lei de Introdução ao Código Civil) e do art. 89 do CPC. 2. Não é possível a homologação de sentença estrangeira que dispõe sobre partilha de bens na hipótese em que não há acordo na divisão de bem imóvel localizado no Brasil, mas sim determinação da justiça estrangeira da forma como o bem seria partilhado. Precedentes. 3. Pedido de homologação de sentença estrangeira indeferido. (SEC 9531/EX, Corte Especial do STJ, Relator Ministro MAURO CAMPBELL MARQUES, DJe 11/12/2014).

AGRAVO REGIMENTAL NA SENTENÇA ESTRANGEIRA. INVENTÁRIO. BEM IMÓVEL SITUADO NO BRASIL. Não é possível a homologação de sentença estrangeira que, em processo relativo a sucessão causa mortis, dispõe sobre a partilha de bens imóveis situados no território brasileiro. Competência exclusiva da justiça pátria, nos termos do art. 12, § 1º, Lei de Introdução às Normas do Direito Brasileiro, e do art. 89, inciso II, Código de Processo Civil. Agravo regimental desprovido. (AgRg na SE 8502/EX, Corte Especial do STJ, Relator Ministro FELIX FISCHER, DJe 23/10/2013).

CARTA ROGATÓRIA. AGRAVO REGIMENTAL. ADJUCAÇÃO DE BEM IMÓVEL. ART. 89 DO CPC. HIPÓTESE DE COMPETÊNCIA EXCLUSIVA DA JUSTIÇA BRASILEIRA. – Nos termos do art. 89, incisos I e II, do Código de Processo Civil, a competência para "conhecer de ações relativas a imóveis situados no Brasil" e "proceder a inventário e partilha de bens situados no Brasil, ainda que o autor da herança seja estrangeiro e tenha residido fora do território nacional" é exclusiva da Justiça brasileira, com exclusão de qualquer outra. – Diante disso, nega-se o exequatur a pedido rogatório de inscrição de adjudicação de bem imóvel situado em território brasileiro. Agravo regimental a que se nega provimento. (AgRg nos EDcl na CR 2894/MX, Corte Especial do STJ, Relator Ministro BARROS MONTEIRO, DJe 03/04/2008).

Não podemos nos olvidar, igualmente, das normas insculpidas no artigo 14 da LICC e art. 192, parágrafo único, do CPC, donde concluímos que haverá de ser jungido ao feito, tradução juramentada da lei do domicílio do *"de cujus"*, autenticado pelo Consulado do seu País (Súmula 259 do Supremo Tribunal Federal) ou com registro no Cartório de Registro de Títulos e Documentos.

LICC - Art. 14. Não conhecendo o juiz da lei estrangeira, poderá exigir de que a invoca prova do resto e da vigência.

> *CPC - Art. 192. Em todos os atos e termos do processo é obrigatório o uso da língua portuguesa.*
>
> *Parágrafo único. O documento redigido em língua estrangeira somente poderá ser juntado aos autos quando acompanhado de versão para a língua portuguesa tramitada por via diplomática ou pela autoridade central, ou firmada por tradutor juramentado.*

> *Súmula 259 do STF : Para produzir efeito em juízo não é necessária a inscrição, no registro público, de documento de procedência estrangeira, autenticados por via consular.*

A esse propósito, o item 6°, do art. 129, da Lei n° 6.015/73, determina que estão sujeitos ao Registro de Títulos e Documentos, para surtir efeitos em relação a terceiros, em qualquer instância, juízo ou tribunal, todos os documentos de procedência estrangeira, acompanhados das respectivas traduções.

> *Art. 129. Estão sujeitos a registro, no Registro de Títulos e Documentos, para surtir efeitos em relação a terceiros:*
>
> *...*
>
> *6°) todos os documentos de procedência estrangeira, acompanhados das respectivas traduções, para produzirem efeitos em repartições da União, dos Estados, do Distrito Federal, dos Territórios e dos Municípios ou em qualquer instância, juízo ou tribunal. "*

A capacidade de suceder o defunto e a sua legitimação, é aferível, conforme estabelece o art. 1.787 CC, no momento em que se morte. Nesta oportunidade é que se verifica a situação jurídica do herdeiro, aplicando-se, igualmente, a lei em vigor por ocasião do óbito.

> *LICC - Art. 10. A sucessão por morte ou por ausência obedece à lei do país em que era domiciliado o defunto ou o desaparecido, qualquer que seja a natureza e a situação dos bens.*

> § 1° A sucessão de bens de estrangeiros, situados no país, será regulada pela lei brasileira em benefício do cônjuge ou dos filhos brasileiros, ou de quem os represente, sempre que não lhes seja mais favorável a lei pessoal do de cujus. (Redação dada ao parágrafo pela Lei n° 9.047, de 18.05.1995)
>
> § 2° A lei do domicílio do herdeiro ou legatário regula a capacidade para suceder.

Segundo considera HAROLDO VALLADÃO[7], "No Brasil, a efetivação do princípio unitarista e universalista nas sucessões havia de suscitar, do ponto de vista processual, acerca da competência para o inventário e a partilha também dificuldades insuperáveis.

Como iria o Juiz brasileiro, do domicílio do *de cujus*, inventariar, isto é, arrecadar, avaliar, mandar vender ou entregar, distribuir, adjudicar, partilhar, todos os bens, móveis e imóveis, por ele deixados, qualquer que fosse o país onde se encontrassem, nas Américas, na Europa, na Ásia, na África, na Oceania, sujeitando todo o respectivo processo, para todos os interessados, cônjuge sobrevivente, herdeiros, credores, Fisco, a uma única lei, à lei prescrita pelo direito internacional privado brasileiro, até 24 de outubro de 1942, à lei da nacionalidade, e, posteriormente, à lei do domicílio, do *de cujus*? Ou se o *de cujus* morresse domiciliado no estrangeiro, aguardarem aqui no Brasil, Juízo e todos aqueles interessados que lá no estrangeiro se procedesse ao inventário e partilha de todos os bens por ele deixados, inclusive dos sitos no Brasil, o que, com toda a probabilidade, lá não seria feito, ou se o fosse não seria num só lugar, nem se regeria por uma só lei, nem se regularia pela lei determinada pelo direito internacional privado brasileiro?

[...]

Vê-se, pois, que a nova Lei de Introdução, embora prescrevendo, quanto à lei aplicável, a unidade e a universalidade da sucessão, não só não estabeleceu, ao tratar da competência judiciária, aquele mesmo princípio no foro do inventário, no domicílio do *de cujus*, mas

---

[7] VALLADÃO, Haroldo. Direito Internacional Privado. Vol. II. Rio de Janeiro: Livraria Freitas Bastos, 1973, p. 227

veio acolher, declaradamente, a norma da pluralidade sucessória ao determinar, quanto aos imóveis sitos no Brasil, a competência exclusiva dos tribunais brasileiros."

AGRAVO DE INSTRUMENTO. SUCESSÕES – Insurgência contra decisão que indeferiu pedido de expedição de ofício para instituição financeira localizada no exterior. Descabimento. Jurisdição brasileira que não é competente para inventariar bens situados fora do país. Ausência de interesse público na medida pretendida. Precedente do E. Superior Tribunal de Justiça, bem como desta C. Corte. Decisão mantida. Agravo improvido. (TJSP; Agravo de Instrumento 2123837-05.2016.8.26.0000; Relator (a): Fábio Podestá; Órgão Julgador: 5ª Câmara de Direito Privado; Foro Central Cível - 10ª Vara da Família e Sucessões; Data do Julgamento: 15/09/2016; Data de Registro: 15/09/2016)

TESTAMENTO – SONEGAÇÃO – PEDIDO DE EXPLICAÇÕES – "Agravo de instrumento. Testamento. Pedido de explicações quanto à sonegação do testamento, sob pena de remoção. Sanção não aplicada, ainda. Inexistência de gravame. Determinação judicial para que a testamenteira e o inventariante tomem as medidas cabíveis a reversão, para o espolio, de imóvel doado a igreja. Ação de anulação promovida pela testamenteira. Declaração de validade do negocio. Via inadequada. Questão a ser dirimida no bojo da ação intentada. Repatriação de numerário pertencente a falecida, depositado em conta corrente no exterior. Necessidade. Porquanto o numerário deveria ter integrado o valor da causa, quando da abertura do inventário da falecida e servido como base de cálculo das custas sonegadas. Processamento em conjunto do inventario do viúvo da falecida, morto no estrangeiro e cujo último domicílio era na Espanha. e não no Brasil. Sucessão a ser aberta naquele outro país. Inteligência do artigo 10 da Lei de Introdução ao Código Civil. Agravo conhecido em parte, e improvido na parte conhecida." (TJSP – AI 536.396-4/4-00 – 5ª CDPriv. – Rel. Des. A. C. MATHIAS COLTRO – J. 20.08.2008).

DIREITO INTERNACIONAL PRIVADO. ART. 10, PARAG. 2°, DO CÓDIGO CIVIL. CONDIÇÃO DE HERDEIRO. CAPACIDADE DE SUCEDER. LEI APLICÁVEL. Capacidade de suceder não se confunde com qualidade de herdeiro. Esta tem a ver com a ordem da vocação hereditária que consiste no fato de pertencer a uma das categoria que, de um modo geral, são chamadas pela lei a sucessão, por isso haverá de ser aferida pela mesma lei competente para reger a sucessão do morto que, no Brasil, "obedece a lei do país em que era domiciliado o defunto" (art. 10, caput, da LICC). Resolvida a questão prejudicial de que determinada pessoa, segundo o domicílio que tinha o de cujus, e herdeira, cabe examinar se a pessoa indicada é capaz ou incapaz para receber a herança, solução que é fornecida pela lei do domicílio do herdeiro (art. 10, parág. 2°, da LICC). Recurso conhecido e provido. Decisão. Por maioria, conhecer do recurso e dar-lhe provimento, vencido na totalidade, o Sr. Ministro Sálvio de Figueiredo Teixeira e, na preliminar, o Sr. Ministro Ruy Rosado Aguiar. O Sr. Ministro Fontes de Alencar conhecei do recurso e deu-lhe provimento em menor extensão. (STJ - REsp 61434 - Proc. 1995.00.08701-4 - SP - Quarta Turma - Rel. CÉSAR ASFOR ROCHA - DJ de 08.09.1997, p. 42507, LEXSTJ vol. 101, janeiro/1988, p. 120, RDR vol. 09, p. 350, RSTJ vol. 102, p. 292).

Conjugando o art. 1.577 do CC anterior, que tinha idêntica redação ao art. retro citado, e o art. 1.588 daquele diploma, que tratava da renúncia, hoje art. 1.811, a 3° Turma do STJ, REsp 67.490/RS (19957 0028058-2), Relator Min. COSTA LEITE, ementa publicada no DJ de 197 08/96, p. 28.471 (RDR 7/246; RSTJ 87/224), decidiu, por unanimidade, que os filhos do herdeiro renunciante, somente podem vir a sucessão por direito próprio, resultando disso que a capacidade para suceder deve existir ao tempo da abertura da sucessão, não ao tempo da renúncia, que produz seus efeitos "ex tunc".

DIREITO CIVIL E PROCESSUAL CIVIL – INVENTÁRIO – AGRAVO DE INSTRUMENTO – COLAÇÃO – ABERTURA DA

SUCESSÃO DURANTE A VIGÊNCIA DO CÓDIGO CIVIL DE 1916 – APLICAÇÃO DO NOVEL CÓDIGO CIVIL PELO JUIZ A QUO – ERROR IN JUDICANDO – NULIDADE DECLARADA – RETORNO DOS AUTOS À ORIGEM – AGRAVO PROVIDO – 1- Regula a sucessão e a legitimação para suceder a lei vigente ao tempo da abertura daquela (Art. 1.787, do Código Civil de 2002). 2- Os filhos, que de seus pais houveram doações, ou dotes concorrerão com eles à partilha (Art. 1.787, do Código Civil de 1916). 3- No prazo estabelecido no art. 1.000, o herdeiro obrigado à colação conferirá por termo nos autos os bens que recebeu ou, se já os não possuir, trar-lhes-á o valor (Art. 1.014, do Código de Processo Civil de 1973). 4- De acordo com o disciplinamento da matéria pelo Código Civil revogado, se o legislador houvesse acolhido como norma o princípio da conferência por estimação teria, inquestionavelmente, aberto a porta a tratamento desigual dos herdeiros, permitindo preferências entre descendentes, o que a lei não tolera, salvo por testamento, pela outorga da porção disponível. A lei deseja que haja por parte do doador, com relação à sua descendência, igualdade de afetos e equivalência de tratamento. Prevendo predileções, conhecendo "as fraquezas do coração paterno", como se expressa Tropolong, não podia o legislador deixar de preocupar-se com o assunto. Daí a obrigatoriedade da colação que, realizada in natura, melhor assegura a mens legis, com equitativa distribuição da herança." (MONTEIRO, Washington de Barros. Curso de Direito Civil. V.6. 27ª ed. São Paulo. Saraiva. 1991. p. 313). 5- "O error in iudicando é resultante da má apreciação da questão de direito (v.g., entendeu-se aplicável norma jurídica impertinente ao caso) ou de fato (v.g., passou despercebido um documento, interpretou-se mal o depoimento de uma testemunha), ou de ambas, pedindo-se em consequência a REFORMA da decisão, acoimada de injusta, de forma que o objeto do juízo de mérito no recurso identifica-se com o objeto da atividade cognitiva no grau inferior da jurisdição» (BARBOSA MOREIRA, José Carlos. Comentários ao Código de Processo Civil. V.5, 12ª ed. Rio de Janeiro: Forense, 2005, p. 267.) 6.Constatada de ofício a ocorrência de error in judicando no julgamento da decisão agravada, deve-se declarar a nulidade da decisão e determinar a baixa dos autos à origem, para que o Juízo a quo observe o que dispõe o art 1.787, do Código Civil de 1916, aplicável à espécie por força do art. 1.787, do Novo Código Civil, afim de que a colação determinada nos autos da ação anulatória nº 0006422-98.2011.8.01.0002 seja feita em substância e não pelo valor dos bens, excluindo-se apenas as benfeitorias que por ventura tenham sido acrescidas. 7- Agravo de Instrumento provido. (TJAC – AI 1000861-43.2015.8.01.0000 – (2.132) – 2ª C.Cív. – Rel. Des. Júnior Alberto – DJe 23.07.2015 – p. 21).

HERANÇA – UNIÃO ESTÁVEL – COMPANHEIRO SOBREVIVENTE – EXISTÊNCIA DE COLATERAIS – "Companheiro sobrevivente. Existência de colaterais. Não afastamento da regra do art. 1.790, III, do Código Civil. Dispositivo declarado constitucional pelo Órgão Especial do Tribunal. Não é inconstitucional o art. 1.790, III, do Código Civil, ao dispor que o(a) companheiro(a), concorrendo com outros parentes sucessíveis do companheiro, terá direito a um terço da herança, quanto aos bens adquiridos onerosamente na vigência da união estável. Regula a sucessão e a legitimação para suceder a lei vigente ao tempo da abertura daquela. Aplicação do art. 1.787 do Código Civil. Recurso provido." (TJRS – Ag 70032581530 – 8ª C.Cív. – Rel. Des. Claudir Fidelis Faccenda – J. 17.12.2009).

INVENTÁRIO – COMPANHEIRA – ORDEM DE VOCAÇÃO HEREDITÁRIA – "Inventário. Ordem de vocação hereditária. Companheira. 1. Tendo o óbito do companheiro da recorrida ocorrido antes da vigência do atual Código Civil, a capacidade sucessória é regida pelas Leis nº 8.971/94 e nº 9.278/96, que disciplinavam a capacidade sucessória decorrente da união estável ex vi do art. 1.577 do CCB/1916, cuja regra foi reprisada no art. 1.787 do novo Código Civil. 2. Em razão disso, a companheira ocupa o terceiro lugar na ordem de vocação hereditária, quando o de cujus não deixar *descendentes ou ascendentes, o que não é o caso dos autos. 2. Existindo descendentes, a companheira do de cujus não ostenta a condição de herdeira, mas poderá ter interesse juridicamente protegido na sucessão, sendo cabível a sua citação. Recurso desprovido." (TJRS – Ag 70022803753 – 7ª C. Cív. – Rel. Des. SÉRGIO FERNANDO DE VASCONCELLOS CHAVES – J. 28.05.2008).*

INVENTÁRIO – Regência da sucessão pela lei vigente ao tempo do decesso – Espécie em que a abertura se deu na vigência do Código Civil de 1916, propiciando, na situação retratada, o usufruto da quarta-parte dos bens deixados, em favor do cônjuge supérstite – Artigo 1.611, § 1º, do diploma revogado – Desimportância de adotado, no casamento, o regime da separação, porquanto aquele preceito tem fastígio, precisamente, quando o regime de bens não seja o da comunhão universal – Leitura preconizada do artigo 2.041, do novo Código Civil, que não prevalece sobre a regra geral, com força de princípio, no sentido de que a sucessão se regula pela lei vigente ao tempo de sua abertura (artigo 1.787, do Código Civil de 2002) – Recurso não provido. (TJSP – AI 299.970-4/8-00 – 10ª CDPriv. – Rel. Des. QUAGLIA BARBOSA – J. 07.10.2003).

DIREITO CIVIL. SUCESSÃO TESTAMENTÁRIA. FILHOS LEGÍTIMOS DO NETO. LEGATÁRIOS. ALCANCE DA EXPRESSÃO. INTERPRETAÇÃO DO TESTAMENTO. ENUNCIADO Nº 5 DA SÚMULA/STJ. LEGATÁRIO AINDA NÃO CONCEBIDO À DATA DO TESTADOR. CAPACIDADE SUCESSÓRIA. DOUTRINA. RECURSO DESACOLHIDO. I - A análise da vontade do testador e o contexto em que inserida a expressão "filhos legítimos" na cédula testamentária vincula-se, na espécie, à situação de fato descrita nas instâncias ordinárias, cujo reexame nesta instância especial demandaria a interpretação de cláusula e a reapreciação do conjunto probatório dos autos, sabidamente vedados, a teor dos verbetes sumulares 5 e 7/STJ. Não se trata, no caso, de escolher entre a acepção técnico-jurídica e a comum de "filhos legítimos", mas de aprofundar-se no encadeamento dos fatos, como a época em que produzido o testamento, a formação cultural do testador, as condições familiares e sobretudo a fase de vida de seu neto, para dessas circunstâncias extrair o adequado sentido dos termos expressos no testamento. II - A prole eventual de pessoa determinada no testamento e existente ao tempo da morte do testador e abertura da sucessão tem capacidade sucessória passiva. III - Sem terem as instâncias ordinárias abordado os temas da capacidade para suceder e da retroatividade da lei, carece o recurso especial do prequestionamento em relação à alegada ofensa aos arts. 1.572 e 1.577 do Código Civil. IV - O Superior Tribunal de Justiça não tem competência para apreciar violação de norma constitucional, missão reservada ao Supremo Tribunal Federal. (REsp 203137/PR, 4ª. Turma do STJ, Relator Ministro Sálvio de Figueiredo Teixeira, DJ 12/08/2002 p. 214, RDR vol. 24 p. 301, RSTJ vol. 159 p. 428).

PROCESSUAL E CIVIL - INVENTÁRIO - CAPACIDADE SUCESSÓRIA PROVADA POR DOCUMENTOS - DEVIDO PROCESSO LEGAL - DISSOLUÇÃO DE ADOÇÃO – USUFRUTO DE AÇÕES DE SOCIEDADE. I - Viola-se o consubstanciado no art. 469, III, do CPC quando se decide sobre a qualidade de herdeiro ou capacidade para suceder em procedimento restrito à Inventariança posto que neste, não sendo devido processo para tal, resolvem-se questões de direito ou de fato documentadas. II - Não tem legitimidade para propor dissolução de escritura pública de adoção, pessoa estranha ao vínculo da adoção mormente quando falecidos os adotantes, pleiteia-se invalidar o instrumento no bojo de Inventário. III - Renda do usufruto de Ações de S.A tem seu termo a quo, a partir da Assembleia que determinou a liberação de dividendos. IV - Pensão vidual à viúva herdeira incabível, se aquinhoada esta com usufruto de renda de alto valor e proveniente de ações da companhia. V - Matéria de fato (Súmula 07/STJ). VI - Recursos não

> *conhecidos. (REsp 64403/SP, 3ª. Turma do STJ, Relator Ministro WALDEMAR ZVEITER, DJ 19/04/1999 p. 132, LEXSTJ vol. 122 p. 101, RSTJ vol. 116 p. 182).*
>
> *CIVIL. CAPACIDADE PARA SUCEDER. RENUNCIA. Os filhos do herdeiro renunciante, nas hipóteses de que trata o art. 1.588 do Código Civil, somente podem vir a sucessão por direito próprio, daí que a capacidade para suceder deve existir ao tempo da abertura da sucessão, segundo o art, 1.577 do mesmo Código, e não ao tempo da renuncia, que opera "ex tunc". Recurso conhecido e provido. Decisão. Por unanimidade, conhecer e dar provimento ao recurso especial. (REsp 67490/RS, 3ª. Turma do STJ, Relator Ministro COSTA LEITE, DJ de 19.08.1996, p. 28471; RDR vol. 07, p. 246; RSTJ vol. 87, p. 224).*

Quando o *"de cujus"* morre sem deixar testamento, observa-se do disposto no art. 1.788, dando-se a sucessão legítima, transmite-se a herança a seus herdeiros legítimos, observando-se a ordem de vocação hereditárias e, quando esta pessoa deixa testamento, a sucessão legítima dará outro tanto quanto aos bens que não forem compreendidos no testamento, sendo certo que neste caso, haverá ainda lugar para a sucessão legítima, na hipótese do testamento caducar, ou for julgado nulo.[8]

"A regra é de que a sucessão legítima subsiste na falta, invalidade ou caducidade do testamento. Se os aquinhoados pelo testador falecerem antes dele, perdem a capacidade de suceder. O CC 1.978 deixa claro que apenas as pessoas vivas podem suceder. Não havendo direito de representação na sucessão testamentária, a ausência do herdeiro é causa de ineficácia do testamento. A lei é expressa ao

---

[8] CC/16 - Art. 1574. Morrendo a pessoa sem testamento, transmite-se a herança a seus herdeiros legítimos. Ocorrerá outro tanto quanto aos bens que não forem compreendidos no testamento.
CC/16 - Art. 1575. Também subsiste a sucessão legítima se o testamento caducar, ou for julgado nulo.

prescrever a caducidade do legado na hipótese de o legatário falecer antes do testador (CC 1939 V)." (NELSON NERY JÚNIOR E ROSA MARIA ANDRADE NERY, Novo Código Civil e legislação extravagante anotada", Editora Revista dos Tribunais, São Paulo, 2.002, p. 599).

Em ocorrendo desrespeito a essa determinação legal, os herdeiros necessários podem buscar tutela judicial visando impedir seus efeitos; no caso específico, doação inoficiosa, p. ex., podem pedir a nulidade daquela parte que excede a meação disponível na ocasião da liberalidade.

Observa-se do disposto no art. 1.790, que estão legitimados à participação na sucessão do outro no que tange aos bens adquiridos onerosamente na vigência da união estável, mediante as condições que enumera, o companheiro ou a companheira.

Aqui cabe dividirmos as situações para que, ao final, alcancemos os extremos das imposições.

No inciso I, a condição cinge-se ao fato de que se o concurso se der com filhos comuns do defunto, terá direito a uma quota equivalente à que por lei for atribuída ao filho.

Se a concorrência se der com filhos só do *"de cujus"*, inciso II, tocar-lhe-á a metade do que couber a cada um daqueles.

Quando a concorrência se der com outros parentes sucessíveis, terá direito a um terço da herança, conforme prevê o inciso III e, quando, entretanto, não houver concurso com qualquer parente sucessíveis, terá direito à totalidade da herança.

Porém no dia 10 de maio de 2017, o Supremo Tribunal Federal julgou inconstitucional o artigo 1.790 do Código Civil (Recursos Extraordinários nº 646721 e 878694), dispositivo esse que estabelecia diferenças entre companheiro e cônjuge nos direitos sucessórios, assim restou aprovada a seguinte tese:

"No sistema constitucional vigente é inconstitucional a diferenciação de regime sucessório entre cônjuges e companheiros devendo ser aplicado em ambos os casos o regime estabelecido no artigo 1829 do Código Civil."

A Escola Paulista da Magistratura realizou, em novembro de 2017, o 1º Encontro Estadual de Magistrados de Varas da Família e das Sucessões. Reuniram-se mais de 160 juízes que atuam nas varas de

Família e Sucessões da Capital e do interior do Estado, e, após longo debate, aprovaram 43 enunciados que deverão nortear a sua atuação, entre eles destacamos o enunciado de número 31:

> *"31. Ante a decisão do STF no RE 878.694, declarando inconstitucional o art. 1.790 do Código Civil, assentando que, à luz da Constituição, não é cabível distinção nos regimes sucessórios derivados do casamento e da união estável, o companheiro figura em igualdade de condições com o cônjuge: 1) na ordem da vocação hereditária; 2) como herdeiro necessário; 3) como titular de direito real de habitação; 4) no direito à quarta parte da herança na concorrência com descendentes; 5) e na obrigação de trazer doações à colação (Código Civil, arts. 1.829, 1.845, 1.831, 1.832 e 2002/2003 respectivamente)."*

Desta forma, o companheiro passa a ocupar, na ordem de sucessão legítima, posição idêntica do cônjuge. O companheiro passou a concorrer com os descendentes e ascendentes de forma igualitária (o artigo 1.829 do Código Civil) e na falta destes, herdará sozinho os bens do falecido.

Dessa forma, os colaterais ficam como última opção na ordem da vocação hereditária, que somente irão herdar se não houver outros sucessores (ascendentes, descendentes e cônjuge/companheiro).

Para equacionar-se, com vistas a apontar o monte, temos que considerar que na união estável, salvo contrato escrito entre os companheiros, conforme determinação emanada do art. 1.725 CC, aplica-se às relações patrimoniais, no que couber, o regime da comunhão parcial de bens, ou seja, comunicam-se os bens que sobrevierem ao casal na constância da união, excluindo-se os bens que cada cônjuge possuía antes da união, e os que lhe sobrevierem, na constância da união, por doação ou sucessão, e os sub-rogados em seu lugar; os bens adquiridos com valores exclusivamente pertencentes a um dos cônjuges em sub-rogação dos bens particulares; as obrigações anteriores à união; as obrigações provenientes de atos ilícitos, salvo reversão em proveito do casal; os bens de uso pessoal, os livros e instrumentos de profissão; os proventos do trabalho pessoal de cada cônjuge e; as pensões, meios-soldos, montepios e outras rendas semelhantes.

Entram nessa comunhão, os bens adquiridos na constância da união por título oneroso, ainda que em nome de um dos cônjuges; os bens adquiridos por fato eventual, com ou sem o concurso de trabalho ou despesa anterior; os bens adquiridos por doação, herança ou legado, em favor de ambos os cônjuges; as benfeitorias em bens particulares de cada cônjuge e; os frutos dos bens comuns, ou dos particulares de cada cônjuge, percebidos na constância da união, ou pendentes ao tempo de cessar a comunhão.

Estão excluídos da comunhão aqueles bens cuja aquisição tenha por título uma causa anterior à união, presumindo-se adquiridos na constância da união os bens imóveis, quando não se provar que o foram em data anterior.

As dívidas contraídas no exercício da administração do patrimônio, que compete a qualquer dos cônjuges, obrigam os bens comuns e particulares do cônjuge que administra, e os do outro na proporção e razão do proveito que houver auferido.

Os bens da comunhão respondem pelas obrigações contraídas por qualquer dos companheiros para atender aos encargos da família, às despesas de administração e às decorrentes da imposição legal, sendo que, as dívidas contraídas por qualquer deles na administração de seus bens particulares e em benefício próprio, não obrigam os bens comuns.

Aplicam-se às uniões estáveis, inexistindo disposição em contrário, as regras do regime da comunhão parcial de bens, presumindo se de ambas partes os bens adquiridos na constância do relacionamento, porque considerados frutos da colaboração comum, desimportando qual tenha sido a colaboração prestada individualmente por cada um dos conviventes.

Assim, presumem-se fruto do esforço comum todos os bens adquiridos na constância do relacionamento, porquanto adquiridos na vigência da união estável, sendo, pois, presumida a participação dos companheiros na formação do patrimônio comum deverão ser partilhados, por força do disposto no artigo 1.725 do Código Civil.

De outra parte, por força do disposto no artigo 1.662 do Código Civil, é presumido o esforço comum na aquisição dos bens durante a convivência, descabendo a produção de provas a contrariá-lo, conforme a lição de CARLOS ROBERTO GONÇALVES: "O artigo 1.725 do novo Código Civil, embora guarde semelhança com o referido dispositivo, não abre a possibilidade de se provar o contrário para afastar o pretendido direito à meação, pois a união estável, nesse particular, foi integralmente equiparada ao casamento realizado no regime de comunhão parcial de bens" (Direito Civil Brasileiro, Volume VI, Editora Saraiva, página 554)."

> *AGRAVO DE INSTRUMENTO. INVENTÁRIO. Decisão que determinou a inclusão do imóvel adquirido pela agravante nas primeiras declarações e no plano de partilha. Convivente em união estável com o 'de cujus'. Alegação de aquisição em ano anterior ao início da união estável. Requisito para aquisição da propriedade. Exegese do art. 1.245 do CC. Escritura e registro do imóvel no período em que reconhecida a união estável. União estável equiparada em direitos e obrigações ao casamento pela Constituição de 1988. Bens que entram na comunhão. Inteligência dos artigos 1658, 1.660, 1.662 e 1.725, todos do CC. RECURSO IMPROVIDO. (TJSP; Agravo de Instrumento 2148079-91.2017.8.26.0000; Relator (a): Ana Maria Baldy; Órgão Julgador: 6ª Câmara de Direito Privado; Foro de Várzea Paulista - 2ª. Vara Judicial; Data do Julgamento: 08/01/2018; Data de Registro: 08/01/2018)*

> *INVENTÁRIO. Exclusão de companheiro supérstite da partilha de um dos imóveis que integra o acervo hereditário. Recém-declarada inconstitucionalidade do art. 1790 do Código Civil pelo STF (RE 878694-MG e RE 646721-RS). Companheiro agravante não é meeiro, por força de anterior decisão proferida nos autos do inventário e já coberta pela preclusão, que reconheceu determinado imóvel como próprio da falecida, por força de sub-rogação. Inconstitucionalidade do art. 1790 do CC altera profundamente a situação do companheiro supérstite no caso concreto, pois passa o companheiro a ser herdeiro universal (3ª. classe) na concorrência com colaterais (4ª. classe), independentemente do regime de bens. A partilha deve observar o teor da regra insculpida no art. 1.829, III, do Código Civil, situação a ser verificada na origem. Recurso provido, com observação. (TJSP; Agravo de Instrumento*

2184692-13.2017.8.26.0000; Relator (a): Francisco Loureiro; Órgão Julgador: 1ª Câmara de Direito Privado; Foro de Ribeirão Preto - 2ª Vara de Família e Sucessões; Data do Julgamento: 24/11/2017; Data de Registro: 24/11/2017)

Agravo de instrumento – Inventário – União estável – Sucessão da companheira – Concorrência da companheira com os filhos unilaterais do falecido, ora agravantes – Decisão que determinou a aplicação do art. 1.829, inciso III, do CC, por entender que o art. 1.790, do mesmo diploma, é inconstitucional – Recurso da interessada – Alegação de que o dispositivo afastado seria constitucional – Descabimento – Matéria definitivamente enfrentada pelo STF no RE 878.694 (Tema 809), declarando-se incidentalmente a inconstitucionalidade do dispositivo – Decisão mantida – AGRAVO DESPROVIDO. (TJSP; Agravo de Instrumento 2022906-57.2017.8.26.0000; Relator (a): Miguel Brandi; Órgão Julgador: 7ª Câmara de Direito Privado; Foro de Marília - 2ª Vara da Família e das Sucessões - Res. 361/07; Data do Julgamento: 18/10/2017; Data de Registro: 18/10/2017)

INVENTÁRIO - Sentença reconhecendo a existência de união estável entre o falecido e a agravada - Decisão que deferiu à companheira supérstite o direito de concorrer à herança, sem prejuízo do direito real de habitação - Inconformismo de um dos filhos do falecido - Desacolhimento - Companheira que faz jus não só ao quinhão de imóvel particular como também ao direito real de habitação - Decisão do Supremo Tribunal Federal reconhecendo recentemente a inconstitucionalidade do art. 1.790 do Código Civil - Irrelevância de o de cujus contar com mais de 70 anos ao tempo do início da união estável - Incidência do art. 1.829, inc. I, do referido diploma legal - Decisão mantida - Recurso desprovido. (TJSP; Agravo de Instrumento 2142286-74.2017.8.26.0000; Relator (a): J.L. Mônaco da Silva; Órgão Julgador: 5ª Câmara de Direito Privado; Foro Regional VIII - Tatuapé - 1ª Vara da Família e Sucessões; Data do Julgamento: 27/09/2017; Data de Registro: 29/09/2017)

AGRAVO DE INSTRUMENTO – Inventário – Destituição da agravante como inventariante dos bens deixados por seu pai para nomeação da companheira sobrevivente – Aplicação do art. 617, I, do CPC/2015 - Entendimentos do STF e STJ que reconhecem à companheira em união estável com relações patrimoniais equiparada ao regime da comunhão parcial, a qualidade de herdeira dos bens particulares do morto - Recurso desprovido. *(TJSP; Agravo de Instrumento 2123912-10.2017.8.26.0000; Relator (a): Alcides Leopoldo e Silva Júnior; Órgão Julgador: 2ª Câmara de Direito Privado; Foro Central Cível - 10ª Vara da Família e Sucessões; Data do Julgamento: 29/08/2017; Data de Registro: 29/08/2017)*

REIVINDICATÓRIA. PETIÇÃO DE HERANÇA. UNIÃO ESTÁVEL. DIREITO DE HABITAÇÃO DA COMPANHEIRA. REDUÇÃO DAS DISPOSIÇÕES TESTAMENTÁRIAS. Sentença de improcedência do pedido reivindicatório dos autores e de parcial procedência do pedido reconvencional de reconhecimento de união estável, declarando direito real de habitação em favor da companheira do falecido, reconhecendo a condição de herdeira dela e reduzindo as disposições testamentárias, para a partilha dos bens em iguais condições entre a companheira e os herdeiros testamentários. Irresignação do espólio e da inventariante autores. 1. Preliminar. Julgamento extra petita. Não configuração. Sentença que julgou em conjunto os pedidos de reconhecimento e dissolução da união estável e reivindicatório. Reconhecimento do direito real de habitação da ré-reconvinte apelada que leva à improcedência do pedido reivindicatório. Improcedência que não configura julgamento além do pedido (arts. 141 e 492, CPC). 2. Preliminar. Julgamento conjunto dos processos conexos. Julgamento realizado em conjunto. Ausência de violação ao artigo 105 do CPC/1973. Sentença prolatada em conjunto *e com determinação para ser trasladada para os autos em apenso. Alegação de nulidade afastada. 3. União estável. Caracterização (art. 1.723, CC). Convivência pública, contínua e duradoura, para constituição de família. Regime da comunhão parcial de bens (art. 1.725, CC, e art. 5º, Lei 9.278/1996). Inocorrência das hipóteses do artigo 1.641, inciso II, do Código Civil, na redação anterior à Lei 12.344/2010, ou do artigo 258, § único, do Código Civil de 1916. 4. Sucessão. Sucessão do companheiro na mesma forma da sucessão do cônjuge. Inconstitucionalidade do artigo 1.790 do Código Civil. Tese firmada em recurso com repercussão geral (Tema 498, STF). Companheira como herdeira legítima (art. 1.829, III, CC). Limitação do poder de testar (arts. 1.845 e 1.846, CC). Redução das disposições testamentárias, para adequação à legítima (arts. 1.857, §1º, e 1.967, CC). 5. Reivindicatória e direito real de habitação. Companheiro sobrevivente que possui direito real de habitação (art. 7º, § único, Lei 9.278/1996, e art. 1.831, CC). Posse justa da companheira, pelo direito de habitação, o que afasta a procedência da reivindicatória (arts. 1.200 e 1.228, CC). Fato novo que não restou suficientemente comprovado (arts. 373, I, e 493, CPC). Sentença mantida. Sucumbência mantida, afastada a sucumbência recursal (Enunciado Administrativo n. 07, STJ). Recurso desprovido. (TJSP; Apelação 4001933-11.2013.8.26.0510; Rèlator (a): Carlos Alberto de Salles; Órgão Julgador: 3ª Câmara de Direito Privado; Foro de Rio Claro - 1ª Vara Cível; Data do Julgamento: 08/08/2017; Data de Registro: 08/08/2017)*

b) da herança e de sua administração

Como já vimos, enquanto não se der a partilha dos bens da herança, eles constituem uma universalidade, regulada pelas normas de condomínio. A herança defere-se como um todo unitário, sendo indivisível o direito de cada co-herdeiro no que tange à propriedade e à sua posse (art. 1.791). O direito hereditário é modalidade de aquisição da propriedade móvel, que, como a posse, se transfere aos herdeiros com a abertura da sucessão (4º T do STJ, Resp nº 48.199/MG, Rel. Min. SÁLVIO DE FIGUEIREDO TEIXEIRA, v.u., j. 30/05.94, DJU 27.06.94, p. 16990).⁹

Tanto assim que é irrelevante, para o exercício do direito de retomada por herdeiro, a ausência de título de imóvel registrado em nome do mesmo, vez que, aberta a sucessão, o domínio e a posse da herança transmitem-se desde logo aos herdeiros, limitando-se a partilha, tão-somente, a declarar o direito preexistente. (JTACSP 136/278).

Decidiu a 4º Turma do STJ, no REsp nº 36.700/SP (1993/ 0018791-0), Relator Min. SÁLVIO DE FIGUEIREDO TEIXEIRA, conhecido o recurso e dado provimento por votação unânime, ementa oficial DJ de 11/11/96, onde um herdeiro ajuizou ação declaratória, em defesa da herança, visando a ineficácia, contra si, de sentença proferida em ação de dissolução de sociedade de fato que implicou em meação dos bens do falecido, nos seguintes termos :

"I - Como anotado por ERNANE FIDELIS, ontologicamente a herança se distingue do espólio, este é visto do ângulo dos próprios bens que o constituem, enquanto a herança se vê do ângulo de posição dos próprios herdeiros. II - Os descendentes co-herdeiros que, com base no disposto no parágrafo único do art. 1.580, CC, demandam em prol da herança, agem como mandatários tácitos dos demais co-herdeiros aos quais aproveita o eventual reingresso do bem na *"universitas rerum"*, em defesa também dos direitos destes. III - Um dos herdeiros, ainda que sem a interveniência dos demais, pode ajuizar demanda visando a defesa da herança, seja o seu todo, que vai assim permanecer até a efetiva partilha, seja o quinhão que lhe couber posteriormente. IV - Na ação de dissolução de sociedade de fato em que se pleiteia a meação dos bens de concubino falecido, detém legitimidade para figurar no pólo passivo da causa os herdeiros, tendo em vista que a sentença a ser proferida pode, indubitavelmente, atingir o quinhão de cada herdeiro. V - Impossibilidade de se indeferir petição inicial de ação proposta por herdeiro que não participou da dissolução e que busca a declaração de ineficácia contra si da sentença que reconheceu a meação de bens, até porque, o fundamento principal é a existência de conluio entre a concubina e o inventariante que representou o espólio na dissolução." (LEXSTJ 93/86; RSTJ 90/242).

---

9 CC/16 - Art. 1.580. Sendo chamadas simultaneamente, a uma herança, duas ou mais pessoas, será indivisível o seu direito, quanto à posse e ao domínio, até se ultimar a partilha. (Redação dada pelo Dec. Leg. 1725/1919)

Responde o herdeiro, por encargos oriundos da herança, na exata razão e proporção do que recebeu, cabendo a ele provar o excesso, exceto quando houver inventário que o escuse, demonstrando o valor dos bens herdados. A herança responde pelo pagamento das dívidas do falecido, na medida de suas forças (art. 1.792).[10]

CARLOS MAXIMILIANO, ob. cit., vol. III, p. 340/341, n° 1.511, falando da resultante, automática, das responsabilidade pelas obrigações do sucedendo em função da partilha, ensina que cada um dos herdeiros a suporta proporcionalmente à sua cota hereditária; "fraciona-se deste modo o passivo entre os herdeiros; se o espólio foi todo distribuído em legados, é entre os legatários que se efetua o rateio. Estipulara a Lei das Doze Tábuas : "as dívidas sejam divididas entre os herdeiros na proporção dos quinhões hereditários" — *nimina inter heredes pro proportionibus hereditariis hercta cita sunto* (tábua V).

Também a Lei dos Visigodos - *Lês Wisigothorum* - reduzia a obrigação, dos sucessores, aos limites do que possuíssem havido do defunto — *juxta quod possident de rebus defuncti*.

Portanto, entre os beneficiários universais passa a existir apenas um obrigação conjunta; jamais uma obrigação solidária; a herança indivisa responde pela totalidade das dívidas; porém cada herdeiro só atende à fração (do passivo) correspondente à sua cota sucessória; não pode ser acionado pelo débito integral. Na verdade, os credores tem contra si uma ação pessoal e divisiva; o processo movido contra um é independente do intentado contra outro; cada sucessor paga unicamente a sua parte.

A indivisibilidade entre os herdeiros prevalece até mesmo quando existe obrigação *solidária* contraída pelo *de cujus*; eles, em conjunto, suportam o total solidariamente com os outros co-devedores primitivos; porém cada sucessor só responde pelo débito, na proporção do seu quinhão. (...).

A solidariedade *não se presume*; só existe quando expressa em lei, contrato ou testamento; e a lei, não só se abstém de a impor aos sucessores; mas vai além - a excluí entre eles."

---

[10] CC/16 - Art. 1587. O herdeiro não responde por encargos superiores às forças da herança; incumbe-lhe, porém, a prova do excesso, salvo se existir inventário, que a escuse, demonstrando o valor dos bens herdados.

Estabelece o art. 1.793 que o direito à sucessão aberta, assim como o quinhão de que disponha o co-herdeiro, pode ser objeto de cessão por escritura pública, sendo que os direitos, conferidos ao herdeiro em consequência de substituição ou de direito de acrescer, nos termos do seu § 1º, presumem-se não abrangidos pela cessão feita anteriormente.

Se observa do disposto no § 2º, que é ineficaz a cessão, pelo co-herdeiro, de seu direito hereditário sobre qualquer bem da herança considerado singularmente, sendo igualmente ineficaz, conforme o § 3º, a disposição, sem prévia autorização do juiz da sucessão, por qualquer herdeiro, de bem componente do acervo hereditário, pendente a indivisibilidade.

O art. 1.794, abre ao co-herdeiro a possibilidade de ceder a sua cota hereditária a pessoa estranha à sucessão, desde que os demais co-herdeiros não a queiram, tanto por tanto, dispondo estes, caso o herdeiro cedente não lhes dê conhecimento para o respectivo exercício de direito de preferência, do prazo de até 180 (cento e oitenta dias) após a transmissão para exercerem aquele direito sobre quota cedida, sendo que, caso sejam vários os herdeiros a exercerem referido direito, entre eles se distribuirá o quinhão cedido, na proporção das respectivas cotas hereditárias (art. 1.795).

Aquele que estiver na posse e administração do espólio, no prazo de 30 (trinta) dias a contar da abertura da sucessão, prevê o art. 1.796, deve requerer a instauração do inventário do patrimônio hereditário, perante o juízo competente do lugar da sucessão, para fins de liquidação e, quando for o caso, de partilha da herança, sendo que passado esse prazo, qualquer dos interessados poderá fazê-lo, desde que legitimado para tanto, notadamente aqueles enunciados no art. 616 do CPC.[11]

CPC - Art. 616. Têm, contudo, legitimidade concorrente :

---

11 CC/16 - Art. 1770 - Proceder-se-á ao inventário e partilha judiciais na forma das leis em vigor no domicílio do falecido, observado o que se dispõe no artigo 1603, começando-se dentro em l (um) mês, a contar da abertura da sucessão, e ultimando-se nos 3 (três) meses subseqüentes, prazo este que o juiz poderá dilatar, a requerimento do inventariante, por motivo justo.
Parágrafo único. Quando se exceder o último prazo deste artigo, e por culpa do inventariante não se achar finda a partilha, poderá o juiz removê-lo, se algum herdeiro o requerer, e, se for testamenteiro, o privará do prêmio, a que tenha direito (art. 1766).

I - o cônjuge supérstite ou companheiro superstite;

II - o herdeiro;

III - o legatário;

IV - o testamenteiro;

V - o cessionário do herdeiro ou legatário;

VI - o credor do herdeiro, do legatário ou do autor da herança;

VII - o Ministério Público, havendo herdeiros incapazes;

VII - a Fazenda Pública, quando tiver interesse;

IX - o administrador judicial da falência, do herdeiro, do legatário, do autor da herança ou do cônjuge ou companheiro supérstite;

Se vê do art. 1.797, que até o compromisso do inventariante, a administração da herança caberá, sucessivamente, ao cônjuge ou companheiro, se com o outro convivia ao tempo da abertura da sucessão; ao herdeiro que estiver na posse e administração dos bens, e. se houver mais de um nessas condições, ao mais velho; ao testamenteiro; a pessoa de confiança do juiz, na falta ou escusa das indicadas nos casos anteriores, ou quando tiverem de ser afastadas por motivo grave levado ao conhecimento do juiz.

ALIENAÇÃO FIDUCIÁRIA DE IMÓVEL. AÇÃO DECLARATÓRIA DE NULIDADE DE CLÁUSULA CONTRATUAL. Apelação que preenche os requisitos previstos no art. 1.010 do CPC/2015, permitindo o seu conhecimento. Pleito de assistência judiciária deduzido por pessoa física. Demonstração, quantum satis, da efetiva necessidade ao benefício. Deferimento que se impõe. Inteligência do inciso LXXIV do art. 5º da Constituição Federal. Alegação de deserção prejudicada. Até que haja a instauração do inventário e o inventariante preste o compromisso, o espólio será representado, ativa e passivamente, pelo administrador provisório. Compreensão dos arts. 613 e 614 do CPC/2015 e do art. 1.797 do Código Civil. Habilitação do espólio não realizada por quem de direito, no caso, o cônjuge sobrevivente. Intimação enviada ao seu endereço que se tem por regular. Litisconsórcio ativo necessário. Ausência de pressuposto processual. Extinção mantida. Recurso provido em parte. (TJSP; Apelação 1020717-85.2015.8.26.0100; Relator (a): Dimas Rubens Fonseca; Órgão Julgador: 28ª Câmara de Direito Privado; Foro Central Cível - 4ª Vara Cível; Data do Julgamento: 18/07/2017; Data de Registro: 24/07/2017)

CUMPRIMENTO DE SENTENÇA. FALECIMENTO DO DEVEDOR. Insurgência contra decisão que determinou a inclusão dos herdeiros. Manutenção. De fato, o sujeito passivo da ação deve ser sucedido pelo espólio do falecido que, após a instauração do inventário, é representado pelo inventariante. Antes disso, a representação deve ser feita pelo administrador provisório, desde que nomeado nos termos do art. 1.797 do CC. Na falta deste, os herdeiros, como bem determinado pelo MM julgador de origem. Recurso não provido. (TJSP; Agravo de Instrumento 2203749-17.2017.8.26.0000; Relator (a): Carlos Alberto de Salles; Órgão Julgador: 3ª Câmara de Direito Privado; Foro de Tupã - 2ª Vara Cível; Data do Julgamento: 18/12/2017; Data de Registro: 18/12/2017)

PROCESSO CIVIL. MORTE DE UMA DAS PARTES. SUBSTITUIÇÃO PROCESSUAL. ESPÓLIO. REPRESENTAÇÃO PELO ADMINISTRADOR PROVISÓRIO. POSSIBILIDADE. INEXISTÊNCIA DE INVENTARIANTE. SUSPENSÃO DO FEITO. DESNECESSIDADE. NULIDADE PROCESSUAL. INOCORRÊNCIA. RECURSO PARCIALMENTE PROVIDO. 1. Não há a configuração de negativa de prestação jurisdicional nos embargos de declaração, se o Tribunal de origem enfrenta a matéria posta em debate na medida necessária para o deslinde da controvérsia, ainda que sucintamente.

A motivação contrária ao interesse da parte não se traduz em maltrato ao art. 535 do CPC. 2. De acordo com os arts. 985 e 986 do CPC, enquanto não nomeado inventariante e prestado compromisso, a representação ativa e

passiva do espólio caberá ao administrador provisório, o qual, comumente, é o cônjuge sobrevivente, visto que detém a posse direta e a administração dos bens hereditários (art. 1.579 do CC/1916, derrogado pelo art. 990, I a IV, do CPC; art. 1.797 do CC/2002). 3. Apesar de a herança ser transmitida ao tempo da morte do de cujus (princípio da saisine), os herdeiros ficarão apenas com a posse indireta dos bens, pois a administração da massa hereditária restará, inicialmente, a cargo do administrador provisório, que representará o espólio judicial e extrajudicialmente, até ser aberto o inventário, com a nomeação do inventariante, a quem incumbirá representar definitivamente o espólio (art. 12, V, do CPC). 4. Não há falar em nulidade processual ou em suspensão do feito por morte de uma das partes se a substituição processual do falecido se fez devidamente pelo respectivo espólio (art. 43 do CPC), o qual foi representado pela viúva meeira na condição de administradora provisória, sendo ela intimada pessoalmente das praças do imóvel. 5. Recurso especial parcialmente provido. (REsp 777566/RS, 3ª. Turma do STJ, Relator Ministro VASCO DELA GIUSTINA, DJe 13/05/2010).

c) da vocação hereditária

Estão legitimadas a suceder, conforme se observa do disposto no art. 1.798, aquelas pessoas nascidas ou já concebidas no momento da abertura da sucessão.

Enunciado do Conselho Federal de Justiça n° 267 - Art. 1.798: A regra do art. 1.798 do Código Civil deve ser estendida aos embriões formados mediante o uso de técnicas de reprodução assistida, abrangendo, assim, a vocação hereditária da pessoa humana a nascer cujos efeitos patrimoniais se submetem às regras previstas para a petição da herança.

Já vimos, a lei garante os direitos inerentes à personalidade desde o nascimento com vida e põe a salvo os direitos do nascituro, desde a concepção.

> *Art. 1.597. Presumem-se concebidos na constância do casamento os filhos :*
>
> *I - nascidos cento e oitenta dias, pelo menos, depois de estabelecida a convivência conjugal;*
>
> *II - nascidos nos trezentos dias subsequentes à dissolução da sociedade conjugal, por morte, separação judicial, nulidade e anulação do casamento;*
>
> *III - havidos por fecundação artificial homóloga, mesmo que falecido o marido;*
>
> *IV - havidos, a qualquer tempo, quando se tratar de embriões excedentários, decorrentes de concepção artificial homóloga;*
>
> *V - havidos por inseminação artificial heteróloga, desde que tenha prévia autorização do marido.*

NELSON NERY JÚNIOR e ROSA MARIA DE ANDRADE NERY, ob. cit., p. 542/3, ao comentar acerca da utilidade da norma, assinalam que "aprioristicamente, fixar regras de filiação e de sucessão que interessam ao concepto, como medida necessária ao resguardo dos direitos do nascituro (CC 2°) e para imputar ao presumido pai responsabilidades (inclusive de alimentos) em face do ser concebido. São exemplos dessa cautela as seguintes situações previstas na lei: a) nascituro e direito de sucessão. O nascituro tem direito à sucessão legítima. Os já concebidos no momento da abertura da sucessão (CC 1784) legitimam-se a suceder (CC 1784). Também se legitimam a suceder por sucessão testamentária "os filhos, ainda não concebidos, de pessoas indicadas pelo testador, desde que vivas estas ao abrir-se a sucessão" (CC 1799 I). b) defesa dos direitos do nascituro. A representação do nascituro dá-se por intermédio dos pais, como decorrência do poder familiar (CC 1630). Se a mulher é solteira o nascituro permanece, saldo pretensão diversa do pai, representado pela mãe (CC 1633). Se o pai falecer estando grávida a mulher, e esta não tendo o poder familiar, dar-se-á curador ao nascituro (CC 1779 e CPC 878 par. ún.). Se a mulher tiver sido interditada, seu curador será também o do nascituro (CC 1779 par. ún.). Doação feita ao nascituro deve ser aceita por seu representante (CC 542). c) posse em nome do nascituro. A mulher que, para garantia dos direitos do filho nascituro, quiser provar seu estado de gravidez, deve preceder como prescreve o CPC 877 a 878. O juiz, por sentença declarará a requerente investida na posse dos direitos que assiste ao nascituro."

Estabelece o art. 1.799 que na sucessão testamentária podem ainda ser chamados a suceder: I - os filhos, ainda não concebidos, de pessoas indicadas pelo testador, desde que vivas estas ao abrir-se a sucessão; II - as pessoas jurídicas; III - as pessoas jurídicas, cuja organização for determinada pelo testador sob a forma de fundação.[12]

No caso de ser chamado a suceder filho ainda não havido, conforme art. 1.800, os bens da herança serão confiados, após a liquidação ou partilha, a curador nomeado pelo juiz, sendo que, salvo disposição testamentária cm contrário, a curatela caberá à pessoa cujo filho o testador esperava ter por herdeiro, c, sucessivamente, às pessoas indicadas no art. 1.775.

Os poderes, deveres e responsabilidades do curador, assim nomeado, regem-se pelas disposições concernentes à curatela dos incapazes, no que couber. Nascendo com vida o herdeiro esperado, ser-lhe-á deferida a sucessão, com os frutos e rendimentos relativos à deixa, a partir da morte do testador.

Entretanto, se, decorridos dois anos após a abertura da sucessão, não for concebido o herdeiro esperado, os bens reservados, salvo disposição em contrário do testador, caberão aos herdeiros legítimos.

Como proteção dos interesses tanto do testador quanto de seus sucessores legítimos, visando excluir a possibilidade de exercício de influência e manipulação de vontade, dispõe o art. 1.801 que não

---

12 CC/16 - Art. 1717 - Podem adquirir por testamento as pessoas existentes ao tempo da morte do testador, que não forem por este Código declaradas incapazes.
Art. 1718. São absolutamente incapazes de adquirir por testamento os indivíduos não concebidos até à morte do testador, salvo se a disposição deste se referir à prole eventual de pessoas por ele designadas e existentes ao abrir-se a sucessão.

podem ser nomeados herdeiros nem legatários : I - a pessoa que, a rogo, escreveu o testamento, nem o seu cônjuge ou companheiro, ou os seus ascendentes ou irmãos; II - as testemunhas do testamento; III - o concubino do testador casado, salvo se este, sem culpa sua, estiver separado de fato do cônjuge há mais de cinco anos; IV - o tabelião, civil ou militar, ou o comandante ou escrivão, perante quem se fizer, assim como o que fizer ou aprovar o testamento.[13]

São nulas, de pleno direito, as disposições testamentárias em favor de pessoa não legitimadas a suceder, ainda quando simuladas sob a forma de contrato oneroso, ou feitas mediante interposta pessoa, presumindo-se estas os ascendentes, os descendentes, os irmãos e o cônjuge ou companheiro do não legitimado a suceder (art. 1.802).[14]

Reputam-se pessoas interpostas o pai, a mãe, os descendentes e o cônjuge do incapaz.

A esse propósito, cabe ressaltar a norma inserta no art. 167, § 1°, I, CC, que estabelece ser nulo, o negócio jurídico simulado, entendendo-se como tal aqueles em que aparentem conferir ou transmitir direitos a pessoas diversas daquelas às quais realmente se conferem, ou transmitem.

> *Art. 167. E nulo o negócio jurídico simulado, mas subsistirá o que se dissimulou, se válido for na substância e na forma.*
>
> *§ 1° Haverá simulação nos negócios jurídicos quando :*
>
> *1 - aparentem conferir ou transmitir direitos a pessoas diversas daquelas às quais realmente se conferem, ou transmitem;*
>
> *II - contiverem declaração, confissão, condição ou cláusula não verdadeira;*

---

13 CC/16- 1719. Não podem também ser nomeados herdeiros, nem legatários:
 I - a pessoa que, a rogo, escreveu o testamento (arts. 1638, I, 1656 e 1657), nem o seu cônjuge, ou os seus ascendentes, descendentes, e irmãos;
 II - as testemunhas do testamento;
 III -a concubina do testador casado;
 IV - o oficial público, civil ou militar, nem o comandante, ou escrivão, perante quem se fizer, assim como o que fizer, ou aprovar o testamento.
14 CC/16 - Art. 1720. São nulas as disposições em favor de incapazes (arts. 1718 e 1719), ainda quando simulem a forma de contrato oneroso, ou os beneficiem por interposta pessoa.

> III - os instrumentos particulares forem antedatados, ou pós datados.
>
> § 2º Ressalvam-se os direitos de terceiros de boa-fé em face dos contraentes do negócio jurídico simulado.

Pode o testador, conforme prevê o art. 1.803, favorecer o filho do concubino, quando também o for do testador, sendo certo que a Súmula 447 do STF já se posicionava neste sentido

> Súmula nº 447 do STF - É válida a disposição testamentária em favor de filho adulterino do testador com sua concubina.

A teor do disposto no art. 1.609, III, CC, o reconhecimento dos filhos havidos fora do casamento é irrevogável e pode ser feito por testamento, ainda que acidentalmente manifestada, o que, gera efeitos para os fins de sucessão, por óbvio.

> Art. 1.609. O reconhecimento dos filhos havidos fora do casamento é irrevogável e será feito :
>
> I - no registro do nascimento;
>
> II - por escritura pública ou escrito particular, a ser arquivado em cartório;
>
> III - por testamento, ainda que incidentalmente manifestado;
>
> IV - por manifestação direta e expressa perante o juiz, ainda que o reconhecimento não haja sido objeto único e principal do ato que o contém.
>
> Parágrafo único. O reconhecimento pode preceder o nascimento do filho ou ser posterior ao seu falecimento, se ele deixar descendentes.

d) da aceitação e renúncia da herança

Ao herdeiro, como não poderia deixar de ser, é dado o direito de aceitar ou não a herança, ou seja, inobstante a herança se transmita, desde o falecimento do seu autor, ao patrimônio do herdeiro, ele pode ou não se conformar com isso, ou melhor ainda, querer ou não receber, em regra, tal benefício.

Importante termos em mente que tanto a aceitação como a renúncia da herança nunca poderá ser parcial ou condicionada, pois tais circunstâncias contrariam o espírito dos institutos, sendo de assinalar, também, que tanto o aceite como a renúncia são definitivos, ou seja, não pode o herdeiro aceitar e depois renunciar ou vice versa.

ITABAIANA DE OLIVEIRA, ob. cit. p. 88, ensina que o ato de aceitar a herança só "vem confirmar a transmissão já efetuada em virtude da lei, porque, no momento em que o herdeiro aceita a herança, o direito hereditário já faz parte integrante de seu patrimônio, intervindo a sua vontade unicamente para declarar que se sujeita às obrigações decorrentes da qualidade de herdeiro, como continuador da pessoa do falecido".

Aceita a herança, que conforme art. 1.804 CC, torna-se definitiva a sua transmissão ao herdeiro, desde a abertura da sucessão, sendo que tal manifestação de vontade pode ser expressa ou tácita, nos termos do art. 1.805.[15]

Será expressa quando o herdeiro fizer declaração a respeito e, tácita quando praticar atos compatíveis com a condição de herdeiro.

---

15 CC/16 - Art. 1581. A aceitação da herança pode ser expressa ou tácita; a renúncia, porém, deverá constar, expressamente, de escritura pública, ou termo judicial. (Redação dada pelo Dec. Leg. 3725/1919)
§ 1° É expressa a aceitação, quando se faz por declaração escrita; tácita, quando resulta de atos compatíveis somente com o caráter de herdeiros. (Redação dada pelo Dec. Leg. 3725/1919)
§ 2° Não exprimem aceitação da herança os atos oficiosos,
como o funeral do finado, os meramente conservatórios, ou os de administração e guarda interina.
CC/16 - Art. 1582. Não importa igualmente aceitação a cessão gratuita, pura e simples, da herança, aos demais co-herdeiros.

De se ressaltar que os atos oficiosos, como o funeral do finado, os meramente conservatórios, ou os de administração e guarda provisória, bem como a aceitação a cessão gratuita, pura e simples, da herança, aos demais co-herdeiros não importam em aceitação tácita.

PROCESSO CIVIL. AGRAVO DE INSTRUMENTO. INVENTÁRIO. DISCUSSÃO ACERCA DE SUBSISTÊNCIA DE CRÉDITO TITULARIZADO POR VIÚVA EM DESFAVOR DO ESPÓLIO. PRECLUSÃO. NÃO CONHECIMENTO. PEDIDO DE MANUTENÇÃO DA INVENTARIANTE NO ENCARGO. MATÉRIA ESTRANHA À DECISÃO AGRAVADA. NÃO CONHECIMENTO. MÉRITO. DECISÃO QUE INDEFERE RENUNCIA À HERANÇA EM FAVOR DE UM HERDEIRO. NULIDADE DA DISPOSIÇÃO. VÍCIO FORMAL. CONSTATAÇÃO. RENÚNCIA DEPOIS DE ACEITA A HERANÇA PELO PEDIDO DO RESPECTIVO QUINHÃO. INVIABILIDADE. APROPRIAÇÃO INDEVIDA DO VALOR DA HERANÇA PELA INVENTARIANTE E REPRESENTANTE DOS DEMAIS HERDEIROS. RENÚNCIA QUE VISA OBSTAR A SATISFAÇÃO DE DÉBITO DEVIDO PELO ESPÓLIO. ILEGALIDADE. AGRAVO DE INSTRUMENTO PARCIALMENTE CONHECIDO E DESPROVIDO. 1. Consoante comezinha regra de direito procedimental, o objeto do agravo de instrumento é restrito ao que foi efetivamente apreciado e decidido pela decisão agravada, não sendo admitido que a apresentação de argumentação inovadora nas razões recursais, sobre questão não apreciada não apreciadas no ato resistido ou a respeito da qual se operou a preclusão. 1.1. Na hipótese, a decisão agravada nada mensurou acerca da subsistência ou mensuração do crédito ostentado pela a agravada frente ao espólio, tema que foi decidido definitivamente em decisão pretérita, de modo que, em razão da preclusão e do princípio da dialeticidade, o tema não comporta conhecimento. 1.2. Também não comporta conhecimento o alegado acerca da possível destituição da primeira agravante do encargo de inventariante, pois se trata de matéria estranha ao objeto da decisão agravada, que apenas determinou a apresentação das ultimas declarações, de acordo com o previsto na legislação processual e com o estágio em que o processo se encontra. Caso não haja a manifestação adequada no feito de origem, não há óbice para que seja apreciada eventual destituição da recorrente nos moldes do artigo 622, inciso I, do CPC. 2. Uma vez manifestada a aceitação da herança, ainda que tacitamente pela pretensão ao recebimento do quinhão hereditário, resta essa manifestação irretratável, inviabilizando a apresentação de renúncia à herança no final do processo de inventário, conforme dispõem os artigos 1.804, 1.805 c/c artigo 1.812, todos do Código Civil. 3. Constatado que houve a venda do único bem que integra o espólio, depois de manifestada aceitação a herança por todos os herdeiros, e apropriação indevida do valor auferido pela inventariante e procuradora dos demais herdeiros, de modo a impedir o pagamento de débito do espólio definitivamente constituído nos autos, afere-se que a renúncia apresentada pelos herdeiros tem o nítido intuito de prejudicar a credora e viúva do autor da herança, quanto ao pagamento que lhe é devido. 3.1. A renúncia manifestada por um herdeiro em favor de outro, quando constatado o intuito de obstar que seja direcionado contra o renunciante a cobrança dos valores devidos pelo espólio à agravada, nos limites do quinhão por ele auferido, é ilícita, pois afronta o disposto no artigo 1.813. 4. Ademais há vício formal que torna nulas as renúncias formalizadas pelos recorrentes em documentos particulares, firmados com reconhecimento de firma, já que o artigo 1.806 do Código Civil impõe que esse ato de disposição seja lavrado em instrumento público ou termo judicial. 5. Agravo de instrumento parcialmente conhecido e desprovido. (Acórdão n.1046405, 07058503220178070000, Relator: ALFEU MACHADO 6ª Turma Cível, Data de Julgamento: 14/09/2017, Publicado no DJE: 21/09/2017. Pág.: Sem Página Cadastrada.)

SUCESSÕES. RECURSO ESPECIAL. MEAÇÃO. ATO DE DISPOSIÇÃO EM FAVOR DOS HERDEIROS. DOAÇÃO. ATO INTER VIVOS. FORMA. ESCRITURA PÚBLICA. 1. Discussão relativa à necessidade de lavratura de escritura pública para prática de ato de disposição da meação da viúva em favor dos herdeiros. 2. O ato para dispor da meação não se equipara à cessão de direitos hereditários, prevista no art. 1.793 do Código Civil, porque esta pressupõe a condição de herdeiro para que possa ser efetivada. 3. Embora o art. 1.806 do Código Civil admita que a renúncia à herança possa ser efetivada por instrumento público ou termo judicial, a meação não se confunde com a herança. 4. A renúncia da herança pressupõe a abertura da sucessão e só pode ser realizada por aqueles que ostentam a condição de herdeiro. 5. O ato de disposição patrimonial representado pela cessão gratuita da meação em favor dos herdeiros configura uma verdadeira doação, a qual, nos termos do art. 541 do Código Civil, far-se-á por Escritura Pública ou instrumento particular, sendo que, na hipótese, deve ser adotado o instrumento público, por conta do disposto no art. 108 do Código Civil. 6. Recurso especial desprovido. (3ª. Turma, REsp 1196992/MS, Relatora Ministra NANCY ANDRIGHI, DJe 22/08/2013).

RECURSO EM HABEAS CORPUS. ALIMENTOS. ACEITAÇÃO DE HERANÇA PELOS CREDORES. RENÚNCIA TRANSLATIVA OPERADA PELO EXECUTADO. ART. 1.813 DO CC. ILIQUIDEZ DA DÍVIDA. INEXISTÊNCIA. NECESSIDADE DE SIMPLES CÁLCULOS MATEMÁTICOS. INADIMPLÊNCIA DE DÉBITO ALIMENTAR ATUAL. INADIMPLEMENTO DOS TRÊS ÚLTIMOS MESES E DOS VENCIDOS APÓS O AJUIZAMENTO DA EXECUÇÃO. SÚMULA N. 309/STJ. 1. Os credores de prestações alimentícias podem aceitar a herança deixada ao devedor de alimentos e à qual ele renunciou (art. 1.813 do Código Civil). 2. A aceitação de herança pelos credores não importa em alteração de rito da ação de execução, sendo cabível apenas que o valor recebido seja subtraído do valor cobrado. 3. Não carece de liquidez a dívida de alimentos quantificável por simples cálculos matemáticos. 4. É cabível o decreto de prisão civil em razão do inadimplemento de dívida atual, assim consideradas as parcelas alimentares vencidas nos três meses antecedentes ao ajuizamento da execução, bem como aquelas que se vencerem no curso da lide. Súmula n. 309/STJ. 5. Recurso em habeas corpus desprovido. Ordem concedida de ofício para que o decreto de prisão se adeque à Súmula n. 309/ STJ. (3ª. Turma do STJ, RHC 31942/SP, Relator Ministro João Otávio de Noronha, DJE 13/06/2013, RSTJ vol. 232, p. 199).

DIREITO CIVIL E TRIBUTÁRIO – RENÚNCIA À HERANÇA – § 2º, DO ART 1805, DO CCB/02 – NÃO CONFIGURAÇÃO DE ACEITAÇÃO TÁCITA DA HERANÇA – NÃO INCIDÊNCIA DO IMPOSTO DE TRANSMISSÃO – APLICAÇÃO DO ART 2º, INCISO II, ALÍNEA "B", DA LEI Nº 10.260/89 – RECURSO IMPROVIDO À UNANIMIDADE – 1- Inicialmente, convém mencionar que a renúncia expressa aos quinhões hereditários em favor do cônjuge sobrevivente realizada pelos herdeiros nos autos do Arrolamento às fls. 09/12 não constitui nenhum ato de aceitação a herança. 2- Nesse sentido, a Lei Estadual nº 10.260/89 estabelece em seu art 2º, inciso II, alínea "b" que o ICD não incide sobre a desistência ou renúncia à herança ou legado, desde que não tenha o desistente ou renunciante praticado qualquer ato que demonstre a intenção de aceitar a herança ou o legado". 3 - Desta forma, não haverá incidência do ICD sobre tal renúncia, pois não restou configurada a aceitação da herança, e consequentemente não houve um novo fato gerador do mencionado imposto. 6- Agravo de instrumento improvido, à unanimidade. (TJPE – AI 62378-9 – Rel. Des. JOÃO BOSCO GOUVEIA DE MELO – DJ 11.11.2008).

INVENTÁRIO – BEM IMÓVEL ÚNICO – VIÚVA-MEEIRA E SETE FILHOS HERDEIROS – RENÚNCIA DE TRÊS DOS ÚLTIMOS, POR EXPRESSO, SEM INDICAÇÃO DE BENEFICIÁRIO – Exigência pelo Fisco deste Estado do recolhimento do imposto causa mortis (ITD). Desacolhida pelo juízo. Agravo de instrumento. Razão que assiste ao Magistrado singular, na esteira de dominante entender pretoriano. Renúncia referida, prevista no Código Civil vigente, como o era no revogado, que pode ser translativa, em beneficiando pessoa certa, ou abdicativa, a ninguém favorecendo de preciso; esta, por cabal, a aqui acontecida. Doação, portanto, que não houve; e, se pagamento houvesse, o imposto seria outro, e devido aos cofres comunais. Acerto e justeza do interlocutório guerreado. Recurso que se desprovê. (TJRJ – AI 20536/2005 – 3ª C.Cív. – Rel. Des. Luiz Felipe Haddad – DJRJ 04.05.2006).

HERANÇA. RENUNCIA TRANSLATIVA. INOCORRENCIA FACE A AUSENCIA DE MENÇÃO AO DESTINATARIO DA HERANÇA RENUNCIADA. PARA HAVER A RENUNCIA "IN FAVOREM", E MISTER QUE HAJA ACEITAÇÃO TACITA DA HERANÇA PELOS HERDEIROS QUE, EM ATO SUBSEQUENTE, TRANSFEREM OS DIREITOS HEREDITARIOS A BENEFICIARIO CERTO, CONFIGURANDO VERDADEIRA DOAÇÃO. RECURSO NÃO CONHECIDO. (REsp 33698/MG, 3ª. Turma do STJ, Relator Ministro Cláudio Santos, DJ 16/05/1994 p. 11759).

TRIBUTARIO - DIREITO A HERANÇA - RENUNCIA - IMPOSTO DE TRANSMISSÃO - C. CIVIL (ARTS. 1.582 E 1.589). - SE TODOS OS FILHOS DO AUTOR DA HERANÇA RENUNCIAM A SEUS RESPECTIVOS QUINHÕES, BENEFICIANDO A VIUVA, QUE ERA A HERDEIRA SUBSEQUENTE, E INCORRETO DIZER QUE A RENUNCIA FOI ANTECEDIDA POR ACEITAÇÃO TACITA DA HERANÇA. - NÃO INCIDENCIA DO IMPOSTO DE TRANSMISSÃO. (REsp 20183/RJ, 1ª. Turma do STJ, Relator Ministro Humberto Gomes de Barros, DJ 07/02/1994 p. 1131).

Pode, ainda, ser presumida quando se verificar a hipótese do art. 1.807, ou seja, no caso em que o interessado em que o herdeiro declare se aceita, ou não, a herança, em até vinte dias após a abertura da sucessão, requerer ao juiz, que em prazo não superior da trinta dias, determine que o herdeiro se pronuncie, sob pena de se haver por aceita a herança.[16]

Essa transmissão só não se verifica quando o herdeiro renuncia à herança, que para ser considerada pura deve exercer tal direito antes de praticar qualquer ato de aceitação, quando teremos a renúncia abdicativa.

Neste caso o herdeiro abre mão da herança, desiste dela, quando, então, cabe aos herdeiros do renunciante recolher o monte partível, por direito próprio e por cabeça.

Quando a renúncia é feita após algum ato de aceitação, temos a renúncia translativa. Neste caso, a um só tempo, tem-se a aceitação tácita da herança e a imediata doação dela a determinado beneficiário.

Com o propósito de demonstrar a propriedade da assertiva acima, transcrevo abaixo parte do voto do i. Ministro Cláudio Santos, no REsp n° 33.698-7/MG (1992/0009018-6), da 3° Turma do STJ, do qual foi relator, ementa oficial publicada no DJ de 16/05/1994, p. 11.759, donde retiramos a lição de que para que ocorra "a renúncia "in favorem", é mister que haja aceitação tácita da herança pelos herdeiros que, em ato subsequente, transferem os direitos hereditários a beneficiário certo, configurando verdadeira doação."

"(...).

Para haver a renúncia translativa, é mister que o ato de renúncia implique, a um só tempo, aceitação tácita da herança e a subsequente destinação desta a determinado beneficiário. Assim, induvidosamente, a denominada renúncia translativa pressupõe aceitação prévia da herança. Diferentemente, na renúncia abdicativa inexiste menção a beneficiário certo, caracterizando verdadeira desistência à herança, cabendo aos herdeiros do renunciante recolher o monte partível, por direito próprio e por cabeça. Ademais, a renúncia translativa envolve doação.

Nesse sentido, invoco precedente do C. STF, em acórdão da lavra do em. Min. Moreira Alves, assim ementado:

---

16 CC/16 - Art. 1584. O interessado em que o herdeiro declare se aceita, ou não, a herança, poderá, 20 (vinte) dias depois de aberta a sucessão, requerer ao juiz prazo razoável não maior de 30 (trinta) dias, para, dentro nele, se pronunciar o herdeiro, sob pena de se haver a herança por aceita.

> *"Para haver a denominada renúncia translativa, é mister que o ato de renúncia implique, ao mesmo tempo, a aceitação tácita da herança e a subsequente transferência desta, pois não se pode transferir o que, se não tiver havido aceitação prévia, ainda não se adquiriu. E para que esses dois atos, logicamente sucessivos, se exteriorizem por meio de um ato só (a chamada renúncia translativa) se faz necessário que o ato de renúncia acrescente algo que não se compatibilize com a renúncia pura e simples (a chamada renúncia abdicativa), como se declare onerosa, ou se limite a beneficiar alguns - e não todos - co-herdeiros. Artigo 1.582 do Código Civil. Isso não ocorre quando o ato de renúncia apenas se refere ao exame do co-herdeiro único. Recurso extraordinário não conhecido." (RE n° 88.361-MG, RTJ 93/293).*

Na espécie, tem-se que os herdeiros renunciaram à herança em favor do monte partível, sem que menção fosse feita à intenção de transferir os direitos hereditários à beneficiário certo, na hipótese à mãe dos renunciantes, viúva-meeira do *"de cujus"*. Assim sendo, ausentes a tácita aceitação, seguida de doação configura-se a renuncia abdicativa, cabendo convocar os demais herdeiros para sucederem à herança por direito próprio e por cabeça....."

Em sendo a herança considerada, para efeitos legais, bem imóvel, para a renúncia, que retira do herdeiro essa condição, se vê do disposto no art. 1.806, deverá constar, expressamente, de escritura pública, ou termo judicial. Após a manifestação, ela torna-se perfeita, só podendo ser retratada quando proveniente de violência, erro ou dolo, em ação própria.

> Art. 114. Os negócios jurídicos benéficos e a renúncia interpretam-se estritamente.

Essa exigência legal visa garantir ao herdeiro "renunciante" a total liberdade de manifestação da vontade.

A esse propósito SÍLVIO RODRIGUES, ob. cit., p. 42, leciona que a renúncia é ato solene porque depende de forma prescrita em lei. "Com efeito, ela só se aperfeiçoa se levada a efeito através de escritura pública, ou termo nos autos ....

Este ato se reveste de tal importância que a lei, no intuito de assegurar a liberdade do renunciante, de garantir a autenticidade de sua declaração e de chamar sua atenção para a relevância da atitude que está tomando, só lhe dá eficácia se revestido da forma solene que impõe. E a forma imposta por lei é, como já disse, ou a escritura pública, ou o termo nos autos.

A declaração, assim, será formulada ou perante o tabelião, ou perante o juiz. Em qualquer dos dois casos se garante a liberdade do renunciante e a autenticidade da declaração."

WALTER MORAES, "Teoria Geral e Sucessão Legítima", Editora Revista do Tribunais, 1980, págs. 56-57, ensina que "renuncia-se ao que já se tem. O sucessível que ainda não adquiriu não renuncia, mas repudia..."

E mais adiante:

> "... Os efeitos do ato jurídico da renúncia retroagem à abertura da sucessão, de modo que o sucessível que adquire, recolhe direitos e responde por obrigações *ab initio*. Renunciando, o sucessor não aliena a herança aos outros co-herdeiros mas deixa-a como está, saindo da sucessão. Se renuncia *in favorem*, em benefício de outrem, já não há renúncia senão cessão da herança..."

Não discrepa CAIO MÁRIO DA SILVA PEREIRA, "Instituições de Direito Civil - Direito das Sucessões", 5ª ed., vol. VI/48, n. 434, desse entendimento. Observa que a renúncia translativa ou translatícia "envolve duas declarações de vontade, importando em aceitação e alienação simultânea ao favorecido. Daí, dizer-se que é renúncia de nome, mas em verdade é aceitação"

A aceitação ou a renúncia da herança, conforme art. 1.808, não pode ser feita sob condição ou termo, notadamente porque consiste numa universalidade. Entretanto, o herdeiro a quem se testarem legados, pode aceitá-los, renunciando à herança, ou, aceitando-a, repudiá-los. O herdeiro que for chamado na mesma sucessão, a mais de um quinhão hereditário, sob títulos diversos, pode livremente deliberar quanto aos quinhões que aceita e aos que renuncia.[17]

Estando o herdeiro habilitado por dois títulos de diversa natureza, poderá abdicar de um sem prejuízo do outro. "Nada impede, outrossim, que alguém aceite a herança na qualidade de herdeiro legítimo e renuncie a que se lhe atribuiu na qualidade de herdeiro testamentário"(WASHINGTON DE BARROS MONTEIRO, "Curso de Direito Civil", vol. 6747, "Sucessões", 5ª ed., citando BRUGI, "Instituciones de Derecho Civil", pág. 574; no mesmo sentido a lição de CARLOS MAXIMINIANO, ob. cit., 2ª ed., I/40, pág. 71).

> *NULIDADE DE ATO JURÍDICO. Renúncia à herança. Petição nos autos de arrolamento subscrita por procurador sem poderes para tanto. Sentença de procedência. Inconformismo dos réus. 1. Decadência afastada. Ato jurídico praticado sem observância de forma prescrita em lei é nulo, e não anulável, sendo insuscetível de confirmação ou convalescimento. Arts. 166, IV, e 169 do CC. Ato jurídico praticado pelo procurador sem poderes suficientes para tanto é ineficaz com relação ao mandante, e não anulável. Art. 662 do Código Civil. 2. Patronos de dois dos autores que tinham poderes especiais para renunciar à herança. Admissibilidade, em tese, de renúncia à herança pelo procurador. Renúncia à herança que constou do aditamento às primeiras declarações nos autos do arrolamento. Simples petição acostada aos autos. Renúncia da herança deve constar expressamente de instrumento público ou termo judicial. Art. 1.806 do CC. Inobservância da forma prescrita em lei. Nulidade absoluta. Art. 166, IV, do CC. Reconhecida a nulidade do ato de renúncia à herança dos autores, deve igualmente ser reconhecida a nulidade da sobrepartilha na qual foram preteridos os direitos hereditários dos autores,*

---

17 CC/16 - Art. 1583. Não se pode aceitar ou renunciar a herança em parte, sob condição, ou a termo; mas o herdeiro, a quem se testaram legados, pode aceitá-los, renunciando a herança, ou, aceitando-a, repudiá-los.

em razão da suposta renúncia. Ato jurídico nulo que não é suscetível de confirmação, nem convalesce pelo decurso do tempo. Art. 169 do CC. 3. Recurso desprovido. (TJSP; Apelação 1004356-90.2016.8.26.0606; Relator (a): Mary Grün; Órgão Julgador: 7ª Câmara de Direito Privado; Foro de Suzano - 1ª Vara Cível; Data do Julgamento: 23/02/2018; Data de Registro: 23/02/2018)

Agravo. Inventário. Insurge-se o agravante em face da decisão do juízo de origem que entendeu ter o herdeiro adquirido mediante doação e não por renúncia pura e simples o patrimônio do inventário e que nessa doação teria ocorrido excesso de meação que faria necessária garantia da legítima. Deve a renúncia pura ou abdicativa prevalecer por força do instrumento público lavrado, ante as irregularidades apontadas quando do primeiro ato de renunciar. Art. 1806 do Código Civil. A renúncia abdicativa tem assento quando o declarante, de maneira simples, manifesta a não aceitação da herança ou do legado, que será devolvido ao monte hereditário, objetivando estabelecer a partilha entre os herdeiros legítimos. Recurso provido declarando a renúncia dos herdeiros pura ou abdicativa, e não como entendeu a decisão atacada. (TJSP; Agravo de Instrumento 2257410-42.2016.8.26.0000; Relator (a): Silvério da Silva; Órgão Julgador: 8ª Câmara de Direito Privado; Foro de Santos - 3ª. Vara de Família e Sucessões; Data do Julgamento: 30/10/2017; Data de Registro: 30/10/2017)

PROCESSUAL CIVIL – EXECUÇÃO DE SENTENÇA – AGRAVO DE INSTRUMENTO CONTRA A DECISÃO QUE INDEFERIU A EXCLUSÃO DOS HERDEIROS DO PÓLO PASSIVO – RENÚNCIA À HERANÇA QUE NÃO SE REVESTIU DAS FORMALIDADES LEGAIS – RECURSO IMPROVIDO – 1- É defeso à parte praticar o mesmo ato processual duas vezes. Assim, ao interpor a agravada a contraminuta de fls. 158/163, operou-se a preclusão consumativa, sendo inócua a repetição e de rigor o não conhecimento. 2- A renúncia *à herança não se revestiu de formalidades legais, já que deduzida em mera petição nos autos do arrolamento, e o artigo 1.806 do Código Civil é taxativo: "A renúncia da herança deve constar expressamente de instrumento público ou termo judicial". 3- Mesmo não sendo admitida a renúncia à herança em parte, sob condição ou a termo (artigo 1.808 do Código Civil), pode haver insegurança a respeito de bens sonegados pelos herdeiros, já que os efeitos da renúncia operam-se somente no âmbito do arrolamento correspondente. 4- Sendo a herança um bem imóvel por presunção legal, a disponibilidade de bens imóveis - Ainda mais quando feita em favor de pessoa determinada (translativa) - Só se admite por meio de instrumento público, o que inocorreu. 5- É prudente a manutenção dos agravantes no pólo passivo da execução até que formalizada e homologada a renúncia aos bens sonegados. 6- Petição de fls. 183/185 não conhecida. Agravo de instrumento a que se nega provimento. (TRF 3ª R. – AI 2010.03.00.036495-5/SP – 1ª T. – Rel. Des. Fed. JOHONSOM DI SALVO – DJe 01.12.2011 – p. 197).*

CAMBIAL - Cheque - Propositura da ação de cobrança em face da irmã da agravante, que veio a falecer no curso do processo - Hipótese em que a requerimento da agravada, o juiz deferiu a sucessão da ré pela agravante, sua herdeira universal - Renúncia à herança reputada fraudulenta - Art. 1583 do CC de 1916- Mantida a sucessão, a agravante não responderá por encargos superiores às forças da herança -Art. 1587 do mesmo diploma legal - Hipótese em que tendo em vista a inércia da agravante, a agravada poderá requerer a abertura do inventário, na forma do art. 988, VI, do CPC - Agravo de instrumento improvido, com observações. (1TACSP - Proc. 1206105-9 - São José do Rio Preto - 12ª Câmara - Rel. PAULO RAZUK - J. 19.08.2003).

CIVIL. HERANÇA. RENÚNCIA. A renúncia à herança depende de ato solene, a saber, escritura pública ou termo nos autos de inventário; petição manifestando a renúncia, com a promessa de assinatura do termo judicial, não produz efeitos sem que essa formalidade seja ultimada. Recurso especial não conhecido. (REsp 431695/SP, 3ª. Turma do STJ, Relator Ministro ARI PARGENDLER, DJ 05/08/2002 p. 339, RSTJ vol. 163 p. 321).

Prevê o art. 1.809, que no caso de falecimento do herdeiro antes da declaração de aceite ou não da herança, o direito de aceitar passa-lhe aos herdeiros, a menos que se trate de instituição adstrita a uma condição suspensiva, ainda não verificada. Esses, chamados à sucessão do herdeiro falecido antes da aceitação, desde que concordem em receber a segunda herança, poderão aceitar ou renunciar a primeira.[18]

Em se tratando de renúncia na sucessão legítima, determina o art. 1.810, a parte do renunciante acresce à dos outros herdeiros da mesma classe e, sendo ele o único desta, devolve-se aos da subsequente, ou seja, desconsidera-se a existência do renunciante.[19]

O renunciante não pode ser representado por seus descendentes na sucessão de seu ascendente.

Decidiu a 1º Turma do STJ no REsp nº 36.076/MG (1993/0017004-0), Relator Min. GARCIA VIEIRA, DJ de 29/03/1999 (RSTJ 116/ 64; RT 767/186), que a "renuncia de todos os herdeiros da mesma classe, em favor do monte, não impede seus filhos de sucederem por direito próprio ou por cabeça. Homologada a renuncia, a herança não passa à viúva, e sim aos herdeiros remanescentes. Esta renúncia não configura

---

18 CC/16 - Art. 1585. Falecendo o herdeiro, antes de declarar se aceita a herança, o direito de aceitar passa-lhe aos herdeiros, a menos que se trate de instituição adstrita a uma condição suspensiva, ainda não verificada.
19 CC/16 - Art. 1589. Na sucessão legítima, a parte do renunciante acresce à dos outros herdeiros da mesma classe, e, sendo ele o único desta, devolve-se aos da subseqüente.
O art. 1.811 estabelece que ninguém pode suceder, representando herdeiro renunciante. Entretanto, se ele for o único legítimo da sua classe, ou se todos os outros da mesma classe renunciarem a herança, poderão os filhos vir à sucessão, por direito próprio, e por cabeça
CC/16 - Art. 1588. Ninguém pode suceder, representando herdeiro renunciante. Se, porém, ele for o único legítimo da sua classe, ou se todos os outros da mesma classe renunciarem a herança, poderão os filhos vir à sucessão, por direito próprio, e por cabeça.

doação ou alienação à viúva, não caracterizando o fato gerador do ITBI, que é a transmissão da propriedade ou do domínio útil de bens imóveis."

> *AGRAVO DE INSTRUMENTO – Inventário – Decisão que entendeu não incidente imposto (ITCMD) em razão de renúncia de herdeiros – Renúncia abdicativa e não in favorem, não havendo incidência do tributo - Decisão mantida - Agravo improvido. (TJSP; Agravo de Instrumento 2106263-66.2016.8.26.0000; Relator (a): José Carlos Ferreira Alves; Órgão Julgador: 2ª Câmara de Direito Privado; Foro Regional III - Jabaquara - 1ª Vara da Família e Sucessões; Data do Julgamento: 17/01/2017; Data de Registro: 17/01/2017)*

> *Agravo. Inventário. Insurge-se o agravante em face da decisão do juízo de origem que entendeu ter o herdeiro adquirido mediante doação e não por renúncia pura e simples o patrimônio do inventário e que nessa doação teria ocorrido excesso de meação que faria necessária garantia da legítima. Deve a renúncia pura ou abdicativa prevalecer por força do instrumento público lavrado, ante as irregularidades apontadas quando do primeiro ato de renunciar. Art. 1806 do Código Civil. A renúncia abdicativa tem assento quando o declarante, de maneira simples, manifesta a não aceitação da herança ou do legado, que será devolvido ao monte hereditário, objetivando estabelecer a partilha entre os herdeiros legítimos. Recurso provido declarando a renúncia dos herdeiros pura ou abdicativa, e não como entendeu a decisão atacada. (TJSP; Agravo de Instrumento 2257410-42.2016.8.26.0000; Relator (a): Silvério da Silva; Órgão Julgador: 8ª Câmara de Direito Privado; Foro de Santos - 3ª. Vara de Família e Sucessões; Data do Julgamento: 30/10/2017; Data de Registro: 30/10/2017)*

CUMULACAO DE INVENTARIOS HERDEIRA UNICA E INVENTARIANTE CONFUNDIDAS NA MESMA PESSOA

RENUNCIA ABDICATIVA EM FAVOR DO MONTE AUSENCIA DE PROLE ADJUDICACAO POSSIBILIDADE APELAÇÃO CÍVEL – INVENTÁRIO SOB O RITO DE ARROLAMENTO – INVENTÁRIO CUMULATIVO DO GENITOR PATERNO E DA GENITORA MATERNA, NOS TERMOS DO ART. 1.043 DO CPC – RENÚNCIA DA ÚNICA HERDEIRA FILHA EM FAVOR DO MONTE, OCORRIDA NA PRIMEIRA SUCESSÃO (DO GENITOR PATERNO) – COMPROVAÇÃO DE QUE A RENUNCIANTE NÃO POSSUI FILHOS – 1- A herdeira filha, ora recorrida, renunciou em favor do monte, realizando a denominada renúncia abdicativa. 2- Com o advento da morte da genitora, cônjuge sobrevivente, no curso do inventário do genitor paterno, a herdeira filha formulou pedido de inventário cumulativo, previsto no art. 1.043 do CPC. 3- Pedido da herdeira filha de adjudicação da totalidade do bem imóvel inventariado em seu favor, que foi deferido por sentença pelo juízo a quo. 4- Possibilidade de adjudicar a integralidade do bem à herdeira filha, uma vez que ficou esclarecido que a mesma não possuía descendentes, quando da abertura da primeira sucessão. 5- Imprescindível esse esclarecimento, nos termos do art. 1.838 do Código Civil c/c artigos 1.810 e 1.811, também do Código Civil. 6- Na renúncia abdicativa, o quinhão hereditário é devolvido ao monte, sendo repartido entre os demais herdeiros do de cujus. 7Comprovação de que a renunciante não possui filhos, netos do inventariado. 8- Possibilidade de adjudicação de todo o quinhão para a herdeira filha. NEGADO PROVIMENTO AO RECURSO, PARA MANTER A SENTENÇA. (TJRJ – AC 0013026-55.2003.8.19.0002 – 13ª C.Cív. – Rel ª Des ª Inês da Trindade – DJe 20.04.2011 – p. 21).

AGRAVO DE INSTRUMENTO – ARROLAMENTO – RENÚNCIA EM FAVOR DO MONTE – DECISÃO DO JUÍZO A QUO QUE DETERMINOU O ESCLARECIMENTO QUANTO A EXISTÊNCIA DE NETOS OU ASCENDENTES DO INVENTARIADO – Pretensão dos herdeiros, ora recorrentes, de renunciar em favor do monte, objetivando o benefício de sua genitora, cônjuge sobrevivente. Impossibilidade diante da existência de netos do falecido. Na renuncia abdicativa, o quinhão hereditário é devolvido ao monte, sendo repartido entre os demais herdeiros do de cujus. Existindo netos ou ascendentes, a esses cabe o quinhão dos herdeiros renunciantes, em obediência à ordem sucessória estabelecida no art. 1829 do CC. Havendo renúncia dos dois filhos, os netos devem suceder por cabeça, eis que herdeiros da classe subsequente. Inteligência dos artigos 1810 e 1811 do CC. O anseio dos agravantes teria abrigo se realizada a renúncia translativa ou cessão de direitos hereditários, havendo, no caso, a incidência de ITBI. Juízo o quo que diligentemente solicitou informações a respeito da existência de netos ou ascendentes do falecido. DESPROVIMENTO DO RECURSO. (TJRJ – Proc. 0001633-95.2010.8.19.0000 – Rel. Des. FERDINALDO NASCIMENTO – J. 02.02.2010).

RENÚNCIA DE HERANÇA - CC, art. 1.588. "Renúncia da herança é ato solene pelo qual uma pessoa, chamada à sucessão de outra, declara que a não aceita" (SILVIO RODRIGUES). Considera-se renúncia, com rigor técnico, a manifestação de vontade nesse sentido, pura e simples, sem condição ou termo. Nessa hipótese, a parte do renunciante reverte ao monte e acresce aos dos demais herdeiros (CC, art. 1.589). Considera-se o renunciante como se herdeiro não tenha sido. "Se, porém, ele for o único legítimo de sua classe, ou se todos os outros da mesma classe renunciarem a herança, poderão os filhos vir à sucessão, por direito próprio, e por cabeça" (art. 1.588, 2ª parte). O termo verbal empregado, "poderão", não significa que o direito codificado tenha rompido com a dogmática do Código de Napoleão e do Italiano, que lhe serviram de fonte, e que adotaram forma afirmativa para convocação dos filhos dos renunciantes. (TJDF - AI 7.151 - DF - (Reg. Ac. 90.093) - 1ª T - Rel. Dês. JOSÉ H. DE VASCONCELOS - DJU 04.12.1996).

Diversamente do que regia o CC/16, que admitia a retratação tanto da aceitação quanto da renúncia, ressalvando-se os direitos de terceiros em caso de aceitação, o Código atual estabelece que são irrevogáveis os atos de aceitação ou de renúncia (art. 1.812).[20]

> *"Execução – Devedora que procedeu a aceitação tácita a herança, pois outorgou mandato a advogado para dar início ao inventário, fato que impede sua posterior renúncia – Dicção do artigo 1.812 do CC – Decisão que manteve a penhora no rosto dos autos se mostra correta e deve prevalecer - Recurso improvido."* (TJSP; Agravo de Instrumento 2216075-77.2015.8.26.0000; Relator (a): Souza Lopes; Órgão Julgador: 17ª Câmara de Direito Privado; Foro Regional VIII - Tatuapé - 1ª Vara Cível; Data do Julgamento: 26/02/2016; Data de Registro: 26/02/2016)

> *RECURSO ESPECIAL. CIVIL. SUCESSÃO. PROCESSUAL CIVIL. VIOLAÇÃO AO ART. 535, II, DO CPC. NÃO OCORRÊNCIA. RENÚNCIA À HERANÇA. APARECIMENTO DE OUTROS HERDEIROS. ANULAÇÃO POR ERRO. PRAZO DECADENCIAL QUADRIENAL (CC/1916, ART. 178, § 9º, V, b). RECURSO IMPROVIDO. 1. Afasta-se a ofensa ao art. 535, II, do Código de Processo Civil, pois a Corte de origem dirimiu, fundamentadamente, as matérias que lhe foram submetidas, motivo pelo qual o acórdão recorrido não padece de omissão, contradição ou obscuridade. Ressalta-se não ser possível confundir julgamento desfavorável, como no caso, com negativa de prestação jurisdicional, ou ausência de fundamentação. 2. Em sede de inventário, é possível identificar dois tipos de renúncia, a denominada renúncia translativa, pela qual o herdeiro transfere bem a determinada pessoa, a quem normalmente indica, e a renúncia abdicativa propriamente dita, pela qual renuncia à herança em benefício de todos os coerdeiros da mesma classe ou, na falta destes, da classe subsequente, sendo*

---

20 CC/16 - Art. 1590. É retratável a renúncia, quando proveniente de violência, erro ou dolo, ouvidos os interessados. A aceitação pode retratar-se, se não resultar prejuízo a credores, sendo lícito a estes, no caso contrário, reclamar a providência referida no artigo 1586.

somente essa última espécie considerada a verdadeira renúncia, como esclarece Dolor Barreira. 3. Em situações em que a renúncia é proveniente de erro, permite o art. 1.590 do Código Civil de 1916 a retratação, que, conforme Carvalho Santos, de retratação não se trata, mas de anulação de ato por vício de consentimento. 4. A anulação de ato jurídico viciado por erro se submete ao prazo decadencial do art. 178, § 9º, V, «b», do Código Civil de 1916, que atinge o próprio direito material perseguido. 5. Recurso especial não provido. (REsp 685465/PR, 4ª. Turma do STJ, Relator Ministro RAUL ARAÚJO, DJe 25/11/2015).

AGRAVO DE INSTRUMENTO – INVENTÁRIO – ACEITAÇÃO TÁCITA – RETRATAÇÃO – RENUNCIA ABDICATIVA – NÃO INCIDÊNCIA DE IMPOSTO SOBRE DOAÇÕES (ITD) – Recurso dirigido contra decisão que indeferiu pedido de abstenção do pagamento do ITD em razão da renúncia manifestada por um dos herdeiros em favor do monte, por entender configurada a renúncia translatícia. Embora o decurso de mais de quatro anos do pedido de abertura de inventário e apresentação das primeiras declarações, configure aceitação tácita da herança, irretratável pelo artigo 1812 do Código Civil de 2002, a lei vigente, tanto à época da abertura da sucessão (CC/1916) como da aceitação, permitia no art. 1590, segunda parte, a retratação da aceitação, de forma que, durante o procedimento do inventário, enquanto não homologada a partilha, poderia o aceitante se arrepender, com efeitos ex tunc, como se nunca tivesse sido chamado a suceder. Hipótese em que ocorreu a renuncia abdicativa, posto que em favor do monte, não incidindo o Imposto sobre doações. Orientação do C. Superior Tribunal de Justiça e do Supremo Tribunal Federal, no sentido de que a renúncia translativa deve implicar, a um só tempo, aceitação tácita da herança e a subsequente destinação desta a beneficiário certo, o que não ocorre quando há abdicação em favor do monte partível, sem a intenção de ceder os direitos hereditários, como se doação fosse, a herdeiro determinado. Conhecimento e provimento *do Agravo. (TJRJ – Proc. 2009.002.43047 – Rel. Des. MARIO ROBERT MANNHEIMER – J. 25.05.2010).*

Quando o herdeiro prejudicar seus credores em função da renúncia da herança, prevê o art. 1.813, estes poderão, no prazo de 30 (trinta) dias do conhecimento do fato, com autorização do juiz, aceitá-la em nome do renunciante. Pagas as dívidas do renunciante, prevalece a renúncia quanto ao remanescente que será devolvido aos demais herdeiros. Ressalte-se, se passado aquele prazo e já tiver ocorrido a homologação da partilha, o credor deverá buscar a satisfação de seu crédito por via própria.[21]

Comentando o art. 1.586 do Código de 1916, CLÓVIS BEVILÁCQUA ensina que "É este um caso particular de anulação do ato praticado em prejuízo dos credores, porém, que se não enquadra nos preceitos estabelecidos nos arts. 106 e seguintes. Não é preciso que o herdeiro renuncie de má fé, com intenção de fraudar; basta que a renúncia cause prejuízo aos seus credores, pois que a renúncia da herança é uma alienação gratuita. Neste particular, a anulação da renúncia da herança e a dos atos de transmissão gratuita, orientam-se pelas mesmas normas. Porém, para anular a renúncia da herança não exige o Código Civil que o credor proponha a ação pauliana ou revocatória. HERMENEGILDO DE BARROS (n. 126), opina que não é por meio de simples requerimento ao juiz que o credor poderá aceitar a herança que o herdeiro tiver renunciado. Parece-me de todo insustentável esta opinião em face do art. 1.586 do nosso Código Civil. Com autorização do juiz, diz ele, para mostrar que o juiz resolve no exercício de sua função de autoridade, que preside ao inventário, e não por meio de uma sentença em ação contenciosa." (Código Civil Comentado, Liv. Francisco Alves, vol. VI, 9ª ed.).

Consoante lição de SÍLVIO RODRIGUES, "Direito Civil", Max Limonad, vol. 7, págs. 43/44, a lei "consigna uma restrição à liberdade de renunciar à herança. Com efeito, dispõe o art. 1.586 do Código Civil que se a renúncia do herdeiro prejudicar seus credores, poderão estes, com autorização do juiz, aceitá-la em nome do renunciante. (...) I. Os

---

21 CC/16 - Art. 1586 - Quando o herdeiro prejudicar os seus credores, renunciando a herança, poderão eles, com autorização do juiz, aceitá-la em nome do renunciante. Nesse caso, e depois de pagas as dívidas do renunciante, o remanescente será devolvido aos outros herdeiros.

credores não precisam pleitear a revogação da renúncia através de ação revocatória, mesmo porque a renúncia, a rigor e em virtude de seu efeito retroativo, não equivale a uma transmissão gratuita de bens. O que os credores pedem ao juiz é que suspenda temporariamente os efeitos do ato renunciativo, a fim de se cobrarem. Tanto isso é verdade que, após o pagamento das dívidas, o ato de repúdio da herança volta a prevalecer, para efeito de chamar à sucessão os herdeiros com cie beneficiados."

O pleito ressume-se, pura e simplesmente, na suspensão dos efeitos de tal manifestação de vontade, até que, com os bens da parte que lhe toca na herança, se solva a dívida.

Aliás, essa é a conclusão lógica que se abstrai do texto legal retro, haja vista estatuir que pagas as dívidas do renunciante, prevalece a renúncia quanto ao remanescente que será devolvido aos demais herdeiros.

"O êxito do pedido formulado pelos credores não depende de prova de má-fé do herdeiro. Quer este tenha agido maliciosamente, com o propósito de prejudicar os credores, quer isso não tenha ocorrido, o juiz deverá admitir a aceitação da herança por parte dos credores. A estes só cabe provar sua condição de credores e que o herdeiro não tem recursos para os pagar."

Note bem. Em ocorrendo do herdeiro renunciante reunir outros bens suficientes para saldar suas dívidas, nada poderá ter obstar sua vontade de renunciar, sendo totalmente imprestável a exceção acima.

Como vimos, da aceitação da herança decorre uma série de direitos e obrigações, sendo que para a realização de tal ato, é necessário que o herdeiro seja capaz de contratar e de se obrigar validamente, podendo-se dizer o mesmo acerca da renúncia, embora essa não carregue consigo ônus, senão, como regra geral, direitos.

"Não podem renunciar: (...) b) o marido, qualquer que seja o regime de bens no casamento, sem a outorga uxória, porque a renúncia produz para o renunciante o mesmo resultado de uma alienação e o direito à sucessão aberta é considerado imóvel para os efeitos legais". ITABAIANA DE OLIVEIRA, ob. cit., p. 107/108).

Conjugando o disposto no art. 80, II, com o teor do art. 1.647, CC, tem-se que a renúncia à herança, direito real que é, qualquer que seja o regime de bens, depende, enquanto ato de alienação, da anuência do cônjuge do renunciante.

E isso se dá, embora o art. 1.647 que substituiu o 235 e 236 do CC/16 tenha excetuado o regime de separação absoluta de bens, na exata razão da lição de CLÓVIS BEVILÁCQUA, (Código Civil dos Estados Unidos do Brasil, 6ª edição, Livraria Francisco Alves, volume II, págs. 116 e 117 - ortografia original, abaixo transcrita), seguida WASHIGNTON DE BARROS MONTEIRO, "Curso de Direito Civil, Direito de Família", 34ª edição, São Paulo, Saraiva, 2º volume, 1997, págs. 126/7, e SÍLVIO RODRIGUES, "Direito Civil, Direito de Família", 23ª edição, São Paulo, Saraiva, volume 6, n. 63, págs. 135/6.

"Os *immoveis* podem *offerecer* uma base mais segura ao bem estar da família ou, pelo menos, lhe proporcionarão um abrigo na desventura, e não acarretam obstáculos *prejudiciaes* á circulação e desenvolvimento das riquezas as *restricções* postas ao direito de livre disposição *delles*. É o lar, a terra *nutrix*, que o Código defende das possíveis delapidações, no interesse da família; mas sem retirar os bens do *commercio*, instituindo, apenas, a fiscalização, por um dos cônjuges, dos *actos* do outro."

Em ocorrendo o falecimento do herdeiro após a morte do sucedendo, aos seus herdeiros é deferida a herança por direito de transmissão - *iure transmissionis*, a eles transferindo-se inclusive o direito de aceitação, se esta já se não tiver efetuado. Os que adquirem por direito de transmissão ocupam o lugar daquele a quem a herança fora deferida, mas que não pudera tocá-la alcançado pela morte. Na sucessão por direito de transmissão há dois chamamentos ou dupla transmissão, passando a herança ao herdeiro do sucedendo, e por morte deste aos respectivos sucessores" (CAIO MÁRIO DA SILVA PEREIRA, "Instituições de Direito Civil", vol. VI/80-81, 2ª ed.).

> *Agravo de instrumento. Ação de execução. Impugnação ao cumprimento de sentença. Via inadequada. Penhora que recaiu sobre bens de terceiro que reclamaria ação própria. Fraude à execução caracterizada. Renúncia do devedor ao seu quinhão da herança. Prejuízo dos credores. Má-fé constatada. Inaplicabilidade da Súmula nº 375 do STJ. Enriquecimento de terceiro, com ato gratuito do devedor,*

em prejuízo do credor. Inadmissibilidade. Ineficácia da renúncia à herança perante o credor. Decisão reformada. Recurso provido. (TJSP; Agravo de Instrumento 2187201-48.2016.8.26.0000; Relator (a): Walter Cesar Exner; Órgão Julgador: 36ª Câmara de Direito Privado; Foro Central Cível - 45ª Vara Cível; Data do Julgamento: 13/07/2017; Data de Registro: 13/07/2017)

Ação pauliana. Pressupostos (eventos damni e consilium fraudis) presentes. Julgado do STJ admitindo que a renúncia da herança, pelo devedor, poderá constituir fraude reprovável quando agrava o quadro de insolvabilidade (Resp. 1.252.353 SP, DJ de 21.6.2013). Provimento para anular a renúncia e os efeitos dela decorrentes, refazendo-se o formal de partilha dos bens deixados pela morte do pai do devedor, para que o devedor possa excutir a parte da herança que lhe coube. Provimento. (TJSP; Apelação 0002364-89.2009.8.26.0531; Relator (a): Enio Zuliani; Órgão Julgador: 28ª Câmara Extraordinária de Direito Privado; Foro de Santa Adélia - Vara Única; Data do Julgamento: 21/02/2017; Data de Registro: 24/02/2017)

CIVIL E PROCESSUAL CIVIL. RENÚNCIA DE HERANÇA. HOMOLOGAÇÃO DA PARTILHA. TRÂNSITO EM JULGADO. REQUERIMENTO DE ACEITAÇÃO DA HERANÇA POR CREDOR PREJUDICADO E PEDIDO DE PENHORA NO ROSTO DOS AUTOS DO ARROLAMENTO. IMPOSSIBILIDADE. 1. A falta de prequestionamento em relação a diversos dispositivos impede o conhecimento do recurso especial. Incidência da súmula 211/STJ. 2. O recorrente não indica de que forma os arts. 655, X, e 659 do CPC foram malferidos, motivo pelo qual deficiente a fundamentação. Incidência da súmula 284/STF. 3. O pedido de aceitação da herança realizado pelo credor do executado/renunciante, nos autos do arrolamento de bens do falecido pai deste, somente pode ser formulado até o momento imediatamente anterior ao da sentença de homologação da partilha. Após a divisão do patrimônio do "de cujus", acolhida a renúncia por parte do executado, os bens passaram a *integrar o patrimônio dos demais herdeiros. 4. Inexistindo recurso de terceiro prejudicado e transitada em julgado a sentença que homologou a partilha, resta ao credor, se for o caso e se preenchidos os demais requisitos legais, arguir, em ação própria, a anulação da partilha homologada. 5. Para a configuração do dissídio jurisprudencial, faz-se necessária a indicação das circunstâncias que identifiquem as semelhanças entre o aresto recorrido e o paradigma, nos termos do parágrafo único, do art. 541, do Código de Processo Civil e dos parágrafos do art. 255 do Regimento Interno do STJ. 6. Recurso especial não conhecido. (4ª. Turma do STJ, REsp 754468/PR, Relator Ministro Luis Felipe Salomão, DJe 16/11/2009, RT 893/205).*

"Herança. Renúncia do marido sem assentimento da mulher. Se o marido renuncia a herança sem assentimento da mulher, com quem é casado sob o regime de comunhão universal de bens, tal negócio jurídico não é nulo nem anulável, mas ineficaz, assim como o é a consequente adjudicação do quinhão hereditário a terceiro." (TJSP, 2* Câm. Dir. Priv., AC 153601-4/0-00, Rel. Dês. CEZAR PELUSO, v. u., j. 10.01.2000).

INVENTÁRIO - Partilha amigável - Inadmissibilidade - Herdeiro, devedor de quantia cobrada em ações de execuções extrajudiciais, que, de início, renuncia à herança e, depois, frente à impugnação dos credores, concorda em receber o seu quinhão em bens móveis e semoventes, de valores evidentemente inferiores aos bens imóveis cabentes aos demais herdeiros - Hipótese de verdadeira renúncia à herança com intuito de prejudicar credores - Partilha que deverá ser judicial, em igualdade de condições entre todos os herdeiros, para não haver prejuízo para os credores -Aplicação na espécie da regra do artigo 1.813 do Código Civil de 2002, com o devido temperamento - Desnecessidade de comprovação de fraude - Conduta do herdeiro, ademais, que configura ato atentatório à dignidade da justiça -Inteligência do artigo 600, II do Código de Processo Civil

-Recurso desprovido. *(TJSP - AI 272.454-4/6 - Brodowski/ Batatais - 1ª Câm. Dir. Priv. - Rel. GUIMARÃES E SOUZA - J. 25.02.2003 - V.U.).*

e) dos excluídos da sucessão

A todo aquele que tenha cometido contra o autor da herança certos atos ofensivos à sua pessoa, à sua honra ou, ainda, a seus interesses, a lei impõe como sansão cível a privação do direito hereditário por indignidade.

A indignidade, que deve ser declara por sentença, em ação ordinária a ser proposta por quem tenha interesse na sucessão, não passando a pena, entretanto, da pessoa do herdeiro indigno, sendo que ele será excluído da sucessão como se morto fosse.

Assim, a parte que lhe caberia na sucessão do *de cujus* será herdada, por representação por seus herdeiros, se os tiver. Em caso negativo, a cota hereditária que seria sua volta ao ascendente.

Adverte CARLOS MAXIMILIANO, cf. OROZIMBO NONATO, "Estudos sobre a Sucessão Testamentária", vol. 11/125, Editora Forense, 1957, que não admite a pena além da pessoa do delinquente, "só o ingrato é punido: tratam-no como se tivesse falecido primeiro que o hereditando, desde que, na escala dos sucessores deste, chega a vez dos que o são também do desamoroso, não se lhes tolhe o receber. A indignidade é passivamente personalíssima".

O herdeiro indigno, assim declarado, não está impedido de herdar de outra pessoa da qual não foi excluído da sucessão.

O Código trata no Capítulo V daqueles que não podem suceder por indignidade, aplicável tanto na sucessão legítima quanto na testamentária, sendo que esta última veremos em tópico próprio.

SÍLVIO RODRIGUES, ob. cit., p. 57, citando definição de Clóvis Bevilacqua ("Código Civil", obs. I ao art. 1.595), nos dá a seguinte definição de indignidade :-

" (...), é a privação do direito, cominada por lei, a quem cometeu certos atos ofensivos à pessoa ou ao interesse do hereditando. Ou seja, o legislador cria uma pena, consistente na perda da herança, aplicável ao *sucessor* legítimo ou testamentário que houver praticado determinados atos de ingratidão contra o *de cujus*.

A indignidade se distingue da deserdação porque, enquanto esta representa instituto exclusivo da sucessão testamentária, aquela atinge tanto a sucessão legítima, como a derivada da última vontade. Ademais, enquanto a deserdação é o instrumento a que recorre o testador para afastar de sua sucessão os seus herdeiros necessários (descendentes e ascendentes), a indignidade resulta de mandamento legal e priva da herança não apenas os sucessores necessários como todos os legítimos e ainda os testamentários."

Segundo João Luiz Alves, "Código Civil Anotado", Rio, 1917, anotação ao art. 1.595, "Há diferença entre a exclusão da sucessão por disposição da lei, pelas causa que ela menciona e a deserdação por causas que ela estabelece, como permissivas do ato do testador, retirando ao herdeiro necessário o direito hereditário."

Carlos Maximiliano, ob. cit., vol. I, p. 87, n° 62, assim demonstra os motivos pelo qual o indigno é privado da herança : -

"Por que é o indigno despojado da fortuna adquirida a título gratuito ?

O direito de suceder baseia-se na afeição, real ou presumida, do *de cujus*, a qual deve despertar acatamento, gratidão, amizade, respeito à pessoa e às suas vontades, preferências, inclinações. Logo a conduta reveladora de carência de tais sentimentos, a prova irrefragável da perversidade para com ele, falta de amor, excessiva ambição provocam o castigo lógico, a perda da prerrogativa referida. Além deste motivo de ordem moral, ainda concorre para a exclusão a vontade presumida do falecido, que, decerto, não deixaria a riqueza ao sucessível quando soubesse que este procedia para com ele, ou para com a sua memória, como indivíduo sem escrúpulos, cobiçoso, ingrato e mais até o crime."

O art. 1.814, de forma taxativa, estabelece que são excluídos da sucessão os herdeiros, ou legatários que houverem sido autores ou cúmplices ou participes de homicídio doloso, ou tentativa deste, contra a pessoa de cuja sucessão se tratar, seu cônjuge, companheiro, ascendente ou descendente; houverem acusado caluniosamente em juízo o autor da herança ou incorreram em crime contra a sua honra, ou de seu cônjuge ou companheiro; que, por violência ou meios fraudulentos, inibirem ou obstarem o autor da herança de dispor livremente de seus bens por ato de última vontade.[22]

De se chamar a atenção para o fato de que os motivos elencados no referido artigo, para o caso de indignidade, ensejam ação ordinária dos demais herdeiros; já para o caso de deserdação, rol que deve ser acrescido dos constantes do art. 1.962, e se dá por ato do autor da herança, em disposição testamentaria.

> *Art. 1962. Além das causas mencionadas no art. 1.814, autorizam a deserdação dos descendentes por seus ascendentes :*
>
> *I - ofensa física;*
>
> *II - injúria grave;*
>
> *III - relações ilícitas com a madrasta ou o padrasto;*
>
> *IV - desamparo do ascendente em alienação mental ou grave enfermidade.*
>
> *AÇÃO DE DESERDAÇÃO – Ajuizamento pelo pai, que pretende excluir o filho da herança – Indeferimento da inicial – Ausência de manifestação testamentária – Deserdação só pode ser declarada em testamento, com expressa referência à causa – Sentença mantida – Recurso desprovido. (TJSP; Apelação 1002060-47.2015.8.26.0019; Relator (a): Moreira Viegas; Órgão Julgador: 5ª Câmara de Direito Privado; Foro de Americana - Vara de Família e Sucessões; Data do Julgamento: 22/02/2017; Data de Registro: 22/02/2017)*

---

22 CC/16 - Art. 1595. São excluídos da sucessão (arts. 1708, IV, e 1741 a 1745) os herdeiros, ou legatários:
 I - que houverem sido autores ou cúmplices em crime de homicídio voluntário, ou tentativa deste, contra a pessoa de cuja sucessão se tratar;
 II - que a acusaram caluniosamente em juízo, ou incorreram em crime contra a sua honra;
 III - que, por violência ou fraude, a inibirem de livremente dispor dos seus bens em testamento ou codicilo, ou lhe obstaram a execução dos atos de última vontade.

"APELAÇÃO CÍVEL. Pedido de abertura e cumprimento de testamento público efetuado pela única beneficiária da disposição de última vontade. Homologação do plano de partilha apresentado pela requerente, com adjudicação do único bem imóvel a ela. Apelo de terceiro prejudicado, ao fundamento de que adquiriu o imóvel da testadora após a lavratura do testamento, o que ensejaria a sua caducidade. Observância, no entanto, de que a testadora deixou herdeira necessária, a qual, embora tenha sido deserdada pelo testamento, deveria de ter sido citada. Beneficiária, ademais, que não demonstrou a veracidade da causa de deserdação alegada pela testadora, nos termos do artigo 1.965 do Código Civil. Anulação da r. sentença de ofício, com determinação de citação da herdeira necessária. Alegações do terceiro prejudicado que deverão ser analisadas pelo r. Juízo de origem, após a devida instrução processual. RECURSO PREJUDICADO. ANULAÇÃO DA SENTENÇA, DE OFÍCIO". (v.24215). (TJSP; Apelação 0003901-36.2014.8.26.0470; Relator (a): Viviani Nicolau; Órgão Julgador: 3ª Câmara de Direito Privado; Foro de Porangaba - Vara Única; Data do Julgamento: 26/01/2017; Data de Registro: 26/01/2017)

RECURSO ESPECIAL - AÇÃO DE DESERDAÇÃO - MERO AJUIZAMENTO DE AÇÃO DE INTERDIÇÃO E INSTAURAÇÃO DO INCIDENTE DE REMOÇÃO DA HERANÇA, AMBOS EM DESFAVOR DO TESTADOR SUCEDIDO - "INJÚRIA GRAVE" - NÃO OCORRÊNCIA - EXPEDIENTES QUE SE ENCONTRAM SOB O PÁLIO DO EXERCÍCIO REGULAR DO DIREITO DE AÇÃO - DENUNCIAÇÃO CALUNIOSA - EXIGÊNCIA DE QUE A ACUSAÇÃO SE DÊ EM JUÍZO CRIMINAL - AUSÊNCIA DE COMPROVAÇÃO DE QUE AS AFIRMAÇÕES DO HERDEIRO TENHAM DADO INÍCIO A QUALQUER PROCEDIMENTO INVESTIGATÓRIO OU MESMO AÇÃO PENAL OU DE IMPROBIDADE ADMINISTRATIVA CONTRA O SEU GENITOR - INVIABILIDADE, IN CASU, DE SE APLICAR A PENALIDADE CIVIL - RECURSO IMPROVIDO. 1. Se a sucessão consiste na transmissão das relações jurídicas economicamente apreciáveis do falecido para o seu sucessor e tem em seu âmago além da solidariedade, o laço, sanguíneo ou, por vezes, meramente afetuoso estabelecido entre ambos, não se pode admitir, por absoluta incompatibilidade com o primado da justiça, que o ofensor do autor da herança venha dela se beneficiar posteriormente. 2. Para fins de fixação de tese jurídica, deve-se compreender que o mero exercício do direito de ação mediante o ajuizamento de ação de interdição do testador, bem como a instauração do incidente tendente a removê-lo (testador sucedido) do cargo de inventariante, não é, por si, fato hábil a induzir a pena deserdação do herdeiro nos moldes do artigo 1744, II, do Código Civil e 1916 ("injúria grave"), o que poderia, ocorrer, ao menos em tese, se restasse devidamente caracterizado o abuso de tal direito, circunstância não verificada na espécie. 3. Realçando-se o viés punitivo da deserdação, entende-se que a melhor interpretação jurídica acerca da questão consiste em compreender que o artigo 1595, II, do Código Civil 1916 não se contenta com a acusação caluniosa em juízo qualquer, senão em juízo criminal. 4. Ausente a comprovação de que as manifestações do herdeiro recorrido tenham ensejado "investigação policial, processo judicial, instauração de investigação administrativa, inquérito civil ou ação de improbidade administrativa" (artigo 339 do Código Penal) em desfavor do testador, a improcedência da ação de deserdação é medida que se impõe. 5. Recurso especial improvido. (REsp 1185122/RJ, 3ª. Turma do STJ, Relator Ministro MASSAMI UYEDA, DJe 02/03/2011, RDTJRJ vol. 90 p. 169, REVJUR vol. 401 p. 221, RIOBDF vol. 86 p. 73, RMDCPC vol. 41 p. 114).

SUCESSÃO – EXCLUSÃO – HERDEIRO – HOMICÍDIO DOLOSO PRATICADO CONTRA CÔNJUGE – "Direito de sucessões. Exclusão da sucessão. Herdeiro. Homicídio doloso praticado contra cônjuge. Possibilidade. Exclusão da meação. Impossibilidade. 1. Podem ser excluídos da sucessão por indignidade os herdeiros e legatários, ex vi do art. 1.814 do Código Civil. 2. A meação pertence ao cônjuge por direito próprio, sendo inviável, portanto, a extensão da pena de exclusão do cônjuge herdeiro, em razão de indignidade (art. 1.814, inciso I, do Código Civil), ao direito do réu, decorrente do regime de bens adotado no casamento. 3. Recurso parcialmente provido." (TJMG – AC 1.0024.08.957264-8/001 – 8ª C.Cív. – Rel. Des. EDGARD PENNA AMORIM – DJe 22.07.2010).

RECURSO ESPECIAL - AÇÃO DE EXCLUSÃO DE HERANÇA - SENTENÇA – ARGUIÇÃO DE NULIDADE - DECISÃO JUDICIAL PROFERIDA ENQUANTO SUSPENSO O TRÂMITE PROCESSUAL - CIRCUNSTÂNCIA NÃO VERIFICADA, NA ESPÉCIE – JULGAMENTO ANTECIPADO DA LIDE - INDEFERIMENTO DE PRODUÇÃO DE PROVA TESTEMUNHAL POSSIBILIDADE - CERCEAMENTO DO DIREITO DE DEFESA NÃO CARACTERIZADO - INDIGNIDADE - DISCUSSÕES FAMILIARES - EXCLUSÃO DO HERDEIRO - INADMISSIBILIDADE - HONORÁRIOS ADVOCATÍCIOS - CONDENAÇÃO EM QUANTIA CERTA - CORREÇÃO MONETÁRIA - TERMO INICIAL - DATA DA DECISÃO JUDICIAL QUE OS FIXOU - RECURSO ESPECIAL IMPROVIDO. 1. Inexiste nulidade na sentença que, ao contrário do que afirma a parte ora recorrente, não é proferida durante o período em que o trâmite processual encontrava-se suspenso. 2. Não há falar em cerceamento do direito de defesa quando o magistrado, destinatário final das provas, dispensa a produção daquelas que julga impertinentes, formando sua convicção com aqueloutras já constantes nos autos e, nesta medida, julga antecipadamente a lide, como sucede na hipótese sub examine. 3. A indignidade tem como finalidade impedir que aquele que atente contra os princípios basilares de justiça e da moral, nas hipóteses taxativamente previstas em lei, venha receber determinado acervo patrimonial, circunstâncias não verificadas na espécie. 4. A abertura desta Instância especial exige o prévio prequestionamento da matéria na Corte de origem, requisito não verificado quanto ao termo inicial da correção monetária do valor da verba honorária (Súmula n. 211/STJ).5. Recurso especial improvido. (REsp 1102360/RJ, 3ª. Turma do STJ, Relator Ministro MASSAMI UYEDA, DJe 01/07/2010).

> *MEAÇÃO - DIVÓRCIO - INDIGNIDADE - Quem matou o autor da herança fica excluído da sucessão. Este é o princípio consagrado no inc. I do art. 1.595 do C. Cív., que revela a repulsa do legislador em contemplar com direito sucessório quem atenta contra a vida de alguém, rejeitando a possibilidade de que, quem assim age, venha a ser beneficiado com seu ato. Esta norma jurídica de elevado teor moral deve ser respeitada ainda que o autor do delito não seja herdeiro legítimo. Tendo o genro assassinado o sogro, não faz jus ao acervo patrimonial decorrente da abertura da sucessão. Mesmo quando do divórcio, e ainda que o regime do casamento seja o da comunhão de bens, não pode o varão receber a meação constituída dos bens percebidos por herança. Apelo provido por maioria, vencido o Relator. (TJRS - AC 70005798004 - 7ª C. Cív. - Rel. Dês. LUIZ FELIPE BRASIL SANTOS - J. 09.04.2003).*

A exclusão do herdeiro, ou legatário, em qualquer desses casos de indignidade, determina o art. 1.815, será declarada por sentença, sendo que o direito de demandar a exclusão do legatário ou herdeiro extingue-se em 4 (quatro) anos, contados da abertura da sucessão.[23]

Assim, a exclusão do herdeiro por indignidade deve ser declarada por sentença judicial, em ação ordinária, intentada por quem tenha interesse na sucessão dentro daquele prazo decadencial, não podendo ser decretada, de ofício, pelo Juiz, no processo de inventário ou de arrolamento, sob pena de ofensa ao "princípio da demanda". A "prova da veracidade da causa declarada pelo testador produz-se em ação ordinária proposta pelo próprio herdeiro interessado na apuração, ou pela pessoa a quem a deserdação aproveita" (ORLANDO GOMES, "Sucessões", 3ª ed., Editora Forense, Rio, 1978, pág. 229).

---

23 CC/16 - Art. 1596. A exclusão do herdeiro, ou legatário, em qualquer desses casos de indignidade, será declarada por sentença, em ação ordinária, movida por quem tenha interesse na sucessão.
CC/16 - Art. 178 - Prescreve:
§ 9° Em 4 (quatro) anos:
IV - a ação do interessado em pleitear a exclusão do herdeiro (arts. 1595 e 1596), ou provar a causa da sua deserdação (arts. 1741 a 1745) e bem assim a ação do deserdado para a impugnar; contado o prazo da abertura da sucessão;

Em ocorrendo a exclusão do herdeiro, naqueles moldes, os seus descendentes o sucedem, como se morto fosse, sendo certo, ainda, que o excluído não terá direito ao usufruto ou à administração dos bens que a seus sucessores couberem na herança, nem à eventual sucessão desses bens.

Enunciado n° 116 do Conselho Federal de Justiça (CFJ) -Art. 1.815: o Ministério Público, por força do art. 1.815 do novo Código Civil, desde que presente o interesse público, tem legitimidade para promover ação visando à declaração da indignidade de herdeiro ou legatário.

EXCLUSÃO DE HERDEIRO POR INDIGNIDADE. Homicídio praticado pelo réu contra sua cônjuge, genitora da autora. Réu que é meeiro e não herdeiro do bem a ser partilhado. Sanção civil do art. 1.814, I, do Código Civil não se aplica por analogia para atingir a meação. Ordenamento que não prevê perda de propriedade em razão de homicídio. Exclusão da meação por analogia apenas poderia ser cogitado em caso de casamento pela comunhão universal e em relação a bem adquirido exclusivamente pela vítima antes do casamento. Sentença de extinção por falta de interesse de agir mantida. Recurso não provido. (TJSP; Apelação 1024366-12.2016.8.26.0007; Relator (a): Mary Grün; Órgão Julgador: 7ª Câmara de Direito Privado; Foro Regional VII - Itaquera - 3ª Vara da Família e Sucessões; Data do Julgamento: 14/03/2018; Data de Registro: 14/03/2018)

Inventário – Herança – Companheira sobrevivente reconhecida como herdeira universal, com exclusão de herdeiro colateral – Aplicação do artigo 1.829, do Código Civil tanto para a hipótese de casamento como para união estável – Distinção de regimes sucessórios entre cônjuges e companheiros declarada inconstitucional pelo Supremo Tribunal Federal – Totalidade do acervo hereditário adjudicado à companheira sobrevivente – Sentença mantida – Recurso não provido. (TJSP; Apelação 0208301-28.2009.8.26.0004; Relator (a): Augusto Rezende; Órgão

Julgador: 1ª Câmara de Direito Privado; Foro Regional IV - Lapa - 2ª Vara da Família e Sucessões; Data do Julgamento: 06/02/2018; Data de Registro: 07/02/2018)

CIVIL – SUCESSÕES – AÇÃO DECLARATÓRIA DE INDIGNIDADE – PROPOSITURA PELA AVÓ EM FACE DA NETA E SEU CÔNJUGE – IMPOSSIBILIDADE JURÍDICA DO PEDIDO – HEREDITANDA AINDA VIVA – DIES A QUO PARA A AÇÃO – ABERTURA DA SUCESSÃO, COM O EVENTO MORTE – Condição suspensiva vinculada a fato futuro e certo. Inteligência por aplicação da interpretação sistemática e lógica entre o § único e o caput do art. 1.815 do código civil. Inexistência de herança de pessoa viva. Hereditas viventis non datur. Ilegitimidade ativa ad causam. Hereditanda que não se inclui dentre os legitimados a propor a ação. Declaratória que não pode ser proposta pelo próprio ofendido. Necessidade de dedução da vontade, se cumpridos os requisitos legais, pela via da deserdação testamentária. Rol mais amplo que o da indignidade. Hipóteses mais amplas do que somente aquelas previstas no art. 1.814 do código civil. Somatório da norma geral - Art. 1.814 - Ao regramento específico da deserdação, constante do art. 1.963, também da novel codificação. 1- Fazendo-se a interpretação lógico-sistemática entre o § único e o caput do art. 1.815 do código civil, extrai-se que a declaração de indignidade somente será feita por sentença, cuja ação terá como dies a quo a abertura da sucessão e como dies ad quem o quadriênio posterior a mesma; 2- O exercício do direito de ação para a declaração de indignidade submete-se a fato futuro e certo, a abertura da sucessão, que, por sua vez, se dá com a morte; 3- Não há herança de pessoa viva - Hereditas viventis non datur - Não havendo que se discutir quaisquer de seus termos antes do evento morte; 4- A declaração de indignidade, antes da morte do hereditando, é pleito juridicamente impossível, pois, somente com a abertura da sucessão nasce o direito de ação dos legitimados em demandar a exclusão de herdeiro por indignidade. Precedentes; 5- O próprio hereditando não detém, como ofendido, legitimidade ativa ad causam para propor ação de indignidade. Cabe a propositura da ação somente aquelas pessoas que tenham legítimo interesse na sucessão, como os co-herdeiros, legatários, donatários, o fisco (NA FALTA DE SUCESSORES LEGÍTIMOS E/OU TESTAMENTÁRIOS) ou qualquer credor, caso se encontre prejudicado com a inércia desses interessados, no intuito de saldar seu débito; 6- O hereditando, em vida, pode se valer da via da deserdação testamentária, cujos requisitos são mais amplos que os da indignidade, já que se somam as situações do art. 1.963 às do art. 1.814 - Aplicáveis a ambos os institutos, caso recurso conhecido e improvido. Sentença que extinguiu o feito por impossibilidade jurídica do pedido, mantida. (TJDFT – Proc. 20100110943193 – (547142) – Rel. Des. ALFEU MACHADO – DJe 14.11.2011 – p. 106).

RECURSO ESPECIAL - AÇÃO DE EXCLUSÃO DE HERANÇA - SENTENÇA – ARGUIÇÃO DE NULIDADE - DECISÃO JUDICIAL PROFERIDA ENQUANTO SUSPENSO O TRÂMITE PROCESSUAL - CIRCUNSTÂNCIA NÃO VERIFICADA, NA ESPÉCIE – JULGAMENTO ANTECIPADO DA LIDE - INDEFERIMENTO DE PRODUÇÃO DE PROVA TESTEMUNHAL - POSSIBILIDADE - CERCEAMENTO DO DIREITO DE DEFESA NÃO CARACTERIZADO - INDIGNIDADE - DISCUSSÕES FAMILIARES - EXCLUSÃO DO HERDEIRO - INADMISSIBILIDADE - HONORÁRIOS ADVOCATÍCIOS - CONDENAÇÃO EM QUANTIA CERTA - CORREÇÃO MONETÁRIA - TERMO INICIAL - DATA DA DECISÃO JUDICIAL QUE OS FIXOU - RECURSO ESPECIAL IMPROVIDO. 1. Inexiste nulidade na sentença que, ao contrário do que afirma a parte ora recorrente, não é proferida durante o período em que o trâmite processual encontravase suspenso. 2. Não há falar em cerceamento do direito de defesa quando o magistrado, destinatário final das provas, dispensa a produção daquelas que julga impertinentes, formando sua convicção com aqueloutras já constantes nos autos e, nesta medida, julga antecipadamente a lide, como sucede na hipótese sub examine. 3. A indignidade tem como finalidade impedir que aquele que atente contra

> os princípios basilares de justiça e da moral, nas hipóteses taxativamente previstas em lei, venha receber determinado acervo patrimonial, circunstâncias não verificadas na espécie. 4. A abertura desta Instância especial exige o prévio prequestionamento da matéria na Corte de origem, requisito não verificado quanto ao termo inicial da correção monetária do valor da verba honorária (Súmula n. 211/STJ). 5. Recurso especial improvido. (REsp 1102360/RJ, 3ª. Turma do STJ, Relator Ministro, MASSAMI UYEDA, DJe 01/07/2010).

Bem se vê, os efeitos da exclusão são totalmente pessoais, e, de fato, é como se o excluído morto fosse, conforme se observa do mandamento contido no art. 1.816, não tendo qualquer direito ao usufruto ou à administração dos bens que couberem a seus sucessores na herança, tampouco à sucessão eventual desses bens.[24]

As alienações onerosas de bens hereditários a terceiros de boa-fé, bem como os atos de administração legalmente praticados pelo herdeiro, antes da sentença de exclusão, são totalmente válidos. Entretanto, aos demais herdeiros subsiste, quando prejudicados, o direito de demandar-lhe perdas e danos (art. 1.817, caput).

Se observa do parágrafo único do art. 1.817, que o excluído da sucessão é obrigado a restituir os frutos e rendimentos que dos bens da herança houver percebido, mas tem o direito a ser indenizado das despesas com a conservação deles.[25]

Aquele que incorreu em atos que determinem a exclusão da herança será admitido a suceder, se o ofendido o tiver expressamente reabilitado em testamento, ou em outro ato autêntico, notadamente porque é livre para "perdoar" os atos de indignidade praticados

---

24 CC/16 - Art. 1599. São pessoais os efeitos da exclusão. Os descendentes do herdeiro excluído sucedem, como se ele morto fosse (art. 1602).
Art. 1602. O excluído da sucessão não terá direito ao usufruto e à administração dos bens, que a seus filhos couberem na herança (art. 1599), ou à sucessão eventual desses bens.
25 CC/16 - Art. 1598. O excluído da sucessão é obrigado a restituir os frutos e rendimentos que dos bens da herança houver percebido.
Art. 1600. São válidas as alienações de bens hereditários, e os atos de administração legalmente praticados pelo herdeiro excluído, antes da sentença de exclusão; mas aos co-herdeiros subsiste, quando prejudicados, o direito a demandar-lhe perdas e danos.

contra a sua pessoa. Em não havendo reabilitação expressa, o indigno, contemplado em testamento do ofendido, quando o testador, ao atestar, já conhecia a causa da indignidade, pode suceder no limite da disposição testamentária, consoante se observa do art. 1.818.[26]

Da disposição acima, se abstrai, o perdão é ato solene.

Carlos Maximiliano, ob. cit., p. 107/108, n°s. 85 e 86, ao se referir ao perdão do autor da herança ao sucessor ingrato, universal ou singular, e à extensão de ato autêntico, nos passa a seguinte lição : -

"Não basta o perdão *tácito, presumido*, revelada a longanimidade do falecido pela sua conduta para com o herdeiro ou por outro modo indireto : a lei exige que a clemência seja exarada em *ato autêntico*.

Igual rigor prescrevia o Projeto Bevilacqua, no artigo 1.764 : reclamada que fosse a bondade extrema do *de cujus* manifestada em "testamento ou em outro documento autêntico". A Comissão Revisora, presidida pelo Ministro da Justiça, eliminou esse requisito (art. 1.929 do Projeto Revisto); porém o Congresso revigorou a ideia primitiva, com usar de expressão mais geral e insofismável : "se a pessoa ofendida assim o resolveu por ato autêntico".

A reabilitação do indigno deve, pois, ser iniludível, documentada solenemente; asseguraram-se deste modo a sinceridade e a liberdade absoluta da declaração da vítima.

86 -*Ato autêntico* é o lavrado por oficial público e revestido das formalidades legais, bem como qualquer testamento, conforme se deduz logo do *elemento histórico* exposto e da acepção tecnológica dos vocábulos. Não tem valor, para o caso em apreço, escritura particular; declarações verbais ou do próprio punho, embora corroboradas por testemunhas; cartas, ou quaisquer outros atos que revelem reconciliação ou propósito de clemência.

O testamento pode ser *particular*; porque este se considera, para todos os efeitos, com o mesmo valor da escritura pública; é, portanto, *ato autêntico*. Servem todas as formas legais de revelar a última vontade.

---

26 CC/16 - Art. 1597. O indivíduo incurso em atos que determinem a exclusão da herança (art. 1595) a ela será, não obstante, admitido, se a pessoa ofendida, cujo herdeiro ele for, assim o resolveu por ato autêntico, ou testamento.

Não é necessário que o ato seja lavrado exclusivamente para reabilitar o indigno; em *qualquer* escritura pública, embora com objetivo muito diverso (doação, contrato antenupcial, etc.), e até em ato de casamento, pode o hereditando inserir o seu perdão."

EMENTA - APELAÇÃO CÍVEL - DIREITO DE SUCESSÕES - AÇÃO DE INDIGNIDADE - EXISTÊNCIA DE UNIÃO ESTÁVEL ENTRE O AUTOR E A RÉ - EX-COMPANHEIRA - AUSÊNCIA DE HERDEIROS NECESSÁRIOS - LACUNA LEGISLATIVA - POSSIBILIDADE JURÍDICA DO PEDIDO - RECURSO PROVIDO - SENTENÇA ANULADA. Em se tratando de Direito de Família, devido às suas peculiaridades, o juiz não pode deixar de solucionar o conflito devido à ausência de normas que regule a situação fática a ele submetida. Na lacuna da lei, deve julgar segundo a analogia, os costumes, os princípios gerais de direito e na jurisprudência. Sendo a ação direito público subjetivo de obter a prestação jurisdicional, o essencial é que o ordenamento jurídico não contenha uma proibição ao seu exercício: aí sim faltará a possibilidade jurídica. Se o caso for de ausência de um preceito que ampare, em abstrato, o pronunciamento pleiteado pelo autor, ainda não se estará, verdadeiramente, em face da impossibilidade jurídica do pedido. Manter-se o juiz preso à letra da lei significa, à medida que as leis envelhecem, afastar-se cada vez mais das necessidades sociais. Não enxergar fatos que estão diante dos olhos é manter a imagem da justiça cega. Condenar à invisibilidade situações existentes é produzir irresponsabilidades, incompatível com a atividade jurisdicional, que está dirigida, exatamente, para solucionar conflitos, não para prolongá-los ou negar a prestação jurisdicional adequada ao caso concreto. Se o autor não possui herdeiros necessários que possam vir a ajuizar ação de indignidade quando este vier a falecer, nem é possível deserdar sua companheira por testamento, em razão de não ser sua herdeira necessária, a ação de indignidade por ele proposta, mesmo que em vida, apontando que a companheira não é digna de herdar, deve ser processada, diante da lacuna legislativa referente à hipótese contida nos autos. Recurso conhecido e provido para reformar a decisão recorrida, afastando a extinção do processo sem apreciação do mérito, e determinar que o juiz processe a ação declaratória de indignidade proposta pelo autor em face da ex-companheira. (Processo: AC 26708 MS 2007.026708-9 - Relator(a): Des. DORIVAL RENATO PAVAN - Julgamento: 11/09/2008 - Órgão Julgador: 5ª Turma Cível - Publicação: 18/09/2008).

f) da herança jacente

CARLOS MAXIMILIANO, ob. cit., vol. III, p. 325, n° 1.492, assevera que não se confundem bens de ausentes com a herança jacente: "no segundo caso ignora-se quem possa recolher o espólio, quem tenha direito ao mesmo; no primeiro o herdeiro é conhecido, mas não se sabe onde anda, não se recebem notícias dele nem a respeito do seu paradeiro, há muito tempo. Na segunda hipótese, a todos parece que o falecido não tinha parentes, saíra do mundo sem deixar sucessores ou transmitira a fortuna a quem a recusara; na primeira, o herdeiro é certo e determinado, paira dúvida apenas sobre a sua existência atual, não há elementos para afirmar que esteja vivo, nem meios de prova da sua morte."

É, pois, jacente a herança quando os herdeiros/sucessores ainda não são conhecidos ou, ainda, a que não foi aceita por aqueles que têm direito à sucederem o falecido. É a jacência fase de expectativa de surgimento de herdeiros. Atendido as formalidades legais e realizadas as diligências legalmente reclamadas sem a habilitação de herdeiros, o patrimônio do *"de cujus"* é considerado vago, ou vacante, passando ao domínio ao ente público designado por lei.

A jacência é fase preliminar do reconhecimento da vacância.

SÍLVIO RODRIGUES, "Direito Civil", vol. Vil/43, 15ª ed., Editora Saraiva, 1988, ao estudar a herança jacente e a vacante, nos ensina que: "a herança jaz enquanto não se apresentam herdeiros do *de cujus* para reclamá-la, não se sabendo se tais herdeiros existem, ou não. O Estado, no intuito de impedir o perecimento da riqueza representada por aquele espólio, ordena sua arrecadação, para o fim de entregá-lo aos herdeiros que aparecerem e demonstrarem tal condição. Somente quando, após as diligências legais, não aparecerem herdeiros, é que a herança, até agora jacente, é declarada vacante, para o fim de incorporar-se ao patrimônio do Poder Público".

Mais adiante, p. 46, arrematando "assim, e definindo, pode-se dizer que a herança vacante é a que não foi disputada, com êxito, por qualquer herdeiro e que, judicialmente, foi proclamada de ninguém".

Assim, falecendo alguém sem deixar testamento nem herdeiro legítimo notoriamente conhecido, os bens da herança, depois de arrecadados, ficarão sob a guarda e administração de um curador, até a sua entrega ao sucessor devidamente habilitado ou à declaração de sua vacância (art. 1.819).[27]

> *Cobrança de honorários advocatícios contratuais decorrentes do patrocínio de ação previdenciária. Tendo o contratante falecido, sem deixar herdeiros que possam representá-lo, imperiosa a declaração de herança jacente. No entanto, tal declaração deverá ser feita por meio de procedimento próprio, nos termos do art. 1.819 e seguintes do CC e art. 738 e seguintes do CPC/2015. Evidenciada a irregularidade do polo passivo da demanda, sua extinção sem resolução do mérito era medida que se impunha. Recurso improvido. (TJSP; Apelação 0004226-15.2015.8.26.0619; Relator (a): Gomes Varjão; Órgão Julgador: 34ª Câmara de Direito Privado; Foro de Taquaritinga - 2ª Vara; Data do Julgamento: 22/03/2017; Data de Registro: 24/03/2017)*

TESTAMENTO – ANULAÇÃO – AÇÃO POPULAR – INADEQUAÇÃO DA VIA ELEITA – *"Recurso especial. Ação popular. Anulação de testamento. Inadequação da via eleita. Afastamento da multa imposta. Súmula nº 98. 1. O art. 9º do Regimento Interno do STJ dispõe que a competência das Seções e Turmas é fixada em função da*

---

27 CC/16 - Art. 1591. Não havendo testamento, a herança é jacente, e ficará sob a guarda, conservação e administração de um curador:
  I - se o falecido não deixar cônjuge, nem herdeiro, descendente ou ascendente, nem colateral sucessível, notoriamente conhecido;

natureza da relação litigiosa. No caso, não obstante tratar-se de ação popular, o fato é que a relação em litígio é eminentemente de ordem privada, pois litiga-se a nulidade de um testamento. O interesse da Administração Pública é reflexo, em razão da possível conversão da herança em vacante. 2. Para que o ato seja sindicável mediante ação popular, deve ele ser, a um só tempo, nulo ou anulável e lesivo ao patrimônio público, no qual se inclui 'os bens e direitos de valor econômico, artístico, estético, histórico ou turístico'. Com efeito, mostra-se inviável deduzir em ação popular pretensão com finalidade de mera desconstituição de ato por nulidade ou anulabilidade, sendo indispensável a asserção de lesão ou ameaça de lesão ao patrimônio público. 3. No caso, pretende-se a anulação de testamento por suposta fraude, sendo que, alegadamente, a herança tornar-se-ia jacente. Daí não decorre, todavia, nem mesmo em tese, uma lesão aos interesses diretos da Administração. Isso porque, ainda que se prosperasse a alegação de fraude na lavratura do testamento, não se teria, por si só, uma lesão ao patrimônio público, porquanto tal provimento apenas teria o condão de propiciar a arrecadação dos bens do falecido, com subsequente procedimento de publicações de editais. 4. A jacência, ao reverso do que pretende demonstrar o recorrente, pressupõe a incerteza de herdeiros, não percorrendo, necessariamente, o caminho rumo à vacância, tendo em vista que, após publicados os editais de convocação, podem eventuais herdeiros se apresentarem, dando-se início ao inventário, nos termos dos arts. 1.819 a 1.823 do Código Civil. 5. 'Embargos de declaração manifestados com notório propósito de prequestionamento não têm caráter protelatório' (Súmula nº 98). 6. Recurso especial parcialmente conhecido e, na extensão, provido." (REsp 445653/RS, 4ª. Turma do STJ, Relator Ministro LUIS FELIPE SALOMÃO, DJe 26.10.2009).

Determina o art. 1.820 que praticadas as diligências de arrecadação e ultimado o inventário, serão expedidos editais na forma da lei processual, e, decorrido um ano de sua primeira publicação, sem que haja herdeiro habilitado, ou penda habilitação, será a herança declarada vacante.[28]

Aos credores do autor da herança jacente, consoante previsão do art. 1.821, é assegurado aos credores o direito de pedir o pagamento das dívidas reconhecidas, nos limites das forças da herança, permitindo, assim, a satisfação, até o limite a partilhar, de seus créditos.

Em ocorrendo a sentença de declaração de vacância da herança, que é resolúvel, da qual cabe o recurso de apelação, os herdeiros que legalmente se habilitarem não serão prejudicados, mas, decorridos cinco anos da abertura da sucessão, os bens arrecadados passarão ao domínio do Município ou do Distrito Federal, se localizados nas respectivas circunscrições, incorporando-se ao domínio da União quando situados em território federal. Transitada em julgado a sentença que declarou a vacância, o cônjuge, os herdeiros e os credores só poderão reclamar o seu direito por ação direta, a de petição de herança.

Estabelece o parágrafo único do art. 1.822, entretanto, que os colaterais ficarão excluídos da sucessão se não se habilitarem até a declaração da vacância, não dispõem daquele prazo todo, sendo certo que a vacância será declarada, desde logo, quando os chamados a suceder renunciarem à herança, conforme determina o art. 1.823.[29]

O CPC trata da herança jacente nos arts. 738 a 743.

Procedida a arrecadação dos bens, será nomeado um curador à herança, que terá sob sua guarda, conservação e administração o monte da herança jacente, até a respectiva entrega ao sucessor legalmente habilitado, ou até a declaração da vacância.

---

28 CC/16 - Art. 1593 - Serão declarados vacantes os bens da herança jacente, se, praticadas todas as diligências legais, não aparecerem herdeiros.
Parágrafo único. Esta declaração não se fará senão l (um) ano depois de concluído o inventário.
29 CC/16 - Art. 1594 - A declaração da vacância da herança não prejudicará os herdeiros que legalmente se habilitarem; mas, decorridos 5 (cinco) anos da abertura da sucessão, os bens arrecadados passarão ao domínio do Município ou do Distrito Federal, se localizados nas respectivas circunscrições, incorporando-se ao domínio da União, quando situados em Território Federal. (Redação dada ao caput pela Lei n° 8.049, de 20.06.1990).
Art. 1591. Não havendo testamento, a herança é jacente, e ficará sob a guarda, conservação e administração de um curador:
II - se os herdeiros, descendentes ou ascendentes, renunciarem a herança, e não houver cônjuge, ou colateral sucessível, notoriamente conhecido.

Ao curador, além das obrigações/atribuições de representar a herança em juízo ou fora dele, com assistência do Ministério Público; ter em boa guarda e conservação os bens arrecadados e promover a arrecadação de outros porventura existentes; executar as medidas conservatórias dos direitos da herança; apresentar mensalmente ao juiz um balancete da receita e da despesa; prestar contas a final de sua gestão, aplica-se o disposto nos arts. 159 a 161 do CPC, ou seja, em contrapartida a uma remuneração a responsabilidade pelos prejuízo que, por culpa ou dolo, causar à parte, perdendo a remuneração que lhe for arbitrada, inobstante o direito de haver o que legitimamente despendeu no exercício do encargo.

No decorrer do ato da arrecadação, o juiz inquirirá os moradores da casa e da vizinhança sobre a qualificação do falecido, o paradeiro de seus sucessores e a existência de outros bens, sendo que não se fará a arrecadação ou será suspensa quando iniciada, se se apresentar para reclamar os bens o cônjuge, herdeiro ou testamenteiro notoriamente conhecido e não houver oposição motivada do curador, de qualquer interessado, do órgão do Ministério Público ou do representante da Fazenda Pública.

Ultimada a arrecadação, o juiz mandará expedir edital, que será estampado 3 (três) vezes, com intervalo de 30 (trinta) dias para cada um, no órgão oficial e na imprensa da Comarca, para que venha a habilitar-se os sucessores do finado no prazo de 6 (seis) meses contados da primeira publicação.

Verificada a existência de sucessor ou testamenteiro em lugar certo, se procederá a sua citação, sem prejuízo do edital. Em sendo o falecido estrangeiro, o juiz determinará que seja comunicado o fato à autoridade consular.

Caso haja habilitação do herdeiro, reconhecida a qualidade do testamenteiro ou provada a identidade do cônjuge, automaticamente, a arrecadação converte-se em inventário.

Os credores da herança poderão se habilitar como nos inventários ou propor as ação de cobrança.

Poderá ocorrer a alienação de bens que fazem parte da herança jacente, conforme prevê o art. 742, CPC, dependendo de autorização do juiz, nas seguintes hipóteses: I - de bens móveis, se forem de conservação difícil ou dispendiosa; II - de semoventes, quando não empregados na exploração de alguma indústria; III – de títulos e papéis de crédito, havendo fundado receio de depreciação; IV – de ações de sociedade quando, reclamada a integralização, não dispuser a herança de dinheiro para o pagamento; V - de bens imóveis : a) se ameaçarem ruína, não convindo a reparação; b) se estiverem hipotecados e vencer-se a dívida, não havendo dinheiro para o pagamento; § 1º. não se procederá, entretanto, à venda se a Fazenda Pública ou o habilitado adiantar a importância para as despesas; § 2º. os bens com valor de afeição, como retratos, objetos de uso pessoal, livros e obras de arte, só serão alienados depois de declarada a vacância da herança.

Passado um ano da primeira publicação do edital e não havendo herdeiro habilitado nem habilitação pendente, a herança, que era jacente, será declarada vacante.

Havendo habilitação, ou habilitações, quando do julgamento, se improcedente, se declarará na mesma sentença a vacância da herança.

Em vários julgados do Superior Tribunal de Justiça, podemos constatar que antes da declaração da vacância, os bens arrecadados não passam ao domínio do ente público (RSTJ 94/215, 142/216; STJ-RT 738/236,755/201; REsp 3.998 - SP - 4ª T. - Rel. Min. Sálvio de Figueiredo Teixeira - DJU 24.02.1997; AgRg no AI 35.437-9 - SP - 4ª T. - Rel. Min. Ruy Rosado de Aguiar - DJU 20.02.1995; REsp 13.414-0 - RJ -4ª T. - Rel. Min. Ruy Rosado de Aguiar - DJU 13.03.1995; REsp 19.015-SP - 3ª T. - Rel. Min. Eduardo Ribeiro - DJU 15.03.1993).), sendo certo, também, que antes do decurso de cinco anos da abertura da sucessão, art. 1.822 CC atual e art. 1.594 do anterior, os bens da herança jacente podem ser adquiridos por usucapião (4º T. do STJ, no Ag35.437-SP, Rel. Min. Ruy Rosado de Aguiar, j. 16.12.94, negaram provimento, v.u., DJU de 20.02.95, p. 3.188).

Assinala Orlando Gomes, Sucessões, p. 77, que não se verifica, jamais, a imediata aquisição da herança pelo Estado, pois a herança jacente "é ponto necessário à passagem dos bem do defunto ao Estado", que somente adquire o domínio daquele acervo após a declaração da vacância.

É o que ensina Benedito Silvério Ribeiro, "Tratado de Usucapião", vol. I, pág. 689, Editora Saraiva, 1992:

"Ao contrário do herdeiro, que adquire a qualidade de proprietário ou possuidor tão logo ocorra a morte do titular da herdade (C.C., art. 1.572), para o Estado assim não acontece, pois mister se faz que antes de sua transmissão passe por um período de jacência (daí a expressão herança jacente), dependendo da declaração de vacância, exigência satisfeita a posteriori.

No entanto, tornam-se necessárias providências seguidas à morte do *de cujus*, sob pena de alguém, mesmo herdeiro ou terceiro, na posse dos bens, vir a adquiri-los por usucapião.

Para o Estado não opera o princípio da saisine, inerente aos herdeiros legítimos e testamentários."

Ensina ITABAIANA DE OLIVEIRA, ob. cit., vol. I,: -

"§ 63 - A ABERTURA da sucessão, sendo um facto jurídico de comprehensão absoluta, dá lugar ao nascimento do direito de herdar, não importando para que herdeiro, por isso que, morto o *de cujus*, defere-se a sucessão a tal ou a qual herdeiro, indicando, assim, a delação que este tem a possibilidade de adquirir a herança, que só espera pelo seu pronunciamento, a fim de se operar, ou não, a acquisição.

§ 64 - Conseguintemente se distingue ABERTURA DE DELAÇÃO, e esta de AQUISIÇÃO, porque:

I - A ABERTURA - é o ponto de partida de todo o direito hereditário e, por isso, ella é imutável, dando lugar a medidas asseguratorias e conservatórias da herança.

III - A ACQUISIÇÃO - é a investidura do herdeiro na successão do De Cujus, isto é, quando a herança começou a estar no patrimônio do herdeiro, e, por isso, a acquisição suppõe sempre que a successão tenha sido DEFERIDA. Assim, no fideicomisso e relativamente à instituição SUSPENSIVA do fideicomissário, a herança está DEFERIDA a este, mas não está por elle ADQUIRIDA; porque subordinando-se a efficacia do acto à condição SUSPENSIVA, enquanto esta se não verificar, não se terá ADQUIRIDO o direito, a que ella visa.

§ 65 - A acquisição se opera, às vezes, de pleno direito, passando a herança, desde logo, para o patrimônio do herdeiro por simples força de lei, confundindo-se, então, a acquisição com a delação. É o caso do artigo 1.572 do Código Civil,..."

Arrematando :

"§ 74 - Aberta a successão, o domínio e a posse da herança transmitem-se, desde logo aos herdeiros legítimos e testamentários, sem necessidade de acto algum do seu successor e ainda que este ignore, autorisando este facto que o herdeiro entre na posse da herança da pessoa fallecida como seu continuador.

Tal situação difere, e muito, da hipótese de herança jacente e de vacante, que não se confundem:

132 - Há, pois, grande differença entre herança jacente e vacante:

A) a jacente - hereditas jacens - é a que se acha em via de se tornar vacante, isto é, tem um caracter todo TRANSITÓRIO;

B) a vacante - bona vacantia - é o resultado da jacência, e quasi sempre, o estado DEFINITIVO da herança que foi jacente.

§ 133 - A herança jacente, no direito moderno,... Forma,..., um conjunto de direitos e obrigações, embora sem sujeito, dando logar às medidas acauteladoras do fisco, durante cujo período TRANSITÓRIO, que a caracteriza, se praticam as diligencias legaes para o apparecimento de herdeiros eventuaes até o seu estado DEFINITIVO, que é o característico da vacância, pela devolução dos bens à fazenda pública, ..."

"§ 135 - A herança jacente será arrecadada e ficará sob a guarda, conservação e administração de um curador.

§ 138 - Vê-se, pois, que há, technicamente, profunda differença entre arrecadação propriamente dita (arrolamento dos bens) e o processo da arrecadação (inventário dos bens arrecadados), porque:

A) ARROLAMENTO DOS BENS (arrecadação propriamente dita) - é o meio de obstar aos damnos do extravio dos bens de uma herança jacente ...

B) O INVENTÁRIO DOS BENS ARRECADADOS (processo da arrecadação) - é o CONJUNCTO DE PROVIDENCIAS referentes ... à arrecadação propriamente dita, à nomeação de curador à herança jacente para a administração dos bens.

Após esta fase é que se terá a declaração de vacância:

§ 154 - Serão declarados vacantes os bens da herança jacente, se, praticadas todas as diligencias legaes, não apparecerem herdeiros sucessiveis. ...

§ 155 - Entretanto, a devolução dos bens ao fisco não acarreta, logo, a sua incorporação ao patrimônio da fazenda publica, enquanto não se exgotar o prazo para a prescrição...."

NEY DE MELLO ALMADA, leciona que: "Atualmente, a prescrição aquisitiva é concebível, porém em seu regime normal, nada impedindo que o possuidor venha a assumir a propriedade da herança jacente por usucapião" (Tratado das Sucessões, I/58, ed. Brasiliense, 2ª ed.).

> *APELAÇÃO – HERANÇA JACENTE – Herdeiros não habilitados no prazo ânuo, previsto nos artigos 1.820, do Código Civil e 1.157, do Código de Processo Civil. Vacância corretamente declarada. Distribuição de usucapião em data anterior que não tem o condão de obstar o processamento da arrecadação de bens. Feito que tem natureza genuinamente sucessória e não petitória ou possessória, como alude o artigo 11, da Lei 10.257/2001. Sentença mantida. Apelo improvido. (TJSP; Apelação 0007488-54.2004.8.26.0361; Relator (a): Fábio Podestá; Órgão Julgador: 20ª Câmara Extraordinária de Direito Privado; Foro de Mogi das Cruzes - 1ª. Vara Cível; Data do Julgamento: 09/11/2017; Data de Registro: 09/11/2017)*

> *VOTO DO RELATOR EMENTA – IMISSÃO DE POSSE C.C. ARBITRAMENTO DE ALUGUERES – Decreto de procedência – Prova do domínio em favor da Municipalidade – Adjudicação efetivada nos autos de herança jacente – Usucapião arguida como matéria de defesa, pelos réus – Descabimento – Posse oriunda de relação locatícia havida com o falecido proprietário que não se transmuda em posse ad usucapionem - Ausência de animus domini – Inviável o reconhecimento da prescrição aquisitiva – Condenação ao pagamento de alugueres, diante da indevida ocupação*

– *Correção monetária que, no entanto, não comporta ser calculada de acordo com o art. 1º-F da lei 9.494/97 (já que não se cuida de condenação imposta à Fazenda que, aqui, é credora) - Sentença reformada apenas para este fim – Recurso do réu desprovido, provido o da Municipalidade. (TJSP; Apelação 0017372-85.2009.8.26.0053; Relator (a): Salles Rossi; Órgão Julgador: 20ª Câmara Extraordinária de Direito Privado; Foro Central - Fazenda Pública/Acidentes - 5ª Vara de Fazenda Pública; Data do Julgamento: 06/11/2017; Data de Registro: 06/11/2017)*

Apelação. Usucapião extraordinária. Improcedência. Insurgência da autora. Posse exercida sem "animus domini". Impossibilidade, ademais, de transcurso da prescrição aquisitiva enquanto viva a titular, interditada. Irrelevância das questões atinentes à arrecadação e posterior declaração de vacância do bem. Sentença de improcedência prestigiada. Aplicação do art. 252 do Regimento Interno desta Eg. Corte. Recurso improvido. (TJSP; Apelação 0053634-29.2005.8.26.0100; Relator (a): Mauro Conti Machado; Órgão Julgador: 9ª Câmara de Direito Privado; Foro Central - Fazenda Pública/Acidentes - 13ª Vara de Fazenda Pública; Data do Julgamento: 03/10/2017; Data de Registro: 11/10/2017)

AGRAVOS REGIMENTAIS. PROCESSUAL CIVIL. EXAME DE MATÉRIA CONSTITUCIONAL, EM SEDE DE RECURSO ESPECIAL. DESCABIMENTO. HERANÇA JACENTE. BEM DEVOLVIDO AO ESTADO APENAS COM A SENTENÇA DE DECLARAÇÃO DA VACÂNCIA. PRECEDENTES DO STJ. REEXAME DE PROVAS, EM SEDE DE RECURSO ESPECIAL. INVIABILIDADE. 1. Em vista da clara delimitação constitucional das competências do STJ e do STF, incumbindo a estes Órgãos de superposição, respectivamente, a guarda da Lei Federal e da Constituição, a decisão ora recorrida - que manteve o decidido pelo Tribunal de origem - limitou-se a analisar a controvérsia pelo enfoque infraconstitucional, *de modo que, se o recorrente entende que houve violação da Constituição por parte dos órgãos da Justiça Comum, deveria ter interposto oportuno recurso extraordinário para o egr. STF, sob pena de preclusão. Precedentes do STF. 2. "O bem integrante de herança jacente só é devolvido ao Estado com a sentença de declaração da vacância, podendo, até ali, ser possuído ad usucapionem. Incidência da Súmula 83/STJ». (AgRg no Ag 1212745/RJ, Rel. Ministro SIDNEI BENETI, TERCEIRA TURMA, julgado em 19/10/2010, DJe 03/11/2010) 3. Quanto aos honorários sucumbenciais, arbitrados no valor de R$ 8.000,00 (oito mil reais), a serem arcados pelos ora recorrentes, não se mostram exorbitantes, sendo certo que cuida-se de demanda iniciada no longíquo ano de 1986. Como é evidente que os honorários arbitrados não são exorbitantes, a Súmula 7/STJ impõe óbice intransponível à sua revisão. 4. Agravos regimentais não providos. (4ª. Turma do STJ, AgRg no AREsp 126047/RJ, Relator LUIS FELIPE SALOMÃO, DJe 03/12/2013).*

AGRAVO DE INSTRUMENTO - AÇÃO DE INVENTÁRIO - RITO ATINENTE À HERANÇA JACENTE - SENTENÇA QUE DECLARA A VACÂNCIA DA HERANÇA - PETIÇÃO NOS AUTOS DE HERDEIROS COLATERAIS QUE PRETENDEM A ANULAÇÃO DOS ATOS CONSUMADOS E AVOCAÇÃO À AÇÃO DE INVENTÁRIO POR ELES PROPOSTA - IMPOSSIBILIDADE - EXEGESE DO ARTIGO 1.158 DO CPC - RECLAMAÇÃO DE DIREITO POR MEIO DE AÇÃO PRÓPRIA. À luz do artigo 1.158 do Código de Processo Civil, transitada em julgado a sentença que declarou a vacância, o cônjuge, os herdeiros e os credores só poderão reclamar o seu direito por ação direta. Assim, não tendo os herdeiros se habilitado no prazo estabelecido na lei processual - sentença que declara a vacância - referente à herança jacente e vacante, findo está o procedimento, cessando a competência do juiz da arrecadação de bens, devendo os pretensos herdeiros por meio de ação própria defenderem os alegados direitos, não havendo que se falar em nulidade dos atos processuais já consumados. AGRAVO DE INSTRUMENTO NÃO PROVIDO

Tribunal de Justiça do Estado do Paraná. (Processo: 8731915 PR 873191-5 (Acórdão) - Relator(a): GAMALIEL SEME SCAFF - Julgamento: 23/05/2012 - Órgão Julgador: 11ª Câmara Cível).

"INVENTÁRIO - Conversão deste procedimento em arrecadação de bens e herança jacente - Alegação de que o efe cujus manifestou a vontade de deixar seu único bem à inventariante - Não comprovação - Agravante que não é parente nem herdeira do falecido, tendo apenas cuidado dele por muitos anos - Hipótese em que a proximidade de uma pessoa com a outra não a torna apta a receber os bens deixados pelo falecido - Inexistência de testamento - Inteligência do art. 1.819 do Código Civil -Alegação de que não foram tomadas as providências necessárias para a declaração da herança jacente - Inocorrência - Recurso desprovido. (Processo: AI 72735020118260000 SP 0007273-50.2011.8.26.0000 - Relator(a): RUI CASCALDI - Julgamento: 10/05/2011 - Órgão Julgador: 1ª Câmara de Direito Privado - Publicação: 18/05/2011).

AGRAVO REGIMENTAL. AGRAVO DE INSTRUMENTO. HERANÇA JACENTE. USUCAPIÃO. FALTA DE ARGUMENTOS NOVOS, MANTIDA A DECISÃO ANTERIOR. MATÉRIA JÁ PACIFICADA NESTA CORTE. INCIDÊNCIA DA SÚMULA 83. I - Não tendo a parte apresentado argumentos novos capazes de alterar o julgamento anterior, deve-se manter a decisão recorrida. II - O bem integrante de herança jacente só é devolvido ao Estado com a sentença de declaração da vacância, podendo, até ali, ser possuído ad usucapionem. Incidência da Súmula 83/STJ. Agravo improvido. (AgRg no Ag 1212745/RJ, 3ª. Turma do STJ, Relator Ministro SIDNEI BENETI, DJe 03/11/2010).

PROCESSO CIVIL - HERANÇA JACENTE. Tratando-se de herança jacente, não tem aplicação a norma do artigo

985 do Código de Processo Civil, que trata da figura do administrador provisório no inventário, mas sim a do artigo 1.143 do mesmo diploma legal. Agravo regimental não provido. (AGA 475911/SP, 3ª Turma do STJ, Relator Ministro ARI PARGENDLER, DJU 19.12.2003).

HERANÇA JACENTE - SUCESSÃO – LEGITIMIDADE - DECLARAÇÃO DE VACÂNCIA - Ao ente público não se aplica o princípio da "saisine". Segundo entendimento firmado pela c. Segunda Seção, a declaração de vacância é o momento em que o domínio dos bens jacentes se transfere ao patrimônio público. Ocorrida a declaração de vacância após a vigência da Lei n° 8.049, de 20.6.1990, legitimidade cabe ao Município para recolher os bens jacentes. Recurso especial conhecido e provido. (REsp 100290/SP, 4ª Turma, Relator Ministro BARROS MONTEIRO, DJU 26.08.2002).

USUCAPIÃO - HERANÇA JACENTE - O Estado não adquire a propriedade dos bens que integram a herança jacente, até que seja declarada a vacância, de modo que, nesse interregno, estão sujeitos à usucapião. Recurso especial não conhecido. (REsp 36.959/SP, 3ª Turma do STJ, Relator Ministro ARI PARGENDLER, DJU 11.06.2001).

TESTAMENTO PUBLICO - FALECIMENTO DA HERDEIRA TESTAMENTÁRIA ANTES DA TESTADORA - NOMEAÇÃO POSTERIOR DAS FILHAS DA HERDEIRA POR PROCURAÇÃO PARTICULAR - IMPOSSIBILIDADE - RIGOR FORMAL - SOLENIDADE ESSENCIAL - ARTS. 1.592, II, 1.717 E 1.746, CC-CONVERSÃO DE INVENTÁRIO EM HERANÇA JACENTE - POSSIBILIDADE -ECONOMIA PROCESSUAL - ART. 1.142, CPC -RECURSO DESACOLHIDO. I. A mitigação do rigor formal em prol da finalidade é critério que se impõe na interpretação dos textos legais. Entretanto, no caso dos testamentos, deve-se redobrar o zelo na observância da forma, tanto por não viver o testador no momento de esclarecer suas intenções, quanto pela suscetibilidade de fraudes na elaboração do instrumento e, consequentemente, na deturpação da vontade de quem dispõe dos bens para após a morte. II. A revogação parcial do testamento, para substituir a herdeira anteriormente nomeada e já falecida, deve dar-se pelo mesmo modo e forma do anterior (art. 1.746 do Código Civil), não tendo a procuração ad judicia por instrumento particular esse condão revogador. III. A capacidade para adquirir por testamento pressupõe a existência do herdeiro, ou legatário, à época da morte do testador. Tendo falecido antes o herdeiro, perde validade a cédula testamentária. IV. Na lição de Pontes, "a nulidade dos atos jurídicos de intercâmbio ou inter vivos é, praticamente, reparável: fazem-se outros, com as formalidades legais, ou se intentam ações que compensem o prejuízo, como a ação de in rem verso. Não se dá o mesmo com as declarações de última vontade: nulas, por defeito de forma, ou por outro motivo, não podem ser renovadas, pois morreu quem as fez. Razão maior para se evitar, no zelo do respeito à forma, o sacrifício do fundo" (Tratado de Direito Privado, t. LVIII, 2ª ed., Rio de Janeiro: Borsoi, 1969, § 5.849, p. 283). V. Iniciado o inventário e, no seu curso, verificada a inexistência de herdeiro testamentário, é de considerar-se jacente a herança, nos termos do art. 1.592, II, CC, caso em que "o juiz, em cuja comarca tiver domicílio o falecido, procederá sem perda de tempo à arrecadação de todos os seus bens" (art. 1.142, CPC). A conversão do procedimento e a nomeação do curador dá cumprimento a essa norma e atende ao princípio da economia processual, nele expressamente assentado. (REsp 147.959/SP, 4ª Turma do STJ, Relator Ministro SÁLVIO DE FIGUEIREDO TEIXEIRA, *DJU 19.03.2001).*

USUCAPIÃO. Herança jacente. O bem integrante de herança jacente só é devolvido ao Estado com a sentença de declaração da vacância, podendo, até ali, ser possuído ad usucapionem. Precedentes. Recursos não conhecidos. Decisão. Vistos, relatados e discutidos estes autos, acordam os Ministros da QUARTA TURMA do Superior Tribunal de

Justiça, na conformidade dos votos e das notas taquigráficas a seguir, por unanimidade, não conhecer dos recursos, nos termos do voto do Sr. Ministro Relator. (RESP 253719/RJ, 4ª. Turma do STJ, Relator Ministro RUY ROSADO DE AGUIAR, DJ 27.11.2000 p 169, JBCC VOL.:00186 p 411).

SUCESSÃO. HERANÇA JACENTE. DE CUJUS FALECIDO ANTES DA LEI N. 8.049/90. VACÂNCIA DECLARADA POSTERIORMENTE. LEGITIMAÇÃO DO MUNICÍPIO PARA SUCEDER. I. É legitimado o Município à sucessão da herança jacente, cuja declaração de vacância ocorreu quando já vigiam as alterações promovidas pela Lei n. 8.049/90, ainda que o óbito do sucedido tenha ocorrido antes da incidência daquele estatuto. II. Precedente da 2ª Seção. III. Recurso especial conhecido e provido. Decisão. Vistos e relatados estes autos, em que são partes as acima indicadas, decide a Quarta Turma do Superior Tribunal de Justiça, à unanimidade, conhecer do recurso e dar-lhe provimento, na forma do relatório e notas taquigráficas constantes dos autos, que ficam fazendo parte integrante do presente julgado. (RESP 46235/RJ, 4ª. Turma do STJ, Relator Ministro ALDIR PASSARINHO JÚNIOR, DJ 26.06.2000 p 173, REPDJ 25.09.2000 p 101, RT 782/202).

PROCESSO CIVIL. INVENTÁRIO. SUSPENSÃO. Tratando-se de herança jacente, o inventário dos bens do de cujus deve aguardar o julgamento final da ação de dissolução de sociedade de fato proposta pela companheira. Recurso especial conhecido, mas não provido. (RESP 94449/RJ, 3ª Turma do STJ, Relator Ministro ARI PARGENDLER, DJU 08.05.2000, p. 88).

HERANÇA JACENTE. Usucapião. - Se a sentença de declaração de vacância foi proferida depois de completado o prazo da prescrição aquisitiva em favor das autoras da ação de usucapião, não procede a alegação de que o bem não poderia ser usucapido porque do domínio público, uma vez que deste somente se poderia cogitar depois da sentença que declarou vagos os bens jacentes (arts.1593 e 1594 do CCivil). - A arrecadação dos bens (art. 1591 do CCivil) não interrompe, só por si, a posse que as autoras exerciam e continuaram exercendo sobre o imóvel. - Recurso não conhecido. (RESP 209967/SP, 4ª. Turma do STJ, Relator Ministro Ruy Rosado de Aguiar, *DJ 21.02.2000 p 132, RSTJ 133/400).*

USUCAPIÃO. Em havendo o pedido de herança jacente formulado pelo Poder Público sido efetivado bem após a consumação do prazo de usucapião, não impede a declaração de domínio dos autores - Usucapião procedente. Recurso provido. (TJSP - AC 84.207-4 - 3ª C.D.Priv - Rel. Dês. Alfredo Migliore *- J. 29.06.1999).*

HERANÇA JACENTE USUCAPIÃO. ANTES DO DECURSO DO PRAZO DO ARTIGO 1594 DO CC, OS BENS DE HERANÇA JACENTE PODEM SER ADQUIRIDOS POR USUCAPIÃO. (AgRg no AG 35437/SP , 4ª. Turma do STJ, Relator Ministro Ruy Rosado de Aguiar, *DJU 20.02.1995, p. 3188).*

g) da petição de herança

Petição de herança, conforme ensinamentos de SADY CARDOSO DE GUSMÃO in "Repertório Enciclopédico do Direito Brasileiro", por J. M. DE CARVALHO SANTOS, Editor Borsoi, v. 37, p. 151, "Diz-se a ação privativa do herdeiro com duplo objetivo: reconhecimento de qualidade de herdeiro e obter a declaração de propriedade dos bens hereditários.

Frequentemente vem cumulada com as ações de investigação de paternidade ou maternidade, constituindo para o direito hereditário o que a reivindicação é para o direito de propriedade, distinguindo-se desta pelo seu caráter universal, sendo a reivindicação ação simples e particular, com a incidência direta do direito de propriedade."

Na prática, ensina HUMBERTO THEODORO JÚNIOR, "A Petição de Herança encarada principalmente dentro do prisma do Direito Processual Civil", a ação de petição de herança pode se dar em três situações.

A uma é aquela que se observa quando proposta contra pessoa estranha aos que sucederiam o *"de cujus"*, e teremos a ação de reivindicação, tal qual se proposta pelo finado, se morto não fosse, ou seja, a mudança se dá na representação ativa. A duas aquela que é intentada contra herdeiro aparente, aquele que embora tenha sucedido o *"de cujus"* não tinha direito à herança. A três, aquela intentada contra aquele que realmente é herdeiro, entretanto, foi aquinhoado com parte maior do que realmente deveria ter sido, sendo que tanto em uma como noutras, o herdeiro busca o direito a herança que se encontra em poder de outro, na sua totalidade ou fracionada.

Ainda na linha dos ensinamentos do mestre, essencialmente, "não há diferença substancial entre a ação de petição de herança e a ação reivindicatória. O que as distingue, praticamente, é que a petição de herança tem caráter universal, isto é, com ela visa-se a uma universalidade, que é o patrimônio deixado pelo *de cujus*. Já a reivindicatória, propriamente dita, é sempre uma ação singular ou particular, ou seja, uma demanda em torno apenas de coisa ou coisas individualizadas."

Estabelece o art. 1.824, CC, que o herdeiro pode, em ação de petição de herança, demandar o reconhecimento de seu direito sucessório, para obter a restituição da herança, ou de parte dela, contra quem, na qualidade de herdeiro, ou mesmo sem título, a possua.

A ação de petição de herança, ainda que exercida por um só dos herdeiros, poderá compreender todos os bens hereditários, conforme se observa do disposto no art. 1.825, sendo razão disso a circunstância de que enquanto não efetivada a partilha, a herança constitui uma universalidade.

O possuidor da herança está obrigado à restituição dos bens do acervo, fixando-se-lhe a responsabilidade segundo a sua posse, sendo que a partir da citação, a responsabilidade do possuidor se há de aferir pelas regras concernentes à posse de má-fé e à mora (art. 1.826) estabelecido a observância ao disposto nos arts. 1.214 a 1222.

Art. 1214. O possuidor de boa-fé tem direito, enquanto ela durar, aos frutos percebidos.

Parágrafo único. Os frutos pendentes ao tempo em que cessar a boa-fé devem ser restituídos, depois de deduzidas as despesas da produção e custeio; devem ser também restituídos os frutos colhidos com antecipação.

Art. 1215. Os frutos naturais e industriais reputam-se colhidos e percebidos, logo que são separados; os civis reputam-se percebidos dia por dia.

Art. 1216. O possuidor de má-fé responde por todos os frutos colhidos e percebidos, bem como pelos que, por culpa sua, deixou de perceber, desde o momento em que se constituiu de má-fé; tem direito às despesas da produção e custeio.

Art. 1217. O possuidor de boa-fé não responde pela perda ou deterioração da coisa, a que não der causa.

Art. 1218. O possuidor de má-fé responde pela perda, ou deterioração da coisa, ainda que acidentais, salvo se provar que de igual modo se teriam dado, estando ela na posse do reivindicante.

Art. 1219. O possuidor de boa-fé tem direito à indenização das benfeitorias necessárias e úteis, bem como, quanto às voluptuárias, se não lhe forem pagas, a levantá-las, quando o puder sem detrimento da coisa, e poderá exercer o direito de retenção pelo valor das benfeitorias necessárias e úteis.

Art. 1220. Ao possuidor de má-fé serão ressarcidas somente as benfeitorias necessárias; não lhe assiste o direito de retenção pela importância destas, nem o de levantar as voluptuárias.

Art. 1221. As benfeitorias compensam-se com os danos, e só obrigam ao ressarcimento se ao tempo da evicção ainda existirem.

Art. 1222. O reivindicante, obrigado a indenizar as benfeitorias ao possuidor de má-fé, tem o direito de optar entre o seu valor atual e o seu custo; ao possuidor de boa-fé indenizará pelo valor atual.

O herdeiro pode demandar os bens da herança, mesmo em poder de terceiros, sem prejuízo da responsabilidade do possuidor originário pelo valor dos bens alienados (art. 1.827), sendo eficazes as alienações feitas, a título oneroso, pelo herdeiro aparente a terceiro de boa-fé.

Prevê o artigo 1.828, que o herdeiro aparente - aquele que está na posse dos bens da herança, aparentando ser herdeiro-, que de boa-fé houver pago um legado, não está obrigado a prestar o equivalente ao verdadeiro sucessor, ressalvado a este o direito de proceder contra quem o recebeu.

No que tange ao prazo prescritivo para o seu exercício, como a lei não o prevê expressamente, é de 10 (dez) anos, por incidência da norma insculpida no art. 205, CC, contado esse prazo do dia da abertura da sucessão.

HUMBERTO THEODORO JÚNIOR, ob. cit., nos chama a atenção para a prescrição aquisitiva, "pois o estranho à sucessão que se apossa da herança age *animo domini* e, assim, pela posse prolongada atingirá o domínio gerado pelo usucapião, se tal posse for contínua e não impugnada até o momento de se perfazer o prazo legal dessa forma de aquisição originária do domínio.

Acontece, contudo, que o prazo de usucapião, muitas vezes, é menor do que o da prescrição extintiva, quer quanto ao todo, quer quanto às unidades que compõem a herança. A conciliação, pois, desses prazos diversos deve ser feita da seguinte maneira: a) enquanto não prescrita a ação de petição de herança, nenhum prazo de usucapião é de ter-se como hábil a antecipar a aquisição de domínio da herança pelo injusto possuidor; é que, sendo passível de reivindicação, a universalidade ainda integra o domínio do herdeiro tutelável pela ação de petição de herança, de sorte que enquanto perdurar o *jus reivindicandi* impossível é admitir-se a exceção de usucapião; b) o prazo de usucapião, por isso mesmo, só pode de fato terminar depois do prazo da prescrição da ação de petição de herança, ou, no máximo, terá de coincidir com esse. Por consequência, é, também, inviável cogitar-se de usucapião sobre bens singulares da herança (móveis ou imóveis), destacadamente. Ainda que muito menor seja o lapso de usucapião, se se considerar cada bem de per si, o certo é que, persistindo o *jus reivindicandi* sobre a universalidade, incompatível se mostra com tal direito a pretensão de usucapir individualmente qualquer de seus componentes."

SÚMULA Nº 149 do Supremo Tribunal Federal (STF) - É imprescritível a ação de investigação de paternidade, mas não o é a de petição de herança. Referência: Cód. Civil, arts. 363, 177 e 179; Lei 883, de 21.10.49, art. 1º; Embs. em Rec. Extr. 48.551, de 14.06.63 (DJ de 16.08.63, p. 715), 47.445, de 15.01.62; 49.526, de 9-11-62 (DJ de 29.11.62, p. 3.620). Recs. Extr. 54.099, de 17.09.63, e 47.859, de 05.01.62.

ENUNCIADO nº 267 do Conselho Federal de Justiça (CFJ) - art. 1.798: A regra do art. 1.798 do Código Civil deve ser estendida aos embriões formados mediante o uso de técnicas de reprodução assistida, abrangendo, assim, a vocação hereditária da pessoa humana a nascer cujos efeitos patrimoniais se submetem às regras previstas para a petição da herança.

PETIÇÃO DE HERANÇA. Averbação da partilha de bens, deixados pela genitora do autor, já falecido, que não o contemplou como herdeiro. Vício reconhecido. Reconhecido o direito do de cujus à partilha dos bens, sendo necessária a anulação daquela já realizada, por ser consequência do seu reconhecimento como herdeiro da genitora falecida. Sentença mantida. Recurso desprovido, com observação. (TJSP; Apelação 0024203-72.2012.8.26.0562; Relator (a): Fernanda Gomes Camacho; Órgão Julgador: 5ª Câmara de Direito Privado; Foro de Santos - 3ª Vara de Família e Sucessões; Data do Julgamento: 07/03/2018; Data de Registro: 08/03/2018)

RESPONSABILIDADE CIVIL - DANOS MORAIS – Petição de herança- Autor que é fruto de relação extraconjugal do de cujus e foi excluído da partilha- Provas de que os réus sabiam de sua existência- Exclusão dolosa do herdeiro necessário que acarretou danos morais indenizáveis- Quantum indenizatório mantido, em atenção aos critérios de razoabilidade e proporcionalidade - Recurso desprovido. (TJSP; Apelação 1008262-16.2016.8.26.0533; Relator (a):

Moreira Viegas; Órgão Julgador: 5ª Câmara de Direito Privado; Foro de Santa Bárbara D'Oeste - 2ª Vara Cível; Data do Julgamento: 28/02/2018; Data de Registro: 28/02/2018)

ANULATÓRIA DE PARTILHA C/C PETIÇÃO DE HERANÇA. Sentença de improcedência por falta de prova da paternidade do falecido em relação à autora. Prova documental juntada que corrobora fortemente com a alegação inicial de paternidade, a autorizar a reabertura da instrução para colheita de provas orais. Sentença anulada. Recurso provido. (TJSP; Apelação 0011002-75.2012.8.26.0606; Relator (a): Mary Grün; Órgão Julgador: 7ª Câmara de Direito Privado; Foro de Suzano - 3ª. Vara Cível; Data do Julgamento: 23/02/2018; Data de Registro: 23/02/2018)

Agravo de instrumento. Petição de herança distribuída por dependência à ação de reconhecimento de paternidade post mortem. Decisão recorrida concede em parte a tutela provisória de urgência, de natureza cautelar, para determinar arrolamento e bloqueio de parte de bens imóveis deixados pelos alegados genitor da agravante e pela avó paterna. Inconformismo dos réus, filhos do autor da herança, objetivando revogação da tutela. Provimento parcial. Decisão reformada. 1. Útil e adequada para os fins pretendidos nesta demanda a tutela provisória jurisdicional de urgência, de natureza cautelar, mediante constrição do patrimônio imobiliário sob titularidade dominial dos filhos-agravantes (já concedida pela decisão recorrida e ora confirmada) e reserva de quinhão hereditário sobre os ativos financeiros deixados pelo genitor (ora parcialmente modificada), uma vez presentes os requisitos autorizadores (artigo 300, CPC/15). Manutenção da constrição sobre a integralidade dos ativos financeiros somada à circunstância de autorização de sua liberação prévia pelo juízo apenas quando revelada a necessidade são medidas que se justificam à vista da conservação contínua do patrimônio imobiliário, combinado à suficiente reserva dos ativos financeiros que sobejarem favorável ao quinhão hereditário que seria detido pela parte autora em caso de procedência da demanda *principal. 2. Recurso provido em parte. (TJSP; Agravo de Instrumento 2183271-85.2017.8.26.0000; Relator (a): Piva Rodrigues; Órgão Julgador: 9ª Câmara de Direito Privado; Foro Central Cível - 12ª Vara da Família e Sucessões; Data do Julgamento: 06/02/2018; Data de Registro: 21/02/2018)*

AÇÃO DE INVESTIGAÇÃO DE PATERNIDADE CUMULADA COM PETIÇÃO DE HERANÇA – Preliminares de coisa julgada, prescrição, decadência e falta de interesse de agir. Rejeição. Ação que envolve direito personalíssimo e imprescritível. Aplicação da teoria da flexibilização ou relativização da coisa julgada. Possibilidade de propositura de nova ação. Decisão mantida. Recurso improvido. (TJSP – AI 445.862.4/3 – (0002611678) – Batatais – 2ª CDPriv. – Rel. NEVES AMORIM – DJe 17.12.2009 – p. 1024).

DIREITO CIVIL E PROCESSUAL CIVIL – FAMÍLIA – AÇÃO DE INVESTIGAÇÃO DE PATERNIDADE C.C – PETIÇÃO DE HERANÇA – EXAME DE DNA – RECUSA – PEDIDO DE CONVERSÃO DE JULGAMENTO EM DILIGÊNCIA – A recusa da produção de prova pericial na fase probatória, não abre a possibilidade de pleito posterior, no curso do processo, de conversão do julgamento em diligência para a realização do exame de DNA, em investigação de paternidade, isso porque tal prova só pode aproveitar à parte que não criou obstáculo para a sua realização- O fato de obstar a realização do exame de DNA, ao impor condições infundadas para sua ocorrência, ou ainda não comparecer no momento aprazado pelo Juízo para a coleta do material hematológico, corresponde à recusa de a ele se submeter, e tal recusa poderá suprir a prova que se pretendia obter com o exame- Embora a presunção de paternidade que surge da recusa ao exame de DNA não seja absoluta, a matéria fática tal como descrita no acórdão impugnado testifica favoravelmente ao pedido do investigante, o que é suficiente para a procedência do pedido- O direito da conversão do julgamento em diligência para produção de prova essencial, como o exame de DNA, deve aproveitar àquele que busca efetivamente desvendar a sua verdade biológica; Jamais àquele que se agarra à prova que pretende produzir como último subterfúgio para obter ainda um alongamento no curso processo. Recurso especial conhecido, mas não provido. (REsp 819.588, 3ª Turma, Relatora Ministra NANCY ANDRIGHI, *DJe 03.04.2009, p. 405).*

AGRAVO DE INSTRUMENTO – INVENTÁRIO – REALIZAÇÃO DE PARTILHA – POSTERIOR AJUIZAMENTO DE INVESTIGAÇÃO DE PATERNIDADE C/C PETIÇÃO DE HERANÇA – PROCEDÊNCIA – Direito de herdar em igualdade de condições com os outros filhos do de cujus. Reabertura do inventário. Doações realizadas em vida. Bens doados que devem ser trazidos à colação. Alienação a terceiros. Irrelevância. Apuração de eventual adiantamento de legítima. Providência plenamente compatível com o procedimento do inventário. Dispensa do arrolamento não mencionada no título pelo qual se operou a liberalidade. Decisão irretocável. Recurso desprovido. (TJPR – AI 432030-3 – 11ª C.Cív. – Rel. DES. LUIZ ANTÔNIO BARRY *– J. 24.10.2007).*

Comentário

Em decisão monocrática, o Juiz determinou que o inventariante nomeado, prestasse as primeiras declarações e trouxesse à colação todos os bens deixados por ocasião do falecimento do de cujus, inclusive os doados em vida.

Tudo se originou em ação de investigação de paternidade cumulada com petição de herança, proposta 19 anos após o falecimento do de cujus que foi reconhecida procedente, determinando a realização de nova partilha do patrimônio deixado.

Os recorrentes aduziram, em síntese, que pouco antes de seu falecimento, o autor da herança e sua esposa doaram aos agravantes, por meio de Escritura Pública, áreas de terras. Afirmaram, ainda, que reconhecem o direito do recorrido à herança, mas que a discussão sobre as doações não podem ser travadas em sede de inventário, devendo ser promovida em procedimento próprio; que a Escritura Pública apresenta-se como ato jurídico; que discutir a validade das doações é ato atentatório ao princípio da segurança jurídica; que a inclusão de bens doados no rol dos suscetíveis de serem partilhados poderá acarretar sérios prejuízos aos agravantes e terceiros, porque alguns deles já foram alienados.

O TJPR negou provimento ao recurso mantendo incólume a sentença de 1º grau. O Relator asseverou que a Lei Civil garante aos herdeiros necessários metade dos bens da herança, nos termos do art. 1.721 do Código Civil de 1916 e do art. 1.846 da codificação vigente, e que a doação realizada pelo sucedido a um de seus sucessores pode configurar-se como adiantamento de legítima, razão pela qual os bens recebidos a este título devem ser trazidos à colação para que seja preservada a igualdade entre os acervos recebidos pelo donatário e pelos demais herdeiros. É o que estabelecem os arts. 2.002 e 2.003 da atual legislação substantiva civil, e determinavam os arts. 1.785 e 1.786 do Código anterior.

Oportuno trazer o entendimento de ilustres juristas, coordenados por Rodrigo da Cunha Pereira, que em anotações feitas ao novo Código Civil, assim dispõem sobre os artigos mencionados acima:

"1. Colação é ato pelo qual os descendentes declaram no inventário as doações que receberam em vida do ascendente comum, a fim de que sejam conferidas e igualadas as respectivas legítimas. Apenas os descendentes sucessíveis é que terão que proceder à colação.

[...]

1. A colação tem por fim igualar as legítimas dos descendentes e do cônjuge sobrevivente, tendo sido incluído este último por ser também agora herdeiro necessário e concorrente na 1ª ordem de vocação hereditária.

2. Mesmo que o donatário não possua mais o bem ao tempo do falecimento do doador, deverá trazer à colação o valor nominal correspondente." (Código civil anotado. Coord. Rodrigo da Cunha Pereira. Porto Alegre: Síntese, 2004. p. 1304-05)

O entendimento do TJPR está correto, pois desde o reconhecimento da paternidade do agravante, como sendo filho do de cujus, tem o direito adquirido de herdar os bens deixados por este, mesmo já transcorrido alguns anos.[30]

INVESTIGAÇÃO DE PATERNIDADE C/C PETIÇÃO DE HERANÇA E ANULAÇÃO DE REGISTRO PÚBLICO – MODIFICAÇÃO DE ESTADO DE PESSOA NATURAL – DIREITO PERSONALÍSSIMO – RECUSA EXAME DE DNA – INEXISTÊNCIA DE PRESUNÇÃO ABSOLUTA – ART. 232 DO CÓDIGO CIVIL E SÚMULA Nº 301 DO SUPERIOR TRIBUNAL DE JUSTIÇA – Nas ações em que se busca a modificação de estado de pessoas naturais – direito personalíssimo e indisponível -, as provas produzidas nos autos devem ser convincentes e conclusivas, permitindo ao julgador, segundo o princípio da persuasão racional, a plena convicção acerca do direito invocado pelas partes. A recusa ao exame de DNA não pode ser tomada como uma presunção absoluta de veracidade, pois ele é apenas um dentre os vários meios de prova à disposição do Juízo. O art. 232 do Código Civil e a Súmula nº 301 do Superior Tribunal de Justiça não autorizam a conclusão de que o reconhecimento da paternidade é uma consequência lógica da recusa à submissão ao teste de DNA. Recurso conhecido e provido. (TJMG – AC 1.0672.03.121298-4/001 – 3ª C.Cív. – Rel. Des. DÍDIMO INOCÊNCIO DE PAULA – J. 13.09.2007).

FAMÍLIA – INVESTIGAÇÃO DE PATERNIDADE – NEGATÓRIA DE FILIAÇÃO – PETIÇÃO DE HERANÇA – POSSIBILIDADE JURÍDICA DO PEDIDO – PRESCRIÇÃO – DECADÊNCIA – ECA – O filho nascido na constância do casamento tem legitimidade para propor ação para

---

30 *In* Juris Síntese IOB – março/abril de 2010

identificar seu verdadeiro ancestral. A restrição contida no art. 340 do Código Beviláqua foi mitigada pelo advento dos modernos exames de DNA. A ação negatória de paternidade atribuída privativamente ao marido não exclui a ação de investigação de paternidade proposta pelo filho contra o suposto pai ou seus sucessores. A ação de investigação de paternidade independe do prévio ajuizamento da ação anulatória de filiação, cujo pedido é apenas consequência lógica da procedência da demanda investigatória. A regra que impõe ao perfilhado o prazo de quatro anos para impugnar o reconhecimento só é aplicável ao filho natural que visa afastar a paternidade por mero ato de vontade, a fim de desconstituir o reconhecimento da filiação, sem buscar constituir nova relação. É imprescritível a ação de filho, mesmo maior, ajuizar negatória de paternidade. Não se aplica o prazo do art. 178, § 9º, VI, do Código Beviláqua. (REsp 765.479/RJ, 3ª Turma, Relator Ministro HUMBERTO GOMES DE BARROS, *DJU 24.04.2006).*

INVESTIGAÇÃO DE PATERNIDADE, CUMULADA COM PETIÇÃO DE HERANÇA. CANCELAMENTO DO REGISTRO DE NASCIMENTO. EFEITO DA SENTENÇA DE PROCEDÊNCIA. CITAÇÃO DO PAI REGISTRAL. - É prescindível o prévio ou concomitante ajuizamento do pedido de anulação do registro de nascimento do investigante, dado que esse cancelamento é simples consequcia da sentença que der pela procedência da ação investigatória. Precedentes do STJ. - É litisconsorte passivo necessário o pai registrai, cuja citação é de ser efetivada como interessado no desfecho da lide. Recurso especial conhecido, em parte, e provido parcialmente. (REsp 402.859/SP, 4ª Turma do STJ, Relator Ministro BARROS MONTEIRO, *DJU 28.03.2005).*

DA SUCESSÃO LEGÍTIMA : a) Da ordem de vocação hereditária; b) Dos Herdeiros Necessários; c) Do direito de representação

Como vimos do art. 1786, ou a sucessão se dá por lei ou por disposição de última vontade. A primeira diz respeito à sucessão legítima e a segunda à disposição testamentária. Não tendo o falecido deixado testamento, sendo nulo ou tendo caducado este, tem lugar a sucessão legítima, não havendo impedimento para que ocorra esta concomitantemente com aquela.

José Serpa de Santa Maria, ob. cit., vol. IX, p. 50, ensina que "Sempre entendemos a sucessão *ab instestatio* como aquela pela qual a transmissão do patrimônio hereditando não se efetiva por disposição de última vontade do autor da herança, mas por disposição imperativa da lei, mediante certa ordem vocacional preestabelecida para suceder.

Cumpre *ab initio* indagar em que situação normalmente ocorre a sucessão intestada. Podemos desde logo elencar as seguintes:

1 -   *quando o sucedendo não produziu testamento;*

2 -   *quando o sucedendo tem herdeiros necessários e a sucessão deve ser então também legitimaria;*

3 -   *sempre que o sucedendo não testou a totalidade dos bens;*

4 -   *quando inobstante o testamento total surgiram novos bens posteriormente ao testamento;*

5 -   *quando o testamento é declarado nulo;*

6 -   *quando o testamento é considerado caduco;*

7 -   *quando há renúncia de parte dos bens;*

8 -   *quando o testador revoga a disposição em relação a certo herdeiro ou herdeiros considerados indignos ou excluídos pela deserdação;*

9 -   *sempre que há impugnação de certos herdeiros e for judicialmente declarada."*

a) da ordem de vocação hereditária

ITABAIANA DE OLIVEIRA, obr. cit., v. I, p. 169, aponta para o fato, inafastável, de que a pedra angular da sucessão legítima está na ordem da vocação hereditária que tem passado, "desde a legislação dos romanos, por fases diversas, atenta à sua magna importância, por dizer respeito, intimamente, aos laços de família, cujos direitos têm preocupado, sempre, a todos os legisladores, e por ser o modo regulador da distribuição dos sucessíveis em classes, das quais umas preferem às outras na adição da herança."

A ordem da vocação hereditária está relacionada, na mais perfeita harmonia, com o conceito de família, ou seja, em regra geral temos por essa ordem a afinidade que cola uma relação aos outros dentro dos laços familiares.

Estabelece o art. 1.829[1], que a sucessão legítima defere-se, em ordem de preferência e exclusão, aos descendentes, em concorrência com o cônjuge sobrevivente, salvo se casado este com o falecido em regime de comunhão universal, ou no da separação obrigatória de bens (art. 1.640, parágrafo único); ou se, no regime da comunhão parcial, o autor da herança não houver deixado bens particulares; aos ascendentes, em concorrência com o cônjuge; ao cônjuge sobrevivente; e, por último, aos colaterais.

A grande inovação do Novo Código, no direito das sucessões, está na ordem da vocação hereditária. Enquanto o cônjuge vinha em terceiro lugar Código anterior, após os descendentes e ascendentes, e era herdeiro facultativo, poderia ser afastado pela via testamentária, hoje é herdeiro necessário, podendo concorrer com os descendentes do *de cujus*, sem prejuízo da meação em função do regime de bens.

Entretanto, nem todo cônjuge sobrevivente ao falecido, "que ao tempo da morte do outro, não estavam separados judicialmente, nem separados de fato há mais de dois anos, salvo prova, neste caso, de que essa convivência se tornara impossível sem culpa do sobrevivente" (art. 1830), terá direito na herança, notadamente porque dependerá das condições, de fato e de direito, impostas pelo art. 1.829,I, inicialmente.

---

[1] Consoante estabelece o art. 2.041, as disposições do Novo Código Civil relativas à ordem da vocação hereditária (arts. 1829 a 1844) não se aplicam à sucessão aberta antes de sua vigência, prevalecendo o disposto na lei anterior (Lei nº 3.071, de 1º de janeiro de 1916).

Com vistas à circunstância de que o inciso I do art. 1.829 faz referência a regime de bens, é bom lembrarmos que na vigência do CC/16 contávamos com o regime de comunhão universal de bens, o da comunhão parcial de bens, o da separação de bens e dotal, e agora, CC/02, temos, tal qual o anterior, o regime de comunhão universal de bens, o de comunhão parcial de bens, o de separação de bens, e, suprimindo o regime dotal, em desuso, o de participação final nos aquestos.

No regime de comunhão parcial de bens, estabelece o art. 1.658, "comunicam-se os bens que vierem na constância do casamento", com as exceções previstas no art. 1.659 e as determinações do art. 1.660.

> *Art. 1659. Excluem-se da comunhão:*
>
> *I - os bens que cada cônjuge possuir ao casar, e os que lhe sobrevierem, na constância do casamento, por doação ou sucessão, e os sub-rogados em seu lugar;*
>
> *II - os bens adquiridos com valores exclusivamente pertencentes a um dos cônjuges em sub-rogação dos bens particulares;*
>
> *III - as obrigações anteriores ao casamento;*
>
> *IV - as obrigações provenientes de atos ilícitos, salvo reversão em proveito do casal;*
>
> *V - os bens de uso pessoal, os livros e instrumentos de profissão;*
>
> *VI - os proventos do trabalho pessoal de cada cônjuge;*
>
> *Vil - as pensões, meios-soldos, montepios e outras rendas semelhantes.*
>
> *Art. 1660. Entram na comunhão:*
>
> *I - os bens adquiridos na constância do casamento por título oneroso, ainda que só em nome de um dos cônjuges;*
>
> *II - os bens adquiridos por fato eventual, com ou sem o concurso de trabalho ou despesa anterior;*
>
> *III - os bens adquiridos por doação, herança ou legado, em favor de ambos os cônjuges;*

IV - as benfeitorias em bens particulares de cada cônjuge;

V - os frutos dos bens comuns, ou dos particulares de cada cônjuge, percebidos na constância do casamento, ou pendentes ao tempo de cessar a comunhão.

Já o regime de comunhão universal de bens, se vê do art. 1667, "importa a comunicação de todos os bens presentes e futuros dos cônjuges e suas dívidas passivas", com as exceções previstas no art. 1668, não estendidas aos frutos, quando se percebam ou vençam durante o casamento.

Art. 1668. São excluídos da comunhão:

I - os bens doados ou herdados com a cláusula de incomunicabilidade e os sub-rogados em seu lugar;

II - os bens gravados de fideicomisso e o direito do herdeiro fideicomissário, antes de realizada a condição suspensiva;

III - as dívidas anteriores ao casamento, salvo se provierem de despesas com seus aprestos, ou reverterem em proveito comum;

IV - as doações antenupciais feitas por um dos cônjuges ao outro com a cláusula de incomunicabilidade;

V - Os bens referidos nos incisos V a VII do art. 1.659.

Art. 1669. A incomunicabilidade dos bens enumerados no artigo antecedente não se estende aos frutos, quando se percebam ou vençam durante o casamento.

Relativamente ao regime da separação obrigatória de bens, difere da separação de bens, tendo em vista que enquanto em um a separação dos bens se dá por vontade dos nubentes no outro ela se dá por determinação legal, notadamente pela ordem emanada do 1.641.

Art. 1641. É obrigatório o regime da separação de bens no casamento:

I - das pessoas que o contraírem com inobservância das causas suspensivas da celebração do casamento;

II – da pessoa maior de 70 (setenta) anos (Redação dada pela Lei nº 12.344, de 2010)

III - de todos que dependerem, para casar, de suprimento judicial.

No novo regime de bens, participação final dos aquestos, conforme estipula o art. 1.672, "cada cônjuge possui patrimônio próprio, consoante disposto no artigo seguinte, e lhe cabe, à época da dissolução da sociedade conjugal, direito à metade dos bens adquiridos pelo casal, a título oneroso, na constância do casamento."

"Pelo regime de participação final dos aquestros, os cônjuges vivem sob verdadeira separação de bens, vale dizer, cada cônjuge tem a livre administração de seus próprios bens, enquanto durar a sociedade conjugal. A *eficácia* desse regime de bens quanto à efetiva participação final dos aquestos só surge com o fato jurídico da *dissolução da sociedade conjugal*. Antes disso o casal vive sob o regime de separação de bens. Na constância da sociedade conjugal, tudo o que os cônjuges adquirirem integrará, respectivamente, a massa do patrimônio de cada um. No momento da dissolução da sociedade conjugal serão apurados os bens adquiridos na constância da sociedade conjugal, a título oneroso, e divididos pela metade para cada um dos cônjuges. Nesse sentido : ROLF MADALENO, *Do regime de bens entre os cônjuges* (Dir. Fam. Novo CC, n. 6, p. 171)."(NELSON NERY JÚNIOR e ROSA MARIA DE ANDRADE NERY, ob. cit., p. 562/3).

A equação, com vistas a aferir a participação do cônjuge supérstite na herança do hereditando, deve partir, inicialmente das exclusões enumeradas no referido dispositivo de lei.

Se casado pelo regime de comunhão universal ou da separação obrigatória, tal qual se pelo regime de comunhão parcial o hereditando não tiver deixado bens particulares, o cônjuge sobrevivente nada herda. Recolherá, isso sim, sua meação, que nada tem a ver com herança.

Conclui-se, assim, que o cônjuge só herdará, em concorrência, se o finado consorte deixou bens adquiridos antes da união, ou seja, bens particulares.

Acerca da regra geral a ser observada no que tange ao cônjuge sobrevivente, na nota 3 ao artigo acima, NELSON NERY JÚNIOR e ROSA MARIA DE ANDRADE NERY, ob. cit., p. 613, 2ª col., com a propriedade que lhes é peculiar, ensinam que "Herda, como herdeiro necessário (CC 1845), se preenchidas as condições especiais que a norma menciona. É assim que o novo sistema trata do cônjuge sobrevivente, ou cônjuge supérstite (CC 1845). Quem é o cônjuge capaz de herdar em concorrência com os descendentes do morto ? Para se chegar a essa resposta são necessárias duas etapas de averiguação. Uma, relacionada com a higidez da sociedade conjugal então formada pelo morto e o cônjuge sobrevivente. Outra, relacionada com o regime de bens e o patrimônio particular do morto. I - Quanto à situação jurídica e de fato relativa ao estado civil do casal : A) o sobrevivente há de ostentar o estado de casado quando da abertura da sucessão, posto que aos separados judicialmente ou de fato, em regra, o direito não reconhece direito sucessório (CC 1830); B) se o casal estiver separado de fato, que a separação não tenha ocorrido há mais de dois anos, da abertura da sucessão (CC 1830); C) se estiver separado há mais de dois anos da abertura da sucessão, não perde a capacidade sucessória o sobrevivente, se provar que a convivência com o autor da herança se tornara impossível por culpa sua (CC 1830). II - Quanto ao regime jurídico do casamento, são essas as soluções: A) herda o cônjuge sobrevivente casado pelo regime de comunhão parcial (CC 1658 a 1666), na hipótese de o morto ter deixado bens particulares; B) herda o cônjuge sobrevivente casado pelo regime da separação convencional de bens (CC 1687 e 1688); C) herda o cônjuge sobrevivente casado pelo regime de participação final nos aquestos (CC 1692 a 1685)."

O art. 1.603 do CC anterior tratava da ordem da vocação hereditária, sendo que, especificamente em seu inciso III estabelecia que, na falta de descendente (inciso I) ou de ascendente (inciso II), deferia-se a sucessão ao cônjuge sobrevivente.

CC/16 — Art. 1603 - A sucessão legítima defere-se na ordem seguinte:

I - aos descendentes;

II - aos ascendentes;

III - ao cônjuge sobrevivente;

IV - aos colaterais;

V - aos Municípios, ao Distrito Federal ou à União. (Redação dada ao inciso pela Lei nº 8.049, de 20.06.1990).

A esse propósito, inúmeras foram as oportunidade em que o Superior Tribunal de Justiça foi chamado a se manifestar acerca da ofensa ao disposto no inciso III do referido artigo, por ter sido considerada a companheira, comprovada a união estável por longo período, na ordem da sucessão hereditária, como cônjuge sobrevivente, e o deslinde foi no sentido de que tal afronta não se observava (STJ - REsp 74.467 - RS -3ª T. - Rel. Min. CARLOS A. M. DIREITO - DJU 30.06.1997).

Relativamente ao companheiro ou companheira, a sucessão passou a se dar na forma do art. 1.790 do Novo CC, podendo ser inventariante, na forma do art. 1.797, I. Veja-se, a propósito, que o companheiro ou companheira tiveram tratamento dispensado na parte geral do direito das sucessões, importando dizer que sua ordem da vocação hereditária foi diversa daquela dispensada ao cônjuge sobrevivente.

São colaterais ou transversais, conforme preceitua o art. 1.592, até o quatro grau, as pessoas provenientes de um só tronco, sem descenderem uma da outra. Assim, compreende-se nesta classe os irmãos, os primos, tios e sobrinhos, sendo que, conforme regra do art. 1.790, III, se concorressem à herança com o companheiro ou a companheira, herdam o correspondente a 2/3 do acervo.

Porém no dia 10 de maio de 2017, conforme consta da publicação inserida no Informativo STF nº 864, declarou-se a inconstitucionalidade do art. 1.790 do Código Civil, conforme texto abaixo:

"No sistema constitucional vigente, é inconstitucional a diferenciação de regimes sucessórios entre cônjuges e companheiros, devendo ser aplicado, em ambos os casos, o regime estabelecido no artigo 1.829 do Código Civil.

Com base nesse entendimento, o Plenário, ao apreciar o Tema 809 da repercussão geral, por maioria, deu provimento ao recurso extraordinário para reconhecer, de forma incidental, a inconstitucionalidade do art. 1.790 do Código Civil de 2002[2] e declarar o direito da recorrente a participar da herança de seu companheiro, em conformidade com o regime jurídico estabelecido no art. 1.829 do referido código[3] (vide Informativos 837 e 859).

No caso, a recorrente vivia em união estável, em regime de comunhão parcial de bens, há cerca de nove anos, até seu companheiro falecer, sem deixar testamento. O falecido não tinha descendentes nem ascendentes, apenas três irmãos.

O tribunal de origem, com fundamento no art. 1.790, III, do Código Civil de 2002, limitou o direito sucessório da recorrente a 1/3 dos bens adquiridos onerosamente durante a união estável, excluídos os bens particulares do falecido, os quais seriam recebidos integralmente pelos irmãos. Porém, se fosse casada com o falecido, a recorrente teria direito à totalidade da herança.

O Supremo Tribunal Federal afirmou que a Constituição contempla diferentes formas de família, além da que resulta do casamento. Nesse rol incluem-se as famílias formadas mediante união estável. Portanto, não é legítimo desequiparar, para fins sucessórios, os cônjuges e os companheiros, isto é, a família formada por casamento e a constituída por união estável. Tal hierarquização entre entidades familiares mostra-se incompatível com a Constituição.

O art. 1.790 do Código Civil de 2002, ao revogar as Leis 8.971/1994 e 9.278/1996 e discriminar a companheira (ou companheiro), dando-lhe

---

[2] Código Civil/2002: "Art. 1.790. A companheira ou o companheiro participará da sucessão do outro, quanto aos bens adquiridos onerosamente na vigência da união estável, nas condições seguintes: I – se concorrer com filhos comuns, terá direito a uma quota equivalente à que por lei for atribuída ao filho; II – se concorrer com descendentes só do autor da herança, tocar-lhe-á a metade do que couber a cada um daqueles; III – se concorrer com outros parentes sucessíveis, terá direito a um terço da herança; IV – não havendo parentes sucessíveis, terá direito à totalidade da herança."

[3] Código Civil/2002: "Art. 1.829. A sucessão legítima defere-se na ordem seguinte: I – aos descendentes, em concorrência com o cônjuge sobrevivente, salvo se casado este com o falecido no regime da comunhão universal, ou no da separação obrigatória de bens (art. 1.640, parágrafo único); ou se, no regime da comunhão parcial, o autor da herança não houver deixado bens particulares; II – aos ascendentes, em concorrência com o cônjuge; III – ao cônjuge sobrevivente; IV – aos colaterais."

direitos sucessórios inferiores aos conferidos à esposa (ou ao marido), entra em contraste com os princípios da igualdade, da dignidade da pessoa humana, da proporcionalidade na modalidade de proibição à proteção deficiente e da vedação ao retrocesso.

A Corte ainda ressaltou que, com a finalidade de preservar a segurança jurídica, o entendimento ora firmado aplica-se apenas aos inventários judiciais em que a sentença de partilha não tenha transitado em julgado e às partilhas extrajudiciais em que ainda não haja escritura pública.

Vencidos os ministros Dias Toffoli, Marco Aurélio e Ricardo Lewandowski, que negaram provimento ao recurso. Para eles, a norma civil apontada como inconstitucional não hierarquiza o casamento em relação à união estável, mas acentua serem formas diversas de entidades familiares. Nesse sentido, ponderaram que há de ser respeitada a opção dos indivíduos que decidem submeter-se a um ou a outro regime.".

Nesse limite, vale citar trecho do voto do Ministro Luís Roberto Barroso, relator do RE n° 878.694:

"26. O grande marco na involução na proteção do companheiro foi, porém, o art. 1.790 do CC/2002, questionado nesta ação direta, que dispôs sobre o regime da sucessão legítima nas uniões estáveis de forma diversa do regime geral previsto no art. 1.829 do mesmo Código em relação ao cônjuge (...)

I.3. Principais diferenças entre os regimes sucessórios de cônjuge e companheiro no novo Código Civil

27. Da leitura conjunta desses artigos do Código Civil, a primeira diferença que se nota é que o novo regramento restringe a participação hereditária do companheiro aos bens adquiridos onerosamente na vigência da união estável, em relação aos quais o companheiro já possuía meação. A regra de que o companheiro só é herdeiro quando for meeiro não possui qualquer similar no regime sucessório do cônjuge, e, além disso, não se coaduna com a ideia de proteção do regime sucessório, já que, em relação a esses bens, o companheiro já teria direito à meação. Por outro lado, o caput do art. 1.790 do CC/2002 exclui da sucessão qualquer bem adquirido gratuitamente pelo falecido, assim como qualquer bem adquirido onerosamente em período anterior à vigência da união estável.

28. A segunda diferença entre as ordens de vocação hereditária nos dois regimes é que, em regra, quando o companheiro tem direito à sucessão, seu quinhão é muito inferior ao que lhe seria conferido caso fosse casado com o falecido. Nesse ponto particular, a situação dos presentes autos é simbólica. No caso concreto, a recorrente vivia em união estável, em regime de comunhão parcial de bens, até que seu companheiro veio a falecer. O falecido não possuía descendentes nem ascendentes, mas apenas três irmãos. Pelo regramento do CC/2002, em referida hipótese, a companheira recebe apenas um terço dos bens adquiridos onerosamente durante a vigência da união, enquanto os irmãos recebem todos os demais bens. No entanto, se, diversamente, a recorrente fosse casada com o falecido, ela teria direito a todo o monte sucessório.

29. De forma ainda mais contrária à lógica do Direito das Sucessões, a distribuição citada acima seria a mesma, caso, ao invés de irmãos, o falecido houvesse deixado apenas um tio-avô, um primo, ou um sobrinho-neto. Esses receberiam todos os bens adquiridos gratuitamente, todos os adquiridos antes da união estável, e mais dois terços daqueles adquiridos onerosamente durante a união estável. É que, nos termos do Código Civil, os colaterais até o quarto grau são parentes sucessíveis (art. 1.729, III c/c art. 1.839). Acerca dessa escolha legislativa, vale destacar a fina percepção de Zeno Veloso: 'A lei não está imitando a vida, nem está em consonância com a realidade social, quando decide que uma pessoa que manteve a mais íntima e completa relação com o falecido, que sustentou com ele uma convivência séria, sólida, qualificada pelo *animus* de constituição de família, que com o autor da herança protagonizou, até a morte deste, um grande projeto de vida, fique atrás de parentes colaterais dele, na vocação hereditária '.

30. Nesse panorama, é possível constatar a discrepância não razoável entre o grau de proteção legal do cônjuge supérstite e do companheiro supérstite. O CC/2002 confere amplos recursos para que o cônjuge remanescente consiga levar adiante sua vida de forma digna, em um momento em que estará psicológica e economicamente mais vulnerável, mas, na maior parte dos casos, trata de forma diametralmente oposta o companheiro remanescente, como se este fosse merecedor de menor proteção . (...)

49. Como decorrência lógica da inexistência de qualquer hierarquia entre as diferentes entidades familiares e do direito a igual proteção legal de todas as famílias, é inconstitucional o art. 1.790, do Código Civil, ao prever regimes sucessórios distintos para o casamento e para a união estável. Se o legislador civil entendeu que o regime previsto no art. 1.829 do CC/2002 é aquele que melhor permite ao cônjuge viver sua vida de forma digna após o óbito de seu parceiro, não poderia, de forma alguma, estabelecer regime diverso e menos protetivo para o companheiro. (...)

54. Em verdade, a ideia de se prever em lei um regime sucessório impositivo parte justamente da concepção de que, independentemente da vontade do indivíduo em vida, o Estado deve fazer com que ao menos uma parcela de seu patrimônio seja distribuída aos familiares mais próximos no momento de sua morte, de modo a garantir meios de sustento para o núcleo familiar. E não faz sentido desproteger o companheiro na sucessão legítima apenas porque não optou pelo casamento. O fato de as uniões estáveis ocorrerem com maior frequência justamente nas classes menos favorecidas e esclarecidas da população apenas reforça o argumento da impossibilidade de distinguir tais regimes sucessórios, sob pena de prejudicar justamente aqueles que mais precisam da proteção estatal e sucessória.

55. Diante do exposto, conclui-se que a diferenciação entre os regimes sucessórios do casamento e da união estável promovida pelo art. 1.790 do Código Civil de 2002 viola o princípio da dignidade da pessoa humana, tanto na dimensão do valor intrínseco, quanto na dimensão da autonomia. Além disso, ao outorgar ao companheiro direitos sucessórios distintos daqueles conferidos ao cônjuge pelo artigo 1.829, o CC/2002 produz lesão ao princípio da proporcionalidade como proibição de proteção deficiente. (...)

57. No caso em discussão, a violação à proporcionalidade como vedação à proteção deficiente é bastante evidente. Como se viu, o conjunto normativo resultante do art. 1.790 do Código Civil veicula uma proteção insuficiente ao princípio da dignidade da pessoa humana em relação aos casais que vivem em união estável. A depender das circunstâncias, tal regime jurídico sucessório pode privar o companheiro supérstite dos recursos necessários para seguir com sua vida de forma digna. Porém, a deficiência da atuação estatal em favor da dignidade humana dos companheiros não é justificada pela tutela

de nenhum outro interesse constitucional contraposto. Conforme já analisado, não se pode defender uma preferência constitucional ao casamento para justificar a manutenção da norma do Código Civil menos protetiva da união estável em relação ao regime sucessório aplicável. À luz da Constituição de 1988, não há hierarquia entre as famílias e, por isso, não se pode desigualar o nível de proteção estatal a elas conferido."

No mesmo sentido, a jurisprudência do Col. Superior Tribunal

RECURSO ESPECIAL. CIVIL. PROCESSUAL CIVIL. DIREITO DE FAMÍLIA E DAS SUCESSÕES. DISTINÇÃO DE REGIME SUCESSÓRIO ENTRE CÔNJUGES E COMPANHEIROS. IMPOSSIBILIDADE. ART. 1.790 DO CÓDIGO CIVIL DE 2002. INCONSTITUCIONALIDADE. STF. REPERCUSSÃO GERAL RECONHECIDA. ART. 1.829 DO CÓDIGO CIVIL DE 2002. PRINCÍPIOS DA IGUALDADE, DIGNIDADE HUMANA, PROPORCIONALIDADE E DA RAZOABILIDADE. INCIDÊNCIA. VEDAÇÃO AO RETROCESSO.

APLICABILIDADE.

1. No sistema constitucional vigente é inconstitucional a distinção de regimes sucessórios entre cônjuges e companheiros, devendo ser aplicado em ambos os casos o regime estabelecido no artigo 1.829 do CC/2002, conforme tese estabelecida pelo Supremo Tribunal Federal em julgamento sob o rito da repercussão geral (Recursos Extraordinários n°s 646.721 e 878.694).

2. O tratamento diferenciado acerca da participação na herança do companheiro ou cônjuge falecido conferido pelo art. 1.790 do Código Civil/2002 ofende frontalmente os princípios da igualdade, da dignidade humana, da proporcionalidade e da vedação ao retrocesso.

3. Ausência de razoabilidade do discrímen à falta de justo motivo no plano sucessório.

4. Recurso especial provido. (REsp 1332773/MS, Rel. Ministro Ricardo Villas Bôas Cueva, Terceira Turma, julgado em 27/06/2017, DJe 01/08/2017).

Sobre o afastamento da incidência da decisão, pela apresentação das declarações de partilha em momento anterior transcrevemos o seguinte trecho do acórdão relatado e discutido estes autos de

Agravo de Instrumento nº 2210657-90.2017.8.26.0000, da Comarca de Indaiatuba[4]:

"[...] é de notar que, seguindo a sistemática dos recursos extraordinários, desde a afetação até a publicação do acórdão paradigma dotado de repercussão geral (artigos 1.035, §5°, e 1.040, III, do Código de Processo Civil), os processos ficam suspensos, devendo, logo após, retomar o seu curso para a aplicação da tese firmada, sem prejuízo de sequer ter sido prolatada sentença nos autos originários. E sobre a questão, independe o seu pronunciamento de anuência da companheira quanto ao plano de partilha ou mesmo de arguição por ocasião de nova decisão que lhe favoreceria.

Cito precedentes:

> *AGRAVO DE INSTRUMENTO — Inventário — Decisão que determinou a readequação do plano de partilha — Insurgência dos herdeiros — Inconstitucionalidade do art. 1.790 do CC reconhecida pelo Plenário do Colendo Supremo Tribunal Federal nos Recursos Extraordinários 646.721 e 878.694 — Repercussão geral — Acórdão paradigma que deve ser aplicado aos processos — Inventário ainda em andamento, sendo irrelevante a ausência de arguição da questão pela companheira bem como decisão interlocutória anterior em sentido diverso - Decisão mantida — Recurso improvido. (Agravo de Instrumento n. 2159591-71.2017.8.26.0000, Rel. Des. Egidio Giacoia, 3a Câmara de Direito Privado, j. 19/02/2018)*

Apelação - Direito das sucessões - Sucessão em favor de ascendentes e companheira do de cujus - Homologação de partilha - Alegação de nulidade da sentença em razão da falta de análise de petição de impugnação apresentada pela companheira, a qual foi encaminhada, por erro no peticionamento, a outro processo - Inexistência de vício na sentença - Fato imputável à parte. Despesas com hospital e profissionais

---

4 TJSP; Agravo de Instrumento 2210657-90.2017.8.26.0000; Relator (a): Alexandre Coelho; Órgão Julgador: 8ª Câmara de Direito Privado; Foro de Indaiatuba - 1ª Vara Cível; Data do Julgamento: 28/02/2018; Data de Registro: 28/02/2018

de saúde que prestaram atendimento ao falecido após acidente que culminou no seu óbito - Despesas comprovadas por meio de recibos e/ou notas fiscais - Admissibilidade e cômputo como dívida do espólio

- Prova adequada. Débitos relativos a contratos em que o falecido figurava como devedor

- Passivo a ser computado na sucessão. Gestão de negócios proveitosa em relação ao espólio, que vincula a companheira herdeira. Partilha - Necessidade de retificação para aplicação do art. 1.829, II c.c. art. 1.837 do Código Civil - Declaração de inconstitucionalidade pelo STF do art. 1.790 do CC, com equiparação da condição da companheira e do cônjuge para fins sucessórios - Concorrência que independe do regime de bens do casamento/união - Precedente vinculante aplicável ao caso sub judice - Partilha que apenas considerou a extinção da união estável, cabendo deliberar sobre a participação da companheira na herança. Recurso parcialmente provido.

(Apelação n. 0019946-05.2008.8.26.0510, Rel. Des. Enéas Costa Garcia, 1a Câmara de Direito Privado, j. 06/02/2018)"

> PROCEDIMENTO DE JURISDIÇÃO VOLUNTÁRIA. PEDIDO DE EXPEDIÇÃO DE ALVARÁ. AUTORIZAÇÃO PARA TRANSFERÊNCIA DE VEÍCULO PERTENCENTE Á COMPANHEIRA, JÁ FALECIDA. EXIGÊNCIA DE COMPROVAÇÃO DE RENÚNCIA DOS HERDEIROS COLATERAIS. ART. 1.790 DO CÓDIGO CIVIL. SENTENÇA DE IMPROCEDÊNCIA. REFORMA. DECISÃO PROFERIDA PELO SUPREMO TRIBUNAL FEDERAL, EM REPERCUSSÃO GERAL, NO JULGAMENTO DO RE N. 646721/RS. TEMA 498. ALCANCE DO DIREITO SUCESSÓRIO EM FACE DE UNIÃO ESTÁVEL HOMOAFETIVA. EQUIPARAÇÃO COMO UNIDADE FAMILIAR. INTERPRETAÇÃO À LUZ DOS PRINCÍPIOS DA IGUALDADE E DA DIGNIDADE DA PESSOA HUMANA. APLICAÇÃO DAS REGRAS DO ART. 1.829 DO CÓDIGO CIVIL. SENTENÇA REFORMADA. RECURSO CONHECIDO E PROVIDO. *É inconstitucional a distinção de regimes sucessórios entre cônjuges e companheiros prevista no art. 1.790 do CC/2002, devendo ser aplicado, tanto nas hipóteses de casamento quanto nas de união estável, o*

regime do art. 1.829 do CC/2002. (STF, RE n. 646721/RS). (TJSC, Apelação Cível n. 0306137-24.2015.8.24.0011, de Brusque, rel. Des. Sebastião César Evangelista, Segunda Câmara de Direito Civil, j. 01-03-2018).

AGRAVO DE INSTRUMENTO. INVENTÁRIO E PARTILHA. HERDEIRA ASCENDENTE E COMPANHEIRO. UNIÃO HOMOAFETIVA RECONHECIDA POST MORTEM. INTERLOCUTÓRIO QUE DETERMINOU ADEQUAÇÃO DO PLANO DE PARTILHA PARA DIVISÃO IGUALITÁRIA DOS BENS. INSURGÊNCIA DA INVENTARIANTE. ALEGAÇÃO DE QUE O IMÓVEL FOI ADQUIRIDO ANTERIORMENTE À CONSTÂNCIA DA UNIÃO ESTÁVEL. IRRELEVÂNCIA. COMPANHEIRO DEVE CONCORRER COMO HERDEIRO DOS BENS PARTICULARES DEIXADOS PELO AUTOR DA HERANÇA. ENTIDADE FAMILIAR. OBSERVÂNCIA DO ARTIGO 226 DA CONSTITUIÇÃO FEDERAL. APLICAÇÃO ANALÓGICA DO ARTIGO 1.829 DO CÓDIGO CIVIL. IGUALDADE ENTRE CÔNJUGES E COMPANHEIROS. INCONSTITUCIONALIDADE DO ARTIGO 1.790 DO CÓDIGO CIVIL. RECONHECIDA INCIDENTALMENTE PELO SUPREMO TRIBUNAL FEDERAL. MANUTENÇÃO DA DECISÃO AGRAVADA. RECURSO CONHECIDO E DESPROVIDO. "É inconstitucional a distinção de regimes sucessórios entre cônjuges e companheiros prevista no art. 1.790 do CC/2002, devendo ser aplicado, tanto nas hipóteses de casamento quanto nas de união estável, o regime do art. 1.829 do CC/2002". (STF, RE n. 646721/RS). (TJSC, Agravo de Instrumento n. 4007858-15.2016.8.24.0000, de Chapecó, rel. Des. Saul Steil, Terceira Câmara de Direito Civil, j. 18-07-2017).

DIREITO DAS SUCESSÕES - UNIÃO ESTÁVEL - CC, ART. 1.790 - TRATAMENTO DIFERENCIADO - INCONSTITUCIONALIDADE - PRECEDENTE DO PLENÁRIO DO STF - REPERCUSSÃO GERAL Segundo tese em repercussão geral fixada recentemente pelo Supremo Tribunal Federal no julgamento do Recurso Extraordinário n. 878.694/MG: "É inconstitucional a distinção de regimes sucessórios entre cônjuges e companheiros prevista no art. 1.790 do CC/2002, devendo ser aplicado, tanto nas hipóteses de casamento quanto nas de união estável, o regime do art. 1.829 do CC/2002". COMUNHÃO PARCIAL DE BENS - AUTOMÓVEL - SUB-ROGAÇÃO DE BEM PARTICULAR - NÃO COMPROVAÇÃO "A sub-rogação afasta a presunção de contribuição e inviabiliza a partilha. A prova de sua ocorrência, todavia, é ônus do interessado, pois do contrário prevalece a presunção de comunicação dos bens adquiridos onerosamente na constância do casamento [...]" (AC n. 2015.003819-1, Des. Henry Petry Junior). (TJSC, Agravo de Instrumento n. 4011739-97.2016.8.24.0000, de Criciúma, rel. Des. Luiz Cézar Medeiros, Quinta Câmara de Direito Civil, j. 20-06-2017).

INVENTÁRIO – Sucessão da companheira – Existência de um irmão e dois sobrinhos, filhos de irmã pré-morta do falecido - Declarada a inconstitucionalidade do art. 1.790 do CC/2002, que previa diferenciação dos direitos de cônjuges e companheiros para fins sucessórios – Orientação decorrente de tese firmada na Corte Suprema, por ocasião da análise de recursos (RE 646.721 e 878.694), julgados em regime de repercussão geral - Incidência da regra prevista no artigo 1.829, III do CC/2002 – Afastada a sucessão dos parentes colaterais – Decisão reformada – AGRAVO PROVIDO. (TJSP; Agravo de Instrumento 2149411-30.2016.8.26.0000; Relator (a): Elcio Trujillo; Órgão Julgador: 10ª Câmara de Direito Privado; Foro Regional IV - Lapa - 2ª Vara da Família e Sucessões; Data do Julgamento: 20/03/2018; Data de Registro: 20/03/2018)

AGRAVO DE INSTRUMENTO – INVENTÁRIO SOB O RITO DE ARROLAMENTO DE BENS – UNIÃO ESTÁVEL – SUCESSÃO – Decisão que entende pela interpretação extensiva do artigo 1.829, I, CC, à companheira supérstite e determina a readequação do plano de partilha – Inconformismo – Inconstitucionalidade do art. 1.790, CC, declarada *incidentalmente em sede de repercussão geral pelo STF (RE 878.694/MG – Tema 809) – Controvérsia dirimida – Vedação a tratamento diferenciado entre conviventes em união estável e cônjuges no que diz respeito ao direito sucessório – Acórdão paradigma que deve ser aplicado aos processos em curso – Decisão mantida – NEGARAM PROVIMENTO AO RECURSO. (TJSP; Agravo de Instrumento 2210657-90.2017.8.26.0000; Relator (a): Alexandre Coelho; Órgão Julgador: 8ª Câmara de Direito Privado; Foro de Indaiatuba - 1ª Vara Cível; Data do Julgamento: 28/02/2018; Data de Registro: 28/02/2018)*

AGRAVO REGIMENTAL NOS EMBARGOS DE DECLARAÇÃO NO RECURSO ESPECIAL - AÇÃO DE PETIÇÃO DE HERANÇA - DECISÃO MONOCRÁTICA QUE ACOLHEU OS ACLARATÓRIOS, COM EFEITOS INFRINGENTES, PARA NEGAR SEGUIMENTO AO APELO EXTREMO - INSURGÊNCIA RECURSAL DA AUTORA. 1. O artigo 1.829 do Código Civil, ao disciplinar a ordem de vocação hereditária, elege a pessoa do cônjuge sobrevivente (CC, art. 1.829, III) em posição anterior aos colaterais (CC, art. 1.829, IV) para o recebimento de direitos sucessórios. Assim, na ausência de descendentes e ascendentes, como é o caso dos autos, ao consorte sobrevivente cabe a totalidade da herança, independentemente do regime de bens adotado no casamento. Precedentes. 2. In casu, considerando que a decisão impugnada está em consonância com o entendimento firmado por esta Corte, incide a aplicação da Súmula 83 do STJ. Precedentes. 3. Agravo regimental desprovido. (AgRg nos EDcl no REsp 1466647/RS, 4ª. Turma do STJ, Relator Ministro MARCO BUZZI, DJe 21/10/2015).

INVENTÁRIO. DISPENSA DA PROVA ORAL. AUSÊNCIA DE TESTAMENTO. ORDEM DE VOCAÇÃO HEREDITÁRIA. 1. Inexiste cerceamento de defesa por não ter sido oportunizada a produção de prova testemunhal visando a demonstração do desejo da de cujus de deixar o imóvel inventariado para a irmã, quando tal prova se mostrava mesmo totalmente desnecessária, em decorrência da impossibilidade jurídica da pretensão. Inteligência do art. 130 do CPC. 2. Se a falecida não deixou descendentes e faleceu sem testamento, então deve ser obedecida a ordem de vocação hereditária estabelecida no art. 1.829, do Código Civil, chamando-se à sucessão os ascendentes (pai e mãe), que são herdeiros necessários, com a exclusão das demais classes. 3. O fato do genitor ter sido um pai pouco dedicado à filha, não lhe retira a condição de herdeiro necessário, e é irrelevante se havia ou não a intenção da falecida em aquinhoar a irmã com o imóvel, pois não formalizou essa vontade através da forma legal. Recurso desprovido. (Processo: AI 70045656774 RS - Relator(a): SÉRGIO FERNANDO DE VASCONCELLOS CHAVES - Julgamento: 20/10/2011 - Órgão Julgador: Sétima Câmara Cível - Publicação: Diário da Justiça do dia 25/10/2011).

APELAÇÃO CÍVEL – AÇÃO DE COBRANÇA – SEGURO DE VIDA – FALTA DE PROVA DA INDICAÇÃO DO BENEFICIÁRIO – ART. 792 DO CÓDIGO CIVIL – COTA-PARTE DE ASCENDENTE – RECURSO PARCIALMENTE PROVIDO – Na falta de prova da indicação de beneficiário no seguro de vida, cujo ônus competia à interessada (art. 333 do CPC), incide a regra prevista no caput do artigo 792 do Código Civil, segundo a qual o capital segurado será pago por metade ao cônjuge não separado judicialmente, e o restante aos herdeiros do segurado, obedecida a ordem da vocação hereditária, de modo que, sendo o segurado casado e sem filhos à época do óbito, caberá à genitora, sua cota-parte nos 50% correspondente aos herdeiros, sendo estes, segundo o disposto no art. 1.829, II, do Código Civil, os ascendentes em concorrência com o cônjuge. Logo, é devido à apelante genitora 1/3 de 50% da apólice, pois os outros 2/3 são devidos ao genitor e a esposa do segurado, também seus herdeiros. (TJMS – AC 2010.036428-0/0000-00 – 5ª T.Cív. – Rel. Des. SIDENI SONCINI PIMENTEL – DJe 07.12.2010 – p. 49).

INVENTÁRIO – HABILITAÇÃO – COLATERAIS – "Agravo de instrumento. Decisão que indeferiu o pedido de habilitação da agravante nos autos de inventário. Colaterais que fazem jus a se habilitar na herança somente na falta de ascendentes. Exegese do art. 1.829 do Código Civil, que nada tem de inconstitucional. Recurso manifestamente improcedente, a que se nega seguimento, na forma do art. 557, caput, do CPC." (TJRJ – Ag 0035746-75.2010.8.19.0000 – 9ª C.Cív. – Rel. Des. WAGNER CINELLI – J. 03.08.2010).

DIREITO CIVIL – FAMÍLIA E SUCESSÕES – RECURSO ESPECIAL – INVENTÁRIO E PARTILHA – Cônjuge sobrevivente casado pelo regime de separação convencional de bens, celebrado por meio de pacto antenupcial por escritura pública. Interpretação do art. 1.829, I, do CC/02. Direito de concorrência hereditária com descendentes do falecido. Não ocorrência - Impositiva a análise do art. 1.829, I, do CC/02, dentro do contexto do sistema jurídico, interpretando o dispositivo em harmonia com os demais que enfeixam a temática, em atenta observância dos princípios e diretrizes teóricas que lhe dão forma, marcadamente, a dignidade da pessoa humana, que se espraia, no plano da livre manifestação da vontade humana, por meio da autonomia da vontade, da autonomia privada e da consequente autorresponsabilidade, bem como da confiança legítima, da qual brota a boa fé; A eticidade, por fim, vem complementar o sustentáculo principiológico que deve delinear os contornos da norma jurídica. - Até o advento da Lei nº 6.515/77 (Lei do Divórcio), vigeu no Direito brasileiro, como regime legal de bens, o da comunhão universal, no qual o cônjuge sobrevivente não concorre à herança, por já lhe ser conferida a meação sobre a totalidade do patrimônio do casal; A partir da vigência da Lei do Divórcio, contudo, o regime legal de bens no casamento passou a ser o da comunhão parcial, o que foi referendado pelo art. 1.640 do CC/02. - Preserva-se o regime da comunhão parcial de bens, de acordo com o postulado da autodeterminação, ao contemplar o cônjuge sobrevivente com o direito à meação, além da concorrência hereditária sobre os bens comuns, mesmo que haja bens particulares, os quais, em qualquer hipótese, são partilhados unicamente entre os descendentes - O regime de separação obrigatória de bens, previsto no art. 1.829, inc. I, do CC/02, é gênero que congrega duas espécies: (i) separação legal; (ii) separação convencional. Uma decorre da lei e a outra da vontade das partes, e ambas obrigam os cônjuges, uma vez estipulado o regime de separação de bens, à sua observância - Não remanesce, para o cônjuge casado mediante separação de bens, direito à meação, tampouco à concorrência sucessória, respeitando-se o regime de bens estipulado, que obriga as partes na vida e na morte. Nos dois casos, portanto, o cônjuge sobrevivente não é herdeiro necessário - Entendimento em sentido diverso, suscitaria clara antinomia entre os arts. 1.829, inc. I, e 1.687, do CC/02, o que geraria uma quebra da unidade sistemática da lei codificada, e provocaria a morte do regime de separação de bens. Por isso, deve prevalecer a interpretação que conjuga e torna complementares os citados dispositivos - No processo analisado, a situação fática vivenciada pelo casal - Declarada desde já a insuscetibilidade de seu reexame nesta via recursal - É a seguinte: (i) não houve longa convivência, mas um casamento que durou meses, mais especificamente, 10 meses; (ii) quando desse segundo casamento, o autor da herança já havia formado todo seu patrimônio e padecia de doença incapacitante; (iii) os nubentes escolheram voluntariamente casar pelo regime da separação convencional, optando, por meio de pacto antenupcial lavrado em escritura pública, pela incomunicabilidade de todos os bens adquiridos antes e depois do casamento, inclusive frutos e rendimentos - A ampla liberdade advinda da possibilidade de pactuação quanto ao regime matrimonial de bens, prevista pelo Direito Patrimonial de Família, não pode ser toldada pela imposição fleumática do Direito das Sucessões, porque o fenômeno sucessório "traduz a continuação da personalidade do morto pela projeção jurídica dos arranjos patrimoniais feitos em vida". - Trata-se, pois, de um ato de liberdade conjuntamente exercido, ao qual o fenômeno sucessório não pode estabelecer limitações. - Se o casal firmou pacto no sentido de não ter patrimônio comum e, se não requereu a alteração do regime estipulado, não houve doação de um cônjuge ao outro durante o casamento, tampouco foi deixado testamento ou legado para o cônjuge sobrevivente, quando seria livre e lícita qualquer dessas providências, não deve o intérprete da lei alçar o cônjuge sobrevivente à condição de herdeiro necessário, concorrendo com os descendentes, sob pena de clara violação ao regime de bens pactuado - Haveria, induvidosamente, em tais situações, a alteração do regime matrimonial de bens post mortem, ou seja, com o fim do casamento pela morte de um dos cônjuges, seria alterado o regime de separação convencional de bens pactuado em vida, permitindo ao cônjuge sobrevivente o recebimento de bens de exclusiva propriedade do autor da herança, patrimônio ao qual recusou, quando do pacto antenupcial, por vontade própria - Por fim, cumpre invocar a boa fé objetiva, como exigência de lealdade e honestidade na conduta das partes, no sentido de que o cônjuge sobrevivente, após manifestar de forma livre e lícita a sua vontade, não pode dela se esquivar e, por conseguinte, arvorar-se em direito do qual solenemente declinou, ao estipular, no processo de habilitação para o casamento, conjuntamente com o autor da herança, o regime de separação convencional de bens, em pacto antenupcial por escritura pública. - O princípio da exclusividade, que rege a vida do casal e veda a interferência de terceiros ou do próprio Estado nas opções feitas licitamente quanto aos aspectos patrimoniais e extrapatrimoniais da vida familiar, robustece a única interpretação viável do art. 1.829, inc. I, do CC/02, em consonância com o art. 1.687 do mesmo código, que assegura os efeitos práticos do regime de bens licitamente escolhido, bem como preserva a autonomia privada guindada pela eticidade. Recurso especial provido. Pedido cautelar incidental julgado prejudicado. (REsp 992.749, 3ª Turma do STJ, Relatora Ministra NANCY ANDRIGHI, DJe 05.02.2010, p. 709).

INVENTÁRIO – FILHA HERDEIRA MENOR – CÔNJUGE SOBREVIVENTE – *"Apelação cível. Ilegitimidade ativa da mãe ascendente. Inobservância dos arts. 1.829 e 1.830 do Código Civil brasileiro. Filha herdeira menor. Cônjuge sobrevivente. Inventário distribuído antes do lapso temporal de dois anos da separação de corpos. Possibilidade. Sentença mantida. Recurso conhecido e improvido. Nos processos de inventário o Magistrado deve observar a ordem preferencial estampada no art. 1.829 do Código Civil, sob pena de nulidade do ato. O cônjuge sobrevivente mesmo que separado da de cujus à época de seu falecimento possui legitimidade para propor a abertura de inventário, desde que não esteja expirado o prazo determinado pelo art. 1.830 do Código Civil."* (TJMT – AC 66328/2009 – 5ª C.Cív. – Rel. Des. SEBASTIÃO DE MORAES FILHO – J. 16.09.2009).

PARTILHA – AÇÃO DE DECLARAÇÃO DE NULIDADE – HERDEIRAS – *"Direito civil e processual civil. Ação de nulidade de inventário julgada procedente. Afirmação e comprovação da condição de herdeiras. Teoria da asserção. Legitimidade ativa ad causam. Prescrição. Inocorrência. Exegese dos artigos 198 e 2.028 do Código Civil. Cadeia de documentos comprobatórios da condição de herdeiras. Apelação desprovida. É adequada a ação de declaração de nulidade de partilha promovida por herdeiras, sucessoras da falecida, na qual foram atribuídos bens a quem não as precede na ordem de sucessão. Não se acolhe a alegação da ocorrência da prescrição quando a aplicação das normas regedoras da matéria, principalmente relativas à suspensão do prazo, a condição de menoridade das autoras e as normas referentes à aplicação da lei no tempo revelam a inocorrência desse fenômeno jurídico. Comprovado, satisfatoriamente, o parentesco de classe descendente das apeladas, excluem-se eventuais herdeiros das demais classes, em obediência à ordem de vocação hereditária (art. 1.829, Código Civil). Por conseguinte, nula é a partilha em processo de inventário que atribuiu bens a quem não detinha qualidade hereditária para figurar como sucessor*

da autora da herança na ordem da vocação hereditária."
(TJPR – AC 440092-8 – 1ª V.Cív. – Rel. Des. JOSÉ CICHOCKI
NETO *– J. 03.09.2008).*

SUCESSÃO – CÔNJUGE SUPÉRSTITE – COMUNHÃO PARCIAL – PARTICIPAÇÃO COMO HERDEIRO – LEGITIMIDADE – "Civil. Sucessão. Cônjuge supérstite casado no regime da comunhão parcial. Bens particulares deixados pelo autor da herança. Participação como herdeiro na sucessão legítima. O cônjuge supérstite casado no regime da comunhão parcial com o falecido, tendo este deixado bens particulares, além de sua meação, concorre com os descendentes, na sucessão legítima, participando da totalidade do acervo da herança, consoante a ordem de vocação hereditária estabelecida no art. 1.829, I, do Código Civil de 2002." (TJDFT – AI 2004.00.2.009630-8 – 5ª T.Cív. – Rel. DES. DÁCIO VIEIRA *– DJU 3 25.05.2006).*

*Direito civil e processual civil. Recurso especial. Família. Adoção de menor. Lei vigente. Aplicabilidade. Sucessão. Ordem de vocação hereditária. Legitimidade dos irmãos.
- Nas questões que versam acerca de direito sucessório, aplica-se a lei vigente ao tempo da abertura da sucessão.
- As adoções constituídas sob a égide dos arts. 376 e 378 do CC/16 não afastam o parentesco natural, resultante da consanguinidade, estabelecendo um novo vínculo de parentesco civil tão-somente entre adotante(s) e adotado.
- Tem, portanto, legitimidade ativa para instaurar procedimento de arrolamento sumário de bens, o parente consangüíneo em 2º grau na linha colateral (irmão natural), notadamente quando, pela ordem de vocação hereditária, ausentes descendentes, ascendentes (naturais e civis), ou cônjuge do falecido. Recurso especial conhecido e provido. (REsp 740127/SC, 3ª.Turma do STJ, Relatora Ministra* NANCY ANDRIGHI, *DJ 13/02/2006 p. 799).*

Relativamente ao cônjuge sobrevivente, o art. 1.830 ressalva que se ao tempo da morte do outro, não estavam separados judicialmente, nem separados de fato há mais de dois anos, salvo prova, neste caso, de que essa convivência se tornará impossível sem culpa do sobrevivente, será reconhecido o direito sucessório ao cônjuge sobrevivente.[5]

Decidiu a 10ª C.Civ., do Tribunal de Justiça de São Paulo, no AI n° 33.879-4/1, Relator Desembargador MARCONDES MACHADO, RT 739/253, sob a égide do CC 1916, que embora o disposto no art. 269, I, hoje 1.659, I, que exclui da comunhão, no regime de comunhão parcial, os bens que cada cônjuge possuir ao casar, e os que lhe sobrevierem, na constância do matrimônio, por doação ou por sucessão, o cônjuge supérstite será herdeiro do outro, independente do regime adotado, caso o *de cujus* não deixe descendentes ou ascendentes, ou seja, prevalece a vocação hereditária de que trata o art. 1603 do CC 1916, em seus quatro incisos, e o cônjuge sobrevivente, em tal caso, precede aos colaterais.

Casados pelo regime de separação de bens, falecendo um dos cônjuges, sem deixar descendentes ou ascendentes, o cônjuge sobrevivente pode pretender, não alguma possível meação, mas, sim, sua condição de "herdeiro", desde que, ao tempo da morte do outro, não estivesse dissolvida a sociedade conjugal.

POSSESSÓRIA - Nulidade de audiência de justificação - Demandada que pode juntar eficazmente documentação no recurso e a oportunidade legal para tanto é a da contestação - Desnecessidade de oitiva de testemunhas do réu em audiência de justificação - Disputa sobre imóvel do finado entre filhos e ex companheira - Imóvel trancado com cadeados impedindo o acesso desta - Tratamento constitucional igualitário entre ex companheira e ex cônjuge que não afasta o direito de habitação - Reconhecimento pelos primeiros de que o casal não estava separado por mais de seis meses na data do óbito - Existência de outro imóvel residencial adquirido para a agravante ainda não

---

[5] CC/16 - Art. 1611. A falta de descendentes ou ascendentes será deferida a sucessão ao cônjuge sobrevivente, se, ao tempo da morte do outro, não estava dissolvida a sociedade conjugal. (Redação dada ao caput pela Lei nº 6.515, de 26.12.1977)

demonstrada nos autos - Inteligência do disposto no art. 1830 do Código Civil e 223, § 3º da Constituição Federal - Decisão reformada - Agravo de instrumento provido para deferir a posse em caráter liminar à agravante. (TJSP; Agravo de Instrumento 2046613-54.2017.8.26.0000; Relator (a): Mendes Pereira; Órgão Julgador: 15ª Câmara de Direito Privado; Foro Regional II - Santo Amaro - 12ª Vara Cível; Data do Julgamento: 01/08/2017; Data de Registro: 01/08/2017)

PETIÇÃO DE HERANÇA – Ação ajuizada pelo viúvo, em face do irmão de sua mulher – Casamento sucedido pelo regime da separação obrigatória de bens – Testamento deixado pela falecida, beneficiando o irmão com todos os seus bens – Prova testemunhal no sentido de que o casal estava há anos separada de fato – Incidência do art. 1830 do Código Civil – Direito sucessório que não pode ser reconhecido – Autor que veio a se casar com a empregada doméstica da casa, sua principal testemunha, alguns anos após o falecimento de sua esposa – Prevalecimento do testamento – Irmão da testadora que remanesce como único herdeiro colateral e testamentário da falecida – Superveniência do falecimento do autor, com sucessão de seu espólio, por sua inventariante, atual esposa e sal cuidadora, quando em vida – Sentença reformada para julgar improcedente a ação. Apelação provida. (TJSP; Apelação 0307404-11.2009.8.26.0100; Relator (a): João Carlos Saletti; Órgão Julgador: 10ª Câmara de Direito Privado; Foro Central Cível - 2ª Vara da Família e Sucessões; Data do Julgamento: 29/03/2016; Data de Registro: 01/04/2016)

AGRAVO REGIMENTAL NOS EMBARGOS DE DECLARAÇÃO NO RECURSO ESPECIAL - AÇÃO DE PETIÇÃO DE HERANÇA - DECISÃO MONOCRÁTICA QUE ACOLHEU OS ACLARATÓRIOS, COM EFEITOS INFRINGENTES, PARA NEGAR SEGUIMENTO AO APELO EXTREMO - INSURGÊNCIA RECURSAL DA AUTORA. 1. O artigo

1.829 do Código Civil, ao disciplinar a ordem de vocação hereditária, elege a pessoa do cônjuge sobrevivente (CC, art. 1.829, III) em posição anterior aos colaterais (CC, art. 1.829, IV) para o recebimento de direitos sucessórios. Assim, na ausência de descendentes e ascendentes, como é o caso dos autos, ao consorte sobrevivente cabe a totalidade da herança, independentemente do regime de bens adotado no casamento. Precedentes. 2. In casu, considerando que a decisão impugnada está em consonância com o entendimento firmado por esta Corte, incide a aplicação da Súmula 83 do STJ. Precedentes. 3. Agravo regimental desprovido. (AgRg nos EDcl no REsp 1466647/RS, 4ª. Turma do STJ, Relator Ministro MARCO BUZZI, DJe 21/10/2015).

PROCESSUAL CIVIL. EMBARGOS DE DIVERGÊNCIA CABIMENTO. ART. 266 DO RISTJ. AUSÊNCIA DE DIVERGÊNCIA JURISPRUDENCIAL ENTRE OS ARESTOS CONFRONTADOS. IMPOSSIBILIDADE DE SIMPLES REJULGAMENTO DO RECURSO ESPECIAL. AGRAVO INTERNO DESPROVIDO. I - A divergência que enseja a interposição dos embargos - destinados a dirimir eventual dissídio no âmbito deste Superior Tribunal de Justiça - é aquela ocorrida em hipóteses semelhantes, devendo ser demonstrado que em situações iguais foram dadas soluções diferentes, o que não se verifica nos autos. II - Não se vislumbra a ocorrência de divergência jurisprudencial a ser dirimida nos embargos. No aresto embargado restou consignado que "A despeito da imprecisão técnica da petição inicial, é possível depreender que a autora da ação, munida de um alvará judicial expedido pelo r. Juízo da 14ª Vara da Família de Manaus - AM, referente ao inventário dos bens deixados pelo de cujus, objetiva o recebimento dos valores decorrentes do investimento efetivado por seu falecido marido, não em nome próprio, mas em representação ao espólio, tanto que o faz sob a supervisão do Juízo em que posteriormente se processou o inventário. É de se reconhecer, contudo, a necessidade de que tal apontamento conste expressamente do dispositivo da decisão, para que não pairem dúvidas sobre a titularidade do direito discutido na ação, com expressa determinação de comunicação ao Juízo em que se processa o inventário;". *Assim, a conclusão da Eg. Terceira Turma foi no sentido de que a ação havia sido proposta pela esposa do falecido em representação ao espólio, e não em nome próprio. III - No aresto citado como paradigma, a Eg. Quinta Turma consignou que nos termos do art. 1063 do Código Civil (então vigente) o cônjuge sobrevivente era o terceiro na ordem de vocação hereditária, depois dos descendentes e ascendentes, sendo certo que no caso daqueles autos não havia qualquer prova de que o falecido segurado não tivesse qualquer deles de forma a legitimar a pretensão da recorrida, sua esposa. Neste contexto, não estaria a esposa - Autora - legitimamente apta a pleitear diferenças de benefício não recebidas em vida pelo seu marido. IV - Agravo interno desprovido. (AgRg nos EDcl nos EREsp 1101524/AM, Corte Especial do STJ, Relator Ministro GILSON DIPP, DJe 03/04/2012).*

INVENTARIO – SUSPENSÃO – MATÉRIA DE ALTA INDAGAÇÃO – Questões controvertidas que dependem de dilação probatória e de outros elementos de convicção. Art. 984 do CPC. Necessidade de definição da qualidade de herdeiro do cônjuge sobrevivente, à luz do art. 1830 do Código Civil, bem como a data da ruptura da convivência de fato, para apuração de sua meação. Remessa das partes às vias ordinárias para acertamento de seu direito. Correta decisão de sobrestamento do inventário. Recurso desprovido. (TJSP – AI 990.10.411222-2 – Barretos – 6ª CDPriv. – Rel. PAULO ALCIDES – DJe 30.11.2011 – p. 1440).

INDENIZAÇÃO POR DANO MORAL E MATERIAL – VIÚVA – SEPARAÇÃO DE FATO HÁ MAIS DE DOIS ANOS – ILEGITIMIDADE ATIVA – O conjunto probatório produzido nos autos demonstrou que a viúva não é parte legítima para representar o espólio, uma vez que, apesar de legalmente ainda manter vínculo de matrimônio com o de cujus, já estava separada deste há mais de dois anos, atraindo, assim, a aplicação do artigo 1830 do Código Civil. *(TRT 09ª R. – RO 3042/2008-245-09-00.6 – 4ª T. – Relª Márcia Domingues – DJe 08.07.2011 – p. 192).*

INVENTÁRIO – FILHA HERDEIRA MENOR – CÔNJUGE SOBREVIVENTE – *"Apelação cível. Ilegitimidade ativa da mãe ascendente. Inobservância dos arts. 1.829 e 1.830 do Código Civil brasileiro. Filha herdeira menor. Cônjuge sobrevivente. Inventário distribuído antes do lapso temporal de dois anos da separação de corpos. Possibilidade. Sentença mantida. Recurso conhecido e improvido. Nos processos de inventário o Magistrado deve observar a ordem preferencial estampada no art. 1.829 do Código Civil, sob pena de nulidade do ato. O cônjuge sobrevivente mesmo que separado da de cujus à época de seu falecimento possui legitimidade para propor a abertura de inventário, desde que não esteja expirado o prazo determinado pelo art. 1.830 do Código Civil."* (TJMT – AC 66328/2009 – 5ª C.Cív. – Rel. Des. Sebastião de Moraes Filho – J. 16.09.2009).

CIVIL. RECURSO ORDINÁRIO EM MANDADO DE SEGURANÇA. SUCESSÃO LEGÍTIMA. ART. 1.829, I, CC/02. CONCORRÊNCIA DO CÔNJUGE SOBREVIVENTE COM OS DESCENDENTES. CASAMENTO NO REGIME DA COMUNHÃO UNIVERSAL DE BENS. EXCLUSÃO DO CÔNJUGE DA CONDIÇÃO DE HERDEIRO CONCORRENTE. ATO DO JUIZ DETERMINANDO A JUNTADA AOS AUTOS DA HABILITAÇÃO E REPRESENTAÇÃO DOS HERDEIROS DESCENDENTES. NATUREZA. DESPACHO DE MERO EXPEDIENTE. FUNDAMENTAÇÃO. DESNECESSIDADE. - *A nova ordem de sucessão legítima estabelecida no CC/02 incluiu o cônjuge na condição de herdeiro necessário e, conforme o regime matrimonial de bens, concorrente com os descendentes. - Quando casado no regime da comunhão universal de bens, considerando que metade do patrimônio já pertence ao cônjuge sobrevivente (meação), este não* terá o direito de herança, posto que a exceção do art. 1.829, I, o exclui da condição de herdeiro concorrente com os descendentes. - O ato do juiz que determina a juntada aos autos da habilitação e representação dos herdeiros descendentes tem natureza de despacho de mero expediente, dispensando fundamentação, visto que não se qualificam, em regra, como atos de conteúdo decisório. Precedentes. Recurso ordinário em mandado de segurança a que se nega provimento. (RMS 22684/RJ, 3ª. Turma do STJ, Relatora Ministra NANCY ANDRIGHI, DJ 28/05/2007 p. 319, LEXSTJ vol. 215 p. 63).

SUCESSÃO – CÔNJUGE SOBREVIVENTE (ARTS. 1.603, III, DO CC DE 1916 E 1.829, III, DO CC DE 2002) – No caso de inexistir descendência ou ascendência para suceder o finado, a herança, em sua totalidade, destina-se à viúva, independente de o casamento ter sido celebrado sob o regime de separação obrigatória de bens, por figurar o cônjuge supérstite, com exclusividade, na terceira linha da ordem sucessória, desde que não separado (jurídica ou de fato) há dois anos (art. 1.830, do novo CC); o propósito dos colaterais, de inversão dessa regra, não encontra amparo legítimo, na lei ou na regra moral das obrigações. Não-provimento. (TJSP – AC 139.185-4/7 – 3ª CDPriv. – Rel. Des. ÊNIO SANTARELLI ZULIANI – J. 03.06.2003).

Ao cônjuge sobrevivente, conforme art. 1.831, qualquer que seja o regime de bens, é garantido, sem prejuízo da participação que lhe caiba na herança, o direito real de habitação relativamente ao imóvel destinado à residência da família, desde que seja o único daquela natureza a inventariar.[6]

---

6 CC/16 - Art. 1611. A falta de descendentes ou ascendentes será deferida a sucessão ao cônjuge sobrevivente, se, ao tempo da morte do outro, não estava dissolvida a sociedade conjugal. (Redação dada ao caput pela Lei n° 6.515, de 26.12.1977)
§ 2° Ao cônjuge sobrevivente, casado sob regime de comunhão universal, enquanto viver e permanecer viúvo, será assegurado, sem prejuízo da participação que lhe caiba na herança, o direito real de habitação relativamente ao imóvel destinado à residência da família, desde que seja o único bem daquela natureza a inventariar. (Redação dada ao parágrafo pela Lei n° 4.121, de 27.08.1962)

A habitação é tratada pelo CC nos arts. 1.414 a 1.416, sendo que este último, no que concerne à sua forma de extinção, nos remete ao disposto no art. 1.410, que trata da extinção do usufruto.

> *Art. 1410. O usufruto extingue-se, cancelando-se o registro no Cartório de Registro de Imóveis:*
>
> *I - pela renúncia ou morte do usufrutuário;*
>
> *II - pelo termo de sua duração;*
>
> *III - pela extinção da pessoa jurídica, em favor de quem o usufruto foi constituído, ou, se ela perdurar, pelo decurso de trinta anos da data em que se começou a exercer;*
>
> *IV - pela cessação do motivo de que se origina;*
>
> *V - pela destruição da coisa, guardadas as disposições dos arts. 1.407, 1.408, 2aparte, e 1.409;*
>
> *VI - pela consolidação;*
>
> *VII - por culpa do usufrutuário, quando aliena, deteriora, ou deixa arruinar os bens, não lhes acudindo com os reparos de conservação, ou quando, no usufruto de títulos de crédito, não dá às importâncias recebidas a aplicação prevista no parágrafo único do art. 1.395;*
>
> *VIII - Pelo não uso, ou não fruição, da coisa em que o usufruto recai (arts. 1.390 e 1.399).*
>
> *Art. 1414. Quando o uso consistir no direito de habitar gratuitamente casa alheia, o titular deste direito não a pode alugar, nem emprestar, mas simplesmente ocupá-la com sua família.*
>
> *Art. 1415. Se o direito real de habitação for conferido a mais de uma pessoa, qualquer delas que sozinha habite a casa não terá de pagar aluguel à outra, ou às outras, mas não as pode inibir de exercerem, querendo, o direito, que também lhes compete, de habitá-la.*
>
> *Art. 1416. São aplicáveis à habitação, no que não for contrário à sua natureza, as disposições relativas ao usufruto.*

Assim, ao cônjuge sobrevivente, no uso desse direito, não pode alugar, nem emprestar, mas simplesmente ocupar o imóvel, bem como não pode impedir que os que tenham direito sobre tal propriedade, também, a habitem.

No julgamento do REsp n° 229.799/SP, da 3° Turma do STJ, Relator Ministro ARI PARGENDLER, DJ de 28/05/2001, p. 160 (JBCC 191/370; LEXSTJ 145/217), se vê de sua ementa oficial, ficou assentado que o usufruto vidual é instituto do direito sucessório, e independe da situação financeira do cônjuge sobrevivente.

Na vigência do CC de 1916, essa matéria era regulada pelo art. 1.611, § 2°, que assegurava ao cônjuge sobrevivente, casado sob o regime de comunhão universal, enquanto vivesse e permanecesse viúvo, sem qualquer prejuízo da participação que lhe coubesse na herança, o direito real de habitação relativamente ao imóvel destinado à residência da família, desde que fosse o único daquela natureza a inventariar.

No julgamento do REsp acima citado, o centro da questão estava ligada ao disposto no art. 1.611 CC1916, §1°, o que se afere do relatório do I. Ministro :

"Nos autos do inventário dos bens deixados por ocasião do falecimento de (...), a MM Juíza de Direito, Dra. DANIELA MARIA CILENTO MORSELLO, proferiu a seguinte decisão :

"... o casamento do finado com (...) foi precedido de pacto antenupcial, no qual se estabeleceu o regime de completa separação de bens, nos termos do disposto pelos artigo 267 do Código Civil (fls. 49).

Outrossim, estabelece o § 1° do artigo l.611 do Código Civil, em benefício do cônjuge viúvo, se o regime de bens do casamento era o da comunhão universal, o direito ao usufruto da quarta parte dos bens do cônjuge falecido, se houver filhos deste, enquanto durar a viuvez.

Portanto, comprovados, documentalmente, os requisitos legais para a percepção do benefício do usufruto, tanto basta para que lhe seja conferido na partilha.

Não se pode olvidar que questões de alta indagação não são questões puramente de direito ou que podem ser provadas por documentos, mas sim as que não prescindem, para sua solução, de outros elementos de convicção.

Tratando-se, no caso, de singela explicação de texto expresso de lei, não há dúvida que a matéria deve ser dirimida nos próprios autos deste inventário.

Nesse sentido, alias, há pacífico entendimento pretoriano: RT 431/88, 416/143, 402/373, 394/165.

Frise-se, ainda que, em se tratando de direito temporário e condicional os herdeiros do finado, a qualquer tempo, poderão comprovar a superveniência de causa extintiva deste usufruto, como por exemplo, a convolação de novas núpcias pela usufrutuária.

Doutra banda, o § 1° do artigo l. 611 do Código Civil confere o indigitado direito à viúva independentemente de qualquer consideração a respeito de sua situação financeira.

Assim, inadmissível é a conclusão de que o legislador pátrio teria, implicitamente, excluído da vantagem a viúva que ficou amparada pelo defunto. Mesmo porque, o escopo que o inspirou foi a máxima proteção do cônjuge supérstite e não dos filhos do casamento anterior.

III. Ante o exposto, REFUTO a impugnação ofertada (fls. 272.273), reconhecendo o direito da viúva (...) ao usufruto da Quarta parte dos bens do finado, com fulcro no § 1° do artigo l .611 do Estatuto Civil" (47/49).

Seguiu-se o agravo de instrumento, ao qual a Egrégia Oitava Câmara de Direito Privado do Tribunal de Justiça do Estado de São Paulo, Relator o eminente Desembargador CÉSAR LACERDA, negou provimento, nos termos do acórdão assim ementado :

> *"Inventário - Usufruto vidual - Direito de natureza sucessório - Doutrina que costuma caracterizá-lo como 'legado' - Quota que se calcula sobre todos os bens do acervo hereditário, alcançando inclusive a legítima dos herdeiros necessários - Recurso improvido" (fl. 90).*

Opostos embargos de declaração (fls. 96/101, foram rejeitados (fls. 106).

Daí o presente recurso especial, interposto por (...), com base no artigo 105, inciso III, letras "a" e "c", da Constituição Federal, por violação aos artigos 1.611, Ç 1° e 1723 do Código Civil (fls. 109/ 133)."

O voto se deu nos seguintes termos:

"Nos autos do inventário dos bens deixados por (...), a viúva, (...), que fora casada com o *de cujus* em regime de separação de bens, pediu - e obteve - o reconhecimento do direito ao usufruto vidual.

O Tribunal a quo manteve a decisão, e as razões do recurso especial atacam o julgado, já porque a viúva tem meios de subsistência, já porque - se cabível o usufruto vidual - este não poderia recair sobre a legítima.

As partes, portanto, controvertem sobre a interpretação do artigo 1.611, § 1 °, do Código Civil, a seguir transcrito :

> *"art. 1.611 - À falta de descendentes ou ascendentes será deferida a sucessão ao cônjuge sobrevivente, se, ao tempo da morte do outro, não estava dissolvida a sociedade conjugal.*
>
> *§ 1° - O cônjuge viúvo, se o regime de bens do casamento não era o da comunhão universal, terá direito, enquanto durar a viuvez, ao usufruto da quarta-parte dos bens do cônjuge falecido, se houver filhos deste ou do casal, e à metade, se não houver filhos, embora sobrevivam ascendentes do de cujus."*

E o desate da lide depende de saber:

Se a concessão do usufruto ao cônjuge sobrevivente depende de sua situação financeira; ou se

O usufruto recai sobre a totalidade do patrimônio do falecido ou, apenas, sobre a parte disponível da herança.

Para as razões do recurso especial, se o usufruto vidual fosse instituto do direito sucessório, ele não cessaria com a perda do estado de viuvez (fls. 118), e - se comprometesse a legítima - contrariaria o artigo 1.723 do Código Civil, que não permite a oneração desta "com outras cláusulas, além daquelas expressas e taxativamente enumeradas"(fl-121).

GUSTAVO TEPEDIANO, em preciosa monografia, rebateu ambos os argumentos.

O primeiro, do seguinte modo:

"Argumento, no entanto, que nos parece definitivo" - escreveu - "para excluir a impossibilidade técnica de considerar o usufrutuário como herdeiro, pelo simples fato de ser titular de direito temporário, é a textual previsão da herança sob condição, disposta no art. 1.664, e da substituição fideicomissória, dos arts. 1.665, 1.733 e segs., todos do Código Civil.

Com efeito, a nomeação de herdeiros sob condição resolutiva coincide com a hipótese do cônjuge supérstite ao qual é deferido o usufruto vidual, nos termos do art. 1.611, *1°*, enquanto durar a viuvez, vale dizer, sob a condição resolutiva consubstanciada por eventual boda.

....

Ora, se o cônjuge viúvo, não obstante a temporariedade do direito, é reconhecida a condição de herdeiro, se chamado sob condição resolutiva de não recasar, como negar-lhe a mesma qualidade, sob o argumento da temporariedade do direito, no caso do cônjuge que recebe o usufruto legal enquanto durar a viuvez (art. 1.611, 1°)" - Usufruto legal do cônjuge viúvo, Editora Forense, Rio de Janeiro, 1991, 2ª edição, p. 65).

O segundo, assim:

"De duas, uma: ou o art. 1.611, 1°, é incompatível com o art. 1.723, e este, por ser mais antigo, estaria revogado (ex vi do art. 2°, 1°, da Lei de Introdução ao Código Civil), ou ambos são conciliáveis, o que significa que a previsão mais recente importa em novo gravame à legítima quer não exclui, antes se harmoniza, com o anterior.

Absurdo, no entanto, o acanhamento do intérprete em aplicar uma lei em virtude de outra, mais antiga e do mesmo nível hierárquico, que com essa fosse incompatível.

Aliás, não faltou doutrina quem lembrasse que 'nenhuma disposição constitucional, existe para garantir essa intangibilidade da legítima. Por isso, pode a lei ordinária modificar outra lei ordinária'. De consequência, com a criação para o cônjuge sobrevivo do direito de usufruto, modificou o legislador ordinário o Código Civil, alterando a vocação hereditária e pondo 'em primeiro lugar o cônjuge com relação ao usufruto da quarta parte dos bens do cônjuge falecido" (op. Cit., p. 82/83).

Não há demonstração de divergência jurisprudencial a respeito. No precedente julgado pela Egrégia Quarta Turma - aquele de que trata o REsp n° 34.714, SP, Rel. Min. BARROS MONTEIRO - tratava-se de viúva casada com comunhão de bens, que aproveitou os aquestos.

Voto, por isso, no sentido de não conhecer do recurso especial."

Em concorrência com os descendentes (art. 1.829, inciso I) caberá ao cônjuge quinhão igual ao dos que sucederam por cabeça, não podendo a sua quota ser inferior à quarta parte da herança, se for ascendente dos herdeiros com que concorrer, conforme se observa do mandamento contido no art. 1.832.

Se vê do art. 1.833 que entre os descendentes, os em grau mais próximo excluem os mais remotos, salvo direito de representação, e os da mesma classe têm os mesmo direitos à sucessão de seus ascendentes, conforme estabelece o art. 1.834.

Na linha descendente, os filhos sucedem por cabeça, e os outros descendentes, por cabeça ou estirpe, conforme se achem ou não no mesmo grau (art. 1.835).[7]

Inexistindo descendentes, prevê o art. 1.836, são chamados à sucessão os ascendentes, em concorrência com o cônjuge sobrevivente, independentemente do regime de casamento ressalte-se, sendo que na classe dos ascendentes, o grau mais próximo exclui o mais remoto, sem distinção de linhas e, havendo igualdade em grau e diversidade em linha, os ascendentes da linha paterna herdam a metade, cabendo a outra aos da linha materna.[8]

---

7 CC/16 - Art. 1604. Na linha descendente, os filhos sucedem por cabeça, e os outros descendentes, por cabeça ou por estirpe, conforme se achem, ou não, no mesmo grau.
8 CC/16 - Art. 1606. Não havendo herdeiros da classe dos descendentes, são chamados à sucessão os ascendentes.

Apelação Alvará para recebimento de valores depositados por empregador de pessoa falecida Pretensão dos avós ao recebimento sob alegação de terem a guarda da falecida neta Indeferimento Na ausência de beneficiários perante a Previdência Social necessária observação da ordem de vocação hereditária Mãe viva que excluiu da sucessão os avós Inteligência do art. 1836, § 1º, do CPC Sentença mantida Recurso desprovido (Voto 25133). (Processo: APL 32991342200982 60000 SP 0329913-42.2009.8.26.0000 - Relator(a): RIBEIRO DA SILVA - Julgamento: 14/11/2012 - Órgão Julgador: 8ª Câmara de Direito Privado - Publicação: 21/11/2012).

Concorrendo com ascendentes em primeiro grau, ao cônjuge tocará um terço da herança, cabendo-lhe a metade desta se houver um só ascendente, ou se maior for aquele grau (art 1.837) e, na falta de descendentes e ascendentes, conforme art. 1.838, será deferida a sucessão por inteiro ao cônjuge sobrevivente.

No caso de não haver cônjuge sobrevivente, nas condições estabelecidas no art. 1830, serão chamados a suceder os colaterais até o quarto grau (art. 1.839).[9]

Na classe dos colaterais, os mais próximos excluem os mais remotos, salvo o direito de representação concedido aos filhos de irmãos (art. 1.840).[10]

Assim, sobrinhos filhos de irmãos pré-mortos do falecido concorrem à herança com a irmã deste, na parte que caberia aos seus respectivos representados, partindo-se os quinhões desses em partes iguais entre seus respectivos representantes.

Ressalte-se, o direito de representação aqui protegido é aquele

---

CC/16 - Art. 1607. Na classe dos ascendentes, o grau mais próximo exclui o mais remoto, sem distinção de linhas.
CC/16 - Art. 1608. Havendo igualdade em grau e diversidade em linha, a herança partir-se-á entre as duas linhas meio pelo meio.
9 CC/16 - Art. 1612. Se não houver cônjuge sobrevivente, ou ele incorrer na incapacidade do artigo 1611, serão chamados a suceder os colaterais até o quarto grau. (Redação dada ao artigo pelo Decreto-lei nº 9.461, de 15.07.1946)
10 CC/16 - Art. 1613. Na classe dos colaterais, os mais próximos excluem os mais remotos, salvo o direito de representação concedido aos filhos de irmãos.

que assiste aos filhos de irmão do falecido, e não a colaterais (RJTJESP 124/383; RJTJESP 120/285).

> *Apelação - Direito das sucessões - Sucessão em favor de ascendentes e companheira do de cujus - Homologação de partilha - Alegação de nulidade da sentença em razão da falta de análise de petição de impugnação apresentada pela companheira, a qual foi encaminhada, por erro no peticionamento, a outro processo - Inexistência de vício na sentença - Fato imputável à parte. Despesas com hospital e profissionais de saúde que prestaram atendimento ao falecido após acidente que culminou no seu óbito - Despesas comprovadas por meio de recibos e/ ou notas fiscais - Admissibilidade e cômputo como dívida do espólio - Prova adequada. Débitos relativos a contratos em que o falecido figurava como devedor - Passivo a ser computado na sucessão. Gestão de negócios proveitosa em relação ao espólio, que vincula a companheira herdeira. Partilha - Necessidade de retificação para aplicação do art. 1.829, II c.c. art. 1.837 do Código Civil - Declaração de inconstitucionalidade pelo STF do art. 1.790 do CC, com equiparação da condição da companheira e do cônjuge para fins sucessórios - Concorrência que independe do regime de bens do casamento/união - Precedente vinculante aplicável ao caso sub judice - Partilha que apenas considerou a extinção da união estável, cabendo deliberar sobre a participação da companheira na herança. Recurso parcialmente provido. (TJSP; Apelação 0019946-05.2008.8.26.0510; Relator (a): Enéas Costa Garcia; Órgão Julgador: 1ª Câmara de Direito Privado; Foro de Rio Claro - 4ª. Vara Cível; Data do Julgamento: 06/02/2018; Data de Registro: 06/02/2018)*

CIVIL. SEGURO FACULTATIVO. COBERTURA POR MORTE. AUSENTE INDICAÇÃO DE BENEFICIÁRIOS PELO SEGURADO FALECIDO. ART. 792, CAPUT, CC. PAGAMENTO SUJEITO À ORDEM DA VOCAÇÃO HEREDITÁRIA. AUSÊNCIA DE DESCENDENTES. SUCESSÃO DO

CÔNJUGE EM CONCORRÊNCIA COM OS ASCENDENTES. ARTS. 1829, II, 1.836 E 1.837, CC. SENTENÇA MANTIDA. 1. Comprovou-se que o segurado não deixou indicação de beneficiários, razão pela qual incide o art. 792, caput, do Código Civil, segundo o qual, na falta de indicação da pessoa ou beneficiário, o capital segurado será pago por metade ao cônjuge não separado judicialmente, e o restante aos herdeiros do segurado, obedecida a ordem da vocação hereditária. 2. O pagamento administrativo à razão de 50% tem por fundamento a meação e não influencia a sucessão legítima em relação à outra metade, da qual cabe à viúva, no mínimo, o terço. Isso porque, comprovada a inexistência de descendentes (fls. 12), a viúva sucede em concorrência com os ascendentes. E ainda que não se tenha certeza da sobrevivência destes, ante a ausência de comprovação de seu eventual óbito, é certo que ela herdará ao menos o terço, nos termos do art. 1.829, II, 1.836 e 1.837, do Código Civil. 3. Recurso improvido. (TJSP; Apelação 0000328-95.2015.8.26.0165; Relator (a): Artur Marques; Órgão Julgador: 35ª Câmara de Direito Privado; Foro de Dois Córregos - 1ª Vara; Data do Julgamento: 20/03/2017; Data de Registro: 20/03/2017)

Inventário. Pedido de habilitação de colaterais no inventário. Sucessão que é deferida integralmente ao cônjuge sobrevivente no caso de ausência de ascendentes ou descendentes, sendo irrelevante o regime de bens adotado à época do casamento. Arts. 1.829, III, e 1.838 do CC. Recurso improvido. (TJSP; Agravo de Instrumento 2217531-91.2017.8.26.0000; Relator (a): Maia da Cunha; Órgão Julgador: 4ª Câmara de Direito Privado; Foro de Águas de Lindoia - Vara Única; Data do Julgamento: 14/12/2017; Data de Registro: 15/12/2017)

ARROLAMENTO SUMÁRIO. Pedido de habilitação de sobrinho neto. Impossibilidade. Falecida que não deixou ascendentes, descendentes, cônjuge ou companheiro. Sucessão entre colaterais. Art. 1.829, IV, CC. Filhos de irmão pré-morto. Sobrinha pré-morta que não herda. Sobrinho sobrevivente que deve herdar sozinho. Direito de representação que não se estende a sobrinho-neto. Arts. 1.840, 1.843 e 1.853, CC. Decisão mantida. Recurso não provido. (TJSP; Agravo de Instrumento 2149205-16.2016.8.26.0000; Relator (a): Fernanda Gomes Camacho; Órgão Julgador: 5ª Câmara de Direito Privado; Foro de Praia Grande - 1ª. Vara de Família e Sucessões; Data do Julgamento: 01/03/2017; Data de Registro: 01/03/2017)

*PROCESSUAL CIVIL – APELAÇÃO CÍVEL – PRELIMININAR DE ILEGITIMIDADE RECURSAL – EXERCÍCIO DO DIREITO DE DEFESA – REJEIÇÃO – ARROLAMENTO SUMÁRIO – DIREITO DE REPRESENTAÇÃO NA LINHA TRANSVERSAL CONFERIDA APENAS AOS FILHOS DE IRMÃOS DO "DE CUJUS" – INTELIGÊNCIA DOS ARTIGOS 1.840 C/C 1.853, AMBOS DO CÓDIGO CIVIL – AJUIZAMENTO DE AÇÃO DE INDIGNIDADE DO ÚNICO HERDEIRO – RESERVA DOS BENS COM RESPALDO NOS ARTIGOS 798 E 1001, ESTES DO CÓDIGO DE PROCESSO CIVIL – CONHECIMENTO E PROVIMENTO PARCIAL DO RECURSO – A sucumbência de parente do inventariado que tem o seu direito de representação afastado nos autos de inventário, confere-lhe a faculdade de recorrer com esteio no inciso LV do artigo 5º da Constituição da República, de modo que se revela a sua legitimidade recursal - O direito de representação na linha transversal se aplica em favor de filhos de irmãos do falecido, somente quando com irmãos deste concorrerem - A existência de parente de 3º grau do "de cujus" com capacidade sucessória afasta o direito hereditário de parente de 4º grau na linha transversal, conforme disposto nos artigos 1.840 c/c 1.853, estes do Código Civil - Nos termos dos artigos 798 e 1.001, ambos do Código de Ritos, a ação de indignidade do único herdeiro autoriza a reserva dos bens do espólio como medida cautelar. (TJRN – AC 2011.008611-4-2 – 1ª C.Cív. – Rel. Des. A*MÍLCAR *M*AIA *– DJe 01.12.2011 – p. 43).*

SUCESSÃO – HERDEIROS – DIREITO DE REPRESENTAÇÃO – "Ação de sonegados. Carência de ação. Falta de interesse e ilegitimidade ativa. Ação proposta por herdeira invocando direito de representação de seu pai, primo-irmão da autora da herança. Colação do 5º grau. Na linha sucessória, o direito de representação só pode ser invocado pelos herdeiros colaterais em relação aos filhos de irmãos do falecido, consoante determina o artigo 1.840 do Código Civil. Na previsão legal do artigo 1.839 do Código Civil, apenas são chamados a suceder, na falta de ascendentes, descendentes ou cônjuge, os colaterais até 4º grau. Recurso improvido." (TJRS – AC 70026485359 – 8ª C.Cív. – Rel. Des. FIDELIS FACCENDA – J. 13.11.2008).

É da norma do art. 1.841 que concorrendo à herança do falecido irmãos bilaterais com irmãos unilaterais, cada um destes herdará metade do que cada um daqueles herdar, e do art. 1.842, que não concorrendo à herança irmão bilateral, herdarão, em partes iguais, os unilaterais.[11]

Se vê do art. 1.843 que na falta de irmãos, herdarão os filhos destes e, em não os havendo, os tios e, se concorrerem à herança somente filhos de irmãos falecidos, herdarão por cabeça, e, se concorrerem filhos de irmãos bilaterais com de irmãos unilaterais, cada um deles herdará a metade do que herdar cada um daqueles. Se todos forem filhos de irmãos bilaterais, ou todos irmãos unilaterais, herdarão por igual.[12]

---

[11] CC/16 - Art. 1614. Concorrendo à herança do falecido irmãos bilaterais com irmãos unilaterais, cada um destes herdará metade do que cada um daqueles herdar.
CC/16 - Art. 1616. Não concorrendo à herança irmão germano, herdarão, em partes iguais entre si, os unilaterais.
[12] CC/16 - Art. 1617. Em falta de irmãos, herdarão os filhos destes.
§ 1º Se só concorrerem à herança filhos de irmãos falecidos, herdarão por cabeça.
§ 2º Se concorrerem filhos de irmãos bilaterais, com filhos de irmãos unilaterais, cada um destes herdará a metade do que herdar cada um daqueles.
§ 3º Se todos forem filhos de irmãos germanos, ou todos de irmãos unilaterais, herdarão todos por igual.

INVENTÁRIO - INDEFERIMENTO DO PEDIDO DE ADMISSÃO DE HERDEIROS E DE RESERVA DE QUINHÃO HEREDITÁRIO - NÃO COMPROVAÇÃO DO VÍNCULO DE PARENTESCO – Agravantes que afirmam que a "de cujus" possuía um irmão unilateral ("Jayme") e que são descendentes dele, sendo, portanto, sobrinhos e sobrinhos-netos da falecida – Probabilidade de os coagravantes Myriam, Marcia e Marcus serem sobrinhos da falecida – Ação de investigação de paternidade "post mortem" pendente de julgamento – Agravada (irmã da inventariada) que reconhece o fato de possuir um irmão unilateral, chamado "Jayme" – Reconhecimento, pela agravada, da existência de irmão unilateral que, para o que por ora importa, é suficiente para conferir o "fumus boni iuris" à alegação dos pretensos sobrinhos – "Periculum in mora" consistente no prejuízo decorrente do prosseguimento do inventário sem a reserva de quinhão dos herdeiros preteridos – Necessidade de reserva de quinhão, nos termos do art. 628, § 2º, do CPC/2015 (art. 1.001 do CPC/1973) – Demais coagravantes (possíveis sobrinhos-netos) que não podem concorrer na sucessão – Direito de representação que se dá, apenas, na linha reta descendente e na linha transversal em favor dos filhos de irmãos do falecido, quando com irmãos deste concorrerem – Arts. 1.851 e 1.852 do CC – Sobrinhos que, se julgada procedente a ação de investigação de paternidade, farão jus a apenas 33,33% da herança – Concorrendo à herança do falecido, irmãos bilaterais com irmãos unilaterais, cada um destes herdará metade do que cada um daqueles herdar (Art. 1.841 do CC) – Os representantes só podem herdar, como tais, o que herdaria o representado, se vivo fosse (art. 1.854 do CC) – Decisão reformada – RECURSO PARCIALMENTE PROVIDO. (TJSP; Agravo de Instrumento 2086023-22.2017.8.26.0000; Relator (a): Angela Lopes; Órgão Julgador: 9ª Câmara de Direito Privado; Foro de Atibaia - 2ª Vara Cível; Data do Julgamento: 19/09/2017; Data de Registro: 21/09/2017)

INVENTÁRIO – Ação promovida pela tia paterna do 'de cujus', que faleceu solteiro, sem deixar descendentes, *nem irmãos, além de ter pai e demais ascendentes da linha paterna já falecidos e mãe desaparecida – Sentença terminativa que indeferiu a inicial e julgou extinto o feito sem resolução de mérito, com base no art. 267, VI do Código de Processo Civil de 1973 – Requerente é a única parente viva conhecida do 'de cujus', tendo inclusive exercido sua guarda, judicialmente concedida, desde quando era o ora falecido um bebê e enquanto durou sua incapacidade civil, já que o genitor dele faleceu quando contava o autor da herança com apenas alguns meses de vida – Genitora do 'de cujus' de quem só se sabe o nome, informado à maternidade por ocasião do parto – Desde o nascimento, há mais de 35 anos, não teria ela dado mais nenhuma notícia, sendo desconhecido seu paradeiro e demais dados qualificativos – Diligências realizadas por ordem do juízo do inventário, com o escopo de localização da genitora, restaram todas infrutíferas – Ainda que não se enquadre o caso concreto nas hipóteses de morte presumida previstas no art. 7º do Código Civil, descabida a exigência de prévia declaração de ausência da genitora do 'de cujus', consideradas as circunstâncias excepcionais da situação fática – Descabido se exigir da requerente, pessoa pobre e já idosa, que procedesse ao demorado e dispendioso processo judicial de declaração de ausência, para finalmente poder dar prosseguimento ao inventário do sobrinho – Atenção aos princípios da razoabilidade, da instrumentalidade processual e da razoável duração do processo – Tia requerente que deve ser tida como herdeira universal, com base no art. 1.843 do Código Civil, cuja legitimidade para requerer a abertura do inventário se afirma de acordo com o disposto no art. 988, II, do CPC/73 (art. 616, II, do CPC/2015) – Extinção do inventário afastada – Recurso parcialmente provido (TJSP; Apelação 4008008-59.2013.8.26.0577; Relator (a): Rui Cascaldi; Órgão Julgador: 1ª Câmara de Direito Privado; Foro de São José dos Campos - 3ª Vara de Família e Sucessões; Data do Julgamento: 04/05/2017; Data de Registro: 04/05/2017)*

AGRAVO DE INSTRUMENTO – INVENTÁRIO – REALIZAÇÃO DE PARTILHA – POSTERIOR AJUIZAMENTO DE INVESTIGAÇÃO DE PATERNIDADE C/C PETIÇÃO DE HERANÇA – PROCEDÊNCIA – Direito de herdar em igualdade de condições com os outros filhos do de cujus. Reabertura do inventário. Doações realizadas em vida. Bens doados que devem ser trazidos à colação. Alienação a terceiros. Irrelevância. Apuração de eventual adiantamento de legítima. Providência plenamente compatível com o procedimento do inventário. Dispensa do arrolamento não mencionada no título pelo qual se operou a liberalidade. Decisão irretocável. Recurso desprovido. (TJPR – AI 432030-3 – 11ª C.Cív. – Rel. Des. Luiz Antônio Barry – J. 24.10.2007).

Não sobrevivendo cônjuge, ou companheiro, nem parente algum sucessível, ou tendo renunciado a herança, esta se devolve ao Município ou ao Distrito Federal, se localizada nas respectivas circunscrições, ou à União, quando situada em território federal (art. 1.844).[13]

b) dos herdeiros necessários

São herdeiros necessários os descendentes, os ascendentes e o cônjuge, "salvo se casado este com o falecido no regime de comunhão universal, ou no de separação pertencendo a estes, de pleno direito, a metade de todos os bens da herança, que constitui a legítima, conforme se observa do disposto no art. 1.845 e 1.846.[14]

O cálculo da legítima é feito sobre o valor dos bens existentes na abertura da sucessão, abatidas as dívidas e as despesas do funeral, adicionando-se, em seguida, o valor dos bens sujeitos à colação, como se vê do disposto no art. 1.847.[15]

13CC/16-Art. 1619. Não sobrevivendo cônjuge, nem parente algum sucessível, ou tendo eles renunciado à herança, esta se devolve ao Município ou ao Distrito Federal, se localizada nas respectivas circunscrições, ou à União, quando situada em Território Federal. (Redação dada ao artigo pela Lei n° 8.049, de 20.06.1990)

14CC/16 - Art. 1721 - O testador que tiver descendente ou ascendente sucessível não poderá dispor de mais da metade de seus bens; a outra pertencerá de pleno direito ao descendente e, em sua falta, ao ascendente, dos quais constitui a legítima, segundo o disposto neste Código (arts. 1603 a 1619 e 1723).

15CC/16 - Art. 1722. Calcula-se a metade disponível (art. 1721) sobre o total dos bens

Salvo se houver justa causa, declarada no testamento, não pode o testador estabelecer cláusula de inalienabilidade, impenhorabilidade, e de incomunicabilidade, sobre os bens da legítima (art. 1.848). Não sendo, igualmente, permitido ao testador a conversão dos bens da legítima em outro de espécie diversa.

Entretanto, mediante autorização judicial e havendo justa causa, conforme o § 2°, do art. supra, podem ser alienados os bens gravados, convertendo-se o produto em outros bens, que ficarão sub-rogados nos ônus do primeiro.[16]

Ressalte-se, com a morte do herdeiro que tenha recebido bens clausulados em testamento, esses passam aos seus herdeiros livres e desembaraçados.

Neste sentido, por unanimidade, decidiu a 4ª Turma do STJ, no julgamento do REsp n° 80.480/SP. (1995/0061791-9), DJ de 24/067 1996, p. 22.769, Rel. Ministro RUI ROSADO DE AGUIAR, sendo de grande valia, inobstante longos, trazermos para o trabalho o relatório e o voto do i. Min. Relator.

No caso, o filho "gravara, em testamento, os bens destinados à sua mãe e herdeira necessária", com cláusula de inalienabilidade e impenhorabilidade, "conferindo a administração dos mesmos à sua esposa".

Com o seu falecimento e inventariado seus bens, em 02.05.90, sua mãe requereu aditamento de formal de partilha, nos autos do inventário do filho, para fazer constar que aquelas cláusulas testamentária vigorariam até e enquanto vivesse sua nora administradora ou a própria beneficiária, extinguindo-se o vínculo com a morte de qualquer delas, tendo sido o aditamento ao formal de partilha averbado.

---

existentes ao falecer o testador, abatidas as dívidas e as despesas do funeral.
Parágrafo único. Calculam-se as legítimas sobre a soma que resultar, adicionando-se à metade dos bens que então possuía o testador a importância das doações por ele feitas aos seus descendentes (art. 1785).
16 CC/16 - Art. 1.723 - Não obstante o direito reconhecido aos descendentes e ascendentes no artigo 1721, pode o testador determinar a conversão dos bens da legítima em outras espécies, prescrever-lhes a incomunicabilidade, confiá-los à livre administração da mulher herdeira, e estabelecer-lhes condições de inalienabilidade temporária ou vitalícia. A cláusula de inalienabilidade, entretanto, não obstará à livre disposição dos bens por testamento e, em falta deste, à sua transmissão, desembaraçados de qualquer ônus, aos herdeiros legítimos. (Redação dada pelo Dec. Leg. 3725/ 1919)

Em 10.06.91 faleceu a beneficiária, "o que ensejou o cancelamento da cláusula de inalienabilidade. Os bens por ela deixados foram partilhados, incluídos os recebidos por sucessão" de seu filho.

"Em 10.06.93, já há muito encerrado o inventario" do filho, "a sua inventariante pleiteou o desarquivamento e a declaração de nulidade do despacho que autorizara o aditamento do formal de partilha, o que foi indeferido", decisão essa que foi atacada através de agravo de instrumento, figurando como agravado o espólio da mãe, representada pelo seu inventariante.

"A eg. Terceira Câmara Cível do TJSP julgou prejudicado o recurso. Consta do voto do il. Desembargador Relator:

"Desnecessário para o julgamento do presente recurso integração dos sucessores da agravada que faleceu. No mais, o recurso está prejudicado porque com o falecimento da herdeira (...), as cláusulas de inalienabilidade e impenhorabilidade que gravaram sua parte na herança, desapareceram. A impenhorabilidade está dentro da inalienabilidade, sendo espécie da parte maior. Pelo exposto, julgo prejudicado o recurso." (fls. 267)

O Espólio/agravante opôs embargos de declaração, que foram acolhidos com efeito infringente, para dar provimento ao agravo de instrumento:

"Diz a embargante que o Código Civil Brasileiro em seu artigo 1676 é taxativo quando diz "que a cláusula de inalienabilidade temporária ou vitalícia não poderá em caso algum ser invalidada por atos judiciais de qualquer espécie, sob pena de nulidade.". Realmente, o v. acórdão incidiu em erro de fato, comportando modificação, porque violou a vontade explícita testamentária (fls. 15/17) no sentido de que com o falecimento da beneficiária, como ocorreu, continuaram a vigir as cláusulas restritivas até o falecimento da esposa (mulher dele) do testador, que na realidade, é a embargante que ainda permanece viva.

Pelo exposto, recebem os embargos para dar provimento ao recurso de agravo de instrumento", (fl. 278)

O Espólio/agravado opôs embargos de declaração, que foram rejeitados:

"Não foram violados o artigo 1723 do Código de Processo Civil e nem a coisa julgada e nem era necessária a participação dos demais interessados, por se tratar de agravo que pretendeu nulificar a decisão que deferiu a extinção de cláusulas instituídas no testamento. As decisões não fizeram coisa julgada e nem preclusão, poderiam sempre ser revogadas. Não há violação ao artigo 1723 porque a beneficiária ainda permanece viva e o testador pretende que as cláusulas permaneçam íntegras até o falecimento, não interessando o óbito da genitora. Pelo exposto rejeitam os embargos."(fl. 289)

(...)"

Inconformado, o Espólio/agravado interpôs recurso especial e extraordinário, tendo sido aceito o especial, ao qual o Ministério Público Federal pelo provimento do recurso.

O voto do Ministro Relator foi nos seguintes termos:

"A cláusula testamentária é a seguinte:

Fiquem os bens que constituírem a legítima hereditária de sua genitora (...) gravados com as cláusulas de inalienabilidade e impenhorabilidade, as quais vigorarão até e enquanto viver a mulher dele testador, ficando ainda esta parte confiada à livre administração da mulher dele testador, consoante dispõe o artigo 1.723 do Código Civil."

Comentando essa disposição do Código Civil, escreveu PONTES DE MIRANDA:

"O art. 1723 regula a inalienabilidade imposta pelo testador às legítimas; isto é, às quotas dos herdeiros necessários (art. 1721, a que o art. 1.723 diretamente se refere). Quanto às dos outros herdeiros legítimos, nada se dispôs, porque, quanto a essas, poderá o testamento impor quaisquer cláusulas ou encargos e, até, fazê-las inalienáveis nas mãos de quem recebe os bens por morte do herdeiro. Mais, ainda, regular a passagem a outros. Nenhuma aplicação tem a elas o que se estatui no artigo 1.723." (Tratado, 58/68).

A mesma orientação está na lição de CARVALHO SANTOS:

"Em falta de testamento, os ditos bens passados aos herdeiros legítimos, desembaraçados de qualquer ônus, precisamente porque, com a morte do herdeiro a quem foi imposta cláusula de inalienabilidade, esta desaparece e, destarte, nada mais obsta a que se verifique a transmissão dos bens a quem de direito." (CCB Interpretado, XXIV/98).

Logo, em se tratando de herdeiro necessário, como é o caso (art. 1.721 do CC, a herdeira mãe de quem faleceu sem descendentes), a cláusula somente podia atingir os bens integrantes da legítima enquanto vivo fosse o herdeiro, passando livres e desembaraçados aos herdeiros destes; isto é, sem ônus da inalienabilidade imposta pelo autor da herança, e sem responder por eventuais dívidas do herdeiro.

O julgamento nos embargos declaratórios, a fls. 277, que afirmou vigente a cláusula restritiva ainda depois da morte da mulher do *de cujus*, afrontou a norma legal expressa no artigo 1.723 do CC.

Acentuou que não está em causa estabelecer se o mesmo princípio se estende a herdeiro não necessário.

Posto isso, conheço do recurso, com fundamento na alínea a do permissivo constitucional, por violação do art. 1.723 do CC, que foi objeto de prequestionamento, e lhe dou provimento, para julgar extinta a cláusula de inalienabilidade de que se trata nos autos.

A divergência não ficou demonstrada.

É o voto."

O herdeiro necessário, a quem o testador deixar a sua parte disponível, ou algum legado, não perderá o direito à legítima (art. 1.849), sendo que, com vistas à previsão do art. 1.850, CC, para excluir da sucessão os herdeiros colaterais, basta que o testador disponha de seu patrimônio sem os contemplar.[17]

---

17 CC/16 - Art. 1724. O herdeiro necessário, a quem o testador deixar a sua metade disponível, ou algum legado, não perderá o direito à legítima. A
CC/16 - Art. 1725 - Para excluir da sucessão o cônjuge ou os parentes colaterais, basta que o testador disponha do seu patrimônio, sem os contemplar.

c) do direito de representação

"Herdam *jure próprio, próprio nomine*, e *jure representationis*, isto é, por título próprio, por direito de *transmissão*, e pelo de *representação*. Dá-se o primeiro caso quando o benefício advém em virtude do lugar que a própria pessoa ocupa na família do defunto; o segundo, quando ela, por força de lei, substitui, na escala sucessória, ascendente pré-morto.

Se morre um homem antes do seu pai, ou do avô, os filhos tomam o seu lugar, *representam-no*; recebem o que a ele caberia se estivesse vivo. A diferença, portanto, entre suceder por *transmissão* e *mediante representação* está em que se verifica a primeira hipótese quando o sucessor imediato sobrevive, ainda que por momentos, ao sucedido, embora faleça ignorando a morte deste; ocorre a Segunda quando perece o herdeiro próximo antes do *de cujus* e um descendente seu toma o lugar que deveria caber àquele." (CARLOS MAXIMILIANO, ob. cit. p. 142).

Consoante se observa do disposto no art. 1.851, dá-se o direito de representação, quando a lei chama certos parentes do falecido a suceder em todos os direitos, em que ele sucederia, se vivo fosse, sendo certo que tal direito se dá na linha reta descendente, mas nunca na ascendente (art. 1.852). Herda por estirpe, sendo certo que na linha transversal, só se dá o direito de representação em favor dos filhos de irmãos do falecido, quando com irmão deste concorrerem (art. 1853).[18]

Assim, sobrinhos filhos de irmãos pré-mortos do falecido concorrem à herança com a irmã deste, na parte que caberia aos seus respectivos representados, partindo-se os quinhões desses em partes iguais entre seus respectivos representantes.

INVENTÁRIO DOS BENS DEIXADOS POR CARMEN RODRIGUES E ZENAIDE RODRIGUES – DECISÃO QUE DETERMINOU A RETIFICAÇÃO DAS ÚLTIMAS

---

[18] CC/16 - Art. 1620. Dá-se o direito de representação, quando a lei chama certos parentes do falecido a suceder em todos os direitos, em que ele sucederia, se vivesse.
CC/16 - Art. 1621. O direito de representação dá-se na linha reta descendente, mas nunca na ascendente.
CC/16 - Art. 1622. Na linha transversal, só se dá o direito de representação em favor dos filhos de irmãos do falecido, quando com irmão deste concorrerem.

DECLARAÇÕES, PARA CONSTAR O DIREITO DOS AGRAVADOS À PARTE DA HERANÇA DEIXADA POR CARMEN RODRIGUES – ESPÓLIOS AGRAVANTES QUE PRETENDEM A EXCLUSÃO DOS AGRAVADOS – Impossibilidade – Direito de representação que se dá na linha transversal em favor dos filhos de irmãos pré-mortos do falecido (sobrinhos), quando com irmãos deste concorrerem – Arts. 1.851 e 1.853 do CC – Abertura da sucessão que se dá com a morte – Sobrinho (Sr. Rubens, pai dos agravados) que, por ser vivo quando do falecimento de Carmen, é herdeiro dela – Pelo princípio da "saisine", o genitor dos agravados (sobrinho da "de cujus") se tornou herdeiro de parte da herança deixada por Carmen, por direito de representação – Espólio de Rubens (genitor dos agravados) que deve ser mantido no inventário – Bens de Carmen que devem ser partilhados em 50% à irmã Zenaide e 50% aos treze sobrinhos vivos quando de seu falecimento (aqui incluído o espólio de Rubens) – Decisão mantida – RECURSO DESPROVIDO, COM OBSERVAÇÃO. (TJSP; Agravo de Instrumento 2042321-26.2017.8.26.0000; Relator (a): Angela Lopes; Órgão Julgador: 9ª Câmara de Direito Privado; Foro de Santa Cruz das Palmeiras - Vara Única; Data do Julgamento: 10/10/2017; Data de Registro: 11/10/2017)

PROCESSO CIVIL – Nulidade processual – Alegação do réu-apelante de que a ação não pode prosseguir por ausência de outorga conjugal dos herdeiros demandantes, bem como pela não inclusão de seu pai, coerdeiro do bem, no polo ativo do feito – Descabimento – Não há interesse do réu na alegação de anulabilidade, nos termos do art. 1.650 do CC/2002 – A legitimação ativa concorrente não impõe o litisconsórcio necessário ativo porque o coerdeiro não pode ser obrigado a demandar contra o próprio filho – Inexistência de prejuízo, pois o polo ativo foi corrigido para dele constar o espólio da falecida, representado por sua inventariante – Preliminares refutadas. POSSESSÓRIA – Reintegração de posse de imóvel – Os herdeiros adquiriram posse e propriedade do bem em razão da 'saisine' – Condomínio e composse 'pro indiviso'

– *A posse, uso e gozo do bem por terceiro sem o consenso dos coproprietários e compossuidores caracteriza esbulho – Inteligência do art. 1.314, parágrafo único, do CC/2002 – O réu admite que residia no imóvel com autorização da avó, que depois faleceu e, depois disso, com autorização de seu pai, coerdeiro do bem – A posse incontroversa e não qualificada de parte do imóvel configura esbulho e autoriza proteção possessória – O réu não pode pleitear direitos em nome de seu pai – Ofensa ao art. 6º do CPC/1973 e ao art. 1.851 do CC/2002 – Manutenção da sentença que julgou procedente a ação. Recurso desprovido. (TJSP; Apelação 0001841-87.2014.8.26.0180; Relator (a): Álvaro Torres Júnior; Órgão Julgador: 20ª Câmara de Direito Privado; Foro de Espírito Santo do Pinhal - 1ª Vara; Data do Julgamento: 08/05/2017; Data de Registro: 11/05/2017)*

RECURSO ESPECIAL. DIREITO INTERNACIONAL PRIVADO. AÇÃO DE SONEGADOS PROMOVIDA PELOS NETOS DA AUTORA DA HERANÇA (E ALEGADAMENTE HERDEIROS POR REPRESENTAÇÃO DE SEU PAI, PRÉ-MORTO) EM FACE DA FILHA SOBREVIVENTE DA DE CUJUS, REPUTADA HERDEIRA ÚNICA POR TESTAMENTO CERRADO E CONJUNTIVO FEITO EM 1943, EM MEIO A SEGUNDA GUERRA MUNDIAL, NA ALEMANHA, DESTINADA A SOBREPARTILHAR BEM IMÓVEL SITUADO NAQUELE PAÍS (OU O PRODUTO DE SUA VENDA). 1. LEI DO DOMICÍLIO DO AUTOR DA HERANÇA PARA REGULAR A CORRELATA SUCESSÃO. REGRA QUE COMPORTA EXCEÇÃO. EXISTÊNCIA DE BENS EM ESTADOS DIFERENTES. 2. JURISDIÇÃO BRASILEIRA. NÃO INSTAURAÇÃO. IMPOSSIBILIDADE DE DELIBERAR SOBRE BEM SITUADO NO EXTERIOR. ADOÇÃO DO PRINCÍPIO DA PLURALIDADE DOS JUÍZOS SUCESSÓRIOS. 3. EXISTÊNCIA DE IMÓVEL SITUADO NA ALEMANHA, BEM COMO REALIZAÇÃO DE TESTAMENTO NESSE PAÍS. CIRCUNSTÂNCIAS PREVALENTES A DEFINIR A LEX REI SITAE COMO A REGENTE DA SUCESSÃO RELATIVA AO ALUDIDO BEM. APLICAÇÃO. 4. PRETENSÃO DE SOBREPARTILHAR O

IMÓVEL SITO NA ALEMANHA OU O PRODUTO DE SUA VENDA. INADMISSIBILIDADE. RECONHECIMENTO, PELA LEI E PELO PODER JUDICIÁRIO ALEMÃO, DA CONDIÇÃO DE HERDEIRA ÚNICA DO BEM. INCORPORAÇÃO AO SEU PATRIMÔNIO JURÍDICO POR DIREITO PRÓPRIO. LEI DO DOMICILIO DO DE CUJUS. INAPLICABILIDADE ANTES E DEPOIS DO ENCERRAMENTO DA SUCESSÃO RELACIONADA AO IMÓVEL SITUADO NO EXTERIOR. 5. IMPUTAÇÃO DE MÁ-FÉ DA INVENTARIANTE. INSUBSISTÊNCIA. 6. RECURSO ESPECIAL IMPROVIDO. 1. A lei de Introdução às Normas de Direito Brasileiro (LINDB) elegeu o domicílio como relevante regra de conexão para solver conflitos decorrentes de situações jurídicas relacionadas a mais de um sistema legal (conflitos de leis interespaciais), porquanto consistente na própria sede jurídica do indivíduo. Em que pese a prevalência da lei do domicílio do indivíduo para regular as suas relações jurídicas pessoais, conforme preceitua a LINDB, esta regra de conexão não é absoluta. 1.2 Especificamente à lei regente da sucessão, pode-se assentar, de igual modo, que o art. 10 da LINDB, ao estabelecer a lei do domicílio do autor da herança para regê-la, não assume caráter absoluto. A conformação do direito internacional privado exige a ponderação de outros elementos de conectividade que deverão, a depender da situação, prevalecer sobre a lei de domicílio do de cujus. Na espécie, destacam-se a situação da coisa e a própria vontade da autora da herança ao outorgar testamento, elegendo, quanto ao bem sito no exterior, reflexamente a lei de regência. 2. O art. 10, caput, da LINDB deve ser analisado e interpretado sistematicamente, em conjunto, portanto, com as demais normas internas que regulam o tema, em especial o art. 8º, caput, e § 1º do art. 12, ambos da LINDB e o art. 89 do CPC. E, o fazendo, verifica-se que, na hipótese de haver bens imóveis a inventariar situados, simultaneamente, aqui e no exterior, o Brasil adota o princípio da pluralidade dos juízos sucessórios. 2.1 Inserem-se, inarredavelmente, no espectro de relações afetas aos bens imóveis aquelas destinadas a sua transmissão/alienação, seja por ato entre vivos, seja causa mortis, cabendo, portanto, à lei do país em que situados regê-las (art. 8º, caput, LINDB). 2.2 A Jurisdição brasileira, com exclusão de qualquer outra, deve conhecer e julgar as ações relativas aos imóveis situados no país, assim como proceder ao inventário e partilha de bens situados no Brasil, independente do domicílio ou da nacionalidade do autor da herança (Art. 89 CPC e § 2º do art. 12 da LINDB) 3. A existência de imóvel situado na Alemanha, bem como a realização de testamento nesse país são circunstâncias prevalentes a definir a lex rei sitae como a regente da sucessão relativa ao aludido bem (e somente a ele, ressalta-se), afastando-se, assim, a lei brasileira, de domicílio da autora da herança. Será, portanto, herdeiro do aludido imóvel quem a lei alemã disser que o é. E, segundo a decisão exarada pela Justiça alemã, em que se reconheceu a validade e eficácia do testamento efetuado pelo casal em 1943, durante a Segunda Guerra Mundial, a demandada é a única herdeira do imóvel situado naquele país (ante a verificação das circunstâncias ali referidas - morte dos testadores e de um dos filhos). 3.1 Esta decisão não tem qualquer repercussão na sucessão aberta – e concluída - no Brasil, relacionada ao patrimônio aqui situado. De igual modo, a jurisdição brasileira, porque também não instaurada, não pode proceder a qualquer deliberação quanto à extensão do que, na Alemanha, restou decidido sobre o imóvel lá situado. 4. O imóvel situado na Alemanha (ou posteriormente, o seu produto), de acordo com a lei de regência da correspondente sucessão, passou a integrar o patrimônio jurídico da única herdeira. A lei brasileira, de domicílio da autora da herança, não tem aplicação em relação à sucessão do referido bem, antes de sua consecução, e, muito menos, depois que o imóvel passou a compor a esfera jurídica da única herdeira. Assim, a providência judicial do juízo sucessório brasileiro de inventariar e sobrepartilhar o imóvel ou o produto de sua venda afigurar-se-ia inexistente, porquanto remanesceria não instaurada, de igual modo, a jurisdição nacional. E, por consectário, a pretensão de posterior compensação revela-se de todo descabida, porquanto significaria, em última análise, a aplicação indevida e indireta da própria lei brasileira. 5. O decreto expedido pelo Governo alemão, que viabilizara a restituição de bens confiscados aos proprietários que comprovassem a correspondente titularidade, é fato ocorrido muito tempo depois do encerramento da sucessão aberta no Brasil e que, por óbvio, refugiu, a toda evidência, da vontade e do domínio da inventariante. Desde 1983, a ré, em conjunto com os autores, envidou esforços para obter a restituição do bem. E, sendo direito próprio, já que o bem passou a integrar seu patrimônio jurídico, absolutamente descabido exigir qualquer iniciativa da ré em sobrepartilhar tal bem, ou o produto de sua venda. Do que ressai absolutamente infundada qualquer imputação de má-fé à pessoa da inventariante. 6. Recurso especial improvido. (REsp 1362400/SP, 3ª. Turma do STJ, Relator Ministro MARCO AURÉLIO BELLIZZE, DJe 05/06/2015).

RECURSO ESPECIAL. INVENTÁRIO. EXCLUSÃO DE COLATERAL. SOBRINHA-NETA. EXISTÊNCIA DE OUTROS HERDEIROS COLATERAIS DE GRAU MAIS PRÓXIMO. HERANÇA POR REPRESENTAÇÃO DE SOBRINHO PRÉ-MORTO. IMPOSSIBILIDADE. 1. No direito das sucessões brasileiro, vigora a regra segundo a qual o herdeiro mais próximo exclui o mais remoto. 2. Admitem-se, contudo, duas exceções relativas aos parentes colaterais: a) o direito de representação dos filhos do irmão pré-morto do de cujus; e b) na ausência de colaterais de segundo grau, os sobrinhos preferem aos tios, mas ambos herdam por cabeça. 3. O direito de representação, na sucessão colateral, por expressa disposição legal, está limitado aos filhos dos irmãos. 4. Recurso especial não provido. (REsp 1064363/SP, 3ª. Turma do STJ, Relatora Ministra NANCY ANDRIGHI, DJe 20/10/2011, RMDCPC vol. 45 p. 109, RT vol. 915 p. 429).

AGRAVO DE INSTRUMENTO. HABILITAÇÃO EM INVENTÁRIO. DIREITO DE REPRESENTAÇÃO ENTRE COLATERIAIS QUE ENCONTRA LIMITAÇÃO NO ART. 1840

DO CÓDIGO CIVIL. O direito de representação opera-se, na classe dos colaterais, na forma prescrita no art. 1.840 do atual Código Civil, que dispõe que na classe dos colaterais, os mais próximos excluem os mais remotos, salvo o direito de representação concedido aos filhos de irmãos. Desta forma, os netos de irmãos do falecido não possuem direito hereditários sob p monte partível, uma vez que existentes filhos de irmãos do falecido. Agravo desprovido. (TJRS - AGI 700101081 - 8ª C.Cív. - Rel. Dês. ANTÔNIO CARLOS STANGLER PEREIRA - Julg. 23.12.2004).

Os representantes só podem herdar, como tais, o que herdaria o representado, se vivesse (art. 1.854), partindo-se por igual o quinhão do representado aos representantes (art. 1.855).[19]

Do disposto no art. supra, que tem idêntico teor ao art. 1.625 do CC/1916, SÍLVIO RODRIGUES, ob. cit., p. 106, nos passa a seguinte lição:

"Aqui cumpri distinguir duas sucessões. De um lado temos a sucessão do representado, que é o ascendente imediato do renunciante, sucessão essa que a este não interessou, tanto que a ela, por hipótese, renunciou.

De outro lado temos a sucessão do autor da herança, ascendente remoto daquele renunciante, sucessão essa a que o mesmo vem chamado não por direito próprio, mas por representação. A essa sucessão não houve renúncia.

Assim, é possível que alguém renuncie à herança de seu pai, por achá-la onerosa, ou por querer beneficiar a um irmão mais necessitado. Mais isso não envolve renúncia à herança do avô, para a qual aquela pessoa pode ser chamada, representando seu pai, pré-morto."

---

19 CC/16 - Art. 1623. Os representantes só podem herdar, como tais, o que herdaria o representado, se vivesse.
CC/16 - Art. 1624. O quinhão do representado partir-se-á por igual entre os representantes.
O renunciante à herança de uma pessoa poderá representá-la na sucessão de outra (art. 1.856).
CC/16 -Art. 1625. O renunciante à herança de uma pessoa poderá representá-la na sucessão de outra.

DA SUCESSÃO TESTAMENTÁRIA: 1. CONCEITO; 1.1. ELEMENTOS DEFINIDORES DO TESTAMENTO; 1.2. FORMAS DE TESTAMENTO; 2. DO TESTAMENTO EM GERAL; 3. DA CAPACIDADE PARA FAZER TESTAMENTO; 4. DAS FORMAS ORDINÁRIAS DO TESTAMENTO; 4.1 DO TESTAMENTO PÚBLICO; 4.2 DO TESTAMENTO CERRADO; 4.3. DO TESTAMENTO PARTICULAR; 5. DOS CODICILOS; 6. DOS TESTAMENTOS ESPECIAIS; 6.1. DO TESTAMENTO MARÍTIMO E DO TESTAMENTO AERONÁUTICO; 6.2. DO TESTAMENTO MILITAR; 7. DAS DISPOSIÇÕES TESTAMENTÁRIAS; 8. DOS LEGADOS; 8.1. DOS EFEITOS DOS LEGADOS E DO SEU PAGAMENTO; 8.2 DA CADUCIDADE DOS LEGADOS; 9. DO DIREITO DE ACRESCER ENTRE HERDEIROS E LEGATÁRIOS; 10. DAS SUBSTITUIÇÕES; 10.1. DA SUBSTITUIÇÃO VULGAR E DA RECÍPROCA; 10.2. DA SUBSTITUIÇÃO FIDEICOMISSÁRIA; 11. DA DESERDAÇÃO; 12. DA REDUÇÃO DAS DISPOSIÇÕES TESTAMENTÁRIAS; 13. DA REVOGAÇÃO DO TESTAMENTO; 14. DO ROMPIMENTO DO TESTAMENTO; 15. DO TESTAMENTEIRO; 16. DA ABERTURA, DO REGISTRO E DO CUMPRIMENTO.

1. Conceito

Inúmeras as definições dadas à sucessão testamentária, sendo, para nós, aquela resultante de manifestação de última vontade do finado, que deixa testamento ou codicilo, ou seja, instrumento através do qual se pode aferir a sua vontade relativamente ao destino a ser dado aos seus bens, prolongando-se, assim, a vontade individual além da morte, "embora, na generalidade dos casos, o direito subjetivo exista a serviço e no interesse dos vivos", como assinala CARLOS MAXIMILIANO.

Sua origem é remota, e, inobstante os mais variados e renomados historiadores apontarem para essa ou aquela época e/ou lugar, expressiva parte dos estudiosos do direito tem o seu nascimento na Lei das Doze Tábuas, de Roma, onde a Tábua IV, tratava do pátrio poder e a Tábua V da tutela hereditária.

O ato de testar é de grande utilização nas civilizações mais avançadas, onde ele já incorporou em suas tradições, não sendo muito usado no Brasil.

Sua grande vantagem é a de já deixar certo o que se terá que fazer depois, evitando, assim, uma série de constrangimentos e/ou situações difíceis para seus entes queridos.

Ocorrendo o falecimento sem que o *"de cujus"* tenha deixado testamento, como já vimos, abre-se a sucessão legítima, obedecendo-se a ordem de vocação hereditária, que já foi objeto de estudo em tópico específico.

Enquanto a sucessão legítima obedece a ordem de vocação hereditária prevista no art. 1.829 do Código Civil, a sucessão testamentária decorre de expressa manifestação de última vontade, em testamento ou codicilo. "A vontade do autor da herança, a quem a lei assegura a vontade de testar, é limitada apenas pelos direitos dos herdeiros necessários (parentes em linha reta não excluídos por indignidade ou deserdação) que não podem ser privados da legítima.

Na qualidade de ato jurídico, o testamento possui as seguintes características: ser um ato personalíssimo, solene, unilateral, gratuito, revogável e **causa mortis** - por produzir efeitos apenas após a morte do testador. Sendo certo que as causas que o tornam revogável ocorrem de duas maneiras, **ex voluntate** e **ex legis**.

Convém notar que, quanto a ineficácia do fideicomisso (espécie de substituição testamentária), o legislador previu expressamente as causas de sua caducidade ou nulidade (arts. l.735 a l .740 do CC). O processo de extinção do fideicomisso é ainda regulado nos arts. 719 a 725 do CPC.

De outra banda, o legislador civil, além de regulamentar as formalidades extrínsecas do testamento, tratou de editar algumas regras que são interpretativas da vontade do testador; entre elas, destaca-se o art. 1.899 do Código Civil - prevalência da interpretação que melhor assegure a vontade do testador. É uma reiteração da regra do art. 112 do CC, segundo o qual - nas declarações de vontade se atenderá mais à intenção nelas consubstanciadas do que o sentido literal da linguagem.

O testamento, veremos, está cercado de uma série de formalidades essenciais para a sua validade, sendo que tais reclamos são plenamente justificáveis na exata razão em que temos que quando de seu cumprimento, a pessoa que manifestou a vontade, por motivo óbvio, já não poderá discutir a interpretação do que está escrito ou dizer qual foi sua intenção.

1.1. Elementos definidores do testamento

Tem o testamento, como elementos definidores que fixam o seu carácter jurídico, aqueles apontados por Clóvis Bevilacqua, ou seja, e ato personalíssimo, unilateral, gratuito, solene e revogável.

É personalíssimo porque só pode ser feito pelo próprio testador, sem interferência de ninguém; é unilateral porque a manifestação da vontade emana tão somente da pessoa do testador; é solene por que sua forma vêm estabelecida em lei; é gratuito por que é liberalidade e; é revogável por que o testador tem a faculdade de, a qualquer momento, modificá-lo, revogando-o ou não, haja vista sua prerrogativa ser ilimitada.

Sílvio Rodrigues, ob. cit., p. 111, assim se refere aos elementos acima citados:-

"Trata-se de ato jurídico universal, pois se aperfeiçoa com a manifestação de vontade do testador.

De ato personalíssimo, pois a sua feitura reclama a presença do testador, afastada a interferência de procurador.

De ato solene, pois a lei estabelece forma rígida para o testamento, cuja desobediência pode conduzir à invalidade do ato. A excessiva formalidade do testamento visa assegurar a autenticidade do ato e a liberdade do testador, bem como a chamar a atenção do autor da seriedade do ato que está praticando. Aliás, o legislador acentua, em sua definição, que o testamento é ato feito de conformidade com a lei.

O testamento é gratuito, pois o testador não visa, em troca de sua liberalidade feita *causa-mortis*, nenhuma vantagem correspectiva.

Finalmente, o testamento é ato revogável e esse característico é elementar no seu conceito. Pois, através da concessão de ilimitada prerrogativa de revogar o ato de última vontade, assegura o legislador, ao que testa, a mais ampla liberdade. De modo que a mera existência de um testamento ulterior válido revoga o testamento anterior. Visto que o direito de dispor de seus bens *causa-mortis* e de mudar as disposições passadas só se exaure com o falecimento da pessoa."

1.2. Formas de testamento

Luiz da Cunha Gonçalves, Tratado de Direito Civil - em comentário ao Código Civil Português, com adaptação do direito brasileiro complementada sob a supervisão dos Ministros Orozimbo Nonato, Laudo de Camargo e prof. Vicente Ráo, anotado por Acácio Rebouças, 2ª edição, Max Limonad, São Paulo, vol. X, Tomo I, p. 294, ao comentar acerca da noção e importância da forma dos testamentos, assinala que "Entre todos os atos jurídicos que o homem civilizado pode praticar no decurso da sua existência, nenhum sobreleva em gravidade e solenidade ao *testamento*, - palavra que dizem provir das duas latinas : *testado mentis*, testemunho da vontade de um vivo, que só após a sua morte se torna conhecida e produz seus efeitos jurídicos. Ato singularíssimo, cujo autor pretende impor sua vontade numa época em que cessa de existir, de ter voz, personalidade, propriedade, direitos; mas simultaneamente, essa vontade é virtuosa, altruísta, desinteressada; o testador assume o nobre e simpático papel de *benfeitor*; pois, tendo ante os olhos a dolorosa miragem do termo fatalíssimo da sua vida, só pensa nas pessoas a quem deseja beneficiar e na melhor forma de o fazer de harmonia com a natureza e a intensidade das suas afeições, o valor e a espécie dos bens, os relativos merecimentos dos beneficiados, mas contando de antemão com os despeites e a raiva dos excluídos, que só terão expressões odientas para a sua memória. Ato de bondade e de coragem é o testamento; porém, não poucas vezes é ato de vingança, de represália, de egoísmo póstumo, de predileção excessiva, de vaidade, de ludibrio de expectativas ansiosas. Ato de liberdade e de força de querer, não raro o testamento é efeito de violências, fraudes, extorsões, sugestões, captações, ambições alheias, falsas amizades, intuitos reservados, falsificações e simulações.

Por todas estas razões, desde remotíssimos tempos, anteriores ao direito romano, o testamento foi cercado de numerosas solenidades, muitas das quais nas modernas legislações foram mantidas, pela necessidade de salvaguardar a liberdade de dispor, a verdade das palavras e das intenções do testador.

Por *formas de testamento* deve entender-se, pois, o conjunto das formalidades preceituadas na lei para a livre e válida declaração da vontade do testador.

Muitas destas formalidades podem parecer exageradas, estranhas ao nosso tempo. Mas, nada há de mais razoável, previdente e justo; porque as vontades do testador são executadas quando ele já não pode protestar contra a errada interpretação das suas frases. As solenidades não tem por fim dificultar a manifestação da vontade do testador. Longe disso, é pelo respeito devido às vontades do testador, que se procura reduzir ao mínimo as possibilidades de serem elas exteriorizadas por forma duvidosa; é por meio dessas solenidades que melhor se garante a liberdade de testar; porque, sem elas, ficaria ao arbítrio dos juízes de fato, muito mais do que na atualidade, decidir o exato sentido das palavras do testador, e até a questão de saber se este realmente quis testar; sem elas, seria muito mais fácil falsificar um testamento, exercer coações para extorqui-lo.

O testamento deve ser feito, necessariamente, por uma das formas legais. Feito por qualquer outra forma, será *inexistente*, e não simplesmente *nulo*"

As formas dos testamentos, na ordem estabelecida pelo Código, ordinariamente, são três: o público, o cerrado e o particular; e especialmente temos o marítimo, o aeronáutico e o militar.

O testamento público, também chamado de autêntico ou aberto, é aquele em que o testador vai perante notário e, de maneira pública e perante duas testemunhas, declara sua vontade, não sendo obstáculo a esse tipo de testamento, a cegueira, a surdez ou o analfabetismo.

No que se refere ao testamento cerrado, também conhecido por testamento secreto ou místico, é aquele no qual o próprio testador escreve sua vontade, manual ou mecanicamente, ou outra pessoa a seu rogo, devendo neste caso ser assinado pelo testador, e só terá validade se aprovado pelo tabelião, observadas, também, formalidades legais.

O testamento particular, ou privado, é aquele escrito de próprio punho ou mediante processo mecânico, sendo requisitos essenciais para a sua validade, no primeiro caso, que seja lido e assinado por quem o escreveu na presença de pelo menos três testemunhas, que também deverão assiná-lo, e no segundo, que não contenha rasuras ou espaços em branco, que, igualmente deverá ser lido e assinado por quem o escreveu na presença de pelo menos três testemunhas presenciais, que também deverão assiná-lo.

Por testamento marítimo e aeronáutico temos aquele em que o testador está em viagem, a bordo de navio ou aeronave nacional, de guerra ou mercante, e é feito perante o comandante e em presença de duas testemunhas presenciais, por forma que corresponda ao testamento público ou cerrado, sendo o seu registro feito no diário de bordo.

Diz-se testamento militar aquele dos militares e demais pessoas a serviços das Forças Armadas em campanha, dentro do País ou fora dele, assim como em praça situada, ou que esteja de comunicações interrompidas, feito, não havendo tabelião ou seu substituto legal, ante duas ou três testemunhas, se o testador não puder, ou não souber assinar, caso em que assinará por ele uma daquelas. Se o testador pertencer a corpo ou seção de corpo destacado, o testamento será escrito pelo respectivo comandante, ainda que de graduação ou posto inferior ao do testador; se o testador estiver em tratamento em hospital, o testamento será escrito pelo respectivo oficial de saúde, ou pelo diretor do estabelecimento e; se o testador for o oficial mais graduado, o testamento será escrito por aquele que o substituir.

2. Do testamento em geral

Nos moldes e termos do disposto no art. 1.858, CC, o testamento é ato personalíssimo, podendo ser mudado a qualquer tempo, através do qual toda pessoa capaz pode dispor da totalidade dos seus bens, ou de parte deles, para depois de sua morte, sendo certo que essa disponibilidade dos bens está restrita à metade do que possuir, haja vista ser vedado dispor acerca da legítima, pertencente aos herdeiros necessários (§ 1° do art. 1.857), sendo válidas as disposições de caráter não patrimonial, ainda que o testador somente a elas tenha se limitado (§ 2° do art. 1.857), sendo exemplo típico, v. g., a deserdação, a nomeação de tutor, o reconhecimento de filho, dentre outros tantos.[1]

---

1 CC/16 - Art. 1626 - Considera-se testamento o ato revogável pelo qual alguém, de conformidade com a lei, dispõe, no todo ou em parte, do seu patrimônio, para depois da sua morte.
CC/ 1916 - Art. 1626 - Considera-se testamento o ato revogável pelo qual alguém, de conformidade com a lei, dispõe, no todo ou em parte, do seu patrimônio, para depois da sua morte.

O testamento é um ato solene que deve submeter-se a numerosas formalidades que não podem ser descuradas ou postergadas, sob pena de nulidade. Mas todas essas formalidades não podem ser consagradas de modo exacerbado, pois a sua exigibilidade deve ser acentuada ou minorada em razão da preservação dos dois valores a que elas se destinam - razão mesma de ser do testamento -, na seguinte ordem de importância: o primeiro, para assegurar a vontade do testador, que já não poderá mais, após o seu falecimento, por óbvio, confirmar a sua vontade ou corrigir distorções, nem explicitar o seu querer que possa ter sido expresso de forma obscura ou confusa; o segundo, para proteger o direito dos herdeiros do testador, sobretudo dos seus filhos." (REsp nº 302.767/PR, Relator Ministro César Asfor Rocha, da 4° Turma do STJ, publicada no DJ de 24/09/2001, p. 313; RSTJ 148/467; RT 798/232).

Relativamente ao formalismo exigido para a validade do testamento, no caso acima, buscava-se, após 20 (vinte) anos da celebração do testamento, a sua nulidade em função do fato de que uma das cinco testemunhas que assinou como tendo assistido o ato e não teria, em verdade, dele participado, o Ministro Relator, em seu voto, deixou assentado que "No que há de mais essencial a discussão posta neste feito gira em torno da extensão que se deve dar às formalidades que revestem a elaboração do testamento cogitado, especialmente no que tange à ausência de uma testemunha, por todo o tempo da celebração do ato de última vontade.

O substrato fático motivador da ação proposta de que cuida o recurso especial em exame resume-se, exclusivamente, na pretensão da ora recorrente, neta do testador, de declarar a nulidade do testamento em tablado uma vez que sendo filha de filha pré-falecida do testador teria ficado em desvantagem quando destinados os bens no testamento.

Não ponho nenhuma dúvida quanto à compreensão de que o testamento é um ato solene que deve submeter-se a numerosas formalidades que não podem ser desnaturadas ou postergadas, sob pena de nulidade.

Mas todas essas formalidades não podem ser consagradas de modo exacerbado, pois a sua exigibilidade deve ser acentuada ou minorada em razão da preservação dos dois valores a que elas se destinam - razão mesma de ser do testamento-, na seguinte ordem de importância: a primeira, para assegurar a vontade do testador, que já não mais poderá, após seu falecimento, por óbvio, confirmar a sua vontade ou corrigir distorções, nem explicar o seu querer que possa ter sido expresso de forma obscura ou confusa; a segunda, para proteger o direito dos herdeiros, sobretudo dos seus filhos.

Assim ocorre, por exemplo, dentre muitos outros, se a vontade do autor do testamento não for claramente manifestada; se ela apresentar-se contraditória; se for de encontro à ordem natural das coisas abstraídas dos fatos da vida; se excluir da herança algum filho; se incluir algum herdeiro testamentário que possa despertar, por certas razões, surpresa ou espanto; se estabelecer cotas hereditárias desproporcionais entre os filhos, ainda que protegida a legítima; se estabelecer cláusulas injustificáveis a afastar a legítima, visivelmente prejudiciais a alguns herdeiros, etc.

Por outro lado, como disse, e creio que todos aqui acordamos nesse ponto, "não se deve levar o formalismo dos testamentos ao extremo, não se justificando interpretação apenas literal. O formalismo se põe como forma de dar maior segurança à declaração da vontade, cuja eficácia se realiza após a morte do declarante", segundo lição de MARCO AURÉLIO S. VIANA ("Curso de Direito Civil", v. 6, Belo Horizonte; Del Rey, 1993, pac. 7, n° 7, pp. 97-98).

ORLANDO GOMES (in, Sucessões", Forense, RJ, 1978, pp. 141 e 143) igualmente leciona que, como ato solene, o testamento "esta rodeado de numerosas formalidades, que dificultam sua prática, com vistas, porém, à garantia indispensável de sua autenticidade e à tutela da independência da vontade do testador, a forma de assegurar plenamente o resultado jurídico por ele pretendido", pois esse "formalismo é imposto também para que se conserve a exata compreensão da vontade declarada pelo *de cujus*, e consubstanciada sob forma de regulamento".

E ainda do aplaudido mestre o seguinte ensinamento:

"A anulação de um testamento é fato de suma gravidade, que não deve estar a mercê de pequenas rugas formalísticas, quando irrefragável é a sua autenticidade, por todos os elementos sérios que o atestam" (in, "Questões de Direito Civil", 5ª ed., SP, Saraiva, 1988, p. 280).

Como já proclamou o Supremo Tribunal Federal, "formalidades essenciais por cujo cumprimento portou fé o tabelião, constituem um bloco, cuja seriedade e solidez não estão à mercê da versatilidade de alguém, que tendo servido de testemunha instrumentária, resolve anos depois declarar que não assistiu o ato" (RE 30.204, rel. Min. AFRÂNIO COSTA).

Como destaca a recorrida de voto proferido pelo Dês. BARBOSA PEREIRA, "quando a lei prescreve para certos fatos ou atos determinadas exigências formais, não tem fito senão por de pressupor cautelas, envoltórios plásticos, dentro dos quais convenientemente resguardadas as vontades, se lhes garanta e precise eficácia autorizativa".

No recurso especial em exame a própria recorrente, em nenhum momento, põe em dúvida a higidez do testador ou apresenta qualquer outro motivo a abalar a inteireza do testamento, senão a alegada ausência de uma testemunha. Aliás o testador, ao definir a destinação dos seus bens, desce a luxo de detalhes, cuidando até dos móveis do quarto principal de dormir, cortinas, lustres e armários.

A recorrente investe, brava e elegantemente, em muito bem elaboradas razões, apenas quanto a essa formalidade que a tenho, data vênia, por exacerbada.

Ora, o testamento está assinado pelo tabelião, e por todas as testemunhas, e o laudo pericial atestou que não houve fraude. Assim, o depoimento de uma testemunha, vinte anos depois da lavratura do ato, não tem o condão de anular a disposição de última vontade. Admitir o contrário, seria desconsiderar o primado da segurança jurídica.

Do Supremo Tribunal Federal trago ainda o seguinte precedente:

> *"Testamento. Nulidade. Se é certo não ser indiscutível a fé pública do notário, não menos exato é que, para eliminá-la, torna-se mister a apresentação de prova contundente e perfeita, não apenas os depoimentos de duas testemunhas instrumentárias que, após, o falecimento do testador, prestam-se, no interesse de terceiros, ao desfazimento do ato para cuja perfeição colaboraram". (Rel. o saudoso Ministro BARROS MONTEIRO, RE 66.610-RJ, DJ 29.11.69).*

Por fim, reproduzo mais uma vez e fazendo minhas as seguintes preciosas colocações postas no voto vencedor do eminente Juiz Ronald Schulman:

"E agora, proferindo meu voto, iluminado inclusive pelo princípio da lógica razoável, estou convicto de que a vontade do testador, jamais impugnada nestes autos, deve prevalecer apesar do vício ocorrido no ato solene em que ela foi manifestada. Pois se a presença da testemunha era exigida justamente para a segurança da verdade e coerência das declarações do testador, e estas são reconhecidas por todos, penso, com a devida vênia dos votos em contrário, que deva prevalecer testamento, pois o seu sacrifício importaria na violação de um bem maior, que é o da liberdade do indivíduo dispor em última vontade de seu patrimônio."(fls. 569/570)."

O direito para impugnar a validade do testamento, nos termos do art. 1.859, é de cinco anos, contados da data do seu registro, ou seja, passado esse prazo, qualquer impugnação encontrará barreira intransponível, sendo certo que o exercício de tal direito só poderá ser exercido por quem tenha benefício com a declaração de sua ineficácia ou prejuízo com a sua implementação.

> *Ação de nulidade de testamento, com pedido de redução das disposições testamentárias – Sentença de procedência em parte – Insurgência do réu – Disposições testamentárias realizadas pelo "de cujus" que invadem a legítima e comportam redução – Deve ser atribuída ao réu a parcela que o testador poderia dispor sobre o patrimônio, observado o direito dos herdeiros, inclusive à legítima – Sentença mantida – Recurso não provido. Nega-se provimento ao recurso. (TJSP; Apelação 1064640-64.2015.8.26.0100; Relator (a): Marcia Dalla Déa Barone; Órgão Julgador: 3ª Câmara de Direito Privado; Foro Central Cível - 12ª Vara da Família e Sucessões; Data do Julgamento: 05/09/2017; Data de Registro: 05/09/2017)*

REIVINDICATÓRIA. PETIÇÃO DE HERANÇA. UNIÃO ESTÁVEL. DIREITO DE HABITAÇÃO DA COMPANHEIRA.

REDUÇÃO DAS DISPOSIÇÕES TESTAMENTÁRIAS. Sentença de improcedência do pedido reivindicatório dos autores e de parcial procedência do pedido reconvencional de reconhecimento de união estável, declarando direito real de habitação em favor da companheira do falecido, reconhecendo a condição de herdeira dela e reduzindo as disposições testamentárias, para a partilha dos bens em iguais condições entre a companheira e os herdeiros testamentários. Irresignação do espólio e da inventariante autores. 1. Preliminar. Julgamento extra petita. Não configuração. Sentença que julgou em conjunto os pedidos de reconhecimento e dissolução da união estável e reivindicatório. Reconhecimento do direito real de habitação da ré-reconvinte apelada que leva à improcedência do pedido reivindicatório. Improcedência que não configura julgamento além do pedido (arts. 141 e 492, CPC). 2. Preliminar. Julgamento conjunto dos processos conexos. Julgamento realizado em conjunto. Ausência de violação ao artigo 105 do CPC/1973. Sentença prolatada em conjunto e com determinação para ser trasladada para os autos em apenso. Alegação de nulidade afastada. 3. União estável. Caracterização (art. 1.723, CC). Convivência pública, contínua e duradoura, para constituição de família. Regime da comunhão parcial de bens (art. 1.725, CC, e art. 5º, Lei 9.278/1996). Inocorrência das hipóteses do artigo 1.641, inciso II, do Código Civil, na redação anterior à Lei 12.344/2010, ou do artigo 258, § único, do Código Civil de 1916. 4. Sucessão. Sucessão do companheiro na mesma forma da sucessão do cônjuge. Inconstitucionalidade do artigo 1.790 do Código Civil. Tese firmada em recurso com repercussão geral (Tema 498, STF). Companheira como herdeira legítima (art. 1.829, III, CC). Limitação do poder de testar (arts. 1.845 e 1.846, CC). Redução das disposições testamentárias, para adequação à legítima (arts. 1.857, §1º, e 1.967, CC). 5. Reivindicatória e direito real de habitação. Companheiro sobrevivente que possui direito real de habitação (art. 7º, § único, Lei 9.278/1996, e art. 1.831, CC). Posse justa da companheira, pelo direito de habitação, o que afasta a procedência da reivindicatória (arts. 1.200 e 1.228, CC). Fato novo que não restou suficientemente comprovado (arts. 373, I, e 493, CPC). Sentença mantida. Sucumbência mantida, afastada a sucumbência recursal (Enunciado Administrativo n. 07, STJ). Recurso desprovido. (TJSP; Apelação 4001933-11.2013.8.26.0510; Relator (a): Carlos Alberto de Salles; Órgão Julgador: 3ª Câmara de Direito Privado; Foro de Rio Claro - 1ª Vara Cível; Data do Julgamento: 08/08/2017; Data de Registro: 08/08/2017)

RECURSO ESPECIAL. TESTAMENTO. AÇÃO DE REDUÇÃO DE DISPOSIÇÕES TESTAMENTÁRIAS. PROVA. PERÍCIA PARA AVALIAÇÃO DE BENS DOADOS PELO TESTADOR À VIÚVA CASADA PELO REGIME DE SEPARAÇÃO OBRIGATÓRIA DE BENS. LIBERDADE DO JUIZ NA CONDUÇÃO DA PROVA. ALEGAÇÃO DE DESNECESSIDADE DA PERÍCIA AFASTADA. RECURSO ESPECIAL IMPROVIDO. 1.- Em ação movida por herdeiros necessários visando à redução de disposições testamentárias em prol da viúva, para preservação da legítima (CC, art. 1.789), pode o Juízo, visando à formação do livre convencimento futuro sobre os temas envolvidos, que não podem ser prematuramente decididos, determinar a realização de perícia para verificação dos valores envolvidos no patrimônio, nas doações e no testamento do de cujus, limitando-se a matéria, por ora, ao campo exclusivamente da produção de prova para a análise futura em meio às controvérsia de fundo. 2.- Recurso Especial improvido. (REsp 1371086/SP, 3ª. Turma do STJ, Relator Ministro SIDNEI BENETI, DJe 26/05/2014).

RECURSO ESPECIAL. TESTAMENTO. AÇÃO DE REDUÇÃO DE DISPOSIÇÕES TESTAMENTÁRIAS. COLAÇÃO. PROVA. PERÍCIA PARA AVALIAÇÃO DE BENS DOADOS PELO TESTADOR AOS HERDEIROS NECESSÁRIOS. LIBERDADE DO JUIZ NA CONDUÇÃO DA PROVA. ALEGAÇÃO DE DESNECESSIDADE DA PERÍCIA AFASTADA. NÃO VIOLAÇÃO DOS ARTS. 544, 1789, 1846, 1847, 1976, 2002, § ÚNICO, e 2004 DO CÓD. CIVIL/2002. RECURSO

ESPECIAL IMPROVIDO. 1.- Afasta-se a alegação de negativa de prestação jurisdicional, nos termos da jurisprudência pacífica do tribunal, no sentido de que, se os fundamentos adotados bastam para justificar a conclusão, não é preciso que o julgado rebata, um a um, os argumentos deduzidos pela parte. 2.- Em ação movida por herdeiros necessários, que receberam doações em vida do "de cujus", visando à redução de disposições testamentárias em prol da viúva, para preservação da legítima (CC, art. 1789), pode o Juízo, visando à formação do livre convencimento, determinar a realização de perícia, para verificação dos valores envolvidos no patrimônio, nas doações e no testamento. 3.- Recurso Especial improvido. (REsp 1314071/SP, 3ª. Turma do STJ, Relator Ministro SIDNEI BENETI, DJe 05/03/2013).

TESTAMENTO – AÇÃO DE REDUÇÃO DE QUOTAS – AÇÃO PRÓPRIA – "Apelação cível. Ação de redução de quotas de testamento. Julgamento antecipado da lide. Cerceamento de defesa. Inocorrência. Estado de filiação socioafetiva. Necessidade da propositura de ação própria para discussão do referido tema. I – Não se afigura o alegado cerceamento de defesa quando o magistrado, em atenção do disposto nos autos e as provas a ele carreadas, forma sua convicção para embasar o julgamento antecipado da lide. 2. Descabe discussão nos presentes autos acerca da existência ou mesmo da natureza da relação de filiação socioafetiva ocorrida entre o testador e os apelantes, porquanto objetiva a mesma apenas garantir a autora/apelada o direito ao recebimento da legitima estabelecida em lei. 3. Deve ser reduzida a disposição testamentária, quando há verdadeira afronta a legitima, inteligência do art. 1.857, § 1º, do Código Civil. Recurso conhecido e improvido." (TJGO – AC 111586-3/188 – 2ª C.Cív. – Rel. Des. RONNIE PAES SANDRE – DE 05.03.2008).

3. Da capacidade para testar

Em sendo o testamento um ato jurídico, sua validade esta totalmente vinculada à regra geral da validade de tais atos, o que vem regulado pelo art. 104, ou seja, exige, sob pena de nulidade, agente capaz, objeto lícito, possível, determinado ou indeterminável, e forma prescrita ou não defesa em lei.

A todos os maiores de dezesseis anos é dada a faculdade de testar, sendo que, além dos incapazes, não podem testar os que, no ato de fazê-lo, não tiverem pleno discernimento, sendo que, tal qual dispunha o CC anterior, art. 1.628, a incapacidade superveniente do testador não invalida o testamento, bem como a superveniência da capacidade do incapaz a valida, conforme determinação expressa do art. 1860 e parágrafo único e 1.861, ou seja, a capacidade ou incapacidade para testar é aferível no momento do ato.[2]

A capacidade para testar é presumida, e qualquer alegação relativa a incapacidade do testador somente prevalecerá se a prova for plena, cabal e concluente, avaliada, sempre, no ato em que se testou.

Já decidiu a 5º Câmara do Tribunal de Justiça de São Paulo, AC nº 114.459-1, Relator Desembargador Silveira Neto, RJ 155/66, ação que buscava anular o testamento em função de idade avança do testador e comprovada arteriosclerose, que tais fatos, por si só, não desvirtuam o testamento, haja vista a velhice, muitas vezes levar a pessoa a um comportamento inusitado e incomum, exacerbando o sentimento de posse e o medo da perda, explicando-se, assim, certas atitudes aparentemente insólitas.

> *AÇÃO ANULATÓRIA DE TESTAMENTO. I- Testadora, à época do testamento, contando com 91 anos de idade. Idade da testadora, per si, que recomenda cautela no exame da capacidade de discernimento exigida pelo art. 1.860 do Código Civil. Prudência que recomendava fazer constar do testamento um atestado médico a respeito da capacidade da testadora. Providência, na espécie, não adotada pelo*

---

2 CC/16 - Art. 1627 - São incapazes de testar:
  I - os menores de 16 (dezesseis) anos;
  II - os loucos de todo o gênero;
  III - os que, ao testar, não estejam em seu perfeito juízo;
  IV - os surdos-mudos, que não puderem manifestar a sua vontade.
  CC/16 - Art. 1628 - A incapacidade superveniente não invalida o testamento eficaz, nem o testamento do incapaz se valida com a superveniência da capacidade.

Tabelião. II- Prova pericial, produzida no âmbito de ação de interdição, que concluiu que a testadora "...não tem condições clinico-neurológicas, ou seja, condições físico-cognitivas, e psíquicas de assumir, gerenciar, e administrar seus bens, há mais de 04 anos" (fls. 56). Conclusão pericial não contrastada por prova técnica de igual quilate. Apelantes, embora não tenham figurado como parte na ação de interdição, que tiveram oportunidade, nesta anulatória, de manifestação sobre a referida prova. Observância, no caso, dos princípios do contraditório e da ampla defesa. Discussão sobre os efeitos da sentença proferida na ação de interdição. Irrelevância da controvérsia, já que a nulidade do testamento independia da existência da interdição. Relevância, outrossim, da convicção trazida pela prova emprestada da interdição para o estabelecimento da incapacidade da testadora no momento do testamento. III- Prova oral. Preponderância, alinhado à conclusão pericial de fls. 56, do depoimento do médico particular da testadora que, à fls. 305, deixou claro que "...quando ela fez o testamento e exame não tinha o discernimento necessário para tanto". IV- Comprovação de que a falecida KMBF, à época que firmou o testamento de fls. 17/19, não dispunha do pleno discernimento exigido pelo art. 1.860 do Código Civil. SENTENÇA PRESERVADA. APELOS DESPROVIDOS. (TJSP; Apelação 1023010-28.2015.8.26.0100; Relator (a): Donegá Morandini; Órgão Julgador: 3ª Câmara de Direito Privado; Foro Central Cível - 3ª Vara da Família e Sucessões; Data do Julgamento: 05/12/2017; Data de Registro: 07/12/2017)

TESTAMENTO PÚBLICO – Ato realizado por Tabelião de Notas, que tem fé pública e certificou, na presença de duas testemunhas, que a testadora se achava em seu perfeito juízo, e no gozo pleno de suas faculdades intelectuais – Interdição da testadora anos depois – Irrelevância – Inexistência de prova inconcussa de que esta não sabia o que estava declarando - Escritura de testamento válida – Recurso desprovido. (TJSP; Apelação 0004853-85.2014.8.26.0091; Relator (a): Rui Cascaldi; Órgão Julgador: 1ª Câmara de

Direito Privado; Foro de Mogi das Cruzes - 4ª Vara Cível; Data do Julgamento: 22/06/2017; Data de Registro: 22/06/2017)

RECURSO ESPECIAL. AÇÃO DECLARATÓRIA DE NULIDADE DE TESTAMENTO PÚBLICO. 1. NEGATIVA DE PRESTAÇÃO JURISDICIONAL. NÃO OCORRÊNCIA. 2. VÍCIO DE FORMA. CONTEMPORIZAÇÃO DO RIGOR FORMAL DO TESTAMENTO, REPUTANDO-O VÁLIDO SEMPRE QUE ENCERRAR A REAL VONTADE DO TESTADOR, MANIFESTADA DE MODO LIVRE E CONSCIENTE. EXEGESE PERFILHADA PELA JURISPRUDÊNCIA DO STJ. 3. CONGRUÊNCIA ENTRE O DISPOSTO NO TESTAMENTO E O REAL PROPÓSITO DE SEU AUTOR. RECONHECIMENTO, DE ACORDO COM OS ELEMENTOS FÁTICOS PROBATÓRIOS REUNIDOS NOS AUTOS. 4. REITERADA ATUAÇÃO ANTIJURÍDICA DA TABELIÃ, A QUEM INCUMBIA, IMEDIATAMENTE, ZELAR PELA OBSERVÂNCIA DOS REQUISITOS FORMAIS. VERIFICAÇÃO. FRUSTRAÇÃO DA MANIFESTAÇÃO DE ÚLTIMA VONTADE ENCERRADA NO TESTAMENTO PÚBLICO, QUANDO ESTA, A PARTIR DOS ELEMENTOS DE PROVA REUNIDOS NOS AUTOS, REFLETE A REAL INTENÇÃO DE SEU AUTOR. INVIABILIDADE. 5. RECURSO ESPECIAL IMPROVIDO. 1. O Tribunal de origem manifestou-se expressamente sobre a petição apresentada pela demandante após a interposição de seu recurso de apelação, deixando assente que, além de os documentos a ela anexados não serem considerados novos, as circunstâncias que ensejaram a perda da delegação pela Tabeliã não se relacionam ao testamento sob comento, cuja validade se discute na presente ação. É de se constatar que a Corte de origem, no ponto, teceu fundamentação suficiente a lastrear sua convicção, afigurando-se, pois, descabida a tese de negativa de prestação jurisdicional. 2. Especificamente em relação aos testamentos, as formalidades dispostas em lei possuem por finalidade precípua assegurar a higidez da manifestação de última vontade do testador e prevenir o testamento de posterior infirmação por terceiros. Assim, os requisitos formais, no caso dos testamentos, destinam-se a *assegurar a veracidade e a espontaneidade das declarações de última vontade. 2.1. Todavia, se, por outro modo, for possível constatar, suficientemente, que a manifestação externada pelo testador deu-se de forma livre e consciente, correspondendo ao seu verdadeiro propósito, válido o testamento, encontrando-se, nessa hipótese, atendida a função dos requisitos formais, eventualmente inobservados. 2.2. A jurisprudência desta Corte de Justiça (a partir do julgamento do Resp n. 302.767/PR), em adoção a essa linha de exegese, tem contemporizado o rigor formal do testamento, reputando-o válido sempre que encerrar a real vontade do testador, manifestada de modo livre e consciente. 3. Na hipótese dos autos, sem proceder a qualquer consideração de ordem moral, especialmente porque a lei a admite, é certo que a vontade manifestada pelo autor do testamento de dispor sobre os bens disponíveis da herança, em detrimento da filha reconhecida a posteriori - intuito sobre o qual, como visto, nem mesmo a recorrente controverte -, restou substancialmente demonstrada, cuja verificação deu-se, de modo uníssono, pelas instâncias ordinárias com esteio nos elementos de prova reunidos nos autos. 3.1. Segundo apurado, o testador, contando com oitenta e oito anos à época da efetuação do testamento, justamente para prevenir posterior e infundada alegação de incapacidade, apresentou laudos médicos que atestavam sua plena sanidade mental. É dizer, o testador, por sua própria iniciativa, deixou comprovado, por ocasião da confecção do documento, que a manifestação acerca da destinação de seus bens, na parte disponível da herança, expressada no testamento público por ele subscrito, representava, de modo livre e consciente, verdadeiramente a sua última vontade. 3.2. O proceder adotado pelo testador revelou inequívoca preocupação em assegurar que as disposições de última vontade insertas em seu testamento fossem efetivamente observadas. Não há na lei de regência qualquer limitação (máxima) de idade para testar, tampouco exigência de que o autor do testamento comprove sua capacidade para o ato. Não obstante, o testador assim acautelou-se. Há que se pontuar, ainda, não remanescer qualquer dúvida, a considerar o laudo pericial* conclusivo, acolhido pelas instâncias precedentes, de que o autor do testamento efetivamente apôs sua assinatura no documento, por ocasião de sua lavratura. Aliás, a própria adoção da forma pública do testamento revela a intenção do testador de valer-se da segurança e seriedade a ela inerente. Todas essas circunstâncias, de fato, deixaram evidenciado a congruência entre o disposto no testamento e o real propósito de seu autor. 4. Em que pese a existência de vício de forma (testemunhas instrumentárias, funcionários do cartório, que não presenciaram a lavratura do testamento, apondo as respectivas assinaturas posteriormente), a confirmar a reiterada atuação antijurídica da Tabeliã, a quem incumbia, imediatamente, zelar pela observância dos requisitos formais, inviável, na hipótese dos autos, frustrar a manifestação de última vontade encerrada no testamento público, quando esta, a partir dos elementos de prova reunidos nos autos, refletiu, indene de dúvidas, a real intenção de seu autor. 5. Recurso especial improvido. (REsp 1419726/SC, 3ª. Turma do STJ, Relator Ministro MARCO AURÉLIO BELLIZZE, DJe 16/12/2014, RSTJ vol. 236 p. 455).

AGRAVO REGIMENTAL EM AGRAVO REGIMENTAL NO RECURSO ESPECIAL - AÇÃO DE NULIDADE DE TESTAMENTO - INOBSERVÂNCIA DA LEGISLAÇÃO – FORMALISMO QUE NÃO PODE SE OPOR À VONTADE DA TESTADORA - ALEGAÇÃO DE VÍCIO NO CONSENTIMENTO - INEXISTÊNCIA. 1. O egrégio Tribunal a quo asseverou que a testadora encontrava-se lúcida, com pleno discernimento de seus atos, possuindo, inclusive, pensamento amadurecido sobre testar os seus bens ao tempo da morte. Sendo assim, para acolhimento do apelo extremo, seria imprescindível derruir a afirmação contida no decisum atacado, o que, forçosamente, ensejaria em rediscussão de matéria fática, incidindo, na espécie, o óbice da Súmula n. 7 deste Superior Tribunal de Justiça, sendo manifesto o descabimento do recurso especial. 2. A Corte local, ao interpretar as disposições de última vontade, considerou não haver qualquer dificuldade sobre o destino *dos bens, pois o de cujus dispôs de todos os seus bens. Igualmente, em relação à qualificação dos beneficiários pelo testamento, o Tribunal de origem assentou que estes se encontram suficientemente identificados. Ademais, a instância ordinária considerou inexistir qualquer mácula na entrega da minuta do testamento 2 (dois) dias antes de sua leitura e assinatura, mormente, porque a autora da herança, após a sua leitura ratificou o seu conteúdo na presença das 5 (cinco) testemunhas e do Tabelião, sendo alegada irregularidade insuscetível de viciar a vontade da testadora. 2.1. Nulidade do testamento. Pleito insubsistente. A Corte de origem asseverou que a vontade da testadora foi externada de modo livre e consciente, sendo perfeitamente compreensível e identificável as disposições testamentarias. Assim, "a análise da regularidade da disposição de última vontade (testamento particular ou público) deve considerar a máxima preservação do intuito do testador, sendo certo que a constatação de vício formal, por si só, não deve ensejar a invalidação do ato, máxime se demonstrada a capacidade mental do testador, por ocasião do ato, para livremente dispor de seus bens." (AgRg no REsp 1073860/ PR, Rel. Ministro ANTONIO CARLOS FERREIRA, QUARTA TURMA, julgado em 21/03/2013, DJe 01/04/2013) 3. No que concerne à impossibilidade de ser a mesma pessoa testemunha, testamenteiro e inventariante, nota-se que o recurso especial encontra-se deficiente, porquanto esta Corte Superior entende que o dispositivo legal tido como violado deve conter carga normativa suficiente a alterar o julgado hostilizado. Na hipótese vertente, o insurgente aponta ofensa à regra jurídica incapaz de exercer modificação no provimento jurisdicional atacado, razão pela qual o apelo extremo é deficiente, nos termos da Súmula n. 284 do STF. Ainda que assim não fosse, o aresto hostilizado está fundado na regra do art. 990, V, do Código de Processo Civil, que não fora objeto de impugnação pelo apelo extremo, motivo pelo qual incide por analogia a Súmula n. 283 do STF. 4. Agravo regimental desprovido. (AgRg no AgRg no REsp 1230609/ PR, 4ª. Turma do STJ, Relator Ministro MARCO BUZZI, DJe 02/10/2013).*

RECURSO ESPECIAL. AÇÃO DECLARATÓRIA DE NULIDADE DE TESTAMENTO. PROCEDÊNCIA DO PEDIDO. VÍCIOS DO ATO RECONHECIDOS NAS INSTÂNCIAS ORDINÁRIAS. CAPACIDADE PARA TESTAR. AUSÊNCIA DE PLENO DISCERNIMENTO (CC/2002, ART. 1.860; CC/1916, ART. 1.627). TESTEMUNHAS TESTAMENTÁRIAS. INIDONEIDADE (CC/2002, ART. 228; CC/1916, ART. 1.650). CERCEAMENTO DE DEFESA. NÃO OCORRÊNCIA. PRINCÍPIO DO LIVRE CONVENCIMENTO MOTIVADO. JULGAMENTO EXTRA PETITA. DEFERIMENTO DA ANTECIPAÇÃO DOS EFEITOS DA TUTELA. INSUCESSO DO APELO ESPECIAL. QUESTÃO PREJUDICADA. 1. O testamento público exige, para sua validade, que sua lavratura seja realizada por tabelião ou seu substituto legal, na presença do testador e de duas testemunhas que, após leitura em voz alta, deverão assinar o instrumento. 2. É inválido o testamento celebrado por testador que, no momento da lavratura do instrumento, não tenha pleno discernimento para praticar o ato, uma vez que se exige a manifestação perfeita de sua vontade e a exata compreensão de suas disposições. 3. Nos termos do art. 228, IV e V, do Código Civil vigente (CC/1916, art. 1.650), não podem ser admitidos como testemunhas o interessado no litígio, o amigo íntimo ou o inimigo capital das partes, bem como os cônjuges, os ascendentes, os descendentes e os colaterais, até o terceiro grau de alguma das partes, por consanguinidade, ou afinidade. In casu, houve violação dos referidos dispositivos legais, na medida em que o testamento público teve como testemunhas um amigo íntimo e a nora da única beneficiária da disposição de última vontade. 4. O acórdão recorrido, com base no exame dos elementos fático-probatórios dos autos, consignou a ausência do pleno discernimento do testador para a prática do ato, bem como reconheceu a interferência da beneficiária na celebração do testamento e o reflexo de sua vontade na do testador, de modo que é inviável, em sede de recurso especial, a revisão de tais questões, haja vista o óbice da Súmula n. 7 desta Corte Superior. 5. Consoante jurisprudência desta Corte, compete ao magistrado, à luz do princípio do livre convencimento motivado, previsto no art. 131 do Código de Processo Civil, decidir quais as provas necessárias para formar sua convicção, razão pela qual não se pode exigir que seja levado em consideração determinado depoimento, mormente quando se tratar daquele prestado pelas testemunhas consideradas inidôneas. A convicção do julgador deve resultar do conjunto das provas produzidas na demanda. 6. Fica prejudicada a análise da questão relativa ao julgamento extra petita pela antecipação dos efeitos da tutela, tendo em vista o insucesso do recurso quanto às demais questões. 7. Recurso especial a que se nega provimento. (REsp 1155641/GO, 4ª. Turma do STJ, Relator Ministro RAUL ARAÚJO, *DJe 28/09/2012).*

ANULAÇÃO DE TESTAMENTO - AGRAVO RETIDO - PRESCRIÇÃO - AFASTADA - APLICAÇÃO DO ART. 177, DO CC/16 - RECURSO CONHECIDO E NÃO PROVIDO. APELAÇÃO CÍVEL 1 E 2 - MESMAS INSURGÊNCIAS - INCAPACIDADE DO TESTADOR - MOMENTO DO ATO - NÃO COMPROVADA - TESTADOR ACOMETIDO DE CÂNCER O QUE POR SI SÓ NÃO LHE RETIROU A CAPACIDADE PARA TESTAR - ÔNUS DOS AUTORES - NULIDADE DO TESTAMENTO POR VÍCIO - AFASTADA - OBSERVÂNCIA DAS SOLENIDADES - FORMALISMO QUE NÃO PODE SE OPOR À VONTADE DO TESTADOR - DIVERSOS FATORES QUE COMPROVAM O DESEJO CONSIGNADO NO TESTAMENTO COMO O DESEJO DO TESTADOR - EMPRESA RODERJAN & CIA PODE INTEGRAR O TESTAMENTO - PRETENSÃO DO TESTADOR - RECURSOS CONHECIDOS E NÃO PROVIDOS. 1. Trata-se de testamento público em que a incapacidade do testador deve ser demonstrada de forma robusta, o que não foi feito no caso concreto. Ônus que incumbe aos autores, nos termos do art. 333, I, do CPC. 2. O rigorismo formal não deve ser levado ao extremo, de maneira a se sobrepor à vontade real manifestada pelo testador, desde que respeitados os requisitos mínimos de segurança, quais sejam a autenticidade e a fidelidade. O testador ratificou o seu conteúdo, após a leitura do testamento, na presença de testemunhas e o entregou ao Tabelião. (Processo: AC 5850991 PR 0585099-1 - Relator(a): ANTONIO LOYOLA VIEIRA - Julgamento: 16/02/2011 - Órgão Julgador: 12ª Câmara Cível - Publicação: DJ: 601).

DIREITO DAS SUCESSÕES – TESTAMENTO PÚBLICO – Testadora que, na data da lavratura do instrumento, encontrava-se internada em unidade de terapia intensiva de instituição hospitalar em virtude das graves doenças que lhe acometiam, vindo a falecer apenas três dias após o ato. Higidez do testamento fundada na assertiva de que a tabeliã, juntamente com cinco testemunhas, teria se dirigido ao hospital para sua elaboração. Argumento, ainda que plausível, que não derrui a patente falsidade do ato de disposição de última vontade. Relatos pelo corpo médico de episódios de confusão e depressão da testadora, além de problemas de hipertensão e de respiração nos dias que antecederam o seu óbito. Ausência de pleno discernimento. Incapacidade para testar (ART. 1.860 DO CC/2002). Ato de vontade viciado. Art. 1.126 do cpc. Recurso desprovido. (TJSC – AC 2009.016633-6 – 3ª CDCiv. – Relª Desª MARIA DO ROCIO LUZ SANTA RITTA – DJe 29.11.2010).

CIVIL. SUCESSÃO TESTAMENTÁRIA. AÇÃO DE ANULAÇÃO DE TESTAMENTO FUNDADA EM INCAPACIDADE PARA TESTAR. Testador que apresentava alterações mentais em períodos alternados, afirmando o autor, um de seus filhos, que não se encontrava com o discernimento necessário para a pratica do ato. Parte da prova que serve de fundamento a decisão constituída em anterior processo de interdição, instaurado pelo mesmo requerente. Sentença de procedência, afastando a decadência argüida e declarando nulo o testamento. Apelo com reiteração da preliminar de decadência do direito e argüição de nova preliminar, de nulidade do processo por falta de intimação do Ministério Publicam para AIJ. Natureza do testamento como ato unilateral, produzindo efeitos somente após a morte do testador, "dies a quo" do prazo decadencial, e não a data da lavratura do ato. Rejeição da l a. preliminar. Intervenção do MP após a audiência, bem como em 2. grau, antes do conhecimento do recurso. Rejeição da 2a. preliminar, por sanação do vicio e ausência de prejuízo. No mérito, subsistindo apenas duvida quanto à capacidade do testador, já morto, deve ser preservada a sua manifestação de ultima vontade tanto quanto possível. Reconhecimento de sua nulidade dependente da efetiva prova da incapacidade (falta de discernimento), havendo no caso apenas presença de duvida quanto a esta, alias afastada por robustos elementos de convicção em sentido contrario. Falta de sintonia entre os fundamentos e as conclusões dos laudos periciais indiretos. Provimento do apelo para julgar improcedente o pedido. (TJRJ - AC nº 2003.001.31359 - 3ª C. Cív. - Rel. Dês. LUIZ FERNANDO DE CARVALHO - J. 27.04.2004).

PROCESSO - NULIDADE - JULGAMENTO ANTECIPADO DA LIDE - CERCEAMENTO DE DEFESA - INOCORRÊNCIA - Julgamento antecipado que atendeu sugestão dos próprios autores. Preliminar rejeitada. TESTAMENTO - ANULAÇÃO - INCAPACIDADE PARA TESTAR DECORRENTE DE FALTA DE SAÚDE FÍSICA E MENTAL - Incapacidade comprovada por prova pericial realizada em anterior ação de interdição. Prova completa. Laudo impugnado. Prova documental a comprovar a capacidade da testadora ao tempo da lavratura do testamento. Recurso dos autores desprovido. HONORÁRIOS ADVOCATÍCIOS - Fixação para ação e medida cautelar em valor irrisório. Pretendida a elevação. Admissibilidade. Art. 20, § 4°, CPC. Recurso dos réus provido. (TJSP - AC 286513.4/3-00 - 9ª C. D. Priv. - Rel. Dês. RUITER OLIVA - J. 16.03.2004).

CIVIL. SUCESSÃO TESTAMENTÁRIA. INCIDENTE DE CUMPRIMENTO DE TESTAMENTO. VÍCIO DO TESTAMENTO. MANIFESTAÇÃO DA VONTADE. CERCEAMENTO DE DEFESA AFASTADO. O juiz após *ouvir o ministério público, mandará registrar, arquivar e cumprir o testamento, se não achar vício externo que o torne suspeito de nulidade ou falsidade, devendo eventuais defeitos quanto à formação e manifestação de vontade do testador serem apreciados ou no inventário ou em ação de anulação. Assim, a ampla produção de provas pretendida pelo apelante para desvendar a vontade da testadora ou sua capacidade de testar, não será possível no juízo das sucessões, posto que o procedimento delineado a partir do art. 1.125 do CPC não é de cognição ampla. Apelação improvida. (TJDF -AC 20010710135659APC - DF - 3ª T. - Rel. Dês. JERONYMO DE SOUZA - DJU 30.04.2003).*

TESTAMENTO PÚBLICO - Capacidade testamentária ativa - Presunção não desmerecida pela prova - Viabilidade da sua lavratura por tabeliã substituta ou escrevente autorizada - Inteligência do art. 1.632,1, do CC de 1916 -Meio adequado para o testador reconhecer a existência de convivência estável - Vontade por ele manifestada livremente - Ausência de defeitos de forma a justificar a anulação do ato - Ação julgada improcedente - Recurso improvido. (TJSP - AC 132.026-4/1 - Osasco - 3ª Câm. Dir. Priv. - Rel. WALDEMAR NOGUEIRA FILHO - J. 18.02.2003 -V.U.).

Processo civil. Embargos infringentes. Cabimento. Preliminar de cerceamento de defesa na apelação que reprisa os argumentos do agravo retido. Impossibilidade do mesmo pedido recursal em vias distintas. Unicidade recursal. Ação declaratória de nulidade de testamento por falta de capacidade de testar. Decisão que designa audiência sem determinar prévia colheita de prova pericial. Ausência de indeferimento expresso da diligência. Inteligência da súmula n. 255 da Corte Especial do STJ. - Os embargos infringentes são cabíveis, em agravo retido, quando resolver questão de mérito, como prescrição e decadência, que resultem a extinção do próprio processo. - O acolhimento ou rejeição de preliminar de cerceamento de defesa pelo indeferimento de perícia, quando decidido por maioria de votos, em sede de agravo, não decide o fundo do direito e nem implica na extinção do processo, sendo incabível a interposição de embargos infringentes. - Peculiaridades do processo no julgamento da apelação, que apreciou o agravo retido sem pedido expresso para seu exame pelo Tribunal, e que foi interposto contra despacho sem conteúdo decisório que designa audiência de conciliação, instrução e julgamento (e que nada decidiu sobre a realização de prova pericial), levam à conclusão de que o tema de direito só poderia ter sido examinado como preliminar de cerceamento de defesa na apelação. Errônea referência do acórdão da apelação que dispôs sobre julgamento de agravo retido, quando o tema recursal integrava as razões de apelação. Conseqüente cabimento dos embargos infringentes porque abrangeu disciplina própria da preliminar de cerceamento de defesa veiculada na petição de apelação. (REsp 407006/ MG, 3ª. Turma do STJ, Relatora Ministra NANCY ANDRIGHI, DJ 01/07/2002 p. 339, RSTJ vol. 159 p. 386).

TRATAMENTO. AÇÃO DE NULIDADE. IN APCIDADE DO TESTADOR. IDADE AVANÇADA. O simples fato de o testador ser uma pessoa com idade avançada não lhe retira a capacidade de testar, nem higidez mental, que foi, de resto, afirmada pelo tabelião, pelo medico que o atendia e por testemunhas. Recurso desprovido. (TJRS - AC 70000249011 - 7ª C. Cív. - Rel. Dês. SÉRGIO FERNANDO DE VASCONCELLOS CHAVES - J. 15.12.1999).

TESTAMENTO PUBLICO - NULIDADE - VICIO DE FORMA E INCAPACIDADE DO TESTADOR, POR DOENÇA MENTAL - INOCORRÊNCIA – RECURSO NÃO PROVIDO. Inovando a causa petendi no recurso, o apelante alega vício no testamento por falta do tabelião, que não exigiu atestado médico sobre a higidez mental. A despeito da inovação, essa não é uma solenidade exigida pela lei, mas mera cautela que o tabelião poderia adotar, para ressalvar a própria responsabilidade, se tivesse dúvida acerca da lucidez do testador. E conquanto fosse o testador portador de diabetes, que lhe resultou a cegueira total alguns anos antes do testamento, e que originou a doença vascular coronária (infarto do miocárdio) que o levou à óbito 7 anos depois do testamento, não há prova segura que demonstre que na época do testamento, ou a qualquer tempo, a diabetes tivesse provocado o aparecimento de arteriosclerose cerebral, ou distúrbio vascular cerebral, no testador, causando-lhe deficiência mental e, por conseguinte, transformando-o em agente incapaz. (TJSP - AC 64.236-4 - 9ª C.D.Priv - Rel. Dês. Ruiter Oliva - J. 20.04.1999).

4. Das formas ordinárias do testamento

Como vimos, o testamento pode ser público, cerrado ou particular, sendo vedado o testamento conjuntivo, seja ele simultâneo, recíproco ou correspectivo, conforme se observa do disposto nos arts. 1.862 e 1.863.[3]

Já teve a 1ª. Turma do Supremo Tribunal Federal oportunidade de se manifestar acerca do que dispunha o art. 1.630 do CC anterior, que tratava da mesma matéria, no RE 93.603.3/GO, Relator Ministro Néri da Silveira, DJU 04.08.1995, RJ 220/90, onde se buscava a nulidade de testamento em instrumentos distintos e sucessivos, feitos pelo marido e mulher, casados pelo regime de comunhão universal de bens sem descendentes, que legaram, nos testamentos aludidos, um ao outro, a respectiva meação disponível, na mesma data, no mesmo local, perante o mesmo tabelião e mesmas testemunhas, onde na cédula testamentária própria, estipulou-se que, por falta do legatário instituído, a parte disponível se destinaria aos irmãos e sobrinhos por consanguinidade. Nas instâncias inferiores a ação foi julgada procedente por ter-se entendido infringência ao art. 1.630 do CC, decisão essa que foi reformada pelo STF, sob o fundamento de que não teria ocorrido, "no

---

[3] CC/16 - Art. 1629. Este Código reconhece como testamentos ordinários:
I - o público;
II - o cerrado;
III - o particular.
CC/16 - Art. 1630. É proibido o testamento conjuntivo, seja simultâneo, recíproco ou correspectivo.

caso, testamento conjuntivo, *uno contextu*, ou de mão comum, mas foram feitos dois testamentos em separado, relativamente aos quais o tabelião, com sua fé, certificou, sem qualquer elemento de prova em contrário, a plena capacidade dos testadores e a livre manifestação de vontade. Não incidem na proibição do art. 1.630 do CC os testamentos de duas pessoas, feitos na mesma data, no mesmo tabelião e em termos semelhantes, deixando os bens um para o outro, pois, cada um deles, isoladamente, conserva a própria autonomia e unipessoalidade. Cada testador pode livremente modificar ou revogar o seu testamento. A eventual reciprocidade, resultante de atos distintos, unilateralmente revogáveis, não sacrifica a revogabilidade, que é da essência do testamento. Não cabe, também, falar em pacto sucessório, em se tratando de testamentos distintos. Exame da doutrina e da jurisprudência sobre a compreensão do art. 1.630 do CC. Precedentes. O fato de marido e mulher fazerem, cada qual, o seu testamento, na mesma data, local e perante as mesmas testemunhas e tabelião, legando um ao outro a respectiva parte disponível, não importa em se tolherem, mutuamente, a liberdade, desde que o façam em testamentos distintos: cada um conserva a liberdade de revogar ou modificar o seu testamento. No caso concreto, o acórdão, ao anular dois testamentos feitos em 1936, com atenção às formalidades da lei, fazendo incidir o art. 1.630 do CC, relativamente à hipótese não compreendida em sua proibição, negou-lhe vigência. RE conhecido, por negativa de vigência do art. 1.630 do CC, e provido, para julgar improcedente a ação declaratória de nulidade dos referidos testamentos."

Assim, os "cônjuges podem instituir-se, reciprocamente, herdeiros em cédulas diferentes, pois o que a lei condena (CC, art. 1.630) é o encerramento das disposições em um só ato, mas a sua enunciação separada é válida." (REsp 1635-PB, 3ª Turma, Relator Ministro GUEIROS LEITE, DJU 03.09.1990, RJ 158/98)

O 5° GCC do TJSE, na AC 216/90, Rel. Dês. ARTUR OSCAR DE OLIVEIRA DEDA, j 27.12.1990, CJ 39/177 e RJ 169/103, entendeu que pacto de convivência ajustado entre concubinos, onde se ajustava que caberia, caso de morte de algum deles, a metade do *"de cujus"* ao outro, por não ser testamento, nem codicilo, é sem validade como disposição patrimonial *"causa mortis"*.

TESTAMENTO PARTICULAR - Pedido de abertura, registro e cumprimento julgado improcedente, sob a alegação de tratar-se de testamento conjuntivo - Imóvel de propriedade de Iracy, que o doou a Elza, com reserva de usufruto - Embora Iracy e Elza tenham assinado como testadoras, certo é que esta era a proprietária do imóvel e aquela a usufrutuária - Vontade do testador que deve prevalecer - Testamento particular que observou as formalidades previstas no art. 1.876, cabeça e §§1º e 2º, do Código Civil - Sentença anulada - RECURSO PROVIDO. (TJSP; Apelação 1073604-12.2016.8.26.0100; Relator (a): Miguel Brandi; Órgão Julgador: 7ª Câmara de Direito Privado; Foro Central Cível - 12ª Vara da Família e Sucessões; Data do Julgamento: 28/07/2017; Data de Registro: 28/07/2017)

AGRAVO DE INSTRUMENTO – Inventário -Herdeiro- interditado – Pretensão da genitora deste, ora agravante, em atuar como sua curadora no feito – Impossibilidade - Aparente conflito de interesses – Nomeação de curador especial – Medida necessária – Pessoa nomeada, no entanto, é credora do interditado – Existência de contrato de honorários advocatícios entre o atual curador e o interditado – Interesse na lide configurado – Impossibilidade - Determinada, nessa sede, a nomeação de terceiro para atuar como curador especial – Indicação da existência de testamento conjuntivo, firmado pela agravante e o de cujus, em mesmo instrumento - Vedação pela norma do art. 1.863 do CC/2002 (art. 1630 do CC/1916) – Circunstância a ser analisada pelo d. juízo a quo – Decisão parcialmente reformada - AGRAVO PARCIALMENTE PROVIDO, COM OBSERVAÇÃO. (TJSP; Agravo de Instrumento 2129335-53.2014.8.26.0000; Relator (a): Elcio Trujillo; Órgão Julgador: 10ª Câmara de Direito Privado; Foro de Leme - 1ª Vara Cível; Data do Julgamento: 31/05/2016; Data de Registro: 01/06/2016)

"APELAÇÃO CÍVEL. FAMÍLIA. AÇÃO DE NULIDADE DE TESTAMENTOS CERRADOS. 1. Não se trata de testamento *conjuntivo, porque não realizados no mesmo instrumento, além de em datas diversas. 2. Não há nulidade dos testamentos, tendo os testadores manifestado, de forma inequívoca, as suas intenções de beneficiar apenas alguns dos filhos, em detrimentos de outros, devendo, no entanto, como determinado, ser reduzidas as disposições testamentárias, o que pode ser feito nos autos do inventário, respeitados os respectivos quinhões legitimários de cada herdeiro necessário. (Processo: AC 70050046804 RS - Relator(a): L*ISELENA S*CHIFINO* R*OBLES* R*IBEIRO* *- Julgamento: 08/08/2012 - Órgão Julgador: Sétima Câmara Cível - Publicação: Diário da Justiça do dia 10/08/2012).*

"DECISÃO. Recurso especial (alínea "a") desafia acórdão do Tribunal de Justiça do Estado de São Paulo, assim ementado: "TESTAMENTO - INVENTÁRIO - Elaboração de instrumentos diferentes, na mesma data, por marido e mulher, deixando bens um para o outro - Testamento que não se confundem com o simultâneo ou recíproco vedado pelo Art. 1.630 do Código Civil - Nulidade não reconhecida – Recurso improvido. TESTAMENTO - FIDEICOMISSO - Alegação de que o segundo testador falecido tenha vendido bens depois de recebê-los do primeiro - Ausência de comprovação - Morte do fiduciário precedente à do testador que não desconfigura o fideicomisso - Nulidade da disposição que indicou os fideicomissários não reconhecida – Recurso improvido." (fl. 103) Os recorrentes queixam-se de ofensa aos Arts. 1.603, 1.630, 1.708, V, 1.171 do Código Civil Beviláqua. Sustentam, em suma, que: a) os testamentos estão viciados porque foram efetuados no mesmo instante e para burlar a norma do Art. 1.630 do CC/16, já que ausente a independência necessária para tornar o ato válido; b) as disposições de última vontade foram feitas na forma de fideicomisso de resíduos, instituto não aceito na doutrina porque não preserva a totalidade dos bens a serem transmitidos. Falta o ônus de conservar para restituir; c) o testamento não merece prosperar porque a fiduciária faleceu antes do testador. É que houve caducidade do *legado (CC/16, Art. 1708, V), e porque por determinação legal (Art. 1.717 do CC/16), não poderá a herdeira falecida receber por herança testamentária, visto que pré-morta; d) a vontade do testador Sr. Eduardo era que seus bens ficassem exclusivamente para Sra. Edna, tanto que após a morte desta praticou vários atos incompatíveis com a intenção de permanecer com o testamento no estado originário. O Ministério Público Federal opinou pelo não-conhecimento do recurso especial (fls. 171/174). DECIDO: Testamento conjuntivo é aquele feito à mão comum, ou seja, por duas pessoas, na mesma cédula, e que se instituem herdeiros recíprocos. Como ficou consignado no acórdão recorrido, na hipótese destes autos, as disposições de última vontade dos testadores foram feitas em instrumentos diferentes, o que descaracteriza do testamento conjuntivo vedado pela lei. O Art. 1.630 do Código Civil Beviláqua não proíbe que duas pessoas, em atos separados, embora na mesma data e nos mesmos termos disponham em proveito recíproco. O que a lei veda é o encerramento da vontade das partes no mesmo ato. Outro não é o entendimento do STJ, confira-se: "CIVIL. TESTAMENTOS CONJUNTIVOS. REALIZAÇÃO EM ATOS DISTINTOS. CC, ART. 1.630. NÃO CONFIGURAÇÃO. I. O testamento é consubstanciado por ato personalíssimo de manifestação de vontade quanto à disponibilização do patrimônio do testador, pelo que pressupõe, para sua validade, a espontaneidade, em que titular dos bens, em solenidade cartorária, unilateral, livremente se predispõe a destiná-los a outrem, sem interferência, ao menos sob o aspecto formal, de terceiros. II. O art. 1.630 da lei substantiva civil veda o testamento conjuntivo, em que há, no mesmo ato, a participação de mais alguém além do testador, a indicar que o ato, necessariamente unilateral na sua realização, assim não o foi, pela presença direta de outro testador, a descaracterizá-lo com o vício da nulidade. III. Não se configurando, na espécie, a última hipótese, já que o testamento do de cujus, deixando suas cotas para sua ex-sócia e concubina, e o outro por ela feito, constituíram atos distintos, em que cada um compareceu individualmente para expressar seu desejo sucessório, inaplicável, à espécie, a cominação prevista no referenciado dispositivo legal, corretamente interpretado pelo Tribunal a quo. IV. Recurso especial não conhecido."(REsp 88.388/PASSARINHO). No mesmo sentido, lembro precedente do Ministro Gueiros Leite: "CÔNJUGES. DISPOSIÇÕES TESTAMENTÁRIAS EM PROVEITO RECÍPROCO. Os cônjuges podem instituir-se, reciprocamente, herdeiros em cédulas diferentes, pois o que a lei condena (CC, Art. 1630) é o encerramento das disposições em um só ato, mas a sua enunciação separada a valida. Recurso conhecido e provido."(REsp 1.635/PB) De outra parte, os recorrentes sustentam que não é válido o fideicomisso de resíduos, porque falta-lhe um dos requisitos necessários e indispensáveis, qual seja, a preservação total dos bens, para posterior entrega ao indicado pelo testador. O Tribunal a quo entendeu que inexiste razão para tornar nula a disposição que indicou os fideicomissários, considerando as informações do Juiz a quo de que "trata-se de fideicomisso puro, ou seja, sem prazo, e os agravantes não comprovaram que o segundo testador falecido tenha vendido bens depois de recebê-los do primeiro testador falecido" (fl. 105). Modificar tal entendimento demanda o reexame de matéria de fato e prova, o que é impossível de ser feito em recurso especial (Súmula 7). Os Arts. 1708 e 1717 do Código Civil Beviláqua não foram objeto de discussão na formação do acórdão recorrido. Ausente o prequestionamento (Súmulas 282/STF e 211/STJ). Ainda que fosse possível ultrapassar este óbice, o testador nomeou herdeiro por meio de fideicomisso, e não legatário. No mais, o Art. 1.738 do Código Civil traz as hipóteses de caducidade do fideicomisso, que não abrange a destes autos. Por último, o acórdão recorrido afirmou que se a morte do fiduciário preceder à do testador, não fica desconfigurado o fideicomisso, pois nesse caso, a propriedade dos bens indicados é passada aos fideicomissários. Cabia aos recorrentes atacarem especificamente este fundamento do acórdão recorrido, o que não lograram fazer. Incidência da Súmula 283/STF. Nego seguimento ao recurso especial. (REsp 606120/SP (2003/0204153-1), decisão monocrática, Relator Ministro* Humberto Gomes de Barros, *j. 19/10/2002, DJ 27/10/2005).*

CIVIL - TESTAMENTOS CONJUNTIVOS - REALIZAÇÃO EM ATOS DISTINTOS - CC, ART. 1.630 - NÃO CONFIGURAÇÃO - I. O testamento é consubstanciado por ato personalíssimo de manifestação de vontade quanto à disponibilização do patrimônio do testador, pelo que pressupõe, para sua validade, a espontaneidade, em que titular dos bens, em solenidade cartorária, unilateral, livremente se predispõe a destiná-los a outrem, sem interferência, ao menos sob o aspecto formal, de terceiros. II. O art. 1.630 da lei substantiva civil veda o testamento conjuntivo, em que há, no mesmo ato, a participação de mais alguém além do testador, a indicar que o ato, necessariamente unilateral na sua realização, assim não o foi, pela presença direta de outro testador, a descaracterizá-lo com o vício da nulidade. III. Não se configurando, na espécie, a última hipótese, já que o testamento do de cujus, deixando suas cotas para sua ex-sócia e concubina, e o outro por ela feito, constituíram atos distintos, em que cada um compareceu individualmente para expressar seu desejo sucessório, inaplicável, à espécie, a cominação prevista no referenciado dispositivo legal, corretamente interpretado pelo Tribunal a quo. IV. Recurso especial não conhecido. (RESP 88388/SP, 4ª Turma, Relator Ministro ALDIR PASSARINHO JÚNIOR, DJU 27.11.2000, p. 164).

4.1. Do testamento público

São requisitos essenciais do testamento público, portanto para que tenha existência válida, nos termos do art. 1.864 CC, ser ele escrito por tabelião ou por seu substituto legal em seu livro de notas, de acordo com as declarações do testador, podendo este servir-se de minuta, notas ou apontamentos; que quando lavrado o instrumento, ser lido em voz alta pelo tabelião ao testador e a duas testemunhas, a um só tempo; ou pelo testador, se o quiser, na presença destas e do oficial e; ser o instrumento, em seguida à leitura, assinado pelo testador, pelas testemunhas e pelo tabelião. Pode ser escrito manualmente ou mecanicamente, bem como ser feito pela inserção da declaração de vontade em partes impressas de livro de notas, desde que rubricadas todas as páginas pelo testador, se mais de uma.[4]

Essas formalidades são substanciais para a validade do testamento, cujo descumprimento, consequentemente, acarreta a anulação do ato.

Testemunha, "designa, na linguagem jurídica, a pessoa que atesta a veracidade de um ato, ou que presta esclarecimentos acerca de fatos que lhe são perguntados, afirmando-os ou negando.

Bem por isso, ao rigor de sua origem, a expressão testemunha não assinala simplesmente a pessoa que afirma, ou que nega um fato, cuja prova se pretende estabelecer; mas, ainda aquela que certifica, atesta, ou é presente à feitura de um ato jurídico, a fim de o autenticar, ou de o confirmar, posteriormente, se necessário.

Em qualquer sentido, pois, a função da testemunha esta ligada ao conceito de prova, porquanto, seja em prestando depoimento, ou seja, em firmando documentos, como presente ao ato que neles se materializa, a testemunha está exercendo um ato, ou uma diligência probatória, isto é, está compondo uma prova, a prova testemunhal."(DE PLÁCIDO E SILVA, ob. cit. vol. II, p. 367).

Com o fito de impedir qualquer interferência na manifestação da vontade do testador, não pode ser testemunha testamentária qualquer das pessoas interessadas na herança, ou seja, herdeiros, parentes ou legatários.

No meu sentir, todas aquelas exceções apontados no art. 447 do CPC, respeitadas as particularidades, não devem ser colocadas como testemunhas testamentárias.

---

4 CC/16 - Art. 1632. São requisitos essenciais do testamento público:
   I - que seja escrito por oficial público em seu livro de notas, de acordo com o ditado ou as declarações do testador, em presença de cinco testemunhas;
   II - que as testemunhas assistam a todo o ato;
   III - que, depois de escrito, seja lido pelo oficial, na presença do testador e das testemunhas, ou pelo testador, se o quiser, na presença destas e do oficial; (Redação dada ao inciso pelo Dec. Leg. 3725/1919)
   IV - que, em seguida à leitura, seja o ato assinado pelo testador, pelas testemunhas e pelo oficial.
   Parágrafo único. As declarações do testador serão feitas na língua nacional.

"Art. 447. Podem depor como testemunhas todas as pessoas capazes, exceto as incapazes, impedidas ou suspeitas.

§ 1º São incapazes :

I - O interdito por enfermidade ou deficiência mental;

II - o que, acometido por enfermidade ou retardamento mental, ao tempo em que ocorreram os fatos, não podia discerni-los; ou, ao tempo em que deve depor, não está habilitado a transmitir as percepções;

III - o menor de 16 (dezesseis) anos;

IV - o cego e o surdo, quando a ciência do fato depender dos sentidos que lhes faltam.

§ 2º São impedidos :

I - o cônjuge, o companheiro, bem como o ascendente e o descendente em qualquer grau, ou colateral, até o terceiro grau, de alguma das partes, por consangüinidade ou afinidade, salvo se o exigir o interesse público, ou, tratando-se de causa relativa ao estado da pessoa, não se puder obter de outro modo a prova, que o juiz repute necessária ao julgamento de mérito;

II — o que é parte na causa;

III - o que intervém em nome de uma parte, como tutor na causa do menos, o representante legal da pessoa jurídica, o juiz, o advogado e outros, que assistam ou tenham assistido as partes.

§ 3º São suspeitos :

I - o inimigo da parte, ou o seu amigo íntimo;

II – o que tiver interesse no litígio.

§ 4º Sendo necessário, pode o juiz admitir o depoimento das testemunhas menores, impedidas ou suspeitas;

§ 5º Os depoimentos referidos no § 4º serão prestados independentemente de compromisso, e o juiz lhes atribuirá o valor que possam merecer.

Quando eram necessárias cinco testemunhas, ou seja, sob a égide do CC anterior, onde a matéria vinha regulada pelo art. 1.632, a 6º C. do TJSP, na Ap nº 163.881-1/3, Relator Desembargador ERNANI DE PAIVA, j. 09.04.92, RT 687/80, deixou assentado o entendimento de que "se extrai do mencionado preceito legal é que não basta a simples presença das cinco testemunhas instrumentárias, mas é necessário que todas elas assistam à integralidade do ato de redação do testamento no livro de notas."

A esse propósito "decidiu o Supremo Tribunal Federal no ERE (AgRg) 106.890-6-PR-TP, Relator Ministro DJACI FALCÃO, RJM 46/55, que "É nulo o testamento público se "todas" as testemunhas não acompanharam "todo" o ato, ausentando-se algumas delas, ainda que ligeiramente (acórdão recorrido). RREE conhecidos e providos. Embargos de divergência não admitidos, à vista de que o acórdão embargado assentou em premissas que afastam dissenso interpretativo com os acórdãos indicados pelos embargantes (artigos 330 e 331 do RI). AgRg a que se nega provimento."

Caso o testador não saiba assinar, ou não o possa fazer, consoante permissão do art. 1.965, o tabelião ou seu substituto legal assim o declarará, assinando, neste caso, pelo testador, e, a seu rogo, uma das testemunhas instrumentárias.

Em sendo o testador inteiramente surdo, sabendo ler, lerá o seu testamento, e, se não o souber, designará quem o leia em seu lugar, presentes as testemunhas (art. 1.966), sendo que, se cego, consoante se observa do disposto no art. 1.967, só se permite o testamento público, que lhe será lido, em voz alta, duas vezes, uma pelo tabelião ou por seu substituto legal, e a outra por uma das testemunhas, designada pelo testador, fazendo-se de tudo circunstanciada menção no testamento.[5]

Cabe lembrar que a 3º Turma do STJ, no REsp nº 1.422/RS, relatado pelo Ministro GUEIROS LEITE, decidiu no sentido de que o

---

5 CC/16 - Art. 1633. Se o testador não souber, ou não puder assinar, o oficial assim o declarará, assinando, neste caso, pelo testador, e a seu rogo, uma das testemunhas instrumentárias.
CC/16 - Art. 1636. O indivíduo inteiramente surdo, sabendo ler, lera o seu testamento, e, se o não souber, designará quem o leia em seu lugar, presentes as testemunhas.
CC/16 - Art. 1637. Ao cego só se permite o testamento público, que lhe será lido, em alta voz, duas vezes, uma pelo oficial, e a outra por uma das testemunhas designada pelo testador; fazendo-se de tudo circunstanciada menção no testamento.

testamento particular, escrito e assinado pelo testador, não precisa, necessariamente, ser lido, ao mesmo tempo, para todas as testemunhas.

Pela 4º Turma do STJ, no julgamento do REsp n° 151.3987 SR, Relator Ministro SÁLVIO DE FIGUEIREDO TEIXEIRA, ementa publicada no DJ de 04/09/2000, p. 156 (LEXSTJ 139/114; RDR 18/383; RJADCOAS 28/91), que por maioria de votos conheceu e deu provimento, prevalecendo o voto-médio do Ministro RUY ROSADO DE AGUIAR, que conheceu e deu-lhe provimento em parte, ficou assentado a nulidade dos testamentos públicos que desatendem ao disposto no art. 1632 do CCivil, assinado o livro no escritório do testador, cada testemunha assinando a um tempo sem a leitura do instrumento.

Do voto do relator extraímos:

" l. Dois pontos a serem abordados : um, o julgamento *extra petita*, por haver o Tribunal de origem adentrado no exame da vontade do testador, ao passo que o pedido dizia respeito à inobservância da forma prescrita na lei; outro, a nulidade ou não do testamento que desatendeu aos requisitos previstos no art. 1.632 do Código Civil.

No que diz respeito ao julgamento *extra petita*, o acórdão fundou-se na vontade do testador para afastar a nulidade dos testamentos, ou seja, em face da clareza do conteúdo da vontade a Câmara julgadora entendeu dispensável a observância rigorosa das formalidades previstas em lei.

A propósito, em se tratando de testamento, não há dissenso entre a forma e o conteúdo, uma vez que, de um lado, os requisitos formais visam à segurança jurídica das partes envolvidas e, de outro, o teor das declarações de vontade constitui a própria substância do ato. Ademais, a sustentação no conteúdo, para abrandar o formalismo, é tarefa louvável, a ser sempre buscada pelos órgãos jurisdicionais na busca de garantir a efetividade de suas decisões, como salientado no EDEDREsp 9.035-MG (DJ 172/93), de que fui relator, com esta ementa, no que interessa:

"II - A mitigação do rigor formal em prol da finalidade é critério que se impõe por imperativo da missão constitucional

desta Corte e observância aos métodos de exegese que devem nortear a conduta do hermeneuta".

Afasta-se, assim, a alegada violação dos arts. 128, 131,458, III e 459 do Código de Processo Civil, nos quais se baseou, no particular, o recurso especial.

2. Todavia, se de um lado necessário amainar o rigor na aplicação estrita da forma, de outro é de ter-se em conta que os requisitos expressos em lei, como necessários à validade do ato, resultam em última análise na garantia das próprias partes.

Especificamente em relação ao testamento público, cuja nulidade se pretende, dispõe o art. 1.632 do Código Civil:

> *"Art. 1.632. São requisitos essenciais do testamento público:*
>
> *I - Que seja escrito por oficial público em seu livro de notas, de acordo com o ditado ou as declarações do testador, em presença de cinco testemunhas.*
>
> *II - Que as testemunhas assistam a todo o ato.*
>
> *III - Que, depois de escrito, seja lido pelo oficial, na presença do testador e das testemunhas, ou pelo testador, se o quiser, na presença destas e do oficial.*
>
> *IV - Que, em seguida à leitura, seja o ato assinado pelo testador, pelas testemunhas e pelo oficial."*

A pretensão recursal se dirige à anulação dos testamentos públicos lavrados nos municípios de (...), SP, e de (...), SP. Sobre as suas irregularidades, assentou o acórdão:

"9. Quanto ao testamento lavrado nas notas do Cartório de (...):

a) Este testamento não se invalida pelo fato de o livro haver sido transportado ao escritório do testador, onde assinada a escritura, após a permanência por mais de vinte dias (fls. 9).

O fato da assinatura de atos notoriais em local diverso do Cartório, embora censurável do ponto de vista correicional, notoriamente não deixava de ser correntio. A assinatura é relevantíssima para evidenciar a nenhuma coação relativamente aos participantes dos atos notoriais. Aqui, contudo, não há que se lançar a menor dúvida a respeito de o testador haver assinado de livre e espontânea vontade a escritura, de forma que não se pode nulificar o ato em homenagem à preservação de liberdade volitiva que jamais foi questionada.

b) O mesmo se diga da assinatura de testemunhas. É exigível que as testemunhas subscrevam o instrumento público no ato de formalização. Mas do fato de haverem assinado depois não resulta nenhuma nulidade, no caso, em que sobre o sentido da vontade do testador não paira nenhuma dúvida.

10. Quanto ao testamento lavrado nas notas do 3° Cartório de Notas de (...):

a) Diga-se o mesmo já observado quanto ao testamento lavrado nas notas do Cartório de (...). Pode até esse testamento não haver sido lavrado 'de maneira contínua, una, com a presença de testemunhas e não lhes teria lido o seu conteúdo' (fls. 10), que nada altera a substância da incomunicabilidade manifestada pelo testador relativamente ao casamento então atual, ou casamentos futuros, do filho (...).

b) Nesse ponto perdem relevância os depoimentos de testemunhas instrumentárias, prestadas extrajudicialmente (fls. 11) ou em Juízo, a respeito da forma pela qual vieram a opor assinaturas na escritura pública" (fls. 960-961, g.n.).

Como se vê, o livro notorial foi deslocado para o escritório do testador, onde ficou à disposição das testemunhas, cada qual assinando a um tempo. Em contrariedade ao art. 1.632 acima transcrito, as testemunhas não "assistiram a todo o ato", nem houve a leitura do instrumento "pelo oficial, na presença do testador e das testemunhas, ou pelo testador, se o quiser, na presença desta e do oficial". É fora de dúvida que a formalidade exigida para o testamento público restou mitigada. O que se indaga é se a irregularidade teria o condão de inquinar de nulidade o ato do testador. A respeito, a doutrina não diverge.

PONTES DE MIRANDA, sobre a importância de obediência à forma aliada ao cumprimento da finalidade das disposições de última vontade, preleciona:

"2. ESPÉCIES DE FORMAS TESTAMENTÁRIAS. - Só em determinadas formas podem exprimir-se as disposições de última vontade. A interpretação das regras legais é restritiva. Porém não se vá ao exagero de as crer absolutas, como fins do legislador, em vez de simples formalidades *preventivas* e *asseguradoras*. Por defeito formal de pouca importância, seria péssima política jurídica romper-se o testamento de quem não atribuía ao legislador tão ríspido formalismo. Ora, as exigências legais atendem ao intuito de *assegurar*, e não ao de *dificultar* as declarações de última vontade. (...) Evitem-se, quanto possível, as nulidades por motivo de forma. O fim das regras jurídicas do Código Civil não é limitar o direito individual, mas o de determinar que sigam certos caminhos, o observem determinadas normas, para que melhor se garantam. No interpretá-los, não se pode esquecer que é esse o *fim* que eles têm. Demais, os testamentos, salvo o testamento público, são formas entregues aos homens em geral, e não a juristas. Não se lhes exige outro conhecimento além daquele que a lei civil aponta, nos seus ditames expressos. Quanto ao testamento público, disser-se-á quando se cogitar do Código Civil, art. 1.632. Mas, antes, como introdução, aprofundaremos o assunto.

(...)

4. FORMA DOS TESTAMENTOS. - É o de que se cogita o Código Civil, para as espécies que admite. As leis processuais podem acrescentar outras formalidades, mas a violação de tais formalidades secundárias não tem o efeito de eivar de nulidade. Só as regras jurídicas da lei civil, uma vez postergadas, surtem tal efeito" ("Tratado de Direito Privado, tomo LVIII, 2º ed., Rio de Janeiro : Borsoi, 1969, § 5.849, pp. 282-285, g.n.).

E, quanto à distinção entre a nulidade dos atos *inter vivos* e dos testamentos, ensina ainda o admirável Jurista:

"A nulidade dos atos jurídicos de intercâmbio ou *inter vivos* é, praticamente, reparável: fazem-se outros, com as formalidades legais, o se intentam ações que compensem o prejuízo, como a ação de *in rem verso*. Não se dá o mesmo com as declarações de última vontade: nulas, por defeito de forma, ou por outro motivo, não podem ser renovadas, pois morreu quem as fez. Razão maior para se evitar, no zelo do respeito à forma, o sacrifício do fundo "(op. cit., p. 283).

No tema, também o magistério de Clóvis, com a precisão habitual:

"A effícacia das disposições de ultima vontade depende também, directa e essencialmente, de uma expressão sob as fôrmas que a lei prescreve para maior garantia e segurança de sua execução, pois que resguardam a liberdade do testador e constituem provas da authenticidade do acto. Essas fôrmas, sendo a vestimenta, com que se exterioriza o pensamento nas disposições de última vontade, acham-se com elle tão intimamente unidas a ponto de não se poderem separar juridicamente. São, portanto, solemnidades substanciaes dos testamentos, cuja omissão torná-los-á insubsistentes" (Direito das Sucessões, 3º ed. Rio de Janeiro: Freitas Bastos, 1938, § 59, p. 209).

Ainda no tema, e de forma enfática, a lição de Carvalho Santos:

"3 - As testemunhas devem assistir a todo o ato. É o segundo requisito essencial, cuja inobservância importa na nulidade do testamento. O testamento público exige a presença conjunta de todas as pessoas que nele devem intervir. Assim, por exemplo, não se permitiria que estivessem juntos, primeiro, o tabelião e o testador, ou aquele só; que fossem aparecendo sucessivamente as testemunhas, uma a uma. Nada disso: o ato começa com o oficial público, disponente e as cinco testemunhas; só prossegue com a permanência dessas pessoas; e só pode encerrar-se estando todos presentes. Solicitada para fora uma testemunha, ou pessoa outra participa do ato, interrompe-se este até que ele volta, ficando entendido que a ausência deve ser por pouco tempo (Kohne e Feist e outros autores, *apud* Carlos Maximiliano, ob. cit., n° 382)" (Código Civil Brasileiro Interpretado, vol. XXIII, 7º ed. Rio de Janeiro-São Paulo : Freitas Bastos, 1962, art. 1.632, p. 10).

Na mesma linha, Caio Mário da Silva Pereira:

"Ao cuidarmos dos caracteres jurídicos do testamento, salientamos a sua natureza de negócio jurídico formal. A ordem jurídica torna-o *soleníssimo* rodeando-o de exigências que na Antigüidade eram sacramentais, e no direito moderno assumem a qualificação de requisitos *ad substantiam*. O aspecto externo do ato integra de tal modo a manifestação volitiva que esta será nula em falta de sua rigorosa observância" (*Instituições de Direito Civil*, v. VI, 11' ed., Rio de Janeiro : Forense, 1997, n°457, pp. 148-149, g.n.).

WASHINGTON DE BARROS MONTEIRO pontifica:

"É igualmente *ao solene* (o testamento). Para a sua elaboração prescreve o legislador numerosas formalidades, que não podem ser descuradas ou postergadas, sob pena de nulidade. O testamento só adquire validade quando feito rigorosamente segundo as normas legais. Destina-se esse formalismo a proteger a veracidade e a realidade do ato. Saliente-se, porém, desde logo, a existência de corrente doutrinária que despreza o rigor euremático das exigências compreendidas na lei, para submetê-las a um critério de realidade, que denuncie com exatidão os intuitos do testador" (*Curso de Direito Civil*, v. 6, 14ª ed., São Paulo : Saraiva, 1977, cap. 9, p. 102).

Relativamente ao testamento público, ensina:

"O art. 1.632 enumera os requisitos essenciais do testamento público, que se reveste de natureza solene e por isso deve observar rigorosamente o estatuído em lei. Consideram-se substanciais as formalidades apontadas no questionado dispositivo legal. Preteridas, induzem a ineficácia do ato" (op. cit., cap. 10, p. 111).

No ponto, ORLANDO GOMES:

"O testamento é negócio jurídico essencialmente formal. A *forma escrita* participa de sua substância e, em cada uma das formas autorizadas, exigem-se solenidades, de estrita observância, sob pena de nulidade. Não se dispensam, por mais insignificantes que sejam, nem podem ser substituídas por outras, ainda que mais seguras. Não se deve, entretanto, levar o formalismo dos testamentos ao extremo, apesar de serem *'Jus cogens'* as formas testamentárias. Uma interpretação literal não se justifica" (Sucessões, 5ª ed. Rio de Janeiro : Forense, 1984, n° 76, p. 101, g.n.)

E ainda, Marco Aurélio S. Viana:

"A validade do testamento está vinculada ao atendimento das formalidades prescritas em leu, cuja inobservância leva à nulidade. Não se deve levar o formalismo dos testamentos ao extremo, não se justificando interpretação apenas literal. O formalismo se põe como forma de dar maior segurança à declaração de vontade, cuja eficácia se realiza após a morte do declarante. O requisito formal é *ad substantiam* ou *ad solemnitatem*, e não apenas *ad probationem*. A forma apresenta-se como indispensável à própria existência do ato (*Curso de Direito Civil*, v. 6, Belo Horizonte: Del Rey, 1993, cap. 7, n° 7, pp 97-98, g.n.).

Neste passo, torna-se imperiosa a observância da solenidade, cujo rigor deve ser abrandado pela interpretação dos textos legais, notadamente as disposições da lei civil, com o acréscimo de outros critérios de hermenêutica, sem contentar-se com literalidade da norma. Entretanto, no caso do testamento público, lavrado em cartório, as exigências do art. 1.632 do Código Civil constituem solenidade essencial, culminando sua inobservância na nulidade absoluta, ou insanável, do ato. Ao elucidar o art. 145, III e IV, do Código Civil, observa ainda Pontes de Miranda:

"1. Natureza das regras jurídicas sobre pressuposto formal. - A regra jurídica que exige algum pressuposto formal (art. 145, III), ou material, para a validade do negócio jurídico, é regra cogente impositiva. A infração dela acarreta a nulidade, como a infração da regra jurídica cogente proibitiva. Ali, *minus*; aqui, *plus*. Há proposição jurídica impositiva; donde a nulidade, se o que se impôs, ou se pressupôs, para a validade do negócio jurídico, falta. A conseqüência jurídica do art. 145, IV, corresponde ao que se há de esperar, conceptualmente, de toda regra cogente impositiva, ou se conceba como 'é preciso que', 'terá de', 'é essencial', ou como 'se não, então', ou 'para que valha, é mister que'. No fundo, o art. 145, IV, apenas contém tautologia" (Tratado ..., op. cit., tomo IV, 2ª ed., Rio de Janeiro : Borsoi, 1954, § 404, p. 190).

3. No âmbito desta Corte, em situação semelhante, esta Quarta Turma se manifestou no REsp 34.420-SP (DJ 30/10/95), com esta ementa :

TESTAMENTO PÚBLICO. Testemunhas.

É requisito essencial do testamento público que as testemunhas assistam a todo o ato (art. 1.632, I e II, do C. Civil), sendo nulo aquele do qual pelo menos duas testemunhas chegaram ao local após lançados no termo os dizeres do testador.

Recurso não conhecido".

Na oportunidade, expressou, como relator, o Ministro RUY ROSADO DE AGUIAR:

"o rigorismo formal não pode ser dispensado no caso do testamento, por ser o único meio que garante a lisura do ato, sempre tão cercado de suspeitas e atacado pelos que são preteridos, como acontece no caso dos autos, onde foram contemplados os filhos de apenas um dos filhos do *de cujus*. Não se trata, pois, de curvar-se ao formalismo inútil, mas de cumprir a regra formal com linear uniformidade, diante dos termos claros da lei, repetidos sem cessar e harmoniosamente pela doutrina".

Ao acompanhar S. Exa., assinalei:

"Nunca me agradou o exacerbado formalismo dos atos jurídicos, sobretudo quando praticados na intimidade de órgãos presumidamente idôneos. No entanto, conforme salientou não só o Ministério Público, mas também o Sr. Ministro-Relator, trata-se, no caso, de norma forma que tem o objetivo de assegurar a exata manifestação de última vontade, razão pela qual a doutrina e a jurisprudência têm acentuado a imprescindibidade de observar-se o rigor legal, até que se alcance solução mais aprimorada.

Acompanho também o Ministro-Relator".

4. À luz do exposto, com base na violação do art. 1.632 do Código Civil, conheço do recurso especial e dou-lhe provimento para

restabelecer a sentença, prejudicado o exame dos demais dispositivos cuja afronta se apontou."

No Código Civil de 1916, o art. 1.650 impedia de ser testemunhas em testamentos, os menores de 16 (dezesseis) anos; os loucos de todo o gênero; os surdos-mudos e os cegos; o herdeiro instituído, seus ascendentes e descendentes, irmãos e cônjuge e; os legatários.

Relativamente aos legatários, o STJ, através da 3º Turma teve a oportunidade de deixar assentado no REsp n° 19.764/SP. (l9927 0005599-0), Relator Ministro Dias Trindade, DJ de 08/02/1993, p. l.028 (LEXSTJ 45/294; RSTJ 45/300), que a "regra referente à proibição de ser o legatário testemunha no testamento é de interpretação estrita, não atingindo a sócio de entidade beneficiária da liberalidade."

Do voto do Ministro relator temos as seguintes lições:

"A circunstância de que uma das testemunhas do testamento particular era sócia da entidade a quem deixado o legado não se apresenta capaz de dizer nula a disposição de última vontade do testador. É que a proibição do art. 1.650, V do Código Civil diz com a proibição de figurar como testemunha o próprio legatário. No caso, o legado é em favor da (...), com quem não se confunde a pessoa do sócio dessa entidade, com está no art. 20 do Código Civil.

Ponte de Miranda escreve, a propósito das exigências de forma dos testamentos:

"Por defeito formal de pouca importância, seria péssima política jurídica romper-se o testamento de quem não atribuía ao legislador tão ríspido formalismo. Ora, as exigências legais atendem ao intuito de assegurar, e não ao de dificultar as declarações de última vontade ...

Quando as regras da lei não são claras a respeito da forma dos testamentos, entende-se que exigem o mínimo possível.

Na dúvida, decide-se a favor do testamento. Evitem-se, quanto possível, as nulidades por motivo de forma." (TRATADO - Tomo LVIII, pág. 282, 3º Ed. RT. 1984).

Assim é, quando há, efetivamente, desobediência a realidade, infringência alguma há à norma proibitiva do art. 1.650, V do Código

Civil, que não contém cominação de nulidade, senão da deixa ou legado, como está no art. 1.719, II do mesmo diploma, ou seja, importaria em impedir a capacidade de ser legatário o que figure como testemunha.

Aqui, no entanto, não é o legatário quem figura como testemunha, mas um seu associado, como pessoa física, sem interesse algum na captação do benefício, destinado que é a entidade sem finalidade lucrativa, mas, notoriamente, assistencial e religiosa, que nada destina a seus administradores e sócios.

A interpretação da lei, em casos que tais, há de ser feita estritamente, de sorte que não atinge a proibição de ser testemunha senão o próprio legatário e jamais quem a ele esteja ligado, ainda que por parentesco, segundo as lições de SÍLVIO RODRIGUES e CARLOS MAXIMILIANO, expostos no acórdão recorrido."

> *PROCESSO – Nulidade – Inocorrência – Poderes instrutórios do juiz – Possibilidade de determinar a produção de provas pelas partes, inclusive de ofício - Preliminar afastada. CONDOMÍNIO – Extinção – Faculdade inerente ao domínio – Imóvel havido por herança – Hipótese em que não há prova satisfatória de imposição de indivisão do bem, tampouco de cessão de usufruto vitalício por ato de disposição de última vontade – Sucessão testamentária que não se presume, exigindo ato unilateral solene (art. 1.864, CC/02) – Extinção do usufruto reconhecido na forma do art. 1.410, I, CC/02 – Possibilidade de partilha do imóvel – Aplicação dos arts. 1.320 e 1.322, CC/02, bem como art. 1.118, CPC/73 – Fixação de aluguel devido pelo uso exclusivo do bem (art. 1.319, CC) – Ação procedente – Recurso improvido. (TJSP; Apelação 1002641-03.2015.8.26.0362; Relator (a): Luiz Antonio de Godoy; Órgão Julgador: 1ª Câmara de Direito Privado; Foro de Mogi Guaçu - 1ª Vara Cível; Data do Julgamento: 05/03/2018; Data de Registro: 05/03/2018)*

> *Apelação. Ação declaratória de rescisão contratual com pedido liminar de antecipação de tutela. 1. Conforme determina o art. 12, V, do Código Civil, a representação do espólio se dará, ativa e passivamente, pelo inventariante. No entanto, até que o inventariante preste o compromisso, a representação será feita pelo administrador provisório,*

conforme determinação dos arts. 985 e 986 do CPC/73. Administração provisória dos bens, no presente caso, conferida à testamenteira, sendo esta, portanto, parte legítima para figurar em juízo. 2. O testamento público é um ato solene, que goza de presunção de higidez e legalidade, ante as formalidades exigidas pelo art. 1.864, do Código Civil. Nada obstante a existência de ação anulatória de testamento público em curso, enquanto pendente decisão final, o testamento se presume válido, legal e hígido, sendo o administrador provisório, ora representado na figura da Sra. Rute, parte legítima para representar o espólio em juízo. 3. Nomeação da testamentária como inventariante em decisão interlocutória superveniente não agravada na ação de inventário e arrolamento de bens. Fato superveniente que influi no julgamento da lide. Art. 462 do CPC/73. 4. Interesse de agir evidenciado pelas diversas ocorrências que geraram a insatisfação do autor no que se refere aos serviços prestados pela ré, bem como a incontroversa recusa da ré em rescindir o contrato, caracterizando o binômio adequação e necessidade. 5. Via eleita adequada, tendo em vista que a pretensão do autor consiste tão somente em rescindir o contrato de administração de bens firmado entre a falecida e a empresa ré, e não interferir na seara sucessória. 6. Declarado rescindido o contrato de prestação de serviços e administração de bens, firmado entre o titular do espólio e a apelada. 7. Diante do novo resultado da demanda, inverte-se o ônus da sucumbência. Condenação da ré ao pagamento integral das custas, despesas processuais, e honorários advocatícios fixados em R$ 2.000,00 (dois mil reais), nos termos do art. 20, §4º c/c art. 3º, do Código de Processo Civil. Recurso provido. (TJSP; Apelação 0060352-44.2012.8.26.0602; Relator (a): Kenarik Boujikian; Órgão Julgador: 34ª Câmara de Direito Privado; Foro de Sorocaba - 2ª. Vara Cível; Data do Julgamento: 01/02/2017; Data de Registro: 02/02/2017)

DECLARATÓRIA DE NULIDADE DE TESTAMENTO. Ação ajuizada pelos filhos do testador contra a ex-companheira deste. Destinação da integralidade dos bens disponíveis à requerida. Ausência de provas de que o testamento tenha sido simulado ou eivado de outros vícios que acarretem sua nulidade. Requisitos essenciais do testamento público preenchidos. Art. 1.864, CC. Comprovação de que o testador estava lúcido e tinha discernimento para testar, apesar da saúde debilitada. Invalidade das procurações públicas não demonstrada. Negócios jurídicos válidos. Sentença mantida. Honorários advocatícios majorados. Recurso não provido, com observação. (TJSP; Apelação 0019106-90.2010.8.26.0100; Relator (a): Fernanda Gomes Camacho; Órgão Julgador: 5ª Câmara de Direito Privado; Foro Central Cível - 1ª Vara Cível; Data do Julgamento: 11/10/2017; Data de Registro: 11/10/2017)

APELAÇÕES CÍVEIS – AÇÃO ANULATÓRIA DE ATO JURÍDICO – TESTAMENTO PÚBLICO – PRELIMINAR – OFENSA AO PRINCÍPIO DA DIALETICIDADE – AFASTADA – MÉRITO – REQUISITOS DO ART. 1.864 PREENCHIDOS – NÃO COMPROVAÇÃO DA INCAPACIDADE DO TESTADOR AO TEMPO DO TESTAMENTO – RECURSO INTERPOSTO PELO PRIMEIRO APELANTE PROVIDO – RECURSO INTERPOSTO PELO SEGUNDO RECORRENTE NÃO CONHECIDO – Certificado que um dos apelantes deixou transcorrer in albis o prazo recursal, contra a decisão que indeferiu a gratuidade da justiça, bem como ausente o recolhimento do preparo, impõe-se o não conhecimento do recurso. Não há falar em ofensa ao princípio da dialeticidade, se restar demonstrado que a petição recursal possui os fundamentos de fato e de direito que embasam o inconformismo da parte vencida na demanda. Comprovado que o testamento público contém todos os requisitos de validade previstos no art. 1.864 do CC - Escrito por tabelião, de acordo com as vontades do testador; Lavrado por instrumento público, na presença de cinco testemunhas - Embora a lei exija duas, e assinado pelo testador, pelas testemunhas e pelo tabelião -, bem como que ao seu tempo o testador gozava de pleno discernimento e capacidade para manifestar livremente sua vontade, não há falar em procedência do pedido anulatório. (TJMS – AC-Or 2011.005532-2/0000-00 – 3ª T.Cív. – Rel. Des. RUBENS BERGONZI BOSSAY – DJe 21.11.2011 – p. 57).

DIREITO CIVIL – ANULAÇÃO DE TESTAMENTO PÚBLICO E PROCURAÇÃO – ALEGAÇÃO DE CAPTAÇÃO DOLOSA – CAPACIDADE DO TESTADOR CONTESTADA – *Testador que, apesar de idoso, não apresentava sinais de desorientação e senilidade quando da assinatura do testamento e procuração. Alegação de captação dolosa não comprovada. A alegação de emprego de artifícios para conquistar benevolência do tio avô, não é causa eficiente para anulação do testamento e procuração. Carência afetiva não é suficiente para anular o negócio jurídico. Inexistência de vício de consentimento e de falta de discernimento do testador. O testador gozava do pleno exercício de suas faculdades mentais e emocionais, quando do testamento. Atestados médicos comprovando a capacidade do testador. Requisitos essenciais do testamento público cumpridos, na forma do artigo 1.864, do código civil. Recursos conhecidos. Provido o do réu e prejudicado o dos autores. (TJRJ – Proc. 2009.001.09891 – Rel. Des. JOÃO CARLOS BRAGA GUIMARÃES – J. 23.06.2010).*

TESTAMENTO PÚBLICO – AÇÃO ANULATÓRIA – REVOGAÇÃO – *"Apelação cível. Ação anulatória. Revogação de testamento público. Incapacidade da testadora incomprovada. Cumprimento das formalidades exigidas pelo art. 1.864 do CC. Preservação da última manifestação de vontade expressada pela testadora. Honorários advocatícios. Arbitramento. Art. 20, § 4º, do CPC. Recurso a que se dá provimento." (TJMG – AC 1.0432.05.009663-0/001 – 2ª C.Cív. – Rel. Des. RONEY OLIVEIRA – DJ 02.06.2010).*

APELAÇÃO CÍVEL – AÇÃO ANULATÓRIA DE ESCRITURA PÚBLICA DE TESTAMENTO – *Observados os requisitos do artigo 1.864 do Código Civil e não verificado qualquer vício de consentimento, descabe falar em anulação do testamento, mormente quando firmado perante Tabelião. APELO NÃO PROVIDO. (TJRS – AC 70033581513 – 8ª C.Cív. – Rel. Des.* CLAUDIR FIDÉLIS FACCENDA *– J. 25.03.2010).*

TESTAMENTO PÚBLICO. INSTITUIÇÃO DA CONCUBINA COMO LEGATÁRIA. HOMEM CASADO. SEPARAÇÃO DE FATO. CABIMENTO. EXEGESE DO ARTIGO 1.719, III, CÓDIGO CIVIL, 1916. REITERAÇÃO NO CÓDIGO VIGENTE, COM EXCEÇÃO. FORMALIDADES DO INSTRUMENTO. INSTRUMENTALIDADE. VONTADE DO TESTADOR. A jurisprudência vigente fazia já uma leitura teleológica e instrumental da vedação contida no diploma material que obstava a inclusão da concubina como legatária, entendimento que se ancorava na nova ordem constitucional, na mutação dos costumes e padrões de condutas sociais aceitos, que modificaram os ditames familiares, prestigiando o convívio prolongado entre o testador e a legatária. A lei deve ser interpretada ao nível de seu tempo, vestida com a realidade do presente, não se acorrentando ao passado, sem que isto signifique menos valia para o casamento ou risco à instituição da família. A proibição do artigo 1.719, III, Código Civil, 1916 (agora artigo l.801, III, Código Civil) não atinge a companheira de homem casado, mas separado de fato, em convívio público, notório e duradouro, como que se casados fossem, em união estável. No mesmo espírito, os tribunais têm abrandado o rigor formal do testamento, notadamente quanto à severidade de alguns aspectos, em vassalagem à vontade do testador e apoteose do princípio da instrumentalidade. Apelação desprovida. (TJRS - AC 70005821178 - 7ª C.Cív. - Rel. Des. JOSÉ CARLOS TEIXEIRA GIORGIS*-J. 26.03.2003)*

TESTAMENTO PÚBLICO - MINUTA - REDAÇÃO POR ADVOGADO - REPRODUÇÃO FIEL DA VONTADE DO TESTADOR - VALIDADE - LEITURA PELO TESTADOR - DISPENSABILIDADE -TESTEMUNHAS - AUSÊNCIA POR

ALGUNS INSTANTES DO LOCAL ONDE ESTAVA SENDO LAVRADO O TESTAMENTO - NULIDADE -INEXISTÊNCIA - As declarações de última vontade podem ser ditadas pelo testador ou podem ser entregues ao oficial público através de minuta redigida por um advogado, sendo que a doutrina e a jurisprudência consideram dispensável a leitura da minuta pelo testador, mostrando-se relevante para a validade do testamento a reprodução fiel da vontade do testador. O rigor formal da lei não pode prevalecer em detrimento da vontade manifestada pelo testador. Assim, o fato de algumas testemunhas se retirarem por alguns instantes do local onde estava sendo lavrado o testamento público não tem o condão de macular a declaração de última vontade do testador. (TJMG - AC 265.400-2/00 - 1ª C. Cív. - Rel. Dês. EDUARDO ANDRADE - DJMG05.12.2002).

APELAÇÃO CÍVEL. TESTAMENTO PÚBLICO. A inobservância de qualquer formalidade disposta no inciso II do Art. 1632, ou seja, se alguma testemunha que acompanha o ato, ausentar ainda que rapidamente, afeta o cerne do testamento, vez que é considerada como formalidade essencial, não podendo ser dispensadas pelo magistrado, sob pena de infringência da lei e causando a nulidade de todo o testamento. Apelo conhecido e provido, decisão cassada. (TJGO - AC 50388-4/188 - 1ª C.Cív. - Rel. Dês. MATIAS WASHINGTON DE OLIVEIRA NEGRY - DJGO 27.03.2001).

CIVIL - TESTAMENTO PÚBLICO - Ação de nulidade de testamento público - Documento que tem suas declarações portadas por fé pública - Presunção de veracidade não elidida pelo depoimento de duas testemunhas instrumentarias que, vinte anos depois, declaram no curso da ação não recordar se assistiram ao ato - Circunstância atribuível a falibilidade da memória humana, considerando-se o grande tempo decorrido higidez do documento, ademais, aferida por perícia técnica nulidade afastada." anulação de testamento público a fé pública do tabelião, conformada por testemunhas só pode ser elidida mediante prova indiscutível, o que no caso, não acontece" (Supremo Tribunal Federal RE 43077, 1ª turma, Rel. Mm. Cândido Motta). Referencia legislativa: código civil artigo 1632, incisos I e II. (TJPR -Elnf 3385 - 1ª G.C.Civ. - Rel. Dês. ULYSSES LOPES *- DJPR 07.02.2000).*

TESTAMENTO PÚBLICO - INTELIGÊNCIA DO ARTIGO 1.632 DO CÓDIGO CIVIL - Não basta a presença das cinco testemunhas instrumentárias. Necessidade de assistirem à integralidade do ato de redação do testamento, ouvindo as declarações de vontade do testador Nulidade do testamento reconhecida por este fundamento. Agravo retido rejeitado, negado provimento às apelações e prejudicado o adesivo. (TJSP - AC 009.907-4/0-00 - 3ª C. D. Priv. - Rel. Dês. MATTOS FARIA *- J. 14.11.2000).*

TESTAMENTO - NULIDADE - AUSÊNCIA DE CITAÇÃO DOS TESTAMENTÁRIOS - NULIDADE DOS ATOS PROCESSUAIS - OCORRÊNCIA. Devem os testamenteiros figurarem no polo passivo da ação que visa nulidade de testamento - Inteligência dos artigos 1.769, do Código Civil e 1.137, II da lei adjetiva civil - Sentença anulada - Preliminar argüida pelo Ministério Público acolhida - Determinada a citação dos testamenteiros. Recurso prejudicado. (TJSP - AC 65.287-4 - 7ª C.D.Priv - Rel. Dês. REBOUÇAS DE CARVALHO *- J. 03.02.1999).*

AÇÃO DE NULIDADE DE TESTAMENTO PÚBLICO. Inexistência dos vícios apontados pelos apelantes, em sua inicial, já que comprovado ficou que o testador, quando da lavratura do testamento, se encontrava em seu Juízo perfeito e que não houve captação dolosa de sua vontade, por parte dos apelados - Testamento, ademais, elaborado com observância dos requisitos pelo artigo 1.632 do Código Civil Brasileiro. Recurso improvido. (TJSP - AC 74.743-4 - 3ª C.D.Priv - Rel. Dês. ANTÔNIO MANSSUR *- J. 09.03.1999).*

TESTAMENTO PÚBLICO - Testador separado de fato. Legado à companheira. Ausência de ilegalidade. art. 1.719, III, do CC. Inaplicabilidade. A companheira com quem vive maritalmente o homem separado de fato, irreversivelmente, da mulher legítima, pode ser nomeada legatária do companheiro testador, não sendo de se lhe aplicar a restrição do art. 1.719, III, do CC, aplicável somente à concubina, a amante do lar clandestino, a outra mulher com quem o homem casado mantém encontros ocultos, simultaneamente com a vida conjugal. (TJMG - AC 31.868/3 - 2ª C - Rel. Dês. SÉRGIO LELLIS SANTIAGO - J. 21.03.1996). (JM 132-1337 135).

Caso o testador não saiba assinar, ou não o possa fazer, consoante permissão do art. 1.865, o tabelião ou seu substituto legal assim o declarará, assinando, neste caso, pelo testador, e, a seu rogo, uma das testemunhas instrumentárias.

ANULATÓRIA DE TESTAMENTO PÚBLICO – Sentença de procedência – Inconformismo dos requeridos – Conjunto probatório contundente quanto à incapacidade da testadora ao ato de última vontade, que beneficiou os requeridos – Descumprimento à formalidade legal (CC, art. 1.865) – Assinatura a rogo por testemunha que não instrumentária – Sentença mantida – Aplicação do art. 252 do Regimento Interno deste Egrégio Tribunal de Justiça – Parecer da d. Procuradoria Geral de Justiça no mesmo sentido – Recurso não provido. (TJSP; Apelação 0027392-39.2011.8.26.0224; Relator (a): Fábio Quadros; Órgão Julgador: 4ª Câmara de Direito Privado; Foro de Guarulhos - 6ª. Vara de Família e Sucessões; Data do Julgamento: 08/10/2015; Data de Registro: 14/10/2015)

TESTAMENTO – AÇÃO DE ANULAÇÃO – TESTEMUNHAS – VALIDADE – "Ação de anulação de testamento. Autora da herança que elaborou segundo testamento, por instrumento público, reduzindo o percentual do patrimônio disponível destinado à autora para 10%, revogando expressamente o testamento anterior. I – Relatório médico e prontuários de atendimentos hospitalares demonstrando que a testadora sofreu dois acidentes cardiovasculares, foi submetida a diversos exames e ao tratamento clínico pertinente, que incluía dieta e ingestão de diversos medicamentos, sem qualquer menção à incapacidade física ou psíquica. Relatório da enfermagem apontando se tratar de paciente em tratamento clínico, lúcida, orientada, deambulando com ajuda. II – Prova testemunhal produzida no feito que apenas corrobora a relação afetuosa existente entre a demandante e a testadora, que não tem o condão de comprovar qualquer irregularidade na alteração das disposições testamentárias, ressaltando o fato de que a autora da herança, apesar de idosa, era pessoa ativa, mantendo a lucidez até seu falecimento. III – No corpo do documento público consta o pleno gozo das faculdades mentais da testadora, verificado pelo próprio tabelião do ofício de notas, agente que goza de fé pública. Reconhecimento de que não há nos autos comprovação da incapacidade de testar, sendo inviável a anulação do testamento sob este fundamento. IV – Não há proibição legal para a lavratura do testamento fora da sede do tabelionato e para a sua feitura na presença dos demais parentes, inexistindo prova de qualquer ato coativo perpetrado pelos herdeiros. V – Possibilidade de assinatura a rogo do testamento, nos casos em que o testador não saiba ou não a possa firmar. Exegese do art. 1.633 do Código Civil de 1916. Impossibilidade de firmar o testamento que não implica a falta de capacidade mental para a compreensão e concordância de seus termos. VI – Afastada a alegação de descumprimento de uma das formalidades do testamento, qual seja, a de que seja realizado na presença de cinco testemunhas. Impedimento não demonstrado da suposta companheira de um dos herdeiros. Cabível a flexibilização da exigência de cinco testemunhas, ante a disposição do novo Código Civil a respeito da matéria, determinando a presença de apenas duas testemunhas na lavratura de testamento público (art. 1.864, inciso II). Sentença de improcedência que deve ser mantida. VII – Negado provimento." (TJRJ – AC 0047704-70.2001.8.19.0001 – 4ª C.Cív. – Rel. Des. REINALDO P. ALBERTO FILHO – J. 23.03.2010).

TESTAMENTO PÚBLICO – ANULAÇÃO – ATO JURÍDICO PERFEITO – "Anulação de testamento. Ato jurídico perfeito. Testamento público assinado a rogo, o que é permitido pelo artigo 1633 do Código Civil de 1916 (art 1.865 CC/2002), preenchidos todos os requisitos exigidos no artigo 1.632 do Código Civil de 1916 (art. 1.864 CC/2002). Sentença de improcedência, mantida." (TJSP – AC 314.933.4/7-00 – 4ª CDPriv. – Rel. Des. TEIXEIRA KMITE – J. 15.05.2008).

Em sendo o testador inteiramente surdo, sabendo lei, lerá o seu testamento, e, se não o souber, designará quem o leia em seu lugar, presentes as testemunhas (art. 1866), sendo que, se cego, consoante se observa do disposto no art. 1867, só se permite o testamento público, que lhe será lido, em voz alta, duas vezes, uma pelo tabelião ou por seu substituto legal, e a outra por uma das testemunhas designada pelo testador, fazendo-se de tudo circunstanciada menção no testamento.

4.2. Do testamento cerrado

Ensina ARNOLD WALD, "Considerações Sobre o Testamento Cerrado", que "o testamento cerrado é o escrito particular, feito e assinado pelo próprio testador ou por alguém a seu rogo e entregue a Tabelião, para que seja lavrado o auto de aprovação, com a presença do testador e perante cinco testemunhas.

Também denominado testamento secreto ou místico, caracteriza-se pelo fato de manter em sigilo as cláusulas testamentárias que, nesse caso, não são do conhecimento nem do público, nem mesmo do Tabelião e das próprias testemunhas.

Trata-se de fórmula que concilia, em certo sentido, a segurança na execução do testamento e o sigilo que o testador pretende manter. Enquanto o testamento particular passa a depender para a sua execução da sobrevivência de no mínimo três testemunhas (art. 1.648), tornando-se, assim, de execução aleatória, o testamento cerrado assemelha-se em parte, pelo seu ritual, ao testamento público, mantendo, todavia, a confidencialidade das disposições nele contidas.

A doutrina salienta a respeito que o testamento cerrado constitui uma fórmula intermediária entre o testamento particular e o público, dando maior segurança e confiabilidade do que o primeiro e evitando a publicidade do segundo.

Por esses motivos, as formalidades são ainda maiores do que as existentes no testamento público, abrangendo tanto a formação da vontade do testador, como o instrumento de aprovação pelo Tabelião."

Luiz da Cunha Gonçalves, ob. cit., p. 339, ensina que o testamento cerrado divide-se em duas partes. A uma, de elaboração do testamento propriamente dito, é puramente privada; a duas, de elaboração pública, o ato de aprovação notorial. "É esta segunda que lhe dá força jurídica; sem ela, a primeira parte, embora escrita e assinada pelo testador, não teria valor algum, seria simples projeto, visto a presente lei não admitir o testamento ológrafo."

O testamento cerrado, que pode ser escrito mecanicamente, desde que seu subscritor numere e autentique, com a sua assinatura, todas as páginas, e que é aquele escrito pelo testador, ou por outra pessoa, a seu rogo, e por aquele assinado, será válido se aprovado pelo tabelião ou seu substituto legal, desde que o testador o entregue ao tabelião em presença de duas testemunhas; que o testador declare que aquele é o seu testamento e quer que seja aprovado; que o tabelião lavre, desde logo, o auto de aprovação, na presença de duas testemunhas, e o leia, em seguida, ao testador e testemunhas; e que o auto de aprovação seja assinado pelo tabelião, pelas testemunhas e pelo testador, conforme se observa do disposto no art. 1.867.[6]

---

6 CC/16 - Art. 1638. São requisitos essenciais do testamento cerrado:
I - que seja escrito pelo testador, ou por outra pessoa, a seu rogo;
II - que seja assinado pelo testador;
III - que não sabendo, ou não podendo o testador assinar, seja assinado pela pessoa que lho escreveu;
IV - que o testador o entregue ao oficial em presença, quando menos, de cinco testemunhas;
V - que o oficial, perante as testemunhas, pergunte ao testador se aquele é o seu testamento, e quer que seja aprovado, quando o testador não se tenha antecipado em declará-lo;

Sob a égide do Código anterior, através da 4ª Turma, o Superior Tribunal de Justiça, no REsp 228-MG, Relator Ministro ATHOS CARNEIRO, DJU 04.12.1989, teve oportunidade de assentar que "Não importa em nulidade do testamento cerrado o fato de não haver sido consignado, na cédula testamentária, nem no auto de aprovação, o nome da pessoa que, a rogo do testador, o datilografou. Inexistência, nos autos, de qualquer elemento probatório no sentido de que qualquer dos beneficiários haja sido o escritor do testamento, ou seu cônjuge, ou parente seu. Exegese razoável dos artigos 1.638, I, e 1.719, I, combinados, do CC. Entende-se cumprida a formalidade do artigo 1.638, XI, do CC, se o envelope que contém o testamento está cerrado, costurado e lacrado, consignando o termo de apresentação sua entrega ao magistrado sem vestígio algum de violação. REsp não conhecido."

Do voto do i. Ministro, para o que interessa, abstraímos as seguintes lições:

"O Código de Processo Civil é expresso quando, em seu artigo 364, preceitua que "o documento público faz prova não só da sua formação, mas também dos fatos que o escrivão, o tabelião, ou o funcionário declarar que ocorreram em sua presença".

Comentando este dispositivo legal, assevera MOACYR AMARAL SANTOS:

"Conforme essa regra, o documento público faz prova da formação da declaração das partes. O fato de que as partes declararam o que nele se contém se há como verdadeiro até que se demonstre a falsidade da afirmação do oficial público" (Comentários ao Código de Processo Civil, vol. IV, Forense, pág. 170).

VI - que para logo, em presença das testemunhas, o oficial exare o auto de aprovação, declarando nele que o testador lhe entregou o testamento e o tinha por seu, bom, firme e valioso;
VII - que imediatamente depois da sua última palavra comece o instrumento de aprovação;
VIU - que, não sendo isto possível, por falta absoluta de espaço na última folha escrita, o oficial ponha nele o seu sinal público e assim o declare no instrumento;
IX - que o instrumento ou auto de aprovação seja lido pelo oficial, assinando ele, as testemunhas e o testador, se souber e puder;
X - que, não sabendo, ou não podendo o testador assinar, assine por ele uma das testemunhas, declarando, ao pé da assinatura, que o faz a rogo do testador, por não saber ou não poder assinar;
XI - que o tabelião o cerre e cosa, depois de concluído o instrumento de aprovação.

No acórdão da Egrégio Primeira Câmara Cível Especial do TJRS, o relator, Eminente Desembargador Oscar Gomes Nunes, invocado no aresto recorrido, em julgamento de caso análogo, lê-se a seguinte passagem:

"Não há nos autos elemento algum que autorize a afirmação, nem mesmo a presunção de haver o testamento sido escrito por pessoa que haja sido contemplada pela testadora, ou seu cônjuge, ascendentes, descendentes ou irmãos.

Provada, porém, que fosse a desobediência à proibição do art. 1.719, I, do CC, a nulidade se restringiria às disposições em favor daquele ou daqueles que, não podendo ser nomeados herdeiros, ou legatários, o foram.

É, aliás, a sansão que comina o art. 1.719 do CC". (RT 415/330).

Do bem lançado parecer de fls. 259/268 vale, ainda, transcrever o seguinte trecho:

"Darcy Bessone, em parecer a respeito de testamento cerrado datilografado e sua validade, valioso trabalho que encontra na Revista Forense, vol. 158, págs. 91/97, escreve e sustenta:

'A única objeção de certa relevância que poderia ser oposta à fatura por datilografia do testamento cerrado é a de que, para os fins do art. 1.719, I, do Cód. Civil, torna-se mais difícil identificar o datilografo, para saber se ele é herdeiro ou legatário, ou cônjuge, ascendente, descendente ou irmão de herdeiro ou legatário. Tal dificuldade poderá ocorrer também em relação ao testamento manuscrito por terceiro.

Quem alegar que o testamento foi escrito, a máquina ou não, por uma das pessoas referidas no art. 1.719 e seu número I, deverá produzir prova da alegação'.

Mais adiante pondera:

'Assim, enquanto não se prove que o testamento foi escrito, a máquina ou não, por herdeiro ou legatário, ou por cônjuge, ascendente, descendente ou irmão de herdeiro ou legatário, não se poderá decretar a nulidade do testamento". (Grifos nossos - Rev. For., vol. 158, pág. 96).

Pinto Ferreira, lembrado pelos ilustres patronos dos Recorridos (fls. 140/141-TJ), adverte:

'Em caso de terceira pessoa haver escrito o testamento, também não há necessidade de se declarar quem o escreveu, mesmo que tenha sido o notário'. (Tratado das Heranças e dos Testamentos, pág. 308)." (fls. 261/262).

Rememorando abonada doutrina, lembro CARLOS MAXIMILIANO ("Direito das Sucessões", Ed. Freitas Bastos, 1942, n° 427, pág. 484), valendo transcrever seu magistério a respeito:

"Não se precisa declarar, nem na cédula, nem no auto de aprovação, o nome de quem escreveu o testamento, ainda mesmo que tal serviço haja sido prestado pelo próprio notário que lavra o auto referido.

Quid, se, além de escrever, o indivíduo assinou a rogo ao testador? Como o auto de aprovação deve assinalar o que ao oficial se depara, e a subscrição de cédula por outrem está às suas vistas, não pode deixar de a consignar.

Do exposto se conclui pouco importar que o elaborador da cédula não tenha recebido os dados, para a mesma, das mãos do testamenteiro, e, sim, de interposta pessoa; pois, se nem o nome do escritor se precisa saber, muito menos - onde, quando e como chegou às suas mãos a incumbência. É de se presumir que o papel traduza o pensamento daquele que o leva ao notário e pede que o aprove".

Com idêntica orientação, pela não necessidade de declaração do nome do escritor da cédula, é o magistério de OROZIMBO NONATO, embora com a advertência de tratar-se, na prática, de "precaução útil" ("Estudos sobre Sucessão Testamentária", Forense, vol I, 1957, n° 224, pág. 283). Idem CUNHA GONÇALVES, Tratado, vol X, Tomo I, pág. 342.

Não vislumbro, pois, embora possa o tema ser objeto de controvérsias, contrariedade às normas do artigo 1.638, inciso I, do Código Civil, nem do artigo 1.719, I, do mesmo diploma legal; ao contrário, considero que aos mesmos foi dada razoável exegese. Afastam-se, assim as alegações de nulidade do ato.

Quanto ao disposto no artigo 1.638, inciso XI, do Código Civil, relativo ao dever de o tabelião cerrar e coser o testamento, o Tribunal *"a quo"* entendeu que o testamento ora impugnado não apresentou nenhum vestígio de violação, atendendo-se ao constante do respectivo termo de apresentação, onde se afirma ter sido entregue lacrado e costurado. É aliás o que se constata visualmente no envelope que o continha (autos apensos, fls. 5).

Ademais, na esteira do que decidiu o aresto recorrido, ao registrar que a solenidade do ato não deve ser "desmedidamente formal", cabe trazer à colação o ensinamento de PINTO FERREIRA:

"O lacre e o carimbo não são requisitos obrigatórios, mas são aconselháveis. A sua falta, porém, não anula o testamento: é contra o direito formalidades desnecessárias, superabundantes, prejudicarem documentos" (*"non licit quod abundat vitiare secripturas""*) In Enciclopédia Saraiva de Direito, vol. 73, pág. 112).

Quanto ao dissídio jurisprudencial invocado, não vislumbro divergência alguma. O acórdão trazido à colação trata de caso concreto, sem qualquer conotação com os temas versados neste recurso, pois apenas desqualifica testamento que "desatende às formalidades legais".

Pelo exposto, e também com os fundamentos do bem lançado parecer da lavra da douta Procuradora da República, Dra. ANADYR DE MENDONÇA RODRIGUES (fls. 259/268), não conheço do recurso."

Na sua aprovação, conforme preceitua o art. 1.869, o tabelião deve começar o auto de aprovação imediatamente depois da última palavra do testador, declarando, sob sua fé, que o testador lhe entregou para ser aprovado na presença das testemunhas; passando a cerrar e coser o instrumento aprovado. Caso não haja espaço na última folha do testamento, para início da aprovação, o tabelião aporá nele o seu sinal público, mencionando a circunstância no auto.[7]

Ainda que o testamento seja escrito pelo tabelião a rogo do testado, este poderá aprová-lo.

---

[7] CC/16 - Art. 1638. São requisitos essenciais do testamento cerrado:
...
VII - que imediatamente depois da sua última palavra comece o instrumento de aprovação;
...
XI - que o tabelião o cerre e cosa, depois de concluído o instrumento de aprovação.

É fato que o testamento pode ser escrito em língua nacional ou estrangeira, pelo próprio testador, ou por outrem, a seu rogo, estabelece o art. 1.871.[8]

Pode fazer testamento cerrado o surdo-mudo, contanto que o escreva todo, e o assine de sua mão, e que, ao entregá-lo ao oficial público, ante as duas testemunhas, escreva, na face externa do papel ou do envoltório, que aquele é o seu testamento, cuja aprovação lhe pede (art. 1.873), entretanto, não pode, conforme preceitua o art. 1.872, dispor de seus bens em testamento cerrado quem não saiba ou não possa ler.[9]

A 4ª Turma do STJ, no REsp nº 223.799/SP, Rel. Min. RUY ROSADO AGUIAR, com ementa oficial publicada no DJ de 17/12/1999, p. 379 (LEXSTJ 129/158; RDR 17/354), onde se discutia a nulidade do testamento cerrado em função da falta de assinatura do testador no documento, decidiu que "Inexistindo qualquer impugnação à manifestação da vontade, com a efetiva entrega do documento ao oficial, tudo confirmado na presença das testemunhas numerárias, a falta de assinatura do testador no auto de aprovação é irregularidade insuficiente para, na espécie, causar a invalidade do ato. Art. 1638 do CCivil. Recurso não conhecido."

Em função do apontamento pelo Ministro Relator da unicidade do caso acima, proveitoso para o estudo a transcrição de seu voto, nos seguintes termos:

"O testador pediu a advogado de sua confiança que lavrasse as suas declarações de última vontade, na forma de testamento cerrado (art. 1.638, I, do Código Civil), o que foi feito e está à fls. 26 dos autos, em forma de documento datilografado e assinado pelo testador e pela pessoa que o escreveu. A seguir, foi lançada a aprovação do testamento

---

8 CC/16 - Art. 1639. Se o oficial tiver escrito o testamento a rogo do testador, podê-lo-á, não obstante, aprovar.
CC/16 - Art. 1640. O testamento pode ser escrito, em língua nacional ou estrangeira, pelo próprio testador, ou por outrem, a seu rogo. A assinatura será sempre do próprio testador, ou de quem lhe escreveu o testamento (art. 1638, I).
9 CC/16 - Art. 1641. Não poderá dispor de seus bens em testamento cerrado quem não saiba, ou não possa ler.
CC/16 - Art. 1642. Pode fazer testamento cerrado o surdo-mudo, contanto que o escreva todo, e o assine de sua mão, e que, ao entregá-lo ao oficial público, ante as cinco testemunhas, escreva, na face externa do papel, ou do envoltório, que aquele é o seu testamento, cuja aprovação lhe pede.

cerrado, com as declarações de estilo, auto lavrado pelo Tabelião na presença do testador e de cinco testemunhas, que o assinaram, juntamente com o tabelião. Não consta desse documento a assinatura do testador.

Não há nenhuma dúvida sobre a existência do ato de manifestação de vontade do testador, que estava presente quando da lavratura do testamento e presente continuou quando o auto de aprovação, já agora na presença das testemunhas, que dele ouviram a declaração de que o papel apresentado era o seu testamento.

Nesse contexto, a assinatura do testador no auto de aprovação, formalidade exigida na lei, não era essencial para o reconhecimento da validade do ato. O decisivo estava na sua capacidade de expressar a vontade, a efetiva disposição feita por intermédio da pessoa de sua confiança e a confirmação de tudo isso, de viva voz, perante as testemunhas do auto de aprovação. A assinatura do testador no instrumento de aprovação é uma formalidade que apenas complementa o que já antes havia sido declarado e confirmado, e teria relevo se posta em dúvida a existência do fato da entrega do documento ao oficial, na presença das testemunhas numerárias. Como nada disso aconteceu deve-se concluir juntamente com o r. acórdão, que a irregularidade não é suficiente para invalidar o ato, valendo a lição de PONTES DE MIRANDA : "Na dúvida, decide-se em favor do testamento. Evitem-se, quanto possível, as nulidades por motivo de forma"(TRATADOS, 58/292).

Não encontrei precedente sobre a questão entre os julgados deste Tribunal. No REsp 228/MG, cuidou-se da falta de indicação do nome da pessoa que datilografou o testamento cerrado, considerada irrelevante; no REsp 163.617/RS, julgou-se indispensável a assinatura do testador no testamento."

O REsp n° 163.617/RS, citado no voto acima, da 3ª Turma do STJ, Relator Ministro CARLOS ALBERTO MENEZES DIREITO, com ementa oficial publicada no DJ de 24/04/2000, p. 51 (RT 780/204), foi do seguinte teor:

"Testamento cerrado. Falta de assinatura da testadora em testamento datilografado por uma sobrinha, que aparece na relação de herdeiros. 1. Por mais elástica que possa ser a interpretação em matéria testamentária, de modo a fazer prevalecer a vontade do testador, não é possível admitir o testamento cerrado, datilografado por outra pessoa, no caso uma sobrinha, ausente a assinatura do testador, que é requisito essencial nos termos da lei (art. 1.638, II, Código Civil). 2. Recurso especial não conhecido."

Após a aprovação do testamento, e cerrado, será entregue ao testador, e o tabelião lançará, no seu livro, nota do lugar, dia, mês e ano em que o testamento foi aprovado e entregue, nos moldes e termos do art. 1.874, sendo certo que após o falecimento do testador, ele será apresentado ao juiz, que o abrirá e o fará registrar, ordenando seja cumprido, se não achar vício externo que o torne eivado de nulidade ou suspeito de falsidade, conforme preceitua o art. 1.875. Entretanto, ainda que o magistrado entenda que existe vício extremo, há de determinar o seu registro, haja vista a validade do testamento haver de ser discutida em ação própria. (TJSP - AC 85.080-1 - 7ª C - Rel. Dês. NELSON MANADA – J. 05.04.1989 - RJTJESP 119/295).[10]

> *Apelação Cível. Sucessões. Testamento cerrado. Envelopes contendo dois testamentos que foram abertos e dilacerados pelo testador, com seu consentimento e na presença de testemunhas. Quebra de sigilo da cédula testamentária que implica em revogação e nulidade do ato de última vontade. Inteligência dos art. 1.875 e 1.972 do Código Civil. Preliminar de cerceamento de defesa. Afastamento. Demonstração nos autos que o testador encontrava-se lúcido à época dos fatos. Recurso desprovido. (TJSP; Apelação 0000251-40.2014.8.26.0418; Relator (a): Rodolfo Pellizari; Órgão Julgador: 6ª Câmara de Direito Privado; Foro de Paraibuna - Vara Única; Data do Julgamento: 08/02/2018; Data de Registro: 08/02/2018)*
>
> APELAÇÃO CÍVEL. AÇÃO DE ANULAÇÃO DE TESTAMENTO CERRADO. PRELIMINAR. CERCEAMENTO DE DEFESA. INOCORRÊNCIA. Indeferida a perícia grafotécnica no testamento cerrado, sem interposição de recurso pela

---

[10] CC/16 - Art. 1643. Depois de aprovado e cerrado, será o testamento entregue ao testador, e o oficial lançará, no seu livro, nota do lugar, dia, mês e ano em que o testamento foi aprovado e entregue.
CC/16 - Art. 1644. O testamento será aberto pelo juiz, que o fará registrar e arquivar no cartório a que tocar, ordenando que seja cumprido, se lhe não achar vício externo que o torne suspeito de nulidade, ou falsidade.

autora, a matéria resta preclusa, não havendo falando em cerceamento de defesa. Preliminar rejeitada. MÉRITO. Elaborado o testamento sob a vigência do Código Civil de 1916, é a legislação aplicável à espécie. O art. 1.638 do CC/16 traz os requisitos essenciais para a validade do testamento cerrado, dentre os quais não está a necessidade de autenticação das assinaturas do testador e demais testemunhas que assinam o ato. O auto de aprovação elaborado pelo Tabelião no próprio testamento, garante a confiabilidade necessária ao ato, mormente confirmando a autenticidade em juízo. Observados os requisitos essenciais do ato, impunha-se a improcedência da ação. (Processo: AC 70040970592 RS - Relator(a): ANDRÉ LUIZ PLANELLA VILLARINHO *- Julgamento: 13/07/2011 - Órgão Julgador: Sétima Câmara Cível - Publicação: Diário da Justiça do dia 18/07/2011).*

"*Testamento cerrado - Pretensão de herdeira instituída de provar a causa da deserdação da filha da testadora, na forma do art. 1965, do CC - Caso nítido de prova póstuma, não sendo permitido antecipar isso enquanto viva a testadora, inclusive para não romper o segredo que caracteriza essa modalidade de ato - Testamento e a deserdação serão atos válidos somente quando do falecimento, sob pena de adiantar discussão sobre herança de pessoa viva, embora ressalvadas situações especiais em que se permite a discussão prévia - Provimento, em parte, apenas para excluir a condenação em honorários (por não ter ocorrido a citação). (Processo: APL 990102546900 SP - Relator(a):* ENIO ZULIANI *- Julgamento: 12/08/2010 - Órgão Julgador: 4ª Câmara de Direito Privado - Publicação: 25/08/2010).*

Voto:

A deserdação é um castigo que a lei permite que os pais apliquem aos filhos quando não podem reduzir as rebeldias e as desvirtudes deles, segundo declarou OROZIMBO NONATO (Testamento: direito e liberdade de testar: tese apresentada à Faculdade Livre de Direito da Universidade de Minas Gerais, Imp. Diocesana, 1932, p. 160). Nos casos previstos em lei, como ofensa física, injúria e desamparo em caso de necessidade por doença, os pais deserdam o filho, excluindo-o da sucessão (art. 1962, do CC), oportunidade em que deferem a outrem o direito de recolher a herança que deixa. É obrigatório mencionar a causa e se essa não for justificada ou posteriormente provada, o herdeiro preterido poderá anular o testamento pela *hereditatis petitio* ou pela querela *inofficiosi testamenti*.

Não resta dúvida de que ao herdeiro instituído em testamento cabe provar a verdade da causa da deserdação, conforme determina o art. 1965, do CC: "Ao herdeiro instituído, ou aquele a quem aproveita a deserdação, incumbe provar a veracidade da causa alegada pelo testador". O § único diz: "O direito de provar a causa da deserdação extingue-se no prazo de quatro anos a contar da data abertura do testamento". Trata-se do que o ilustre Professor ZENO VELOSO denomina de prova póstuma (Testamentos, 2 a edição, CEJUP, Belém, 1993, p. 459): "A prova póstuma da causa da deserdação é requisito essencial para a eficácia da cláusula testamentária que priva da legítima o herdeiro ingrato ou desamoroso. Assim sendo, a deserdação não opera de pleno direito". É da tradição do nosso direito (Ordenações, Livro 4º, Títulos 88 e 89) indicar expressamente os casos de deserdação, cabendo ao herdeiro instituído provar essa causa, sob pena de nulidade, obtendo o deserdado a sua legítima. ITABAIANA DE OLIVEIRA (Princípios de sucessões e testamentos, Benjamin de Aguila Editor, RJ, 1910, p. 35) lembrava que "a simples reconciliação do testador com o deserdado, por si só, não invalida a deserdação, uma vez que não fique provado que o testador revogou o ato". O Tribunal de Justiça de São Paulo, por Acórdão do Desembargador CEZAR PELUSO, hoje Ministro do STF, declarou, com inteira razão (Agln. 205.486-4/6, j . em 19.2.2002) que "a causa da deserdação, que o testador invocou, tem de ser provada, em ação própria, pelo herdeiro instituído, ou por aquele a quem a deserdação aproveite, sob pena de nulidade da instituição e da cláusula que prejudique a legítima do deserdado"

Aqui e porque se cogita de testamento cerrado (secreto) não teria sentido investigar previamente a deserdação que a testadora afirma ter subscrito, porque se for permitido discussão sobre essa particularidade ocorre ruptura do testamento, o que é inadmissível. Há uma impossibilidade jurídica manifesta nesse pedido.

No entanto e porque o testamento é ato válido somente para

a morte do testador (art. 1857, do CC) não caberia fazer uso do que consta do art. 1965 antes de ter o testamento (e a deserdação) adquirido eficácia jurídica. É necessário atentar que a deserdação é ato pelo qual ocorre, por ato de vontade de quem deixa bens e herdeiros legítimos, modificação da sucessão legitimaria, com remoção de sujeito que figura na vocação hereditária.

Ocorre que a exclusão dessa vocação somente acontece quando emitida a sentença que prova a causa da deserdação, ou seja, quando aberta a sucessão com a morte de quem decretou a *exheredatio* (art. 1784, do CC).

Ademais e por ser ato personalíssimo, pode o testamento ser mudado a qualquer tempo, como prescreve o art. 1858, do CC, de modo que se faculta a testadora retroceder no seu intento e perdoar a filha, extinguindo a deserdação. Embora a lei brasileira nada disponha sobre a admissibilidade do perdão, coube a PONTES DE MIRANDA afirmar que é possível infirmar a deserdação, que constitui uma pena, por ato expresso e ou em situação que se autoriza reconhecer perdão tácito, como quando o testador adianta ao deserdado a quota da necessária ou quando, em ato posterior ao testamento deserdativo, o testador nomeia, em codicilo, o deserdado como testamenteiro (Tratado dos Testamentos, Typographia Pimenta de Mello, RJ, 1935, vol. IV, p. 284, § 1743). Não há, pois, motivo plausível para antecipar a prova que é exigida pelo art. 1965, do CC, inclusive porque envolve controvérsia sobre herança de pessoa viva, esbarrando na proibição contida no art. 426, do CC: "não pode ser objeto de contrato a herança de pessoa viva".

O ilustre Desembargador CARLOS ROBERTO GONÇALVES esclarece que "pode ser concedido perdão ao deserdado somente em novo testamento" (Direito Civil Brasileiro, 7. Direito das Sucessões, Saraiva, 4ª edição, 2010, p. 425). Prematuro discutir a deserdação.

Correto o indeferimento da inicial diante da impossibilidade jurídica, valendo anotar que o fato de a testadora poder confirmar os motivos da deserdação não é relevante porque cumpre a ela declarar as razões no testamento, como exige o art. 1964, do CC, o que é suficiente.

Convém enfatizar que o Tribunal reconhece, como o faz ZENO VELOSO (Testamentos, p. 464) ser possível ajuizamento de medida cautelar de produção de provas (art. 846, do CPC) pelo testador que deserda herdeiro, para confirmar, em vida, as causas da deserdação, mesmo sabendo que não será o autor da ação principal. Isso é facultado diante do risco de ser eliminada a prova da causa da deserdação. Também é importante destacar que, em determinadas situações, poderá o deserdado, ciente da cláusula de deserdação, possa se antecipar e propor ação declaratória negativa (art. 4°, I, do CPC), como ocorre com a indignidade (admite-a o eminente NEY DE MELLO ALMADA, Sucessões, Malheiros, 2006, p. 156). O que não se permite é a ação do herdeiro instituído visando antecipar a prova da deserdação, como ocorreu no caso dos autos."

> *AÇÃO DE ANULAÇÃO DE TESTAMENTO CERRADO. INOBSERVÂNCIA DE FORMALIDADES LEGAIS. INCAPACIDADE DA AUTORA. QUEBRA DO SIGILO. CAPTAÇÃO DA VONTADE. PRESENÇA SIMULTÂNEA DAS TESTEMUNHAS. REEXAME DE PROVA. SÚMULA 7/STJ. 1. Em matéria testamentária, a interpretação deve ser voltada no sentido da prevalência da manifestação de vontade do testador, orientando, inclusive, o magistrado quanto à aplicação do sistema de nulidades, que apenas não poderá ser mitigado, diante da existência de fato concreto, passível de colocar em dúvida a própria faculdade que tem o testador de livremente dispor acerca de seus bens, o que não se faz presente nos autos. 2. O acórdão recorrido, forte na análise do acervo fático-probatório dos autos, afastou as alegações da incapacidade física e mental da testadora; de captação de sua vontade; de quebra do sigilo do testamento, e da não simultaneidade das testemunhas ao ato de assinatura do termo de encerramento. 3. A questão da nulidade do testamento pela não observância dos requisitos legais à sua validade, no caso, não prescinde do reexame do acervo fático-probatório carreado ao processo, o que é vedado em âmbito de especial, em consonância com o enunciado 7 da Súmula desta Corte. 4. Recurso especial a que se nega provimento. (REsp 1001674/SC, 3ª. Turma do STJ, Relator Ministro PAULO DE TARSO SANSEVERINO, DJe 15/10/2010, RSTJ vol. 220 p. 385).*

AGRAVO INTERNO. AÇÃO DE ANULAÇÃO DE TESTAMENTO CERRADO. INOBSERVÂNCIA DE FORMALIDADES LEGAIS. REEXAME DE PROVA. SÚMULA 7/STJ. I - A questão da nulidade do testamento pela não observância dos requisitos legais à sua validade, no caso, não prescinde do reexame do acervo fático-probatório carreado aos autos, o que é vedado em âmbito de especial, em consonância com o enunciado 7 da Súmula desta Corte. II - Em matéria testamentária, a interpretação deve ter por fim o intuito de fazer prevalecer a vontade do testador, a qual deverá orientar, inclusive, o magistrado quanto à aplicação do sistema de nulidades, que apenas não poderá ser mitigado diante da existência de fato concreto, passível de colocar em dúvida a própria faculdade que tem o testador de livremente dispor de seus bens, o que não se faz presente nos autos. Agravo provido. (AgRg no Ag 570748/SC, 3ª. Turma do STJ, Relator Ministro CASTRO FILHO, *DJ 04/06/2007 p. 340, RNDJ vol. 92 p. 97).*

TESTAMENTO CERRADO - FALTA DE ASSINATURA DA TESTADORA EM TESTAMENTO DATILOGRAFADO POR UMA SOBRINHA, QUE APARECE NA RELAÇÃO DE HERDEIROS - 1 - Por mais elástica que possa ser a interpretação em matéria testamentária, de modo a fazer prevalecer a vontade do testador, não é possível admitir o testamento cerrado, datilografado por outra pessoa, no caso uma sobrinha, ausente a assinatura do testador, que é requisito essencial nos termos da lei (art. 1.638, II, do Código Civil). 2 - Recurso especial não conhecido. (REsp 163.617/RS, 3ª Turma, Relator Ministro CARLOS ALBERTO MENEZES DIREITO, *DJU 24.04.2000).*

EMBARGOS INFRINGENTES. AÇÃO DE ANULAÇÃO DE TESTAMENTO CERRADO. VALOR DA CAUSA. INSURGÊNCIA EXTERNADA ATRAVÉS AGRAVO RETIDO. IMPOSSIBILIDADE. AUSÊNCIA, ADEMAIS, DE PEDIDO A RESPEITO NAS RAZÕES RECURSAIS. NÃO CONHECIMENTO. AUSÊNCIA DE DIVERGÊNCIA NESSE

ASPECTO. INCOMPETÊNCIA DA TABELIÃ QUE LAVROU O TERMO DE CONFIRMAÇÃO. ART. 14 DO ADCT DA CARTA ESTADUAL. PREFACIAL REPELIDA. CEGUEIRA TOTAL E INCAPACIDADE MENTAL DA TESTADORA DESCOMPROVADAS. INDUÇÃO DA MESMA À PRÁTICA TESTAMENTÁRIA NÃO POSITIVADA. INOBSERVÂNCIA DE FORMALIDADES LEGAIS PERTINENTES. IRRELEVÂNCIA. TESTAMENTO DIGITADO VIA COMPUTADOR. VALIDADE. GRAVAÇÃO DE CONVERSAS MANTIDAS COM TESTEMUNHAS TESTAMENTÁRIAS. NÃO ACEITABILIDADE. LAUDOS UNILATERAIS. REJEIÇÃO. CONFIRMAÇÃO DO TESTAMENTO. DECISUM CONFIRMADO POR MAIORIA. PRETENSÃO À PREVALÊNCIA DO VOTO VENCIDO. EMBARGOS REJEITADOS. - Pressuposto sine qua non ao conhecimento do agravo retido, como deflui do disposto no art. 523 do CPC, é o pedido expresso nas razões recursais acerca do julgamento, com a ausência do pleito a respeito gerando a presunção de desistência do mesmo. Ademais, a matéria esborda o âmbito restrito dos embargos infringentes quando, acerca dela, houve unanimidade de julgamento, tornando-se ela, pois, definitiva. - A circunstância de haver o Excelso Pretório reconhecido a inconstitucionalidade do art. 14 do Ato das Disposições Transitórias da Constituição Estadual não induz à nulidade dos atos cartoriais praticados por Tabeliães que, embora houvessem ascendido à titularidade dos cargos por força do mencionado preceito constitucional, encontravam-se no efetivo exercício do cargo. - No âmbito do sistema civil pátrio, aqueles que estejam na livre disposição de seus bens, quando atingidos por cegueira, somente estarão inibidos de testar pela via cerrada quando a cegueira for total, comprometendo a capacidade de leitura do ato de última vontade. Mesmo na hipótese de capacidade visual quase inexistente, se das provas produzidas resulta a possibilidade de a disponente inteirar-se do teor do testamento cerrado feito por terceiro a seu pedido, ainda que com o auxílio de instrumentos oftalmológicos especiais, válido é o ato de disposição quando não se comprova a não utilização daqueles métodos. - Para conduzir à nulidade de testamento cerrado, a aventada captação da vontade da testadora, com a sua indução à disposição de bens na forma feita, há que resultar comprovada a contento, através de elementos hábeis e fidedignos; com estes, no entanto, não se confundem meras especulações, contidas em laudos psicológicos emitidos, após a morte da testadora, ao desabrigo do contraditório. - Em se tratando de testamento cerrado, o essencial é que ele encerre a vontade real da testadora, nos termos em que foi ela manifestada. Provada essa circunstância, mercê da declaração em Cartório, pela disponente, de ser aquela a sua vontade, irrelevante torna-se o não apego irrestrito ao rigor euremático das exigências compendiadas na lei civil, quando da lavratura do termo de encerramento. - Não assume qualquer relevância no prisma jurídico o fato de haver o testamento cerrado sido digitado por um terceiro via computador, já que inexistente na legislação pátria qualquer vedação expressa a inibir a confecção do ato de disposição de bens por meios mecânicos. O que assume relevância, em casos tais, é que a carta testamentária contenha a assinatura daquele que testa e que o ato exprima a sua efetiva vontade. (TJSC -Elnf 98.006312-4 - 1° G.C.Civ. - Rel. Dês. Trindade dos Santos *- J. 14.03.2000).*

TESTAMENTO CERRADO. Auto de aprovação. Falta de assinatura do testador. Inexistindo qualquer impugnação à manifestação da vontade, com a efetiva entrega do documento ao oficial, tudo confirmado na presença das testemunhas numerárias, a falta de assinatura do testador no auto de aprovação é irregularidade insuficiente para, na espécie, causar a invalidade do ato. Art. 1638 do CCivil. Recurso não conhecido. (REsp 223799/SP, 4ª. Turma do STJ, Relator Ministro Ruy Barbosa de Aguiar, *DJ 17/12/1999 p. 379, LEXSTJ vol. 129 p. 158, RDR vol. 17 p. 354).*

Testamento. Abertura (execução). Ministério Público (exigências). Poder geral de cautela. 1. No procedimento de jurisdição voluntária, ao juiz é lícito investigar livremente os fatos (Cód. de Pr. Civil, art. 1.109). 2. É lícita a exigência de certidões negativas, porque só se cumpre o testamento, "se lhe não achar vício externo que o torne suspeito de nulidade ou falsidade" (Cód. de Pr. Civil, art. 1.126). 3. Recurso especial não conhecido. (REsp 95861/RJ, 3ª. Turma do STJ, Relator Ministro NILSON NAVES, DJ 21/06/1999 p. 149, RDR vol. 15 p. 268).

TESTAMENTO CERRADO - Bens - Cláusula de incomunicabilidade - Exclusão do marido da herdeira -Possibilidade - Redução à metade disponível -Inadmissibilidade - Casamento sob o regime da comunhão de bens. Irrelevância. Arts. 1.721 e 1.723 do CC - Ação improcedente. (TJSP - AI 214.735-1 - 8ª C - Rel. Dês. OSVALDO CARON - J. 31.08.1994).

FILHO ADULTERINO A MATRE - Reconhecimento da paternidade em testamento cerrado. Alteração do assentamento. 1. Reconhecida a paternidade por testamento cerrado, considerado válido em decisão judicial, apto a produzir efeitos, não é mais necessário o ajuizamento da ação de investigação de paternidade. 2. No cenário da CF, coroando avanços legislativos em consonância com a realidade social, nada impede que seja buscada a verdade do assentamento, certo que a presunção legal de serem legítimos os filhos havidos na constância do casamento pressupõe a convivência dos cônjuges. (TJRJ - AC 6.404/ 92 - 1ª C. - Rel. Dês. C. A. MENEZES DIREITO - J. 06.07.1993).

4.3. Do testamento particular

Temos do art. 1.876 que o testamento particular pode ser em língua estrangeira desde que as testemunhas a compreendam (art. 1.880); pode ser escrito de próprio punho ou mediante processo mecânico, se escrito de próprio punho, são requisitos essenciais à sua validade seja lido e assinado por quem o escreveu, na presença de pelo menos três testemunhas, que o devem subscrever, se elaborado por processo mecânico, não pode conter rasuras ou espaços em branco, devendo ser assinado pelo testador, depois de o ter lido na presença de pelo menos três testemunhas, que o subscreverão.[11]

A Terceira Câmara de Férias B de Direito Privado do Tribunal de Justiça do Estado de São Paulo, ao julgar a Apelação Cível n° 264.628-1, LEX JTJSP n° 197/160, onde se insurgia contra sentença que deixou de confirmar testamento particular, por entender que o testador não datilografou, nem leu o testamento às testemunhas e demais pessoas presentes em sua casa e, de acordo com prova carreada aos autos, o testador estava em condição de saúde satisfatória, nada o impedindo de redigir o testamento, confirmou a sentença.

Do acórdão se abstrai importante lição para o tema em estudo:-

"Em nada deve ser alterada a respeitável sentença monocrática, porque o testamento na forma particular, não observou um dos requisitos essenciais do artigo 1.645 do Código Civil que é, justamente, "que seja escrito e assinado pelo testador".

As testemunhas que prestaram depoimento, foram unânimes em afirmar que o Doutor (...) "chegou com ele pronto, redigido".

A testemunha (...), às fls. 29, declarou que, quanto ao testamento, o Doutor (...), "chegou com ele pronto, redigido". Outra testemunha de nome (...), assim relatou, quando o douto Magistrado perguntou-lhe se o testamento foi feito no ato: "não, já veio pronto" (fls. 31), e para finalizar, a Senhora (...), que também testemunhou a leitura do testamento, foi categórica ao dizer que "o testamento estava feito, só foi lido, não foi feito, na hora".

Unânime é a jurisprudência no sentido de invalidar o testamento, quando não for feito em estrita observância ao rigor legal.

Ensinamentos de PONTES DE MIRANDA mostram que: "por defeito formal de pouca importância, seria péssima política jurídica romper-se

---

11CC/16 - Art. 1645. São requisitos essenciais do testamento particular:
 I - que seja escrito e assinado pelo testador;
 II - que nele intervenham cinco testemunhas, além do testador; (Redação dada ao inciso pelo Dec. Leg. 3725/1919)
 III - que seja lido perante as testemunhas, e, depois de lido, por elas assinado.
CC/16 - Art. 1649. O testamento particular pode ser escrito em língua estrangeira, contanto que as testemunhas a compreendam.

o testamento de quem não atribuía ao legislador tão ríspido formalismo ("Tratado", t. LVIII/282, 3ª ed., Editora Revista dos Tribunais, 1984)" ("RSTJ", vol. 45/300).

Este não é um defeito formal de pouca importância, e como o próprio mestre salientou "mediante ação direta e pessoal do testador, mas não necessariamente, a nosso sentir, em manuscrito, embora seja a forma provida de mais inequívoca autenticidade. Pode também ser datilografado (o grifo não é o do original), recurso não incompatível com nossa lei, nem denunciativo de descriteriosa dessolenização do ato. Além disso, o testador não é constrangido a realizá-lo com imediatividade, podendo redigi-lo descontinuadamente, num dia uma parte, noutro a seguinte, e assim por diante. Tolera-se, outrossim, a assistência intelectual prestada por terceiro, que, porém, não possa grafá-lo. E na prática, compreende-se que os testadores mostrem, escritas à mão, ou à máquina, ou por mão de outrem, e que alguém o corrija, ou esclareça, ou ponha em termos jurídicos adequados. Que seja escrito pelo testador - esta a exigência legal. Com a mão, com o toco do braço, ou, no caso do aleijado, ainda com a parte do corpo em cuja utilização esteja adestrado, como lembra PONTES DE MIRANDA. Exige-se do testador, em suma, autoria da atividade gráfica do testamento" ("RJTJ", vol. 140/141).

Confiram-se outros julgados in "RJTJESP", ed. LEX, vol. 137/295 e in "JTJ", ed. LEX, vol. 169/257.

A doutrina tem se firmado no mesmo entendimento, e o Professor SILVIO RODRIGUES, em sua obra "Direito Civil", vol. 7, anotou que se "admite testamento datilografado, desde que o seja pelo próprio testador". E para elucidar melhor o caso, transcrevemos outra nota do renomado Professor: "confirmando esse entendimento, a Corte paulista proclamou a nulidade de testamento particular que havia sido datilografado pelo Advogado do testador e não por este ("RJTJESP", ed. LEX, vol. 67/169)" (aut. e ob. cits., Editora Saraiva, 15ª ed., 1988).

No mesmo sentido, é o parecer do Excelentíssimo Doutor Procurador de Justiça.

Pelo que, negam provimento ao recurso, para confirmar a bem lançada sentença, pelos próprios e jurídicos fundamentos.

O julgamento teve a participação dos Senhores Desembargadores Flávio Pinheiro (Presidente sem voto), Alfredo Migliore e Mattos Faria, com votos vencedores."

Na declaração de voto vencedor do Desembargador Alfredo Migliore, se observa:-

"Pelo meu voto estou negando provimento ao recurso.

Reza o artigo 1.645 do Código Civil, em texto que está em vigor há oitenta anos:

Artigo 1.645 - "São requisitos essenciais do testamento particular:

I - Que seja escrito e assinado pelo testador;

II - Que nele intervenham cinco testemunhas, além do testador;

III - Que seja lido perante as testemunhas, e, depois de lido, por elas assinado.

O cumprimento dos incisos II e III do referido artigo e, bem assim, do artigo 1.647 do Código Civil, está explicitado, probatoriamente, nos autos.

Já quanto ao inciso I do artigo 1.647 do Código Civil, pelo que consta do processo, dois fatos são irrefutáveis: 1º - o testamento não foi escrito, nem datilografado pelo *de cujus*, porque foi datilografado pelo Advogado; 2º - a primeira página do testamento datilografado não está assinada, nem autenticada pelo testador.

Bem por isso, sinaliza Ney de Mello Almada que "se exige do testador, em suma, a autoria da atividade gráfica do testamento" e "tolera-se, outrossim, a assistência intelectual prestada por terceiro, que, porém, não possa grafá-lo" ("Direito das Sucessões", vol. 2º/58, Editora Brasiliense, 1991).

A jurisprudência tem confirmado, em nome da modernidade, portanto, a viabilidade jurídica de testamento datilografado pelo próprio autor do ato de última vontade e, por ele assinado.

E, quanto ao testamento quando datilografado por terceiro, sua invalidade é proclamada unanimemente.

Neste sentido, cabe lembrar com Orlando Gomes:

"O rigor de interpretação dos preceitos relativos à confirmação do testamento particular não se justifica. Cumpre ao intérprete atentar para a finalidade da exigência legal, admitindo a eficácia do ato toda vez que sua autenticidade possa confirmar-se por outros meios probatórios e não seja estorvada por outro princípio de direito" ("Sucessões", Editora Forense, 3ª ed., pág. 133).

Mesmo que se pudesse admitir, e bem por isso pedido de vista dos autos, do cabimento da homologação do testamento do *de cujus*, quando datilografado, por terceiro, no caso sub judice, não se pode deixar de declinar que não caberia a homologação porque a primeira página das duas datilografadas por terceiro não contém autenticação do testador. E se este não a assinou, não teria mesmo condições de receber homologação judicial.

Há, além disso, outros fatores, normalmente subsumidos ao ataque de ação ordinária, que mostram que o testador dele não participou, ou teve captada sua vontade.

Indiciariamente relevante se me afigura, - como prova de que da redação do testamento o esclarecido *de cujus* não participou -, é a significativa ausência de menção, pelo redator do ato, do precedente testamento cerrado. Dentro daquilo que normalmente sucede, o autor do testamento faria referência expressa ao anterior...

Não se pode olvidar a violência da resposta dos impugnantes do testamento hológrafo apresentado, no sentido de que o Advogado que o redigiu era de confiança da esposa do testador e não deste...

Como alude Ney de Mello Almada, ademais, entre os defeitos do testamento particular está o dele "facilitar a captação ou sugestão" (mesma obra, pág. 59). E esta é a doutrina de Carlos Maximiliano, a respeito do testamento cerrado, igualmente aplicável ao particular:

"A presença do beneficiário enquanto se escreve testamento ou auto de aprovação, constitui inobservância das conveniências; pode até afigurar-se como um indício a mais de coação ou induzimento por outros meios comprovados; porém, só por si, não serve de motivo para se anular o ato de última vontade" ("Direito das Sucessões", vol. I/471, n. 452, Editora Freitas Bastos, 1958).

Constata-se, de forma induvidosa, da indesejada presença neste ato em que a intenção do testador deve ser somente a dele, autonomamente, não só a da então menor, beneficiária-legatária (...), como também, e, precipuamente, de Dona (...) (fls. 24/27). E essa situação de induzimento da intenção do testador vem acenada, ao testemunho de (...), no sentido de que "o Senhor (...) perguntou se Dona (...) estava de acordo, ela disse que sim e assinamos" (fls. 28). E (...) e (...) (fls. 32) mostram a plausibilidade de que a autoria intelectual do testamento adveio de Dona (...) e, não, do testador.

Assim, embora entenda, em princípio, cabível a homologação de testamento particular datilografado por terceiro que não o testador, quando manifestamente cristalina a vontade deste, tal não se enquadra à hipótese dos autos. Além do mais, a ausência de autenticação da primeira das vias do ato de última vontade impede que se o considere autenticado."

Falecendo o testador, preceitua o art. 1.877, publicar-se-á em juízo o testamento, com citação dos herdeiros legítimos, notadamente em função da necessidade da sua publicidade, quando então, os herdeiros, demais pessoas mencionadas no testamento, e o representante do Ministério Público serão intimados para audiência de inquirição das testemunhas testamentárias, note, inobstante o referido artigo fale em citação, nos termos do disposto no art. 737, Parágrafo primeiro, do CPC, é intimação que se dará, mormente porque não existe ação, demanda a justificar tal ato.[12]

Estabelece o art. 1.878, que se as testemunhas forem contestes sobre o fato da disposição, ou, ao menos, sobre a sua leitura perante elas, e se reconhecerem as próprias assinaturas, assim como a do testador, o testamento será confirmado. Se faltarem testemunhas, por morte ou ausência, e se pelo menos uma delas o reconhecer, o testamento poderá ser confirmado, se, a critério do juiz, houver prova suficiente de sua veracidade.[13]

---

[12] CC/16 - Art. 1646. Morto o testador, publicar-se-á em juízo o testamento, com citação dos herdeiros legítimos.
[13] CC/16 - Art. 1647. Se as testemunhas forem contestes sobre o fato da disposição, ou, ao menos, sobre a sua leitura perante elas, e se reconhecerem as próprias assinaturas, assim como a do testador, será confirmado o testamento.
CC/16 - Art. 1648. Faltando até duas das testemunhas, por morte, ou ausência em lugar não sabido, o testamento pode ser confirmado, se as três restantes forem contestes, nos termos do artigo antecedente.

Em circunstâncias excepcionais declaradas na cédula, conforme art. 1879, o testamento particular de próprio punho e assinado pelo testador, sem testemunhas, poderá ser confirmado, a critério do juiz. Essa novidade, d. v., se dá em função de que em certas situações de fato, pode o testador não dispor de pessoas que possam testemunhar sua manifestação de vontade, sendo certo que entendemos que só nessas situações é que ele poderá suprir os reclamos da regra geral, devendo o testador, se cessada a situação excepcional, nos termos e moldes do art. 1.891, confirmá-lo no prazo decadencial de 90 dias.

Pode, ainda, o testamento particular ser escrito em língua estrangeira, desde que as testemunhas a compreendam, consoante autorização estampada no art. 1.880.[14]

> [...] 2. O exame dos requisitos extrínsecos de validade do testamento, aqueles exigidos para sua válida formação, no caso, a necessidade de ter sido lido na presença de três testemunhas e a inexistência de espaços em branco, cuidando-se de simples análise da documentação pertinente, para o que, além da verificação do próprio documento, exige-se mera confirmação do ato pelas correspondentes testemunhas (CC, art. 1.878), tal providência deve ser submetida ao juízo do inventário mediante ação de publicação, confirmação, registro e cumprimento de testamento particular (CPC15, art. 737 c/c Lei nº 11.697/08, art. 28, I). [...] (Acórdão n.1043211, 20150110695115APC, Relator: ALFEU MACHADO 6ª TURMA CÍVEL, Data de Julgamento: 30/08/2017, Publicado no DJE: 05/09/2017. Pág.: 310/353)
>
> [...] 1. O testamento particular ou hológrafo um instrumento redigido em sua inteireza pelo declarante e, em seguida, lido e assinado na presença de três testemunhas, sem qualquer exigência de autoridade ou registro em cartório, respeitadas as exigências do art. 1.876 do Código Civil. 2. Tendo o testamento particular em questão cumprido as formalidades necessárias para a sua confirmação em juízo que confirmou

---

14 CC/16 - Art. 1649. O testamento particular pode ser escrito em língua estrangeira, contanto que as testemunhas a compreendam.

sua validade. 3. No momento da confirmação do testamento é autorizado que o juiz, observados outros elementos, possa confirmar o testamento ainda que não estejam presentes todas as testemunhas, conforme a redação do parágrafo único do art. 1878 do Código Civil. [...] (Acórdão n.957327, 20110110736553APC, Relator: GISLENE PINHEIRO 2ª TURMA CÍVEL, Data de Julgamento: 27/07/2016, Publicado no DJE: 01/08/2016. Pág.: 146/177)

AGRAVO REGIMENTAL EM RECURSO ESPECIAL. DIREITO CIVIL. TESTAMENTO PARTICULAR. VONTADE DO TESTADOR MANTIDA. VÍCIOS FORMAIS AFASTADOS. CAPACIDADE MENTAL RECONHECIDA. JURISPRUDÊNCIA DO STJ. SÚMULA N. 83/STJ. REVISÃO DE PROVAS. SÚMULA N. 7/STJ. 1. Na elaboração de testamento particular, é possível flexibilizar as formalidades prescritas em lei na hipótese em que o documento foi assinado pelo testador e por três testemunhas idôneas. 2. Ao se examinar o ato de disposição de última vontade, deve-se sempre privilegiar a busca pela real intenção do testador a respeito de seus bens, feita de forma livre, consciente e espontânea, atestada sua capacidade mental para o ato. Incidência da Súmula n. 83/ STJ. 3. Incide a Súmula n. 7 do STJ na hipótese em que o acolhimento da tese defendida no recurso especial reclama a análise dos elementos probatórios produzidos ao longo da demanda. 4. Agravo regimental desprovido. (AgRg no REsp 1401087/MT, 3ª. Turma do STJ, Relator Ministro João Otávio de Noronha, *DJe 13/08/2015, RB vol. 622 p. 45).*

INTERESSE DE AGIR – TESTAMENTO – Pretensão de que seja reconhecida no âmbito deste recurso a invalidade de testamento particular, objeto da demanda ajuizada. Impossibilidade. Hipótese em que o agravante pretende obter a antecipação da tutela final, e não apenas de seus efeitos, sem que o magistrado singular tenha apreciado a matéria na decisão agravada. RECURSO NÃO CONHECIDO NESSA PARTE – TESTAMENTO PARTICULAR – Pretensão de reforma da decisão que designou audiência para oitiva das testemunhas que presenciaram a feitura do testamento. Descabimento. Hipótese em que, se tratando de testamento particular, ê indispensável que se realize a inquirição das testemunhas testamentárias para que confirmem os termos das disposições testamentárias, confirmando em juízo que ouviram a leitura do testamento e presenciaram a sua assinatura. Aplicação do disposto no artigo 1.878 do Código Civil. RECURSO DESPROVIDO NA PARTE CONHECIDA. (TJSP – AGI 994.09.335114-7 – Catanduva – 10ª CD.Priv. – Relª ANA DE LOURDES COUTINHO SILVA – DJe 16.12.2010 – p. 1492).

CIVIL – CUMPRIMENTO DE TESTAMENTO PARTICULAR – ATO SOLENE – REQUISITOS ESSENCIAIS DE VALIDADE – EXPRESSA PREVISÃO LEGAL – ASSINATURA DAS TESTEMUNHAS – INEXISTÊNCIA – NULIDADE DO ATO – I- O testamento é um ato solene, vez que submetido obrigatoriamente a determinadas formalidades prescritas na legislação civil, a título de condição de validade, de modo que em não sendo observadas todas as determinações legais a ele atinentes, será considerado nulo de pleno direito; II- Em se tratando de testamento particular a lei faculta a elaboração de próprio punho ou mecânica, exigindo em qualquer caso, que o documento tenha sido lido e assinado pelo testador, na presença de pelo menos três testemunhas que devem ter subscrito o instrumento; III- As formalidades requeridas, na formação do ato em apreço, se restringem a poucas exigências, que, por sua simplicidade, demandam rigorosa observância, não se justificando o descumprimento desarrazoado dos requisitos legalmente exigidos, já que de fácil concretude; IV- In casu, carecendo o testamento de requisito indispensável para a validade do ato, qual seja, a assinatura de três testemunhas que presenciaram a subscrição do documento e leitura pelo testador, impõe-se o reconhecimento da nulidade do testamento, por não ter se revestido de forma prescrita em lei; V- Recurso conhecido e desprovido. (TJSE – AC 2008211193 – (11833/2009) – 2ª

C.Cív. – Rel ª Desª MARILZA MAYNARD SALGADO DE CARVALHO – DJe 18.12.2009 – p. 45)

SUCESSÕES. PEDIDO DE CONFIRMAÇÃO DE TESTAMENTO PARTICULAR DATILOGRAFADO. REGRAS DO CÓDIGO CIVIL DE 1916. MITIGAÇÃO DO RIGORISMO FORMAL PELA EVOLUÇÃO JURISPRUDENCIAL. NÚMERO MÍNIMO DE CINCO TESTEMUNHAS NÃO OBSERVADO. VÍCIO DE FORMA. INVALIDADE INSUPERÁVEL. POSSIBILIDADE DE DECLARAÇÃO EX OFFICIO. INDEFERIMENTO DA PETIÇÃO INICIAL, l. As regras formais do testamento devem observar o princípio tempus regit actum. 2. Evolução jurisprudencial que admite testamento datilografado pelo testador ou por terceiro, desde que expresse a derradeira vontade do de cujus, confirmada em juízo pelas testemunhas. 3. A dispensabilidade da presença ou reunião das testemunhas se dá para o ato de leitura, subsistindo o dever de se observar o número mínimo exigido em lei para assinatura do testamento. 4. As cinco testemunhas servem ad solemnitatem, como essenciais para a solenidade do ato, e não ad probationem, como simples meio de prova, logo se uma deixa de assinar, o testamento é absolutamente nulo. 5. Nulidade do testamento particular impede sua confirmação em juízo. 6. Possibilidade de declaração ex offício do vício pelo juiz, pelo indeferimento da inicial, em respeito ao princípio da economia processual. Negado provimento ao apelo. (TJRS - AC 70011448412 -T C. Cív. - Rel. Dês. MARIA BERENICE DIAS - J. 01.06.2005).

APELAÇÃO. INVENTÁRIO. DECLARAÇÃO. ESTRANGEIRO. Caso em que se reconhece a declaração de vontade do testador estrangeiro residente no Brasil, traduzida por tradutora pública, como documento hábil a conferir direitos sucessórios. A insignificância do patrimônio legado 50% de uma velha casa de madeira e a condição da legatária - enteada do testador, estrangeira e de avançada idade - autorizam a incidência da exceção prevista no artigo l.879 do novo Código Civil, abrandando o rigor formal do testamento particular. Ademais, bem de ver e reconhecer a possibilidade de paternidade sócio-afetiva, que autoriza a doação, ainda que sem as formalidades devidas. DERAM PROVIMENTO, POR MAIORIA. (TJRS - AC 70010214476 - 8ª C.Cív. - Rel. RUI PORTANOVA - J. 23.12.2004).

"TESTAMENTO PARTICULAR – TRÊS TESTEMUNHAS – CONFIRMAÇÃO DA VONTADE DO TESTADOR – VALIDADE – "Civil. Testamento particular. Intervenção de apenas 3 (três) testemunhas e ausência de menção, no ato, de que a elas foi lido. Indeferimento do pedido de confirmação. Inadmissibilidade. Menção à leitura que não é requisito essencial do ato, tendo a circunstância sido confirmada pelas testemunhas ouvidas. Número de testemunhas suficientes para a confirmação. Tendência da jurisprudência acolhida pelo atual Código Civil. Recurso provido para confirmar a cédula.". (TJSP – AC 289.934-4/6-00 – 2ª CDPriv. – Rel. Des. BORIS KAUFFMANN – DJSP 03.12.2003 – p. 40)

Comentário:-

Trata-se de apelação civil contra sentença que não confirmou testamento particular apresentado por ausência dos requisitos previstos nos incisos I e II do art. 1.645 do Código Civil de 1916.

O apelante buscou a reforma da sentença sustentando ter havido excessivo rigor por ocasião da leitura do testamento perante as testemunhas e com relação ao número delas.

O recurso foi admitido e o Ministério Público opinou pelo seu provimento.

O documento apresentado continha, no seu verso, a assinatura de apenas três testemunhas e, no anverso, a assinatura da testadora, tendo ele sido datilografado. Contudo, o documento não foi confirmado porque o número de testemunhas era insuficiente e porque não constou no ato que o testamento foi lido na presença das testemunhas.

O Relator explicou que não há exigência de que conste no documento que a leitura do testamento foi feita na presença *das testemunhas e que as testemunhas ouvidas afirmaram a leitura do documento.*

Ressaltou que a intervenção de cinco testemunhas é requisito essencial do testamento, cuja finalidade deste número alto era de assegurar que pelo menos três testemunhas confirmassem o ato, o que aconteceu no presente caso.

Lembrou, ainda, a tendência da jurisprudência que era na admissão de número menor de testemunhas, desde que confirmada a vontade do testador. Ao final, foi dado provimento ao recurso.

Sobre o testamento particular dispõe MARIA HELENA DINIZ:

"Testamento particular, aberto ou ológrafo, é o escrito e assinado pelo próprio testador, e lido em voz alta perante 3 testemunhas idôneas, que também o assinam (CC, art. 1.876, §§ 1º e 2º).

Exigem-se para a sua feitura os seguintes requisitos:

1º) Redação e assinatura de próprio punho do testador (CC, art. 1.876, § 1º, RT, 327: 137), não admitindo assinatura a rogo, nem o uso de alfabeto Morse ou de qualquer escrita convencional. Pode ser datilografado (RTJ, 69:559; RT, 264:236; RF, 247:210), ou escrito mediante processo mecânico (CC, art. 1.876, § 2º). Outrora, ante a omissão legal, houve acórdãos que não admitiam datilografia no testamento particular (RT, 210:194, 447:213; RTJ, 92:1234, 69:559, 64:339; AJ, 112:319), e também, ainda, julgado que entendeu válido testamento parcialmente datilografado por terceiro, que obedeceu às anotações manuscritas do testador, e parcialmente manuscrito por este (RT, 540:891).

(...)

2º) Intervenção de três testemunhas, além do testador (CC, art. 1.876, §§ 1º e 2º), que deverão presenciar o ato para que, ao serem ouvidas em juízo, no processo de publicação, possam depor com perfeito conhecimento do assunto.

3º) Leitura do testamento pelo testador, perante todas as testemunhas, que logo em seguida o assinarão (CC, art. 1.876, §§ 1º e 2º), não se admitindo assinatura a rogo, qualificando-se as testemunhas para maior facilidade de sua convocação em juízo, quando necessário."

(Curso de Direito Civil Brasileiro. Direito das sucessões. 16. ed. São Paulo: Saraiva, 2002. v. 6, p. 165-166)"[15]

> *AÇÃO RESCISÓRIA - Testamento particular datilografado, em parte, pelo próprio testador, e, em parte, por ele manuscrito, preenchidos os demais requisitos do art. 1645, do Código Civil. Validade reconhecida, por maioria de votos, em acórdão do STF, que referiu precedentes da Corte. Ação rescisória, com fundamento no art. 485, itens V e IX, §§ 1° e 2° do Código de Processo Civil, alegando-se violação de literal disposição de lei (Código Civil, art. 1645, inciso I) e "erro de fato", resultante de documento da causa. Análise dos votos que compõem o aresto rescindendo. Não há como dar pela procedência da ação, por violação a literal disposição de lei (Código Civil, art. 1645, inciso I). Norma de interpretação controvertida nos tribunais. O acórdão rescindendo invocou, inclusive, precedentes do STF. Súmula n° 343. Também não prospera a demanda rescisória pelo segundo fundamento. O acórdão rescindendo deixa inequívoco que, para chegar à conclusão adotada, levou em conta, como um todo, os documentos a que os autores se referem como de n°s. 3 e 4, mencionados, inclusive, destacadamente, em alguns dos votos proferidos no julgamento. A teor dos parágrafos 1° e 2° do art. 485, do Código de Processo Civil, não há como ter-se, na espécie, qual resultante a decisão rescindenda de erro de fato, proveniente de documento da causa. Ação rescisória julgada improcedente. (STF - AR 1146 - TP - Rel. Min. Néri da Silveira-DJU 04.06.1999, p. 2).*

> *TESTAMENTO - SENTENÇA QUE DETERMINOU O SEU REGISTRO E CUMPRIMENTO. Preliminar acolhida, comportando conhecimento o recurso apenas na parte em que há impugnação a vício externo - O testamento foi elaborado em consonância com as formalidades legais - O testador deve ser o autor intelectual do documento, sendo admitido, inclusive, testamento particular datilografado -*

---

[15] *In* Jurís Síntese IOB – Março/Abril de 2010.

Preliminar acolhida. Recurso não provido na parte em que foi conhecido. (TJSP - AC 63.718-4 - 9ª C.D.Priv - Rel. Dês. PAULO MENEZES - J. 20.04.1999).

TESTAMENTO - Instrumento particular manuscrito por terceiro. CC, art. 1.645. Validade. Lucidez e firme propósito de dispor do testador, fisicamente debilitado por doença em fase terminal. Confirmação por cinco testemunhas presenciais. (TJSP - AC 263.058-1/7 - 3ª C - Rel. Dês. ÊNIO ZULIANI - J.22.10.1996).

TESTAMENTO PARTICULAR - PEDIDO DE CONFIRMAÇÃO - PROCEDIMENTO ESPECIAL DE JURISDIÇÃO VOLUNTÁRIA. Impossibilidade de albergar embate sobre tema litigioso, como o atrelado a suposta nulidade do testamento, por infração ao art. 1.627, III, do Código Civil - Remessa das partes às vias ordinárias, em processo contencioso. Agravo não provido. (TJSP - AI 98.248-4 - 10ª C.D.Priv - Rel. Dês. QUAGLIA BARBOSA - J. 09.02.1999).

5. Dos codicilos

CARLOS MAXIMILIANO, ob. cit., p. 520, assinala que codicilo "é um ato de última vontade, que dispõe sobre assuntos de pouca importância, despesas e dádivas de pequeno valor.

Originou-se, conforme aduz HEINÉCIO, do costume de escreverem os hereditandos, após fazer testamento, um ou mais bilhetes aos herdeiros instituídos, ordenando-lhes várias liberalidades, fazendo advertências e recomendações. A princípio eram atendidos espontaneamente; não se atribuía a esses papéis autoridade compulsória. Assim aconteceu até o reinado de AUGUSTO, em Roma.

LÊNTULO, despachado como procônsul para a Ásia, fez testamento instituindo herdeiro, segundo o costume da época, além da sua filha, o próprio imperador; antes de partir, escreveu aos seus dois sucessores vários bilhetes, nos quais exarou declarações de legados. AUGUSTO ouviu os jurisconsultos romanos acerca da possível obrigação de cumprir aquelas determinações; dentre os que opinaram pela utilidade de tal costume entre um povo que se deslocava tão frequentemente, mais se distinguiu CAIO TREBÁCIO, pelo esforço e veemência persuasiva. Como, depois, o acatado LABEÃO pusesse em prática o mesmo processo de efetivar liberalidades, desapareceu toda a dúvida sobre a eficiência respectiva; daí por diante os bilhetes referidos foram admitidos como testamento; este era o *Codex* grande; prevaleceu também o *codex* pequeno - codicilo."

O codicilo nada mais é do que um simples escrito, informal, onde o instituidor outorga pequenos donativos, normalmente, a pessoas de seu círculo de relacionamento.

Estabelece o art. 1.881 que toda pessoa capaz de testar poderá, mediante escrito particular seu, datado e assinado, fazer disposições especiais sobre o seu enterro, sobre esmolas de pouca monta a certas e determinadas pessoas, ou, indeterminadamente, aos pobres de certo lugar, assim como legar móveis, roupas ou joias, de pouco valor, de seu uso pessoal, sendo que, conforme art. 1.882, tais atos, salvo direito de terceiro, valerão como codicilos, deixe ou não testamento o autor.[16]

Pelo modo estabelecido no art. 1.881, se vê do art. 1883, poder-se-ão nomear ou substituir testamenteiros.[17]

A revogação dos atos acima, estabelece o art. 1.884, se dá por atos iguais, e consideram-se revogados, se, havendo testamento posterior, de qualquer natureza, este os não confirmar ou modificar.[18]

---

16 CC/16 - Art. 1651 - Toda pessoa capaz de testar poderá, mediante escrito particular seu, datado e assinado, fazer disposições especiais sobre o seu enterro, sobre esmolas de pouca monta a certas e determinadas pessoas, ou, indeterminadamente, aos pobres de certo lugar, assim como legar móveis, roupas ou joUias, não mui valiosas, de seu uso pessoal (art. 1797). (Redação dada pelo Dec. Leg. 37257 1919)
CC/16 - Art. 1652. Esses atos, salvo direito de terceiro, valerão como codicilos, deixe, ou não, testamento o autor. Art. 1652. Esses atos, salvo direito de terceiro, valerão como codicilos, deixe, ou não, testamento o autor.
17 CC/16-Art. 1653. Pelo modo estabelecido no artigo 1651, se poderão nomear ou substituir testamenteiros.
18 CC/16 - Art. 1654. Os atos desta espécie revogam-se por atos iguais, e consideram-se revogados, se, havendo testamento posterior, de qualquer natureza, este os não confirmar, ou modificar.

Caso o codicilo esteja fechado, abrir-se-á do mesmo modo que o testamento cerrado, consoante previsão do art. 1.885.[19]

"Vistos.

Trata-se de agravo de instrumento manifestado por ... contra decisão que negou seguimento a recurso especial, interposto pelas alíneas "a" e "c", do permissivo Constitucional, no qual se alega violação aos artigos 884, 885, 1.847, 1.992, 1.995, 2.002 e 2.007, § 2º, do Código Civil, além do dissídio jurisprudencial.

O acórdão recorrido restou assim ementado (fl. 429):

> *"APELAÇÃO. SUCESSÕES. AÇÃO ANULATÓRIA DE TESTAMENTO. INCORRÊNCIA DE NULIDADE. HÍGIDA DISPOSIÇÃO DE VONTADE. Observadas as formalidades legais, mantém-se hígida a disposição testamentária feita por ambos os cônjuges, em cédulas distintas, eis que não verificado qualquer vício.*
>
> *AÇÃO ANULATÓRIA DE CODICILO. MEIO HÁBIL PARA LEGAR BENS MÓVEIS DE REDUZIDO VALOR. REDUÇÃO DAS DISPOSIÇÕES. Excluem-se do codicilo joias e relógios – bens de alto valor – por serem incompatíveis com a natureza da disposição de vontade, restrita a bens móveis de reduzido valor.*
>
> *AÇÃO DE SONEGADOS. AUSÊNCIA DE EXPRESSA DISPENSA DE COLAÇÃO. OBRIGAÇÃO DE RECOMPOR O ESPÓLIO COM A COLAÇÃO DO BEM SONEGADO. AUSÊNCIA DE DOLO. INOCORRÊNCIA DE MÁ-FÉ. Deve vir à colação bem imóvel recebido por doação dos pais falecidos. Descabida a condenação por má-fé na ação de sonegados quando verificado que não houve dolo por parte do inventariante na ocultação de bens, eis que era do conhecimento do todos que os falecidos fizeram doações a ambos os filhos, ora recorrentes. NEGARAM PROVIMENTO A AMBOS OS APELOS. UNÂNIME."*

---

[19] CC/16 - Art. 1655. Se estiver fechado o codicilo, abrir-se-á do mesmo modo que o testamento cerrado (art. 1644).

Não merece trânsito o inconformismo.

A decisão presidencial de fls. 756/758 adotou como razões de decidir, dentre outros, no tocante ao recurso especial do aqui agravante, a falta de fundamentação suficiente para desconstituir o acórdão combatido (fl. 756v.), a incidência do enunciado n. 211, da Súmula desta Corte, e a ausência de "demonstração dos pontos de divergência havidos entre os julgados paradigmáticos invocados e o recorrido" (fl. 757v.).

Entretanto, nenhum desses fundamentos foi objetivamente infirmado pelo recorrente, a atrair, por analogia, o verbete n. 182, da Súmula deste Superior Tribunal de Justiça, como já decido por esta Casa. A saber:

> "CIVIL E PROCESSUAL. AGRAVO REGIMENTAL. AGRAVO DE INSTRUMENTO QUE NÃO INFIRMA OS FUNDAMENTOS DA DECISÃO AGRAVADA. INCIDÊNCIA DA SÚMULA N. 182 DO STJ. ANALOGIA. TRANSFERÊNCIA DE FINANCIAMENTO SEM ANUÊNCIA DO CREDOR. PAGAMENTO INTEGRAL DO MÚTUO. SITUAÇÃO CONSOLIDADA PELO LAPSO TEMPORAL.
>
> *I - Não tendo a agravante infirmado os fundamentos da decisão agravada, tem-se impositiva a aplicação, por analogia, da Súmula n. 182/STJ.*
>
> *II - Se a transferência de imóvel financiado, apesar de efetivada sem consentimento do agente financeiro, consolidou-se com o pagamento da obrigação, não faz sentido declarar sua nulidade.*
>
> *III - Agravo regimental improvido."* (4ª Turma, AgRg no Ag 771364/MS, Rel. Min. Aldir Passarinho Junior, DJ 26.02.2007 p. 599).

Ante o exposto, nego provimento ao presente agravo. (Agravo de Instrumento nº 994.991/RS (2007/0307195-0), decisão monocrática, Relator Ministro ALDIR PASSARINHO JÚNIOR, 28/03/2008).

"Vistos.

Trata-se de agravo de instrumento manifestado por ... contra decisão que negou seguimento ao recurso especial, fundamentado na alínea "a", do inciso III, do art. 105 da Constituição Federal, em que se aponta negativa de vigência ao art. 85 do CC (art. 112 do CC/02), sob o fundamento de que não há mácula de validade na manifestação de vontade de uma pessoa, que fez uma cessão de crédito de forma livre, e que nas declarações de vontade deve-se ater mais a intenção do que ao sentido literal da linguagem.

O acórdão restou assim ementado (fl. 262):

> *"APELAÇÃO CÍVEL. AÇÃO DE COBRANÇA. CODICILO. VALIDADE SÓ PARA BENS DE PEQUENA MONTA. EXIGÊNCIA DE FORMA HOLÓGRAFA. A disposição contida no codicilo, que deliberou a respeito de cerca de metade dos bens hereditários, é imprestável para fins de equiparação ao testamento, uma vez que ao instituto em questão deve se restringir a diminutas questões patrimoniais, tais como móveis, roupas ou joias, não muito valiosas, de uso pessoal, na forma do disposto no art. 1.651 do Código Civil de 1916. Ademais, verifica-se dos autos que o codicilo foi datilografado, exigindo-se para a validade formal do mesmo que tenha sido manuscrito, ou seja, que tenha a forma hológrafa. Apelo provido, por maioria."*

As razões recursais exigem o revolvimento do conjunto fático, aplicando-se, portanto, a Súmula n. 7 desta Corte.

Ante o exposto, nego provimento ao agravo. (Ag 885248/RS (2007/0070260-4), decisão monocrática, Relator Ministro ALDIR PASSARINHO JÚNIOR, 05/06/2007).

"DECISÃO.

Agravo de instrumento desafia a decisão de fl. 18/20, que abortou recurso especial.

O acórdão recorrido está resumido nestas palavras:

"Sucessão hereditária - Codicilo - Saque de valores consideráveis, mantidos em contas bancárias pelo "de cujus", após seu falecimento - Existência de documento onde expôs, o falecido, desde de que, por sua morte, o dinheiro depositado em caderneta de poupança ficasse para a legatária - Disposição que não foi revogada por nenhuma outra - Juntada de outras declarações em que se dispôs sobre destino a ser dado a bens após a morte do declarante - Documentos que constituem inequivocamente manifestações de última vontade - Contas-conjuntas, outrossim, que revelam entre eles relação de intimidade – Ausência de pronta impugnação às primeiras declarações prestadas pela inventariante que não tem o condão de afastar o direito da requerida de receber o objeto da liberalidade - Ação de cobrança do espólio improcedente - Recurso improvido." (fls. 77/81)

Embargos declaratórios opostos e rejeitados.

No recurso especial (alínea 'a') o recorrente, ora agravante, arguiu preliminar de nulidade do julgamento, por ofensa aos Arts. 131 e 535, I, do CPC. No mérito, apontou violação aos Arts. 1.134, IV, do CPC, e 1.651 e 1.654 do Código Civil/1916.

A decisão agravada impediu o seguimento do especial por falta de prequestionamento, incidência da Súmula 7 e não demonstração da contrariedade alegada.

DECIDO:

Embora tenham sido rejeitados os embargos de declaração, o tema a que o recorrente imputou omissão foi devidamente examinado. Houve declaração expressa sobre a diferença no nome das agências em que se deram os saques, reputando-se tal fato como irrelevante para a resolução da controvérsia.

Afasto a preliminar de nulidade de julgamento.

A pretensão do recorrente, ora agravante, está toda baseada em suposto erro do Tribunal de origem no exame de documentos dos autos.

Tais provas não podem ser reexaminadas no STJ. Incide a Súmula 7.

Nego provimento ao agravo. (AG 604836/SP (2004/0058994-6), decisão monocrática, Relator Ministro HUMBERTO GOMES DE BARROS, 09/12/2004).

EMENTA: PROCEDIMENTO DE JURISDIÇÃO VOLUNTÁRIA. DECLARAÇÃO DE VALIDADE DE CODICILO. DESNECESSIDADE E INUTILIDADE DA MEDIDA. FALTA DE INTERESSE DE AGIR. I - Afasta-se o interesse de agir quando a parte pretende a declaração de validade de codicilo de sua autoria, para que, após a sua morte, seja sepultada de imediato, sem velório, por ser tal medida desnecessária, já que a lei não exige ratificação judicial, antes do falecimento do declarante, para a validade da declaração; ademais, ainda que se admita a supressão do procedimento de confirmação do codicilo pela declaração de validade pretendida, tal medida se mostra inócua ao fim pretendido, já que o codicilo depende de procedimento judicial para o respectivo cumprimento, o que se mostra inviável diante do objeto da declaração. II - Verificada a falta de interesse de agir da autora, impõe-se a conseqüente extinção do feito, sem resolução do mérito. (TJMG - Apelação Cível 1.0035.10.011075-4/001, Relator(a): Des.(a) João Cancio , 18ª CÂMARA CÍVEL, julgamento em 01/10/2013, publicação da súmula em 03/10/2013)

Apelação cível. Ação de cobrança. Cumprimento de disposições de última vontade. Codicilo. Formalidade essencial ausente. Invalidade. Doação feita pelos herdeiros. Possibilidade. Recurso parcialmente provido. 1. A sucessão testamentária constitui-se em ato de última vontade do testador, e a observância das formalidades legais em sua manifestação é essencial à validade. 2. Ausente a *observância das formalidades legais, é inválido o codicilo. 3. No entanto, é admissível a doação feita por alguns dos herdeiros legítimos para os beneficiários do codicilo inválido. 4. Apelação cível conhecida e parcialmente provida para acolher em parte a pretensão inicial. (TJMG - Apelação Cível 1.0686.00.005145-4/001, Relator(a): Des.(a) Caetano Levi Lopes , 2ª CÂMARA CÍVEL, julgamento em 21/09/2010, publicação da súmula em 29/10/2010)*

CODICILO – REQUISITOS – Não pode ser considerado codicilo um documento que encerra mensagens delirantes, sem sentido, não estando sequer devidamente assinado. Rejeitada a preliminar argüida pelo Ministério Público e desprovido o apelo. (5 fls). (TJRS – APC 70000848614 – 7ª C.Cív. – Relª Desª Maria Berenice Dias – J. 09.08.2000).

CODICILO – "DONATIVO DE PEQUENO VALOR" – RELATIVIDADE – Na falta de um critério legal para se aferir o "pequeno valor" da doação, será este considerado em relação ao montante dos bens do espólio, além de dever-se respeitar a última vontade do doador, máxime não havendo herdeiro necessário. (TJMG – AC 000.160.919-7/00 – 1ª C.Cív. – Rel. Des. Orlando Carvalho – J. 14.12.1999).

AÇÃO DE COBRANÇA DE ARRENDAMENTO C/C PEDIDO SUCESSIVO ALTERNATIVO DE FIXAÇÃO DE PREÇO. CODICILO. DISPOSIÇÃO DA INTEGRALIDADE DOS BENS. LEGITIMIDADE PARA DEMANDAR COMO LEGATÁRIO. Matéria que refoge à competência das Câmaras integrantes do colendo 5° Grupo Cível (9ª e 10ª Câmaras Cíveis), cuja especialização compreende as seguintes questões: a) acidente de trabalho; b) contratos agrários; c) contratos do sistema financeiro de habitação; d) responsabilidade civil; isso nos termos do Regimento Interno do Tribunal de Justiça do Estado do Rio Grande do Sul, Resolução n. 01/98, art. 11, inc. V, porquanto atinente ao direito sucessório.

Competência declinada a uma das Câmaras integrantes do colendo 4° Grupo Cível, por força do que dispõe o art. 11, inciso IV, letra "b", da Resolução n. 01/98 do Tribunal de Justiça do Estado. (TJRS - APC 700065481 - 10ª C.Cív. - Rela Des. ANA LÚCIA CARVALHO PINTO VIEIRA - Julg. 09.09.2004).

DIREITO DAS SUCESSÕES. TESTAMENTO PÚBLICO E CODICILO SIMULTÂNEOS. POSSIBILIDADE. Não inquina de nulidade o codicilo a superveniência de testamento, mormente se este dispõe sobre bens diversos daquele, que, por sua vez, limitou-se a dispor acerca de joias e dólares. DERAM PROVIMENTO. UNÂNIME. (TJRS - AI 70008859803 - 7ª C.Cív. - Rel. LUIZ FELIPE BRASIL SANTOS - J. 30.06.2004).

AÇÃO DE ANULAÇÃO DE ESCRITURA PÚBLICA DE DECLARAÇÃO. DISPOSIÇÃO DE ÚLTIMA VONTADE. FORMA NÃO PRESCRITA EM LEI. INEFICÁCIA. Para que uma declaração de vontade seja considerada disposição de última vontade há de observar a forma prescrita em lei: testamento, legado ou codicilo. Se manifestada através de escritura pública é incapaz de produzir quaisquer efeitos como tal. (TJBA - AP. CÍV. 16.177-1/01 - 1ª C.Cív. - Rel. Dês. CARLOS CINTRA - J. 14.08.2002).

INVENTÁRIO - TESTAMENTEIRO - PRÊMIO - Cláusula testamentária estabelecendo renúncia à remuneração por quem assumisse a função. Substituição do testamenteiro por meio de codicilo, onde atribuídas todas as prerrogativas Legais inerentes ao exercício do cargo. Decisão fixando a vintena em 1% sobre o valor da Herança, ao fundamento de revogação da cláusula. Descabimento. Necessidade de novo testamento para efeito revogatório. Artigos 1.651, 1.746 e 1.747, do Código Civil. Agravo conhecido e provido. (TJSP - AI 19811341 - T C.Cív. -Rel. Dês. J. G. J. ROBERTO BEDRAN - J. 21.08.2001).

EMBARGOS INFRINGENTES. Sociedade de fato. Comprovada existência de codicilo, não revogado por ato de disposição de última vontade, bem como não impugnadas *a autenticidade dos manuscritos e a assinatura ou rubrica. Irrelevância da existência ou não de união estável. Legado constituído pelos bens, exceto imóveis, decorrente da manifestação de vontade do de cujus, de transmissão causa mortis à embargante. Embargos parcialmente recebidos. (TJSP - EI 68.569-4 - 4ª CDPriv. Rel. Dês. FONSECA TAVARES-25.11.1999).*

6. Dos testamentos especiais

São testamentos especiais, não se admitindo outros além dos contemplados no Código Civil, o marítimo, o aeronáutico e o militar, consoante se observa de norma expressa nos arts. 1.886 e 1.887.[20]

6.1. Do testamento marítimo e do testamento aeronáutico

Quem estiver em viagem, a bordo de navio nacional, de guerra ou mercante, ou aeronave militar ou comercial, conforme o caso e é a diferenciação entre o testamento marítimo e o aeronáutico, pode testar perante o comandante, em presença de duas testemunhas, por forma que corresponda ao testamento público ou ao cerrado, sendo o seu registro feito no diário de bordo, conforme se observa dos arts. 1.887 e 1.889.[21]

Note bem, em viagem, não valendo, ainda que feito no curso de uma viagem, se, ao tempo em que se fez, o navio estava em porto onde o testador pudesse desembarcar e testar na forma ordinária, conforme art. 1.892.[22]

Tanto em se tratando de testamento marítimo como aeronáutico, enquanto em viagem, ele ficará sob a guarda do comandante, que o entregará às autoridades administrativas do primeiro porto ou aeroporto

---

20 CC/16 - Art. 1631. Não se admitem outros testamentos especiais, além dos contemplados neste Código (arts. 1656 a 1663).
21 CC/16 - Art. 1656. O testamento, nos navios nacionais, de guerra, ou mercantes, em viagem de alto-mar, será lavrado pelo comandante, ou pelo escrivão de bordo, que redigirá as declarações do testador, ou as escreverá, por ele ditadas, ante duas testemunhas idôneas, de preferência escolhidas entre os passageiros, e presentes a todo o ato, cujo instrumento assinarão depois do testador.
22 CC/16- Art. 1659. Não valerá o testamento marítimo, bem que feito no curso de uma viagem, se, ao tempo em que se fez, o navio estava em porto, onde o testador pudesse desembarcar, e testar na forma ordinária.

nacional, contra recibo averbado no diário de bordo, na forma prevista pelo art. 1.890.

Em ocorrendo de o testador não morrer na viagem, nem nos noventa dias subsequentes ao seu desembarque em terra, onde possa fazer, na forma ordinária, outro testamento, prevê o art. 1.891, que o instrumento caducará.[23]

6.2. Do testamento militar

O testamento dos militares e demais pessoas a serviço das Forças Armadas em campanha, dentro do País ou fora dele, assim como em praça sitiada, ou que esteja de comunicações interrompidas, prevê o art. 1.893, poderá fazer-se, não havendo tabelião ou seu substituto legal, ante duas, ou três testemunhas, se o testador não puder, ou não souber assinar, caso em que assinará por ele uma delas. Se o testador pertencer a corpo ou seção de corpo destacado, o testamento será escrito pelo respectivo comandante, ainda que de graduação ou posto inferior. Se o testador estiver em tratamento em hospital, o testamento será escrito pelo respectivo oficial de saúde, ou pelo diretor do estabelecimento. Se o testador for o oficial mais graduado, o testamento será escrito por aquele que o substituir.[24]

---

23 CC/16 - Art. 1657. O testador, querendo, poderá escrever ele mesmo o seu testamento, ou fazê-lo escrever por outrem. No primeiro caso, o próprio testador assinará; no segundo, quem o escreveu, com a declaração de que o subscreve a rogo do testador.
...
§ 1° O testamento assim feito será pelo testador entregue ao comandante ou escrivão de bordo, perante duas testemunhas, que reconheçam e entendam o testador, declarando este, no mesmo ato, ser seu testamento o escrito apresentado.
CC 1916 - Art. 1658. O testamento marítimo caducará, se o testador não morrer na viagem, nem nos 3 (três) meses subsequentes ao seu desembarque em terra, onde possa fazer, na forma ordinária, outro testamento.
24 CC/16 - Art. 1660. O testamento dos militares e mais pessoas ao serviço do Exército em campanha, dentro ou fora do País, assim como em praça sitiada, ou que esteja de comunicações cortadas, poderá fazer-se, não havendo oficial público, ante duas testemunhas, ou três, se o testador não puder, ou não souber assinar, caso em que assinará por ele a terceira.
§ 1° Se o testador pertencer a corpo ou seção de corpo destacado, o testamento será escrito pelo respectivo comandante, ainda que oficial inferior.
§ 2° Se o testador estiver em tratamento no hospital, o testamento será escrito pelo respectivo oficial de saúde, ou pelo diretor do estabelecimento.
§ 3° Se o testador for o oficial mais graduado, o testamento será escrito por aquele que o substituir.

Estabelece o art. 1.894 que sabendo o testador escrever, poderá fazer o testamento de seu punho, contanto que o date e assine por extenso, e o apresente aberto ou cerrado, na presença de duas testemunhas ao auditor, ou ao oficial de patente, que lhe faça as vezes neste mister. O auditor, ou o oficial a quem o testamento se apresente notará, em qualquer parte dele, lugar, dia, mês e ano, em que lhe for apresentado, nota esta que será assinada por ele e pelas testemunhas.[25]

Caduca o testamento militar, conforme art. 1.895, desde que, depois dele, o testador esteja, noventa dias seguidos, em lugar onde possa testar na forma ordinária, salvo se esse testamento apresentar as solenidades prescritas no parágrafo único do artigo antecedente.[26]

É permitido, também, que o testamento militar, estando o testador empenhado em combate, ou ferido, testar oralmente, confiando a sua última vontade a duas testemunhas, sendo que não terá efeito o testamento se o testador não morrer na guerra ou convalescer do ferimento, conforme permissivo do art. 1.896. Trata-se do chamado testamento nuncupativo.[27]

7. Das disposições testamentárias

Conforme estabelece o art. 1.897, a nomeação de herdeiro, ou legatário, pode fazer-se pura e simplesmente, sob condição, para certo fim ou modo, ou por certo motivo, sendo que a designação do tempo em que deva começar ou cessar o direito do herdeiro, salvo

---

25 CC/16 - Art. 1661. Se o testador souber escrever, poderá fazer o testamento de seu punho, contanto que o date e assine por extenso, e o apresente aberto ou cerrado, na presença de duas testemunhas ao auditor, ou ao oficial de patente, que lhe faça as vezes neste mister.
Parágrafo único. O auditor, ou oficial, a quem o testamento se apresente, notará, em qualquer parte dele, o lugar, dia, mês e ano, em que lhe for apresentado. Esta nota será assinada por ele e pelas ditas testemunhas.
26 CC/16 - Art. 1662. Caduca o testamento militar, desde que, depois dele, o testador esteja 3 (três) meses seguidos em lugar onde possa testar na forma ordinária, salvo se esse testamento apresentar as solenidades prescritas no parágrafo único do artigo antecedente.
27 CC/16 - Art. 1663. As pessoas designadas no artigo 1660, estando empenhadas em combate, ou feridas, podem testar nuncupativamente, confiando a sua última vontade a duas testemunhas.

nas disposições fideicomissárias, conforme art. 1.898, ter-se-á por não escrita.[28]

O art. 1.899, tal qual o fazia o art. 1.666 do CC anterior, estabelece que no caso a cláusula testamentária seja suscetível de interpretações diferentes, prevalecerá a que melhor assegure a observância da vontade do testador.[29]

Como ensinava OROZIMBO NONATO, em matéria de testamento "atende-se à linguagem do testador em sentido 'pessoal' e 'próprio' em que ele a empregara (...).

O testamento, ainda que ato cintado de resguardes e de formalidades rigorosas, que formal e solene, não escapa ao império da interpretação. "Esta, porém, se desenvolve "principalmente" com os elementos ministrados pelo contexto do ato, eliminando-se quaisquer outras considerações quando, induvidável, a vontade do testador se ostenta naquele contexto. A disposição testamentária não pode sofrer interpretação construtiva para mudar-lhe o alcance, ou oferecer-lhe destinação diversa daquela que resulta do seu texto." (RJ 180/103).

ITABAINA DE OLIVEIRA, obr. cit., vo. II, p. 521/527, no mesmo sentido, nos dá as regras a serem seguidas em caso da disposição testamentária necessitar de interpretação, nos seguintes termos:

> "I - A vontade do testador deve ser interpretada do modo mais amplo (...).
>
> II - Nas condições do testamento convém que seja considerada antes a vontade do que as palavras (...).
>
> III - Julgamos que, em tudo, prevalece a vontade do testador, que é a legítima (...).
>
> IV - A disposição de vontade do defunto deve ser cumprida
>
> V - Deve-se procurar o sentido mais cômodo ao objeto de que se trata, e à natureza do ato (...).

28CC/16 - Art. 1664 - A nomeação de herdeiro, ou legatário, pode fazer-se pura e simplesmente, sob condição, para certo fim ou modo, ou por certa causa.
    CC/16 - Art. 1665. A designação do tempo em que deva começar ou cessar o direito do herdeiro, salvo nas disposições fideicomissárias, ter-se-á por não escrita.
29CC/16 - Art. 1666. Quando a cláusula testamentária for suscetível de interpretações diferentes, prevalecerá a que melhor assegure a observância da vontade do testador.

VI - Deve-se preferir o sentido próprio e geralmente aceito das palavras, e entender o que, em tais casos, comumente se costuma fazer (...).

VII - As palavras devem ser interpretadas no seu sentido

VIII - Quando a cláusula é suscetível de dois sentidos, deve-se entender naquele em que pode ter efeito e não no que nenhum efeito teria (...).

IX - Deve-se preferir a inteligência que faz valer o ato, à que torna insubsistente (...).

X - Quando a disposição é tão obscura que impossível se torna conhecer a vontade do testador, considera-se aquela não escrita.

XI — Onde há obscuridade de palavras, vale o que consta do ato (...).

XII - Nas expressões duvidosas, deve ser atendido principalmente o pensamento daquele que as proferiu (...).

XIII - Na dúvida, é melhor atender às palavras da lei (...).

XIV - Se a dúvida se refere à quantia da dívida, deve-se decidir do modo menos prejudicial ao que prometeu (...).

XV - Nas coisas duvidosas, convém seguir a opinião mais benigna (...).

XVI - Deve-se preferir a proposição mais benigna à mais rigorosa (...).

XVII - Quando o testador dispõe sobre duas coisas que se contradizem, de modo que é impossível saber qual delas persistiu e qual revogou, tem-se ambas por nenhum efeito (...).

XVIII - As expressões gerais se devem entender geralmente; mas a espécie sempre derroga o gênero (...).

XIX - Deve-se admitir, por justa interpretação, que, na denominação filho, está compreendida a filha, como temos muitas vezes respondido, e também parece que, na mesma denominação, o neto está compreendido (...).

XX - A denominação filhos se estende também aos netos

XXI - A denominação de herdeiro se refere não somente ao herdeiro próximo, mas também aos mais afastados, porque não só o herdeiro do herdeiro, como o que vem sucessivamente, está compreendido na denominação de herdeiro (...).

XXII - O que foi estabelecido em benefício de uns não queremos que pareça instituído para seu prejuízo em certos casos (...).

XXIII - De modo algum, devem ser modificadas aquelas coisas em que, sempre, tiveram interpretação certa (...).

XXIV - A conjunção, algumas vezes, diz LABEÃO, *é tomada pela disjunção, como neste exemplo - a mim e ao meu herdeiro, a ti e a teu herdeiro (...).*

XXV- Deve-se atender a que o testador teve em vista as diferentes circunstâncias relativas ao uso local, onde vivia, à qualidade do legatário, à amizade e outras (...).

XXVI- Deve entender que as partes quiserem se conformar com a lei (...).

XXVII- O que está escrito em ultimo lugar, presume-se conter a vontade na qual o testador perseverou nela, derrogando o que, em contrário, havia escrito antes (...).

XXIX- Legando o testador à mesma pessoa duas vezes a mesma quantia, entende-se tê-lo feito por inadvertência, e o legado restringe-se a uma só quantia, salvo se as circunstâncias mostram ter sido intenção do testador multiplicar o legado (...).

XXX- Se a intenção precede às palavras e é mais poderosa do que elas, todavia não se pode presumir que alguém diga alguma coisa senão por meio das palavras de que se serviu (...)."

Tais disposições, conforme art. 1.900, serão nulas se instituir herdeiro ou legatário sob a condição captatória de que este disponha, também por testamento, em benefício do testador, ou de terceiro, se refira a pessoa incerta, cuja a identidade não se possa averiguar, favoreça a pessoa incerta, cometendo a determinação de sua identidade a terceiro, deixe a arbítrio do herdeiro, ou de outrem, fixar o valor do legado, ou favoreça as pessoas a que se referem os arts. 1.801 e 1.802.[30]

Não terá valor algum a disposição em favor de pessoa incerta que deva ser determinada por terceiro, dentre duas ou mais pessoas mencionadas pelo testador, ou pertencente a uma família, ou a um corpo coletivo, ou a um estabelecimento por ele designado, em remuneração de serviços prestados ao testador, por ocasião da moléstia de que faleceu, ainda que fique ao arbítrio do herdeiro ou de outrem determinar o valor do legado, conforme se observa do disposto do art. 1.901.[31]

Se vê no art. 1.902 que quando haja disposição geral em favor dos pobres, dos estabelecimentos particulares de caridade, ou dos de assistência pública, entender-se-á relativa aos pobres do lugar do domicilio do testador ao tempo de sua morte, ou dos estabelecimentos ai sitos, salvo se manifestamente constar que tinha em mente beneficiar os de outra localidade, sendo que as instituições particulares preferirão sempre às públicas.[32]

O erro na designação da pessoa do herdeiro, do legatário, ou da coisa legada, conforme art. 1.903, anula a disposição, salvo se,

---

30 CC/16 - Art. 1667. É nula a disposição:
  I - que institua herdeiro, ou legatário, sob a condição captatória de que este disponha, também por testamento, em beneficio do testador, ou de terceiro;
  II - que se refira a pessoa incerta, cuja identidade se não possa averiguar;
  III - que favoreça a pessoa incerta, cometendo a determinação de sua identidade a terceiro;
  IV - que deixe a arbítrio do herdeiro, ou de outrem, fixar o valor ao legado.
31 CC/16 - Art. 1668. Valerá, porém, a disposição:
  I - em favor de pessoa incerta que deva ser determinada por terceiro, dentre duas ou mais pessoas mencionadas pelo testador, ou pertencentes a uma família, ou a um corpo coletivo, ou a um estabelecimento por ele designado;
  II - em remuneração de serviços prestados ao testador, por ocasião da moléstia de que faleceu, ainda que fique ao arbítrio do herdeiro, ou de outrem, determinar o valor do legado.
32 CC/16 - Art. 1669. A disposição geral em favor dos pobres, dos estabelecimentos particulares de caridade, ou dos de assistência pública, entender-se-á relativa aos pobres do lugar do domicilio do testador ao tempo de sua morte, ou dos estabelecimentos ai sitos, salvo se manifestamente constar que tinha em mente beneficiar os de outra localidade.
  Parágrafo único. Nestes casos, as instituições particulares preferirão sempre às públicas. (Redação dada pelo Dec. Leg. 3725/1919)

pelo contexto do testamento, por outros documentos, ou por fatos inequívocos, se puder identificar a pessoa ou coisa a que o testador queria referir-se.[33]

Em ocorrendo de o testador nomear dois ou mais herdeiros, sem discriminar a parte de cada um, partilhar-se-á por igual, entre todos, a porção disponível do testador (art. 1.904).[34]

Ocorrendo de o testador nomear certos herdeiros individualmente e outros coletivamente, prevê o art. 1.905, a herança será dividida em tantas quotas quantos forem os indivíduos e os grupos designados.[35]

Estabelece o art. 1.906 que se forem determinadas as quotas de cada herdeiro, e não absorverem toda a herança, o remanescente pertencerá aos herdeiros legítimos, segundo a ordem da vocação hereditária.[36]

Prevê o art. 1.907, que se forem determinados os quinhões de uns e não os de outros herdeiros, distribuir-se-á por igual a estes últimos o que restar, depois de completas as porções hereditárias dos primeiros.[37]

Dispondo o testador que não caiba ao herdeiro instituído certo e determinado objeto, dentre os da herança, tocará ele aos herdeiros legítimos, conforme previsão do art. 1.908.[38]

São anuláveis, prevê o art. 1.909, as disposições testamentárias inquinadas de erro, dolo ou coação, extinguindo-se em quatro anos o direito de anular a disposição, contados de quando o interessado tiver

---

33 CC/16 - Art. 1670. O erro na designação da pessoa do herdeiro, do legatário, ou da coisa legada anula a disposição, salvo se, pelo contexto do testamento, por outros documentos, ou por fatos inequívocos, se puder identificar a pessoa ou coisa, a que o testador queria referir-se.

34 CC/16 - Art. 1671 - Se o testamento nomear dois ou mais herdeiros, sem discriminar a parte de cada um, partilhar-se-á por igual, entre todos, a porção disponível do testador. (Redação dada pelo Dec. Leg. 3725/1919)

35 CC/16 - Art. 1672. Se o testador nomear certos herdeiros individualmente, e outros coletivamente, a herança será dividida em tantas quotas quantos forem os indivíduos e os grupos designados.

36 CC/16 - Art. 1673. Se forem determinadas as quotas de cada herdeiro, e não absorverem toda a herança, o remanescente pertencerá aos herdeiros legítimos, segundo a ordem da sucessão hereditária.

37 CC/16 - Art. 1674. Se forem determinados os quinhões de uns e não os de outros herdeiros, quinhoar-se-á, distribuidamente, por igual, a estes últimos o que restar, depois de completas as porções hereditárias dos primeiros.

38 CC/16 - Art. 1675. Dispondo o testador que não caiba ao herdeiro instituído certo e determinado objeto, dentre os da herança, tocará ele aos herdeiros legítimos.

conhecimento do vício, sendo certo que a ineficácia de uma disposição testamentária importa a das outras que, sem aquela, não teriam sido determinadas pelo testador, conforme art. 1.910.

A cláusula de inalienabilidade, imposta aos bens por ato de liberalidade, implica impenhorabilidade e incomunicabilidade, sendo que no caso de desapropriação de bens clausulados, ou de sua alienação, por conveniência econômica do donatário ou do herdeiro, mediante autorização judicial, o produto da venda converter-se-á em outros bens, sobre os quais incidirão as restrições apostas aos primeiros, conforme norma do art 1.911.[39]

> *EMENTA: DIREITO CIVIL E PROCESSUAL CIVIL - APELAÇÃO CÍVEL - PEDIDO DE ALVARÁ JUDICIAL - IMÓVEL OBJETO DE DOAÇÃO, COM CLÁUSULAS DE INALIENABILIDADE, IMPENHORABILIDADE E INCOMUNICABILIDADE - DOADOR FALECIDO - PLEITO DE REVOGAÇÃO DOS GRAVAMES - IMPOSSIBILIDADE - JUSTA CAUSA - NÃO DEMONSTRAÇÃO - RECURSO NÃO PROVIDO - DECISÃO APELADA MANTIDA. - Para a revogação pura e simples, mediante autorização judicial, de cláusulas de inalienabilidade, incomunicabilidade e impenhorabilidade de bens imóveis objeto de doação, é imprescindível a comprovação, pelo donatário ou herdeiro, de justa causa, traduzida em excepcional situação de grave necessidade financeira. - A alienação, por mera conveniência econômica do donatário ou herdeiro, de bens gravados com cláusulas de inalienabilidade, impenhorabilidade e incomunicabilidade, somente pode ser judicialmente autorizada mediante transferência, para outros bens, desses impedimentos. (TJMG - Apelação Cível 1.0344.16.003161-5/001, Relator(a): Des.(a) Márcio*

---

[39] CC/16 - Art. 1676. A cláusula de inalienabilidade temporária, ou vitalícia, imposta aos bens pelos testadores ou doadores, não poderá, em caso algum, salvo os de expropriação por necessidade ou utilidade pública, e de execução por dívidas provenientes de impostos relativos aos respectivos imóveis, ser invalidada ou dispensada por atos judiciais de qualquer espécie, sob pena de nulidade.
CC/16 - Art. 1677. Quando, nas hipóteses do artigo antecedente, se der alienação de bens clausulados, o produto se converterá em outros bens, que ficarão sub-rogados nas obrigações dos primeiros.

Idalmo Santos Miranda , 9ª CÂMARA CÍVEL, julgamento em 06/03/2018, publicação da súmula em 23/03/2018)

TESTAMENTO. CLÁUSULA DE INALIENABILIDADE SOBRE LEGÍTIMA DE HERDEIRO MENOR. ART. 1911 DO CÓDIGO CIVIL. MAIOR ABRANGÊNCIA QUE A RESTRIÇÃO GERAL DO ART. 1691. DISCRICIONARIEDADE DO TESTADOR. JUSTIFICATIVA DECLARADA. RECURSO PROVIDO. 1. A imposição de cláusula de inalienabilidade sobre legítima de herdeiro (art. 1.911 do Código Civil) é ato discricionário do testador que, no caso de menores, amplia a restrição geral ao direito de alienação dos bens herdados (art. 1.691 do CC). 2. A imposição de cláusula restritiva à legítima imprescinde de justificativa declarada no testamento (art. 1.848 do CC) 3. Observadas as exigências legais, a interpretação das cláusulas testamentárias deve respeitar de forma mais plena possível a vontade do testador. 4. Recurso provido. (Acórdão n.1016493, 20150610140795APC, Relator: JOSAPHA FRANCISCO DOS SANTOS 5ª TURMA CÍVEL, Data de Julgamento: 10/05/2017, Publicado no DJE: 18/05/2017. Pág.: 299/303)

APELAÇÃO CÍVEL – DIREITO DAS SUCESSÕES – Revogação de cláusulas de inalienabilidade, incomunicabilidade e impenhorabilidade impostas por testamento deixado pela genitora do autor - Aplicação das normas vigentes ao tempo da abertura da sucessão, que ocorreu ainda na vigência do código civil de 1916 - Flexibilização da vedação contida no art. 1.676 do cc/16 - Possibilidade diante da violação de princípios constitucionais como o da função social da propriedade e o da dignidade da pessoa humana - Situações excepcionais que devem ser demonstradas - Ausência de comprovação de circunstância que autorize o afastamento do gravame imposto pela testadora - Pedido inacolhido - Recurso conhecido e não provido. (TJSE – AC 2011218915 – (17398/2011) – 1ª C.Cív. – Relª Desª MARIA APARECIDA SANTOS GAMA DA SILVA – DJe 09.01.2012 – p. 20).

AGRAVO REGIMENTAL NO AGRAVO EM RECURSO ESPECIAL - EMBARGOS À EXECUÇÃO - TESTAMENTO - CLÁUSULA DE INALIENABILIDADE E IMPENHORABILIDADE - DÍVIDA DO DE CUJUS - PENHORA DOS BENS DEIXADOS AOS HERDEIROS - POSSIBILIDADE - PRECEDENTE - AGRAVO IMPROVIDO. (AgRg no AREsp 29802/RS, 3ª. Turma do STJ, Relator Ministro Massami Uyeda, DJe 02/02/2012, RBDFS vol. 27 p. 153, RIOBDF vol. 70 p. 126).

DIREITO DAS SUCESSÕES. REVOGAÇÃO DE CLÁUSULAS DE INALIENABILIDADE, INCOMUNICABILIDADE E IMPENHORABILIDADE IMPOSTAS POR TESTAMENTO. FUNÇÃO SOCIAL DA PROPRIEDADE. DIGNIDADE DA PESSOA HUMANA. SITUAÇÃO EXCEPCIONAL DE NECESSIDADE FINANCEIRA. FLEXIBILIZAÇÃO DA VEDAÇÃO CONTIDA NO ART. 1.676 DO CC/16. POSSIBILIDADE. 1. Se a alienação do imóvel gravado permite uma melhor adequação do patrimônio à sua função social e possibilita ao herdeiro sua sobrevivência e bem-estar, a comercialização do bem vai ao encontro do propósito do testador, que era, em princípio, o de amparar adequadamente o beneficiário das cláusulas de inalienabilidade, impenhorabilidade e incomunicabilidade. 2. A vedação contida no art. 1.676 do CC/16 poderá ser amenizada sempre que for verificada a presença de situação excepcional de necessidade financeira, apta a recomendar a liberação das restrições instituídas pelo testador. 3. Recurso especial a que se nega provimento. (REsp 1158679/MG, 3ª. Turma do STJ, Relatora Ministra Nancy Andrighi, DJe 15/04/2011, RBDFS vol. 22 p. 130).

Direito civil e processual civil. Sucessões. Recurso especial. Arrolamento de bens. Testamento feito sob a vigência do CC/16. Cláusulas restritivas apostas à legítima. Inalienabilidade, impenhorabilidade e incomunicabilidade. Prazo de um ano após a entrada em vigor do CC/02 para declarar a justa causa da restrição imposta. Abertura da sucessão antes de findo o prazo. Subsistência do gravame. Ques-

tão processual. Fundamento do acórdão não impugnado. - Conforme dicção do art. 2.042 c/c o caput do art. 1.848 do CC/02, deve o testador declarar no testamento a justa causa da cláusula restritiva aposta à legítima, no prazo de um ano após a entrada em vigor do CC/02; na hipótese de o testamento ter sido feito sob a vigência do CC/16 e aberta a sucessão no referido prazo, e não tendo até então o testador justificado, não subsistirá a restrição. - Ao testador são asseguradas medidas conservativas para salvaguardar a legítima dos herdeiros necessários, sendo que na interpretação das cláusulas testamentárias deve-se preferir a inteligência que faz valer o ato, àquela que o reduz à insubsistência; por isso, deve-se interpretar o testamento, de preferência, em toda a sua plenitude, desvendando a vontade do testador, libertando-o da prisão das palavras, para atender sempre a sua real intenção. - Contudo, a presente lide não cobra juízo interpretativo para desvendar a intenção da testadora; o julgamento é objetivo, seja concernente à época em que dispôs da sua herança, seja relativo ao momento em que deveria aditar o testamento, isto porque veio à óbito ainda dentro do prazo legal para cumprir a determinação legal do art. 2.042 do CC/02, o que não ocorreu, e, por isso, não há como esquadrinhar a sua intenção nos 3 meses que remanesciam para cumprir a dicção legal. - Não houve descompasso, tampouco descumprimento, por parte da testadora, com o art. 2.042 do CC/02, conjugado com o art. 1.848 do mesmo Código, isto porque foi colhida por fato jurídico – morte – que lhe impediu de cumprir imposição legal, que só a ela cabia, em prazo que ainda não se findara. - O testamento é a expressão da liberdade no direito civil, cuja força é o testemunho mais solene e mais grave da vontade íntima do ser humano. - A existência de fundamento do acórdão recorrido não impugnado, quando suficiente para a manutenção de suas conclusões em questão processual, impede a apreciação do recurso especial no particular. Recurso especial provido. (REsp 1049354/SP, 3ª. Turma do STJ, Relatora Ministra NANCY ANDRIGHI, DJe 08/09/2009, RIOBDF vol. 56 p. 146).

SUCESSÃO – DÍVIDAS DO MORTO – INALIENABILIDADE – IMPENHORABILIDADE – POSSIBILIDADE – "*Recurso especial. Sucessão. Dívidas do morto. Testamento que grava os imóveis deixados com cláusulas de inalienabilidade e impenhorabilidade. Possibilidade de penhora, em execução movida por credor do de cujus. 1. Os bens deixados em herança, ainda que gravados com cláusula de inalienabilidade ou de impenhorabilidade, respondem pelas dívidas do morto. 2. Por força do art. 1.676 do Código Civil de 1916, as dívidas dos herdeiros não serão pagas com os bens que lhes foram transmitidos em herança, quando gravados com cláusulas de inalienabilidade e impenhorabilidade, por disposição de última vontade. Tais bens respondem, entretanto, pelas dívidas contraídas pelo autor da herança. 3. A cláusula testamentária de inalienabilidade não impede a penhora em execução contra o espólio.*" *(REsp 998.031/ SP, 3ª Turma do STJ, Relator Ministro* Humberto Gomes de Barros, *DJ 19/12/2007 p. 1230, LEXSTJ vol. 223 p. 267, RT vol. 871 p. 207).*

SÚMULA STF Nº 447 - É válida a disposição testamentária em favor de filho adulterino do testador com sua concubina. Referência: Cód. Civil, arts. 1.719, III, e 1.720, ai; Lei 883, de 21.10.49, arts. 1º e 2º; Recs. Extrs. 5.974, de 27.05.43 (DJ de 03.02.44, p. 636), 9.069, de 11.04.49, 48.296, de 30.05.63 (DJ de 26.09.63, p. 928) e 52.986, de 31.08.64. Embs. em Rec. Extr. 9.069, de 25.01.50 (DJ de 14.02.52, p. 739); 5.755, de 12.09.52 (DJ de 05.11.56, p. 2.019); e 48.296, de 31.08.64. (STF)

CIVIL - TESTAMENTO - DISPOSIÇÃO QUE DELEGA A GUARDA DOS BENS À DETERMINADA PESSOA, ATÉ QUE A HERDEIRA MAIS NOVA ATINJA A MAIORIDADE - POSSIBILIDADE DOS DEMAIS HERDEIROS INGRESSEM NA POSSE DOS MESMOS BENS QUANDO COMPLETADA A MAIORIDADE -*A cláusula testamentária que delega a guarda e administração dos bens até que a herdeira mais nova complete 21 (vinte e um) anos de idade, não tem como ser interpretada como cláusula resolutiva, de forma a impedir que os demais filhos herdeiros entrem na posse, domínio e administração do patrimônio que lhes pertencem ao atingirem a maioridade legal, mesmo que por fato superveniente, inexistente quando da realização das disposições de última vontade, como no caso, o advento do Novo Código Civil e o casamento da filha mais nova. (TJMG - Ag. 1.0000.00.354355-0/000(1) - 6ª C. Cív. - Rel. JOSÉ DOMINGUES FERREIRA ESTEVES - DJ. 15.10.2004).*

RETIFICAÇÃO DE PARTILHA - TESTAMENTO - CLÁUSULA DE INALIENABILIDADE E IMPENHORABILIDADE - LEGÍTIMA - REQUISITOS DA TEMPORARIEDADE E VITALICIEDADE - SUCESSÃO - TRANSMISSÃO DO GRAVAME AOS BENS DO HERDEIRO, SUCESSOR DO BENEFICIÁRIO - INADMISSIBILIDADE. O vetusto e revogado Código Civil (art. 1.723) permitia ao testador gravar os bens da legítima com cláusula de inalienabilidade, sem apresentação de justa causa - exigida pelo atual, art. 1.848, caput - respeitando-se, porém, os requisitos da temporariedade e vitaliciedade. Tal restrição não poderia obstar à livre disposição por testamento e à transmissão aos herdeiros legítimos, desembaraçados os bens de qualquer ônus. Desse modo, não se pode admitir que a limitação do direito de disposição, depois de operar efeitos por quase meio século, continue gerando-os, gravando o imóvel transmitido pelo herdeiro testamentário ao seu filho, por sucessão, pois este, neto do testador, nem mesmo era nascido à época da lavratura do testamento. Trata-se, pois, de norma impositiva, cogente e de ordem pública. Entendimento contrário afrontaria a logicidade, porquanto consolidaria homenagem à exceção (limitação ao poder de disposição) e detrimento da regra (circulação dos bens), sem justa causa econômico-jurídica. Deram provimento. (TJMG - AC l .0473.03.001074-7/001 (l) - Rel. NEPOMUCENO SILVA - DJMG 01.10.2004).

CIVIL - ACÓRDÃO ESTADUAL - NULIDADE NÃO CONFIGURADA - INVENTÁRIO - TESTAMENTO - QUINHÃO DE FILHA GRAVADO COM CLÁUSULA RESTRITIVA DE INCOMUNICABILIDADE -HABILITAÇÃO DE SOBRINHOS E NETOS -DISCUSSÃO SOBRE A SUA EXTINÇÃO EM FACE DA CLÁUSULA, PELO ÓBITO, ANTERIOR, DA HERDEIRA, A BENEFICIAR O CÔNJUGE SUPÉRSTITE - PREVALÊNCIA DA DISPOSIÇÃO TESTAMENTÁRIA - CC, ARTS. 1676 E 1666 - I. A interpretação da cláusula testamentária deve, o quanto possível, harmonizar-se com a real vontade do testador, em consonância com o art. 1666 do Código Civil anterior. II. Estabelecida, pelo testador, cláusula restritiva sobre o quinhão da herdeira, de incomunicabilidade, inalienabilidade e impenhorabilidade, o falecimento dela não afasta a eficácia da disposição testamentária, de sorte que procede o pedido de habilitação, no inventário em questão, dos sobrinhos da de cujus. III. Recurso Especial conhecido e provido. (RESP 246693/SP, 4ª Turma do STJ, Relator Ministro Ruy Rosado de Aguiar, *DJU 17.05.2004, p. 00228).*

TESTAMENTO - FILHA PRÉ-MORTA - NETO HERDEIRO POR REPRESENTAÇÃO - Quando o testamento foi lavrado, já se encontrava falecida a filha da testadora, mãe do apelante, tendo ocorrido o reconhecimento do direito dos netos de herdarem por representação, com o recebimento da legítima que à mesma cabia. Pelos termos do testamento, percebe-se claramente que os gravames foram impostos aos netos diretamente, eis que não é possível entender-se que a cláusula guerreada tivesse a destinação para uma pessoa já não existente. Recurso improvido. (TJSP - AC 314570.4/0-00 - 6ª C. D. Priv. - Rel. Dês. Sebastião Amorim *- J. 01.04.2004).*

PENHORA – Incidência sobre bens imóveis – Cláusula de inalienabilidade por disposição de última vontade – Testamento – Artigo 1.676 do Código Civil de 1916 – Penhora tornada insubsistente pela r. Decisão agravada – Validade

– Ausência de fraude à execução, assim como de instituição do gravame em benefício próprio do seu instituidor – Negado provimento ao recurso. (1TACSP – AI 1228018-5 – São Paulo – 5ª C. – Rel. Juiz ANTÔNIO CARLOS DA CUNHA GARCIA – J. 26.11.2003).

EMBARGOS DE DECLARAÇÃO. INVENTÁRIO. TESTAMENTO. UNIÃO ESTÁVEL. Correto o decreto de provimento parcial do agravo, quando o aresto, ainda que confirmando a decisão recorrida no que diz com o cumprimento da disposição testamentária, relega a via própria a discussão sobre a união estável e eventuais direitos daí decorrentes, não endossando a decisão do juízo "a quo" que afirma inexistir direito de meação. Embargos declaratórios desacolhidos. (TJRS - ED Nº 70004279402 -7ª CC - REL.. DÊS. MARIA BERENICE - JULG. 08.05.2002).

HERANÇA - Cessão de todos os direitos de imóvel herdado. Validade do negócio jurídico. Existência de cláusula de inalienabilidade no testamento público. Cláusula restritiva realizada há muito tempo, ajustando-se às necessidades da época, as quais tornaram-se inócuas com o passar do tempo. Cessionário que adquiriu os direitos do imóvel na mais completa boa-fé, ignorando a existência de testamentos. Necessidade de se atenuar, in casu, a disposição contida no art. 1.676 do CC. (TJSP - AC 9917248 - 7ª C. - Rel. Dês. SOUZA LIMA-J. 20.03.2002).

A cláusula de inalienabilidade imposta aos bens pelos testadores ou doadores (CC, art. 1676 e 1723) tem a eficácia que a lei lhe assegura. Sucumbe, porém, diante de dívidas provenientes de impostos relativos aos respectivos imóveis (CC, art. 1676, in fine) e diante de débitos fiscais (Dec. Lei nº 22.866/33, art. 184 do CTN e art. 30 da Lei nº 6.830/80)." (TAPR - REN/AC 111.759-7 - Ac. 7.129 - 8ª C.C. - Rel. Juiz Conv. MANASSES DE ALBUQUERQUE - DJPR 17.04.1998).

8. Dos legados

Legado é a doação feita em testamento, a título particular - opondo-se à herança onde a sucessão se opera a título universal -, destinada a conceder a determinada pessoa benefício ou vantagem, sem restrições ou com encargo ou condições, podendo ser o legatário (pessoa que se beneficia), pessoa física ou jurídica. O legado é parte certa e determinada da herança deixada pelo testador a alguém.

"No legado a liberalidade tem por objeto uma coisa determinada ou uma cifra em dinheiro, como no caso do testador dispor que deixa a certa pessoa o prédio situado em tal lugar, ou a importância de um milhão de cruzeiros, ou seu automóvel, ou seu avião, caracterizados no testamento. Na herança, ao contrário, o herdeiro sucede o *de cujus*, por força da lei ou de testamento, em uma universalidade, quer no total de seu patrimônio, quer em parte dele."

Luiz da Cunha Gonçalves, ob. cit., p. 56 e segts., ao definir o legado e seus sujeitos, ensina: -

"Estabelecemos atrás os exatos conceitos da *herança* e do *legado*, do *herdeiro* e do *legatário*. Sobre esses conceitos podemos basear a definição do legado como instituição: é a disposição testamentária pela qual alguém deixa uma ou mais coisas individualizadas, destacadas da massa da herança, a favor de uma ou mais pessoas determinadas ou determináveis.

A instituição do legado resulta, pois, dos seus caracteres objetivos; não há formulas sacramentais; não depende dos termos que o testador inadvertidamente empregou. Assim, se o testador disser: "*Instituo meu filho Mário herdeiro da minha herdade de Guiôvá*", teremos um *legado* e não *herança*; e de igual modo, serão legados se o testador escrever: "*Peço ao meu herdeiro que pague uma mesada de 100$ esc. A minha criada Maria durante a sua vida*", ou se usar dos termos, *deixo, doo, ofereço como lembrança*, em vez de *lego* ou *instituo como legado*.

Nos legados há, na maioria dos casos, três sujeitos: o testador, o herdeiro ou onerado e o legatário ou beneficiário. No direito romano, estes três sujeitos eram indispensáveis, porque a instituição de herdeiro era *caput et fundamenti totius testamenti*. No direito moderno, pelo contrário, a instituição de herdeiro não é necessária; o testador pode deixar a sua herança toda distribuída em legados, como já vimos (...), e o legado constitui, então, uma relação jurídica direta entre o testador e o legatário."

Consoante se observa do disposto no art. 1.912, e a lógica aponta para tal, é ineficaz o legado de coisa certa que não pertença ao testador no momento da abertura da sucessão, sendo que, se tão-somente em parte a coisa legada pertencer ao testador, só quanto a essa parte valerá o legado, estabelece o art. 1.914.[40]

Se o legado for de coisa que se determine pelo gênero, prevê o art. 1.915, será o mesmo cumprido, ainda que tal coisa não exista entre os bens deixados pelo testador. Se o testador legar coisa sua, singularizando-a, determina o art. 1.916, só terá eficácia o legado se, ao tempo do seu falecimento, ela se achava entre os bens da herança; se a coisa legada existir entre os bens do testador, mas em quantidade inferior à do legado, este será eficaz apenas quanto à existente. O legado de coisa que deva encontrar-se em determinado lugar só terá eficácia se nele for achada, salvo se removida a título transitório, conforme se observa do disposto no art. 1.917.[41]

Determinando o testador que o herdeiro ou legatário entregue coisa de sua propriedade a outrem, não o cumprindo ele, entender-se-á que renunciou à herança ou ao legado, conforme se observa do disposto no art. 1.913.[42]

---

[40] CC/16 - Art. 1.678. É nulo o legado de coisa alheia. Mas, se a coisa legada, não pertencendo ao testador, quando testou, se houver depois tornado sua, por qualquer título, terá efeito a disposição, como se sua fosse a coisa, ao tempo em que ele fez o testamento.
CC/16 - Art. 1.680. Se tão-somente em parte pertencer ao testador, ou, no caso do artigo antecedente, ao herdeiro, ou ao legatário, a coisa legada, só quanto a essa parte valerá o legado.
[41] CC/16 -Art. 1.681. Se o legado for de coisa móvel, que se determine pelo gênero, ou pela espécie, será cumprido, ainda que tal coisa não exista entre os bens deixados pelo testador.
CC/16 - Art. 1.682. Se o testador legar coisa sua, singularizando-a, só valerá o legado, se, ao tempo do seu falecimento, ela se achava entre os bens da herança. Se, porém, a coisa legada existir entre os bens do testador, mas em quantidade inferior à do legado, este só valerá quanto à existente.
CC/16 - Art. 1.683. O legado de coisa, ou quantidade, que deva tirar-se de certo lugar, só valerá se nele for achada, e até à quantidade, que ali se achar.
[42] CC/16 - Art. 1.679. Se o testador ordenar que o herdeiro, ou legatário, entregue coisa de sua propriedade a outrem, não o cumprindo ele, entender-se-á que renunciou a herança ou legado (art. 1.704).

O legado de crédito, ou de quitação de dívida, se vê do art. 1.918, terá eficácia somente até a importância desta, ou daquele, ao tempo da morte do testador. Cumpre-se o legado, entregando o herdeiro ao legatário o título respectivo, não compreendendo nela as dívidas posteriores à data do testamento.[43]

Não o declarando expressamente o testador, não se reputará compensação da sua dívida o legado que ele faça ao credor, conforme se vê do art. 1.919, subsistindo integralmente, se a dívida lhe foi posterior, e o testador a solveu antes de morrer.[44]

Subsistirá do mesmo modo integralmente esse legado, se a dívida lhe foi posterior, e o testador a solveu antes de morrer.

Nos moldes e termos do art. 1.920, o legado de alimentos abrange o sustento, a cura, o vestuário e a casa, enquanto o legatário viver, além da educação, se ele for menor.[45]

Já o legado de usufruto, sem fixação de tempo, estabelece o art. 1.921, entende-se deixado ao legatário por toda a sua vida.[46]

Se aquele que legar um imóvel lhe ajuntar depois novas aquisições, estas, ainda que contíguas, prevê o art. 1.922, não se compreendem no legado, salvo expressa declaração em contrário do testador, essa restrição quando se tratar de benfeitorias necessárias, úteis ou voluptuárias feitas no prédio legado.[47]

8.1. Dos efeitos do legado e do seu pagamento

Sem sombras de dúvidas, dentre os efeitos do legado, aos legatários o que mais interessa é a sua entrega que, conforme art.

---

[43] CC/16 - Art. 1685. O legado de crédito, ou de quitação de dívida, valerá tão somente até à importância desta, ou daquele, ao tempo da morte do testador.
§ 1º Cumpre-se este legado, entregando o herdeiro ao legatário o título respectivo.
§ 2º Este legado não compreende as dívidas posteriores à data do testamento.
[44] CC/16 - Art. 1686. Não o declarando expressamente o testador, não se reputará compensação da sua dívida o legado que ele faça ao credor.
[45] CC/16 - Art. 1687. O legado de alimentos abrange o sustento, a cura, o vestuário e a casa, enquanto o legatário viver, além da educação, se ele for menor.
[46] CC/16 - Art. 1688. O legado de usufruto, sem fixação de tempo, entende-se deixado ao legatário por toda a sua vida.
[47] CC/16 - Art. 1689. Se aquele que legar alguma propriedade, lhe ajuntar depois novas aquisições, estas, ainda que contíguas, não se compreendem no imóvel legado, salvo expressa declaração em contrário do testador.

1.923, pertence ao legatário desde a abertura da sucessão, a coisa certa, existente no acervo, salvo se o legado estiver sob condição suspensiva, não se deferindo, entretanto, de imediato a posse da coisa, nem nela pode o legatário entrar por autoridade própria.[48]

Se vê, a lei veda que o legatário entre, por sua própria autoridade na coisa legada e tal fato se dá, conforme se pode observar da lição de Sílvio Rodrigues, ob. cit. p. 169, citando Ferreira Alves, "Direito da Sucessões", n. 111, "porque compete ao herdeiro, antes de pagar o legado, verificar se a herança é solvável ou não (...). Pois, caso o passivo do monte absorva toda a herança, podem os legatários ser obrigados a concorrer, parcial ou totalmente, para o resgate dos débitos. Portanto, seria inconveniente a entrada do legatário na posse da coisa legada, por sua própria iniciativa.

Pedida e deferida a entrega do legado, é esta levada a efeito, depois de pagos os impostos de transmissão."

Washington de Barros Monteiro, citado pelo ilustre professor, "Sucessões", p. 166, assim diz acerca da maneira de pedir o legado:-

"Para pedir a entrega do legado, cumpre ao gratificado dirigir-se ao juiz do inventário, que sobre o pedido ouvirá sucessivamente o testamenteiro, os herdeiros e outros interessados, como a Fazenda, decidindo em seguida. Deferido, lavrar-se-á termo de entrega ou de pagamento, observadas as formalidades legais. Observe-se, porém, desde logo, que o legado não pode ser entregue sem prévio pagamento dos direitos fiscais."

O legado de coisa certa existente na herança transfere também ao legatário os frutos que produzir, desde a morte do testador, exceto se dependente de condição suspensiva, ou de termo inicial.

Em havendo litígio sobre a validade do testamento, não se exercerá o direito de pedir o legado e, nos legados condicionais, ou a

---

48 CC/16 - Art. 1690. O legado puro e simples confere, desde a morte do testador, ao legatário o direito, transmissível aos seus sucessores, de pedir aos herdeiros instituídos a coisa legada.
Parágrafo único. Não pode, porém, o legatário entrar, por autoridade própria, na posse da coisa legada.
CC/16 - Art. 1692. Desde o dia da morte do testador pertence ao legatário a coisa legada, com os frutos que produzir.

prazo, enquanto esteja pendente a condição ou o prazo não se vença, prevê o art. 1.924.⁴⁹

Relativamente ao legado em dinheiro, estabelece o art. 1.925, só vence juros desde o dia em que se constituir em mora a pessoa obrigada a prestá-lo. No caso do legado constituir em renda vitalícia ou pensão periódica, esta ou aquela, prevê o art. 1.926, correrá da morte do testador.⁵⁰

Em se tratando de legado de quantidades certas, em prestações periódicas, datará da morte do testador o primeiro período, e o legatário terá direito a cada prestação, uma vez encetado cada um dos períodos sucessivos, ainda que venha a falecer antes do termo dele, conforme previsão estampada no art. 1.927. Determinando o art. 1.928, que sendo periódicas as prestações, só no termo de cada período se poderão exigir e, se as prestações forem deixadas a título de alimentos, pagar-se-ão no começo de cada período, sempre que outra coisa não tenha disposto o testador.⁵¹

Consistindo o legado em coisa determinada pelo gênero, se vê do art. 1.929, ao herdeiro tocará escolhê-la, guardando o meio-termo entre as congêneres da melhor e pior qualidade, sendo observado, conforme art. 1.930, quando a escolha for deixada a arbítrio de terceiro; e, se este não a quiser ou não a puder exercer, ao juiz competirá fazê-la, guardado o disposto na última parte do artigo antecedente.⁵²

---

49 CC/16 - Art. 1691 - O direito de pedir o legado não se exercerá, enquanto se litigue sobre a validade do testamento, e, nos legados condicionais, ou a prazo, enquanto penda a condição, ou o prazo se não vença. (Redação dada pelo Dec. Leg. 3725/1919)
50 CC/16 - Art. 1693. O legado em dinheiro só vence juros desde o dia em que se constituir em mora a pessoa obrigada a prestá-lo.
CC/16-Art. 1694. Se o legado consistir em renda vitalícia, ou pensão periódica, esta, ou aquela, correrá da morte do testador.
51 CC/16 - Art. 1695. Se o legado for de quantidades certas, em prestações periódicas, datará da morte do testador o primeiro período, e o legatário terá direito a cada prestação, uma vez encetado cada um dos períodos sucessivos, ainda que antes do termo dele venha a falecer.
CC/16 - Art. 1696. Sendo periódicas as prestações, só no termo de cada período se poderão exigir.
Parágrafo único. Se, porém, forem deixadas a título de alimentos, pagar-se-ão no começo de cada período, sempre que o contrário não disponha o testador.
52 CC/16 - Art. 1697. Se o legado consiste em coisa determinado pelo gênero, ou pela espécie, ao herdeiro tocará escolhê-la, guardando, porém, o meio termo entre as congêneres da melhor e pior qualidade (art. 1699).
CC/16 - Art. 1698. A mesma regra observar-se-á, quando a escolha for deixada a arbítrio de terceiro; e, se este a não quiser, ou não puder exercer, ao juiz competirá

Caso a opção tenha disso deixada ao legatário, este poderá escolher, do gênero determinado, a melhor coisa que houver na herança; e, se nesta não existir coisa de tal gênero, dar-lhe-á de outra congênere o herdeiro, observada a disposição na última parte do art. 1.929, conforme preceitua o art. 1.931.[53]

No legado alternativo, estabelece o art. 1.932, presume-se deixada ao herdeiro a opção, sendo que, em caso de falecimento do herdeiro ou legatário a quem couber a opção antes de exercê-la, passará este poder aos seus herdeiros (art. 1.933).[54]

Caso o testamento silencie a esse respeito, conforme se vê do art. 1.934, o cumprimento dos legados incumbe aos herdeiros e, não os havendo, aos legatários, na proporção do que herdaram, sendo que o encargo estabelecido neste artigo, não havendo disposição testamentária em contrário, caberá ao herdeiro ou legatário incumbido pelo testador da execução do legado; quando indicados mais de um, os onerados dividirão entre si o ônus, na proporção do que recebam da herança.[55]

Estabelece o art. 1.935 que se algum legado consistir em coisa pertencente a herdeiro ou legatário (art. 1.913), só a ele incumbirá cumpri-lo, com regresso contra os co-herdeiros, pela quota de cada um, salvo se o contrário expressamente dispôs o testador.[56]

---

fazê-la, guardado o disposto no artigo anterior, última parte.
53 CC/16 - Art. 1699. Se a opção foi deixada ao legatário, este poderá escolher, do gênero, ou espécie, determinado, a melhor coisa, que houver na herança; e, se nesta não existir coisa de tal espécie, dar-lhe-á de outra congênere o herdeiro, observada a disposição do artigo 1697, última parte.
54 CC/16 - Art. 1700. No legado alternativo, presume-se deixada ao herdeiro a opção.
CC/16 - Art. 1701. Se o herdeiro, ou legatário, a quem couber a opção, falecer antes de exercê-la, passará este direito aos seus herdeiros.
Parágrafo único. Uma vez feita, porém, a opção é irrevogável.
55 CC/16 - Art. 1702. Instituindo o testador mais de um herdeiro, sem designar os que hão de executar os legados, por estes responderão, proporcionalmente ao que herdarem, todos os herdeiros instituídos.
CC/16 - Art. 1703 - Se o testador cometer designadamente a certos herdeiros a execução dos legados, por estes só aqueles responderão. (Redação dada pelo Dec. Leg. 3725/ 1919)
56 CC/16 - Art. 1704. Se algum legado consistir em coisa pertencente a herdeiro ou legatário (art. 1679), só a ele incumbirá cumpri-lo, com regresso contra os co-herdeiros, pela quota de cada um, salvo se o contrário expressamente dispôs o testador.

As despesas e os riscos da entrega do legado, conforme se observa do art. 1.936, correm à conta do legatário, se não dispuser diversamente o testador.[57]

Determina o art. 1.937 que a coisa legada entregar-se-á, com seus acessórios, no lugar e estado em que se achava ao falecer o testador, passando ao legatário com todos os encargos que a onerarem. Nos legados com encargo, aplica-se ao legatário o disposto neste Código quanto às doações de igual natureza, conforme art. 1.398.[58]

8.2. Da caducidade dos legados

O legado caducará, ou seja, perderá a razão de existir validamente, se em função algum dos eventos previstos no art. 1939 ocorrer, ou seja, inobstante o ato seja totalmente válido, na circunstância de se observar alguma daquelas situações, não gerará qualquer de seus efeitos.

"Dos casos de caducidade alguns dizem respeito a circunstâncias que vieram a repercutir na coisa legada, tais a sua modificação substancial, alienação, perecimento ou evicção; outros concernem a eventos que se ligam ao legatário, tais sua indignidade ou seu falecimento anterior ao testador. Em todos, entretanto, notar-se-á que houve um fato subsequente ao testamento, que tornou sem sentido o legado." (Silvio Rodrigues, ob. cit., p. 179).

Consoante se observa do disposto no art. 1.939, o legado caducará se, depois do testamento, o testador modificar a coisa legada, ao ponto de já não ter a forma nem lhe caber a denominação que possuía, se o testador, por qualquer título, alienar no todo ou em parte a coisa legada, nesse caso, caducará até onde ela deixou de pertencer ao testador, se a coisa perecer ou for evicta, vivo ou morto o testador, sem culpa do herdeiro ou legatário incumbido do seu cumprimento, se o legatário for excluído da sucessão, nos termos do art. 1.815, ou, ainda, se o legatário falecer antes do testador.[59]

---

57 CC/16 - Art. 1705. As despesas e os riscos da entrega do legado correm por conta do legatário, se não dispuser diversamente o testador.

58 CC/16 - Art. 1706. A coisa legada entregar-se-á, com seus acessórios, no lugar e estado em que se achava ao falecer o testador, passando ao legatário com todos os encargos que a onerarem.
CC/16-Art. 1707. Ao legatário, nos legados com encargo, se aplica o disposto no artigo 1180.

59 CC/16 - Art. Art. 1708. Caducará o legado:

Em ocorrendo de o legado ser de duas ou mais coisas alternativamente, e algumas delas perecerem, subsistirá quanto às restantes e, perecendo parte de uma, valerá, quanto ao seu remanescente, o legado, conforme se observa do disposto no art. 1.940.[60]

Bom que se diga, desde já, se caducar o legado volta à massa hereditária, sendo partilhado entre os herdeiros legítimos.

Acerca da caducidade do testamento SPENCER VAMPRÉ, "Manual de Direito Civil Brasileiro", 1920, Ed. F. Briguiet, III/414, asseverou que "A morte do legatário, antes do testador, faz caducar o legado, porque se entende que a intenção deste era somente beneficiar a pessoa designada. Daí decorre que não caducará o legado quando o testador houver disposto que, premorrendo o legatário, passe o legado a outra pessoa.'

No mesmo sentido a lição de CAIO MÁRIO, "Instituições", Ed. Forense, VI/203, que esclarece que "Falecendo o legatário antes do testador, caduca o legado, que se tornará insubsistente por falta de sujeito (CLÓVIS BEVILÁQUA). Não há transmissão aos sucessores porque se não constituiria ainda nenhuma relação jurídica para o legatário. Demais disso, como todas as liberalidades testamentárias, o legado é feito *intuitu personae*, não podendo ser recolhido outrem."

DIREITO CIVIL - SUCESSÕES - TESTAMENTO - IMÓVEL DEIXADO A LEGATÁRIOS - AUSÊNCIA DE HERDEIROS - VENDA DO BEM EM VIDA - NÃO SUBSTITUIÇÃO DO LEGADO A TEMPO - CADUCIDADE - PRETENDIDA COMPROVAÇÃO DA VONTADE DA FALECIDA POR MEIO DE PROVA ORAL - IMPOSSIBILIDADE - FORMALIDADE PREVISTA EM LEI - RECURSO DESPROVIDO. 1.Mostra-se

---

I - se, depois do testamento, o testador modificar a coisa legada, ao ponto de já não ter a forma, nem lhe caber a denominação que tinha;
II - se o testador alienar, por qualquer título, no todo, ou em parte, a coisa legada. Em tal caso, caducará o legado, até onde ela deixou de pertencer ao testador;
III - se a coisa perecer, ou for evicta, vivo ou morto o testador, sem culpa do herdeiro;
IV - se o legatário for excluído da sucessão, nos termos do artigo 1595;
V - se o legatário falecer antes do testador.
60 CC/16 - Art. Art. 1709. Se o legado for de duas ou mais coisas alternativamente, e algumas delas perecerem, subsistirá quanto às restantes. Perecendo parte de uma, valerá, quanto ao seu remanescente, o legado.

possível a discussão encetada nos autos da ação de inventário quanto à caducidade do testamento, vez que o imóvel objeto da declaração de vontade não mais integrava o rol de bens deixados pela falecida, pois alienado em vida a terceiros. 2.A alegação de que não houve tempo hábil para que a testadora substituísse o bem e que o fato pode ser provado pela oitiva do testamenteiro/inventariante, não se sobrepõe aos requisitos formais exigidos pelo legislador. 3.Recurso desprovido. (Acórdão n.950261, 20150020300758AGI, Relator: JOSAPHA FRANCISCO DOS SANTOS 5ª TURMA CÍVEL, Data de Julgamento: 22/06/2016, Publicado no DJE: 30/06/2016. Pág.: 192/199)

AGRAVO DE INSTRUMENTO – INVENTÁRIO – INSURGÊNCIA CONTRA DECISÃO QUE IMPÔS A APRESENTAÇÃO DE CERTIDÃO TESTAMENTÁRIA – CADUCIDADE DO TESTAMENTO DIANTE DA PREMORIÊNCIA DO LEGATÁRIO – APRESENTAÇÃO DO DOCUMENTO DISPENSÁVEL – DECISÃO REFORMADA – RECURSO PROVIDO. (Agravo de Instrumento nº 2217694-76.2014.8.26.0000, 2ª Câmara de Direito Privado do Tribunal de Justiça de São Paulo, Relator Desembargador GIFFONI FERREIRA, j. 03/03/2015).

ANULATÓRIA CUMULADA COM DECLARATÓRIA - REGISTRO DE NASCIMENTO, TESTAMENTO E DECLARAÇÕES TESTAMENTÁRIAS - PAI DA AUTORA QUE VIVEU MARITALMENTE COM UMA DAS RÉS, CONCOMITANTE E POSTERIORMENTE AO CASAMENTO, ADVINDO DA RELAÇÃO DUAS FILHAS - RECONHECIMENTO VOLUNTÁRIO DE PATERNIDADE, CONCESSÃO DE LEGADO E FAVORECIMENTO EM DISPOSIÇÃO DE ÚLTIMA VONTADE - VÍCIO DE CONSENTIMENTO NÃO RECONHECIDO - INEXISTÊNCIA DE QUALQUER INDÍCIO DE VIOLAÇÃO DE VONTADE - FARTO CONJUNTO PROBATÓRIO QUE JUSTIFICAM OS ATOS PERPETRADOS PELO DE CUJUS - CERCEAMENTO DE DEFESA NÃO CARACTERIZADO - CONCUBINATO E UNIÃO ESTÁVEL CARACTERIZADOS - LAUDOS PERICIAIS

*QUE COMPROVAM A ASCENDÊNCIA DAS RÉS - DESNE-
CESSIDADE DE CONTRAPROVA - CADUCIDADE DO LE-
GADO NÃO RECONHECIDA - REFORMA DO PRÉDIO QUE
NÃO IMPLICOU MUDANÇA DA FORMA E DENOMINAÇÃO
- SENTENÇA MANTIDA - RECURSO NÃO PROVIDO. (Ape-
lação n° 0003431-53.2001.8.26.0472, em 5ª Câmara de Di-
reito Privado do Tribunal de Justiça de São Paulo, Relator
Desembargador* ERICKSON GAVAZZA MARQUES, *j. 04/02/2015).*

*INVENTÁRIO E PARTILHA. ALIENAÇÃO DE LEGADO.
CADUCIDADE. Insurgência do inventariante em face de
decisão que determinou a partilha de valores depositados
em conta bancária da falecida. Alegação de que o montante
caberia ao legatário porque oriundo de venda do imóvel
anteriormente ao óbito. Questão que já teria sido decidida,
inclusive com o pagamento do imposto correspondente.
Descabimento. Inteligência do art. 1939, II, CC. Caducidade
do legado. Valores que devem ser repartidos dentre os
herdeiros legítimos. Questão a respeito do imposto recolhido
já delimitada na decisão agravada. Eventual valor recolhido
a maior deverá ser reembolsados pelos herdeiros. Decisão
mantida. Recurso desprovido. (Agravo de Instrumento
n° 2158326-39.2014.8.26.0000, em sessão permanente
e virtual da 3ª Câmara de Direito Privado do Tribunal de
Justiça de São Paulo, Relator Desembargador* CARLOS ALBERTO
DE SALLES, *j. 15/10/2014).*

*APELAÇÃO – ANULATÓRIA DE DOAÇÃO COM RESERVA
DE USUFRUTO – 1) "DE CUJUS" QUE NÃO POSSUÍA
HERDEIROS NECESSÁRIOS – DESNECESSIDADE DE
RESERVA DA LEGÍTIMA – INAPLICABILIDADE DO ARTIGO
549 DO CÓDIGO CIVIL (ARTIGO 1.176 DO CÓDIGO CIVIL
DE 1916) – AUSÊNCIA DE NULIDADE SOB ESTE ASPECTO
– 2) DOAÇÃO DO BEM QUE SE DEU POSTERIORMENTE
A LAVRATURA DE TESTAMENTO – CADUCIDADE DO
LEGADO – INTELIGÊNCIA DO EMENTA – APELAÇÃO –
ANULATÓRIA DE DOAÇÃO COM RESERVA DE USUFRUTO*

– 1)"DE CUJUS" QUE NÃO POSSUÍA HERDEIROS NECESSÁRIOS – DESNECESSIDADE DE RESERVA DA LEGÍTIMA – INAPLICABILIDADE DO ARTIGO 549 DO CÓDIGO CIVIL (ARTIGO 1.176 DO CÓDIGO CIVIL DE 1916) – AUSÊNCIA DE NULIDADE SOB ESTE ASPECTO – 2- DOAÇÃO DO BEM QUE SE DEU POSTERIORMENTE A LAVRATURA DE TESTAMENTO – CADUCIDADE DO LEGADO – INTELIGÊNCIA DO ARTIGO 1.939 DO CÓDIGO CIVIL (ARTIGO 1.708 DO CÓDIGO CIVIL DE 1916) – NULIDADE INEXISTENTE TAMBÉM SOB ESTE FUNDAMENTO – DECISÃO MANTIDA – RECURSO IMPROVIDO – "A caducidade do legado é a sua ineficácia em razão de causa superveniente à sua instituição. Havendo caducidade, o legado, embora feito validamente, perderá a razão de existir, por circunstância posterior à facção testamentária". (TJSP – Ap-Rev 289.172.4/8 – (0002706063) – São Paulo – 3ª CDPriv. – Rel. EGIDIO GIACOIA – DJe 16.12.2009 – p. 1001)

9. Do direito de acrescer entre herdeiros e legatários

O art. 1.941, estabelece que quando vários herdeiros, pela mesma disposição testamentária, forem conjuntamente chamados à herança em quinhões não determinados, e qualquer deles não puder ou não quiser aceitá-la, a sua parte acrescerá à dos co-herdeiros, salvo o direito do substituto.[61]

O direito de acrescer competirá aos co-legatários, quando nomeados conjuntamente a respeito de uma só coisa, determinada e certa, ou quando o objeto do legado não puder ser dividido sem risco de desvalorização, nos termos do art. 1.942, sendo que se um dos co-herdeiros ou co-legatários, morrer antes do testador, se renunciar a herança ou legado, ou destes for excluído, e, se a condição sob a qual foi instituído não se verificar, acrescerá o seu quinhão, salvo o direito do substituto, à parte dos co-herdeiros ou co-legatários conjuntos, nos termos do art. 1.943, sendo que os co-herdeiros ou co-legatários, aos

---

[61] CC/16 - Art. 1710 - Verifica-se o direito de acrescer entre co-herdeiros, quando estes, pela mesma disposição de um testamento, são conjuntamente chamados à herança em quinhões não determinados (art. 1712).

quais acresceu o quinhão daquele que não quis ou não pôde suceder, ficam sujeitos às obrigações ou encargos que o oneravam.[62]

Quando não se efetua o direito de acrescer, transmite-se aos herdeiros legítimos a quota vaga do nomeado e, não existindo o direito de acrescer entre os co-legatários, a quota do que faltar acresce ao herdeiro ou ao legatário incumbido de satisfazer esse legado, ou a todos os herdeiros, na proporção dos seus quinhões, se o legado se deduziu da herança, conforme art. 1.944.[63]

Estabelece o art. 1.945 que não pode o beneficiário do acréscimo repudiá-lo separadamente da herança ou legado que lhe caiba, salvo se o acréscimo comportar encargos especiais impostos pelo testador; nesse caso, uma vez repudiado, reverte o acréscimo para a pessoa a favor de quem os encargos foram instituídos.

Legado um só usufruto conjuntamente a duas ou mais pessoas, a parte da que faltar acresce aos co-legatários, sendo que, se não houver conjunção entre os co-legatários, ou se, apesar de conjuntos, só lhes foi legada certa parte do usufruto, consolidar-se-ão na propriedade as quotas dos que faltarem, à medida que eles forem faltando, conforme se observa do disposto no art. 1.946.[64]

---

[62] CC/16 - Art. 1.710. Verifica-se o direito de acrescer entre co-herdeiros, quando estes, pela mesma disposição de um testamento, são conjuntamente chamados à herança em quinhões não determinados (art. 1.712).
Parágrafo único. Aos co-legatários competirá também este direito, quando nomeados conjuntamente a respeito de uma só coisa, determinada e certa, ou quando não se possa dividir o objeto legado, sem risco de se deteriorar.
CC/16 - Art. 1712. Se um dos herdeiros nomeados morrer antes do testador, renunciar a herança, ou dela for excluído, e bem assim se a condição, sob a qual foi instituído, não se verificar, acrescerá o seu quinhão, salvo o direito do substituto à parte dos co-herdeiros conjuntos (art. 1710).
CC/16 - Art. 1714. Os co-herdeiros, a quem acrescer o quinhão do que deixou de herdar, ficam sujeitos às obrigações e encargos, que o oneravam.
Parágrafo único. Esta disposição aplica-se igualmente ao co-legatário, a quem aproveita a caducidade total ou parcial do legado.
[63] CC/16 - Art. 1713. Quando se não efetua o direito de acrescer, nos termos do artigo antecedente, transmite-se aos herdeiros legítimos a quota vaga do nomeado.
CC/16 - Art. 1715. Não existindo o direito de acrescer entre os co-legatários, a quota do que faltar acresce ao herdeiro, ou legatário, incumbido de satisfazer esse legado, ou a todos os herdeiros, em proporção dos seus quinhões, se o legado se deduziu da herança.
[64] CC/16 - Art. 1716 - Legado um só usufruto conjuntamente a duas ou mais pessoas, a parte da que faltar acresce aos co-legatários. Se, porém, não houve conjunção entre estes, ou se, apesar de conjuntos, só lhes foi legada certa parte do usufruto, as quotas dos que faltarem consolidar-se-ão na propriedade, à medida que eles forem faltando.

Agravo de Instrumento. Inventário. Testamento. Legatários pré-mortos. Direito de acrescer aos colegatários. Legatários que foram nomeados conjuntamente, em duplas, para receber cada um dos quatro imóveis testados, sem previsão de substituto ou quota individualizada. Com relação a três imóveis, houve o falecimento de um dos respectivos beneficiários anteriormente ao falecimento do testador. Parte cabente aos pré-mortos que deverá ser acrescida aos demais beneficiários a quem foi destinada a mesma coisa. Decisão reformada. Agravo provido. (TJSP; Agravo de Instrumento 2198200-26.2017.8.26.0000; Relator (a): Maria de Lourdes Lopez Gil; Órgão Julgador: 7ª Câmara de Direito Privado; Foro Central Cível - 12ª Vara da Família e Sucessões; Data do Julgamento: 28/03/2018; Data de Registro: 28/03/2018)

AGRAVO DE INSTRUMENTO. INVENTÁRIO. TESTAMENTO. LEGATÁRIOS PRÉ-MORTOS. DIREITO DE ACRESCER AOS COLEGATÁRIOS. LEGADO INDIVIDUALIZADO. INEXISTÊNCIA DO DIREITO DE ACRESCER. RECURSO PROVIDO. 1. Decisão que, nos autos do inventário dos bens deixados por Amélia Sforsin Micheletti, determinou que "apenas os bens certos e determinados destinados exclusivamente a um único legatário pré-morto deverão ser partilhados entre os colaterais (legítima). Já em relação aos ativos financeiros e o colar de pérolas (item IX do testamento), tendo em vista que diversos legatários foram nomeados conjuntamente para receber referidos bens, a parte cabente aos pré-mortos deverá ser acrescida aos demais beneficiários, nos termos do art. 1.942 do CC". 2. Hipótese em que as disposições testamentárias são claras ao instituir legados individualizados quanto aos ativos financeiros e ao colar de pérolas. 3. Inexistência, no caso, do direito de acrescer por parte dos demais colegatários. 4. Quotas vagas dos colegatários pré-mortos que passam a integrar o montante partilhável entre todos os herdeiros legítimos. Art. 1944 do CC. 5. Recurso provido. (Agravo de Instrumento nº 2016392-59.2015.8.26.0000, em 9ª Câmara

(Redação dada pelo Dec. Leg. 3725/1919)

de Direito Privado do Tribunal de Justiça de São Paulo, Relator Desembargador ALEXANDRE LAZZARINI, j. 31/03/2015).

DISPOSIÇÃO TESTAMENTÁRIA Falecimento do legatário após a morte da testadora Hipótese que não contempla o direito de acrescer aos demais herdeiros Transmissão da herança ao legatário no momento da sucessão da testadora (art. 1.923 do CC) Acerto da decisão que determinou sua substituição pelo espólio Circunstância que não configura direito de representação, e sim de transmissão do quinhão efetivamente recebido Necessidade de adequação do plano de partilha Decisão mantida Recurso desprovido. (Processo: AI 1722988120128260000 SP 0172298-81.2012.8.26.0000 - Relator(a): PERCIVAL NOGUEIRA - Julgamento: 06/09/2012 - Órgão Julgador: 6ª Câmara de Direito Privado - Publicação: 06/09/2012)

"AGRAVO DE INSTRUMENTO Insurgência que, em parte, ataca decisão que manteve determinação anterior Questão que já foi objeto de recurso (Agravo de Instrumento nº 0114860-34.2011.8.26.0000) Recurso não conhecido. AGRAVO DE INSTRUMENTO Testamento Partilha Exclusão dos sucessores de uma das herdeiras pré-morta Direito de acrescer Disposição testamentária sobre herança que instituiu conjuntamente herdeiros, com quinhão não determinado Aplicação dos arts. 1.941 e 1.943 do Código Civil Recurso não provido. (Processo: AI 2308775620118260000 SP 0230877-56.2011.8.26.0000 - Relator(a): LUÍS FRANCISCO AGUILAR CORTEZ - Julgamento: 24/04/2012 - Órgão Julgador: 2ª Câmara de Direito Privado - Publicação: 25/04/2012)

Voto:

[...]

Na hipótese dos autos, aplica-se o direito de acrescer, pois os quinhões não foram determinados. Em consequência, tendo falecido um dos herdeiros instituídos conjuntamente, a parte que lhe cabia deve ser acrescida à dos co-herdeiros testamentários.

É o que determina os arts. 1.941 e 1.943 do Código Civil nos seguintes termos:

"Art. 1.941 - Quando vários herdeiros, pela mesma disposição testamentária, forem conjuntamente chamados à herança em quinhões não determinados, e qualquer deles não puder ou não quiser aceitá-la, a sua parte acrescerá à dos co-herdeiros, salvo o direito do substituto".

"Art. 1.943 - Se um dos co-herdeiros ou colegatários, nas condições do artigo antecedente, morrer antes do testador, se renunciar a herança ou legado, ou destes for excluído, e, se a condição sob a qual foi instituído não se verificar, acrescerá o quinhão, salvo o direito do substituto, à parte dos co-herdeiros ou colegatários conjuntos." Esse é o entendimento da doutrina, de acordo com Fábio Ulhoa Coelho:

"Também têm direito de acrescer os herdeiros testamentários, quando tiverem sido nomeados no mesmo testamento, mas sem atribuição de quotas determinadas (CC, arts. 1.941 e 1.943). O testador pode, por exemplo, ter declarado apenas que deixava toda a parte disponível da herança para Rubens, Sofia e Teresa, sem nada mais especificar. Nesse caso, considera-se que caberá um terço do testado a cada um deles. Vindo, porém, Rubens a não aceitar a herança ou ser dela excluído por pré-morte, indignidade ou deserdação, seu terço será dividido entre Sofia e Teresa. Aqui o direito de acrescer é dos testamentários, porque o testamento não determinou que quota caberia a cada um deles. Note que se tivesse o testador declarado que deixava metade da parte disponível da herança para Rubens, três oitavos para Sofia e um oitavo para Teresa, os titulares do direito de acrescer seriam diverso na exclusão ou renúncia de qualquer um deles. Nesses casos, passariam a titularizá-los os herdeiros legítimos do testador (CC, art. 1.944). Quer dizer, a porção de Rubens não seria acrescida a de Sofia e Teresa, mas sim à dos herdeiros legítimos, a menos que o testador tivesse nomeado algum substituto (Curso de Direito Civil, volume 5, 3ª edição, pág. 331/332).

Da análise dos referidos dispositivos, verifica-se que sendo nomeados conjuntamente vários herdeiros, sem quinhão determinado, a parte daquele que não pode ou não quer aceitar transmite-se aos demais. E se um dos herdeiros morrer antes do testador sua parte acrescerá à dos demais herdeiros em conjunto, salvo se o testador tivesse nomeado substituto.

Conforme dispõe Guilherme Calmon Nogueira da Gama a "substituição é a instituição em testamento de pessoa como herdeira ou legatária no lugar de outra também instituída por disposição testamentária para a eventualidade de a vocação da primeira instituída cessar, aproveitando-se a substituta das mesmas vantagens e encargos sucessórios" (Direito das Sucessões e o Novo Código Civil, Giselda Maria Fernandes Novaes Hironaka e Rodrigo da Cunha Pereira, coordenadores, IBDFAM, ed Del Rey, p.334).

A substituição de herdeiro instituído por seus herdeiros é chamada na doutrina de substituição vulgar, ou seja, os substitutos nomeados são os descendentes do herdeiro pré-morto.

No caso dos autos, a substituição poderia ter sido prevista, mas não foi. Isso dependeria da vontade da testadora, que não está expressa e nem se pode presumir.

Portanto, os sucessores da co-herdeira pré-morta (Maria Ester Maia) devem ser excluídos da partilha, mantendo-se a decisão agravada.

Ante o exposto, meu voto é pelo não provimento do recurso."

RECURSO ESPECIAL. CIVIL E PROCESSO CIVIL. HERDEIRO NETO. SUCESSÃO POR REPRESENTAÇÃO. TESTAMENTO. RUPTURA. ART. 1.973 DO CC/2002. NÃO OCORRÊNCIA. LEGADO. DIREITO DE ACRESCER POSSIBILIDADE. RECURSO NÃO CONHECIDO. 1. Não se conhece do recurso quanto à alegada divergência, na media em que se olvidou o recorrente do necessário cotejo analítico entre os julgados tidos por confrontantes, deixando, com isso, de demonstrar a necessária similitude fática entre os arrestos, conforme exigência contida no parágrafo único do artigo 541 do Código de Processo Civil e §2º do artigo 255 do RISTJ. 2. Não se há falar em ofensa ao artigo 535, incisos I e II, do Código de Processo Civil, porquanto ausente qualquer omissão, obscuridade ou contradição no acórdão guerreado. 3. "Com efeito, quando a lei fala em superveniência de descendente sucessível, como causa determinante da caducidade do testamento, leva em consideração o fato de que seu surgimento altera, por completo, a questão relativa às legítimas. Aqui, tal não ocorreu, já que resguardou-se a legítima do filho e, consequentemente, do neto". 4. Não havendo determinação dos quinhões, subsiste o direito de acrescer ao co-legatário, nos termos do artigo 1.712 do Código de 1916. 5. Recurso não conhecido. (REsp 594535/ SP, 4ª. Turma do STJ, Relator Ministro HÉLIO QUAGLIA BARBOSA, *DJ 28/05/2007 p. 344).*

DIREITO CIVIL - SUCESSÃO - DIREITO DE ACRESCER ENTRE HERDEIROS - VONTADE DA TESTADORA - MATÉRIA DE PROVA - I - *Quando o testador fixa a cota ou o objeto de cada sucessor, não há direito de acrescer entre os demais herdeiros ou legatários. Ocorre a conjunção verbis tantum quando são utilizadas as expressões partes iguais, partes equivalentes, ou outras que denotem o mesmo significado, o que exclui o direito de acrescer. II - No âmbito do recurso especial, é inadmissível a verificação da real intenção ou vontade do testador, em razão do enunciado nº 7 da Súmula desta Corte. Recurso especial não conhecido. (REsp 565097/RS, 3ª Turma, Relator Ministro* CASTRO FILHO, *DJU 19.04.2004).*

DIREITO DE ACRESCER - ARTIGOS 1.710, 1.712 E 1.725 DO CÓDIGO CIVIL DE 1916 - *l - Se os quinhões são determinados não há falar no direito de acrescer. 2 - A regra jurídica do art. 1.725 do Código Civil de 1916 não beneficia a herdeira testamentária sobrevivente, porquanto, à míngua de requisito legal, não tem ela o direito de acrescer. 3 - Recurso especial não conhecido. (REsp 489072/SP, 3ª Turma, Relator Ministro CARLOS ALBERTO MENEZES DIREITO, DJU 01.03.2004).*

10. Da substituição vulgar e da recíproca

É possível ao testador, dentro do limite da metade de seus bens, instituir herdeiro ou legatário em substituição ao inicialmente instituído, ou seja, em 2º grau.

"Com efeito, nada impede que o testador, antevendo a hipótese de seu herdeiro testamentário morrer antes da abertura de sua própria sucessão, e desejando evitar que seus herdeiros legítimos recebam a herança - o que aconteceria não só nessa hipótese, como em caso de renúncia ou exclusão do beneficiário - designe no próprio testamento, um substituto, para recolher a sucessão, no caso de o herdeiro não poder ou não querer recolhê-la.

Note-se que, na hipótese, a lei permite à vontade do testador de projetar-se mais longe, indicando um sucessor de segundo grau, para o caso de o primeiro indicado não incorporar a herança ao seu patrimônio.

Permite, ainda, a lei, que o testador determine que seus bens, ou parte deles, se transmitam, por sua morte, a um primeiro beneficiário, que os passará, ao fim de um certo tempo, a um substituto.

Também aqui, enorme é a autonomia da vontade, que pode atuar por muito tempo após a morte do testador.

Assim, a substituição resulta de uma disposição testamentária em que o testador indica uma terceira pessoa para receber uma gratificação testamentária, na falta de um herdeiro ou legatário indicado em primeiro lugar, ou após este." (SÍLVIO RODRIGUES, ob. cit, p. 226).

O Código aponta para dois tipos de substituição, a vulgar (art. 1.947) e a fideicomissária (art. 1.951).

10.1 Da substituição vulgar

Temos a substituição vulgar quando, de forma imediata, o substituto é chamado a substituir aquele herdeiro ou legatário faltante, quer em função de sua morte, por indignidade, por renúncia.

Pode o testador substituir, conforme preceitua o art. 1.947, outra pessoa ao herdeiro ou ao legatário nomeado, para o caso de um ou outro não querer ou não poder aceitar a herança ou o legado, presumindo-se que a substituição foi determinada para as duas alternativas, ainda que o testador só a uma se refira, lhe sendo lícito, também, nos moldes do art. 1.948, substituir muitas pessoas por uma só, ou vice-versa, e ainda substituir com reciprocidade ou sem ela.[65]

Nesses casos, fica o substituto sujeito à condição ou encargo imposto ao substituído, quando não for diversa a intenção manifestada pelo testador, ou não resultar outra coisa da natureza da condição ou do encargo, conforme se observa do disposto no art. 1.949.[66]

DIREITO CIVIL E PROCESSUAL CIVIL. SUCESSÃO TESTAMENTÁRIA. FIDEICOMISSO. FIDEICOMISSÁRIO PREMORIENTE. CLÁUSULA DO TESTAMENTO ACERCA DA SUBSTITUIÇÃO DO FIDEICOMISSÁRIO. VALIDADE. COMPATIBILIDADE ENTRE A INSTITUIÇÃO FIDUCIÁRIA E

---

[65] CC/1 6 - Art. 1 729 - O testador pode substituir outra pessoa ao herdeiro, ou legatário, nomeado para o caso de um ou outro não querer ou não poder aceitar a herança, ou o legado. Presume-se que a substituição foi determinada para as duas alternativas, ainda que o testador só a uma se refira.
CC/1 6 - Art. 1730. Também lhe é lícito substituir muitas pessoas a uma só, ou vice-versa, e ainda substituir com reciprocidade ou sem ela.

[66] CC/16 - Art. 1731. O substituto fica sujeito ao encargo ou condição impostos ao substituído, quando não for diversa a intenção manifestada pelo testador, ou não resultar outra coisa da natureza da condição, ou do encargo.
O art. 1.950 prevê que se, entre muitos co-herdeiros ou legatários de partes desiguais, for estabelecida substituição recíproca, a proporção dos quinhões fixada na primeira disposição entender-se-á mantida na segunda; se, com as outras anteriormente nomeadas, for incluída mais alguma pessoa na substituição, o quinhão vago pertencerá em partes iguais aos substitutos.
CC/16 - Art. 1732 - Se, entre muitos co-herdeiros ou legatários de partes desiguais, for estabelecida substituição recíproca, a proporção dos quinhões, fixada na primeira disposição, entender-se-á mantida na segunda. Se, porém, com as outras anteriormente nomeadas, for incluída mais alguma pessoa na substituição, o quinhão vago pertencerá em partes iguais aos substitutos.

A SUBSTITUIÇÃO VULGAR. CONDENAÇÃO DE TERCEIRO AFASTADA. EFEITOS NATURAIS DA SENTENÇA. 1. Se as questões trazidas à discussão foram dirimidas pelo tribunal de origem de forma suficientemente ampla, fundamentada e sem omissões, deve ser rejeitada a alegação de contrariedade do art. 535 do Código de Processo Civil. 2. A sentença não prejudica direitos de pessoa jurídica que não foi citada para integrar a relação processual (CPC, art. 472). Como ato estatal imperativo produz, todavia, efeitos naturais que não pode ser ignorados por terceiros. 3. O recurso de apelação e a ação cautelar são instrumentos processuais distintos e visam a diferentes objetivos. O ajuizamento de ambos para questionar diferentes aspectos do mesmo ato judicial não configura preclusão consumativa a obstar o conhecimento da apelação. 4. De acordo com o art. 1959 do Código Civil, "são nulos os fideicomissos além do segundo grau". A lei veda a substituição fiduciária além do segundo grau. O fideicomissário, porém, pode ter substituto, que terá posição idêntica a do substituído, pois o que se proíbe é a sequência de fiduciários, não a substituição vulgar do fiduciário ou do fideicomissário. 5. A substituição fideicomissária é compatível com a substituição vulgar e ambas podem ser estipuladas na mesma cláusula testamentária. Dá-se o que a doutrina denomina substituição compendiosa. Assim, é válida a cláusula testamentária pela qual o testador pode dar substituto ao fideicomissário para o caso deste vir a falecer antes do fiduciário ou de se realizar a condição resolutiva, com o que se impede a caducidade do fideicomisso. É o que se depreende do art. 1958 c.c. 1955, parte final, do Código Civil. 6. Recurso especial de Nova Pirajuí Administração S.A. NOPASA a que se dá parcial provimento. 7. Recurso especial de Anita Louise Regina Harley a que se dá parcial provimento. (REsp 1221817/PE, 4ª. Turma do STJ, Relatora Ministra Maria Isabel Gallotti, DJe 18/12/2013, RSTJ vol. 233 p. 551).

10.2. Da substituição fideicomissária

SADY CARDOSO GUSMÃO, in "Repertório Enciclopédico do Direito Brasileiro", por J. M. DE CARVALHO SANTOS, Editor Borsoi, Rio de Janeiro, vol. XXII, p. 205, quando trata da noção de fideicomisso, nos dá a seguinte lição:-

"O fideicomisso é uma forma de substituição e onde não há substituição não há fideicomisso, sendo que o Código Civil, em seu art. 1.733, dispõe:

"Pode também o testador instituir herdeiros ou legatários por meio de fideicomisso, impondo a um deles, gravado ou fiduciário, a obrigação de, por sua morte, a certo tempo, ou sob certa condição, transmitir ao outro, que se qualifica de fideicomissário, a herança, ou legados".

Assim a substituição fideicomissária é indireta, mas se o fiduciário já é falecido, ao tempo da abertura da sucessão, ou morre antes da aceitação, se converte em substituição vulgar.

Apresenta-se sob três aspectos: a) o comum, ou seja, quando a substituição se dá por morte do fiduciário, o que se verifica também quando o testador não fixa termo ou condição para a substituição; b) o condicionado, quando a substituição depende de condição resolutiva outra, que não a de morte do substituído; c) o a termo, ou seja, quando fixado prazo, ou tempo de duração, valendo o termo como verdadeira condição suspensiva, constituindo esta modalidade exceção ao princípio de que se terá por não escrita a designação de tempo em que deve começar ou cessar o direito do herdeiro (V. ITABAIANA DE OLIVEIRA, Elementos de Direito e Sucessões, p. 373).

Três são os requisitos para a existência do fideicomisso, como expôs CARVALHO SANTOS: a) dupla disposição testamentária, eqüivalendo a duas liberalidades sucessivas, citando o autor numerosos exemplos tomados a MAZZONI (V. C. SANTOS, C. Civil Int., vol. XXIV, págs. 158 e segs.); b) obrigação para o gravado de conservação e restituição dos bens, excluídas a fidúcia, a disposição em que o testador confia a outrem a administração do patrimônio hereditário e a disposição em que essas pessoas foram instituídas: uma no usufruto, outra na nua propriedade, notando-se que o legislador aboliu o fideicomisso de resíduo, como se vê dos Trabalhos da Comissão Especial do Código

Civil, vol. VI, pág. 362); c) a ordem sucessiva, ou seja, a substituição do primeiro nomeado pelo segundo.

CARLOS MAXIMILIANO enumera, ainda, os fideicomissos tácitos, ou situações semelhantes ao fideicomisso.

"Assim acontece quando o hereditando proíbe dispor dos bens, entre vivos e por testamento; com assim determinar, ele implicitamente os faz passar aos herdeiros legítimos; a estes, embora não mencionados no ato *causa mortis*, incumbem os direitos e deveres de fideicomissários".

Idem em relação a uma fundação futura, ou à prole imediata de pessoa designada. "O sucessor legítimo desempenha, nas duas emergências, o papel de fiduciário; na segunda, se existem, já, filhos do indivíduo designado, estes ficam sendo uma espécie de fiduciários das partes dos nascituros" (aut. Cit. Direito das Sucessões, 3°, pág. 120)."

O fiduciário é aquela pessoa que foi beneficiada pelo testador, único substituído, que transmite a certo tempo, por ocasião de sua morte, ou sob certa condição, a herança ou o legado a outro, o fideicomissário.

"Assim o fideicomissário é o herdeiro ou legatário a quem passa a propriedade plena da herança ou legado, em substituição ao fiduciário e o seu direito surge ao mesmo tempo que o do fiduciário."

Temos aqui, como ensina SÍLVIO RODRIGUES, ob. cit. p. 2307/2311, dois beneficiários sucessivos. "O testador deixa seus bens ao fiduciário, que deles se torna senhor, por ocasião da abertura da sucessão. Todavia, restringindo aquele domínio, existe cláusula criando para o fiduciário a obrigação de transmitir, a certo tempo, os mesmos bens ao segundo beneficiário, ou seja, o fideicomissário.

A substituição fideicomissária se distingue da vulgar porque enquanto nesta, só uma pessoa se beneficia com a liberalidade testamentária, pois ou o herdeiro a recebe e a faz sua definitivamente, ou não a recebe, e toda a herança será recolhida pelo substituto; na substituição fideicomissária os dois beneficiários ordinariamente se tomam titulares da herança, apenas em momentos diversos. O fiduciário recebe a liberalidade e a transmite, por ocasião de sua morte ou ao fim de certo tempo, ao fideicomissário.

Através do fideicomisso vitalício consegue o testador impedir que o herdeiro, que recebe a deixa testamentária, possa dela dispor por sua morte. Pois, dando-lhe um substituto desde logo, determina qual o destino dos bens, que, por morte do fiduciário, passarão para o domínio do fideicomissário."

Mais adiante enumera os direitos e obrigações do fiduciário, ligados a sua condição de proprietário e possuidor, sendo os deveres iguais aos do usufrutuário e respondendo como gestor de negócios.

"a) de gozo da propriedade, na qualidade de senhor, ainda que a propriedade tenha caráter restrito e resolúvel: jus utenti, fruendi et abutendi, podendo aliená-la ou gravá-la, substituindo a condição de resolubilidade;

b) o de reivindicar a coisa, se em poder de terceiro, ou reclamá-la ao herdeiro gravado, quando se tratar de legado;

c) o de posse, resultante da sua condição de proprietário, podendo por isso até mesmo modificar a coisa;

d) o de repetir as benfeitorias úteis e necessárias, quando aumentarem o valor dos bens, na qualidade de possuidor de boa-fé, donde o direito de retenção passível de ser exercido por ele, ou seus herdeiros;

e) o de recolher os frutos, restituindo os que colher após a resolução do seu direito de propriedade (salvo as despesas de administração) ou por antecipação;

j) o direito à sub-rogação, no valor da desapropriação, do seguro, ou indenização, em caso de perecimento da coisa, ou dos bens;

g) o direito de renunciar, quando da abertura da sucessão, ou mesmo depois, salvo pesem condições ou encargos incompatíveis com a renúncia, ou no caso do fideicomisso ser conferido à prole eventual sua ou de outrem;

h) os acessórios e acréscimos que não provenham de trabalho e capital do fiduciário entram na sua posse, mas ficam sujeitos à restituição e, por isso, aliás com evidente excesso o Decreto-lei n° 2.627, de 1940, referente às sociedades *anônimas determina no art. 113, parágrafo único, o clausulamento de ações desdobradas, por aumento de capital, pela incorporação de reservas facultativas, os fundos disponíveis, ou reavaliação do ativo.*

Na verdade, a reserva facultativa procede de lucros separados e outras vezes há lucros suspensos. Ditos lucros são do fiduciário, na qualidade de proprietário e não do fideicomissário, futuramente, não constituindo acréscimo."

A par desses direitos, aponta as seguintes obrigações:-

a) *a proceder a inventário, se a ele compete a iniciativa deste;*

b) *a prestar caução de restituir os bens quando exigido pelo fideicomissário;*

c) *a prestar contas, quando se trate de universalidade sob sua administração e não haja outro meio de se fixarem os valores a restituir, estando na situação de um verdadeiro gestor de negócio, como expõe* CARVALHO SANTOS;

d) *a restituir os bens fideicometidos, salvo os bens destinados a suprir as necessidades do fiduciário, conforme dispuser o testador e os necessários a cumprimento de encargos;*

e) *a indenizar danos ou deteriorizações correntes, por dolo ou culpa sua, restituindo os frutos que de má-fé recolheu;"*

O fideicomissário tem os seguintes direito:

"a) *o direito de recolher a herança ou legado, com seus acréscimos, aberta a substituição, donde o direito de reivindicar, cuja prescrição se conta da data da abertura da substituição (...);*

b) *o de exigir que se proceda a inventário, intimando o fiduciário ou a quem competir a abertura do mesmo inventário;*

c) *pedir a arrecadação a quem de direito, quando o fiduciário for ausente e assim declarado, donde a possibilidade de* reclamar a sucessão provisória: o seu direito é de tipo eventual, mas com outras conseqüências;

d) exigir preste o fiduciário caução e exercer atos cautelares, inclusive possessórios, ou quando por qualquer circunstância estiver na posse de fato da coisa, ou assistir ao fiduciário nos que este promover, inclusive na reivindicação, para garantir-se quanto à evicção (Cód. Civil, art. 121 e 1.107), mas como assistente litisconsorcial do fiduciário;

e) ceder o seu direito a outrem, ou renunciá-lo, em qualquer tempo, ante o que dispõe o art. 1735 do Código Civil, saldo se o testador houver feito disposições incompatíveis com a renúncia antecipada, ou seja, a que for feita antes da abertura da substituição (V. Acórdão do Trib. De S. Paulo, de 18-8-1943, in Rev. Dos Tribunais, vol. 151, página 643).

Iguais direitos cabem ao fiduciário, com as mesmas ressalvas, como se vê dos autores, inclusive CARVALHO SANTOS, em sua obra já cit., vol. XXIV, pág. 202, citando inclusive acórdão da antiga Corte de Apelação do Dist. Federal e outro do Tribunal de S. Paulo, onde foi repelida a renuncia por pesar sobre os bens cláusula de inalienabilidade. (V. Ac. de 21-1-1936, relator Desembargador ANTÃO DE MORAES, in Rev. Dos Tribunais, vol. 102, página 146).

Para que se legitime a renúncia requer-se:

a) serem conhecidos todos os fideicomissários;

b) concordância destes;

c) impossibilidade de superveniência de outros fideicomissários;

d) falta de proibição do testador, saldo a que é feita no momento da abertura da sucessão, para isso que ninguém pode ser obrigado a aceitar a herança ou legado.

e) Aliás, já decidiu também pela validade da doação feita pelo fiduciário ao fideicomissário. (V. Acórdão in Revista Forense, vol. 71, pág. 335).

f) *haver indenização pelo perecimento do bem, ou deteriorização, por culpa do fiduciário, sub-rogando-se, ainda, o seu direito, pró indenização do seguro, desapropriação, ou devida por terceiro."*

No que tange às obrigações do fideicomissário, assim leciona:

"a) *responder pelos encargos de herança, ou legado, que ainda restarem quando vier à sucessão (Cód. Civil, art. 1.737), excluídos encargos criados pelo fiduciário, como observa* CLÓVIS *(Com. ao C. Civil, obs. ao artigo citado), exceto em havendo aquiescência do fideicomissário, ou os que correspondem a administração útil do fiduciário : ubi commoda, ibi incommoda (*MAXIMILIANO*, ob. cit., 3°, n° 1 .272).*

b) *indenizar o fiduciário, ou seus herdeiros, pelas benfeitorias úteis e necessárias, de acordo com o que ficou exposto, compensando-se benfeitorias com deteriorações;*

c) *pagamentos dos tributos devidos, inclusive imposto de transmissão, observadas as disposições das leis fiscais.*

Não é indispensável que a propriedade fiduciária conste do Registro de Imóveis, salvo quando houver disponibilidade ou for constituída hipoteca, a omissão do registro ao formal não prejudica o fideicomissário."

Pode o testador instituir herdeiros ou legatários, estabelecendo que, por ocasião de sua morte, conforme prevê o art. 1.951, a herança ou o legado se transmita ao fiduciário, resolvendo-se o direito deste, por sua morte, a certo tempo ou sob certa condição, em favor de outrem, que se qualifica de fideicomissário, sendo que essa substituição somente é permitida em favor dos não concebidos ao tempo da morte do testador, sendo que, es ao tempo da morte do testador, já houver nascido o fideicomissário, adquirirá este a propriedade dos bens fideicometidos, convertendo-se em usufruto o direito do fiduciário, conforme disposição expressa do art. 1.952.[67]

Tem o fiduciário a propriedade da herança ou legado, mas restrita e resolúvel, estando obrigado a proceder ao inventário dos bens gravados, e a prestar caução de restituí-los se o exigir o fideicomissário (art. 1.953).[68]

Prevê o art. 1.954 que se o fiduciário renunciar a herança, salvo disposição em contrário do testador, defere-se ao fideicomissário o poder de aceitar e, em recusando, conforme previsão do art. 1.955, o fideicomisso caduca, deixando de ser resolúvel a propriedade do fiduciário, se não houver disposição contrária do testador.[69]

No caso do fideicomissário aceitar a herança ou o legado, terá direito à parte que, ao fiduciário, em qualquer tempo acrescer.[70]

Se vê do art. 1957, que ao sobrevir a sucessão, o fideicomissário responde pelos encargos da herança que ainda restarem.[71]

Tal matéria era regulada no CC/1916 pelo artigo 1.737, sendo que sobre ele o STJ teve oportunidade de se manifestar no julgamento do REsp n° 26.871, Relator Ministro Sálvio de Figueiredo Teixeira, v.u., conheceu e deu provimento ao recurso, com ementa oficial publicada no DJ de 14/12/1992, p. 23.972 (LEXSTJ 44/200; RSTJ 47/337), nos seguintes termos:

"CIVIL. OBRIGAÇÕES E SUCESSÕES. DÍVIDAS DA HERANÇA E ENCARGOS DO LEGADO. FIDEICOMISSO.

---

67 CC/16 - Art. 1733 - Pode também o testador instituir herdeiros ou legatários por meio de fideicomisso, impondo a um deles, o gravado ou fiduciário, a obrigação de, por sua morte, a certo tempo, ou sob certa condição, transmitir ao outro, que se qualifica de fideicomissário, a herança, ou o legado.
68 CC/16 - Art. 1734. O fiduciário tem a propriedade da herança ou legado, mas restrita e resolúvel.
Parágrafo único. E obrigado, porém, a proceder ao inventário dos bens gravados, e, se lho exigir o fideicomissário, a prestar caução de restituí-los.
69 CC/16 - Art. 1735. O fideicomissário pode renunciar a herança, ou legado, e, neste caso, o fideicomisso caduca, ficando os bens propriedade pura do fiduciário, se não houver disposição contrária do testador.
70 CC/16 - Art. 1736. Se o fideicomissário aceitar a herança ou legado, terá direito à parte que, ao fiduciário, em qualquer tempo acrescer.
71 CC/16 - Art. 1737. O fideicomissário responde pelos encargos da herança que ainda restarem, quando vier à sucessão.

CAUÇÃO EM LOCAÇÃO. ARTS. 928 E 1737, CC. RECURSO PROVIDO. A caução em dinheiro, dada pelo locatário a locador posteriormente falecido, com a extinção da locação passa a ser dívida da herança, incumbindo a esta o ônus de sua devolução, e não ao legatário, que adquiriu a propriedade do imóvel locado sem o encargo expresso da restituição."

Do relatório do Ministro Relator temos os limites da lide, nos seguintes termos:

"A recorrida tomou em locação, no ano de 1962, imóvel de propriedade de (...), que, ao falecer, deixou em legado o imóvel, mediante fideicomisso, vindo a consolidar-se a propriedade do bem na pessoa do ora recorrente, fideicomissário, que exerceu o direito de retomada para uso de descendente.

A locatária, após a entrega das chaves ao novo proprietário, pleiteou, via de ação de cobrança, pelo rito sumaríssimo, haver a devolução da importância correspondente a três (3) locativos, dada em caução ao locador na época da efetivação da avença, alegando que tal devolução se impunha mercê da extinção do contrato de locação ao qual se vinculara.

A sentença julgou procedente o pedido.

O eg. Tribunal de Alçada Cível do Rio de Janeiro, ao desprover a apelação, lançou acórdão de cuja ementa se colhe:

"Caução em dinheiro em garantia da locação. Responsabilidade do Réu que sucedeu ao caucionado na condição de legatário do imóvel. Procedência da ação confirmada".

Insatisfeito, interpôs o réu recurso especial, fulcrado na alínea a do autorizativo constitucional, argumentando com ofensa aos artigos 797, 800, 928 e 1737 do Código Civil, 267, VI do Código de Processo Civil, 8° e 9° do Decreto-lei 2283/86.

Da inadmissão do apelo na origem adveio agravo, a que dei provimento para melhor exame."

Seu voto, do qual tiramos lição conclusiva acerca do tema em questão, foi nos seguintes termos:

'O recurso está a merecer provimento.

Com efeito, o Tribunal de origem, ao apreciar a apelação, lançou decisório onde se descortina afronta aos artigos 928 e 1737 do Código Civil e, em consequência, do artigo 267, VI, do Código instrumental.

O r. voto condutor do acórdão impugnado entendeu ser do recorrente a obrigação de efetuar a devolução da importância, baseando-se na afirmativa de que "a caução é espécie de que é genro o penhor, situando-se, portanto, no terreno das garantias reais e não das dívidas contraídas pelo caucionante". A partir dessa assertiva, construiu-se o raciocínio de que houve sucessão da obrigação do caucionado de devolver o bem entregue em garantia, obrigação essa que teria passado ao fideicomissário ao assumir a condição de locador.

A caução em dinheiro, contrato acessório, espécie do gênero penhor, nominada pela doutrina penhor irregular (CAIO MÁRIO DA SILVA PEREIRA, "Instituições de Direito Civil", vol. IV, Rio de Janeiro, Forense, 1981, 4ª edição, n° 350), não autoriza, por si só a ilação a que chegaram as instâncias ordinárias.

Tem-se, *in casu*, que foram constituídos dois contratos. Um principal, o de locação, pelo qual o locador transferiu à locatária a posse direta de um bem imóvel, mediante a contraprestação pecuniária mensal.

Outro, acessório a esse, o de caução, ou "penhor irregular", pelo qual a locatária caucionante entregou bens fungíveis (dinheiro) ao locador caucionado como garantia do cumprimento daquela contraprestação avençada no contrato principal.

Na hipótese, o legatário sucedeu ao locador original na propriedade do bem. Não sucedeu, no entanto, como devedor pignoratício, na medida em que, não tendo participado do contrato de constituição da caução, e não lhe tendo sido transferida a posse dos objetos empenhados, não se vinculou à obrigação concernente.

Não lhe adveio tal condição, tampouco, da simples aquisição da propriedade do imóvel, pois a garantia pignoratícia não constituiu direito real sobre ele pendente.

Com o falecimento do locador original, e abertura de sua sucessão, desvincularam-se as obrigações pela diversidade de sua natureza jurídica.

O direito de propriedade do imóvel transferiu-se ao legatário, com todos os seus atributos e todos os seus gravames.

Por outro lado, é de considerar-se que o *de cujus* era devedor da prestação no tocante à devolução do valor apenhado, quando se findasse a locação. Logo, segundo o artigo 1796 da Lei Civil, a herança responde pelo pagamento das dívidas do falecido, e após a partilha, os herdeiros até os limites daquela. Assim, as obrigações, dentre elas a avença relativa à caução, transmitiram-se aos herdeiros, nos termos do art. 928 do Código Civil.

Quanto ao tema, vem a pelo a doutrina de Antônio Chaves ("Tratado de Direito Civil", vol. 2, tomo 2, Direito das Obrigações, São Paulo, Revista dos Tribunais, 1984, 3ª edição, n° 84, 7, pá. 1702):

"A segurança jurídica exige que ao morrer uma pessoa, suas obrigações - tanto em seu aspecto ativo como passivo — continuem subsistindo na pessoa de seus herdeiros".

O Tribunal de origem, todavia, valeu-se do que prescreve o artigo 1737 do Código Civil para atribuir ao fideicomissário a responsabilidade pela restituição, como encargo da herança.

Não procede esse entendimento, entretanto, haja vista que dívidas do autor da herança e encargos do legado não se confundem.

Em escólicos ao artigo 128 do Código Civil, Carvalho Santos consigna:

"o encargo, também chamado modo, é a cláusula restritiva de uma promessa, pela qual se limita a forma porque ela há de ser usada àquele em favor do qual é constituído o direito".

O encargo é sempre um ônus imposto em disposição gratuita, com v.g., no caso de um legado, se este é feito com a obrigação do legatário mandar construir o mausoléu do testador, etc." ("Código Civil Brasileiro Interpretado", vol. III, Rio de Janeiro, Freitas Bastos, 1961, pg. 112).

Pertinente, neste aspecto, o comentário de Pontes de Miranda:

"As prestações atrasadas, que incumbem às coisas legadas, são dividas da herança e à herança incumbe pagá-las" (Tratado de Direito Privado", vol. 57, Rio de Janeiro, Borsoi, 1989, § 5792, pg. 305).

No caso concreto, a importância recebida pelo locador a título de caução não ficou de forma alguma vinculada ao imóvel, foi por aquele utilizada como bem lhe aprouve, revertendo-se-lhe, é de presumir-se, em acréscimo patrimonial que, após a abertura da sucessão, ficou absorvido pelo monte.

Não se pode também perder de vista que o legado, como instituto de direito sucessório, detém peculiaridades, dentre as quais a de não responder pelas dívidas da herança.

No particular, adequados às inteiras as considerações de PONTES DE MIRANDA, nos seguintes termos:

"Quanto aos legatários, o que se lhes deixou somente é atingido pelas dívidas da herança, se a diminuição é tal que se esgotou o que foi deixado em herança. Aí, há a redução. O legatário não responde, propriamente dito; ao legatário deixou-se o que se podia deixar, e não o que se disse deixar." (op. Cit., vol. 60, § 6007, n° 2, pg. 298).

Destarte, o acórdão impugnado, ao afirmar que deveria o legatário solver obrigação contraída pelo *de cujus*, negou vigência aos artigos 928 e 1737 do Código Civil, desde que não assentado ter-lhe sido atribuído pelo testador esse encargo.

Dentro desse quadro, restou também desatendida a norma do artigo 267, VI, do Código Processual, porque indevidos não ser o legatário, na espécie, parte passivamente legitimada para a causa, impondo-se, via de conseqüência, a extinção do feito sem julgamento do mérito."

Estabelece o art. 1.958 que caduca o fideicomisso se o fideicomissário morrer antes do fiduciário, ou antes de realizar-se a condição resolutória do direito deste último, sendo que nesse caso, a propriedade consolida-se no fiduciário, nos termos do art. 1.955.[72]

Decidiu a 1ª C. do TJSP, AI n° 229.897-1/6, Relator Desembargador RENAN LOTUFO, RT 715/139, acerca da inteligência do art. 1.738 do CC anterior, que "A lei, (...), fala no singular porque não deve ser redundante nem casuísta. O princípio ali estabelecido é de que caduca

---

72CC/16 - Art. 1738. Caduca o fideicomisso, se o fideicomissário morrer antes do fiduciário, ou antes de realizar-se a condição resolutória do direito deste último. Neste caso a propriedade consolida-se no fiduciário nos termos do artigo 1735.

o fideicomisso quando não é possível a substituição, a passagem dos bens a um segundo grau, a um substituto instituído pelo testador. Por isso diz simplesmente que, se morre o fideicomissário antes do fiduciário, caduca o fideicomisso. Mas está subentendido que isso só se dá no caso de pluralidade de fideicomissários, quando todos eles morrem antes do fiduciário, porque no fideicomisso coletivo só assim deixa de haver a quem transmitir os bens, só assim dá-se a impossibilidade de substituição. Logo, o que se tem é que não há duplo grau de fideicomisso, mas, sim, substituição no primeiro grau."

De forma totalmente clara e objetiva, prevê o art. 1.959, que são nulos os fideicomissos além do segundo grau.[73]

A nulidade da substituição ilegal não prejudica a instituição, que valerá sem o encargo resolutório, conforme se observa do disposto no art. 1.960.[74]

> "CIVIL. DIREITO DAS SUCESSÕES. INEXISTÊNCIA DE OMISSÃO, CONTRADIÇÃO OU OBSCURIDADE NO JULGADO TESTAMENTO. SUBSTITUIÇÃO FIDEICOMISSÁRIA. CONDIÇÕES. CONSERVAÇÃO DO BEM E RESTITUIÇÃO. REEXAME DE CLÁUSULAS TESTAMENTÁRIAS. ÓBICE DA SÚMULA 5. 1. Prevê o art. 535 do CPC a possibilidade de manejo dos embargos de declaração para apontar omissão, contradição ou obscuridade na sentença ou acórdão, não se prestando este recurso, portanto, para rediscutir a matéria apreciada. 2. Para caracterização do instituto da substituição fideicomissária é preciso a identificação dos seguintes requisitos, a saber: a) caráter eventual; b) que os bens sejam sucessivos; c) capacidade passiva do fiduciário e do fideicomissário; c) obrigação de conservar a coisa fideicomissada para, posteriormente, restituí-la ao fideicomissário. 3. Na via especial, é vedada a alteração das premissas fático-probatórias estabelecidas pelo acórdão recorrido. 4. Recurso especial não conhecido. (REsp 757708/MG, 2005/0094737-0 - Relator(a): Ministro CARLOS

---

[73] CC/16 - Art. 1739 - São nulos os fideicomissos além do segundo grau.
[74] CC/16 - Art. 1740. A nulidade da substituição ilegal não prejudica a instituição, que valerá sem o encargo resolutório.

FERNANDO MATHIAS (JUIZ FEDERAL CONVOCADO DO TRF) - Julgamento: 10/02/2009 - Órgão Julgador: T4 - QUARTA TURMA - Publicação: DJe 26/02/2009).

Voto:

[...]

De início, registra-se que o instituto do fideicomisso possui natureza polêmica e tumultuada.

Segundo Caio Mário da Silva Pereira, "sua linha evolutiva em Roma é pontilhada de vacilações e incertezas. Baseado na confiança (fiducia), foi largamente utilizado, inclusive para contornar alguns casos de incapacidade sucessória. Generalizando-se o seu emprego, foi preciso armar o fideicomissário de instrumento hábil ao cumprimento do encargo imposto ao fiduciário, chegando-se mesmo à criação de magistratura especializada (praetor fideicomissarius), o que dá bem a mostra da amplitude de sua utilização." (PEREIRA, Caio Mário da Silva. Instituições de Direito Civil. 16ª ed. Rio de Janeiro: Forense, p. 325/326).

Ele ocorre toda vez que o testador estipula obrigação ao herdeiro, ou ao legatário, a quem se transmitem os bens, que consiste em fazer com que esses bens também se transmitam, por sua vez, após a morte destes, ou depois de certo tempo, a terceiro (chamado de fideicomissário), indicado pelo testador.

Abalizada doutrina sustenta que para caracterização da substituição fideicomissária, devem estar presentes os seguintes requisitos:

"1º) Dupla vocação, devendo haver duas disposições do mesmo bem em favor de pessoas diferentes, que receberão a herança, ou o legado, uma depois da outra, visto que três pessoas deverão intervir: o testador ou fideicomitente, que institui o fiduciário, que receberá a liberalidade com o encargo de transmiti-la ao fideicomissário, que, por não estar ainda concebido ao tempo da abertura da sucessão, terá a titularidade de um

direito eventual (....)

2º) Eventualidade da vocação do fideicomissário, pois até que se dê a substituição o fiduciário será proprietário sob condição resolutiva, e o fideicomissário o será sob condição Documento: 855685 - Inteiro Teor do Acórdão - Site certificado - DJe: 26/02/2009 Página 8 de 12 Superior Tribunal de Justiça suspensiva.(...)

3º) Sucessividade subjetiva nos bens herdados ou legados, de modo que o fideicomissário suceda ao fiduciário, recebendo com a morte deste, p.ex., a propriedade suceda ao fiduciário, recebendo com a morte deste, p. ex., a propriedade e a posse da coisa deixada pelo fideicomitente.

4º) Capacidade testamentária passiva do fiduciário, que é apurada no momento da abertura da sucessão, e do fideicomissário, por ocasião da substituição.

5º) Obrigação do fiduciário de conservar a coisa fideicometida para depois restituí-la ao fideicomissário, pois o fideicomitente deposita sua confiança no fiduciário, entregando-lhe bens com o encargo de conservá-los para depois restituí-los, de maneira que, se o testador permitir, expressamente, a alienação da coisa fideicometida por parte do fiduciário, não será fideicomisso." (DINIZ, Maria Helena, Curso de Direito Civil Brasileiro. 21. ed. São Paulo: Saraiva, 2007, p. 343).

No caso, em que pese a deficiente redação dos testamentos, tem-se que a substituição fideicomissária não está caracterizada, em razão da ausência de obrigação de conservação e restituição dos bens.

Cita-se, por oportuno, mais uma vez, a parte final do testamento de David Luiz da Silva:

"e por morte de sua esposa acima qualificada, essa metade disponível dos bens que existirem sejam inventariados e caibam aos herdeiros colaterais do testador.

Portanto, a interpretação aqui adotada em relação à

caracterização do fideicomisso, é restrita tal qual também ensina o mestre Pontes de Miranda, ao discorrer sobre as disposições de última vontade: "(...) A nulidade dos atos jurídicos de intercâmbio ou inter vivos é, praticamente, reparável: fazem-se outros, com as mesmas formalidades, ou se intentem ações que compensem o prejuízo, como a ação de in rem verso. Não se dá o mesmo com as declarações de última vontade: nulas, por defeito de forma, ou por outro motivo, não podem ser renovadas, pois morreu quem as fez. (Tratado de Direito Privado, tomo LXVIII, 2ª ed. Rio de Janeiro: Borsoi, 1969, p. 282/283)

Dessa forma, a conclusão a que chegou o acórdão recorrido está correta e, por isso, dela retira-se o seguinte trecho:

" (....)

Ressalta da cláusula testamentária ut supra que a intenção do testador David Luiz da Silva foi instituir sua herdeira a Sra. Olindina Mello da Silva, abstendo-se de lhe impor o ônus de conservar o patrimônio recebido, a fim de restituí-lo integralmente aos supostos fideicomissários.

(...)

Ora, se à suposta herdeira fiduciária era dado o direito de dispor do patrimônio é porque não se lhe impôs o ônus de conservá-lo, inexistindo, pois, o elemento constitutivo da conservação do patrimônio para restituí-lo, e, ainda, corolário lógico, os elementos da dupla vocação de herdeiros e ordem sucessiva, uma vez que presente a possibilidade de inexistirem bens quando do implemento da condição, qual seja, a morte da suposta fiduciária."

Posta a questão com essas balizas, tendo o Tribunal de origem, ao examinar as cláusulas testamentárias, compreendido que a substituição fideicomissária não estava presente, qualquer conclusão contrária a essa tese, demandaria o reexame de cláusulas testamentárias, o que atrai o óbice da Súmula 5 desta Corte Superior.

Nesse sentido, cita-se o seguinte precedente:

> *"PROCESSO CIVIL. INTERPRETAÇÃO DE CLAUSULA TESTAMENTARIA. INCIDENCIA DOS ENUNCIADOS NUMS. 5 E 7 DA SUMULA/STJ. AGRAVO DESPROVIDO. - A pretensão de ver reinterpretadas cláusulas testamentárias não se harmoniza com a função constitucional do recurso especial, desafiando a incidência dos enunciados nums. 5 e 7 da súmula/STJ. (AgRg no Ag 16715 /, Relator Ministro SÁLVIO DE FIGUEIREDO TEIXEIRA, DJ de 27.6.94, p. 16982)*
>
> *Ante o exposto, não conheço do recurso especial."*

> *"Direito processual e civil. Sucessões. Recurso especial. Disposição testamentária de última vontade. Substituição fideicomissária. Morte do fideicomissário. Caducidade do fideicomisso. Obediência aos critérios da sucessão legal. Transmissão da herança aos herdeiros legítimos, inexistentes os necessários. - Não se conhece do recurso especial quanto à questão em que a orientação do STJ se firmou no mesmo sentido em que decidido pelo Tribunal de origem. - A substituição fideicomissária caduca se o fideicomissário morrer antes dos fiduciários, caso em que a propriedade destes consolida-se, deixando, assim, de ser restrita e resolúvel (arts. 1.955 e 1.958, do CC/02). - Afastada a hipótese de sucessão por disposição de última vontade, oriunda do extinto fideicomisso, e, por conseqüência, consolidando-se a propriedade nas mãos dos fiduciários, o falecimento de um destes sem deixar testamento, impõe estrita obediência aos critérios da sucessão legal, transmitindo-se a herança, desde logo, aos herdeiros legítimos, inexistindo herdeiros necessários. Recurso especial parcialmente conhecido e, nessa parte, provido. (REsp 820814/SP, 3ª. Turma do STJ, Relatora Ministra NANCY ANDRIGHI, DJ 25/10/2007 p. 168).*

"TESTAMENTO - SUBSTITUIÇÃO FIDEICOMISSÁRIA - REQUISITOS CONFIGURADORES -AUSÊNCIA - DESCARACTERIZAÇÀO DO FIDEICOMISSO - HERDEIROS FIDEICOMISSÁRIOS - EXCLUSÃO DA SUCESSÃO . Afigura-se inexistente a substituição fideicomissária, em que ausente um dos seus requisitos configuradores, qual seja, o ônus imposto ao herdeiro fiduciário de conservar o patrimônio para restituí-lo ao herdeiro fideicomissário. Descaracterizado o fideicomisso, os supostos herdeiros fideicomissários devem ser excluídos da relação de herdeiros do inventário do suposto herdeiro fiduciário. TJMG - Agravo n° 169.492-67 00 - Comarca de São Lourenço - Relator: Dês. CÉLIO CÉSAR PADUANI - DJMG 10.11.2000 (Publicado na RJ 277, p. 95).

11. Da deserdação

Leciona SÍLVIO RODRIGUES, ob. cit., p. 242, que enquanto a "exclusão por indignidade é instituto de que afasta da sucessão tanto herdeiros legítimos quanto testamentários, a deserdação é, fundamentalmente, matéria de direito testamentário.

Tanto pode ser excluído da sucessão por indignidade o herdeiro legítimo que negou alimentos ao *de cujus*, quanto o legatário que atentou, com êxito, contra a vida daquele. Daí a razão porque o legislador disciplinou essa matéria no Título da Sucessão em Geral e não na moldura da sucessão legítima.

A deserdação é ato do testador, visante a afastar herdeiro necessário que se revelou ingrato, privando-o até mesmo de sua legítima.

Embora todas as causas de exclusão o sejam, também, de deserdação, nem todas as causas de deserdação servem para caracterizar a indignidade.

Aliás, enquanto a indignidade tem sua forma geradora na lei, a deserdação repousa na vontade do *de cujus*, que a manifesta em seu testamento.

Enquanto a indignidade afasta da sucessão todos os sucessores, legítimos ou testamentários, necessários ou não, a deserdação serve apenas para privar da herança os herdeiros necessários.

Finalmente, enquanto por sua natureza a deserdação só pode basear em fatos ocorridos antes da morte do *de cujus*, pois este os deve articular em seu testamento, a indignidade pode se fundar em atos posteriores, ou simultâneos à morte do hereditando, como na hipótese de causá-lo o homicídio de que este é vítima, e o herdeiro autor."

Assim, podem os herdeiros necessários serem privados de sua legítima, ou deserdados, em todos os casos em que podem ser excluídos da sucessão, conforme preceitua o art. 1.961.

A deserdação, ato pelo qual o herdeiro necessário fica privado de sua legítima, ficando excluído da sucessão, conforme preceitua o art. 1.961, pode se dar quando verificadas as causas apontadas no art. 1.962, sendo elas: ter sido o herdeiro ou legatário autor, co-autor ou participes de homicídio doloso, ou tentativa deste, contra a pessoa de cuja sucessão se tratar, seu cônjuge, companheiro, ascendente ou descendente; ter acusado caluniosamente em juízo o autor da herança ou incorrerem em crime contra a sua honra, ou de seu cônjuge ou companheiro; ter, por violência ou meios fraudulentos, inibido ou obstado que o autor da herança disponha livremente sobre seus bens por ato de última vontade; por ofensa física; por injúria grave; por relações ilícitas com a madrasta ou com o padrasto; por desamparo do ascendente em alienação mental ou grave enfermidade. As mesmas situações autorizam, conforme art. 1.963, a deserdação dos ascendentes pelos descendentes.[75]

---

75 CC/16 - Art. 1741. Os herdeiros necessários podem ser privados de sua legítima, ou deserdados, em todos os casos em que podem ser excluídos da sucessão.
CC/16 - Art. 1744. Além das causas mencionadas no artigo 1595, autorizam a deserdação dos descendentes por seus ascendentes:
I - ofensas físicas;
II - injúria grave;
III - desonestidade da filha que vive na casa paterna;
IV - relações ilícitas com a madrasta, ou o padrasto;
V - desamparo do ascendente em alienação mental ou grave enfermidade.
CC/16 - Art. 1745. Semelhantemente, além das causas enumeradas no artigo 1595, autorizam a deserdação dos ascendentes pelos descendentes:
I - ofensas físicas;
II - injúria grave;

Só podendo ser ordenada em testamento, o testador deve apontar de forma expressa a causa da deserdação, conforme se observa do disposto no art. 1.964, sendo que a prova da veracidade dessa causa cabe a quem aproveite a deserdação, extinguindo-se esse direito/ obrigação no prazo de quatro anos contados da abertura do testamento, conforme preceitua o art. 1.965.[76]

Não restando provado a causa invocada pelo testador para a deserdação, é nula a instituição, subsistindo, caso haja, os legados que couberem na quota disponível em contrapartida à nulidade do que prejudicou o "deserdado" na sua legítima.

Já decidiu o TJSP em caso em que ocorreu a revelia do deserdado, que tal fato não implicava em presunção de veracidade dos fatos alegados, haja vista aquela prova do alegado pelo testador caber ao beneficiário da deserdação (RJ 218/69).

Interessante, também, a questão processual levantada no Conflito de Competência n° 10.956-0, onde a Câmara Especial do TJSP, Relator ODYR PORTO, julgando procedente o conflito, recomendou a reunião do processo onde se buscava provar a veracidade de causas de deserdação com o inventário em andamento, facultando a suspensão de uma delas até a solução da questão prejudicial (RJTJESP 130/406), tendo como razão de decidir o fato de que "Entre as ações confrontadas há manifesta prejudicialidade, com o conceito que a essa questão empresta lei processual (alínea a do inciso IV do artigo 265 do Código de Processo Civil). O objeto da ação de inventário, onde se cogita de cumprir um testamento, depende do julgamento de outra ação pendente, que visa a prova das causas de deserdação determinada nesse mesmo ato de última vontade. Trata-se, na sistemática lembrada por MONIZ DE ARAGÃO, de prejudicial externa e homogênea da sentença, dada a presença induvidosa de relação condicionante entre as decisões reclamadas

---

III - relações ilícitas com a mulher do filho ou neto, ou com o marido da filha ou neta; (Redação dada pelo Dec. Leg. 3725/1919)
IV - desamparo do filho ou neto em alienação mental ou grave enfermidade.
76 CC/16 - Art. 1742. A deserdação só pode ser ordenada em testamento, com expressa declaração de causa.
CC/16 - Art. 178 - Prescreve: § 9° Em 4 (quatro) anos:
IV - a ação do interessado em pleitear a exclusão do herdeiro (arts. 1595 e 1596), ou provar a causa da sua deserdação (arts. 1741 a 1745) e bem assim a ação do deserdado para a impugnar; contado o prazo da abertura da sucessão;
CC/16 - Art. 1743. Ao herdeiro instituído, ou àquele a quem aproveite a deserdação, incumbe provar a veracidade da causa alegada pelo testador (art. 1742).

(v. "Comentários ao Código de Processo Civil", Editora Forense, vol. 11/398 e 400,1ª ed., ns. 468 e 469). Ora, como bem lembrado no parecer da ilustrada Procuradoria, a prejudicialidade é forma de conexão (v. ANTÔNIO SCARANCE FERNANDES, "Prejudicialidade", Editora Revista dos Tribunais, 1988, págs. 73 e 76; CHIOVENDA, "Instituições", trad. bras., vol. 11/216 e 220; LIEBMAN, "Manual", trad. bras., págs. 196 e 198), pelo que se recomenda a reunião das ações com essa intimidade (artigo 103 do Código de Processo Civil), com a faculdade de suspensão de uma delas até solução da lide prejudicial, em consonância com a jurisprudência, inclusive desta Câmara, indicada no mesmo parecer."

> *Agravo de Instrumento. Ação de Inventário. Insurgência contra decisão que determinou a suspensão do feito. Descacolhimento. Deserdação. Questão prejudicial. Decisão proferida naquela demanda que eventualmente importará em consequência direto ao inventário. Agravante que se declara herdeira única. Testamento que contém cláusula de deserdação. Impossibilidade de adjudicação em seu favor da suposta deserdada do único bem imóvel compenente do monte mor. Recurso desprovido (TJSP; Agravo de Instrumento 2047909-14.2017.8.26.0000; Relator (a): Rodolfo Pellizari; Órgão Julgador: 6ª Câmara de Direito Privado; Foro de Ribeirão Preto - 1ª. Vara de Família e Sucessões; Data do Julgamento: 14/09/2017; Data de Registro: 14/09/2017)*

RECURSO ESPECIAL - AÇÃO DE DESERDAÇÃO - MERO AJUIZAMENTO DE AÇÃO DE INTERDIÇÃO E INSTAURAÇÃO DO INCIDENTE DE REMOÇÃO DA HERANÇA, AMBOS EM DESFAVOR DO TESTADOR SUCEDIDO - "INJÚRIA GRAVE" - NÃO OCORRÊNCIA - EXPEDIENTES QUE SE ENCONTRAM SOB O PÁLIO DO EXERCÍCIO REGULAR DO DIREITO DE AÇÃO - DENUNCIAÇÃO CALUNIOSA - EXIGÊNCIA DE QUE A ACUSAÇÃO SE DÊ EM JUÍZO CRIMINAL - AUSÊNCIA DE COMPROVAÇÃO DE QUE AS AFIRMAÇÕES DO HERDEIRO TENHAM DADO INÍCIO A QUALQUER PROCEDIMENTO INVESTIGATÓRIO OU MESMO AÇÃO PENAL OU DE IMPROBIDADE ADMINISTRATIVA CONTRA O SEU

GENITOR - INVIABILIDADE, IN CASU, DE SE APLICAR A PENALIDADE CIVIL - RECURSO IMPROVIDO. 1. Se a sucessão consiste na transmissão das relações jurídicas economicamente apreciáveis do falecido para o seu sucessor e tem em seu âmago além da solidariedade, o laço, sanguíneo ou, por vezes, meramente afetuoso estabelecido entre ambos, não se pode admitir, por absoluta incompatibilidade com o primado da justiça, que o ofensor do autor da herança venha dela se beneficiar posteriormente. 2. Para fins de fixação de tese jurídica, deve-se compreender que o mero exercício do direito de ação mediante o ajuizamento de ação de interdição do testador, bem como a instauração do incidente tendente a removê-lo (testador sucedido) do cargo de inventariante, não é, por si, fato hábil a induzir a pena deserdação do herdeiro nos moldes do artigo 1744, II, do Código Civil e 1916 ("injúria grave"), o que poderia, ocorrer, ao menos em tese, se restasse devidamente caracterizado o abuso de tal direito, circunstância não verificada na espécie. 3. Realçando-se o viés punitivo da deserdação, entende-se que a melhor interpretação jurídica acerca da questão consiste em compreender que o artigo 1595, II, do Código Civil 1916 não se contenta com a acusação caluniosa em juízo qualquer, senão em juízo criminal. 4. Ausente a comprovação de que as manifestações do herdeiro recorrido tenham ensejado "investigação policial, processo judicial, instauração de investigação administrativa, inquérito civil ou ação de improbidade administrativa" (artigo 339 do Código Penal) em desfavor do testador, a improcedência da ação de deserdação é medida que se impõe. 5. Recurso especial improvido. (REsp 1185122/RJ, 3ª. Turma do STJ, Relator Ministro MASSAMI UYEDA, DJe 02/03/2011, RDTJRJ vol. 90 p. 169, REVJUR 401/221, RIOBDF 86/73, RMDCPC 41/114).

APELAÇAO CÍVEL - AÇAO DE DESERDAÇAO - EFEITOS PESSOAIS - DESCENDENTES DO DESERDADO - HERDAM POR REPRESENTAÇAO - ART. 1816 DO CÓDIGO CIVIL - RECURSO IMPROVIDO. A deserdação é ato do testador que visa a afastar herdeiro necessário que se revelou ingrato. Na forma do art. 1816 do código civil, os efeitos da referida exclusão são pessoais, logo, os descendentes do herdeiro excluído sucedem. Decisão unânime. (Processo: AC 201000010002014 PI - Relator(a): Des. BRANDÃO DE CARVALHO - Julgamento: 23/02/2010 - Órgão Julgador: 2ª. Câmara Especializada Cível).

AÇÃO DE DESERDAÇÃO EM CUMPRIMENTO A DISPOSIÇÃO TESTAMENTÁRIA. 1. EXCETO EM RELAÇÃO AOS ARTS. 1.742 E 1.744 DO CÓDIGO CIVIL DE 1916, OS DEMAIS DISPOSITIVOS LEGAIS INVOCADOS NO RECURSO ESPECIAL NÃO FORAM PREQUESTIONADOS, INCIDINDO OS VERBETES SUMULARES 282 E 356, DO STF. 2. ACERTADA A INTERPRETAÇÃO DO TRIBUNAL DE ORIGEM QUANTO AO MENCIONADO ART. 1744, DO CC/1916, AO ESTABELECER QUE A CAUSA INVOCADA PARA JUSTIFICAR A DESERDAÇÃO CONSTANTE DE TESTAMENTO DEVE PREEXISTIR AO MOMENTO DE SUA CELEBRAÇÃO, NÃO PODENDO CONTEMPLAR SITUAÇÕES FUTURAS E INCERTAS. 3. É VEDADA A REAPRECIAÇÃO DO CONJUNTO PROBATÓRIO QUANTO AO MOMENTO DA SUPOSTA PRÁTICA DOS ATOS QUE ENSEJARAM A DESERDAÇÃO, NOS TERMOS DA SÚMULA 07, DO STJ. RECURSO NÃO CONHECIDO. (REsp 124313/SP, 4ª. Turma do STJ, Relator Ministro LUIS FELIPE SALOMÃO, DJe 08/06/2009).

12. Da redução das disposições testamentárias

Como vimos, se o testador não tiver herdeiros necessários poderá deliberar sobre seus bens, por ato de última vontade, sem qualquer limite.

Porém, possuindo herdeiros necessários, essa liberdade vai até a metade dos bens que possuir, pois a outra metade constitui a legítima, da qual, se dispuser, sua vontade sofrerá redução, ou seja, em função de disposição legal se adequará a vontade do testador à realidade fática que se apresentava no momento de sua morte.

Prevê o art. 1.966 que na hipótese do testador só em parte dispuser da quota hereditária disponível, o remanescente pertencerá aos herdeiros legítimos.[77]

Por outro lado, caso disponha em excesso, estabelece o art. 1.967, reduzir-se-á ao limite dela, considerando-se que se o excesso se deu na porção disponível, será proporcionalmente reduzida as quotas do herdeiro ou herdeiros instituídos, até onde baste, e, não bastando, também os legados, na proporção do seu valor. Se o testador, prevenindo o caso, dispuser que se inteirem, de preferência, certos herdeiros e legatários, a redução far-se-á nos outros quinhões ou legados, observando-se a seu respeito a ordem estabelecida no parágrafo antecedente. Quando consistir em prédio divisível o legado sujeito a redução, conforme art. 1.968, far-se-á esta dividindo-o proporcionalmente. Se não for possível a divisão, e o excesso do legado montar a mais de um quarto do valor do prédio, o legatário deixará inteiro na herança o imóvel legado, ficando com o direito de pedir aos herdeiros o valor que couber na parte disponível; se o excesso não for de mais de um quarto, aos herdeiros farão tornar em dinheiro o legatário, que ficará com o prédio. Se o legatário for ao mesmo tempo herdeiro necessário, poderá inteirar sua legítima no mesmo imóvel, de preferencia aos outros, sempre que ela e a parte subsistente do legado lhe absorverem o valor.[78]

---

[77] CC/16 - Art. 1726. Quando o testador só em parte dispuser da sua metade disponível, entender-se-á que instituiu os herdeiros legítimos no remanescente.

[78] CC/16 - Art. 1727. As disposições, que excederem a metade disponível, reduzir-se-ão aos limites dela, em conformidade com o disposto nos parágrafos seguintes.
§ 1° Em se verificando excederem as disposições testamentárias a porção disponível, serão proporcionalmente reduzidas as quotas do herdeiro ou herdeiros instituídos, até onde baste, e, não bastando, também os legados, na proporção do seu valor.
§ 2° Se o testador, prevenindo o caso, dispuser que se inteirem, de preferência, certos herdeiros e legatários, a redução far-se-á nos outros quinhões ou legados, observando-se, a seu respeito, a ordem estabelecida no parágrafo anterior.
CC/16 - Art. 1728. Quando consistir em prédio divisível o legado sujeito à redução, far-se-á esta, dividindo-o proporcionalmente.
§ 1° Se não for possível a divisão, e o excesso do legado montar a mais de um quarto do valor do prédio, o legatário deixar inteiro na herança o imóvel legado, ficando com o direito de pedir aos herdeiros o valor que couber na metade disponível. Se o excesso não for de mais de um quarto, aos herdeiros torná-lo-á em dinheiro o legatário, que ficará com o prédio. (Redação dada ao parágrafo pelo Dec. Leg. 37257 1919)
§ 2° Se o legatário for ao mesmo tempo herdeiro necessário, poderá inteirar sua legítima no mesmo imóvel, de preferência aos outros, sempre que ela e a parte subsistente do legado lhe absorverem o valor.

Ação anulatória de testamento. Sentença de improcedência. Irresignação. Desacolhimento. Reconhecimento da união estável mantida pelo de cujus por sentença com trânsito em julgado. Testamento firmado após a separação de fato do falecido e de sua ex-cônjuge. Disposição que revela a vontade do testador, sem nenhum indício de mácula. Ausência de irregularidade capaz de gerar a pretendida nulidade do ato. Inexistência de indícios de incapacidade de testar e ausência de qualquer vício da vontade (art. 1.909 do Código Civil). Vontade hígida a validar o testamento. Disposição de última vontade que recaiu sobre a parte disponível e não atingiu direito de terceiro. Eventual excesso que poderá ser objeto de redução testamentária (art. 1.967 do Cód. Civil). Sentença mantida. Honorários advocatícios. Arbitramento no percentual de 15% sobre o valor atualizado da causa (R$ 180.000,00). Fixação que se mostra excessiva. Demanda sem complexidade. Falta de lastro para o arbitramento acima do piso legal. Redução plausível. Recurso parcialmente provido. (TJSP; Apelação 0083450-56.2005.8.26.0100; Relator (a): Rômolo Russo; Órgão Julgador: 7ª Câmara de Direito Privado; Foro Central Cível - 4ª Vara da Família e Sucessões; Data do Julgamento: 10/02/2016; Data de Registro: 10/02/2016)

RECURSO ESPECIAL. TESTAMENTO. AÇÃO DE REDUÇÃO DE DISPOSIÇÕES TESTAMENTÁRIAS. PROVA. PERÍCIA PARA AVALIAÇÃO DE BENS DOADOS PELO TESTADOR À VIÚVA CASADA PELO REGIME DE SEPARAÇÃO OBRIGATÓRIA DE BENS. LIBERDADE DO JUIZ NA CONDUÇÃO DA PROVA. ALEGAÇÃO DE DESNECESSIDADE DA PERÍCIA AFASTADA. RECURSO ESPECIAL IMPROVIDO. 1.- Em ação movida por herdeiros necessários visando à redução de disposições testamentárias em prol da viúva, para preservação da legítima (CC, art. 1.789), pode o Juízo, visando à formação do livre convencimento futuro sobre os temas envolvidos, que não podem ser prematuramente decididos, determinar a realização de perícia para verificação dos valores envolvidos no patrimônio, nas doações e no testamento do de cujus, limitando-se a matéria, por ora, ao campo exclusivamente da produção de prova para a análise futura em meio às controvérsia de fundo. 2.- Recurso Especial improvido. (REsp 1371086/SP, 3ª. Turma, Relator Ministro SIDNEI BENETI, DJe 26/05/2014).

RECURSO ESPECIAL. TESTAMENTO. AÇÃO DE REDUÇÃO DE DISPOSIÇÕES TESTAMENTÁRIAS. COLAÇÃO. PROVA. PERÍCIA PARA AVALIAÇÃO DE BENS DOADOS PELO TESTADOR AOS HERDEIROS NECESSÁRIOS. LIBERDADE DO JUIZ NA CONDUÇÃO DA PROVA. ALEGAÇÃO DE DESNECESSIDADE DA PERÍCIA AFASTADA. NÃO VIOLAÇÃO DOS ARTS. 544, 1789, 1846, 1847, 1976, 2002, § ÚNICO, e 2004 DO CÓD. CIVIL/2002. RECURSO ESPECIAL IMPROVIDO. 1.- Afasta-se a alegação de negativa de prestação jurisdicional, nos termos da jurisprudência pacífica do tribunal, no sentido de que, se os fundamentos adotados bastam para justificar a conclusão, não é preciso que o julgado rebata, um a um, os argumentos deduzidos pela parte. 2.- Em ação movida por herdeiros necessários, que receberam doações em vida do "de cujus", visando à redução de disposições testamentárias em prol da viúva, para preservação da legítima (CC, art. 1789), pode o Juízo, visando à formação do livre convencimento, determinar a realização de perícia, para verificação dos valores envolvidos no patrimônio, nas doações e no testamento. 3.- Recurso Especial improvido. (REsp 1314071/SP, 3ª. Turma, Relator Ministro SIDNEI BENETI, DJe 05/03/2013).

13. Da revogação do testamento

A revogabilidade do testamento, tal qual a sua instituição, é manifestação de vontade do testador, e pode ser feita a qualquer momento.

Conforme se observa do disposto no art. 1.969, o testamento pode ser revogado pelo mesmo modo e forma como pode ser feito, podendo ser, conforme art. 1.970, revogado total ou parcialmente, sendo que, se parcial, ou se o testamento posterior não contiver cláusula revogatória expressa, o anterior subsiste em tudo que não for contrário ao posterior.[79]

A revogação produzirá seus efeitos, ainda quando o testamento, que a encerra, vier a caducar por exclusão, incapacidade ou renúncia do herdeiro nele nomeado; não valerá, se o testamento revogatório for anulado por omissão ou infração de solenidades essenciais ou por vícios intrínsecos (art. 1.971).[80]

O testamento cerrado que o testador abrir ou dilacerar, ou for aberto ou dilacerado com seu consentimento, haver-se-á como revogado, conforme se observa da disposição contida no art. 1.972.[81]

Bom que se diga, nulidade é bastante diverso de revogação. A nulidade do testamento deve ser aferida em função de seus elementos essenciais, no momento em que outorgado. A revogação é ato posterior e pressupõe um testamento válido. Sendo o testamento um negócio jurídico personalíssimo, a revogação só pode resultar de um ato do testador.

AÇÃO DE ANULAÇÃO E/OU REVOGAÇÃO DE TESTAMENTO C.C. INDENIZAÇÃO POR DANO MORAL. Provas testemunhal e documental que comprovaram estado mental perfeito e lucidez da de cujus quando da realização do testamento e da doação. Ausência de provas da alegada cegueira a impedir a confecção dos documentos. Imóvel doado que foi regularmente adjudicado pela falecida. Inexistência de vícios capazes de acarretar a invalidade do

---

[79] CC/16 - Art. 1746. O testamento pode ser revogado pelo mesmo modo e forma por que pode ser feito.
CC/16 - Art. 1747. A revogação do testamento pode ser total ou parcial.
Parágrafo único. Se a revogação for parcial, ou se o testamento posterior não contiver cláusula revogatória expressa, o anterior subsiste em tudo que não for contrário ao posterior.
[80] CC/16 - Art. 1748 - A revogação produzirá seus efeitos, ainda quando testamento, que a encerra, caduque por exclusão, incapacidade, ou renúncia do herdeiro, nele nomeado; mas não valerá, se o testamento revogatório for anulado por omissão ou infração de solenidades essenciais, ou por vícios intrínsecos. (Redação dada pelo Dec. Leg. 3725/1919)
[81] CC/16 - Art. 1749 - O testamento cerrado que o testador abrir ou dilacerar, ou for aberto ou dilacerado com seu consentimento, haver-se-á como revogado.

negócio jurídico. Sentença mantida. Honorários majorados. Recurso não provido, com observação. (TJSP; Apelação 0002025-86.2012.8.26.0059; Relator (a): Fernanda Gomes Camacho; Órgão Julgador: 5ª Câmara de Direito Privado; Foro de Bananal - Vara Única; Data do Julgamento: 21/02/2018; Data de Registro: 22/02/2018)

REVOGAÇÃO DE TESTAMENTO – ELABORAÇÃO DE UM SEGUNDO - ATO FORMAL SUPERADO TACITAMENTE PELO ULTERIOR – BENS LEGADOS IDÊNTICOS – DISPOSIÇÕES DE VONTADE CONTRÁRIAS – INTELIGÊNCIA DO ART. 1.970 DO CÓDIGO CIVIL - DECISÃO MANTIDA – AGRAVO IMPROVIDO. (TJSP; Agravo de Instrumento 2138822-42.2017.8.26.0000; Relator (a): Giffoni Ferreira; Órgão Julgador: 2ª Câmara de Direito Privado; Foro de Diadema - 1ª Vara de Família e Sucessões; Data do Julgamento: 16/02/2018; Data de Registro: 16/02/2018)

AÇÃO CIVIL PÚBLICA. IMPROBIDADE ADMINISTRATIVA. PRINCÍPIOS DA ADMINISTRAÇÃO PÚBLICA. Acusação contra tabeliã. Lavratura de escritura pública de revogação de testamento público com a declaração falsa de observância da solenidade relativa à presença de duas testemunhas durante o ato. Sentença condenatória com aplicação cumulativa de penas. Quebra da unidade do ato notarial. Especial gravidade da conduta que acabou por impedir que as testemunhas instrumentais pudessem fiscalizar a manifestação de vontade da testadora. Ato ilegal que configura improbidade administrativa. Readequação da dosimetria. Primariedade e inexistência de prejuízo ao erário. Proporcionalidade. Manutenção da pena de multa. Procedência parcial mantida. Recurso provido em parte com observação. (TJSP; Apelação 0701707-82.2012.8.26.0699; Relator (a): Paulo Galizia; Órgão Julgador: 10ª Câmara de Direito Público; Foro de Salto de Pirapora - Vara Única; Data do Julgamento: 29/05/2017; Data de Registro: 08/06/2017)

"APELAÇÃO CÍVEL - AÇÃO ORDINÁRIA DE ANULAÇÃO DE ATO JURÍDICO - REVOGAÇÃO DE TESTAMENTO - AUSÊNCIA DE NULIDADE - RECONHECIDA A AUTENTICIDADE DA ASSINATURA DA TESTADORA - TESTAMENTO QUE CUMPRIU TODAS AS FORMALIDADES LEGAIS - TESTADORA NO GOZO DAS FACULDADES MENTAIS - RECURSO PROVIDO. Se comprovada que a assinatura produzida na escritura pública de testamento foi realizada pelo próprio testador e tendo a mesma preenchido plenamente as formalidades legais, não há que se falar em sua nulidade. (Processo: AC 7405501 PR 0740550-1 - Relator(a): Costa Barros - Julgamento: 30/03/2011 - Órgão Julgador: 12ª Câmara Cível - Publicação: DJ: 610).

*"DIREITO CIVIL APELAÇÃO AÇÃO DE ANULAÇÃO DE TESTAMENTO ALEGAÇÃO DE VÍCIO NA MANIFESTAÇÃO DE VONTADE COAÇÃO E AMEAÇA NÃO COMPROVADAS DEPOIMENTO DE UMA ÚNICA TESTEMUNHA CONTENDO CONTRADIÇÕES FÉ PÚBLICA DO TABELIÃO NÃO ABALADA IRREGULARIDADES FORMAIS INEXISTÊNCIA TESTEMUNHAS QUE NÃO CONHECIAM A TESTADORA E O BENEFICIÁRIO IRRELEVÂNCIA TESTEMUNHAS INSTRUMENTÁRIAS FALTA DE INDIVIDUALIZAÇÃO DOS BENS DEIXADOS - DESNECESSIDADE DISPOSIÇÃO DE TODO O PATRIMÔNIO SENTENÇA MANTIDA RECURSO IMPROVIDO. A presunção de veracidade de que goza a escritura pública de testamento lavrada por Tabelião só pode ser infirmada por prova segura, induvidosa e incontroversa."
(TJPR Ap. Cív. 113.249-4, Acórdão nº 20.999, 4ª Câmara Cível, Rel. Des. Sydney Zappa, julg. 06.09.2002).*

Testamento. Revogação expressa por ato posterior. Caducidade do testamento. Irrelevância. A caducidade do testamento, em razão de obstáculo superveniente, faz com que a disposição específica não prevaleça, mas não acarreta a nulidade ou invalidade do ato jurídico. Se o novo testamento, além de instituir usufruto de imóveis em favor do legatário pré-morto, prevê, expressamente, a revogação do anterior, acolhe-se este efeito, diante de sua validade. A simples caducidade do testamento não repristina o anterior, pois válida é a cláusula em que expressa o testador o seu intento de revogar o antecedente. Caducando o testamento mais recente e revogado o anterior, em que o testador dispunha sobre a parte disponível de seus bens, transforma-se a sucessão testamentária em legítima. Recurso ao qual se nega provimento (TJRJ - AC n° 200100128055 - 5ª CC -Rel. Dês. FERNANDO CABRAL - J.24.04.2002)

INVENTÁRIO - TESTAMENTEIRO - PRÊMIO - Cláusula testamentária estabelecendo renúncia à remuneração por quem assumisse a função. Substituição do testamenteiro por meio de codicilo, onde atribuídas todas as prerrogativas Legais inerentes ao exercício do cargo. Decisão fixando a vintena em 1% sobre o valor da Herança, ao fundamento de revogação da cláusula. Descabimento. Necessidade de novo testamento para efeito revogatório. Artigos 1.651, 1.746 e 1.747, do Código Civil. Agravo conhecido e provido. (TJSP - AI 19811341 - 2ª C.Cív. -Rel. Dês. J. G. J. ROBERTO BEDRAN - J. 21.08.2001)

TESTAMENTO PUBLICO - FALECIMENTO DA HERDEIRA TESTAMENTÁRIA ANTES DA TESTADORA - NOMEAÇÃO POSTERIOR DAS FILHAS DA HERDEIRA POR PROCURAÇÃO PARTICULAR - IMPOSSIBILIDADE - RIGOR FORMAL - SOLENIDADE ESSENCIAL - ARTS. 1.592, II, 1.717 E 1.746, CC-CONVERSÃO DE INVENTÁRIO EM HERANÇA JACENTE - POSSIBILIDADE -ECONOMIA PROCESSUAL - ART. 1.142, CPC -RECURSO DESACOLHIDO. I. A mitigação do rigor formal em prol da finalidade é critério que se impõe na interpretação dos textos legais. Entretanto, no caso dos testamentos, deve-se redobrar o zelo na observância da forma, tanto por não viver o testador no momento de esclarecer suas intenções, quanto pela suscetibilidade de fraudes na elaboração do instrumento e, consequentemente, na deturpação da vontade de quem dispõe dos bens para após a morte. II. A revogação parcial do testamento, para substituir a herdeira anteriormente nomeada e já falecida, deve dar-se pelo mesmo modo e forma do anterior (art. 1.746 do Código Civil), não tendo a procuração ad judicia por instrumento particular esse condão revogador. III. A capacidade para adquirir por testamento pressupõe a existência do herdeiro, ou legatário, à época da morte do testador. Tendo falecido antes o herdeiro, perde validade a cédula testamentária. IV. Na lição de Pontes, "a nulidade dos atos jurídicos de intercâmbio ou inter vivos é, praticamente, reparável: fazem-se outros, com as formalidades legais, ou se intentam ações que compensem o prejuízo, como a ação de in rem verso. Não se dá o mesmo com as declarações de última vontade: nulas, por defeito de forma, ou por outro motivo, não podem ser renovadas, pois morreu quem as fez. Razão maior para se evitar, no zelo do respeito à forma, o sacrifício do fundo" (Tratado de Direito Privado, t. LVIII, 2ª ed., Rio de Janeiro: Borsoi, 1969, § 5.849, p. 283). V. Iniciado o inventário e, no seu curso, verificada a inexistência de herdeiro testamentário, é de considerar-se jacente a herança, nos termos do art. 1.592, II, CC, caso em que "o juiz, em cuja comarca tiver domicílio o falecido, procederá sem perda de tempo à arrecadação de todos os seus bens" (art. 1.142, CPC). A conversão do procedimento e a nomeação do curador dá cumprimento a essa norma e atende ao princípio da economia processual, nele expressamente assentado. (REsp 147.959/SP, 4ª. Turma do STJ, Relator Ministro SÁLVIO DE FIGUEIREDO TEIXEIRA, DJU 19.03.2001)

TESTAMENTO PÚBLICO - REVOGAÇÃO POR ESCRITURA PÚBLICA ESPECÍFICA POSSIBILIDADE. *Alegação da autora de pedido de anulação do ato consistente em que o de cujus sofrerá viciada captação da vontade pelos réus e que se encontrava "mentalmente enfermo", na ocasião de sua celebração, pelo que não é válido o ato - Falta de prova das alegações -Sentença de procedência da ação, não obstante. Recurso provido para julgamento de improcedência.*

(TJSP - AC 77.028-4 - 4ª C. D. Priv - Rel. Dês. SILVA RICO - J. 06.04.1999)

"Ação de nulidade testamento, cumulada com petição de herança - Prova da ausência de higidez da testadora - Fragilidade - Pretensão de nulidade do testamento repelida - Decisão confirmada - Recurso desprovido. Somente prova induvidosa e, pois, incontroversa, autoriza a anulação de testamento público lavrado com a observância de todos os requisitos legais." (TJPR Ap. Cív. 72.552-8, Acórdão nº 3.411, 5ª Câmara Cível, Rel. Des. ANTONIO GOMES DA SILVA, julg. 09.03.1999).

CIVIL - AÇÃO ORDINÁRIA - CLÁUSULA GENÉRICA DE REVOGAÇÃO DE TESTAMENTO -ART. 333, I, DO CPC. I - O fato de o juiz haver determinado a especificação de provas não o inibe de verificar, posteriormente que a matéria versada dispensava que se as produzisse em audiência. II - Hipótese em que a interpretação que se extrai do testamento constante dos autos é de haver nele cláusula genérica de revogação de qualquer outra manifestação de última vontade do testador, insuscetível de reapreciada na via eleita do especial (Súmula n°s. 5 e 7, do STJ). III - Recurso não conhecido. Decisão. POR UNANIMIDADE, NÃO CONHECER DO RECURSO ESPECIAL. (RESP 27802/ RJ, 3ª. Turma do STJ, Relator Ministro WALDEMAR ZVEITER, DJ 13.12.1993 p. 27453, RSTJ 58/310)

14. Do rompimento do testamento

Em ocorrendo fato relevante, posterior ao ato de testar, capaz de fazer presumir que o testador não teria se manifestado daquela maneira se tivesse conhecimento de tal fato ao tempo em que manifestou aquela vontade, ou seja, se tivesse testado com o conhecimento desse fato manifestaria sua vontade de forma diversa, a lei determina o seu rompimento, invalidando, por revogação legal, aquela manifestação de última vontade.

Sobrevindo descendente sucessível ao testador, que não o tinha ou não o conhecia quando testou, determina o art. 1.973, rompe-se o testamento em todas as suas disposições.[82]

Rompe-se também o testamento feito na ignorância de existirem outros herdeiros necessários (art. 1.974).[83]

Não se rompe o testamento, porém, se o testador dispuser da sua metade, não contemplando os herdeiros necessários de cuja existência saiba, ou quando os exclua dessa parte, conforme se observa do previsto no art. 1.975.[84]

O CC anterior dispunha da mesma forma em seus arts. 1.750, 1.751 e 1.752, sendo que a 3º C. do TJMG, no AG nº 97.395/8, Relator Desembargador TENISSON FERNANDES, sobre rompimento de testamento, assim se manifestou:

"O testamento se rompe quando ocorre a superveniência de descendente sucessível do testador, que não o tinha ou não o conhecia quando testou e desde que esse descendente sobreviva a ele (art. 1.750, CC). De igual modo, também se rompe o testamento se efetivado na ignorância da existência de outros herdeiros necessários (art. 1.751, CC). Entretanto, não se rompe o testamento em que o testador dispuser de sua metade disponível, sem contemplar herdeiros necessários cuja existência conhecia (art. 1.752, CC). A condição de filho adulterino, reconhecida em ação de investigação de paternidade, promovida após a morte do testador, não é, por si só, suficiente para legitimar o rompimento do testamento, se restar inequivocamente provado nos autos daquela ação que o *de cujus*, quando testou, conhecia a existência daquele filho, sendo que a omissão do seu nome no testamento não significa o seu desconhecimento, mas sim a manifestação da vontade do testador de não contemplá-lo naquela metade disponível."

---

[82] CC/16 - Art. 1750. Sobrevindo descendente sucessível ao testador, que o não tinha, ou não o conhecia, quando testou, rompe-se o testamento em todas as suas disposições, se esse descendente sobreviver ao testador.

[83] CC/16 - Art. 1751. Rompe-se também o testamento feito na ignorância de existirem outros herdeiros necessários.

[84] CC/16 - Art. 1752 - Não se rompe, porém, o testamento, em que o testador dispuser da sua metade, não contemplando os herdeiros necessários, de cuja existência saiba, ou deserdando-os, nessa parte, sem menção de causa legal (arts. 1741 e 1742). (Redação dada pelo Dec. Leg. 3725/ 1919)

Sucessões. Rompimento de testamento. Suspeição das testemunhas não arguida no momento oportuno. Preclusão. Rompimento do testamento que se dá quando o testador desconhece a existência de filho, sendo irrelevante a data em que houve o reconhecimento judicial. Incidência do art. 1.975 do CC. Pelo princípio da saisine, com a morte os bens do falecido passam aos seus herdeiros, de forma que, ainda que um destes faleça antes da partilha, o seu quinhão não retorna ao monte-mor. Gratuidade judiciária. Direito personalíssimo. Se o pleito recursal se limita à majoração dos honorários advocatícios, ainda que a parte seja beneficiária da gratuidade, deve o advogado recolher as custas ou comprovar a sua hipossuficiência financeira. Sentença mantida. Recurso do autor desprovido, não conhecido o recurso do Espólio de Josepha de Jesus. (TJSP; Apelação 9000164-80.2012.8.26.0100; Relator (a): Alexandre Marcondes; Órgão Julgador: 3ª Câmara de Direito Privado; Foro Central Cível - 7ª Vara da Família e Sucessões; Data do Julgamento: 05/12/2017; Data de Registro: 05/12/2017)

Ação de inventário – Decisão que deferiu o pedido de rompimento do testamento do de cujus – Irresignação da beneficiária do testamento, que foi a primeira esposa do falecido – Testamento registrado quatro anos antes do de cujus contrair novas núpcias da qual nasceram três filhos – Aplicação do disposto no Artigo 1.973 do Código Civil para tornar ineficazes as disposições testamentárias – Decisão mantida – Recurso não provido. (TJSP; Agravo de Instrumento 2044928-46.2016.8.26.0000; Relator (a): Marcia Dalla Déa Barone; Órgão Julgador: 3ª Câmara de Direito Privado; Foro Central Cível - 11ª Vara da Família e Sucessões; Data do Julgamento: 16/06/2016; Data de Registro: 16/06/2016)

TESTAMENTO. ROMPIMENTO. HERDEIROS NECESSÁRIOS. LEGÍTIMA PRESERVADA. RECONHECIMENTO DE FILHO POR SENTENÇA JUDICIAL POSTERIORMENTE AO TESTAMENTO E AO ÓBITO DO TESTADOR. ALEGAÇÃO DE ROMPIMENTO FORMULADA POR FILHO AQUINHOADO

NO TESTAMENTO, QUE ANTES RECEBEU DOAÇÃO COM ENCARGO DE RESSARCIMENTO PARA EQUALIZAÇÃO. CONCORDÂNCIA COM O TESTAMENTO POR PARTE DOS DEMAIS FILHOS, INCLUSIVE O FILHO RECONHECIDO. VALIDADE DO TESTAMENTO. RECURSO ESPECIAL PROVIDO. 1.- Não ocorre o rompimento do testamento, que, preservada a legítima, outorga da parte disponível em favor de todos os filhos reconhecidos, no caso de reconhecimento ulterior ao testamento e ao óbito, de filho não incluído no testamento à vista de dúvida de paternidade, desfeita em ação de investigação de paternidade mediante o exame de DNA com utilização de material genético deixado pelo próprio testador, para análise. 2.- Vontade clara do testador preservada, inclusive quanto a ressarcimento por filho donatário de parte do patrimônio, por doação em vida, único a pleitear o rompimento do testamento, cuja validade é admitida por todos os demais herdeiros, inclusive pelo reconhecido ulteriormente. 3.- As circunstâncias da existência de filhos, herdeiros necessários, conhecidos do testador, tanto que em seu favor realizado o testamento, e da disposição testamentária com preservação da legítima de herdeiros necessários, torna prejudicada a discussão a respeito de conhecimento, ou não, pelo testador, da existência de outros filhos, no caso, o filho ulteriormente reconhecido por sentença judicial transitada em julgado. 4.- Vontade do testador absolutamente preservada, inclusive quanto ao sistema por ele estabelecido para a equalização patrimonial dos filhos após o óbito. 5.- Recurso Especial provido, com o restabelecimento do julgado de 1º Grau, prejudicados Embargos de Declaração interpostos pela Procuradoria Geral. (REsp 1273684/RS, 3ª. Turma do STJ, Relator Ministro SIDNEI BENETI, DJe 08/09/2014).

AGRAVO REGIMENTAL NO AGRAVO EM RECURSO ESPECIAL. DIREITO DAS SUCESSÕES. TESTAMENTO. SUPERVENIÊNCIA DE DESCENDENTE. ROMPIMENTO. NÃO OCORRÊNCIA. PRESUNÇÃO DE QUE O FALECIDO TESTARIA DE FORMA DIVERSA INEXISTENTE NO CASO

CONCRETO. 1. O art. 1.973 do Código Civil de 2002 trata do rompimento do testamento por disposição legal, espécie de revogação tácita pela superveniência de fato que retira a eficácia da disposição patrimonial. Encampa a lei uma presunção de que se o fato fosse de conhecimento do testador - ao tempo em que testou -, não teria ele testado ou o agiria de forma diversa. 2. Nesse passo, o mencionado artigo somente tem incidência se, à época da disposição testamentária, o falecido não tivesse prole ou não a conhecesse, mostrando-se inaplicável na hipótese de o falecido já possuir descendente e sobrevier outro(s) depois da lavratura do testamento. Precedentes desta Corte Superior. 3. Agravo regimental a que se nega provimento. (AgRg no AREsp 229064/SP, 4ª. Turma do STJ, Relator Ministro LUIS FELIPE SALOMÃO, DJe 15/10/2013, RDDP vol. 130 p. 162).

DIREITO DAS SUCESSÕES. RECURSO ESPECIAL. TESTAMENTO. SUPERVENIÊNCIA DE DESCENDENTE. ROMPIMENTO. NÃO OCORRÊNCIA. PEDIDO REALIZADO PELOS DESCENDENTES JÁ EXISTENTES. IMPOSSIBILIDADE. PRESUNÇÃO DE QUE O FALECIDO TESTARIA DE FORMA DIVERSA INEXISTENTE NO CASO CONCRETO. 1. Incide a Súmula n. 284/STF, no que concerne à alegação de ofensa ao art. 535 do Código de Processo Civil, sempre que o recurso somente trouxer lições doutrinárias e jurisprudenciais conhecidas acerca da exigência de que o Judiciário se manifeste de forma fundamentada sobre os pontos relevantes ao desate da controvérsia, sem, todavia, indicar nenhum aspecto em concreto acerca do qual não tenha havido manifestação, ou no qual tenha o julgado incorrido em contradição ou obscuridade. 2. Os arts. 1.973 e 1.974 do Código Civil de 2002 tratam do rompimento do testamento por disposição legal, espécie de revogação tácita pela superveniência de fato que retira a eficácia da disposição patrimonial. Encampa a lei uma presunção de que se o fato fosse de conhecimento do testador - ao tempo em que testou -, não teria ele testado ou o agiria de forma diversa. 3. Nesse passo, o art. 1.973 somente tem incidência *se, à época da disposição testamentária, o falecido não tivesse prole ou não a conhecesse, mostrando-se inaplicável na hipótese de o falecido já possuir descendente e sobrevir outro(s) depois da lavratura do testamento. Precedentes desta Corte Superior. 4. Com efeito, a disposição da lei visa a preservar a vontade do testador e, a um só tempo, os interesses de herdeiro superveniente ao testamento que, em razão de uma presunção legal, poderia ser contemplado com uma parcela maior da herança, seja por disposição testamentária, seja por reminiscência de patrimônio não comprometido pelo testamento. 5. Por outro lado, no caso concreto, o descendente superveniente - filho havido fora do casamento - nasceu um ano antes da morte do testador, sendo certo que, se fosse de sua vontade, teria alterado o testamento para contemplar o novo herdeiro, seja apontando-o diretamente como sucessor testamentário, seja deixando mais bens livres para a sucessão hereditária. Ademais, justifica-se o tratamento diferenciado conferido pelo morto aos filhos já existentes - que também não eram decorrentes do casamento com a então inventariante -, porque depois do reconhecimento do filho biológico pelo marido, a viúva pleiteou sua adoção unilateral, o que lhe foi deferido. Assim, era mesmo de supor que os filhos já existentes pudessem receber, em testamento, quinhão que não receberia o filho superveniente, haja vista que se tornou filho (por adoção) da viúva-meeira e também herdeira testamentária. 8. Recurso especial parcialmente conhecido e, na extensão, não provido. (REsp 1169639/MG, 4ª. Turma do STJ, Relator Ministro LUIS FELIPE SALOMÃO, DJe 04/02/2013).*

AGRAVO DE INSTRUMENTO. TESTAMENTO. ROMPIMENTO. A própria agravante, na ação de investigação de paternidade, de que foi autora, afirmou que, após 15 dias de seu nascimento, foi levada para que seu pai a conhecesse, tendo sido por ele abençoada. Mais ainda: nos item 6º da petição inicial da investigatória disse também a agravante que, pouco tempo após seu nascimento, seu pai, "prévio conhecedor da situação de pobreza de sua mãe,

Terezinha, entregou-lhe, em doação, cem (100) cabeças de gado vacum". Essas assertivas fazem, com renovada vênia do em. relator, prova cabal contra quem as faz, diante do princípio que veda o comportamento processual contraditório. Por isso, demonstrado que o testador tinha efetivo conhecimento do nascimento da agravante ao tempo em que lavrou o testamento, inviável o rompimento pretendido. POR MAIORIA, NEGARAM PROVIMENTO, VENCIDO O RELATOR. (Processo: AI 70050217207 RS - Relator(a): LUIZ FELIPE BRASIL SANTOS *- Julgamento: 01/11/2012 - Órgão Julgador: Oitava Câmara Cível - Publicação: Diário da Justiça do dia 07/11/2012).*

Inventário Testamento público Nascimento de filho posterior à lavratura do testamento Rompimento Adequação CC 1973 - Inteligência - Recurso improvido. O nascimento da agravada ocorreu em momento posterior ao testamento e não é possível afirmar que tivesse o testador conhecimento da existência do nascituro. Assim, sobrevindo descendente sucessível ao testador na linha do que dispõe o CC 1973, rompe-se o testamento, o que se dá na sua integralidade. (Processo: AI 1171270201282600000 SP 0011712-70.2012.8.26.0000 - Relator(a): JESUS LOFRANO *- Julgamento: 26/06/2012 - Órgão Julgador: 3ª Câmara de Direito Privado - Publicação: 27/06/2012)*

AGRAVO REGIMENTAL NO AGRAVO EM RECURSO ESPECIAL. TESTAMENTO. RUPTURA DO ART. 1.973 DO CÓDIGO CIVIL. NÃO OCORRÊNCIA. IMPROVIMENTO. 1.- O reconhecimento de outro herdeiro depois da realização do ato de disposição patrimonial, não prova o seu rompimento, não sendo aplicável o artigo 1.973 do Código Civil, se ausente a presunção de que o testador disporia de modo diverso do que foi consignado. 2.- O agravo não trouxe nenhum argumento novo capaz de modificar a conclusão alvitrada, a qual se mantém por seus próprios fundamentos. 3.- Agravo Regimental improvido. (AgRg no REsp 1273684/

RS, 3ª. Turma do STJ, Relator Ministro Sidnei Beneti, DJe 04/05/2012).

DIREITO CIVIL. SUCESSÃO TESTAMENTÁRIA. CONFLITO DE NORMAS. PRIMAZIA DA VONTADE DO TESTADOR. I - *Nos termos do artigo 1.750 do Código Civil de 1916 (a que corresponde o art. 1793 do Cód. Civil de 2002) "Sobrevindo descendente sucessível ao testador, que o não tinha, ou não o conhecia, quando testou, rompe-se o testamento em todas as suas disposições, se esse descendente sobreviver ao testador". II - No caso concreto, o novo herdeiro, que sobreveio, por adoção post mortem, já era conhecido do testador que expressamente o contemplou no testamento e ali consignou, também, a sua intenção de adotá-lo. A pretendida incidência absoluta do art. 1750 do Cód Civil de 1916 em vez de preservar a vontade esclarecida do testador, implicaria a sua frustração. III - A aplicação do texto da lei não deve violar a razão de ser da norma jurídica que encerra, mas é de se recusar, no caso concreto, a incidência absoluta do dispositivo legal, a fim de se preservar a mens legis que justamente inspirou a sua criação. IV - Recurso Especial não conhecido. (REsp 985093/RJ, 3ª. Turma do STJ, Relator Ministro Sidnei Beneti, DJe 24/09/2010, LEXSTJ vol. 254 p. 117).*

CIVIL E PROCESSUAL. INVENTARIO. NULIDADE DE TESTAMENTO ARGÜIDA PELO INVENTARIANTE. LITISCONSÓRCIO NECESSÁRIO. MATÉRIA NÃO PREQUESTIONADA. SÚMULAS NS. 282 E 356-STF. RESERVA DA LEGÍTIMA. BENS DISPONÍVEIS DEIXADOS A TERCEIRA PESSOA. NASCIMENTO DE NOVO NETO DO DE CUJUS APÓS A REALIZAÇÃO DO TESTAMENTO. PREEXISTÊNCIA DE OUTROS HERDEIROS DA MESMA QUALIDADE. NULIDADE DO ATO NÃO CONFIGURADA. CÓDIGO CIVIL, art. 1.750. EXEGESE. I. *Ausência de prequestionamento acerca da nulidade processual impeditiva da admissibilidade recursal sob tal aspecto, ao teor das Súmulas ns. 282 e 356 do C. STF.*

II. Constitui condição estabelecida no art. 1.750 do Código Civil, para o rompimento do testamento, não possuir ou não conhecer o testador, ao tempo do ato de disposição, qualquer descendente sucessível, de sorte que se ele já possuía vários, como no caso dos autos, o nascimento de um novo neto não torna inválido o testamento de bens integrantes da parte disponível a terceira pessoa. III. Recurso especial não conhecido. (REsp 240.720/SP, 4ª. Turma do STJ, Relator Ministro ALDIR PASSARINHO JÚNIOR, *DJ 06/10/2003 p. 273, RSTJ vol. 185 p. 403).*

RECONHECIMENTO DE FILHO POSTERIOR A FEITURA DE TESTAMENTO. ATO QUE NÃO AUTORIZA O ROMPIMENTO DELE. *I – A superveniência de filho, após a lavratura de testamento, se não afeta a parte disponível dos bens do testador, não determina sua ruptura, porque a parte indisponível comporta divisão eqüitativa entre os herdeiros necessários dele. II -Agravo conhecido e improvido. (TJGO - AI 21401-6/180 -2ª C.Cív. - Rel. Dês.* MARÍLIA JUNGMANN SANTANA *- DJGO 09.05.2001).*

15. Do testamenteiro

LUIZ DA CUNHA GONÇALVES, ob. cit., p. 233, ao falar acerca do testamenteiro, ensina que "Aberta uma herança, em toda a parte, o impulso instintivo dos herdeiros é para a apropriação e partilha dos respectivos bens, cogitando alguns em talha para si a parte do leão, mas poucos pensam em executar a vontade do testador. Outras vezes, os herdeiros não estão em condições de executar esta vontade, ou por serem incapazes ou inexperientes, ou por se encontrarem longe, ou por serem ignorados, ou por falta de idoneidade. Sucede também que não há herdeiros, mas só legatários, ou toda a herança é destinada a obras pias ou fundações (...). Por isso, desde remotos tempos, os testadores reconheceram a necessidade de confiarem a certa pessoa o cumprimento de algumas ou de todas as suas vontades expressas no testamento."

Testamenteiro é aquele que o testador encarrega de cumprir as suas disposições de última vontade, sendo certo que esse pode ou não aceitar o encargo.

Não há muita dificuldade para se imaginar o motivo que lava uma pessoa a encarregar outro a fazer cumprir sua vontade "pós morte". Da lida forense as disputas, ferrenhas, entre herdeiros pela herança. De se imaginar que, na expressiva maioria das vezes, se o incumbido disso fosse um herdeiro a vontade do autor da herança não aconteceria.

A escolha do testamenteiro, que é da vontade do testador, pode ser feita no próprio testamento ou através de codicilo e, como veremos mais adiante, na falta de indicação pelo "*de cujus*", tal encargo poderá ser assumido pelo cônjuge sobrevivente e, na falta deste, por um herdeiro nomeado pelo juiz.

Aceito o encargo, ele se submete a uma série de obrigações, em contrapartida a uma remuneração pelo exercício do encargo, se o testador não tiver disposto de forma contrária, podendo ser destituído se agir contrariamente à vontade do "*de cujus*", quando então perderá, em favor da herança, o que lhe seria destinado como pagamento pelo trabalho.

Estabelece o art. 1.976, que o testador pode nomear um ou mais testamenteiros, conjuntos ou separados, para lhe darem cumprimento às disposições de última vontade, podendo, conforme art. 1.977, conceder ao testamenteiro a posse e a administração da herança, ou de parte dela, não havendo cônjuge ou herdeiros necessários. Qualquer herdeiro pode requerer partilha imediata, ou devolução da herança, habilitando o testamenteiro com os meios necessários para o cumprimento dos legados, ou dando caução de prestá-los.[85]

Tendo o testamenteiro a posse e a administração dos bens, estabelece o art. 1.978, incumbe-lhe requerer inventário e cumprir o testamento.[86]

---

[85] CC/16 - Art. 1753. O testador pode nomear um ou mais testamenteiros conjuntos ou separados, para lhe darem cumprimento às disposições de última vontade.
CC/16 - Art. 1754. O testador pode também conceder ao testamenteiro a posse e administração da herança, ou de parte dela, não havendo cônjuge ou herdeiros necessários.
[86] CC/16 - Art. 1755 - Tendo o testamenteiro a posse e administração dos bens, incumbe-lhe requerer inventário e cumprir o testamento.
Parágrafo único. Se lhe não competir a posse e a administração, assistir-lhe-á direito

O testamenteiro é obrigado, nos termos do art. 1.980, a cumprir as disposições testamentárias, no prazo marcado pelo testador, e a dar contas do que recebeu e despendeu, subsistindo sua responsabilidade enquanto durar a execução do testamento.[87]

Cabe-lhe, também, com ou sem o concurso do inventariante e dos herdeiros instituídos, defender a validade do testamento (art. 1.981), sendo que além das atribuições anteriores, terá o testamenteiro as que lhe conferir o testador, nos limites da lei (art. 1.982).[88]

Caso o testador não conceda prazo maior, o testamenteiro deverá fazer cumprir o testamento, prestando contas, no prazo de cento e oitenta dias, contados da aceitação da testamentaria, podendo haver prorrogação desse prazo em caso de motivo suficiente (art. 1983).[89]

Na falta de testamenteiro nomeado pelo testador, a execução testamentaria compete a um dos cônjuges, e, em falta destes, ao herdeiro nomeado pelo juiz (art. 1.984), sendo que o encargo da testamentaria não se transmite aos herdeiros do testamenteiro, nem é delegável; mas o testamenteiro pode fazer-se representar em juízo e fora dele, mediante mandatário com poderes especiais (art. 1.985).[90]

Em ocorrendo de haver simultaneamente mais de um testamenteiro, que tenha aceitado o cargo, poderá cada qual exercê-lo, em falta

---

a exigir dos herdeiros os meios de cumprir as disposições testamentárias; e, se os legatários o demandarem, poderá nomear à execução os bens da herança.
CC/16 - Art. 1756. O testamenteiro nomeado, ou qualquer parte interessada, pode requerer, assim como o juiz pode ordenar, de ofício, ao detentor do testamento que o leve a registro.

[87] CC/16 - Art. 1757. O testamenteiro é obrigado a cumprir as disposições testamentárias, no prazo marcado pelo testador, e a dar contas do que recebeu e despendeu, subsistindo sua responsabilidade enquanto durar a execução do testamento.

[88] CC/16-Art. 1760. Compete ao testamenteiro, com ou sem o concurso do inventariante e dos herdeiros instituídos, propugnar a validade do testamento.
CC/16 - Art. 1761. Além das atribuições exaradas nos artigos anteriores, terá o testamenteiro as que lhe conferir o testador, nos limites da lei.

[89] CC/16 - Art. 1762. Não concedendo o testador prazo maior, cumprirá o testamenteiro o testamento e prestará contas no lapso de 1 (um) ano, contado da aceitação da testamentaria.
Parágrafo único. Pode esse prazo prorrogar-se, porém, ocorrendo motivo cabal.

[90] CC/16 - Art. 1763. Na falta de testamenteiro nomeado pelo testador, a execução testamentaria compete ao cabeça-de-casal, e, em falta deste, ao herdeiro nomeado pelo juiz.
CC/16 - Art. 1764. O encargo da testamentaria não se transmite aos herdeiros do testamenteiro, nem é delegável. Mas o testamenteiro pode fazer-se representar em juízo e fora dele, mediante procurador com poderes especiais.

dos outros; mas todos ficam solidariamente obrigados a dar conta dos bens que lhes forem confiados, salvo se cada um tiver, pelo testamento, funções distintas, e a elas se limitar (art. 1.988), sendo que, salvo disposição testamentaria em contrário, o testamenteiro, que não seja herdeiro ou legatário, terá direito a um prêmio, que, se o testador não o houver fixado, será de um a cinco por cento, arbitrado pelo juiz, sobre a herança líquida, conforme a importância dela e maior ou menor dificuldade na execução do testamento, sendo que esse prêmio arbitrado será pago à conta da parte disponível, quando houver herdeiro necessário (art. 1.987).[91]

Pode, conforme autorização expressa do art. 1.987, o herdeiro ou o legatário nomeado testamenteiro poderá preferir o prêmio à herança ou ao legado.

Caso o testador tiver distribuído toda a herança em legados, se observa do mandamento do art. 1.990, exercerá o testamenteiro as funções de inventariante.[92]

À luz do CC e CPC anteriores, ACÁCIO REBOUÇAS, ob. cit., p. 250, em nota aos caracteres da função de testamenteiro e sua remuneração, sintetiza que o "O encargo da testamentaria não se transmite aos herdeiros do testamenteiro, nem é delegável. Mas o testamenteiro pode fazer-se representar em juízo e fora dele, mediante procurado com poderes especiais (Código Civil, art. 1.764), Quando o testamenteiro não for herdeiro, nem legatário, terá direito a um prêmio que, se o testador o não houver taxado, será de um a cinco por cento, arbitrado pelo juiz, sobre toda a herança líquida, conforme a importância dela

---

[91] CC/16 - Art. 1765. Havendo simultaneamente mais de um testamenteiro, que tenha aceitado o cargo, poderá cada qual exercê-lo, em falta dos outros. Mas todos ficam solidariamente obrigados a dar conta dos bens, que lhes forem confiados, salvo se cada um tiver, pelo testamento, funções distintas, e a elas se limitar.
CC/16 - Art. 1.766. Quando o testamenteiro não for herdeiro, nem legatário, terá um prêmio, que, se o testador não houver taxado, será de 1% (um por cento) a 5% (cinco por cento), arbitrado pelo juiz, sobre toda a herança líquida, conforme a importância dela, e a maior ou menor dificuldade na execução do testamento (arts. 1.759 e 1.768).
[92] CC/16 - Art. 1767. O testamenteiro que for legatário poderá preferir o prêmio ao legado.
CC/16 - Art. 1768 - Reverterá à herança o prêmio, que o testamenteiro perder, por ser removido, ou não ter cumprido o testamento (arts. 1759 e 1766). (Redação dada pelo Dec. Leg. 3725/1919)
CC/16 - Art. 1.769. Se o testador tiver distribuído toda a herança em legados, o testamenteiro exercerá as funções de cabeça-de-casal.

e a maior ou menor dificuldade na execução do testamento. Este prêmio deduzir-se-á somente da metade disponível, quando houver herdeiro necessário (art. 1.766). O testamenteiro que for legatário poderá preferir o prêmio ao legado (art. 1.767). Perde o testamenteiro o prêmio se, nas suas contas, forem glosadas as despesas por ilegais ou por não conformes ao testamento (art. 1.759). Sendo o testamenteiro casado com herdeira ou legatária do testador, não terá direito ao prêmio, se o regime do casamento for o de comunhão de bens. Será lícito ao testamenteiro preferir o prêmio à herança ou legado (Código de Processo Civil, art. 548, § § 2° e 3°). O pagamento do prêmio não se efetuará por meio de adjudicação de bens da testamentaria, saldo se o testamenteiro for meeiro (art. 549). Perderá o prêmio o testamenteiro negligente ou convencido de culpa ou dolo (art. 551). Ainda, art. 544, x 1°, do Código de Processo Civil; art. 1.770, parágrafo único, do Código Civil. Reverterá à herança o prêmio que o testamenteiro perder, por ser removido ou não cumprir o testamento (Código Civil, art. 1.768). Em nota ao art. 1.766, observa Clóvis que o seu dispositivo só se refere ao herdeiro instituído: a testamentaria é cargo remunerado e o herdeiro legítimo tem direito ao prêmio se a exercer."

"AGRAVO DE INSTRUMENTO. Inventário. Decisão agravada que indeferiu o pedido de adjudicação de ações de empresa. Recurso do herdeiro. Embora possível, em tese, a sub-rogação, sua realização está condicionada ao exame de conveniência do testamenteiro, a quem incumbe dar fiel cumprimento às disposições de última vontade do falecido. Tratando-se, portanto, de uma operação que envolve risco de forma presumida, caberia ao herdeiro interessado demonstrar de forma inconteste que, na realidade, a aquisição dos papeis da companhia é o negócio jurídico que melhor atende seus interesses. Ausência de comprovação. Decisão preservada. NEGADO PROVIMENTO AO RECURSO."(v.26992). (TJSP; Agravo de Instrumento 2138039-50.2017.8.26.0000; Relator (a): Viviani Nicolau; Órgão Julgador: 3ª Câmara de Direito Privado; Foro de Pirassununga - 2ª Vara; Data do Julgamento: 27/02/2018; Data de Registro: 27/02/2018)

Ocorreu julgamento com turma ampliada, na forma do art. 942, do CPC, deliberando a maioria pelo acolhimento do recurso. Doação celebrada em circunstâncias suspeitas. Doador de 92 anos de idade, portador de Mal de Parkinson e outras graves enfermidades, que, doa (mediante procuração com poderes gerais e sem individualizar os bens e ou indicar o donatário) terreno com 8 (oito) casas, em favorecimento de casa de repouso constituída no ano anterior, contrariando testamento por escritura pública que favorecia aquela que, agora, se apresenta como filha do finado (a ser reconhecida). O curioso é que o doador, com 92 anos, foi representado por pessoa que ele escolheu para defender o testamento (seu testamenteiro). Incompatibilidade de funções. O testamenteiro não pode agir contra o testamento (arts. 1980 e 1981, do CC) e não se lavra doação de nonagenário mediante procuração. Nulidade reconhecida e declarada. Provimento. (TJSP; Apelação 1013262-06.2014.8.26.0003; Relator (a): Enio Zuliani; Órgão Julgador: 28ª Câmara Extraordinária de Direito Privado; Foro Regional III - Jabaquara - 3ª Vara Cível; Data do Julgamento: 13/12/2017; Data de Registro: 19/12/2017)*

RECURSO ESPECIAL. DIREITO SUCESSÓRIO. CLÁUSULA TESTAMENTÁRIA PREVENDO A INCOMUNICABILIDADE DOS BENS IMÓVEIS DESTINADOS AOS HERDEIROS. NECESSIDADE DE ADITAMENTO DO TESTAMENTO PARA A INDICAÇÃO DE JUSTA CAUSA PARA A RESTRIÇÃO QUE NÃO FOI OBSERVADA PELO TESTADOR. ARTS. 1.848 E 2.042 DO CC. INEFICÁCIA DA DISPOSIÇÃO TESTAMENTÁRIA QUE AFETA O TESTAMENTO. PRÊMIO DO TESTAMENTEIRO. CABIMENTO. RECURSO ESPECIAL IMPROVIDO. 1. Embora o autor da herança tenha deixado testamento público no qual fez inserir, como disposição única, que todos os bens imóveis deixados aos seus filhos deveriam ser gravados com cláusula de incomunicabilidade, com a vigência do CC de 2002 passou-se a exigir a indicação de justa causa para que a restrição tivesse eficácia, tendo sido concedido o prazo de 1 (um) ano após a entrada em vigor do Código, para que fosse feito o aditamento (CC, art. 1.848 c/c 2.042), o que não foi observado, no caso, pelo testador.*

2. A despeito de a ineficácia da referida cláusula afetar todo o testamento, não há que se falar em afastamento do pagamento do prêmio ao testamenteiro, a pretexto de que a sua atuação no feito teria sido singela, uma vez que o maior ou menor esforço no cumprimento das disposições testamentárias deve ser considerado apenas como critério para a fixação da vintena, que poderá variar entre o mínimo de 1% e o máximo de 5% sobre a herança líquida (CC, art 1.987), mas não para ensejar a sua supressão. 3. Na hipótese, a fiel execução da disposição testamentária foi obstada pela própria inação do disponente ante a exigência da lei, razão pela qual não pode ser atribuída ao testamenteiro nenhuma responsabilidade por seu descumprimento, sendo de se ressaltar que a perda do direito ao prêmio só é admitida, excepcionalmente, em caso de sua remoção, nas situações previstas em lei (CC, art. 1.989 e CPC, art. 1.140, I e II). 4. Recurso especial improvido. (REsp 1207103/SP, 3ª. Turma do STJ, Relator Ministro MARCO AURÉLIO BELLIZZE, DJe 11/12/2014, RIOBDF vol. 88 p. 136).

AGRAVO DE INSTRUMENTO. AUTOS DE INVENTÁRIO. PRÊMIO FIXADO EM FAVOR DA TESTAMENTEIRA. PRETENSÃO DE REDUÇÃO. CABIMENTO. TESTAMENTEIRA QUE NÃO DESENVOLVEU GRANDES ESFORÇOS AO LONGO DA DEMANDA. FORTES INDICIOS DE QUE NÃO FOI A TESTAMENTEIRA QUEM EXECUTOU O TESTAMENTO. PRÊMIO REDUZIDO PARA O MÍNIMO LEGAL ESTABELECIDO NO ART. 1.987 DO CÓDIGO CIVIL. DECISÃO MODIFICADA.AGRAVO PROVIDO. (Processo: 9463136 PR 946313-6 (Acórdão) - Relator(a): AUGUSTO LOPES CORTES - Julgamento: 17/10/2012 - Órgão Julgador: 11ª Câmara Cível).

PROCESSUAL CIVIL. AGRAVO REGIMENTAL. CONTRATO DE PRESTAÇÃO DE SERVIÇOS. HONORÁRIOS DE TESTAMENTEIRO, INVENTARIANTE E ADVOGADO FIXADOS EM CONJUNTO. SÚMULAS 5 E 7/STJ. 1. A conclusão do acórdão recorrido de que os honorários pelos desempenho das funções de testamenteiro, inventariante e advogado foram fixados em conjunto, mediante contrato de prestação de serviços celebrado com os legatários, não pode ser revista no âmbito do recurso especial, por demandar o reexame do conjunto fático-probatório dos autos e de cláusula contratual (Súmulas 5 e 7/STJ). 2. Agravo regimental a que se nega provimento. (AgRg no AREsp 73941/SP, 4ª. Turma do STJ, Relatora Ministra MARIA ISABEL GALLOTTI, DJe 14/06/2012).

CIVIL. SUCESSÕES. TESTAMENTO. VINTENA. IRREGULAR E NEGLIGENTE EXECUÇÃO DO TESTAMENTO. - Se é lícito ao Juiz remover o testamenteiro ou determinar a perda do prêmio por não cumprir as disposições testamentárias (CPC. Art. 1.140), é-lhe possível arbitrar um valor compatível para remunerar o trabalho irregular e negligente na execução do testamento. (REsp 418931/PR, 3ª. Turma do STJ, Relator Ministro HUMBERTO GOMES DE BARROS, DJ 01/08/2006 p. 430).

INVENTÁRIO - TESTAMENTEIRO - PRÊMIO – Cláusula testamentaria estabelecendo renúncia à remuneração por quem assumisse a função. Substituição do testamenteiro por meio de codicilo, onde atribuídas todas as prerrogativas Legais inerentes ao exercício do cargo. Decisão fixando a vintena em 1% sobre o valor da Herança, ao fundamento de revogação da cláusula. Descabimento. Necessidade de novo testamento para efeito revogatório. Artigos 1.651, 1.746 e 1.747, do Código Civil. Agravo conhecido e provido. (TJSP - AI 19811341 - 2ª C.Cív. -Rel. Dês. J. G. J. ROBERTO BEDRAN - J. 21.08.2001)

AGRAVO DE INSTRUMENTO. REGISTRO DE TESTAMENTO. NOMEAÇÃO DE TESTAMENTEIRO. Na falta de testamenteiro nomeado pelo testador, a execução testamentária compete a um dos cônjuges, e, em falta destes, ao herdeiro nomeado pelo juiz. Havendo divergência entre os herdeiros quanto à nomeação do testamenteiro, o juiz nomeará testamenteiro que melhor atender aos interesses da sucessão, razão pela qual nego provimento ao recurso. Agravo desprovido. (TJRS - AI 70011563954 - 8ª C. Cív. -Rel. Dês. ANTÔNIO CARLOS STANGLER PEREIRA - J. 07.07.2005).

INVENTÁRIO COM TESTAMENTO - A ordem de preferência para a investidura no encargo de inventariante não pode ser afastada com a simples indicação constante do testamento. A vontade do testador por si só, não tem o condão de revogar o disposto no art. 990, I, do Código de Processo Civil. Cabe à viúva, casada sob o regime de comunhão de bens, e de posse dos bens do casal, o exercício da inventariança. Provimento do recurso, para afastar o testamenteiro do encargo de inventariante, por não preencher o mesmo os requisitos legais. (TJRJ - AI 13457 1999 - 6ª C. Cív. - Re 1ª Des. MARIANNA PEREIRA NUNES -Unânime - DORJ 25.11.1999).

TESTAMENTEIRO - PRÊMIO - ARBITRAMENTO NO VALOR MÁXIMO - REDUÇÃO - POSSIBILIDADE - INTELIGÊNCIA DO ARTIGO 1.138 DO CPC -AGRAVO DE INSTRUMENTO PROVIDO. Na hipótese a fixação pelo valor mais alto, contemplado no citado dispositivo processual, não merece prevalecer, desvendando-se demasiado em razão da simplicidade da atuação do testamenteiro. (TJSP - AI 96.819-4 - 2ª C.D.Priv - Rel. Dês. PEREIRA DA SILVA - J. 09.02.1999).

TESTAMENTEIRO - Prêmio - Tem como base de cálculo o total da herança líquida, ainda que haja herdeiros necessários, e não apenas a metade disponível, ou os bens de que dispôs em testamento o de cujus. Pelo pagamento, entretanto, não responderão as legítimas dos herdeiros necessários, deduzindo-se o prêmio da metade disponível. (REsp. 39.891-6/SP, 3ª Turma do STJ, Relator Ministro EDUARDO RIBEIRO, DJU 24.10.1994).

16. Da abertura, do registro e do cumprimento.

O Código de Processo Civil trata dos testamentos e codicilos nos artigos 735 a 737, estabelecendo a forma procedimental do título em epígrafe e dos dois seguintes.

Em se tratando de testamento cerrado, recebendo-o o juiz, após aferição acerca de sua eventual violação, o abrirá e mandará que o escrivão o leia em presença de quem o entregou (caput do art. 735).

Determina o parágrafo primeiro do art. 735 que, em seguida a abertura, lavrar-se-á o termo de abertura onde constará o nome do apresentante e como ele obteve o testamento, a data e o lugar do falecimento do testador, com as respectivas provas, e qualquer circunstância que mereça nota.

Posteriormente, ouvido o Ministério Público, não havendo duvidas a serem esclarecidas, o juiz mandará registrar, arquivar e cumprir o testamento, se não encontrar vício externo, que o torne suspeito de nulidade ou falsidade, consoante regra vertida pelo parágrafo segundo do art. 735.

De se ressaltar que o juiz "somente poderá negar registro ao testamento se ele padecer de vício externo; eventuais defeitos quanto à formação e manifestação de vontade do testador deverão ser apreciados ou no inventário ou em ação de anulação (JTJ 157/197)" (THEOTÔNIO NEGRÃO, ob. cit., p. 996).

Feito o registro (§ 3º. art. 735), será intimado o testamenteiro para assinar o termo da testamentária, sendo que se não houver testamenteiro nomeado, estiver ele ausente ou não aceitar o encargo, o juiz nomeará testamenteiro dativo, observando-se a preferência legal (§ 4º. art. 735).

Como vimos acima, o Código Civil trata do testamenteiro nos artigos 1.976 a 1.990, sendo certo quando o CPC se refere à preferência legal, deve-se entender aquela estampada no art. 1.984, que na vigência do CC anterior era a do art. 1.763.

O testamenteiro deverá cumprir as disposições testamentárias e prestar contas em juízo do que recebeu e despendeu, observando-se o disposto em lei (§ 5º. art. 735).

Osmar Mendes Paixão Côrtes, "Código de Processo Civil Anotado" AASP, 2015, ao comentar o art. 735, fls. 1144, sintetiza as referência legais ao testamenteiro, afirmado que "É a pessoa encarregada de dar cumprimento ao que disposto no testamento, podendo ser nomeado pelo testador (CC, arts. 1.976 e 1.883); legal, se não houver nomeado ou esse recusar o encargo (CC, art. 1.984), ou dativo, se não houver nomeado ou legal (CC, art. 1.984). Ele deverá assinar termo (testamentária) comprometendo-se a dar fiel cumprimento ao que disposto no testamento. O testamenteiro tem obrigações legais (CC, arts. 1.976 e seguintes) e as previstas no testamento, devendo prestar contas nos autos do inventário (CPC, art. 553)."

Tratando-se de testamento público (CC arts. 1864 a 1867), qualquer interessado, exibindo o traslado ou certidão, poderá requerer ao juiz que ordene o seu comprimento, observando-se, no que couber, o disposto nos parágrafos do art. 735.

> *Ação de abertura, registro e cumprimento de testamento público – Impugnação de herdeiro, que afirma que o testamento foi feito quando a testadora já não tinha condições de manifestar livremente sua vontade, razão pela qual o documento seria nulo – Afastamento – Apelante que não apresenta vícios externos no testamento, que impossibilitem a abertura, o registro e o cumprimento do testamento – Eventual vício na declaração de vontade que deverá ser objeto de demanda própria – Sentença de procedência – Manutenção – Recurso não provido. Nega-se provimento ao recurso. (TJSP; Apelação 1013381-85.2015.8.26.0405; Relator (a): Marcia Dalla Déa Barone; Órgão Julgador: 3ª Câmara de Direito Privado; Foro de Osasco - 1ª Vara de Família e Sucessões; Data do Julgamento: 07/02/2018; Data de Registro: 07/02/2018)*

> *APELAÇÃO. ABERTURA, REGISTRO E CUMPRIMENTO DE TESTAMENTO PARTICULAR. NULIDADE DO TESTAMENTO. Inconformismo. Não acolhimento. O ato de disposição de última vontade fora elaborado de forma conjuntiva, em afronta à vedação contida no artigo*

1.863, do Código Civil. Assim, o testamento está eivado de nulidade absoluta. SUCUMBÊNCIA. Em que pese se tratar de procedimento de jurisdição voluntária, a resistência de um dos herdeiros torna contencioso o feito. Sucumbência reconhecida com acerto. Precedentes C. STJ e também desta Corte. Negado provimento ao apelo. (TJSP; Apelação 1107613-68.2014.8.26.0100; Relator (a): Fábio Podestá; Órgão Julgador: 5ª Câmara de Direito Privado; Foro Central Cível - 2ª Vara da Família e Sucessões; Data do Julgamento: 16/03/2016; Data de Registro: 21/03/2016)

RECURSO ESPECIAL. TESTAMENTO PARTICULAR. NEGATIVA DE PRESTAÇÃO JURISDICIONAL. ARTIGOS 458 E 535 DO CPC. NÃO OCORRÊNCIA. ATO JURÍDICO PERFEITO. OFENSA NÃO CONFIGURADA. ASSINATURA DO TESTADOR. REQUISITO ESSENCIAL DE VALIDADE. ABRANDAMENTO. IMPOSSIBILIDADE. 1. Cuida-se de procedimento especial de jurisdição voluntária consubstanciado em pedido de abertura e registro de testamento particular. 2. Cinge-se a controvérsia a determinar se pode subsistir o testamento particular formalizado sem todos os requisitos exigidos pela legislação de regência, no caso, a assinatura do testador e a leitura perante as testemunhas. 3. A jurisprudência desta Corte tem flexibilizado as formalidades prescritas em lei no tocante às testemunhas do testamento particular quando o documento tiver sido escrito e assinado pelo testador e as demais circunstâncias dos autos indicarem que o ato reflete a vontade do testador. 4. No caso dos autos, o testamento é apócrifo, não sendo, portanto, possível concluir, de modo seguro, que o testamento redigido de próprio punho exprime a real vontade do testador. 5. Recurso especial provido. (REsp 1444867/DF, 3ª. Turma do STJ, Relator Ministro RICARDO VILLAS BÔAS CUEVA, DJe 31/10/2014).

TESTAMENTO PARTICULAR - CÓPIA CÉDULA AUTENTICADA - AUSÊNCIA DE REQUISITO ESSENCIAL -

O pedido de abertura, registro e cumprimento de testamento particular deve ser instruído com a cédula do testamento original, não sendo possível a substituição de referido documento por cópia, ainda que autenticada; pelo que deve ser reformada a sentença que julgou procedente o pedido formalizado sem observância deste requisito essencial. Recurso provido. (TJMG - AC 1.0024.02.853814-8/001(1) -3ª C. Cív. - Rel. Dês. LAMBERTO SANFANNA - DJMG 15.04.2005).

Testamento. Abertura (execução). Ministério Público (exigências). Poder geral de cautela. 1. No procedimento de jurisdição voluntária, ao juiz é lícito investigar livremente os fatos (Cód. de Pr. Civil, art. 1.109). 2. É lícita a exigência de certidões negativas, porque só se cumpre o testamento, "se lhe não achar vício externo que o torne suspeito de nulidade ou falsidade" (Cód. de Pr. Civil, art. 1.126). 3. Recurso especial não conhecido. (REsp 95861/RJ, 3ª. Turma STJ Relator Ministro NILSON NAVES, DJ 21/06/1999 p. 149, RDR vol. 15 p. 268).

TESTAMENTO. Requerimento de abertura de arrolamento ou confirmação de testamento formulado por quem não é herdeiro e não foi, de qualquer maneira, contemplado pelo testador - Indeferimento. Recurso não provido. (TJSP - AC 69.091-4 - 6ª C.D.Priv - Rel. Dês. MOHAMED AMARO - J. 11.02.1999).

INVENTÁRIO - Exclusão da multa de 20% sobre o imposto causa mortis - Inadmissibilidade - Pedido de abertura do inventário ajuizado mais de 180 dias após o óbito da autora da herança, ocorrido em 6/10/98 - O pedido de processamento e registro de testamento não suspende o prazo para o requerimento da abertura do inventário, bem como o registro de testamento não é documento essencial para a abertura do inventário - Correta a imposição da multa (art. 27 da Lei n° 9591/66) - Recurso desprovido.

(TJSP -AI 269.217-4/8 - São Paulo - 7ª Câm. Dir. Priv. - Rel. LEITE CINTRA - J. 19.02.2003 – V.U.).

O testamento particular (CC art. 1.876), depois da morte do testador, deverá ser publicado, em juízo, o que poderá ser requerido pelo herdeiro, o legatário ou o testamenteiro, bem como por terceiro detentor do testamento, se impossibilitado de entrega-lo a algum dos legitimados para requerê-la (CPC art. 737, caput), devendo ser intimados os herdeiros que não tiverem requerido a sua publicação (§ 1º).

Aferido pelo juiz a presença dos requisitos da lei, ouvido o Ministério Público, será confirmado (§ 2º), aplicando-se esse regramento ao codicilo e aos testamentos marítimo, aeronáutico, militar e nuncupativo (§ 3º), observando-se, no cumprimento do testamento, o disposto no art. 735 (§ 4º).

Apelação. Abertura de testamento. Sentença de improcedência. Sem a assinatura de nenhuma testemunha em testamento particular, falta um dos requisitos de validade e eficácia exigidos no art. 1.876 do CC. Ausência de circunstância excepcional declarada na cédula, conforme exigência do art. 1.879 do CC. Sobrevivência da testadora da declaração por mais aproximadamente 05 anos depois da manifestação , o que permitiria formalizar sua vontade em conformidade com a lei. Sentença mantida por seus próprios fundamentos. Recurso desprovido. (TJSP; Apelação 1001192-77.2016.8.26.0102; Relator (a): Pedro de Alcântara da Silva Leme Filho; Órgão Julgador: 8ª Câmara de Direito Privado; Foro de Cachoeira Paulista - 2ª Vara; Data do Julgamento: 18/12/2017; Data de Registro: 18/12/2017)

DIREITO CIVIL. SUCESSÕES. TESTAMENTO PARTICULAR. VERACIDADE. COAÇÃO. AFERIÇÃO. INVIABILIDADE. REEXAME DE PROVAS. REVOGAÇÃO TÁCITA.

CADUCIDADE. FALTA DE PREQUESTIONAMENTO. CONFIRMAÇÃO. TESTEMUNHA ÚNICA. SUFICIÊNCIA. FUNDAMENTOS NÃO IMPUGNADOS. I - Se, a despeito da oposição de embargos declaratórios, o tribunal de origem não se manifestou sobre a existência de revogação tácita ou caducidade do testamento, em razão do falecimento da maioria das testemunhas ter ocorrido antes da morte da testadora, incide a Súmula 211 desta Corte. II - Esbarra no óbice da Súmula 7 do Superior Tribunal de Justiça a revisão do acórdão recorrido, no aspecto em que afirmou estarem demonstradas a veracidade e autenticidade do testamento, bem como inexistirem vícios de consentimento. III - Não impugnados os fundamentos que levaram o tribunal a quo a confirmar o testamento, consistentes na autenticidade e veracidade do documento, e ainda considerada que as nulidades e anulabilidades seriam restritas àquelas dos artigos 145 e 147 do referido diploma, tem aplicação a Súmula 283 do Supremo Tribunal Federal. Recurso não conhecido. (REsp 830791/MG, 3ª. Turma do STJ, Relator Ministro CASTRO FILHO, *DJ 07/05/2007 p. 320).*

TESTAMENTO PARTICULAR - PEDIDO DE CONFIRMAÇÃO - PROCEDIMENTO ESPECIAL DE JURISDIÇÃO VOLUNTÁRIA. Impossibilidade de albergar embate sobre tema litigioso, como o atrelado a suposta nulidade do testamento, por infração ao art. 1.627, III, do Código Civil - Remessa das partes às vias ordinárias, em processo contencioso. Agravo não provido. (TJSP - AI 98.248-4 - 10ª C.D.Priv - Rel. Dês. QUAGLIA BARBOSA *- J. 09.02.1999).*

CIVIL. TESTAMENTO DATILOGRAFADO. PRECEDENTES DO TRIBUNAL NO TEMA. RECONHECIMENTO DE VALIDADE PELO TRIBUNAL DE ORIGEM. RECURSO ESPECIAL INTERPOSTO POR DOIS DOS LEGATARIOS NÃO-PARENTES. FALTA DE INTERESSE RECURSAL. RECURSO NÃO-CONHECIDO. - LEGATARIO QUE NÃO E PARENTE APTO A HERDAR NÃO TEM INTERESSE EM DISCUTIR, EM RECURSO ESPECIAL, EVENTUAL NULIDADE DO

TESTAMENTO, UMA VEZ QUE SERIA PREJUDICADO POR SEU PROPRIO ATO. REsp 74023/SP, 4ª. Turma do STJ, Relator Ministro SÁLVIO DE FIGUEIREDO TEIXEIRA, DJ 02/03/1998 p. 93, LEXSTJ vol. 107 p. 125).

DIREITO CIVIL - TESTAMENTO PARTICULAR (LEGITIMIDADE). I - HIPOTESE EM QUE ESCRITO SOB DITADO DO TESTADOR, NÃO HAVENDO DUVIDA DE QUE SUBSCRITO PELO AUTOR DAS DECLARAÇÕES. VALIDADE RECONHECIDA, COM AFASTAMENTO DA INTERPRETAÇÃO LITERAL DO ART. 1.645 DO CC. II - RECURSO CONHECIDO E PROVIDO.(REsp 89995/RS, 3ª. Turma do STJ, Relator Ministro WALDEMAR ZVEITER, DJ 26/05/1997 p. 22530, RDR vol. 9 p. 280, RJTJRS vol. 184 p. 38, RSTJ vol. 98 p. 246).

TESTAMENTO PARTICULAR. HIPOTESE EM QUE ESCRITO SOB DITADO DO TESTADOR, NA PRESENÇA DE CINCO TESTEMUNHAS, QUE CONFIRMARAM O FATO EM JUIZO, ASSIM COMO QUE O TEXTO LHES FOI LIDO, NÃO HAVENDO DUVIDA DE QUE SUBSCRITO PELO AUTOR DAS DECLARAÇÕES. VALIDADE RECONHECIDA, COMO AFASTAMENTO DA INTERPRETAÇÃO LITERAL DO ARTIGO 1.645 DO CODIGO CIVIL. (REsp 21026/RJ, 3ª. Turma do STJ, Relator Ministro EDUARDO RIBEIRO, DJ 30/05/1994 p. 13480, LEXSTJ vol. 63 p. 158, REVFOR vol. 328 p. 178, RSTJ vol. 60 p. 242, RT vol. 709 p. 197).

DO INVENTÁRIO E PARTILHA: 1. DISPOSIÇÕES GERAIS; 1.1 COMPETÊNCIA DO JUÍZO DO INVENTÁRIO; 1.2 DO ADMINISTRADOR PROVISÓRIO; 2. DA LEGITIMIDADE PARA REQUERER INVENTÁRIO; 3. DO INVENTARIANTE E DAS PRIMEIRAS DECLARAÇÕES; 3.1 DAS OBRIGAÇÕES DO INVENTARIANTE; 3.2 DAS PRIMEIRAS DECLARAÇÕES; 3.3 DA SONEGAÇÃO DE BENS PELO INVENTARIANTE; 3.4 DA REMOÇÃO DO INVENTARIANTE; 4. DAS CITAÇÕES E DAS IMPUGNAÇÕES; 4.1 DOS QUE FOREM PRETERIDOS; 5. DA AVALIAÇÃO E DO CÁLCULO DO IMPOSTO; 6. DAS COLAÇÕES; 7. DO PAGAMENTO DAS DÍVIDAS; 8. DA PARTILHA; 9. DOS QUINHÕES HEREDITÁRIOS; 10. DA ANULAÇÃO DA PARTILHA; 10.1 DA ANULAÇÃO DA PARTILHA AMIGÁVEL; 10.2 DA ANULAÇÃO DA PARTILHA JUDICIAL; 11. DO ARROLAMENTO; 11.1 DO ARROLAMENTO SUMÁRIO; 11.2 DO ARROLAMENTO COMUM; 12. DA CESSAÇÃO DA EFICÁCIA DAS MEDIDAS CAUTELARES; 13. DA SOBREPARTILHA; 14. DO FALECIMENTO DO CÔNJUGE SUPÉRSTITE ANTES DA PARTILHA; 15. DA MORTE DO HERDEIRO NA PENDÊNCIA DO INVENTÁRIO; 16. DO INVENTÁRIO NEGATIVO; 17. DO IMPOSTO DE TRANSMISSÃO; 17.1 DA INCIDÊNCIA; 17.2 DAS ISENÇÕES; 17.3 DOS CONTRIBUINTE E RESPONSÁVEIS; 17.4 DA BASE DE CÁLCULO; 17.5 DA ALÍQUOTA; 17.6 DO RECOLHIMENTO DO IMPOSTO; 17.7 DAS PENALIDADES; 18. INVENTÁRIO E PARTILHA POR VIA ADMINISTRATIVA (LEI Nº 11.441/07); 18.1 DOS PRÉ-REQUISITOS PARA O INVENTÁRIO EXTRAJUDICIAL; 18.1.A INEXISTÊNCIA DE TRATAMENTO; 18.1.B INEXISTÊNCIA DE INTERESSADO INCAPAZ; 18.1.C CONCORDÂNCIA DE TODOS OS HERDEIROS; 18.1.D QUE OS HERDEIROS SEJAM ASSISTIDOS POR ADVOGADO; 18.2 DAS OUTRAS EXIGÊNCIAS; 18.2.A QUITAÇÃO DOS TRIBUTOS INCIDENTES; 18.2.B APRESENTAÇÃO DE DOCUMENTOS; 18.2.C PAGAMENTO DE EMOLUMENTOS; 18.2. DA CERTEZA DO NOTÁRIO EM RELAÇÃO À DECLARAÇÃO DE VONTADE DOS HERDEIROS E AUSÊNCIA DE INDÍCIOS DE FRAUDE.

O inventário, num contexto amplo, "quer significar o *processo* ou a *série de atos* praticados com o objetivo de ver apurado a *situação econômica* de uma pessoa ou de uma instituição, pelo relacionamento de todos os seus bens e direitos, ao lado de um rol de todas as suas obrigações ou encargos.

Neste sentido, *inventário* chega a ter analogia com *balanço*, tido como o processo de verificação do *ativo* e *passivo* de uma pessoa, para evidência de sua situação econômica e financeira ou para determinação dos resultados obtidos em seus negócios.

Mas, em sentido estrito, *inventário* significa simplesmente o *relacionamento de bens* ou de *valores*, pertencentes a uma pessoa, ou existentes em determinado lugar, anotados e arrolados com os respectivos preços, e se estes não são sabidos, com os preços de sua estimação. É mero *rol* ou *arrolamento de bens*.

No sentido do Direito Civil e Direito Processual, inventário entende-se a ação especial, intentada para que se arrecadem todos os bens e direitos do *de cujus*, quer os que se encontravam em seu poder, quando da sua morte, ou em poder de outrem, desde que lhe pertençam, para que se forme o *balanço* acerca desses mesmos bens e das obrigações e encargos aos mesmos atribuídos.

Desse modo, é inventário tomado em sentido amplo, desde que não se mostra *mero rol de bens*, mas uma exata demonstração da *situação econômica do de cujus*, pela evidência de *seu ativo* e de seu *passivo*, a fim de serem apurados os *resultados*, que irão ser objeto da partilha. (De Plácido e Silva, ob. cit., vol I, p. 515).

Assim, no inventário aponta-se a exata relação, descrição e avaliação de todos os bens, assim como dívidas, que o finado detinha ao tempo de sua morte, sem o que seria impossível atingir o seu fim, que é a partilha, ou seja, a efetiva entrega daquilo que é de cada herdeiro ou legatário.

O inventário pode ser orfanológico, de provedoria ou de maiores. O um se observa quando qualquer dos herdeiros for menor, interdito, desconhecido ou ausente. O dois ocorre quando existe disposição de última vontade ou testamento. O três na hipótese de todos os herdeiros serem maiores e capazes e não existir testamento.

A partilha, por sua vez, ensina Pontes de Miranda, ob. cit. vol. 60, p. 223, "em sentido estrito do Direito das Sucessões, é a operação processual pela qual a herança passa do estado de comunhão *pró indiviso*, estabelecido pela morte e pela transmissão por força de lei, ao estado de quotas completamente separadas, ou ao estado de comunhão *pró indiviso* ou *pró diviso*, "por força da sentença". Dizer-se, e repetir-se, que a partilha sempre extingue a comunhão, orça por se não ver a realidade. Se há, por exemplo, um só bem herdado, apenas se transforma em comunhão ordinária a comunhão criada pela morte, distinção que os Romanos já conheciam. Demais, a partilha é ação executiva, *lato sensu*, ação que discrimina quinhões, procedendo, ou não, a *divisões materiais*, ou a divisão pela linha dos bens indivisíveis: A recebe, do dinheiro, 6 x; B, 8 x; C, 7 x; dos imóveis, A recebe do prédio a; B, o prédio b e metade do prédio c; C, metade do prédio e Q 4 x que A e B repõem. A divisão natural ou material pode ocorrer, porém nem sempre a ação de partilha hereditária. O *fim da partilha é tirar todo o caráter hereditário da comunhão*. A lei tem essa comunhão como transitória, e breve; por isso mesmo, impôs prazos para a abertura e para o encerramento do inventário. Os herdeiros, inventariados os bens, pagos os impostos, são livres para permanecer em estado de comunhão, tal como aquele em que se achavam, mas, já agora, *inter vivos*."

Dessas lições, podemos concluir, em síntese apertada, que no inventário se aponta e individualiza os bens e direitos do "*de cujus* ", e na partilha se equaciona a divisão desses bens e direitos entregando-os aos herdeiros, pondo fim àquela comunhão que passou a existir a partir, e em função, da morte do dono da herança.

Desde o advento da Lei nº 11.441/2007, que fez com que o inventário deixasse de ser apenas judicial, "dada sua natureza de administração pública de interesses privados – função atípica do Judiciário –, na lição de PAULO HERMANO SOARES RIBEIRO, "Novo Direito Sucessório Brasileiro", J. H. Mizuno, Leme, 2.009, p. 543, passou a ser possível, e recomendável, que o inventário de maiores se faça através de escritura pública.

Reitere-se, se houver discordância entre os herdeiros, ser ele orfanológico, ou de provedoria, necessariamente deverá ser pela via judicial.

1. Das disposições gerais

Prevê o art. 610 do CPC, que "havendo testamento ou interessado incapaz, proceder-se-á ao inventário judicial", e se todos "forem capazes e concordes, o inventário e a partilha poderão ser feitos por escritura pública, a qual constituirá título hábil para qualquer ato de registro, bem como para levantamento de importância depositada em instituições financeiras" (§ 1º), sendo que o tabelião "somente lavrará a escritura pública se todas as partes interessadas estiverem assistidas por advogado ou por defensor público, cuja qualificação e assinatura constarão do ato notarial" (§ 2º).

Assim, o legislador ao inserir no texto legal que o interessado "poderá" fazer o inventário e a partilha por escritura pública, do que trataremos em tópico próprio, aponta o caráter facultativo desse procedimento, ou seja, atendidos os pré-requisitos estabelecidos abre-se a possibilidade dos interessados optarem pela via administrativa.

Optando pela via do judicial e contenciosa (podendo haver partilha amigável - 657 CPC) o processo de inventário e partilha deve ser aberto dentro de 60 (sessenta) dias a contar da abertura da sucessão, ultimando-se nos 12 (doze) meses subsequentes, podendo o juiz prorrogar tais prazos, de ofício ou a requerimento de parte (art. 611, CPC).

PROCESSUAL CIVIL. AÇÃO MONITÓRIA. FALECIMENTO DO DEVEDOR. PRESENÇA DE BENS A INVENTARIAR. ILEGITIMIDADE PASSIVA DOS HERDEIROS. NECESSIDADE DE REGULAR REPRESENTAÇÃO DO ESPÓLIO. SENTENÇA TORNADA SEM EFEITO. 01. Diante da existência de bens a inventariar, não se afigura cabível a substituição processual do de cujus na pessoa dos sucessores. 02. Sob pena de ofensa ao art. 75, inc. VII, c/c o art. 610, ambos do CPC, é exigível a representação regular do espólio e não pelos herdeiros. 03. Preliminar acolhida. Dar provimento ao recurso. (Acórdão n.1080841, 20150310242712APC, Relator: FLAVIO ROSTIROLA 3ª TURMA CÍVEL, Data de Julgamento: 28/02/2018, Publicado no DJE: 13/03/2018. Pág.: 350/357)

DIREITO CIVIL. PROCESSO CIVIL. HABILITAÇÃO INCIDENTE. INVENTÁRIO EXTRAJUDICIAL. SUCESSÃO. SUBSTITUIÇÃO PROCESSUAL. PROCEDÊNCIA. A habilitação incidente será requerida ao relator, nos próprios autos, suspendendo-se o processo. É facultativa a opção da parte em promover o inventário/partilha em sede judicial ou extrajudicial, nos termos do art. 610, §1º, do CPC. A lavratura de escritura pública prescinde de homologação judicial ou ratificação judicial para que irradie os efeitos que lhe são próprios, sendo essa suficiente para sucessão. Habilitação julgada procedente. (Acórdão n.951060, 20130111740708APC, Relator: HECTOR VALVERDE 6ª TURMA CÍVEL, Data de Julgamento: 15/06/2016, Publicado no DJE: 05/07/2016. Pág.: 799/857)

REEXAME NECESSÁRIO. Mandado de segurança. Pedido de transferência do veículo, herdado pela autora de seu pai, ao comprador negado, em razão de não existir alvará judicial. Escritura pública de inventário e partilha que independem de homologação judicial, constituindo título hábil de bens e direitos (art. 610 § 1º do CPC e art. 3º da Resolução 35/07 do CNJ). Ordem concedida. RECURSO NEGADO. (TJSP; Reexame Necessário 1001868-45.2016.8.26.0160; Relator (a): Maria de Lourdes Lopez Gil; Órgão Julgador: 7ª Câmara de Direito Privado; Foro de Descalvado - 2ª Vara; Data do Julgamento: 21/03/2018; Data de Registro: 23/03/2018)

APELAÇÃO. INVENTÁRIO. INTERESSE DE AGIR. Ocorrência. Espólio que é titular de 50% de um imóvel. Havendo bem ou direito partilhável, não há outra opção aos herdeiros, senão o ajuizamento da presente ação ou proceder ao arrolamento extrajudicial. Inteligência do artigo 610, caput e §1º, do CPC/2015. Sentença anulada, determinando-se o regular prosseguimento do feito. RECURSO PROVIDO. (TJSP; Apelação 1020938-51.2014.8.26.0602; Relator (a): Rosangela Telles; Órgão Julgador: 31ª Câmara Extraordinária de Direito Privado; Foro de Sorocaba - 2ª Vara de Família e Sucessões; Data do Julgamento: 21/02/2018; Data de Registro: 21/02/2018)

AGRAVO DE INSTRUMENTO – CUMPRIMENTO DE SENTENÇA – HABILITAÇÃO DOS HERDEIROS – Pretensão de que os herdeiros habilitados possam levantar o crédito devido na própria ação, sem que o referido valor integre a herança – Impossibilidade – Inteligência do art. 610 e seguintes, do CPC/2015 – Precedentes deste C. Tribunal de Justiça - Decisão mantida - Recurso desprovido. (TJSP; Agravo de Instrumento 2188442-23.2017.8.26.0000; Relator (a): Paulo Barcellos Gatti; Órgão Julgador: 4ª Câmara de Direito Público; Foro Central - Fazenda Pública/Acidentes - 3ª Vara de Fazenda Pública; Data do Julgamento: 30/10/2017; Data de Registro: 07/11/2017)

"APELAÇÃO CÍVEL - INVENTÁRIO - HERDEIROS CAPAZES E CONCORDES - OPÇÃO PELA VIA ADMINISTRATIVA - MERA FACULDADE - DIREITO SUBJETIVO. - A Lei 11.441/07 possibilitou (e não obrigou) a realização de inventário e partilha administrativamente, caso inexista testamento e os interessados sejam capazes e concordes. - Embora inexista litígio, deve ser regularmente processado o inventário judicial, em atenção ao princípio da inafastabilidade da jurisdição (art. 5º, XXXV, da CF/88). - Recurso provido." (TJ-MG - AC: 10686130153592001 MG , Relator: Ana Paula Caixeta, Data de Julgamento: 08/05/2014, Câmaras Cíveis / 4ª CÂMARA CÍVEL, Data de Publicação: 13/05/2014)

"INVENTÁRIO JUDICIAL. HERDEIROS CAPAZES NÃO CONCORDES. DE UTILIZAÇÃO DA VIA EXTRAJUDICIAL. IMPOSSIBILIDADE. NECESSIDADE DE REALIZAÇÃO DO INVENTÁRIO POR MEIO DA VIA JUDICIAL. CASSAÇÃO DA SENTENÇA. De acordo com a inteligência do art. 982 do CPC a realização de inventário pela via extrajudicial é uma faculdade dos herdeiros, e não uma imposição. Pelo que restou demonstrado nos autos há animosidade entre os herdeiros, tendo inclusive sido lavrado termo circunstanciado na 74ª Delegacia de Polícia, em razão de uma das herdeiras ter ameaçado a meeira de morte, *comprovando que as partes não são concordes. Ademias, nada impede que, mesmo preenchidos os requisitos para via extrajudicial, os herdeiros promovam o inventário pela via judicial. Precedentes do TJERJ. Recurso provido para cassar a sentença e determinar o prosseguimento do inventário no que for de direito." (TJ-RJ - APL: 00002345920098190002 RJ 0000234-59.2009.8.19.0002, Relator: DES. LINDOLPHO MORAIS MARINHO, Data de Julgamento: 02/12/2013, DÉCIMA SEXTA CAMARA CIVEL, Data de Publicação: 09/01/2014)*

"APELAÇÃO - INVENTÁRIO - PROCESSO EXTINTO POR AUSÊNCIA DE INTERESSE PROCESSUAL - IMPOSSIBILIDADE - VIA EXTRAJUDICIAL - LEI 11.441/2007 - FACULDADE - SENTENÇA CASSADA. Os interessados têm a faculdade de fazer o inventário por escritura pública, quando forem capazes e concordantes; a utilização do termo" "poderá" "demonstra o objetivo do legislador de criar uma alternativa para evitar a instauração de processos no Judiciário, prestigiando a celeridade processual, sem, contudo, prejudicar o direito de ação das partes, uma vez que a norma não veda a utilização da via judicial" "(TJMG, Apc. 1.0105.08.285649-0/001, Relator Desembargador Alvim Soares, DJ 14/07/2009).

"SUCESSÕES. ARROLAMENTO. LEI 11.441/07. INVENTÁRIO E PARTILHA. ESCRITURA PÚBLICA. INAFASTABILIDADE DO ACESSO AO PODER JUDICIÁRIO. INTERESSE AGIR. A lei 11.441, de 04 de Janeiro de 2007, trouxe importantes inovações em nossa ordem jurídica, visando uma maior celeridade nas ações de inventário, separação e divórcio, buscando também um desafogamento do abarrotado Poder Judiciário. Todavia, em que pese a existência da referida norma processual, não se enseja a hipótese de se afastar a tutela jurisdicional para pleitear a realização do inventário, mormente relevando-se o princípio previsto no art. 5º, XXXV, da Constituição da Republica Federativa do

Brasil. Ademais, conforme precedentes do Superior Tribunal de Justiça, a parte não está obrigada ao esgotamento das vias administrativas para caracterização do seu interesse de agir, podendo a mesma ingressar diretamente em juízo na busca da satisfação de sua pretensão" (TJMG, Apc. 1.0105.08.265062-0/001, Relatora Desembargadora Maria Elza, DJ 06/11/2008).

1.1 Competência do juízo do inventário

Todas as questões de direito, mesmo que intrincadas, e também de fato, estas quando comprovadas documentalmente, serão decididas pelo juiz do inventário, só se remetendo para os meios ordinários as questões que dependam de outras provas, consoante previsão estampada no art. 612 CPC, sendo certo que acerca da definição do que sejam questões intrincadas, reiteradamente tem se manifestado o STJ (REsp 4.625/SP).

"O texto do artigo só exclui as matérias que demandarem alta indagação ou que dependerem de provas não documentais pois que, como leciona JORGE AMERICANO (Código de Processo Civil do Brasil, vol. II, pág. 372), "no inventário não deve haver nenhuma fase investigatória. O que depende de instrução por quaisquer processos investigatórios diz-se de alta indagação".

Em verdade, por questão de alta indagação não se deve entender matéria de difícil indagação, desde que seja de ordem puramente jurídica. O que a lei exclui do juízo do inventário é a matéria de perquirição complexa, porque depende de provas de outras naturezas, como a testemunhal, pericial, etc.

Quando uma controvérsia não puder ser resolvida de plano, porque faltaram documentos que ilidiram a presunção de veracidade das alegações do inventariante, ou quem de direito, é ela remetida às vias ordinárias. No inventário, que é processo sumário e rápido, que há de estar concluído no máximo em 12 (doze) meses, não há lugar para incidentes desta espécie.

Questões típicas em que devem as partes serem remetidas para as vias ordinárias, são, entre outras: quando seja relevante a contestação da obrigação de inventariar os bens e o juiz a julgar procedente;

quando for levantada dúvida sobre a qualidade de herdeiro declarada pelo inventariante, e não houver documentos comprobatórios dessa qualidade; se houver divergência, não suprida documentalmente, sobre a colação; se as dívidas do espólio excederem o valor da herança, não havendo acordo entre os credores para o rateio; etc.

MILHOMENS (Manual, vol. III, pág. 313) professa: "Consideram-se de alta indagação as questões sobre a validade de testamento, doação, partilha em vida, ou renuncia de herança ou legado; aquisição, conservação, perda ou reaquisição de nacionalidade; indignidade; deserdação; perfilhação; adoção; reconhecimento obrigatório de filho natural; sonegados; nulidade de venda disfarçada de imóvel, feita por ascendente em favor de descendente; e qualquer outra controvérsia relativa à propriedade de bens ou à qualidade de não-partíveis"." (SÉRGIO SAHOINE FADEL, "Código de Processo Civil Comentado", José Konfino Editor, Rio de Janeiro, 1974, Tomo V, 2º tiragem, p. 127/128).

Interessante o julgado no REsp n° 8.803/SP (91.0003810-5), Rel. Ministro EDUARDO RIBEIRO, DJ 17/02/92, onde o recorrente havia se insurgido contra a exclusão da partilha de imóvel que teria sido objeto de venda de ascendente para descendente, sem o consentimento dos demais herdeiros, por entender que sua invalidade deveria ser decidida nos autos do inventário, entendeu a 3ª Turma do STJ, não conhecendo do recurso, por unanimidade, na esteira do voto do relator, que no caso, não se tratava "apenas de dificuldade no plano de direito. Ocorre que, consoante a orientação adotada, poderá ser ou não necessária a produção de provas. Menciono apenas um exemplo. Determinada corrente entende ser nula a venda em exame, não importando seja demonstrado não ter resultado prejuízo algum para os demais herdeiros. Outros já sustentam que o negócio poderá ser tido como válido se provado que revestido de seriedade, pago o preço justo. Não se recomenda a decisão sem que diretamente, em ação própria, seja demandada a invalidade do ato."

A decisão do juiz que deixa de apreciar qualquer matéria dentro do inventário é recorrível através do agravo de instrumento, eis que decide acerca de questão incidente.

AGRAVO DE INSTRUMENTO. INVENTÁRIO. GRATUIDADE DE JUSTIÇA. RECONVENÇÃO. UNIÃO ESTÁVEL. VEÍCULO.

PAGAMENTO IPVA. BENS ESPÓLIO. DEVOLUÇÃO. INVENTARIANTE. I - Apesar de o espólio ser responsável pelo pagamento das custas processuais do inventário, verifica-se que há interesses conflitantes entre a agravante, suposta companheira, admitida como parte interessada, e os herdeiros, razão pela qual evidencia-se a utilidade dela postular a gratuidade de justiça. Demonstrada a insuficiência de recursos, defere-se o benefício. II - Inadmissível a reconvenção apresentada pela suposta companheira no inventário, para se reconhecer a união estável entre ela e o de cujus, visto que a matéria demanda ampla dilação probatória em ação própria. Art. 612 do CPC. III - A primeira agravante, que está na posse do automóvel e dele se utiliza, deve arcar com o pagamento do IPVA, sob pena de enriquecimento sem causa em detrimento dos herdeiros. IV - Constatado que a primeira agravante está na posse de bens que integram o espólio, deve devolvê-los ao inventariante, a quem incumbe administrá-lo e velar-lhe os bens, art. 618, inc. II, do CPC. V - Agravo de instrumento conhecido e parcialmente provido. (Acórdão n.1069815, 07075582020178070000, Relator: VERA ANDRIGHI 6ª Turma Cível, Data de Julgamento: 25/01/2018, Publicado no PJe: 20/02/2018. Pág.: Sem Página Cadastrada.)

CIVIL E PROCESSUAL CIVIL. AGRAVO DE INSTRUMENTO. INVENTÁRIO. ALEGAÇÃO DE EXISTÊNCIA DE UNIÃO ESTÁVEL. COMPANHEIRA. ESCRITURA PÚBLICA NÃO É PROVA ABSOLUTA. NECESSIDADE DE DILAÇÃO PROBATÓRIA. ARTIGO 612 DO CÓDIGO DE PROCESSO CIVIL. AÇÃO AUTÔNOMA. RECURSO IMPROVIDO. 1. Agravo de instrumento ajuizado diante de decisão proferida nos autos de inventário, que excluiu do julgamento da ação a análise relativa à existência de união estável entre a parte e o falecido, pois tal aferição deve ser levada aos meios ordinários. Porquanto cogita-se de questão de alta indagação. 2. O art. 612 do Código de Processo Civil prevê ser da competência do juízo sucessório as decisões de todas as questões de direito, desde que os fatos relevantes estejam provados por documento. 2.1. Noutras palavras: o juízo do inventário é competente para decidir todas as questões de direito colocadas pelas partes, por mais complexas e intrincadas que sejam, e as questões fáticas em que a prova documental se mostre suficiente e necessária. 2.2 Lado outro, caso não exista consenso entre os herdeiros ou se houver questões que dependam de provas, deve a matéria ser remetida às vias ordinárias, para apreciação e julgamento pelo Juízo da Vara de Família. 3. Oreconhecimento de união estável quando formulado nos próprios autos do inventário, feito pela companheira do de cujus é questão de alta complexidade, de modo que torna imperiosa a necessidade de ampla dilação probatória e a sua resolução pela via adequada, de maneira que a escritura pública de reconhecimento de união estável não substitui a sentença declaratória da existência de união estável, notadamente por se cuidar de questão extremamente importante, que diz respeito a uma ação de estado. 3.1. Portanto, por mais que a declaração de união estável seja dotada de fé pública, é preciso maior dilação probatória para comprovar, segundo exige o art. 1º, da Lei nº 9.278/96, que a relação das partes foi uma "convivência duradoura, pública e contínua". 4. Dentro dessas premissas, a escritura lavrada em cartório não tem aptidão probatória para comprovar a existência da união estável entre a agravante e o de cujus, ainda mais, como acontece no caso, quando existe interesse de incapaz. 5. Agravo de instrumento improvido. (Acórdão n.1074805, 20160020395866AGI, Relator: JOÃO EGMONT 2ª TURMA CÍVEL, Data de Julgamento: 07/02/2018, Publicado no DJE: 20/02/2018. Pág.: 208/234)

"DIREITO PROCESSUAL CIVIL. INVENTÁRIO. UNIÃO ESTÁVEL. QUESTÃO CONTROVERTIDA. INVIABILIDADE DE RECONHECIMENTO INCIDENTAL. REMESSA ÀS VIAS ORDINÁRIAS. INVENTARIANTE. NOMEAÇÃO. ATENDIMENTO À ORDEM LEGAL. DECISÃO MANTIDA. I. Não pode ser declarada ou reconhecida incidentalmente no inventário união estável sobre a qual se controverte *quanto à existência ou ao tempo de duração. II. Segundo a inteligência do artigo 984 do Código de Processo Civil, questões jurídicas que demandam alta indagação ou dependam de produção de provas devem ser discutidas e solucionadas em sede própria, dada a limitação cognitiva e probatória imanente ao procedimento do inventário. III. Partindo do pressuposto de que a união estável controvertida não pode ser certificada incidentalmente no inventário, atende à gradação do artigo 990 do Código de Processo Civil a decisão judicial que nomeia como inventariante herdeiro que se encontra na posse e administração de bens da herança. IV. Recurso conhecido e desprovido." (TJ-DF - AGI: 20150020166099 , Relator: JAMES EDUARDO OLIVEIRA, Data de Julgamento: 14/10/2015, 4ª Turma Cível, Data de Publicação: Publicado no DJE : 27/10/2015 . Pág.: 281)*

"AGRAVO DE INSTRUMENTO - Inventário Preliminares arguidas pelo agravado rejeitadas Representação processual da agravante regular Recurso tempestivo Testamento público Alegação de um dos herdeiros, ora agravado, de que haveria nulidade parcial do testamento deixado pelo 'de cujus' Decisão que determinou que o conflito fosse resolvido nos próprios autos do inventário Insurgência da inventariante, que alega ser questão de alta indagação Cabimento Juízo do inventário que não comporta o exame da controvérsia Partes que devem discutir a matéria nas vias ordinárias Afastada a ordem para que fossem riscadas as expressões usadas pela agravante consideradas injuriosas Expressões que permaneceram no limite do aceitável, sendo compatíveis com o calor da discussão e com o clima de animosidade entre as partes Recurso provido." (TJ-SP - AI: 21069735720148260000 SP 2106973-57.2014.8.26.0000, Relator: Walter Barone, Data de Julgamento: 21/01/2015, 7ª Câmara de Direito Privado, Data de Publicação: 21/01/2015)

"AGRAVO DE INSTRUMENTO - INVENTÁRIO - CRÉDITO EM FAVOR DO 'DE CUJUS' RELATIVAMENTE AO CONTRATO

DE COMPRA E VENDA FIRMADO PELO FALECIDO COM A CONSTRUTORA TENDA S/A - QUESTÃO DE ALTA INDAGAÇÃO A SER DISCUTIDA NAS VIAS ORDINÁRIAS - DESPROVIMENTO. - A questão de alta indagação, que desafia dilação probatória, deve ser solucionada nas vias ordinária, 'ex vi' do disposto no art. 984, do CPC, não se prestando a estreita via do inventário para este fim." (TJ-MG - AI: 10027120040111001 MG , Relator: Barros Levenhagen, Data de Julgamento: 05/06/2014, Câmaras Cíveis / 5ª CÂMARA CÍVEL, Data de Publicação: 16/06/2014)

"AGRAVO REGIMENTAL EM FACE DA DECISÃO MONOCRÁTICA PROFERIDA EM JULGAMENTO AO RECURSO DE APELAÇÃO INTERPOSTO PELO ORA AGRAVANTE. OS AUTOS CUIDAM DE AÇÃO DE INVENTÁRIO COM REQUERIMENTO DA ORA AGRAVANTE DE RECONHECIMENTO DAS BENFEITORIAS E ACRÉSCIMOS REALIZADOS NO IMÓVEL OBJETO DE PARTILHA. ESTE JULGADOR MANTEVE A SENTENÇA, DIANTE DO POSICIONAMENTO EM QUE AS QUESTÕES DE ALTA INDAGAÇÃO DEPENDEM DE DILAÇÃO PROBATÓRIA E DEVEM SER DISCUTIDAS NAS VIAS ORDINÁRIAS. 1. Dispõe o art. 984, do Código de Processo Civil, que ¿o juiz decidirá todas as questões de direito e também as questões de fato, quando este se achar provado por documento, só remetendo para os meios ordinários as que demandarem alta indagação ou dependerem de outras provas¿; 2. Benfeitorias e acréscimos em imóvel objeto de partilha que cuidam de questões que demandam dilação probatória, discutíveis nas vias ordinárias; 3. Recurso ao qual se nega provimento, mantendo-se os termos da decisão ora agravada." (TJ-RJ - APL: 00167333620008190002 RJ 0016733-36.2000.8.19.0002, Relator: DES. GUARACI DE CAMPOS VIANNA, Data de Julgamento: 18/02/2014, DÉCIMA NONA CAMARA CIVEL, Data de Publicação: 20/02/2014)

"AGRAVO DE INSTRUMENTO - INVENTÁRIO - DEBATES ACERCA DE FATOS QUE DEMANDAM A DEVIDA INSTRUÇÃO EM PROCEDIMENTO PRÓPRIO - QUESTÃO DE ALTA INDAGAÇÃO CARACTERIZADA - DECISÃO MANTIDA. - Inventário. Questão de alta indagação. Ensina Maria Berenice Dias que o "... inventário é para ser célere. Tem até prazo para acabar: 12 meses (CPC, 983). Por isso os incidentes são todos autuados em autos apartados e atraídos para o mesmo juízo do inventário. Não é por outro motivo que o inventário não deve ter sua tramitação sustada enquanto se discute questões que demandam mais tempo para serem decididas. Cabe ao juiz decidir não só as questões de direito, mas também as questões de fato (CPC 984). Por mais intrincado que seja o tema a decidir, se a prova documental é suficiente, não pode o juiz se esquivar de decidir nos próprios autos. A possibilidade de remeter às partes às vias ordinárias tem cabimento quando a controvérsia demandar alta indagação ou depender de dilação probatória" (DIAS, Maria Berenice. Manual das sucessões. São Paulo : Revista dos Tribunais , 2008. pp 517-518.).AGRAVO DE INSTRUMENTO NÃO PROVIDO." (TJ-PR - Ação Civil de Improbidade Administrativa: 11235051 PR 1123505-1 (Acórdão), Relator: Gamaliel Seme Scaff, Data de Julgamento: 19/03/2014, 11ª Câmara Cível)

"INVENTÁRIO. INDENIZAÇÃO DE EDIFICAÇÃO. REMESSA ÀS VIAS ORDINÁRIAS. 1. Pendente controvérsia, por pequena que seja, a demandar produção de prova e amplo contraditório, imperiosa a remessa da questão às vias ordinárias. Inteligência do art. 984 do CPC. 2. A questão acerca da autorização ou não por parte do de cujus para construção do chalé no terreno que hoje pertence ao espólio, discutindo-se a indenização, deve ser resolvida nas vias ordinárias, pois é questão de alta indagação. Recurso desprovido." (Agravo de Instrumento Nº 70056652571, Sétima Câmara Cível, Tribunal de Justiça do RS, Relator: Sérgio Fernando de Vasconcellos Chaves, Julgado em 25/09/2013)." (TJ-RS - AI: 70056652571 RS , Relator: Sérgio

Fernando de Vasconcellos Chaves, Data de Julgamento: 25/09/2013, Sétima Câmara Cível, Data de Publicação: Diário da Justiça do dia 27/09/2013).

"INVENTÁRIO. USO DE IMÓVEL POR HERDEIRO. PEDIDO DE FIXAÇÃO DE LOCATIVO E DE DETERMINAÇÃO DE PAGAMENTO DO IPTU DO BEM. USO E POSSE CONTROVERTIDAS. QUESTÃO QUE RECLAMA AMPLA FASE CONGITVA E DEVE SER RESOLVIDA NAS VIAS ORDINÁRIAS. Tratando-se de discussão sobre o uso de coisa comum por um dos condôminos, com oposição manifestada pela inventariante, e sendo pretendido, além do locativo desde o óbito do inventariado, também pagamento do IPTU do bem por aquele que o detém, é evidente que se trata de questão de alta indagação, devendo ser discutida nas vias ordinárias. Incidência do art. 984 do CPC Recurso provido. (Agravo de Instrumento Nº 70054187158, Sétima Câmara Cível, Tribunal de Justiça do RS, Relator: Sérgio Fernando de Vasconcellos Chaves, Julgado em 19/04/2013)" (TJ-RS - AI: 70054187158 RS , Relator: Sérgio Fernando de Vasconcellos Chaves, Data de Julgamento: 19/04/2013, Sétima Câmara Cível, Data de Publicação: Diário da Justiça do dia 30/04/2013)

"INVENTÁRIO. PEDIDO DE IMISSÃO DO INVENTARIANTE NA POSSE DE IMÓVEIS. USO E POSSE CONTROVERTIDAS. QUESTÃO QUE RECLAMA AMPLA FASE CONGITVA E DEVE SER RESOLVIDA NAS VIAS ORDINÁRIAS. 1. Ao inventariante cabe a administração dos bens do espólio e tem o direito de ser imitido na posse dos bens, mas, havendo oposição, está legitimado a reclamar a posse nas vias ordinárias, não podendo o litígio possessório ser travado nos autos do inventário, quando a questão envolve direito de terceiros ou se verificar a necessidade de ampla fase cognitiva. 2. Sendo de alta indagação a questão relativa à imissão do inventariante na posse de imóveis inventariados e que estão na posse de terceiros, deverá ser ela discutida *nas vias ordinárias. Incidência do art. 984 do CPC Recurso desprovido. (Agravo de Instrumento Nº 70055558852, Sétima Câmara Cível, Tribunal de Justiça do RS, Relator: Sérgio Fernando de Vasconcellos Chaves, Julgado em 18/07/2013)." (TJ-RS - AI: 70055558852 RS , Relator: Sérgio Fernando de Vasconcellos Chaves, Data de Julgamento: 18/07/2013, Sétima Câmara Cível, Data de Publicação: Diário da Justiça do dia 26/07/2013)*

"AGRAVO DE INSTRUMENTO. INVENTÁRIO. RECONHECIMENTO DE PATERNIDADE. QUESTÃO DE ALTA INDAGAÇÃO. RESERVA DE QUINHÃO. A pretensão de ver reconhecida paternidade socioafetiva, quando controversa, é de alta indagação, pois demanda ampla investigação e debate. Logo, deve ser discutida na via ordinária. Enquanto se discute a paternidade na via ordinária, de rigor seja determinada a reserva de quinhão, para fins de evitar futura nulidade da partilha, para o caso de reconhecimento da paternidade. AGRAVO PARCIALMENTE PROVIDO. EM MONOCRÁTICA. (Agravo de Instrumento Nº 70021005145, Oitava Câmara Cível, Tribunal de Justiça do RS, Relator: Rui Portanova, Julgado em 16/08/2007)." (TJ-RS - AI: 70021005145 RS , Relator: Rui Portanova, Data de Julgamento: 16/08/2007, Oitava Câmara Cível, Data de Publicação: Diário da Justiça do dia 23/08/2007)

CIVIL - HOMOLOGAÇÃO FORMAL DE PARTILHA - PARTE EXCLUÍDA DA MEAÇÃO - ÉPOCA DE AQUISIÇÃO DO BEM - SOCIEDADE DE FATO - QUESTÃO DE ALTA INDAGAÇÃO - VIAS ORDINÁRIAS. 01. "Questões de alta indagação. São aquelas em que aparecem elementos de fato que exigiriam processo à parte, com rito próprio. Questões só de direito são questões puras, em que não se precisa de investigar fato ou apurar provas. A dificuldade de interpretação, ou de aplicação, não constitui questão de alta indagação. Alta indagação ou maior indagação, não é indagação difícil, mas busca de prova fora do processo e além dos documentos que o instruem (RJTJRS 102/287)." (código de processo civil comentado, 7ª ed., p. 1165). 02. Impunha-se ao magistrado de primeiro grau, em face do questionamento levantado, proceder, nos termos dos arts. 1000 e 1001, do CPC, eis que, por analogia, a exclusão da meeira quanto a um dos bens que compõem o espólio, a meu ver a coloca sob o abrigo de tais dispositivos, como, aliás assim o informa o entendimento jurisprudencial no sentido de determinar "a reserva de bens em razão de pendência de ação de reconhecimento de sociedade de fato, proposta por companheiro do de cujus, com quem mantivera união homossexual" (JTJ 238/211), por força do art. 1038, do CPC. 03. Apelação parcialmente provida. Unânime. (TJDF - AC 20000310093228APC - DF - 5ª T. - Rel. Dês. Romeu Gonzaga Neiva - DJU 05.05.2005, pág. 85).

AGRAVO DE INSTRUMENTO. INVENTÁRIO. RECONHECIMENTO DE UNIÃO ESTÁVEL. REMESSA ÀS VIAS ORDINÁRIAS. CONFIGURADA QUESTÃO DE ALTA INDAGAÇÃO. O reconhecimento da união estável havida entre a falecida mãe da agravante e terceiro por meio de ação própria para somente depois buscar a partilha de bens adquiridos na constância respectiva revela-se inarredável, pois, no caso vertente, a matéria de fato, caracteriza-se como de alta indagação, contando inclusive com impugnação de outra herdeira da de cujus. Incidente o disposto no art. 984 do CPC. Precedentes. Recurso desprovido. (TJRS - AI n° 70010299576 - 8ª C. Cív. - Rel. Dês. José Ataídes Siqueira Trindade - J. 30.12.2004).

AGRAVO DE INSTRUMENTO - HABILITAÇÃO DE HERDEIRO EM INVENTÁRIO COM CERTIDÕES DE CASAMENTO E DE NASCIMENTO ESTRANGEIRAS - ASSENTAMENTOS CIVIS EFETUADOS NO EXTERIOR, APÓS O ÓBITO - IMPOSSIBILIDADE DE HABILITAÇÃO SUMÁRIA - QUESTÃO DE ALTA INDAGAÇÃO - DEFERIMENTO NO JUÍZO DE PRIMEIRO GRAU - Provimento parcial do recurso para cassar essa decisão e remeter os habilitandos às vias ordinárias, com reserva de quinhões, na forma do art. 1.001 do CPC. (TJPR - AI n° 147.585-0 - 7ª C. Cív. - Rel. Dês. Mendonça de Anunciação - DJ. 30.04.2004).

DIREITO CIVIL. INVENTARIO. DOAÇÃO EM VIDA. ART. 1.776, CC/1916. POSSIBILIDADE DE PREJUÍZO DA LEGÍTIMA. ARGÜIÇÃO POR UM DOS HERDEIROS. QUESTÃO DE ALTA INDAGAÇÃO. INEXISTÊNCIA. DISCUSSÃO NA SEDE DO INVENTÁRIO. RECURSO DESACOLHIDO. I – Na linha da doutrina e da jurisprudência desta Corte, questões de direito, mesmo intrincadas, e questões de fato documentadas resolvem-se no juízo do inventário e não na via ordinária. II - Eventual prejuízo da legítima em face de doação feita pelo pai aos filhos, ainda em vida (art. 1.776, CC/1916), sem haver fatos a provar, prescinde dos "meios ordinários", podendo ser discutido no próprio inventário. (STJ - RESP 114524/RJ - 4ª T. - Rel. Min. Sálvio de Figueiredo Teixeira - DJU 23.06.2003, p. 371).

INVENTÁRIO - REMESSA DOS IMPUGNANTES AS VIAS ORDINÁRIAS- ADMISSIBILIDADE - Existência de questão de alta indagação, a demandar dilargada instrução, vedada em âmbito de inventário. Contudo, cabível a pretensão recursal subsidiária de reserva de bens, com aplicação analógica do artigo 1.001 do CPC. Recurso provido em parte para esse fim. (TJSP - AI 238.732-4/6 -7ª C. Dir. Priv. - Rel. Dês. Leite Cintra - J. 14.08.2002).

INVENTÁRIO - PROCEDIMENTO INCIDENTAL -UNIÃO ESTÁVEL - PROVA SATISFATÓRIA -AUSÊNCIA - SENTENÇA DECLARATÓRIA -NULIDADE - QUESTÃO DE ALTA INDAGAÇÃO -REMESSA DAS PARTES ÀS VIAS ORDINÁRIAS -Nula é a sentença que declara a união estável em procedimento incidental, no inventário, em caso que desafiava a remessa dos interessados para as *vias ordinárias, por depender de prova de matéria de fato. (TJMG - AC 211.097-1/00 - 5ª C. Cív. - Rel. Dês. Cláudio Costa - DJMG 15.06.2002).*

INVENTÁRIO - IMÓVEL REGISTRADO APENAS EM NOME DA EX-COMPANHEIRA DO DE CUJUS -AQUISIÇÃO NA CONDIÇÃO DE DEPENDENTE -PRETENSÃO DOS HERDEIROS À METADE IDEAL - ASPECTOS FACTUAIS DE PROVA - QUESTÃO DE ALTA INDAGAÇÃO - REMESSA ÀS VIAS ORDINÁRIAS - 1MPROVIMENTO AO RECURSO. Saber se imóvel registrado apenas em nome da ex-companheira do de cujus, do qual apareceu na escritura condição de dependente, pertence, ou não, aos herdeiros, é questão de alta indagação, pois envolve apuração de aspectos factuais relevantes. (TJSP - AI 105.166-4 - 2ª C. D. Priv - Rel. Dês. Cezar Peluso - J. 09.03.1999).

INVENTÁRIO - DOAÇÃO - ADIANTAMENTO DE LEGITIMA - COLOCAÇÃO - AVALIAÇÃO DOS BENS EVENTUALMENTE DOADOS A IGUALAR AS LEGÍTIMAS - ADMISSIBILIDADE. Pedido de anulação-matéria de alta indagação a ser solucionada pelo procedimento ordinário - Incidente envolvendo discussão a respeito de transferência do imóvel através de escritura de compra e venda lavrada irregularmente com a ciência de todos os herdeiros como sendo de doação a ser esclarecido pelo procedimento próprio, não em sede de agravo de instrumento ou do procedimento administrativo - Ausência de provas, tivesse os doadores dispensado a avaliação dos bens doados em vida por ocasião da colação - Inteligência dos artigos 984 c/c 1.016 § 2° do Código de Processo Civil. Recurso desprovido - Decisão mantida (TJSP - AI 95.148-4 - T C.D.Pnv - Rel. Dês. Júlio Vidal - J. 03.02.1999).

1.2 Administrador provisório

Em verdade, a questão relativa ao administrador provisório é muito mais de fato que de direito.

Até que o inventariante preste compromisso, a posse do imóvel continua com o administrador provisório que, nesse prazo, representa ativa e passivamente o espólio, obrigando-se a trazer ao acervo os frutos que desde a abertura da sucessão percebeu, tendo direito, todavia, de ser reembolsado das despesas necessárias e úteis que teve; respondendo, porém, por qualquer dano que por dolo ou culpa tenha dado causa (art. 614, CPC).

Desta forma, fácil a distinção entre o administrador provisório e o inventariante. O primeiro responde perante os demais herdeiros ou legatários por uma situação de fato, enquanto o segundo responde perante este e aqueles por questão de direito, que pode resultar, também, de situação de fato.

PONTES DE MIRANDA, "Comentários ao Código de Processo Civil", Editora Forense, Rio de Janeiro, 1977, vol. XIV, p. 28, ensina que o "Administrador provisório é o cônjuge, ou o herdeiro necessário, que tem a posse imediata, ou, se lho outorgou o decujo, o testamenteiro. Pode ser que, em vida, o decujo haja entregue os bens a alguém, pessoa física ou jurídica, que se encarregava da administração, e há de nela continuar até que lhe cesse a função de administrador provisório.

No art. 985", hoje art. 613, "há, para quem provisoriamente administra a herança, o dever de continuar na posse do espólio, até que o inventariante preste o compromisso. O juiz nomeia o inventariante, observando o art. 990", agora art. 617, "e - intimada a pessoa nomeada - tem o prazo legal, de cinco dias, para prestar o compromisso. Advirta-se, porém, que pode estar ausente o nomeado e ter-se de remeter carta precatória, ou rogatória, e quem estava com a posse imediata tem de aguardar que tal ocorra. Nem sempre há herdeiro que estava com a posse e a administração da herança, ou cônjuge, ou inventariante judicial. O prazo é sempre a partir da intimação, mas temos de prever que, por exemplo, a viagem para chegar à comarca seja de mais dias do que os cinco dias do prazo."

> *Agravo de instrumento. Embargos de terceiro –Decisão que indeferiu a liminar para suspensão de atos constritivos e de expropriação de bem arrematado – O inventariante representa os interesses do espólio (art. 614 do CPC e 1.797 do CC) – Arrematação consolidada com a assinatura do*

auto – Inteligência do art. 903, do CPC – Decisão mantida - Recurso IMPROVIDO. (TJSP; Agravo de Instrumento 2213059-47.2017.8.26.0000; Relator (a): L. G. Costa Wagner; Órgão Julgador: 34ª Câmara de Direito Privado; Foro de Santos - 5ª. Vara Cível; Data do Julgamento: 21/03/2018; Data de Registro: 23/03/2018)

CIVIL E PROCESSUAL CIVIL. AÇÃO DE PRESTAÇÃO DE CONTAS. ADMINISTRADOR PROVISÓRIO DE ESPÓLIO. IMÓVEIS INTEGRANTES DO MONTE PARTILHÁVEL. LOCAÇÃO. RECEBIMENTO DOS ALUGUERES E REPASSE DA QUOTA-PARTE AOS DEMAIS HERDEIROS. DEVER DE PRESTAR CONTAS. RECONHECIMENTO. CONTAS. PRESTAÇÃO. DESCONSIDERAÇÃO. ACOLHIMENTO DA IMPUGNAÇÃO FORMULADAS PELA CREDORA. SALDO CREDOR. DECLARAÇÃO PELA SENTENÇA. CONSECTÁRIO LEGAL DO ACERTAMENTO DE CONTAS. LEGITIMIDADE DA CONDENAÇÃO. DECOTE DE DESPESAS REALIZADAS EM RAZÃO DO PROCEDIMENTO SUCESSÓRIO. PERÍODO POSTERIOR AO ALCANÇADO PELA ADMINISTRAÇÃO PROVISÓRIA. POSSIBILIDADE. JUNTADA DE DOCUMENTO POSTERIOR À SENTENÇA. ART. 435 DO CPC. ENQUADRAMENTO. OCORRÊNCIA. CONSIDERAÇÃO. VIABILIDADE. APELAÇÃO. PROVIMENTO PARCIAL. HONORÁRIOS ADVOCATÍCIOS SUCUMBENCIAIS RECURSAIS. FIXAÇÃO. APELO FORMULADO SOB A ÉGIDE DA NOVA CODIFICAÇÃO PROCESSUAL CIVIL (NCPC, ART. 85, §§ 2º E 11). [...] 4. Estabelecida a obrigação de o administrador provisório do espólio e, subsequentemente, inventariante prestar contas dos frutos originários dos imóveis integrantes do monte partilhável que estiveram sob sua gestão até ultimação da partilha, a prestação deve compreender o auferido e o vertido com a realização das obrigações passivas provenientes dos bens integrantes do monte, resguardada a necessária consideração de tudo que vertera em proveito da universalidade e dos herdeiros. 5. O administrador provisório, como responsável por gerir os imóveis integrantes do espólio até a nomeação do inventariante, é obrigado a trazer ao acervo os frutos gerados desde a abertura da sucessão que percebera como representante da universalidade, ostentando, outrossim, o direito ao reembolso das despesas necessárias e úteis que efetuara com os bens integrantes da herança (CPC, art. 614), de modo que, positivadas a realização de despesas com a transmissão do patrimônio legado, ainda que realizadas em momento posterior ao alcançado pela prestação de contas, deve ser promovido o decote do que vertera da quota-parte cabível aos herdeiros. [...] 8. Apelação parcialmente provida. Fixados honorários advocatícios em desfavor da apelada. Unânime. (Acórdão n.1005972, 20120111794163APC, Relator: TEÓFILO CAETANO 1ª TURMA CÍVEL, Data de Julgamento: 22/03/2017, Publicado no DJE: 29/03/2017. Pág.: 184/207)

PROCESSUAL CIVIL, DIREITO ECONÔMICO E DO CONSUMIDOR. CUMPRIMENTO DE SENTENÇA. AÇÃO CIVIL PÚBLICA. EXECUÇÃO INDIVIDUAL. DIREITOS INDIVIDUAIS HOMOGÊNEOS. OBJETO. ATIVOS DEPOSITADOS EM CADERNETA DE POUPANÇA. EXPURGOS INFLACIONÁRIOS ORIGINÁRIOS DO "PLANO VERÃO". DIFERENÇAS. RECONHECIMENTO. PAGAMENTO. PEDIDO. ACOLHIMENTO. COISA JULGADA. IMPUGNAÇÃO ADVINDA DO EXECUTADO. RESOLUÇÃO. QUESTÕES DEFINITIVAMENTE RESOLVIDAS. REPRISAMENTO AO SER EXTINTO O EXECUTIVO. CONHECIMENTO. INVIABILIDADE. POUPADORES FALECIDOS. HERDEIROS DOS FALECIDOS. MOVIMENTAÇÃO DE ATIVOS FINANCEIROS. LEI N. 6.858/1980 (ARTIGO 2º). EXISTÊNCIA DE OUTROS BENS PARTILHÁVEIS. INVENTÁRIO ENCERRADO. VIA ADEQUADA PARA MOVIMENTAÇÃO DO APURADO. SOBREPARTILHA OU PROCEDIMENTO DE JURISDIÇÃO VOLUNTÁRIA.
[...] 8. O espólio, como entidade transitória composta pelo acervo hereditário legado pelo extinto, somente ostenta subsistência jurídica até o momento da ultimação da partilha, pois encerrado o processo sucessório com a

destinação do acervo que o integrara aos seus destinatários legais se exaure, e, exaurindo-se com o aperfeiçoamento da partilha, já não ostenta capacidade nem legitimidade para residir em juízo ativa ou passivamente, devendo os sucessores assumirem a angularidade ativa da lide em que demandam direito anteriormente titularizado pelo extinto. 9. A posição patrimonial do extinto é relevante para fins de definição da composição da ação que versa sobre crédito que legara, à medida em que, i) legados bens e não aberta a inventariança, deve o espólio ser representado por administrador provisório (CC, art. 1.797; CPC, art. 614); ii) havendo inventário, deve ser indicado o inventariante, que representará o espólio, devendo o crédito ser agregado ao monte partilhável; iii) findo o inventário, com a ultimação da partilha, todos os sucessores e herdeiros do falecido devem integrar a composição da lide, com a ressalva de que o crédito deverá ser movimentado no ambiente de sobrepartilha, restabelecendo-se a universalidade; iv) por fim, se não existirem bens partilháveis e o montante legado não ultrapassar a alçada estabelecida pelo artigo 2º da Lei nº 6.858/80, os ativos poderão ser movimentados pelos sucessores e, se o caso, meeira, independentemente de processo sucessório, ressalvado que, extrapolando o crédito o limite estabelecido, deverá ser objeto de partilha no âmbito de processo de inventário. 10. Apelação do executado não conhecida. Apelo dos exequentes conhecido e desprovido. Unânime. (Acórdão n.984094, 20160110552658APC, Relator: TEÓFILO CAETANO 1ª TURMA CÍVEL, Data de Julgamento: 23/11/2016, Publicado no DJE: 05/12/2016. Pág.: 216-235)

"PROCESSO CIVIL. AGRAVO DE INSTRUMENTO. EXECUÇÃO DE SENTENÇA. EXPURGOS INFLACIONÁRIOS. TITULAR DA CONTA FALECIDO. AUSÊNCIA DE INVENTÁRIO. ESPÓLIO. REPRESENTAÇÃO. ADMINISTRADOR PROVISÓRIO. DETERMINAÇÃO DE EMENDA À PETIÇÃO INICIAL. REQUERIMENTO DE DILAÇÃO DO PRAZO. EXCLUSÃO DOS ESPÓLIOS. REFORMA DA DECISÃO. 1.

Há previsão nos artigos 985 e 986 do Código de Processo Civil e 1.797 do Código Civil da figura do administrador provisório, a quem compete representar ativa e passivamente o espólio, seus bens e trazer ao acervo os frutos percebidos desde a abertura da sucessão, até que o inventariante preste seu compromisso. 2. Nos termos do artigo 1.797 do Código Civil, a administração provisória da herança recai primeira e preferencialmente sobre o cônjuge convivente e em segundo plano sobre o herdeiro que estiver na posse e administração dos bens. 3. Inexiste óbice à substituição processual postulada, mediante representação em um primeiro momento pela cônjuge sobrevivente na condição de administradora provisória da herança, eis que referida representação poderá ser ratificada ou alterada quando da efetiva e oportuna nomeação de inventariante no feito pertinente, inexistindo qualquer prejuízo às partes. [Acórdão n.840758, 20130710268846APC, Relator: ANA CANTARINO, 3ª Turma Cível, Publicado no DJE: 21/01/2015]. 4. Deu-se provimento ao agravo para reforma a decisão recorrida." (TJ-DF - AGI: 20150020103702 , Relator: FLAVIO ROSTIROLA, Data de Julgamento: 15/07/2015, 3ª Turma Cível, Data de Publicação: Publicado no DJE : 23/07/2015 . Pág.: 111).

"COBRANÇA. DEVEDOR. ÓBITO. SUBSTITUIÇÃO. INVENTARIANTE. NOMEAÇÃO INEXISTENTE. ESPÓLIO. REPRESENTAÇÃO. ADMINISTRADOR PROVISÓRIO. CÔNJUGE SOBREVIVENTE. ALTERAÇÃO DO POLO PASSIVO. CONTITUIDADE DO FEITO. SENTENÇA CASSADA. 1. Aberta a sucessão e inexistindo nomeação e compromisso de inventariante, deve o espólio ser representado, ativa e passivamente, por administrador provisório, nos termos dos artigos 985 e 986 do Código de Processo Civil. 2. Estabelece o artigo 1.797 do Código Civil recair a administração provisória da herança primeira e preferencialmente sobre o cônjuge convivente. 3. Inexiste óbice à substituição processual postulada, mediante representação em um primeiro momento pela cônjuge sobrevivente na condição de administradora provisória da

herança, eis que referida representação poderá ser ratificada ou alterada quando da efetiva e oportuna nomeação de inventariante no feito pertinente, inexistindo qualquer prejuízo às partes. 4. Recurso conhecido e provido." (TJ-DF - APC: 20130710268846 DF 0026115-17.2013.8.07.0007, Relator: ANA CANTARINO, Data de Julgamento: 10/12/2014, 3ª Turma Cível, Data de Publicação: Publicado no DJE : 21/01/2015 . Pág.: 465).

"PROCESSUAL CIVIL. AGRAVO DE INSTRUMENTO. EXECUÇÃO FISCAL. FALECIMENTO DO EXECUTADO. EXISTÊNCIA DE ADMINISTRADOR PROVISÓRIO DA HERANÇA. IMPOSSIBILIDADE DE SUSPENSÃO DA EXECUÇÃO. PRECEDENTES DESTA CORTE. RECURSO DESPROVIDO. 1. Caso em que a administradora provisória do espólio executado pleiteia a expedição de ofício à Vara de Sucessões de Campina Grande (PB), para que seja nomeada inventariante nos autos do processo de inventário do executado Humberto César de Almeida, bem como a suspensão da ação executiva fiscal originária. 2. Não compete ao juízo da execução fiscal determinar ao juízo do inventário que proceda à nomeação do inventariante, cabendo tal atribuição ao próprio juízo de sucessões. 3. De igual modo, não há qualquer óbice ao processamento da execução fiscal originária, tendo em vista que, até a nomeação do inventariante, a administração provisória do espólio é exercida pela ex-companheira do falecido, a teor do que dispõem os arts. 1797 do CC e 985 e 986 do CPC. Nesse sentido, vejam-se os seguintes precedentes jurisprudenciais deste Tribunal (AGTR nº 138607/PB, Primeira Turma, Rel. Des. Fed. Roberto Machado, DJE de 26/09/2014; AGTR nº 138203/PB, Segunda Turma, Rel. Des. Fed. Paulo Machado Cordeiro, DJE de 22/08/2014; AGTR nº 138871/PB, Terceira Turma, Rel. Des. Fed. Geraldo Apoliano, DJE de 26/09/2014 e AGTR nº 138266/PB, Rel. Des. Fed. Rogério Fialho Moreira, Quarta Turma, DJE de 14/08/2014). 4. Agravo de instrumento ao qual se nega provimento." (TRF-5 - AG: 00066968520144050000 AL , Relator: Desembargador

Federal Roberto Machado, Data de Julgamento: 27/11/2014, Primeira Turma, Data de Publicação: 05/12/2014).

"PRESTAÇÃO DE CONTAS PRIMEIRA FASE CONTAS EXIGIDAS DE INVENTARIANTE DE ESPÓLIO E DO HERDEIRO REQUERENTE DAS CONTAS É EX-CÔNJUGE DO HERDEIRO MATRIMÔNIO EM REGIME DE COMUNHÃO UNIVERSAL DEVER DE PRESTAR CONTAS. SENTENÇA MANTIDA POR SEUS PRÓPRIOS FUNDAMENTOS. 1. Cerceamento de defesa inocorrente. Julgamento no estado do feito autorizado pelas circunstâncias do caso. 2. Presença de interesse processual, qualificado pela resistência de prestar as contas e pela ausência de prova necessariamente documental hábil a demonstrar a suficiência de informações prestadas pelo corréu Arnaldo e a evidenciar a inutilidade do provimento. 3. O inventariante se qualifica como administrador provisório da herança (CPC, 919), condição que lhes atribui o dever de prestar contas. 4. Recurso desprovido." (TJ-SP - APL: 03242500620098260100 SP 0324250-06.2009.8.26.0100, Relator: Piva Rodrigues, Data de Julgamento: 12/08/2014, 9ª Câmara de Direito Privado, Data de Publicação: 21/08/2014).

"PROCESSO CIVIL. RECURSO ESPECIAL. AÇÃO DE EXECUÇÃO DE TÍTULO EXTRAJUDICIAL. ILEGITIMIDADE PASSIVA DO DE CUJUS. POSSIBILIDADE DE EMENDA À INICIAL ATÉ A CITAÇÃO. NEGATIVA DE PRESTAÇÃO JURISDICIONAL. INEXISTÊNCIA. AUSÊNCIA DE INVENTÁRIO DOS BENS DO FALECIDO. LEGITIMIDADE DO ESPÓLIO PARA FIGURAR COMO DEVEDOR EM AÇÃO DE EXECUÇÃO. REPRESENTAÇÃO. ADMINISTRADOR PROVISÓRIO. POSSIBILIDADE. 1. Até a citação, a parte autora pode emendar a inicial, com a correção do pólo passivo, em razão de não ter ocorrido a estabilização do processo. Inteligência dos arts. 264 e 294 do CPC. 2. O Tribunal de origem, embora fundado em premissa equivocada, manifestou-se expressamente quanto à

questão suscitada pelo recorrente, não havendo falar em negativa de prestação jurisdicional. 3. Pelo princípio da saisine, previsto no art. 1.784 do CC-02, a morte do de cujus implica a imediata transferência do seu patrimônio aos sucessores, como um todo unitário, que permanece em situação de indivisibilidade até a partilha. 4. Enquanto não realizada a partilha, o acervo hereditário - espólio - responde pelas dívidas do falecido (art. 597 do CPC) e, para tanto, a lei lhe confere capacidade para ser parte (art. 12, V, do CPC). 5. Acerca da capacidade para estar em juízo, de acordo com o art. 12, V, do CPC, o espólio é representado, ativa e passivamente, pelo inventariante. No entanto, até que o inventariante preste o devido compromisso, tal representação far-se-á pelo administrador provisório, consoante determinam os arts. 985 e 986 do CPC. 6. O espólio tem legitimidade para figurar no pólo passivo de ação de execução, que poderia ser ajuizada em face do autor da herança, acaso estivesse vivo, e será representado pelo administrador provisório da herança, na hipótese de não haver inventariante compromissado. 7. Recurso especial conhecido e provido." (STJ - REsp: 1386220 PB 2013/0161234-3, Relator: Ministra NANCY ANDRIGHI, Data de Julgamento: 03/09/2013, T3 - TERCEIRA TURMA, Data de Publicação: DJe 12/09/2013).

"PROCESSUAL CIVIL - EXECUÇÃO FISCAL - EXECUTADO FALECIDO APÓS AJUIZAMENTO DA EF - CITAÇÃO DO ESPÓLIO EM NOME DA VIÚVA APONTADA "ADMINISTRADORA PROVISÓRIA DA HERANÇA" - POSSIBILIDADE - AGRAVO PROVIDO. 1.Em EF, falecido o devedor após o seu ajuizamento, a execução deve prosseguir contra seu espólio ou contra seus herdeiros (todos). 2."Enquanto não há individualização da quota pertencente a cada herdeiro, o que se efetivará somente com a consecução da partilha, é a herança, nos termos do artigo supracitado, que responde por eventual obrigação deixada pelo de cujus. Nessa perspectiva, o espólio, que também pode ser conceituado como a universalidade de bens

deixada pelo de cujus, assume, por expressa determinação legal, o viés jurídico-formal, que lhe confere legitimidade ad causam para demandar e ser demandado em todas aquelas ações em que o de cujus integraria o pólo ativo ou passivo da demanda, se vivo fosse (...)". (STJ, REsp 1125510/RS, Rel. Min. MASSAMI UYEDA, T3, ac. un., DJe 19/10/2011). 3.Agravo de instrumento provido. 4.Peças liberadas pelo Relator, em Brasília, 30 de julho de 2013., para publicação do acórdão." (TRF-1 - AG: 724513820124010000 BA 0072451-38.2012.4.01.0000, Relator: DESEMBARGADOR FEDERAL LUCIANO TOLENTINO AMARAL, Data de Julgamento: 30/07/2013, SÉTIMA TURMA, Data de Publicação: e-DJF1 p.456 de 09/08/2013).

APELAÇÃO CÍVEL - Ação Indenizatória - Falecimento do Réu que deixou Testamento Público - Inventariante ainda não compromissada - Impossibilidade de Citação do Espólio - Extinção fundada no artigo 267, inc. III do CPC afastada - Em homenagem aos princípios processuais da celeridade e da economia processuais impõe-se possibilidade da autora citar o Administrador Provisório da Herança - Decisão Modificada - Recurso Provido. (Processo: APL 2045240920078260100 SP 0204524-09.2007.8.26.0100 - Relator(a): Egidio Giacoia Julgamento: 04/10/2011 - Órgão Julgador: 3ª Câmara de Direito Privado - Publicação: 05/10/2011).

NULIDADE PROCESSUAL – RECLAMADO FALECIDO – CITAÇÃO NA PESSOA DE HERDEIRA (CURADORA) – ATO INEXISTENTE – NÃO OBSERVÂNCIA DO ART. 13 DO CPC – VIOLAÇÃO DO DEVIDO PROCESSO LEGAL – I- O fim da pessoa natural pela morte extingue a personalidade civil e, via de consequência, a capacidade de ser parte. Detectado este evento, por dicção expressa do art. 13 do CPC, deve o juiz, suspendendo o processo, assinalar prazo razoável para o reclamante sanar o defeito: promover a alteração do pólo passivo (caso não determinada de ofício) e indicar o representante do espólio, o administrador provisório ou o inventariante (artigos 12, V e 986, do CPC). II- A citação de pessoa falecida, por herdeira que a representou em vida na condição de curadora, é um ¿não-ato¿, por falta de pressuposto processual. Simplesmente não existe. III- A nomeação ulterior da mesma herdeira como inventariante, não valida a citação, seja porque não é possível validar aquilo que, juridicamente, não existe, seja porque o espólio não se confunde com o de cujus. IV- Hipótese em que a ação foi processada até a sentença em face de pessoa natural, já falecida. Nulidade do processo que se declara, por falta de citação válida do espólio-reclamado. Recurso do reclamado provido por unanimidade. (TRT 24ª R. – RO 5-52.2011.5.24.0031 – Relª Juíza Izabella de Castro Ramos – DJe 21.09.2011 – p. 100).

HERANÇA – PRINCÍPIO DA SAISINE – REPRESENTAÇÃO PELO ADMINISTRADOR PROVISÓRIO – POSSIBILIDADE – *"Processo civil. Morte de uma das partes. Substituição processual. Espólio. Representação pelo administrador provisório. Possibilidade. Inexistência de inventariante. Suspensão do feito. Desnecessidade. Nulidade processual. Inocorrência. Recurso parcialmente provido. 1. Não há a configuração de negativa de prestação jurisdicional nos embargos de declaração, se o Tribunal de origem enfrenta a matéria posta em debate na medida necessária para o deslinde da controvérsia, ainda que sucintamente. A motivação contrária ao interesse da parte não se traduz em maltrato ao art. 535 do CPC. 2. De acordo com os arts. 985 e 986 do CPC, enquanto não nomeado inventariante e prestado compromisso, a representação ativa e passiva do espólio caberá ao administrador provisório, o qual, comumente, é o cônjuge sobrevivente, visto que detém a posse direta e a administração dos bens hereditários (art. 1.579 do CC/1916, derrogado pelo art. 990, I a IV, do CPC; art. 1.797 do CC/2002). 3. Apesar de a herança ser transmitida ao tempo da morte do de cujus (princípio da saisine), os herdeiros ficarão apenas com a posse indireta dos bens, pois a administração da massa hereditária restará, inicialmente, a cargo do administrador provisório, que representará o espólio judicial e extrajudicialmente, até ser aberto o inventário, com a nomeação do inventariante, a quem incumbirá representar definitivamente o espólio (art. 12, V, do CPC). 4. Não há falar em nulidade processual ou em suspensão do feito por morte de uma das partes se a substituição processual do falecido se fez devidamente pelo respectivo espólio (art. 43 do CPC), o qual foi representado pela viúva meeira na condição de administradora provisória, sendo ela intimada pessoalmente das praças do imóvel. 5. Recurso especial parcialmente provido." (STJ – REsp 777566/RS – (2005/0143321-1) – 3ª T. – Rel. Min. Vasco Della Giustina – DJ 13.05.2010).*

ESPÓLIO – Representação. Viúva habilitada como pensionista do empregado no INSS e administradora provisória dos bens. A viúva do empregado, na condição de administradora provisória dos bens, bem assim estando habilitada como dependente na previdência social para fins de recebimento da pensão do de cujus, é pessoa legitimada para representar o espólio do empregado perante a JT, dispensando-se a prova da condição de inventariante. Inteligência dos arts. 985 e 986 do CPC e art. 1º da L. 6.858/80. (TRT 18ª R. – RO 01821.2003.003.18.00.5 – Rel. Juiz Luiz Francisco Guedes de Amorim – DJGO 01.06.2004).

EXECUÇÃO DE SENTENÇA PROFERIDA EM AÇÃO CIVIL PÚBLICA - ESPÓLIO - REPRESENTAÇÃO. As disposições contidas na Lei nº 6.858/80 quanto ao levantamento, pelos herdeiros, de valores devidos ao de cujus, somente são aplicáveis na via administrativa. Em se tratando de pleito judicial de direito em nome do espólio, o inventariante é o legalmente habilitado para fazê-lo, na forma do art. 12, V do CPC, sendo de presumir-se, na falta do inventariante, o cônjuge supérstite como administrador provisório do espólio, de acordo com o disposto no art. 1.579 do Código

Civil de 1916. (TRF4ª R. - AC 2003.70.00.002610-7/PR - 1ª T. - Rela Desa Fed. Maria Lúcia Luz Leiria - DJU 14.01.2004).

PROCESSO CIVIL - HERANÇA JACENTE. Tratando-se de herança jacente, não tem aplicação a norma do artigo 985 do Código de Processo Civil, que trata da figura do administrador provisório no inventário, mas sim a do artigo 1.143 do mesmo diploma legal. Agravo regimental não provido. (STJ - AGÁ 475911 - SP - 3ª T. - Rel. Min. Ari Pargendler - DJU 19.12.2003).

PROCESSUAL CIVIL – CONDOMÍNIO – PROPRIETÁRIO – FALECIMENTO – SUCESSÃO – REPRESENTAÇÃO – SENTENÇA TERMINATIVA – DESCABIMENTO – MÉRITO – ART. 515, § 3º, DO CPC – Ainda que não aberto o inventário, pode a demanda ser proposta contra a sucessão, hipótese em que, consoante dispõe o art. 12, inc. V, e 986, ambos do CPC, responde pelo espólio, ativa e passivamente, o administrador da herança que, na hipótese, é aquela pessoa que se encontra na posse do imóvel. Jurisprudência do STJ. Ademais, em vista do princípio da Saisine, a possuidora do imóvel, na condição de herdeira do ex-proprietário, é condômina, pelo que cabível a cobrança dos encargos condominiais de qualquer dos condôminos. Desnecessária, pois, a citação de todos os herdeiros para a formação válida e regular da relação processual. Ausência de pressuposto processual afastada, apreciado o mérito da causa, ut art. 515, § 3º, do CPC, redação da Lei nº 10.352/01. Ação procedente, ausentes fundamentos jurídicos para repelir a pretensão, considerando a alegação de dificuldades financeiras e de parcelamento negado. Recurso provido por decisão monocrática. (TJRS – APC 70007517501 – 18ª C.Cív. – Rel. Des. Pedro Luiz Pozza – J. 16.12.2003).

ESPÓLIO – BENEFÍCIOS DA JUSTIÇA GRATUITA – DIREITO RECONHECIDO – LEGITIMIDADE PROCESSUAL ATIVA E

PASSIVA DO ADMINISTRADOR PROVISÓRIO (ART. 895 DO CPC) – "Até que o inventariante preste o compromisso (art. 990, parágrafo único), continuará o espólio na posse do administrador provisório." por sua vez, o "administrador provisório representa ativa e passivamente o espólio" (CPC, 986). A propósito do assunto, decidiu o tribunal de justiça de Alagoas, em 09.03.1987, apel. 8.575, in, Alexandre de Paula - Código de Processo Civil anotado, forense, 5ª edição: "o administrador provisório representa a herança, exercendo a posse provisória desde a morte do inventariado até que o inventariante preste o compromisso e assuma o encargo. Para sua investidura não há nomeação, ocorrendo naturalmente, tão logo ocorra o óbito ". (TRT 07ª R. – Proc. 3591/01 – (1952/02) – Rel. Juiz Jefferson Quesado Júnior – DOJT 27.06.2002).

AÇÃO MONITORIA - EMBARGOS - DESPESAS DE CONDOMÍNIO - ESPÓLIO - CITAÇÃO - NULIDADE - INEXISTÊNCIA - UNIDADE DE CONDOMÍNIO OCUPADA POR HERDEIRO - TEORIA DA APARÊNCIA - RESPONSABILIDADE PELO PAGAMENTO - LEI N° 4 -591/64, ART. 12, § 4° - CC -, ART. 1572 - CPC. ART. 985 E 986 - MULTA - EXCESSO DE COBRANÇA - INOCORRÊNCIA -RECURSO 1MPROVIDO, POR MAIORIA - 1) aberta a sucessão, o herdeiro que ocupa o imóvel integrante de condomínio, conquanto não instaurado o inventario, e equiparado a administrador provisório e parte legitima para figurar no pólo passivo de ação monitoria movida para a cobrança das despesas de condomínio, não sendo nula a citação realizada nessas condições. 2) a multa pelo atraso no pagamento e devida nos termos do que foi deliberado pelo próprio condomínio no interesse de todos os seus condôminos. (TJPR - AC 5035 - 6ª C.Civ. - Rel. Dês. Antônio Lopes De Noronha - DJPR 12.06.2000)

2. Da legitimidade para requerer o inventário

Incumbe a quem estiver na posse dos bens ou administração do espólio, no prazo de 60 (sessenta) dias contados da abertura da sucessão, conforme preceitua o art. 615 do CPC, requerer a abertura do inventário e partilha. Tal pleito deverá ser instruído com a certidão de óbito do autor da herança, bem como com os documentos necessários a legitimar aquele que a requer.

Tem legitimidade concorrente àquele que estiver na posse e administração dos bens do espólio para requerer a abertura do inventário, preceitua o art. 616 do CPC, o cônjuge ou o companheiro supérstite; o herdeiro; o legatário; o testamenteiro; o cessionário do herdeiro ou do legatário; o credor do herdeiro, do legatário ou do autor da herança; o Ministério Público, havendo herdeiros incapazes; a Fazenda Pública, quando tiver interesse; o administrador judicial da falência do herdeiro, do legatário, do autor da herança ou do cônjuge ou companheiro supérstite.

No prazo do art. 611 do CPC, a iniciativa para requerer o inventário é privativa de quem estiver na posse e administração dos bens do espólio, com base no art. 615, 'caput', do diploma formal referido. Só após decorrido, 'in albis', o prazo legal, podem requerer o inventário as pessoas enumeradas no art. 616 (RJ 279/109).

INVENTÁRIO. ILEGITIMIDE ATIVA. Tem legitimidade para requerimento de inventário o cônjuge ou companheiro sobrevivente, desde que esteja convivendo com o outro ao tempo da morte deste. Alberto Fonseca Netto falecido em 01.12.2015 e sua esposa Sônia Regina Fonseca Netto falecida em 28.03.2017. Espólio de Alberto Fonseca Netto não é parte ilegítima para requerer a abertura do inventário (art. 615 e 616 do Código de Processo Civil). É que o requerente é pré-morto em relação à autora da herança. Logo, não se pode dizer que tem qualquer direito sucessório na herança da companheira sobrevivente. Eventual meação sobre os bens da autora da herança em favor do requerente deve ser decidida no inventário do próprio requerente. Consequentemente, o requerente não tem, exatamente como reconhecido na sentença, legitimidade para abrir o inventário em discussão, que é dos herdeiros da autora da herança. Também não é correto dizer que o espólio requerente está na posse dos bens da autora da herança, falecida depois. Recurso não provido. (TJSP; Apelação 1011917-52.2017.8.26.0309; Relator (a): Carlos Alberto Garbi; Órgão Julgador: 10ª Câmara de Direito Privado; Foro de Jundiaí - 2ª Vara de Família e Sucessões; Data do Julgamento: 24/10/2017; Data de Registro: 25/10/2017)

Inventário – Prévio ajuizamento por pessoa desconhecida das herdeiras – Irrelevância – Ausência de prova da ilegitimidade do requerente naquele feito – Extinção da presente ação bem decretada quanto à de cujus – Prosseguimento do feito, no entanto, quanto aos bens do de cujus, em relação a quem não havia demanda ajuizada – Recurso parcialmente provido. (TJSP; Apelação 1022644-58.2015.8.26.0562; Relator (a): Eduardo Sá Pinto Sandeville; Órgão Julgador: 6ª Câmara de Direito Privado; Foro de Santos - 3ª Vara de Família e Sucessões; Data do Julgamento: 07/12/2016; Data de Registro: 07/12/2016)

DIREITO CIVIL E PROCESSUAL CIVIL. SUCESSÃO PROCESSUAL. INVENTÁRIO. LEGITIMIDADE CONCORRENTE DO CREDOR. NÃO REGULARIZAÇÃO DO POLO PASSIVO. EXTINÇÃO DO FEITO. POSSIBILIDADE. Não há que se confundir substituição processual com sucessão processual. A substituição processual é espécie do gênero legitimidade extraordinária, e ocorre quando alguém, autorizado por lei, age em nome próprio na defesa de direitos e interesses alheios. A sucessão processual surge quando um terceiro assume o lugar do litigante originário, e passa a fazer parte da relação processual. O sucessor não age em nome próprio defendendo interesses e direitos alheios, mas, age em nome próprio na defesa dos seus próprios interesses e direitos. A sucessão processual ocorre, por exemplo, quando morre uma das partes. É cediço que a herança responde pelo pagamento das dívidas do falecido, e cada herdeiro responde na proporção que lhe couber. A lei, contudo, estabelece o procedimento a ser seguido em caso de sucessão processual, a qual, além de resguardar os interesses do credor, assegurará que os sucessores não respondam por encargos superiores às forças da herança. Para que o credor não seja *prejudicado pela eventual inércia dos sucessores, o legislador conferiu-lhe legitimidade concorrente para requerer a abertura do inventário do autor da herança. A não regularização do polo passivo da demanda, apesar das diversas oportunidades concedidas pelo Juízo de Primeiro Grau, autoriza a extinção do feito, razão pela qual a sentença deve ser mantida. Apelação desprovida. (Acórdão n.1054850, 20151310052949APC, Relator: HECTOR VALVERDE 1ª TURMA CÍVEL, Data de Julgamento: 18/10/2017, Publicado no DJE: 24/10/2017. Pág.: 314-321)*

"APELAÇÃO – Inventário – Alegação da convivente de que possui legitimidade para requerer abertura de inventário dos bens deixados pelo "de cujus" - Sentença que extinguiu o processo, sem resolução do mérito, pela litispendência – Inconformismo – Artigo 988, do Código de Processo Civil, prevê legitimidade concorrente dos sujeitos ali enunciados para requerer a abertura de inventário dos bens deixados pelo falecido, de modo que a autora não possui exclusividade ou prevalência para provocar a abertura do processo de inventário - Litispendência bem reconhecida - Questão relativa à legitimidade para exercer a inventariança que deve ser discutida na ação primeiramente ajuizada - Recurso desprovido." (TJ-SP - APL: 00069578020148260372 SP 0006957-80.2014.8.26.0372, Relator: José Aparício Coelho Prado Neto, Data de Julgamento: 18/08/2015, 9ª Câmara de Direito Privado, Data de Publicação: 20/08/2015).

"PROCESSUAL CIVIL. AGRAVO DE INSTRUMENTO. Ação de inventário. Pessoa sob a posse e administração de bens do espólio. Legitimidade. único Herdeiro menor. Inventariante. Impossibilidade. Função personalíssima. GENITOR E Representante legal do menor. I - Comprovado que a agravada encontrava-se na posse e administração de bens deixados pela de cujus, detinha ela legitimidade para requerer o inventário e a partilha, ainda que não fosse herdeira da de cujus, conforme art. 987 do CPC. II

- O agravante é menor impúbere e não possui capacidade civil para exercer o encargo de inventariante. A função é personalíssima e, por tal razão, não pode ser exercida pelo representante legal do menor em nome deste. Entendimento do c. STJ. III - Ausente colidência de interesses entre o menor e o seu pai e representante legal, deveria este ter sido a pessoa nomeada para o encargo de inventariante, haja vista que tal situação traria maiores benefícios para a criança, única herdeira, e cujos interesses devem ser prioritariamente resguardados. IV - AGRAVO DE INSTRUMENTO CONHECIDO E PROVIDO." (TJ-AM - AI: 40003605420158040000 AM 4000360-54.2015.8.04.0000, Relator: Ari Jorge Moutinho da Costa, Data de Julgamento: 08/06/2015, Segunda Câmara Cível, Data de Publicação: 09/06/2015).

"APELAÇÃO CÍVEL. PEDIDO DE ABERTURA DE INVENTÁRIO. SENTENÇA QUE EXTINGUIU O PROCESSO SEM JULGAMENTO DO MÉRITO POR ILEGITIMIDADE AD CAUSAM. CREDOR DO DE CUJUS. NÃO COMPROVAÇÃO DA DÍVIDA DO DE CUJUS. EXPECTATIVA DE DIREITO. IMPOSSIBILIDADE. 1. O credor do autor da herança possui legitimidade concorrente para requerer a instauração do inventário, diante da inércia dos legitimados pelo art. 987, do Código de Processo Civil. 2. A abertura de inventário por credor do de cujus depende da existência de dívida líquida, certa e exigível. 3. Não comprovada a qualidade de credor, impõe-se o reconhecimento da carência da ação. 4. Recurso conhecido e desprovido."(TJ-DF - APC: 20140810012972 DF 0006761-58.2012.8.07.0001, Relator: SILVA LEMOS, Data de Julgamento: 18/03/2015, 3ª Turma Cível, Data de Publicação: Publicado no DJE : 31/03/2015 . Pág.: 244).

"PROCESSUAL CIVIL. EXECUÇÃO FISCAL. BLOQUEIO DE ATIVOS FINANCEIROS POR MEIO DO SISTEMA BACENJUD. INDEFERIMENTO. MORTE DO EXECUTADO. PROSSEGUIMENTO CONDICIONADO À REGULARIZAÇÃO

DO POLO PASSIVO. ESPÓLIO. INFORMAÇÃO INEXISTENTE. LEGITIMIDADE CONCORRENTE DA FAZENDA PÚBLICA PARA REQUERER O INVENTÁRIO (CPC, ART. 988, IX). PRECEDENTES DO TRF1 E DO STJ. AGRAVO DE INSTRUMENTO NÃO PROVIDO. 1. "Com a morte do devedor, deve a Fazenda Nacional corrigir a sujeição passiva da obrigação e verificar a existência de bens onde possa recair a execução. Para tal, é necessário realizar diligências no sentido de se apurar a existência de inventário ou partilha e, caso inexistentes, a sua propositura por parte da Fazenda Nacional na forma do art. 988, VI e IX do CPC. Em havendo espólio ou herdeiros, a execução deverá contra eles ser proposta nos termos do art. 4º, III e IV da Lei nº 6.830/80 e art. 131, II e III do CTN [REsp 718023/RS, Rel. Ministro Mauro Campbell Marques, STJ, Segunda Turma, DJe 16/09/2008]"(AI 0032563-04.2008.4.01.0000/DF, Rel. Juiz Federal Osmane Antônio dos Santos [Conv.], TRF1, Oitava Turma, e-DJF1 19/12/2008, 904). 2. Enquanto não regularizado o polo passivo da execução, inviável o prosseguimento pretendido pela agravante. 3. Agravo de instrumento não provido." (TRF-1 - AG: 00482802220094010000 , Relator: DESEMBARGADOR FEDERAL MARCOS AUGUSTO DE SOUSA, Data de Julgamento: 13/02/2015, OITAVA TURMA, Data de Publicação: 06/03/2015).

"APELAÇÃO CÍVEL - DIREITO DAS SUCESSÕES - LEGITIMIDADE PARA REQUERER ABERTURA DE INVENTÁRIO - NECESSIDADE DE COMPROVAÇÃO DE UNIÃO ESTÁVEL OU DE POSSE E ADMINISTRAÇÃO DOS BENS DO ESPÓLIO - INOCORRÊNCIA - RECURSO NÃO PROVIDO. Possui legitimidade para requerer a abertura do inventário aquele que estiver na posse e administração do espólio e, concorrentemente, o cônjuge, o herdeiro, o legatário, o testamenteiro, o cessionário do herdeiro ou do legatário, o credor do herdeiro, do legatário ou do autor da herança, o síndico da falência do herdeiro, do legatário, do autor da herança ou do cônjuge supérstite, o Ministério Público,

havendo herdeiros incapazes ou a Fazenda Pública, devendo o interessado trazer provas robustas a fim de demonstrar que se enquadra em qualquer uma das condições listadas acima." (TJ-MG - AC: 10439120052006001 MG , Relator: Vanessa Verdolim Hudson Andrade, Data de Julgamento: 11/02/2014, Câmaras Cíveis / 1ª CÂMARA CÍVEL, Data de Publicação: 19/02/2014).

"APELAÇÃO CÍVEL. SUCESSÕES. ABERTURA DO INVENTÁRIO. UNIÃO ESTÁVEL. LEGITIMIDADE ATIVA. COMPANHEIRO. CABIMENTO. Descabida a extinção do feito, sem exame do mérito, sob o fundamento de que ausente a legitimidade ativa do apelante para promover a ação de inventário dos bens deixados pelo alegado companheiro. Além de a discussão a respeito da existência ou não de união estável perquirir desate em ação própria, nos termos do disposto no art. 987 do CPC, a legitimidade para requerer o inventário é daquele que esteja na posse e administração dos bens da herança, exatamente o que se verifica nestes autos. Precedentes. De rigor o prosseguimento do feito, com a determinação da citação da irmã do falecido. DERAM PROVIMENTO à apelação." (Processo: AC 70039464193 RS - Relator(a): Luiz Felipe Brasil Santos - Julgamento: 24/02/2011 - Órgão Julgador: Oitava Câmara Cível - Publicação: Diário da Justiça do dia 04/03/2011)

"APELAÇÃO. INVENTÁRIO. EXTINÇÃO SEM APRECIAÇÃO DE MÉRITO. DESCABIMENTO. Eventual falta de legitimidade para pedir abertura do inventário da pessoa que fez tal pedido não pode levar à extinção do processo. Isso porque, por expressa disposição legal, o inventário pode ser aberto até de ofício pelo juízo (CPC, artigo 989). De resto, no concreto do caso, ainda que não formalmente reconhecida como companheira sobrevivente do "de cujus", a apelante tem legitimidade para pedir a abertura do inventário e para exercer a inventariança. Isso porque ela reside no bem de maior valor do espólio. Logo, tem posse direta sobre ele.

E quem está na posse de bem do espólio tem legitimidade para pedir a abertura do inventário (CPC, artigo 987), e legitimidade para exercer a inventariança (CPC, artigo 990, II). DERAM PROVIMENTO." (Apelação Cível Nº 70037612769, Oitava Câmara Cível, Tribunal de Justiça do RS, Relator: Rui Portanova, Julgado em 05/08/2010)

"INVENTÁRIO. ABERTURA DO PROCESSO. LEGITIMIDADE. COMPANHEIRA. 1. Descabe extinguir o processo de inventário, sem exame do mérito, por ilegitimidade ativa, quando o pedido de abertura foi feito pela companheira, que informou ter ajuizado a ação própria e está com a posse dos bens do espólio, não tendo sido sequer citados os herdeiros nominados. 2. A legitimidade para promover a abertura do inventário é tanto de quem estiver na posse e administração dos bens do espólio, como também das demais pessoas a quem o legislador conferiu legitimação concorrente. Inteligência dos art. 987 e 988 do CPC. Recurso provido." (Apelação Cível Nº 70023477714, Sétima Câmara Cível, Tribunal de Justiça do RS, Relator: Sérgio Fernando de Vasconcellos Chaves, Julgado em 30/07/2008)

INVENTÁRIO - INICIATIVA - PESSOA NA POSSE E ADMINISTRAÇÃO DOS BENS DO ESPÓLIO -PRAZO DO ART. 983 DO CPC - PESSOAS ENUMERADAS NO ART. 988 DO CPC -REQUERIMENTO - POSSIBILIDADE SOMENTE APÓS O DECURSO EM BRANCO DO PRAZO LEGAL - INTELIGÊNCIA DO ART. 989 DO CPC

No prazo do art. 983 do CPC, a iniciativa para requerer o inventário é privativa de quem estiver na posse e administração dos bens do espólio, com base no art. 987, caput, do diploma formal referido. Só após decorrido, in albis, o prazo legal, podem requerer o inventário as pessoas enumeradas no art. 988.

O juiz determinará, de ofício, que se inicie o inventário, se nenhuma das pessoas mencionadas nos arts. 987, caput, e 988 do CPC o requerer, consoante disposição contida no art. 989 do citado diploma legal. (TJMG - Apelação Cível nº 170.135-8/00 - Comarca de Prata - Relator: Dês. Isalino Lisboa - DJMG 02.12.2000).

INVENTÁRIO - Legitimidade do credor do autor da herança para requerer a abertura do inventário. Art. 988, VI CPC. Nos termos do art. 998, VI, do CPC, o credor do autor da herança tem legitimidade para requerer a abertura do inventário. (STJ - REsp 105.254 - AM - 4ª T - Rel. Min. Sálvio de Figueiredo - DJU 14.06.1999).

"DIREITO CIVIL - DIREITO PROCESSUAL CIVIL - INVENTÁRIO - PEDIDO DE ABERTURA POR PESSOAS SEM VÍNCULOS HEREDITÁRIOS COM A INVENTARIADA - PARTES ILEGÍTIMAS - EXCLUSÃO DO PROCESSO - INEXISTÊNCIA, NO CASO, DE QUESTÃO DE ALTA INDAGAÇÃO QUE PARA SEU DESLINDE DEPENDA DE PRODUÇÃO DE PROVA - ENUMERAÇÃO TAXATIVA, POR LEI, DAS PESSOAS QUE TÊM LEGITIMIDADE PARA REQUERER INVENTÁRIO - NÚMERO FECHADO INAMPLIÁVEL - SENTENÇA DE 1º GRAU CONFIRMADA - APELO IMPROVIDO. Questões de direito, mesmo intrincadas, e questões de fato, documentadas, resolvem-se no juízo do inventário, com desprezo da via ordinária." (TJ-PR - AC: 538778 PR Apelação Cível - 0053877-8, Relator: Ronald Accioly, Data de Julgamento: 27/08/1997, 2ª Câmara Cível).

ARROLAMENTO SUMÁRIO - Cessionário dos direitos hereditários. Legitimidade para requerer o inventário e assinar inventariança. CPC, art. 988, V. Pode o cessionário dos direitos hereditários requerer a adoção do rito sumário, facultado ao herdeiro capaz (arts. 1.031 e 1.032 do CPC). (TJGO - AI 10.243-0/180 - 1ª T - Rel. Dr. Roldão O. de Carvalho-J. 06.08.1996).

3. Do inventariante e das primeiras declarações

De início devemos conceituar a figura do inventariante, haja vista ser ele o representante legal, da sua nomeação até a homologação da partilha, do espólio, conforme preceitua o art. 1.991 do CC.

Assim, é o inventariante aquela pessoa incumbida de administrar o espólio, sendo, portanto, "o mandatário legal da herança com autoridade para defender todos os interesses dela e promover todas as ações necessárias a essa defesa", como se vê do ensinamento de DE PLÁCIDO E SILVA, ob. cit., vol I, p., 515, sendo intransferível a delegação dos deveres e obrigações que lhe foram atribuídos no ato da nomeação, ou seja, o mandato outorgado.

"Para uns, é considerado o inventariante um depositário, ou uma figura aproximada ao depositário, embora ressaltando as diferenças, especialmente aquelas atinentes às obrigações, mais rígidas e complexas no depósito, tanto que a transgressão resulta em pesadas punibilidades, inclusive com a cominação da pena coercitiva da liberdade. Por mais relapso que seja o inventariante, e mesmo que desbarate os bens, não se lhe pode aplicar a pena de prisão prevista no art. 652 do Código Civil. No máximo, se vulnerados os deveres, é destituído do cargo, e sequestráveis tornam-se os bens sob sua administração.

O mesmo ocorre com o mandato em relação à inventariança, já que o inventariante representa os demais herdeiros, sendo um mandatário ou procurador dos mesmos, agindo em nome deles e decidindo em inúmeras questões, inclusive manifestando-se por todos. Aumenta a semelhança ou afinidade quando chamado o espólio a manifestar-se, ou obrigado a ingressar em juízo, no pólo ativo ou passivo." (ARNALDO RIZZARDO, "Direito das Sucessões", vol. II, p. 580).

Na nomeação do inventariante, que é um encargo pessoal, será obedecida, excluindo-se uns aos outros, a ordem estabelecida pelo art. 617 do CPC, ou seja, o cônjuge ou companheiro sobrevivente, desde que estivesse convivendo com o outro ao tempo da morte deste; o herdeiro que se achar na posse e administração do espólio, se não houver cônjuge ou companheiro sobrevivente ou estes não puderem ser nomeados; qualquer herdeiro, nenhum estando na posse e administração do espólio; o herdeiro menor, por seu representante legal; o testamenteiro, se lhe foi confiada a administração do espólio ou toda a herança estiver distribuída em legados; o cessionário do herdeiro ou do legatário; o inventariante judicial, se houver; pessoa estranha idônea, onde não houver inventariante judicial.

Desde o advento da Lei n.º 12.195/2010 não mais se exige do cônjuge sobrevivente prova de que o casamento era sob o regime da comunhão. Portanto os dois únicos requisitos para análise para a inventariança, no caso de cônjuge supérstite ou companheiro(a) sobrevivente, é que, o vínculo conjugal esteja hígido à época da morte do extinto, desde que, também esteja na posse e administração dos bens. Então, não há que se analisar o regime matrimonial ou a condição de herdeira ou meeira, uma vez que, esta temática será alvo para decisão definitiva posterior no inventário, sendo apenas por uma praticidade de se dar celeridade aos autos o fato daquela conhecer quais são e aonde estão os bens do falecido, por isso a prioridade de nomeação á inventariança, regularizando a representação do espólio, evidenciando-se serem aspectos distintos do direito, uma de natureza material e a outra processual. Neste sentido, vinha se decidindo majoritariamente:

> *INVENTÁRIO. NOMEAÇÃO DE INVENTARIANTE. Agravante, viúva meeira, removida desse encargo, em incidente próprio. Decisão agravada que nomeou a filha, ora agravada, em substituição. Pretensão da agravante de que o encargo recaia sobre seu filho, e não sobre a filha que mora em outra comarca. Filho que mora na comarca onde estão os bens, mas sem prova de esteja na administração deles. Situação em que incide o inciso III, do art. 617, do CPC, cujo rol, ademais, não é taxativo. Precedentes. Necessidade de demonstração de que houve violação dos deveres de inventariante para nova alteração (CPC, art. 622, incisos), o que sequer foi alegado. Decisão mantida. Recurso não provido. (TJSP; Agravo de Instrumento 2232635-26.2017.8.26.0000; Relator (a): Fernanda Gomes Camacho; Órgão Julgador: 5ª Câmara de Direito Privado; Foro de Carapicuíba - 3ª Vara Cível; Data do Julgamento: 21/03/2018; Data de Registro: 22/03/2018)*

> *Agravo de Instrumento – Inventário – Nomeação do herdeiro legatário para o cargo de inventariante – Insurgência da*

herdeira, filha do "de cujus" contra a nomeação do neto, alegando que não foi obedecida a ordem legal do art. 617 do CPC. Desnecessidade de ação própria para a remoção, bastando a insurgência contra a nomeação efetuada nos próprios autos de inventario. Inventariante que possui conduta inidônea para o cargo. Pretende a remoção do inventariante com sua consequente nomeação, contando com a concordância de outros herdeiros. Recurso improvido. (TJSP; Agravo de Instrumento 2180940-33.2017.8.26.0000; Relator (a): José Joaquim dos Santos; Órgão Julgador: 2ª Câmara de Direito Privado; Foro Central Cível - 5ª Vara da Família e Sucessões; Data do Julgamento: 19/03/2018; Data de Registro: 19/03/2018)

Agravo de Instrumento – ação de inventario – primeira manifestação de um herdeiros nos autos de inventário configura habilitação que não tem prazo peremptório – impossível a aplicação da pena de revelia - A nomeação do companheiro como inventariante é admitido apenas quando não haja controvérsia sobre a existência da entidade familiar – decisão mantida – Recurso não provido. (TJSP; Agravo de Instrumento 2036179-69.2018.8.26.0000; Relator (a): Moreira Viegas; Órgão Julgador: 5ª Câmara de Direito Privado; Foro de Guarujá - 1ª Vara de Família e das Sucessões; Data do Julgamento: 15/03/2018; Data de Registro: 15/03/2018)

INVENTÁRIO. NOMEAÇÃO DE INVENTARIANTE. DATIVO. DESCABIMENTO. ORDEM DE PREFERÊNCIA ESTABELECIDA NO ARTIGO 617 DO CÓDIGO DE PROCESSO CIVIL QUE DEVE SER OBSERVADA. AUSÊNCIA DE COMPROVAÇÃO DE JUSTO IMPEDIMENTO PARA QUE OS HERDEIROS NÃO ASSUMAM A INVENTARIANÇA, AINDA QUE NÃO SEJAM AQUELES NA POSSE E NA ADMINISTRAÇÃO DO ESPÓLIO. DECISÃO MANTIDA. RECURSO DESPROVIDO. (TJSP; Agravo de Instrumento 2163091-48.2017.8.26.0000; Relator (a): Vito Guglielmi;

Órgão Julgador: 6ª Câmara de Direito Privado; Foro Central Cível - 8ª Vara da Família e Sucessões; Data do Julgamento: 12/01/2018; Data de Registro: 12/01/2018)

INVENTÁRIO E PARTILHA. NOMEAÇÃO DE INVENTARIANTE. Insurgência da requerida contra decisão que nomeou a autora ao cargo de inventariante. Decisão reformada. Ordem legal do art. 617 do CPC que dá preferência ao herdeiro na posse dos bens para que exerça a inventariança. Não demonstrada qualquer inaptidão ou inidoneidade da requerida que justifique a nomeação da outra herdeira. Transcurso do prazo para início do inventário que não autoriza, por si só, a nomeação de pessoa diversa ao cargo de inventariante. Agravante, ademais, está na posse do bem inventariado e terá melhores condições de exercer o cargo de inventariante, administrando o imóvel e zelando por sua adequada manutenção até posterior partilha. Recurso provido. (TJSP; Agravo de Instrumento 2181976-13.2017.8.26.0000; Relator (a): Carlos Alberto de Salles; Órgão Julgador: 3ª Câmara de Direito Privado; Foro de Itariri - Vara Única; Data do Julgamento: 05/12/2017; Data de Registro: 05/12/2017)

INVENTÁRIO. TEM DIREITO A INVENTARIANÇA O CONJUGE SUPÉRSTITE, APESAR DE CASADO SOB O REGIME DA COMUNHÃO PARCIAL DE BENS. (AI n. 592135719, Rel. Guido Waldemar Welter, TJRS).

AGRAVO DE INSTRUMENTO - INVENTÁRIO - NOMEAÇÃO DE INVENTARIANTE - ART. 990, DO CPC - POSSIBILIDADE. - O objetivo da ordem prevista para o exercício da inventariança, art. 990 do Código de Processo Civil, é dar preferência para o cargo de inventariante ao cônjuge ou companheiro, todavia, a ordem não é rígida e pode ser alterada em determinadas circunstâncias de fato. (TJ-MG - AI: 10461020070888001 MG, Relator: Dárcio Lopardi Mendes, Data de Julgamento: 22/08/2013, Câmaras Cíveis / 4ª CÂMARA CÍVEL, Data de Publicação: 28/08/2013)

"É de se manter a decisão que, em observância à ordem de preferência posta no art. 990 do Código de Processo Civil, remove herdeiro do cargo de inventariante e nomeia a cônjuge sobrevivente que está na posse dos bens." (AI n.1.0148.08.058905-1/001 (1), rel. Des. Almeida Melo, julg.14/05/2009 – TJMG).

"PROCESSUAL CIVIL. NOMEAÇÃO DE INVENTARIANTE. ART. 990 DO CPC. ORDEM NÃO ABSOLUTA. OFENSA NÃO CONFIGURADA. DIVERGÊNCIA NÃO CONFIGURADA. A ordem de nomeação de inventariante insculpida no art. 990 do Código de Processo Civil deve ser rigorosamente observada, excetuando-se as hipóteses em que o magistrado tenha fundadas razões para desconsiderá-la, com o fim de evitar tumultos processuais desnecessários (...)." (RESP n. 283994 - STJ, rel. Min. César Asfor Rocha).

Essa ordem de nomeação de inventariante há de ser rigorosamente seguida "excetuando-se as hipóteses em que o magistrado tenha fundadas razões para desconsiderá-la, com o fim de evitar tumultos processuais desnecessários ou mesmo a sonegação de bens".(STJ, 4º T., REsp 283.994/SP, Rel. Min. CÉSAR ASFOR ROCHA, DJU 07.05.01, p. 150).

No caso do julgamento do recurso acima, não conhecido por unanimidade, para que se tenha uma ideia da excepcionalidade da admissão do desrespeito àquela ordem, o recorrente detinha a qualidade de herdeiro, na posse dos bens, e era testamenteiro do "*de cujus* ", e mesmo assim, face à particularidades que se observava no feito, foi nomeado a terceira pessoa daquela ordem para assumir aquele encargo.

O voto do Ministro Relator nos dá importantes lições, de fato e de direito, merecedoras de transcrição:

"Insurge-se o recorrente contra a decisão que, a despeito de sua qualidade de herdeiro possuidor dos bens e testamenteiro do falecido, nomeou terceira pessoa para o encargo de inventariante, sob o fundamento de que existiria situação de contenciosidade entre os herdeiros.

(...)

Quanto a questão de fundo, anoto que o art. 990 do Código de Processo Civil arrola de forma expressa e taxativa quais as pessoas que deverão ser nomeadas para assumir o encargo da inventariança, pela ordem de seus incisos, que deve, a princípio, ser rigorosamente observada.

Todavia, há situações excepcionais em que a nomeação do inventariante segundo a seqüência legalmente prevista pode não ser recomendada, para que se evite tumultos processuais desnecessários ou mesmo a possibilidade de ocorrência de uma das hipóteses previstas no art. 995 do diploma processual, ensejadoras da remoção do inventariante, de que é exemplo a sonegação de bens (inciso VI).

Na hipótese examinada, o v. acórdão hostilizado valeu-se dos seguintes fundamentos para a manutenção do decisório de primeiro grau, *verbis*:

> *"Dentro da normalidade deverá ser respeitada, efetivamente, a ordem estabelecida pelo artigo 990 do Código de Processo Civil.*
>
> *Ocorre, porém, que a situação retratada neste instrumento demonstra que o relacionamento entre os herdeiros é extremamente conflitoso, circunstância que poderá dar margem a incontáveis incidentes processuais, se e quando mantido qualquer deles no cargo de inventariante, ficando assim obstada a pronta concessão da tutela jurisdicional, por todos desejada. "* (fls. 167).

Transcrevo, ainda, a manifestação ministerial exarada na instância ordinária, dando conta da existência de prévia litigiosidade entre as partes:

> *"MM. Juiz,*
>
> *Considerando a ação de sonegados proposta (autos n " 348/ aa) bem como o litígio que consta do inventário em apenso*

(autos 963/83). Tendo em conta o disposto no artigo 995, VI do CPC que possibilita a remoção do inventariante em caso de sonegação, a fim de evitar maiores litígios entre os herdeiros opino favoravelmente ao pedido de fls. 32/33. " (fls. 48v.).

Verifica-se, assim, que restou assentada nas instâncias ordinárias a necessidade de nomeação de um inventariante dativo, de forma a se prevenir uma gama de incidentes processuais, a deficiente administração do acervo do espólio ou até mesmo uma eventual sonegação de bens.

Neste aspecto, acrescento que o delineamento fático da causa se exauriu plenamente no Tribunal *a quo*, sendo defeso, na instância especial, qualquer alteração desse quadro.

(...)

De qualquer forma, apresenta-se falha a caracterização da desinteligência dos julgados, já que no decisório hostilizado consta motivação suficiente para a nomeação do inventariante dativo, consoante anteriormente salientado.

Ademais, a Terceira e Quarta Turma do Superior Tribunal de Justiça já se manifestaram no sentido de que a ordem de nomeação insculpida no art. 990 do CPC não é absoluta, podendo ser designado um inventariante dativo se as circunstâncias do caso assim aconselharem, visando evitar maiores conflitos e a proteção do próprio acervo de bens do espólio. A propósito, os seguintes acórdãos, cujas ementas transcrevo, no que interessa:

"INVENTARIANTE. NOMEAÇÃO DE COMPANHEIRA. ESPOSA ECLESIÁSTICA. Não contraria o artigo 990 do Código de Processo Civil, que não se reveste de caráter absoluto, a decisão que mantém como inventariante a pessoa que, casada pelo religioso com o extinto, com ele viveu, em união familiar estável, durante longos anos, tendo o casal numerosos filhos.

> *Improcedência da impugnação manifestada por alguns dos filhos do leito anterior.*
>
> *Interpretação mais razoável da lei federal. "(REsp 520-CE, Relator o eminente Ministro A*THOS *C*ARNEIRO*, in DJ 04.12.89).*

> *"INVENTÁRIO. Nomeação da avó, guardiã do herdeiro neto, como inventariante.*
>
> *Ao progenitor do menor não assiste direito subjetivo à inventariança. Discrição prudente do magistrado, face ao caso concreto. "(REsp 4.128-ES, Relator o eminente Ministro A*THOS *C*ARNEIRO*, in DJ 10.12.90).*

> *"Inventariante. Remoção. Nomeação de dativo. Cód. de Pr. Civil, arts. 995 e 990. A ordem de nomeação não é absoluta. O fato de não se observar a ordem não implica ofensa ao art. 990. Precedente do STJ: REsp-520, DJ de 4.12.89. Caso em que a nomeação do inventariante dativo se deveu 'a necessidade de eliminar as discórdias atuais e prevenir outras". Recurso especial não conhecido. "(REsp 88.296-SP, Relator o eminente Ministro N*ILSON *N*AVES*, in DJ 08.02.99).*

> *Diante de tais considerações, não conheço do recurso."*

Nomeado o inventariante, este será intimado para que, no prazo de 5 (cinco) dias, preste compromisso de bem e fielmente desempenhar o cargo, sendo que, conforme se observa do disposto no art. 1.991 CC e dito acima, desde a assinatura do compromisso até a homologação da partilha, a administração da herança será exercida por ele.

Nesse período que permeia entre o falecimento do autor da herança e a prestação de compromisso pelo inventariante, o espólio será administrado pelo administrador provisório que, como vimos do art. 614 do CPC, o representará ativa e passivamente, sendo obrigado a trazer ao acervo os frutos que desde a abertura da sucessão percebeu, tendo direito ao reembolso das despesas necessárias e úteis que tiver feito, respondendo, entretanto, por qualquer dano que, por culpa ou dolo, houver dado causa.

O cônjuge supérstite, p. ex., na qualidade de administrador provisório, é parte legítima para representar o espólio, ativa e passivamente, podendo, v.g., postular ação de reintegração de posse em seu nome, ressaltando-se, entretanto, que seus poderes estão limitados aos atos de mera gestão do acervo hereditário.

> *EMENTA DIREITO PROCESSUAL CIVIL E SUCESSÓRIO. AGRAVO. INVENTÁRIO. PENDÊNCIA DE CONFLITO DE COMPETÊNCIA. NOMEAÇÃO DE INVENTARIANTE. MEDIDAS URGENTES. NECESSIDADE DE NOMEAÇÃO. HERDEIRO MENOR. CÔNJUGE SUPÉRSTITE. PREFERÊNCIA LEGAL. DECISÃO REFORMADA. 1. O cônjuge supérstite, consoante o disposto no artigo 617 do CPC, tem preferência legal para ser nomeado inventariante, a fim de representar o espólio e administrar os bens deixados pelo autor da herança. 2. Nos termos da legislação processual civil, e conforme determinação judicial nos autos do conflito de competência, devem ser solucionadas as questões urgentes pelo Juízo Suscitante, mesmo diante da pendência sobre qual o Juízo competente para processar e julgar o feito. 3. Agravo de Instrumento conhecido e provido. (Acórdão n.1065543, 07125347020178070000, Relator: SEBASTIÃO COELHO 5ª Turma Cível, Data de Julgamento: 07/12/2017, Publicado no PJe: 18/01/2018. Pág.: Sem Página Cadastrada.)*

> *INVENTÁRIO E PARTILHA. NOMEAÇÃO DE INVENTARIANTE. Insurgência da companheira sobrevivente contra decisão que manteve o filho do de cujus no cargo de inventariante. Companheira sobrevivente que vivia em união estável com o de cujus no regime de separação de bens, não possuindo, em princípio, direito à herança dos bens deixados por este. Justificável a nomeação do agravado, filho do de cujus, ao cargo de inventariante, até porque a ordem de preferência legal do artigo 617*

do CPC não é absoluta. Ausência de demonstração de conduta do herdeiro que indique falta de idoneidade ao exercício da função de inventariante. Destituição incabível. Decisão mantida. Recurso não provido. (TJSP; Agravo de Instrumento 2137769-26.2017.8.26.0000; Relator (a): Carlos Alberto de Salles; Órgão Julgador: 3ª Câmara de Direito Privado; Foro de São José dos Campos - 2ª Vara da Família e das Sucessões; Data do Julgamento: 16/09/2017; Data de Registro: 16/09/2017)

- Inventário. Nomeação do herdeiro em detrimento da viúva, casada pelo regime da separação obrigatória de bens, para o exercício do cargo de inventariante. Inadmissibilidade. Cônjuge supérstite que convivia com o 'de cujus' por ocasião do seu passamento. Ordem prevista no artigo 617 do CPC que deve ser observada, a princípio, excetuando-se as hipóteses em que o magistrado tenha fundadas razões para desconsiderá-la, o que não é o caso. - Transferência dos saldos existentes em nome do falecido para conta judicial. Acerto. Eventual meação da agravante quanto aos valores referidos deverá ser objeto de análise no momento adequado. Agravo provido em parte. (TJSP; Agravo de Instrumento 2053799-31.2017.8.26.0000; Relator (a): Natan Zelinschi de Arruda; Órgão Julgador: 4ª Câmara de Direito Privado; Foro de Guarulhos - 4ª. Vara de Família e Sucessões; Data do Julgamento: 21/06/2017; Data de Registro: 21/06/2017)

INVENTÁRIO. NOMEAÇÃO DE INVENTARIANTE. Decisão que nomeou a esposa sobrevivente como inventariante, determinando que a filha requerente informasse a qualificação dela para intimação. Irresignação da requerente. Esposa sobrevivente que convivia com o falecido quando do óbito. Esposa declarante do óbito para a certidão de óbito. Ordem preferencial do artigo 617, inciso I, do Código de Processo Civil/2015. Alegações da herdeira agravante que não configuram qualquer exceção para nomeação dela em substituição à esposa sobrevivente. Manutenção da decisão recorrida. Recurso desprovido. (TJSP; Agravo de Instrumento 2254517-78.2016.8.26.0000; Relator (a): Carlos Alberto de Salles; Órgão Julgador: 3ª Câmara de Direito Privado; Foro de São Bernardo do Campo - 3ª. Vara de Família e Sucessões; Data do Julgamento: 19/05/2017; Data de Registro: 19/05/2017)

Inventário. Cônjuge supérstite que se insurge contra nomeação de filho herdeiro para o cargo de inventariante. Ordem do artigo 617, I que não é absoluta. Conduta do filho herdeiro que não configura quaisquer motivos para destituição (artigo 622 do NCPC). Decisão acertada. Recurso improvido. (TJSP; Agravo de Instrumento 2053551-65.2017.8.26.0000; Relator (a): Maia da Cunha; Órgão Julgador: 4ª Câmara de Direito Privado; Foro de Votuporanga - 4ª Vara Cível; Data do Julgamento: 27/04/2017; Data de Registro: 02/05/2017)

"AGRAVO DE INSTRUMENTO. SUCESSÕES. NOMEAÇÃO DE INVENTARIANTE. PLEITO DO CÔNJUGE SUPÉRSTITE DE SUBSTITUIR A HERDEIRA FILHA NOMEADA PARA O EXERCÍCIO DA INVENTARIANÇA. RECORRENTE QUE SE ACHA NA POSSE E ADMINISTRAÇÃO DO ESPÓLIO. OBSERVÂNCIA DA ORDEM PREFERENCIAL DE NOMEAÇÃO DE INVENTARIANTE PREVISTA NO ART. 990 DO CPC. Embora, sabidamente, a ordem preferencial de nomeação de inventariante prevista no art. 990 do Código de Processo Civil não seja de caráter absoluto, comportando flexibilização em situações excepcionais, na espécie, não há razão plausível para sua subversão, considerando nada haver nos autos em desabono à idoneidade da recorrente, cônjuge supérstite, para o exercício da inventariança. Ademais, no caso, a observância da ordem preferencial do art. 990 do CPC até mesmo se afigura pertinente, na medida em que é incontroverso que é a viúva, e não a herdeira filha, que se acha na posse e administração do espólio. DERAM PROVIMENTO. UNÂNIME. (Agravo de Instrumento Nº

70065210056, Oitava Câmara Cível, Tribunal de Justiça do RS, Relator: Luiz Felipe Brasil Santos, Julgado em 20/08/2015)." (TJ-RS - AI: 70065210056 RS , Relator: Luiz Felipe Brasil Santos, Data de Julgamento: 20/08/2015, Oitava Câmara Cível, Data de Publicação: Diário da Justiça do dia 24/08/2015)

"INVENTÁRIO – DECISÃO QUE DETERMINOU À AUTORA QUE JUNTASSE DECLARAÇÃO EXPRESSA DA VIÚVA CONCORDANDO COM SUA NOMEAÇÃO PARA O CARGO DE INVENTARIANTE DOS BENS DEIXADOS PELO "DE CUJUS", SEU GENITOR – ORDEM DO ART. 990 DO CPC APRESENTA CARÁTER ABSOLUTO E SÓ PODE SER DESRESPEITADA SE HOUVER FUNDADAS RAZÕES – PRECEDENTE DO STJ – NECESSIDADE DE NOMEAR A VIÚVA, QUE, A RIGOR, TEM DIREITO À INVENTARIANÇA – - DECISÃO REFORMADA - Recurso provido." (TJ-SP - AI: 20575222920158260000 SP 2057522-29.2015.8.26.0000, Relator: Theodureto Camargo, Data de Julgamento: 06/08/2015, 9ª Câmara de Direito Privado, Data de Publicação: 06/08/2015).

"DIREITO CIVIL E PROCESSUAL CIVIL. AGRAVO LEGAL EM AGRAVO DE INSTRUMENTO (ART. 557, § 1º, DO CPC). AÇÃO DE INVENTÁRIO. NOMEAÇÃO DE INVENTARIANTE. RESPEITO À ORDEM DE PREFERÊNCIA DO ART. 990 DO CPC. RECURSO IMPROVIDO. O artigo 990 do CPC relaciona ordem de preferência para a nomeação de inventariante, elegendo em primeiro lugar "o cônjuge ou companheiro sobrevivente, desde que estivesse convivendo com o outro ao tempo da morte deste"; Restando comprovado que a Agravada era companheira do de cujus ao tempo de sua morte, inexistia alternativa ao Magistrado de piso senão nomeá-la Inventariante em detrimento da esposa separada de fato, nos termos do dispositivo legal em comento; É reconhecida a união estável de pessoa casada, desde que separada judicialmente ou de fato. Inteligência do art. 1.723, § 1º, do Código Civil; Recurso improvido." (TJ-PE -

AGV: 3711493 PE , Relator: Cândido José da Fonte Saraiva de Moraes, Data de Julgamento: 29/04/2015, 2ª Câmara Cível, Data de Publicação: 08/05/2015).

"AGRAVO DE INSTRUMENTO. INVENTÁRIO. CÔNJUGE SOBREVIVENTE. REGIME DA SEPARAÇÃO OBRIGATÓRIA DE BENS. NOMEAÇÃO DE INVENTARIANTE. CABIMENTO. ART. 990, I, DO CPC. Irretocável a decisão agravada, porquanto o cônjuge sobrevivente, que convivia com o extinto ao tempo de sua morte, goza de preferência para exercer o encargo de inventariante, independentemente do regime de bens adotado. Inteligência do art. 990, I, do CPC, com redação dada pela Lei 12.195/2010. AGRAVO DE INSTRUMENTO DESPROVIDO. (Agravo de Instrumento Nº 70062840319, Oitava Câmara Cível, Tribunal de Justiça do RS, Relator: Ricardo Moreira Lins Pastl, Julgado em 05/03/2015)." (TJ-RS - AI: 70062840319 RS , Relator: Ricardo Moreira Lins Pastl, Data de Julgamento: 05/03/2015, Oitava Câmara Cível, Data de Publicação: Diário da Justiça do dia 09/03/2015).

"AGRAVO DE INSTRUMENTO - INVENTÁRIO - NOMEAÇÃO DE INVENTARIANTE - ART. 990, DO CPC - POSSIBILIDADE. - O objetivo da ordem prevista para o exercício da inventariança, art. 990 do Código de Processo Civil, é dar preferência para o cargo de inventariante ao cônjuge ou companheiro, todavia, a ordem não é rígida e pode ser alterada em determinadas circunstâncias de fato." (TJ-MG - AI: 10461020070888001 MG , Relator: Dárcio Lopardi Mendes, Data de Julgamento: 22/08/2013, Câmaras Cíveis / 4ª CÂMARA CÍVEL, Data de Publicação: 28/08/2013).

"AGRAVO DE INSTRUMENTO. INVENTÁRIO. INVENTARIANTE. REMOÇÃO. ORDEM DE NOMEAÇÃO. ART. 990 DO CPC. REGRA NÃO ABSOLUTA. INVENTARIANTE DATIVO. POSSIBILIDADE DE NOMEAÇÃO. DEMONSTRAÇÃO DE ANIMOSIDADE ENTRE OS HERDEIROS. I. Embora o art. 990 do CPC traga *o rol de pessoas a serem nomeadas inventariantes, não se trata de regra absoluta, podendo ser desrespeitada se existirem fundadas razões. II. Havendo clara situação de animosidade entre as partes, é possível e recomendável a nomeação de inventariante dativo, com o fim de se preservar o espólio dar regular andamento ao inventário." (TJ-MG - AI: 10024112062617001 MG , Relator: Washington Ferreira, Data de Julgamento: 12/03/2013, Câmaras Cíveis / 7ª CÂMARA CÍVEL, Data de Publicação: 15/03/2013).*

AGRAVO DE INSTRUMENTO – DIREITO PROCESSUAL CIVIL – SUCESSÕES – SUBSTITUIÇÃO – AÇÃO DE INVENTÁRIO – NOMEAÇÃO DE INVENTARIANTE – OBEDIÊNCIA À ORDEM LEGAL – PREFERÊNCIA DO HERDEIRO QUE SE ACHA NA POSSE E ADMINISTRAÇÃO DO ESPÓLIO – APLICAÇÃO DO ART. 990, II DO CPC – 1- No presente agravo de instrumento, discute-se a regularidade da decisão que substituiu o agravante pelo agravado na inventariança de espólio. 2- A ordem de nomeação de inventariante, insculpida no art. 990 do Código de Processo Civil, deve ser rigorosamente observada, somente podendo ser quebrada em situações excepcionais e por motivos relevantes. 3- Recurso conhecido e improvido. Decisão interlocutória mantida. (TJCE – AI 38410-42.2010.8.06.0000/0 – Relª Desª Sérgia Maria Mendonça Miranda – DJe 05.07.2012 – p. 87).

AGRAVO INTERNO NO AGRAVO DE INSTRUMENTO INVENTÁRIO – NOMEAÇÃO DO INVENTARIANTE – INOBSERVÂNCIA DA ORDEM LEGAL – POSSIBILIDADE – PRECEDENTES – LENTA TRAMITAÇÃO DO FEITO – ANIMOSIDADE ENTRE OS HERDEIROS SITUAÇÃO EXCEPCIONAL JUSTIFICADA – RECURSO DESPROVIDO – 1- Predomina na jurisprudência o entendimento de que a ordem prevista no artigo 990 do Código de Processo Civil não possui caráter absoluto, podendo ser excepcionalmente modificada. 2- Os entraves criados pelo intenso grau de animosidade entre os herdeiros e a pretensa companheira do falecido, como a lenta tramitação do processo de inventário, são suficientes para respaldar a modificação da ordem de designação do inventariante. 3- Recurso improvido. (TJES – AGInt-AI 35119003263 – Rel. Des. Telemaco Antunes de Abreu Filho – DJe 17.04.2012 – p. 93).

AGRAVO DE INSTRUMENTO – NOMEAÇÃO DE INVENTARIANTE – ORDEM DE PREFERÊNCIA – ART. 990 DO CPC – CARÁTER NÃO ABSOLUTO – TEMPERAMENTO – MOTIVOS QUE NÃO JUSTIFICAM A INOBSERVÂNCIA DA ORDEM LEGAL – RECURSO PROVIDO – 1- Apesar da ordem de nomeação de inventariante prevista no artigo 990 do Código de Processo Civil não possuir caráter absoluto, ela somente poderá ser alterada em situação de fato excepcional e grave, como a patente litigiosidade existente entre as partes ou caso o inventariante nomeado descumpra com os seus encargos, nos termos do artigo 995, daquele mesmo diploma legal. 2- A atuação procrastinatória e desidiosa do inventariante pressupõe o dolo. Por isso, para a caracterização dessa atuação deve haver forte fundamento e prova concludente, o que não ocorreu no caso em julgamento. 3- Recurso conhecido e provido. (TJES – AI 65119000050 – Rel. Dair José Bregunce de Oliveira – DJe 16.03.2012 – p. 28).

AGRAVO DE INSTRUMENTO – INVENTÁRIO – NOMEAÇÃO DE INVENTARIANTE – PESSOA ESTRANHA AO EXERCÍCIO DO ENCARGO – INSURGÊNCIA – PEDIDO DE REMOÇÃO – DESCABIMENTO – Ordem prevista no art. 990, do código de processo civil não absoluta. Desídia do cônjuge supérstite e demais herdeiros em promover o inventário aliada à inexistência de prova que desabone a conduta do inventariante. Manutenção do credor que promoveu a abertura do inventário no encargo. Recurso conhecido e não-provido. (TJPR – AI 0815624-9 – Rel. Des. Fernando Wolff Bodziak – DJe 15.12.2011 – p. 507).

AGRAVO DE INSTRUMENTO – PROCEDIMENTO DE INVENTÁRIO – PEDIDO DE SUBSTITUIÇÃO DO INVENTARIANTE – PRECLUSÃO – INOCORRÊNCIA – TRANSCURSO DO PRAZO LEGAL PARA REQUERIMENTO DE ABERTURA DE INVENTÁRIO – PERDA DO DIREITO DE PREFERÊNCIA – ORDEM TRAÇADA PELO ARTIGO 990 DO CPC – CARÁTER NÃO ABSOLUTO – RECURSO IMPROVIDO – 1- O prazo para questionar a nomeação do inventariante começa a fluir tão somente após a citação de todos os interessados, a teor do disposto no art. 1.000 do Código de Processo Civil. 2- Tendo o herdeiro que se encontrava na posse e administração do espólio deixado transcorrer in albis o prazo legal para a abertura do procedimento de inventário, não se pode mais falar na sua preferência para a inventariança, que passa a qualquer dos legitimados concorrentes previstos no artigo 988 do CPC. 3- A ordem traçada pelos incisos do artigo 990 do Código de Processo Civil não possui caráter absoluto, podendo ser relativizada. Precedentes do STJ. Recurso conhecido e improvido. (TJES – AI 24119009967 – Rel. Des. José Paulo Calmon Nogueira da Gama – DJe 14.12.2011 – p. 94).

AGRAVO DE INSTRUMENTO – ABERTURA DO INVENTÁRIO – HERDEIRO QUE NÃO EXERCE A ADMINISTRAÇÃO DE BENS – NOMEAÇÃO PARA EXERCÍCIO DA INVENTARIANÇA – DESOBEDIÊNCIA AO ROL DISPOSTO NO ARTIGO 990 DO CPC – CONSULTA AO INFOJUD E AO RENAJUD – CONHECIMENTO DO ACERVO PATRIMONIAL DO "DE CUJUS" – INFORMAÇÕES QUE DEPENDEM DE DELIBERAÇÃO JUDICIAL – NECESSIDADE DEMONSTRADA – RECURSO PARCIALMENTE PROVIDO – O herdeiro que, ante a inércia daquele(s) que exerce(m) a posse e administração de bem que integra o acervo partilhável, deflagra o processo de inventário não está obrigado a exercer o munus da inventariança, devendo a nomeação obedecer ao rol disposto no artigo 990 do CPC. Ao herdeiro que demonstra o completo desconhecimento sobre os bens amealhados em vida por seu genitor, com o qual não conviveu, deve ser oportunizado o conhecimento do acervo patrimonial deixado pelo "de cujus", a ser objeto de partilha, limitada, no entanto, a intervenção do Judiciário às informações que não podem ser obtidas pelo interessado, sem a deliberação judicial correspondente. (TJMG – AI 1.0422.10.000920-4/001 – 2ª C.Cív. – Rel. Afrânio Vilela – DJe 07.12.2011).

INVENTARIO DIVERGÊNCIA ENTRE HERDEIROS NOMEACAO DE INVENTARIANTE JUDICIAL POSSIBILIDADE AGRAVO DE INSTRUMENTO – DIREITO SUCESSÓRIO – INVENTÁRIO – EVIDENTE ANIMOSIDADE ENTRE OS HERDEIROS – NOMEAÇÃO DE INVENTARIANTE JUDICIAL – POSSIBILIDADE – A ordem do art. 990 do CPC não tem natureza absoluta, podendo ser afastada, excepcionalmente, em razão de circunstâncias fáticas trazidas aos autos. Decisão interlocutória que não merece qualquer reforma, eis que se mostra manifesta a desavença entre os herdeiros, aliada à circunstância de que uma das filhas atua como curadora do cônjuge supérstite. Nomeação de inventariante judicial que, além de imparcial à citada controvérsia, não representará morosidade ao processo, eis que o acervo sucessório é composto exclusivamente por bens móveis (depósitos bancários e aplicações financeiras). NEGATIVA DE PROVIMENTO AO RECURSO. (TJRJ – AI 0056905-74.2010.8.19.0000 – 18ª C.Cív. – Relª Desª Claudia Pires – DJe 30.06.2011 – p. 24).

AGRAVO – INVENTÁRIO – Decisão negando à companheira a nomeação como inventariante em substituição do filho da mulher do falecido. Divergências no processo. Clima de animosidade. Tumultos processuais: possibilidade de ocorrência. Nomeação de terceira pessoa estranha à lide. Razoabilidade e equilíbrio. Provimento parcial. Vislumbrando-se no curso do processo de inventário, desavenças entre os herdeiros, impõe-se a necessidade de eliminação de discórdias, como forma de imperatividade da manutenção do equilíbrio das relações entre os herdeiros, sendo viável a nomeação de pessoa estranha e acima dos interesses conflitantes, valendo-se o julgador do disposto nos incisos V e VI, do artigo 990, do Código de Processo Civil. (TJBA – AI 34.012-6/2005 – (13788) – Rel. Des. Paulo Furtado – DJU 09.11.2005).

INVENTÁRIO – Nomeação de herdeiro para o cargo de inventariante – Cônjuge supérstite que casada sob o regime de comunhão parcial de bens, que convivia com o falecido até o momento de sua morte, e tem a posse e a administração do espólio, tem primazia na função da inventariança – Litigiosidade desta com herdeiro, filho do primeiro casamento do falecido, sem comprovação – Decisão que afronta as disposições dos artigos 990, I, 987 e 988, I, do Código de Processo Civil – Recurso provido. (TJSP – AI 264.477-4/7 – Campinas – 7ª CDPriv. – Rel. Des. Oswaldo Breviglieri – J. 13.11.2002).

INVENTÁRIO – ORDEM PREFERENCIAL PARA A INVENTARIANÇA – FILHA MAIS VELHA OU COMPANHEIRA DO DE CUJUS – 1. Havendo prova cabal de que o autor da herança mantinha união estável com a recorrente, com quem convivia ao tempo da abertura da sucessão, tem esta a preferência legal para o exercício da inventariança. Para este fim, é dispensável a prévia declaração judicial, sendo razoável manter a convivente na posse e administração do patrimônio, como faticamente já ocorre. Inteligência dos arts. 990, I, do CPC, 226 da CF e da L. 8.971/94 e L. 9.278/96. (TJRS – AI 70003975703 – 7ª C.Cív. – Rel. Des. Sérgio Fernando de Vasconcellos Chaves – DOERS 17.05.2002).

INVENTARIANÇA – Tem a companheira, com quem o falecido convivia ao tempo da abertura da sucessão, legitimidade para o exercício da inventariança, a teor dos arts. 990, I, do CPC e 226, § 3º, da CF. Agravo provido. (TJRS – AI 598.515.104 – 7ª C.Cív. – Relª Desª Maria Berenice Dias – J. 10.02.1999).

3.1 Das obrigações do inventariante

O administrador do espólio, como não poderia deixar de ser, está sujeito a uma série de obrigações, e por seu descumprimento pode ser destituído ou removido.

MILHOMENS (Manual, vol. III, págs. 319/320), ensina que o inventariante "administra o espólio com a prudência e zelo de bom pai de família, até ser julgada definitivamente a partilha; satisfaz aluguéis, arrendamentos, impostos, salários, ordenados e outros encargos ordinários da sucessão, de pagamento imediato; exerce todos os direitos e deveres conservatórios; colhe ou arrecada os frutos, naturais, industriais ou civis e os dá à partilha, abatidas as despesas de cultura, colheita, conserto e aquisição de instrumento (cereais, produtos de hortas e pomares, aves, ovos, gado gordo, por exemplo) e traz ao juízo divisório o respectivo preço deduzidos os custos de embalagem, remessa, comissão aos vendedores etc; despede e despeja locatários faltosos ou cujo arrendamento caducar ou cessou, ainda que sejam co-herdeiros, se possuem só o título de locação; cobra amigável ou judicialmente as dívidas ativas; se morava com o *de cujus*, continua a residir no mesmo prédio sem pagar aluguel, até ser julgada a partilha, porém, não pode mudar-se para a casa até então destinada a renda; aluga ou arrenda prédios rústicos urbanos, por tempo certo e não demasiado longo, pelo prazo habitual na locação de imóveis de tal natureza".

ITABAIANA DE OLIVEIRA, ob. cit., sintetiza asseverando que "Compete ao inventariante:

> I - *Declarar os nomes de todos os herdeiros e legatários, descrever, com individuação e clareza, todos os bens da herança, assim como os alheios nela encontrados. Não se devem descrever, por se presumirem doados em tal forma que não fazem parte da herança, os vestidos de uso do cônjuge sobrevivente, bem como a sua cama, leito, anel ou joia nupcial. Quanto aos bens alheios, cumpre atender a que, se por uma sumária informação, procedida pelo juiz, e pela confissão dos co-herdeiros, constar que alguns dos bens descritos no inventário são alheios, deverá o mesmo juiz fazê-los excluir da partilha, não os adjudicando,*

contudo, àquele que afirma serem seus, por não competir esta atribuição ao juízo divisório, e sim ao contencioso. Se, porém, não contar, evidentemente, que os bens são alheios, ou pertencentes à herança, e houver discórdia a este respeito entre os co-herdeiros, então deve distinguir-se: ou os ditos bens estavam em poder do defunto ao tempo de sua morte, ou não estavam. No primeiro caso, devem descrever-se e partilhar-se pela regra qualem te invento talem te judico, e, no segundo caso, devem excluir-se da partilha, reservando-se, tanto em uma como em outra decisão, o direito a quem o tiver. As primeiras declarações deverão ser feitas no prazo de vinte dias, contados da data em que foi prestado o compromisso (art. 993, CPC).

II - Usar das ações de força turbativa, ou espoliativa, se algum dos herdeiros, ou outra qualquer pessoa, turbar-lhe a posse, ou cometer esbulho. O inventariante pode, ainda, demandar e ser demandado in solidum, isto é, em nome do espólio, sendo-lhe, porém, vedado trasigir, ou se comprometer em arbítrios, sem acordo dos interessados e sem licença judicial.

III - Trazer ao acervo os frutos que, desde a abertura da sucessão, perceber, reembolsando-se das despesas necessárias e úteis, que tenha feito, e respondendo pelo dano a que, por dolo ou culpa, tenha dado causa. Os frutos, segundo a classificação do Cód. Civil, dividem-se em naturais, industriais e civis. Naturais são os produzidos, espontaneamente, pela natureza sem o auxílio do homem, como os frutos das árvores, as crias de animais, etc.; industriais são os obtidos pelo trabalho humano, embora coadjuvado pela ação das leis naturais, como os legumes, os cereais, etc.; civis são as rendas dos imóveis e dos capitais fixos ou circulantes, foros, pensões, juros, etc. O Cód. Civil ainda os divide em pendentes, colhidos e percebidos: os frutos naturais e industriais reputam-se colhidos e percebidos, logo que são separados, e os civis reputam-se percebidos dia por dia. Assim, a obrigação imposta ao inventariante de trazer ao acervo os frutos percebidos, desde a abertura da sucessão, é uma conseqüência da transmissão imediata do domínio e posse da herança aos herdeiros. E como antes das partilhas *os bens se acham em estado de comunhão, é lógico que aos herdeiros pertençam, também os frutos e rendimentos dos bens da herança.*

IV - *Pagar as dívidas do espólio, arrendar e alienar os bens da herança, mediante acordo dos interessados e prévia autorização judicial. Se o inventariante alienar, sem licença judicial, alguma coisa pertencente à herança, o juiz deverá imputá-la, sendo possível, no quinhão do alienante e pelo justo valor. A autorização judicial, entretanto, não é necessária para a alienação dos frutos e objetos destinados à venda, porque, além do inventariante ser o administrador geral dos bens do espólio, a demora com a formalidade do pedido de autorização poderia acarretar prejuízos para o próprio espólio, pela variação constante dos preços do mercado.*

V - *Proceder ao inventário e partilha judiciais, dentro do prazo legal, a contar da data do início ou da prorrogação concedida. Justificam-se os prazos para o início e o termo do inventário e da partilha judiciais pela conveniência de terminar-se o estado de comunhão, e cada um dos herdeiros ou legatários, receber o que lhe pertence, conveniência que avulta mais quando há pessoas incapazes interessadas na herança, em favor das quais o Estado intervém, para impedir que sejam sacrificados os seus direitos."*

Assim, se vê do art. 618 do CPC, que incumbe ao inventariante representar o espólio ativa e passivamente, em juízo ou fora dele, observando-se, quando dativo, que todos os herdeiros ou sucessores do falecido serão autores ou réus nas ações em que o espólio for parte (art. 75, § 1°, CPC); administrar o espólio, velando-lhe os bens com a mesma diligencia como se seus fossem; prestar as primeiras e últimas declarações pessoalmente ou por procurados com poderes especiais; exibir em cartório, a qualquer tempo, para exame das partes, os documentos relativos ao espólio; juntar aos autos certidão do testamento, se houver; trazer à colação os bens recebidos pelo herdeiro ausente, renunciante ou excluído; prestar contas de sua gestão ao deixar o cargo ou sempre que o juiz lhe determinar; requerer a declaração de insolvência.

A prestação de contas do inventariante, que é aquele incidente de inventário, administrativo portanto, não se confunde com aquela prestação de contas prevista no art. 553 do CPC, onde está obrigado a prestar conta da gestão, mesmo findo o inventário, eis que praticou atos em nome de outrem. "A circunstância de poder o juiz determinar, a qualquer tempo, preste contas o inventariante, em via administrativa, não exclui a possibilidade de a isso ser compelido jurisdicionalmente, a pedido de quem tenha seus bens por ele geridos." (Resp n°80.478/SP,DJ 13/05/96, p. 15.555, da 3º Turma do STJ, Relator Ministro EDUARDO RIBEIRO, v. u., não conheceram do recurso).

Do voto do Ministro Relator no retro apontado, assevera que "Não há dúvida de que o juiz poderá determinar ao inventariante que preste contas de sua gestão sempre que entender necessário. Induvidoso, outrossim, que essa prestação de contas não tem caráter jurisdicional, mas administrativo. Está a questão em saber se é possível valer-se desde logo, da via jurisdicional, quem tenha seus bens administrados pelo inventariante.

O acórdão inovou o citado dispositivo da lei processual e determinou, como explícito na decisão dos declaratórios, que o processo continuasse tal como ajuizado. Parece-me, com a devida vênia, que tem razão o recorrente ao assinalar que existe aí certa inadequação. É que o artigo 991, VII cuida de prestação de contas administrativa, tanto que será determinada de ofício, pelo juiz, sempre que lhe parecer necessário.

Tal circunstância, entretanto, não exclui possa o inventariante ser compelido, jurisdicionalmente, a prestar contar, com base na regra geral de que a tanto são obrigados quantos tenham sob sua guarda ou administração bens alheios. Trata-se de princípio de direito universal, como assinala AMARAL SANTOS (Ações Cominatórias no Direito Brasileiro - Max Limonad - 4ª ed. - tomo II, p 370). Isso bastaria, aliás, para a reforma da sentença, ainda que se admitisse que o recorrente não era inventariante.

Claro está que não se haverá de concluir seja possível, a qualquer momento, movimentar ação, sendo necessário evidenciar-se o interesse. Desse tema, entretanto, não se cuida o recurso. Adstrito à tese de que o artigo 991, VII, regula a prestação de contas administrativa, o que é correto, a ele não se há de, não obstante, dar acolhida, já que o processo se justifica com base em outro fundamento."

É de responsabilidade do inventariante, ainda, ouvidos os interessados e com a autorização do juiz, alienar bens de qualquer espécie; transigir em juízo ou fora dele; pagar dívidas do espólio; fazer as despesas necessárias com a conservação e o melhoramento dos bens do espólio.

Assim, o inventariante tem seus poderes plenamente delimitados pelos arts. 618 e 619 do CPC, sendo imperativa, p. ex., a autorização dos herdeiros para a venda de bens.

Estão excluídos de suas atribuições a prática de atividades negociais, que trazem despesas à massa de bens, sendo impossível, v.g., o administrador, como representante do espólio de acionista majoritário de sociedade anônima, homologar aumento de capital, subscrever ações, efetuar integralização e responder por pagamentos, sem a prévia oitiva dos demais interessados na herança e autorização judicial.

Agravo de Instrumento – inventário – levantamento de valores para pagamento de honorários advocatícios e pericia grafotécnica para defesa de interesses do espólio em outra demanda – aplicação do art. 619 IV do CPC – deferida expedição de alvará – Recurso provido. (TJSP; Agravo de Instrumento 2040994-12.2018.8.26.0000; Relator (a): Moreira Viegas; Órgão Julgador: 5ª Câmara de Direito Privado; Foro Central Cível - 7ª Vara da Família e Sucessões; Data do Julgamento: 22/03/2018; Data de Registro: 22/03/2018)

AGRAVO DE INSTRUMENTO. AUTOS DE INVENTÁRIO. Pedido do inventariante para intimação dos inquilinos a depositar os valores nos autos de inventário. Decisão que remeteu a discussão sobre recebimento e cobrança de alugueres de bens do espólio ao rito ordinário. Obrigação do inventariante de recolher os alugueres. (art. 618, II, CPC) - Cabe ao inventariante a administração dos bens e seus respectivos frutos – Recurso provido. (TJSP; Agravo de Instrumento 2158825-52.2016.8.26.0000; Relator (a):

Silvério da Silva; Órgão Julgador: 8ª Câmara de Direito Privado; Foro Regional II - Santo Amaro - 5ª Vara da Família e Sucessões; Data do Julgamento: 20/01/2017; Data de Registro: 20/01/2017)

Prestação de contas. Ação que se desenvolve em duas fases, sendo a primeira exclusivamente voltada à verificação do dever de prestar contas, inerente a quem administra patrimônio alheio. Hipótese em que a obrigação decorre da qualidade de inventariante da requerida. Prestação de contas que pode ser determinada de ofício. Inteligência do art. 618, VII do CPC/2015. Alegado acordo extrajudicial entre os herdeiros que não foi levado a efeito e, ainda que assim não fosse, persistiria o dever de indenizar, porque "eventual acordo sobre a destinação dos bens, não elimina a necessidade de prestação de contas, sobretudo quando se alega que houve a alienação de bens no curso do inventário ou a destinação indevida de frutos decorrentes da exploração de bens componentes do acervo." Dever de prestar contas bem reconhecido. Procedência acertada. Recurso improvido. (TJSP; Apelação 1000182-74.2016.8.26.0691; Relator (a): Maia da Cunha; Órgão Julgador: 4ª Câmara de Direito Privado; Foro de Buri - Vara Única; Data do Julgamento: 22/02/2018; Data de Registro: 26/02/2018)

AGRAVO DE INSTRUMENTO. BUSCA E APREENSÃO DE BENS MÓVEIS. LIMINAR. MEDIDA REQUERIDA POR INVENTARIANTE, DIANTE DA RESPONSABILIDADE PELA ADMINISTRAÇÃO E PELA CONSERVAÇÃO DOS BENS DO ESPÓLIO. DECISÃO MANTIDA. RECURSO NÃO PROVIDO. 1. Decisão que, nos autos da "medida cautelar de busca e apreensão de bem móvel" promovida pela ora agravada contra o agravante, deferiu a tutela de urgência para o fim de busca e apreensão dos veículos a serem depositados "em mãos da inventariante" (aqui agravada). 2. Decisão em conformidade às normas processuais aplicáveis à espécie. Arts. 618, II, e 622, III, ambos do CPC/2015. Ausência de *prejuízo a eventual direito do agravante sobre os bens em questão. 3. Decisão mantida. 4. Agravo de instrumento não provido. (TJSP; Agravo de Instrumento 2205364-76.2016.8.26.0000; Relator (a): Alexandre Lazzarini; Órgão Julgador: 9ª Câmara de Direito Privado; Foro de Ribeirão Preto - 2ª. Vara de Família e Sucessões; Data do Julgamento: 20/02/2018; Data de Registro: 23/02/2018)*

ARROLAMENTO. Pedido de alvará para levantamento das verbas rescisórias depositadas perante a CEF, de titularidade do de cujus. Exame condicionado à comprovação do recolhimento das custas processuais e do ITCMD. Decisão que se reforma. Gratuidade da justiça deferida em outros recurso. Isenção das custas, taxas, despesas e emolumentos. Art. 98 §1º CPC. Numerário que servirá ao pagamento de dívidas do falecido e para dar andamento ao inventário. Responsabilidade da inventariante. Art. 618 II e 662 CPC. Além disso, tratando-se de arrolamento, e não inventário, é irrelevante a discussão a respeito da regularidade no recolhimento do ITCMD. Alvará que pode ser expedido, independentemente dessa comprovação. Recurso provido. (TJSP; Agravo de Instrumento 2106227-87.2017.8.26.0000; Relator (a): Teixeira Leite; Órgão Julgador: 4ª Câmara de Direito Privado; Foro de Barretos - 3ª Vara Cível; Data do Julgamento: 24/01/2018; Data de Registro: 24/01/2018)

INVENTÁRIO. Decisão que destituiu a agravante do cargo de inventariante. Descumprimento da decisão que determinou a apresentação das primeiras declarações e a prestação de contas. Cerceamento de defesa não configurado. Remoção de ofício. Desnecessidade de intimação pessoal. Existência de justa causa para a remoção. Art. 622, incisos II e V, do CPC. Desnecessidade de ajuizamento de ação de exigir contas pelos herdeiros. Prestação de contas que é incumbência do inventariante. Art. 618, VII, CPC. Decisão mantida. Recurso não provido. (TJSP; Agravo de Instrumento 2198089-42.2017.8.26.0000; Relator (a): Fernanda Gomes Camacho;

Órgão Julgador: 5ª Câmara de Direito Privado; Foro de Maracaí - Vara Única; Data do Julgamento: 14/12/2017; Data de Registro: 14/12/2017)

INVENTÁRIO. Administração. Inventariante pretende o bloqueio de circulação do único veículo do espólio, que está em poder da sedizente companheira supérstite, e autorização para vendê-lo. Indeferimento reformado. Ação de reconhecimento e dissolução de união estável ainda em fase postulatória. Ausência de documentos que indiquem a existência de união estável durante o período em que o veículo pode ter sido comprado, do que também não há provas. Risco de perda, deterioração e desvalorização. Prevalência do direito-dever da inventariante de administrar o espólio, velando por seus bens. Art. 618 II e 622 III CPC. Bem que deve ser entregue à inventariante, autorizada a venda, depositando-se o produto nos autos. Recurso provido. (TJSP; Agravo de Instrumento 2076644-57.2017.8.26.0000; Relator (a): Teixeira Leite; Órgão Julgador: 4ª Câmara de Direito Privado; Foro Central Cível - 2ª Vara da Família e Sucessões; Data do Julgamento: 05/12/2017; Data de Registro: 05/12/2017)

AGRAVO DE INSTRUMENTO. INVENTÁRIO. INCIDENTE DE REMOÇÃO DE INVENTARIANTE. Ao inventariante caberá a prestação de contas sobre os bens inventariados sempre que o Juízo lhe determinar. Inteligência do art. 618, VII do CPC/2015. Prestação de contas pela inventariante que impede o reconhecimento da causa de afastamento prevista no art. 622, V do CPC/2015. Ausência de incúria no desempenho da inventariança. RECURSO NÃO PROVIDO. (TJSP; Agravo de Instrumento 2151454-03.2017.8.26.0000; Relator (a): Rosangela Telles; Órgão Julgador: 2ª Câmara de Direito Privado; Foro Central Cível - 9ª Vara da Família e Sucessões; Data do Julgamento: 23/11/2017; Data de Registro: 23/11/2017)

INVENTÁRIO - Deferimento do pedido de expedição de alvará para levantamento de valores para pagamento de contas da falecida - Inconformismo - Acolhimento - Enumeração genérica das despesas - Ausência de documentação apta a comprovar os valores necessitados - Expedição de alvará que depende da concordância de todos os herdeiros - Discordância do coerdeiro quanto à veracidade dos valores - Inteligência do art. 619, inc. III, do Código de Processo Civil - Decisão reformada - Recurso provido. (TJSP; Agravo de Instrumento 2169497-85.2017.8.26.0000; Relator (a): J.L. Mônaco da Silva; Órgão Julgador: 5ª Câmara de Direito Privado; Foro de Colina - Vara Única; Data do Julgamento: 07/11/2017; Data de Registro: 07/11/2017)

"PROCESSO CIVIL. AÇÃO DE PRESTAÇÃO DE CONTAS. PROPOSITURA POR PESSOA COM DIREITO DE EXIGI-LA. HERDEIRO. OBRIGAÇÃO LEGAL DA INVENTARIANTE. ART. 991, VII DO CÓDIGO DE PROCESSO CIVIL. RECURSO CONHECIDO E IMPROVIDO. 1. Tratam os autos do Recurso de Apelação interposto da sentença que julgou procedente a Ação de Prestação de Contas ajuizada pela herdeira (recorrida) em face da genitora (recorrente), que administra os bens deixados pelo falecido esposo. 2. É cediço que aquela que, por força de relação jurídico-material, proveniente de lei ou contrato, administra bens, negócios ou interesses alheios, tem o dever de prestar contas. Nesse sentido, incumbe a inventariante, nos termos do art. 991, VII do CPC, prestar contas dos bens do espólio no período de exercício do múnus, na forma do art. 919 do mesmo diploma legal. 3. Destarte, incumbe à recorrente o dever legal à prestação de contas exigida pela recorrida. 4. Recurso conhecido e improvido. Sentença mantida por seus próprios fundamentos. ACORDÃO Acordam os integrantes da Quinta Câmara Cível do Tribunal de Justiça do Estado do Ceará, por unanimidade, em conhecer do recurso interposto e negar-lhe provimento, tudo em conformidade com o voto da e. Relatora." (TJ-CE - APL: 04245769820108060001 CE 0424576-98.2010.8.06.0001, Relator: MARIA DE FÁTIMA

DE MELO LOUREIRO, 5ª Câmara Cível, Data de Publicação: 02/09/2015).

"PRESTAÇÃO DE CONTAS. INVENTARIANTE. INVENTÁRIO EXTINTO. INTERESSE PROCESSUAL. I – O inventariante deve prestar contas da sua administração quando deixar o cargo ou sempre que lhe for determinado pelo Juiz. A extinção do inventário não ocasiona a extinção da ação de prestação de contas, porque remanesce interesse processual de prestar e de exigir contas. II – Apelação provida. Sentença anulada." (TJ-DF - APC: 20070610094022 , Relator: VERA ANDRIGHI, Data de Julgamento: 12/08/2015, 6ª Turma Cível, Data de Publicação: Publicado no DJE : 25/08/2015 . Pág.: 255).

"PROCESSUAL CIVIL. AÇÃO DE PRESTAÇÃO DE CONTAS. OBJETO. PRESTAÇÃO DE CONTAS CONCERNENTES A INVENTÁRIO. PRETENSÃO FORMULADA PELA MEEIRA E DEMAIS HERDEIROS EM FACE DO INVENTARIANTE. TUTELA INVOCADA HÁBIL A ALCANÇAR O OBJETO PRETENDIDO. PRESTAÇÃO DE CONTAS NA FORMA SIMPLES E INCIDENTALMENTE AO INVENTÁRIO. ELISÃO DO INTERESSE DE AGIR. INOCORRÊNCIA. SENTENÇA CASSADA. 1. Atuando como gestor de bens, recursos e obrigações alheios, o inventariante está legalmente obrigado a prestar contas da gestão que empreende durante o exercício do munús, estando a meeira e os demais herdeiros legitimados a dele exigir contas, no formato mercantil, em autos apartados aos autos do inventário, não afetando o direito que os assiste nem seu interesse processual o fato de o inventariante estar compelido legalmente a prestar contas de sua gestão ao deixar o cargo ou sempre que o juiz lhe determinar (CPC, arts. 919 e 991, VII). 2. Apelação conhecida e provida. Sentença cassada. Unânime." (TJ-DF - APC: 20130710238579 , Relator: TEÓFILO CAETANO, Data de Julgamento: 28/05/2015, 1ª Turma Cível, Data de Publicação: Publicado no DJE : 09/06/2015 . Pág.: 162).

"PRESTAÇÃO DE CONTAS. INVENTARIANTE 1. A prestação de contas incumbe ao inventariante porque administra os bens do espólio, como seu representante legal, conforme dispõe o art. 991, do Código de Processo Civil, e, art. 1991, do Código Civil. 2. A obrigação do inventariante de prestar contas, consolidada no art. 991, do Código de Processo Civil, pode ser exigida a qualquer momento. 3. Incontroversa a legitimidade dos autores para ajuizaram ação de prestação de contas em face do inventariante porquanto herdeiros do de cujus. 4. Recurso provido para anular a sentença e determinar o regular processamento do feito." (TJ-SP - APL: 00008557920138260565 SP 0000855-79.2013.8.26.0565, Relator: Carlos Alberto Garbi, Data de Julgamento: 10/03/2015, 10ª Câmara de Direito Privado, Data de Publicação: 12/03/2015).

"PRESTAÇÃO DE CONTAS. PRIMEIRA FASE. Herdeira pode exigir a prestação de contas referente à administração dos bens do espólio pela inventariante. Possibilidade que independe de as contas já terem sido prestadas em incidente do inventário. Precedentes. Análise acerca das receitas e despesas do espólio que deverá ser feita apenas na segunda fase. Recurso desprovido." (TJ-SP - APL: 10848138020138260100 SP 1084813-80.2013.8.26.0100, Relator: Milton Carvalho, Data de Julgamento: 29/01/2015, 4ª Câmara de Direito Privado, Data de Publicação: 04/02/2015).

"INVENTÁRIO - PRESTAÇÃO DE CONTAS - AÇÃO DE EXIGIR MOVIDA EM FACE DO INVENTARIANTE E DOS DEMAIS HERDEIROS - PRIMEIRA FASE - ACERTAMENTO DO DEVER DE LEGAL DE PRESTAR CONTAS - GUARDA E ADMINISTRAÇÃO DE BENS ALHEIOS - RELAÇÃO JURÍDICO-MATERIAL, PROVENIENTE DE LEI OU CONTRATO - CONFIGURAÇÃO EM RELAÇÃO AO INVENTARIANTE, NO TOCANTE A DETERMINADOS BENS - PEDIDO PARCIALMENTE PROCEDENTE - NÃO

CONFIGURAÇÃO EM RELAÇÃO AOS DEMAIS HERDEIROS - ESPECIFICIDADES DO CASO CONCRETO - PEDIDO IMPROCEDENTE. PRIMEIRO RECURSO PROVIDO EM PARTE. SEGUNDO RECURSO PROVIDO INTEGRALMENTE. - Na primeira fase do procedimento especial de prestação de contas, cabe apurar, apenas, se o autor tem ou não direito de obrigar o réu a prestar as contas. - Aquele que, por força de relação jurídico-material, proveniente de lei ou contrato, administra bens, negócios ou interesses alheios, tem o dever de prestar contas. Nesse sentido, incumbe ao inventariante, nos termos do art. 991, VII, do CPC, prestar contas dos bens do espólio no período de exercício do múnus, na forma do art. 919 do mesmo diploma legal. - Entretanto, em relação aos bens que não integraram o inventário nem a partilha, e sobre cuja existência, titularidade e administração pela parte ré não há prova segura, a ação de prestação de contas não se revela meio viável à sua recomposição ao patrimônio do de cujus. A ação de prestação de contas tem por finalidade precípua obter a liquidação da relação jurídica que envolve as partes, fundada na gestão ou guarda de bens alheios, com apuração do saldo final do balanço. - Em relação ao pedido deduzido em face dos demais herdeiros, ausente prova idônea no sentido de que exerceram, com exclusividade, a posse e a administração de bem comum, o pedido de prestação de contas deve ser julgado improcedente. - Análise da situação específica dos autos. - Primeiro recurso provido parcialmente. Segundo recurso provido integralmente." (TJ-MG - AC: 10303100008307001 MG , Relator: Eduardo Andrade, Data de Julgamento: 03/12/2013, Câmaras Cíveis / 1ª CÂMARA CÍVEL, Data de Publicação: 12/12/2013).

"INVENTÁRIO. PRESTAÇÃO DE CONTAS. PROCEDIMENTO ADMINISTRATIVO OU JURISDICIONAL. 1- Recorre o inventariante, nomeado em substituição ao inventariante destituído, contra decisão que determinou que ele promovesse a ação de prestação de contas contra o anterior inventariante. 2- Uma das razões pela qual o anterior inventariante foi destituído foi a ausência de prestação

de contas. Assim, não há como, em sede administrativa, obrigar e sancionar o inventariante destituído a prestar contas, devendo tal ser exigida pelo novo inventariante pela via comum. 3- Agravo de instrumento não provido." (TJ-SP - AI: 02619674820128260000 SP 0261967-48.2012.8.26.0000, Relator: Alexandre Lazzarini, Data de Julgamento: 13/06/2013, 6ª Câmara de Direito Privado, Data de Publicação: 17/06/2013).

"APELAÇÃO CÍVEL - AÇÃO DE PRESTAÇÃO DE CONTAS - PRIMEIRA FASE - INVENTARIANTE DESTITUÍDA - ADMINISTRADORA DOS BENS DO ESPÓLIO - OBRIGAÇÃO DE PRESTAR AS RESPECTIVAS CONTAS EXIGIDAS POR OUTRA HERDEIRA - ART. 991, IV DO CPC - RECURSO CONHECIDO E IMPROVIDO. 1.Dada sua condição de administrador do espólio e, por isso, de possuidor direto da documentação relativa aos bens que o compõem, nada mais lógico que ao inventariante se atribua o dever consagrado no art. 991, IV do CPC. 2.Pelo fato de ser administrador de bens alheios, está o inventariante obrigado à prestação de contas, seja àquela determinada pelo magistrado, seja a que está obrigado ao final de sua gestão, ou mesmo àquela requerida por qualquer interessado." (TJ-MS - APL: 00023632320108120026 MS 0002363-23.2010.8.12.0026, Relator: Des. Fernando Mauro Moreira Marinho, Data de Julgamento: 09/04/2013, 3ª Câmara Cível, Data de Publicação: 13/05/2013).

INVENTÁRIO Prestação de contas incidente. Contas prestadas pela inventariante. Não concordância. Contas que não envolvem matéria de alta indagação. Desnecessidade de ajuizamento de ação autônoma. Incidente que deverá tramitar em apenso aos autos de inventário. Inteligência do art. 919 do CPC. Recurso provido. (Processo: AI 12409151201282600000 SP 0124091-51.2012.8.26.0000 - Relator(a): De Santi Ribeiro - Julgamento: 30/10/2012 - Órgão Julgador: 1ª Câmara de Direito Privado - Publicação: 31/10/2012).

CIVIL – PROCESSO CIVIL – AGRAVO DE INSTRUMENTO – Art. 993, parágrafo único, II, do código de processo civil. Inventário. 1- Assentadas as premissas fáticas dos autos, que conferem especial ênfase ao princípio da igualdade positivado no art. 2017 do atual código civil, torna-se essencial reconhecer que, no caso em apreço, deve haver a apuração dos haveres disciplinada pelo inciso II do parágrafo único do art. 993 do cpc. 2- Deu - Se provimento ao agravo. (TJDFT – Proc. 20120020085545 – (603048) – Rel. Des. Flavio Rostirola – DJe 20.07.2012 – p. 56).

APELAÇÃO CÍVEL – Ação de dissolução parcial de sociedade empresária c/c apuração de haveres societários e pedido de tutela antecipada. Sociedade entre médicos. Togada de origem que indefere a inicial com base no art. 295, inciso III, do código de ritos e julga extinto o processo sem resolução de mérito, com azo no art. 267, inciso IV e § 3º, do citado diploma normativo. Inconformismo dos demandantes. Aventada necessidade de formação do litisconsórcio passivo necessário, na forma do art. 47 do código buzaid. Inacolhimento. Cláusula do contrato social que de forma expressa veda o ingresso dos herdeiros no exercício da empresa. Pretensão repelida. Verberada existência de interesse de agir dos postulantes. Inocorrência. Dissolução parcial que não engendra qualquer controvérsia a ser dirimida em via ordinária, face a impertinência subjetiva passiva e a possibilidade de exclusão do ex-sócio por meio de alteração do contrato social. Aplicação do princípio da continuidade da empresa, consagrado pela doutrina comercial. Defendida caracterização da possibilidade jurídica do pedido em relação à apuração de haveres do sócio falecido no bojo do presente feito. Impossibilidade no caso concreto. Inexistência de questão de alta indagação. Exegese do art. 993, parágrafo único, inciso II, da lei adjetiva civil. Precedentes do tribunal de justiça sul-rio-grandense e da corte da cidadania. Manutenção da sentença indelével. Rebeldia desprovida. (TJSC – AC 2012.039299-3 – Rel. Des. José Carlos Carstens Köhler – DJe 04.07.2012).

AGRAVO DE INSTRUMENTO – AÇÃO DE INVENTÁRIO – PESSOA JURÍDICA – SOCIEDADE LIMITADA – Necessidade de apuração de haveres a ser realizada nos próprios autos. Alienação dos bens. Ausência de concordância dos demais herdeiros. 1- A pessoa jurídica detém personalidade diversa do pessoa física. Assim, no caso das sociedades limitadas, havendo o falecimento de um dos sócios, mister que haja a apuração de haveres, nos termo do art. 993, parágrafo único, inc. II, do cpc, a ser realizada nos autos do inventário; 2- Inexistindo a concordância dos demais herdeiros quanto à alienação dos bens, bem como em razão dos lotes também pertencerem à sócia remanescente, mostra-se inviável a autorização de venda dos mencionados imóveis. Agravo de instrumento conhecido e parcialmente provido. Decisão reformada em parte. (TJGO – AI 201194993362 – 3ª C.Cív. – Rel. Des. Floriano Gomes – DJe 23.05.2012 – p. 690).

AGRAVO DE INSTRUMENTO. INVENTÁRIO. PRESTAÇÃO DE CONTAS. Se a inventariante não consegue comprovar o destino dado aos valores injustificadamente sacados, correta a decisão que determinou o depósito e indeferiu a alienação de imóvel. NEGARAM PROVIMENTO AO RECURSO. (Agravo de Instrumento Nº 70046477246, Oitava Câmara Cível, Tribunal de Justiça do RS, Relator: Alzir Felippe Schmitz, Julgado em 15/03/2012)

INVENTÁRIO. PRESTAÇÃO DE CONTAS. QUESTÃO DE ALTA INDAGAÇÃO. A ação de prestação de contas, ante suas peculiaridades, demanda procedimento próprio incabível nos autos do inventário judicial, pena de retardamento da solução da questão, especialmente pela confusão processual provocada com inclusão de matéria estranha ao objeto dos autos originário. Recurso manifestamente improcedente. (Processo: AI 655981320118190000 RJ 0065598-13.2011.8.19.0000 - Relator(a): DES. EDSON VASCONCELOS - Julgamento: 23/02/2012 - Órgão Julgador: DECIMA SETIMA CAMARA CIVEL - Publicação: 27/02/2012)

PROCESSUAL CIVIL – AÇÃO DE INVENTÁRIO – AGRAVO DE INSTRUMENTO – LAUDO DE APURAÇÃO DE HAVERES – INDICAÇÃO DE ASSISTENTE TÉCNICO PARA SUBSIDIAR OS TRABALHOS DO PERITO CONTÁBIL – DESNECESSIDADE – TRATA-SE DE VERIFICAÇÃO JUDICIAL DE INVESTIMENTO SEM LIQUIDAÇÃO DAS QUOTAS – INAPLICABILIDADE DO ART. 421 E SEGUINTES DO CPC – AGRAVO CONHECIDO, MAS IMPROVIDO – 1- Trata-se de ação de inventário em que a de cujus era sócio de empresa organizada em sociedade limitada, sendo necessário que se proceda a elaboração de laudo de apuração de haveres, nos termos do inciso II, do parágrafo único do art. 993, do Código de Ritos. 2- A apuração é procedimento especial de verificação judicial dos investimentos realizados pela sócia falecida na empresa em que tinha participação, apenas para fins de incidência do imposto devido. 3- À nomeação do perito contábil não se aplica as peculiaridades do art. 421 e seguintes do CPC, sendo despicienda a indicação de assistente técnico e formulação de quesitos. 4- Agravo conhecido, mas improvido. (TJCE – AI 3389-83.2002.8.06.0000/0 – Rel. Washington Luis Bezerra de Araujo – DJe 31.10.2011 – p. 14).

3.2 Das primeiras declarações

Como não poderia deixar de ser, os atos a serem praticados pelo inventariante estão sujeitos a prazos que vêm estipulados na lei processual.

Assim, conforme preceitua o art. 620 CPC, nos vinte dias que se seguir ao dia em que prestou compromisso, o inventariante fará as primeiras declarações, das quais se lavrará termo circunstanciado, assinado pelo juiz, escrivão e inventariante, no qual constará : I – o nome, o estado, a idade e o domicílio do autor da herança, o dia e o lugar em que faleceu e se deixou testamento; II - o nome, o estado, a idade, o endereço eletrônico e a residência dos herdeiros e, havendo cônjuge ou companheiro supérstite, além dos respectivos dados pessoais, o regime de bens do casamento ou da união estável; III - a qualidade dos herdeiros e o grau de seu parentesco com o inventariado;

IV - a relação completa e individualizada de todos os bens do espólio, inclusive aqueles que devem ser conferidos à colação, e dos alheios que nele forem encontrados, descrevendo-se: a) os imóveis, com as suas especificações, nomeadamente local em que se encontram, extensão da área, limites, confrontações, benfeitorias, origem dos títulos, número das matrículas e ônus que os gravam; b) os móveis, com os sinais característicos; c) os semoventes, seu número, suas espécies, marcas e sinais distintivos; d) o dinheiro, as joias, os objetos de ouro e prata e as pedras preciosas, declarando-se-lhes especificadamente a qualidade, o peso e a importância; e) os títulos da dívida pública, bem como as ações, quotas e os títulos de sociedade, mencionando-se-lhe o número, o valor e a data; f) as dívidas ativas e passivas, indicando-se-lhes as datas, títulos, origem da obrigação, bem como os nomes dos credores e dos devedores; g) direitos e ações; h) o valor corrente de cada um dos bens do espólio.

Se o autor da herança era sócio de sociedade em nome individual, o juiz determinará que se proceda ao balanço do estabelecimento e, se sócio de sociedade que não anônima, à apuração de haveres. É a partir da apresentação das primeiras declarações e que se torna possível ao juiz verificar quais os bens que compõem a herança, quais os herdeiro e se estão representados.

DIREITO CIVIL E PROCESSUAL CIVIL. APELAÇÃO. INVENTÁRIO. EXTINÇÃO POR FALTA DE INTERESSE E LEGITIMIDADE. NECESSIDADE DE INSTAURAÇÃO DO INCIDÊNTE DE REMOÇÃO DA INVENTARIANTE. ART. 622 DO CPC. SENTENÇA CASSADA. RECURSO PROVIDO. 1.Apelação interposta contra sentença que extinguiu processo de inventário por falta de interesse e legitimidade, uma vez que a autora não prestou as declarações iniciais, na forma do art. 620 do CPC. 1.1. Apelação da requerente pedindo para ser substituída por outro herdeiro, sobrinho da inventariada. 2.O processo de inventário não deve ser extinto por falta de interesse, no caso de a inventariante deixar de prestar as primeiras declarações, como exige o art. 620 do CPC. 2.1. Em tal hipótese, deve ser instaurado o incidente de remoção da inventariante, pelo rito previsto no art. 622 e seguintes do CPC, em autos apartados e com respeito ao contraditório e a ampla defesa. 3.Jurisprudência: "A medida indicada diante da inércia do inventariante em promover o regular andamento do inventário não é a extinção do processo, mas sim a sua remoção do encargo, na forma do art. 622 do CPC/2015, sendo autorizada a nomeação de inventariante judicial ou dativo." (20120310186686APC, Relator: J.J. Costa Carvalho 2ª Turma Cível, DJE: 22/08/2016). 4.Recurso provido. (Acórdão n.1083202, 20150910119427APC, Relator: JOÃO EGMONT 2ª TURMA CÍVEL, Data de Julgamento: 14/03/2018, Publicado no DJE: 20/03/2018. Pág.: 157/171)

ARROLAMENTO SUMÁRIO - Decisão que determinou a juntada, em 2 meses, de certidão positiva com efeito de negativa de dívida municipal e, no silêncio, autorizou a alienação judicial do único imóvel arrolado - Inconformismo - Acolhimento parcial - Certidões atualizadas da Municipalidade, dando conta da existência de dívidas, já acostadas aos autos - Desnecessidade da providencia requisitada - Partilha que poderá ser homologada, após a retificação das primeiras declarações para constar as referidas dívidas, desde que sejam reservados bens suficientes para o pagamento delas - Inteligência do art. 620, inc. IV, alínea "f", e do art. 663, ambos do Código de Processo Civil - Decisão parcialmente reformada - Recurso provido em parte. (TJSP; Agravo de Instrumento 2015244-08.2018.8.26.0000; Relator (a): J.L. Mônaco da Silva; Órgão Julgador: 5ª Câmara de Direito Privado; Foro de Ibaté - Vara Única; Data do Julgamento: 02/04/2018; Data de Registro: 02/04/2018)

APELAÇÃO CÍVEL. AÇÃO DE INVENTÁRIO. EXTINÇÃO DO PROCESSO, SEM RESOLUÇÃO DO MÉRITO, COM FULCRO NO ART. 485, INCISO I, DO CPC. REQUERIMENTO DE TUTELA DE URGÊNCIA. NOMEAÇÃO DE INVENTARIANTE. MATÉRIA NÃO ANALISADA EM PRIMEIRO GRAU. PEDIDO NÃO CONHECIDO, SOB PENA DE SUPRESSÃO DE

INSTÂNCIA. POSSE DE BEM IMÓVEL. INDEFERIMENTO DA INICIAL PELO JUÍZO A QUO POR FALTA DE INTERESSE PROCESSUAL. DIREITO POSSESSÓRIO. EXPRESSÃO ECONÔMICA. INCLUSÃO NO INVENTÁRIO E PARTILHA VIÁVEIS, NOS TERMOS DO ART. 620, INCISO IV, ALÍNEA G, DO CPC. SENTENÇA DESCONSTITUÍDA. "Os direitos de posse ou possessórios sobre bens móveis e imóveis, ainda que sem propriedade correspondente, porquanto ausentes os respectivos títulos de domínio, uma vez sendo direitos e, sobretudo, porque dotados de expressão econômica, podem ser inventariados e, por fim, partilhados entre os herdeiros, no processo de inventário e partilha, na perspectiva do art. 620, inc. IV, alínea "g", do Código de Processo Civil de 2015." *(TJSC, Apelação Cível n. 0305402-56.2016.8.24.0075, de Tubarão, rel. Des. Henry Petry Junior, j. 13-02-2017). RECURSO PROVIDO PARA DETERMINAR O PROSSEGUIMENTO DO FEITO NA ORIGEM. (TJSC, Apelação Cível n. 0304888-69.2017.8.24.0075, de Tubarão, rel. Des. Cláudia Lambert de Faria, Quinta Câmara de Direito Civil, j. 05-12-2017).*

3.3 Da sonegação de bens pelo inventariante

A sonegação, como vimos quando estudamos os arts. 1992 a 1996 do CC, passa a ideia, de plano, de propósito doloso em frustrar a equânime distribuição dos bens que compõem o espólio com a não declaração desta ou daquela parte do monte.

Se vê do disposto no art. 621, CPC, que só se pode arguir sonegação ao inventariante depois de encerrada a descrição dos bens, com a declaração, por ele feita, de não existirem outros por inventariar.

Decidiu o STF no RE n° 85.944, Relator Min. NÉRI DA SILVEIRA, DJU de 10.03.89, que a ação de sonegados nasce, para os herdeiros ou para os credores do espólio, concluída pelo inventariante a descrição dos bens no inventário, com as últimas declarações. Se se tratar de herdeiro menor à época do inventário, o prazo de prescrição começa a fluir alcançada a maioridade.

Entende Washington de Barros Monteiro (Curso, 6°.Vol., pg. 291) que o instituto dos sonegados "tem por escopo garantir a exatidão do inventário e a perfeita igualdade da partilha". A matéria é tratada pelo CC, e será decidida em ação própria, em via ordinária, pelo juízo do inventário, com distribuição por dependência, sendo que o resultado da apuração dos bens sonegados serão resolvidos em sobrepartilha, haja vista a ação não suspender o curso do inventário.

Ensina Pontes de Miranda, "Comentários ao Código de Processo Civil", Editora Forense, Rio de Janeiro, 1.977, vol. XIV, que o "Código de 1973, como o de 1939, considerou de direito processual a parte do art. 1.784 do Código Civil de 1916, a respeito da sonegação de bens pelo inventariante, e de direito material a outra parte. Cindiu em dois princípios a regra jurídica; e fez bem. A inventariação é de direito processual, pois que só temos o inventário judicial. De direito judiciário material, mais precisamente. A relação dos bens e o elemento declarativo do termo, conglobados, com a força probatória do conteúdo, tem o efeito responsabilizante do art. 994, porém o mesmo jeito restringem, no tempo, a pretensão dos herdeiros à restituição e à pena dos arts. 1.780 -1.783 do Código Civil, a cuja ação só confere processo ordinário. Se o inventariante tem consigo os bens e não os descreveu, nenhuma ressalva lhe aproveita; se descreveu aqueles de que tinha notícia e omitiu, de boa-fé, algum, que ignorava, a sonegação não se operou."

A ação de sonegados, que tem natureza condenatória, haja vista o pedido ser a aplicação da pena de sonegados ao herdeiro e/ ou ao inventariante por ter deixado de cumprir seu dever de declarar no inventário bens do espólio, é destinada, como lecionam Nelson Nery Júnior e Rosa Maria de Andrade Nery, "Novo Código Civil e Legislação Extravagante", Editora Revista dos Tribunais, 2.002, p. 644, "à aplicação, ao sonegador, da *pena civil* de : a) restituição ao espólio, do bem sonegado (CC 1995); b) perdimento do direito que cabia ao sonegador pelos bens sonegados (CC 1992; c) pagamento do valor dos bens sonegados, se não mais estiver no poder do sonegador, como, por exemplo, no caso de já haverem sido alienados (CC 1995); d) pagamento de perdas e danos (CC 995); e) remoção do cargo, se o sonegador for o inventariante (CC 1993; CPC 995 VI)."

Das lições de Pontes de Miranda, ob. cit., p. 88/89, temos que a sentença que se profere na "ação de sonegados, é sentença constitutiva;

se herdeiro o sonegador, perde o direito a esses bens (Código Civil, art. 1780), se somente inventariante, é removido (artigo 995, VI). Ambos tem de restituir os bens sonegados, ou o seu valor *mais* perdas e danos (Código Civil, art. 1.783). O que foi feito no inventário não se altera (2ª Turma do Supremo Tribunal Federal, 24 de outubro de 1947), salvo quanto aos bens que, a despeito da sonegação, foram partilhados ao sonegador herdeiro, porque esses ele os perde e se há de ser feita sobrepartilha dos sonegados, ele não tem o que lhe caberia, além de, se não os restituir, quer os tenha em seu poder ou não mais os tenha, responder pelo valor mais as perdas e danos. A ação do art. 1.783, que é a de restituição mais perdas e danos, não se confunde com a de sonegação. Aquela é ação condenatória."

O prazo prescricional para a ação de sonegados é o da regra geral do art. 205, CC, ou seja, 10 (dez) anos.

Prevê o art. 1.992, CC, que o herdeiro que sonegar bens da herança, não os descrevendo no inventário quando estejam em seu poder, ou, com o seu conhecimento, no de outrem, ou que os omitir na colação, a que os deva levar, ou que deixar de restituí-los, perderá o direito que sobre eles lhe cabia e, sendo o caso do sonegador ser o próprio inventariante, ele será removido.

Conforme se observa do art. 1994, CC, a pena de sonegados só se pode requerer e impor em ação movida pelos herdeiros ou pelos credores da herança, sendo que se provida a ação por um dos herdeiros, quando da sentença, os outros aproveitam (3ª Turma do STJ no REsp 36.450/SP, DJ 15/05/95, p. 13.395, Relator Min. Cláudio Santos).

Caso o sonegador não restitua os bens sonegados, por já não os ter em seu poder, pagará ele a importância dos valores que ocultou, mais as perdas e danos, sendo certo que o dolo, elemento caracterizador da infração, pode, também, ensejar a responsabilização na esfera criminal, notadamente daquela infração tratada no art. 168 do Código Penal.

Julgada procedente a ação de sonegados, o sonegador está sujeito àquelas penalidades a que nos referimos quando estudamos o instituído dos sonegados.

Apelação Cível. Ação de sonegados – Alegação de que foram omitidas das últimas declarações apresentadas pelo inventariante valores que compõem a herança – Sentença que extinguiu o processo, sem resolução do mérito, sob o fundamento de falta de interesse de agir, uma vez que seria necessário aguardar o resultado da ação de prestação de contas, para se aferir eventual sonegação – Recurso de apelação interposto pelas autoras – Ação de prestação de contas que não é o meio adequado para discutir eventuais valores que compõem a herança – Autoras que especificam os bens que teriam sido omitidos consistentes em honorários advocatícios relativos a ações judiciais da sociedade de advogados "Rolim Rosa Advogados" em que o "de cujus" atuou – Possibilidade de dilação probatória para aferir o valor relativo a tais honorários, que teriam sido omitidos – Recurso provido para o fim de anular a sentença. Dá-se provimento ao recurso de apelação, para o fim de anular a sentença. (TJSP; Apelação 1005032-77.2016.8.26.0011; Relator (a): Christine Santini; Órgão Julgador: 1ª Câmara de Direito Privado; Foro Regional XI - Pinheiros - 2ª Vara da Família e Sucessões; Data do Julgamento: 15/03/2018; Data de Registro: 15/03/2018)

VALOR DA CAUSA. IMPUGNAÇÃO. REJEIÇÃO. TUTELA JURISDICIONAL PERTINENTE À FRAÇÃO IDEAL DE IMÓVEL SONEGADO EM AÇÃO DE INVENTÁRIO. VALOR DA CAUSA QUE EQUIVALE AO VALOR DA PARCELA DO BEM EM DISCUSSÃO. APLICAÇÃO DO ARTIGO 292, II, DO CÓDIGO DE PROCESSO CIVIL. PRELIMINAR REJEITADA. AÇÃO DE SONEGADOS. FRAÇÃO IDEAL DE IMÓVEL DOADA ÀS RÉS HERDEIRAS PELO SEU GENITOR, AUTOR DA HERANÇA. BEM QUE NÃO FOI LEVADO À COLAÇÃO NA AÇÃO DE INVENTÁRIO. INTERPELAÇÃO DA DEMANDANTE PARA QUE FOSSE REALIZADA A COLAÇÃO DE EVENTUAIS BENS SONEGADOS. REQUERIDAS QUE SE QUEDARAM INERTES. OMISSÃO DOLOSA CARACTERIZADA. VIOLAÇÃO DO ARTIGO 2.002, DO CÓDIGO CIVIL. CONDUTA DAS REQUERIDAS QUE PREJUDICOU A JUSTIÇA DA PARTILHA E ATINGIU O DIREITO FUNDAMENTAL DA AUTORA À HERANÇA, CONFORME ARTIGO 5º, XXX,

DA CONSTITUIÇÃO DA REPÚBLICA. APLICAÇÃO DA PENA AOS HERDEIROS SONEGADORES. CABIMENTO. PERDA DO DIREITO SUCESSÓRIO AO BEM OMITIDO, NOS TERMOS DO ARTIGO 1992, DO CÓDIGO CIVIL. SENTENÇA MANTIDA. RECURSO DESPROVIDO. (TJSP; Apelação 1015357-82.2016.8.26.0344; Relator (a): Vito Guglielmi; Órgão Julgador: 6ª Câmara de Direito Privado; Foro de Marília - 2ª Vara de Família e Sucessões; Data do Julgamento: 01/03/2018; Data de Registro: 02/03/2018)

Ação de sonegados. Demanda proposta por irmão em face da irmã e inventariante dos bens deixados pelo genitor. Sentença de improcedência. Irresignação. Desacolhimento. Alegação de omissão dolosa de bens por parte da inventariante. Evidências, contudo, de que o requerente tinha conhecimento da existência do aludido acervo patrimonial. Ocultação dolosa de bens da herança e/ou descumprimento do dever de declará-los indemonstrados. Ônus de comprovar a sonegação que competia ao autor (art. 373, I, do Cód. de Processo Civil). Incidência do brocardo Allegare nihil et allegatum non probare paria sunt. Álbum probatório que não corrobora a tese inicial. Sentença mantida. Recurso desprovido. (TJSP; Apelação 1030064-51.2015.8.26.0001; Relator (a): Rômolo Russo; Órgão Julgador: 7ª Câmara de Direito Privado; Foro Regional I - Santana - 4ª Vara da Família e Sucessões; Data do Julgamento: 13/12/2017; Data de Registro: 13/12/2017)

AGRAVO DE INSTRUMENTO – AÇÃO DE SONEGADOS – TUTELA PROVISÓRIA – DECISÃO QUE CONCEDE TUTELA DE EVIDÊNCIA, POR ALEGADA PROCRASTINAÇÃO – IMPROPRIEDADE – CONCESSÃO DE TUTELA DE URGÊNCIA, PARA DETERMINAR A PRESTAÇÃO DE CAUÇÃO – PODER GERAL DE CAUTELA. Recurso em face de decisão inaudita altera parte que, acolhendo pretensão da parte autora, determinou penhora on line de mais de R$ 13 milhões em contas do réu, em razão de tutela de *evidência – Ação de sonegados que, embora aduzindo fatos verossímeis, é ainda incerta a procedência da ação, ainda mais na extensão da petição inicial, que também pede lucros cessantes – Não preenchimento dos requisitos do artigo 311, inciso I, do CPC, ante o estágio inicial da demanda – Conversão da medida para tutela de urgência que, com fundamento no poder geral de cautela, corresponderá à caução em imóveis, medida suficiente para garantir o resultado útil do processo em tempo razoável, como já decidido anteriormente. Recurso parcialmente provido. (TJSP; Agravo de Instrumento 2232569-80.2016.8.26.0000; Relator (a): Costa Netto; Órgão Julgador: 9ª Câmara de Direito Privado; Foro Central Cível - 9ª Vara da Família e Sucessões; Data do Julgamento: 28/11/2017; Data de Registro: 05/12/2017)*

DECISÃO: ACORDAM os integrantes da Décima Primeira Câmara Cível do Tribunal de Justiça do Estado do Paraná, por unanimidade de votos, em conhecer e dar provimento ao recurso. EMENTA: APELAÇÃO CÍVEL. REMOÇÃO DE INVENTARIANTE. DECISÃO INTERLOCUTÓRIA. RECURSO CABÍVEL. AGRAVO DE INSTRUMENTO. APLICABILIDADE DO PRINCÍPIO DA FUNGIBILIDADE RECURSAL. TEMPESTIVIDADE. RECURSO INTERPOSTO NO DECÊNIO LEGAL. REMOÇÃO. CABIMENTO POR SONEGAÇÃO DE BENS EM PRIMEIRAS DECLARAÇÕES E PRESTAÇÃO DE CONTAS REJEITADAS. DESCUMPRIMENTO DOS DEVERES PREVISTOS NO ARTIGO 995 DO CÓDIGO DE PROCESSO CIVIL. CONFIGURAÇÃO. RECURSO CONHECIDO COMO AGRAVO DE INSTRUMENTO E, NO MÉRITO, PROVIDO PARA REMOVER O INVENTARIANTE DO CARGO E DETERMINAR A SUA SUBSTITUIÇÃO. (TJPR - 11ª C.Cível - AC - 1375426-2 - Nova Londrina - Rel.: Lenice Bodstein - Unânime - - J. 26.08.2015) (TJ-PR - APL: 13754262 PR 1375426-2 (Acórdão), Relator: Lenice Bodstein, Data de Julgamento: 26/08/2015, 11ª Câmara Cível, Data de Publicação: DJ: 1647 14/09/2015).

APELAÇÃO CÍVEL. AÇÃO DE SONEGADOS. OCULTAÇÃO DE BENS. DOLO. COMPROVAÇÃO. AUSÊNCIA. SANÇÕES PREVISTAS NOS ARTS. 1.992 E 1.993 DO CPC. INAPLICABILIDADE. RECURSO NÃO PROVIDO. Os bens sonegados são aqueles que pertencem ao espólio e que deixaram de ser apresentados no inventário ou que não foram colacionados, exigindo-se, para a aplicação das sanções previstas nos arts. 1.992 e 1.993 do CPC, a configuração do dolo. Ausente comprovação do alegado propósito dos réus de ocultarem bens do espólio, a fim de prejudicar sucessores do falecido, não se revela aplicável a pena de sonegados, consistente na perda do direito que couber sobre os bens não descritos no processo de inventário e na remoção do inventariante. (TJ-MG - AC: 10439070737085002 MG, Relator: Edilson Fernandes, Data de Julgamento: 11/02/2014, Câmaras Cíveis / 6ª CÂMARA CÍVEL, Data de Publicação: 25/02/2014).

INVENTÁRIO - PARTILHA - Alegação de ter a inventariante sonegado bens - Ausência de dolo e inexistência de provas relativas à suposta ocultação - Valores pertencentes ao acervo hereditário que foram utilizados em benefício do espólio e dos herdeiros - Comprovação por meio de perícia contábil - Questão já apreciada pelo Juízo - Preclusão operada - Veículos alienados sem observância à ordem judicial - Inexistência de prejuízo para os herdeiros, pois se tratam de bens cuja desvalorização ocorre com grande rapidez - Alienação do imóvel inventariado, em hasta pública, por constituir-se em bem que não admite divisão cômoda (CC/1916, art. 1.777 e CPC, art. 1.117, I)- Admissibilidade - Exclusão da condenação dos apelantes ao pagamento das verbas de sucumbência - Recurso parcialmente provido. (TJ-SP - APL: 553219918260659 SP 0000055-32.1991.8.26.0659, Relator: Milton Carvalho, Data de Julgamento: 19/10/2011, 7ª Câmara de Direito Privado, Data de Publicação: 25/10/2011).

APELAÇÃO CÍVEL. INVENTÁRIO. PRESTAÇÃO DE CONTAS. BENS SONEGADOS. INADEQUAÇÃO. ALUGUÉIS. AUSÊNCIA DE PROVAS. A ação de prestação de contas não se presta à apuração de bens alegadamente sonegados nos autos do inventário, o que deve ser buscado na via própria. Tampouco é possível exigir contas da inventariante acerca de aluguéis oriundos de imóvel deixado em testamento à autora, se inexiste nos autos qualquer elemento de prova que indique a existência de contrato de locação sobre o bem. APELAÇÃO DESPROVIDA. (Processo: AC 70038900262 RS - Relator(a): André Luiz Planella Villarinho - Julgamento: 25/05/2011 - Órgão Julgador: Sétima Câmara Cível - Publicação: Diário da Justiça do dia 31/05/2011)

SONEGADOS. COMPANHEIRA QUE DEIXA DE REFERIR NO PROCESSO DE INVENTÁRIO A EXISTÊNCIA DE VALORES EM CONTAS DA QUAL ERA TITULAR, QUANDO DA ABERTURA DA SUCESSÃO. ASSISTÊNCIA JUDICIÁRIA GRATUITA. DESCABIMENTO. *1. Sonegados são os bens ocultados ao inventário ou que não tenham sido levados à colação. 2. Se a companheira deixou de referir que era titular de contas bancárias, abertas em datas anteriores ao falecimento do companheiro, correta a decisão que condenou o seu espólio a restituir às herdeiras do companheiro metade do valor existente nas contas, por ocasião do óbito do de cujus , bem como a metade de eventuais valores sacados pela companheira das contas de titularidade do companheiro, após o falecimento dele, quantia a ser apurada em liquidação de sentença. 3. Mostra-se descabido o pedido de restituição de valores depositados nas contas da companheira, após o óbito do companheiro, mormente quando não comprovado o alegado empréstimo feito pelo falecido a parente . 4. A gratuidade é exceção dentro do sistema judiciário pátrio e o benefício deve ser deferido somente àqueles que são efetivamente necessitados, na acepção legal. 5. Descabe concessão de assistência judiciária gratuita quando não foi requerida e o patrimônio do espólio é suficiente para atender as despesas do processo. 6. Tendo* ambas as partes decaído de parte de suas pretensões, cabível a distribuição proporcional dos encargos sucumbenciais. Recurso parcialmente provido. (Processo: AC 70041187865 RS - Relator(a): Sérgio Fernando de Vasconcellos Chaves - Julgamento: 29/02/2012 - Órgão Julgador: Sétima Câmara Cível - Publicação: Diário da Justiça do dia 01/03/2012).

AÇÃO DE SONEGADOS - COMPROVAÇÃO DE OCULTAÇÃO DE BENS PELO INVENTARIANTE - DOAÇÃO - NECESSIDADE DE COLAÇÃO - ALEGAÇÃO DE QUE O BEM DOADO FAZIA PARTE DA PARCELA DISPONÍVEL DO PATRIMÔNIO DO DOADOR - AUSÊNCIA DE EXPRESSA MANIFESTAÇÃO DO DOADOR. (TJ-MS - AC: 16856 MS 2006.016856-8, Relator: Des. Atapoã da Costa Feliz, Data de Julgamento: 22/05/2007, 4ª Turma Cível, Data de Publicação: 06/06/2007)

APELAÇÃO CÍVEL. INVENTÁRIO PARTILHA SENTENÇA HOMOLOGATÓRIA REPUTADA NULA ALEGAÇÃO DE OMISSÃO QUANTO A RESOLUÇÃO DE INCIDENTES PROCESSUAIS ENVOLVENDO A LEGÍTIMA DOS HERDEIROS E A PRESTAÇÃO DE CONTAS DOS RECURSOS OBTIDOS COM A VENDA DE BENS DO ESPÓLIO, PELO INVENTARIANTE. PREJUÍZO À DEFESA NÃO COMPROVADO AQUIESCÊNCIA INEQUÍVOCA DAS PARTES QUANTO À PARTILHA UNIVERSAL DOS BENS PRINCÍPIO DA PRECLUSÃO CONSUMATIVA DEBATE SOBRE QUESTÕES DE MAIOR INDAGAÇÃO OU EVENTUAL SONEGAÇÃO DE BENS INCOMPATIBILIDADE COM O PROCEDIMENTO DE INVENTÁRIO REMESSA DAS PARTES ÀS VIAS ORDINÁRIAS (CPC, ART. 919 E 984). Recurso desprovido. 1. Diante da não demonstração da ocorrência de prejuízo à defesa na petição recursal, eventual ausência de prestação de contas de forma completa por parte do inventariante não traduz circunstância capaz de eivar de nulidade a sentença homologatória de partilha universal, proferida em inventário. 2. Como é assente na jurisprudência, o princípio pás de nullité sans grief, consagrado em nosso ordenamento *jurídico, impõe à parte que alega nulidade de ato processual o dever de comprovar o respectivo prejuízo. Do contrário, o princípio da instrumentalidade das formas insculpido nos artigos 249 e 250 do Código de Processo Civil impõe o devido aproveitamento. 3. O procedimento de inventário não tem caráter contencioso, devendo o juiz decidir as questões de direito ou de fato somente quando documentalmente provadas. As de alta indagação, ou que dependerem de outras provas, devem ser discutidas, provadas e decididas nas vias ordinárias, mediante ações próprias. 4. Embora se trate de providência primordial para o esclarecimento dos pagamentos, recebimentos e alienações efetuadas pelo gestor do inventário, com pertinência ao período de seu munus, discordando os herdeiros da prestação de contas incidental efetuada pelo inventariante, deverão utilizar-se das vias ordinárias, isto é, da prestação de contas pela forma mercantil excogitada nos artigo 919 do Código de Processo Civil, visando obtê-las com as minúcias exigidas. Pelas mesmas vias a eventual sonegação de bens poderá ser igualmente indagada, nos termos do artigo 984 do mesmo codex. (TJPR - AC n° 4032 (Processo: 160200000) - 8ª C. Cív. - Rel. Dês. Ivan Bortoleto - J. 20.10.2004).*

AGRAVO DE INSTRUMENTO - SUCESSÕES - INVENTÁRIO - Há claro indício de sonegação pelo inventariante, pois, por diversas vezes os inventariantes ocultaram bens ao inventário. A prova cabal de que o inventariante não vem cumprindo com suas obrigações esta a fl. 976, onde confessa que vendeu o imóvel sem ao menos pedir autorização do juízo, no que diz respeito ao montante cobrado pelo perito, não vejo razões para alterar, pois tanto os esclarecimentos do perito de fl. 426 quanto a decisão judicial de fl. 823, dão conta que o trabalho em questão demandara mais de 200 horas técnicas e que necessitara de um profissional responsável e mais dois auxiliares com qualificação profissional compatível com a tarefa a ser desempenhada. Agravo de instrumento improvido. (TJRS - AGI 70004718219 - 2ª C.Esp.Cív. - Rel. Dês. Luiz Roberto Imperatore de Assis Brasil - J. 27.02.2003).

AGRAVO DE INSTRUMENTO - INVENTARIANTE - REMOÇÃO - BENS SONEGADOS - COMPROVAÇÃO - AUSÊNCIA - RECURSO - IMPROVIMENTO - Incomprovado de forma inequívoca a alegada sonegação de bens a inventariar, e de justiça não acolher o recurso, confirmando-se, destarte, a decisão de primeiro grau que julgou improcedente o pedido de remoção. Recurso. Improvimento. (TJPR - AI 17415 - 2ª C.Civ. - Rel. Dês. Altair Patitucci - DJPR 15.05.2000).

INVENTÁRIO - Pretensão ao reembolso de despesas do espólio pagas com recursos da própria inventariante -Impugnação pelo recorrido - Necessidade de recorrente utilizar a via de prestação de contas, de forma mercantil, e de sua iniciativa (artigo 919 do Código de Processo Civil) -Eventual sonegação de bens, ademais, a ser indagada pelas vias próprias, nos termos do artigo 984 do Código de Processo Civil - Recurso não provido. (TJSP - AI 294.067-4/0 - 4ª C. - Rel. Dês. Armindo Freire Mármora - J. 02.10.2003).

3.4 Da remoção do inventariante

Conforme se observa do disposto no art. 622 do CPC, o inventariante, que exerce sua atividade dentro do inventário em favor de terceiro, poderá ser removido, comprovada a traição às finalidades da administração, exemplificativamente, em seis situações. A primeira se não prestar, no prazo legal, as primeiras e as últimas declarações. A segunda se não der ao inventário andamento regular, suscitando dúvidas infundadas ou praticando atos meramente protelatórios. A terceira, se, por culpa sua, se deteriorarem, forem dilapidados ou sofrerem danos bens do espólio. A quarta, se não defender o espólio nas ações em que for citado, deixar de cobrar dívidas ativas ou não promover as medidas necessárias para evitar o perecimento de direitos. Como quinta temos o caso dele não prestar contas ou as que prestar não forem julgadas boas. Por último, se sonegar, ocultar ou desviar bens do espólio.

No primeiro caso de remoção do inventariante, a simples demora no encerramento do inventário não justifica a sua remoção; é preciso que a demora tenha por causa a culpa do inventariante.

Relativamente à remoção do inventariante por falta de prestação de contas, ela só é possível após o mesmo ter sido intimado a prestá-la.

Requerida a remoção, que correrá em apenso aos autos do inventário, com fundamento em qualquer dos números do art. 622 CPC, conforme prevê o art. 623, deverá o juiz determinar a intimação do inventariante para, no prazo de 15 (quinze) dias, defender-se e produzir provas.

Decorrido o prazo, com a defesa do inventariante ou sem ela, o juiz decidirá. Se remover o inventariante, nomeará outro, observada a ordem estabelecida no artigo 617, CPC, visto acima.

Caso seja o inventariante removido, entregará imediatamente ao substituto os bens do espólio e, não o fazendo, será compelido mediante mandado de busca e apreensão, ou de imissão na posse, conforme se tratar de bem móvel ou imóvel.

Em caso onde o juiz de primeira instância destituiu o inventariante "de plano, da direção do inventario, sem antes citá-lo para defender-se do ato", suprindo, portanto o determinado pelo art. 623, decidiu a 3º Turma do STJ, no REsp nº 163.741/BA, Relator Ministro WALDEMAR ZVEITER, DJU de 10/04/00, p. 83, não conhecido por maioria de votos, que "Constatadas irregularidades no exercício da função de inventariante, pode o Juízo do inventário, de ofício, ou a pedido dos demais herdeiros, removê-lo, desde que fundamente sua decisão, fazendo indicação precisa das circunstâncias que o levaram a tanto, indicando, inclusive, quais dos incisos do art. 995 do CPC foram aplicados ao caso. Contudo, deve também obedecer o quanto disposto no art. 996 do mesmo diploma, ordenando a intimação do inventariante removido para, no prazo da lei, oferecer defesa a indicar quais as provas que pretende produzir."

Consta do voto vista do E. Ministro NILSON NEVES, que "De acordo com o relatório de fls. 484/6, "(...) e seus irmãos (...), (...) e (...) interpuseram agravo de instrumento contra decisão proferida pelo Juízo da Sétima Vara de Família desta Comarca que, nos autos do inventário de bens deixados por (...), deferiu o pedido formulado pelas demais herdeiras e ora agravadas (...) e (...), no sentido de destituir o primeiro agravante da condição de inventariante, nomeando em seu lugar a primeira agravada supra referida.

Queixam-se de lesão as herdeiras Maria e Ana, e o inventariante foi removido, valendo-se o juiz, em fundamentada decisão, do disposto no inciso III, V e VI do art. 995, isto porque, em conclusão "Tal estado de coisa não pode prevalecer. O inventariante (...) não mais possui a confiança do juízo para permanecer administrando o patrimônio do espólio, pois a sua conduta até aqui tem sido sempre e sempre no mínimo nebulosa.

Discute-se se era lícito remover-se sem prévia audiência, porquanto, ao ver do art. 996, "será intimado" o inventariante para, no prazo de cinco (5) dias, defender-se e produzir provas". Mas o Tribunal de Justiça, como se viu dos debates quando aqui se iniciou o julgamento do especial, deu provimento em parte ao agravo que lhe fora endereçado, "para reformar a decisão agravada apenas no que pertine à falta de intimação do inventariante agravante para se defender das acusações que lhe foram imputadas, tanto no despacho quanto nas demais peças colacionadas aos autos do inventário com este fim.

Em seu voto, o Ministro ZVEITER reporta-se à decisão de primeiro grau, "Na hipótese", diz S. Exa., "ao fazê-lo, a ilustre magistrada, com muita segurança elencou todas as irregularidades, muitas das quais gravíssimas, cometidas pelo ex-inventariante em detrimento do espólio e para que tais atos de improbidade não ficassem sem a devida reparação e penalidade, foi que determinou, de ofício, a providência que se lhe impunha". De fato, também acho que se impunha a providência tomada, depois da releitura a que me dediquei dessa decisão, e igualmente, a exemplo do voto do Ministro PARGENDLER, veio-me a lembrança do poder de cautela do juiz, de forma a mês convencer que se usou desse poder, pois impunha-se de imediato a remoção. Pela peculiaridade do caso, não se ofendeu o indigitado art. 996, mesmo porque, segundo a Subprocuradoria-Geral da República:

'Resulta daí que o aresto tomou uma decisão, de ofício, no sentido de determinar que o MM. Juiz de primeiro grau procedesse a intimação do inventariante, para que, no prazo assinalado no art. 996 do CPC, possa aviar a sua defesa no procedimento de remoção. Digo de ofício porque o recurso de agravo de instrumento interposto contra a decisão que procedeu a remoção do Sr. (...) das funções de inventariante, em nenhum momento cogita da nulidade da decisão por falta de intimação. E isso tem um motivo relevante. É que conforme provado nos autos, o recorrente teve ciência dos requerimentos que pugnavam pela sua destituição do cargo de inventariante e ofereceu os esclarecimentos que entendeu convenientes, os quais não convenceram o juízo do feito, originando, desta forma, o despacho de destituição e consequente designação de outro inventariante, na pessoa da herdeira (...).

A determinação feita no acórdão recorrido, é sobremaneira favorável ao recorrente. E é exatamente sobre este ponto que resolveu interpor o presente recuso especial."

Data vênia do Ministro MENEZES DIREITO, também eu não conheço do recurso especial."

O Ministro CARLOS ALBERTO MENEZES DIREITO, que votou vencido, entendeu que existiu "violação ao art. 996 do Código de Processo Civil. Penso que, no caso concreto, o próprio Acórdão do agravo reconheceu, expressamente, que não foi cumprido o rito da remoção e ele próprio dez distinção entre remoção e destituição. O Acórdão determina que se faça a intimação, mas mantendo-se a destituição. Está, portanto, reconhecendo que não foi cumprido o art. 996, ou seja, que a intimação não foi feita antes do decreto de remoção. Mas, entendo que, apesar disso, o Juiz tem o poder de determinar a destituição diante de um fato grave.

O Acórdão afirmou que não se trata de destituição: trata-se de remoção. À medida que o próprio Acórdão recorrido identifica o descumprimento do art. 996 e, por isso, dá provimento em parte ao recurso, entendo que a violação está presente.

Peço vênia a V. Exa. para conhecer do recurso especial no sentido de cassar a destituição para que se cumpra o art. 996."

O recurso cabível contra a decisão proferida em pedido de remoção de inventariante, que constitui incidente do processo e não processo incidente, como interlocutória que é, impugnável por meio de agravo de instrumento (STJ - 4ª T - REsp 6.645-0 – Relator Ministro TORREÃO BRAZ - DJU 04.04.1994), sendo no mesmo sentido o decidido no REsp n° 69.830/PR (1995/0034643-5), DJ de 19/05/96, p. 20.630, da 3ª Turma do STJ, onde, inclusive, se aplicou o princípio da fungibilidade recursal à situação posta, onde o Relator, Ministro EDUARDO RIBEIRO, deixou assentado que "O incidente de remoção do inventariante, por se constituir mesmo em simples incidente, não enseja o aparecimento de outra relação processual. Não há um processo paralelo. Trata-se apenas de uma questão a ser resolvida no processo de inventário.

Essas assertivas em nada são afetadas pela circunstância de admitir-se o contraditório, com a produção de novas provas. A natureza do incidente não se modifica em virtude do procedimento adotado. Note-se que tanto na impugnação ao valor da causa como na exceção da incompetência o mesmo sucede e constituiria absurdo sem para sustentar-se que aí se forma outra relação processual. O mesmo se diga do fato de haver autuação em separado. A propósito disso, aliás, indica THEOTÔNIO NEGRÃO acórdão do egrégio Tribunal de Justiça de São Paulo em RJTESP 94/302.

Tratando-se de incidente processual e não de processo incidente, o recurso cabível é o agravo. Nesse sentido a jurisprudência deste Tribunal, indicada pelo Ministério Público (REsp 6.645, rel. TORREÃO BRAZ, DJ 04.04.94 e REsp 74.602, rel. BARROS MONTEIRO, DJ 15.04.96).

O julgado recorrido classificou de grosseiro o erro. Certamente por isso não aplicou o princípio da fungibilidade.

Entendo que o erro se possa até reputar grave, mas não chega a ser grosseiro. Basta assinalar que diversos arestos existem tendo como adequada a apelação. E foi essa apresentada no prazo do agravo o que aliás, segundo meu entendimento, bastaria para a conversão."

Agravo de Instrumento – Inventário – Incidente de remoção de inventariante – Rejeição - Ausência de prova dos requisitos legais previstos no art. 622 do CPC - Confirma-se decisão – Nega-se provimento ao recurso. (TJSP; Agravo de Instrumento 2180597-37.2017.8.26.0000; Relator (a): Mary Grün; Órgão Julgador: 7ª Câmara de Direito Privado; Foro Central Cível - 11ª Vara da Família e Sucessões; Data do Julgamento: 02/04/2018; Data de Registro: 02/04/2018)

Agravo de instrumento – Remoção de inventariante – A agravante não especifica quais determinações judiciais a inventariante não teria cumprido no prazo nem indica de forma exata quais condutas caracterizariam o "mau desempenho" – Ausente razão jurídica para a remoção da inventariante - Confirma-se decisão – Nega-se provimento ao recurso. (TJSP; Agravo de Instrumento 2193630-

94.2017.8.26.0000; Relator (a): Mary Grün; Órgão Julgador: 7ª Câmara de Direito Privado; Foro de Laranjal Paulista - 1ª Vara; Data do Julgamento: 02/04/2018; Data de Registro: 02/04/2018)

Remoção de inventariante – Procedência – Inconformismo – Não acolhimento – Arrolamento de bens deixados por óbito ocorrido em 1995 – Inventariante que assumiu o mister em 2010 mas deixou o feito paralisado desde 2014 – Art. 622, II, do CPC – Decisão mantida – Recurso desprovido (TJSP; Agravo de Instrumento 2234109-32.2017.8.26.0000; Relator (a): Grava Brazil; Órgão Julgador: 8ª Câmara de Direito Privado; Foro Regional II - Santo Amaro - 3ª Vara da Família e Sucessões; Data do Julgamento: 28/03/2018; Data de Registro: 28/03/2018)

Incidente de remoção de inventariante. Inventariante removido que afirma que vinha conduzindo regularmente o feito. Agravante que, intimado a apresentar as primeiras declarações, não deu qualquer andamento ao feito, o qual permaneceu arquivado por quase três anos. Desídia evidenciada. Incidência do art. 622, I e II, do CPC. Agravo desprovido. (TJSP; Agravo de Instrumento 2142998-64.2017.8.26.0000; Relator (a): Rômolo Russo; Órgão Julgador: 7ª Câmara de Direito Privado; Foro Regional I - Santana - 3ª Vara da Família e Sucessões; Data do Julgamento: 27/03/2018; Data de Registro: 27/03/2018)

INVENTÁRIO - Acolhimento de incidente de remoção de inventariante, com posterior nomeação de substituto, herdeiro do 'de cujus' – Inconformismo da inventariante removida, ex-companheira do autor da herança – Não acolhimento – Remoção com correto embasamento no art. 622, II, do Código de Processo Civil – Inventário que ficou por quase três anos sem andamento, em razão de dificuldades práticas enfrentadas pela removida no tocante à sua saúde e à constituição de advogado – Observância da ordem legal contida no art. 617 do CPC quando da substituição – Decisão interlocutória mantida – Recurso não provido (TJSP; Agravo de Instrumento 2222314-29.2017.8.26.0000; Relator (a): Rui Cascaldi; Órgão Julgador: 1ª Câmara de Direito Privado; Foro Central Cível - 1ª Vara da Família e Sucessões; Data do Julgamento: 21/03/2018; Data de Registro: 21/03/2018)

INVENTÁRIO. Remoção de inventariante. Insurgência contra decisão que acolheu o pedido e determinou a substituição do inventariante. Manutenção. Inventariante que não apresentou contas e documentos comprobatórios de forma contábil e satisfatória, além de se recusar a cumprir a ordem da Prefeitura de desocupação de imóvel do espólio em razão de interdição. Recurso não provido. *(TJSP; Agravo de Instrumento 2242107-51.2017.8.26.0000; Relator (a): Carlos Alberto de Salles; Órgão Julgador: 3ª Câmara de Direito Privado; Foro de Poá - 2ª. Vara Cível; Data do Julgamento: 13/03/2018; Data de Registro: 13/03/2018)*

"AGRAVO DE INSTRUMENTO. INVENTÁRIO. REMOÇÃO DE INVENTARIANTE. Nada obsta a que seja o inventariante destituído, de ofício, quando observada negligência ou desídia na condução do processo. NEGARAM PROVIMENTO AO RECURSO. (Agravo de Instrumento Nº 70066399379, Oitava Câmara Cível, Tribunal de Justiça do RS, Relator: Alzir Felippe Schmitz, Julgado em 29/10/2015)." *(TJ-RS - AI: 70066399379 RS , Relator: Alzir Felippe Schmitz, Data de Julgamento: 29/10/2015, Oitava Câmara Cível, Data de Publicação: Diário da Justiça do dia 04/11/2015).*

"INVENTÁRIO. REMOÇÃO DE INVENTARIANTE. INÉRCIA. 1. O inventariante deve proceder com diligência e transparência, administrando os bens do espólio e adotando as providências necessárias para o desfecho célere do inventário. 2. É cabível a remoção do inventariante, de ofício, quando este procede de forma desidiosa, deixando de dar curso regular ao processo de inventário. Recurso *desprovido. (Agravo de Instrumento N° 70065765711, Sétima Câmara Cível, Tribunal de Justiça do RS, Relator: Sérgio Fernando de Vasconcellos Chaves, Julgado em 30/09/2015)." (TJ-RS - AI: 70065765711 RS , Relator: Sérgio Fernando de Vasconcellos Chaves, Data de Julgamento: 30/09/2015, Sétima Câmara Cível, Data de Publicação: Diário da Justiça do dia 02/10/2015).*

"AGRAVO DE INSTRUMENTO. INVENTÁRIO. INCIDENTE DE REMOÇÃO DE INVENTARIANTE. Inércia e omissões caracterizadas. Falta de empenho da inventariante. Inteligência do inciso II do artigo 995 do Código de Processo Civil – Evidências de dissensões entre inventariante e outros herdeiros. Precedentes jurisprudenciais. Decisão mantida. RECURSO NÃO PROVIDO." (TJ-SP - AI: 21131709120158260000 SP 2113170-91.2015.8.26.0000, Relator: Rosangela Telles, Data de Julgamento: 14/09/2015, 2ª Câmara de Direito Privado, Data de Publicação: 14/09/2015).

"INVENTÁRIO. REMOÇÃO DE INVENTARIANTE. Atos praticados pela inventariante, que estão a demonstrar sua falta de seriedade na administração dos bens do espólio e que, por isso, autorizam a sua remoção, nos termos do artigo 995 do CPC. Animosidade entre as herdeiras. Determinação de nomeação de inventariante dativo. Ausência de prejuízo ao espólio. Processo que deverá retomar seu curso natural. Prestação de contas obrigatória. Artigo 990, incisos V e VI do CPC. Decisão reformada. RECURSO PROVIDO." (TJ-SP - AI: 20949062620158260000 SP 2094906-26.2015.8.26.0000, Relator: Paulo Alcides, Data de Julgamento: 30/07/2015, 6ª Câmara de Direito Privado, Data de Publicação: 25/08/2015).

"INVENTÁRIO. REMOÇÃO DE INVENTARIANTE. PRESTAÇÃO DE CONTAS. Decisão que removeu o inventariante originário, nos termos do artigo 995,

incisos II e V, CPC. Reforma. Defesa do inventariante removido apresentada sob a forma de prestação de contas. Necessidade de julgamento do procedimento de prestação de contas, antes da decisão pela remoção do inventariante. Contas impugnadas pelos agravados. Instrução necessária do procedimento de prestação de contas (art. 916, § 2º, CPC). Variações dos extratos de aplicações financeiras da de cujus, assim como dos valores das dívidas dela e dos tributos. Contas que carecem de perícia contábil, para esclarecimento. Discussão adicional de possível sonegação de bens pelo novo inventariante nomeado, quanto a sociedade empresária conjunta com a de cujus. Prematuridade da remoção do inventariante originário. Necessidade de prévia realização de perícia contábil, para julgamento da prestação de contas. Recurso provido." (TJ-SP - AI: 20653065720158260000 SP 2065306-57.2015.8.26.0000, Relator: Carlos Alberto de Salles, Data de Julgamento: 16/06/2015, 3ª Câmara de Direito Privado, Data de Publicação: 18/06/2015).

"PROCESSO CIVIL. AGRAVO REGIMENTAL NO RECURSO ESPECIAL. TRIBUTÁRIO. ITCMD. INVENTÁRIO. REMOÇÃO DE INVENTARIANTE. NECESSIDADE INTIMAÇÃO. 1. A remoção do inventariante pressupõe a sua intimação, no prazo de cinco dias, para se defender e produzir provas, conforme dispõe o art. 996 do CPC. 2. Agravo regimental não provido." (STJ - AgRg no REsp: 1461526 RS 2014/0121881-0, Relator: Ministro MAURO CAMPBELL MARQUES, Data de Julgamento: 16/10/2014, T2 - SEGUNDA TURMA, Data de Publicação: DJe 28/10/2014)

"INVENTÁRIO. REMOÇÃO DE INVENTARIANTE. CABIMENTO. 1. O inventariante exerce a função de auxiliar do juízo e deve proceder sempre com a maior diligência e transparência, administrando os bens do espólio e adotando as providências necessárias para o desfecho célere do inventário. 2. É cabível a remoção do inventariante *quando este procede de forma desidiosa, deixando de dar curso regular ao processo de inventário, desatendendo as determinações judiciais. Recurso desprovido. (Agravo de Instrumento Nº 70058469271, Sétima Câmara Cível, Tribunal de Justiça do RS, Relator: Sérgio Fernando de Vasconcellos Chaves, Julgado em 23/04/2014)" (TJ-RS - AI: 70058469271 RS , Relator: Sérgio Fernando de Vasconcellos Chaves, Data de Julgamento: 23/04/2014, Sétima Câmara Cível, Data de Publicação: Diário da Justiça do dia 25/04/2014).*

AGRAVO DE INSTRUMENTO - INVENTARIANTE -REMOÇÃO - APLICAÇÃO DO ART. 995 DO CPC -DECISÃO CONFIRMADA - O inventariante será removido, se não der ao inventário andamento regular, quando intimado pessoalmente a fazê-lo. Aplicação do art. 995, II, do CPC. Recurso a que se nega provimento. (TJMG - AG 000.286.758-8/00 - 3ª C. - Rel. Dês. Kildare Carvalho -J. 05.12.2002)

DIREITO SUCESSÓRIO - INVENTÁRIO -INVENTARIANTE - REMOÇÃO - ATRASO INJUSTIFICADO NO ANDAMENTO DO PROCESSO - EXTINÇÃO DO PROCESSO - MEDIDA INCABÍVEL - SENTENÇA ANULADA - APELO PROVIDO. Verificando o Juiz que o inventariante injustificadamente se encontra prejudicando o andamento do processo, incabível a sua extinção (art. 267, III, do CPC) por ser medida por demais severa e que acaba por, apenas, postergar a entrega da efetiva prestação jurisdicional, não se coadunando com o direito aplicável à espécie, devendo, a teor do art. 995, II, do CPC, ser substituído o inventariante, dando-se prosseguimento ao feito. (TJSC - AC 1999.020299-2 - 2ª C.Cív. - Rel. Dês. Anselmo Cerello - J. 29.05.2002)

PROCESSUAL CIVIL - INVENTÁRIO - DECISÃO QUE REMOVE INVENTARIANTE OPORTUNIDADE DE DEFESA. I - Constatadas irregularidades no exercício da função de inventariante, pode o Juízo do inventário, de ofício, ou a pedido dos demais herdeiros, removê-lo, desde que fundamente sua decisão, fazendo indicação precisa das circunstâncias que o levaram a tanto, indicando, inclusive, quais dos incisos do art. 995 do CPC foram aplicados ao caso. Contudo, deve também obedecer o quanto disposto no art. 996 do mesmo diploma, ordenando a intimação do inventariante removido para, no prazo da lei, oferecer defesa a indicar quais as provas que pretende produzir. II - Matéria de prova. Jurisprudência do STJ. III - Recurso não conhecido. (STJ - RESP 163741/ BA - 3ª T. - Rel. Mm. Waldemar Zveiter - DJU 10.04.2000, p. 83)

INVENTÁRIO. DESTITUIÇÃO DO INVENTARIANTE. PROCEDIMENTO. FUNDAMENTAÇÃO DEFICIENTE DO DECISÓRIO DE 1° GRAU. - Não se tratando de decisão absolutamente desfundamentada, é inexigível que o Tribunal de origem aprecie de ofício a eventual invalidade do decisório de 1° grau. Litigante interessada que, diante de alegada obscuridade, não opôs embargos declaratórios em primeiro grau, nem tampouco manifestou insurgência a respeito quando da interposição do agravo de instrumento. - Reclamação contra a nomeação da inventariante que, ao entendimento majoritário da Turma, devia processar-se em apartado ante a complexidade das argüições suscitadas. Não demonstração, porém, pelo interessado, de prejuízo decorrente do procedimento adotado, certo ainda que sobre a reclamação lhe foi aberto o pórtico para a apresentação de sua defesa. "Pas de nulitté sans grief". Recurso especial não conhecido. (STJ - RESP 148409/PE - 4ª T. - Rel. Min. Barros Monteiro -DJU 08.03.1999, p. 230)

4. Das citações e das impugnações

Tendo cumprido o inventariante com sua obrigação de fazer as primeiras declarações (art. 620 CPC), o juiz mandará citar, para os termos do inventário e partilha, o cônjuge, o companheiro, os herdeiros e os legatários, e intimar a Fazenda Pública, o Ministério Público, se houver herdeiro incapaz ou ausente, e o testamenteiro, se o finado deixou testamento (art. 626, CPC).

A citação será feita pelo correio (art. 247, CPC), sendo, ainda, publicado edital (inciso III, do art. 259 CPC) e, concluídas as citações, abrir-se-á vista às partes, em cartório e pelo prazo comum de 15 (quinze) dias, para que digam sobre as primeiras declarações.

Nesta oportunidade deverá o interessado arguir erros e omissões e sonegação de bens, reclamar contra a nomeação do inventariante e, se for o caso, contestar a qualidade de quem foi incluído no título de herdeiro.

Em caso de impugnação, sendo ela julgada procedente em função de erros, omissões, ou sonegação de bens, o juiz mandará retificar as primeiras declarações, em se tratando de acolhimento relativo à nomeação do inventariante, observada a preferência legal, nomeará outro inventariante. Por último, se houver contestação acerca dos que foram incluídos como herdeiros, constituindo a matéria de alta indagação, demandando produção de provas que não documentais, remeterá a parte para os meios ordinários e sobrestará, até o julgamento da ação, a entrega do quinhão que na partilha couber ao herdeiro admitido.

Das decisões proferidas nos casos que enumera o art. 627, CPC, o recurso cabível é o agravo de instrumento, posto que não põe termo ao processo de inventário.

AGRAVO DE INSTRUMENTO. INVENTÁRIO. IMPUGNAÇÃO ÀS PRIMEIRAS DECLARAÇÕES. POSSIBILIDADE DE APRECIAÇÃO PELO JUÍZO DE ORIGEM. RECURSO PROVIDO, NA PARTE CONHECIDA. 1.Decisão que, nos autos de inventário dos bens deixados pelo falecimento do Sr. Ivo Brasil, ocorrido em 12/07/2010, indeferiu a impugnação às primeiras declarações, por entender que "não cabe na via estreita do procedimento de inventário a discussão acerca do real quinhão hereditário. Se ocultação houve, esta deve ser deduzida em ação de sonegados ou sobrepartilha". 2. Apreciação da impugnação pelo MM. Juízo de origem. Admissibilidade. Arts. 636 e 637, ambos do CPC/2015. 3. Pretensão de seja reconhecido à agravante o direito de residir em apartamento sob inventário até a efetiva partilha dos bens. Inadmissibilidade de supressão de instância. Recurso não conhecido neste ponto. 4. Agravo de instrumento provido, na parte conhecida. (TJSP; Agravo de Instrumento 2211152-71.2016.8.26.0000; Relator (a): Alexandre Lazzarini; Órgão Julgador: 9ª Câmara de Direito Privado; Foro de Ubatuba - 1ª Vara; Data do Julgamento: 28/11/2017; Data de Registro: 30/11/2017)

AGRAVO DE INSTRUMENTO. Inventário. Insurgência contra decisão que, ao apreciar impugnação às primeiras declarações apresentada pela inventariante e pedir sua destituição do cargo, não só entendeu pela necessidade de colação dos bens listados naqueles autos, como ainda indeferiu: 1) o pedido de extinção do inventário, sob o argumento de inadequação da via eleita; 2) o pedido de remoção da inventariante; 3) pesquisa, pelo juízo, de todos os bens do autor da herança. Argumento de inadequação da via eleita que não pode ser acolhido. Pretensão atual não é de nulidade das doações pretéritas, mas, sim, de colação dos bens doados aos demais herdeiros, ora agravantes, possivelmente beneficiados com antecipação de legítima em detrimento das agravadas. Impossibilidade de remoção da inventariante, que é a agravada Raíza, pois não verificada nenhuma das hipóteses contidas no artigo 622 do CPC, notadamente a constante do inciso VI. Não apresentada a relação completa e individualizada de todos os bens do espólio, nos termos do artigo 620, inciso IV do CPC. Inventariante que não possui meios hábeis de obter tais informações sem o auxílio do Poder Judiciário, o que também é do interesse dos agravantes e objeto do pedido que restou indeferido na decisão ora impugnada. Necessidade de autorização judicial da pesquisa de bens em nome do "de cujus", sem o que não será possível obter informações precisas acerca de todos os bens registrados em seu nome. RECURSO PARCIALMENTE PROVIDO. (TJSP; Agravo de Instrumento 2114887-70.2017.8.26.0000; Relator (a): Clara

Maria Araújo Xavier; Órgão Julgador: 8ª Câmara de Direito Privado; Foro de Tatuí - 2ª Vara Cível; Data do Julgamento: 10/10/2017; Data de Registro: 10/10/2017)

"AGRAVO DE INSTRUMENTO. Inventário. Impugnação às primeiras declarações. Decisão agravada que indeferiu pedido de avaliação de imóveis e perícia contábil de cotas sociais, bem como rejeitou pedido de retificação das primeiras declarações, para inclusão de cotas sociais remanescentes. Inconsistência da irresignação. Cotas sociais que não dependem de apuração de valor para partilha, já que distribuídas por unidade conforme quinhão de cada herdeiro. Inventário que não se confunde com apuração de haveres. Imóveis partilhados em fração ideal, o que dispensa a necessidade de avaliação judicial. Documento a que alude a parte que não demonstra a existência de cotas sociais não incluídas na partilha. Decisão preservada. NEGADO PROVIMENTO AO RECURSO".(v.25834). (TJSP; Agravo de Instrumento 2055330-55.2017.8.26.0000; Relator (a): Viviani Nicolau; Órgão Julgador: 3ª Câmara de Direito Privado; Foro Central Cível - 2ª Vara da Família e Sucessões; Data do Julgamento: 15/09/2017; Data de Registro: 15/09/2017)

DIREITO PROCESSUAL CIVIL. AGRAVO DE INSTRUMENTO. INVENTÁRIO. AVALIAÇÃO DOS BENS DO ESPÓLIO ALIENADOS ANTES DA DECISÃO DAS IMPUGNAÇÕES E DA MANIFESTAÇÃO DA FAZENDA PÚBLICA. DESNECESSÁRIA. DECISÃO MANTIDA. 1. Sendo capazes as partes, não se procederá a avaliação dos bens do espólio, se a Fazenda Pública, intimada pessoalmente, concordar de forma expressa com o valor atribuído nas primeiras declarações. 2. Resolvidas as impugnações às primeiras declarações, é cabível a avaliação dos bens do espólio, se não houver concordância da Fazenda Pública quanto aos valores expressos as primeiras declarações (artigos 627 e 633 do novo CPC). 3. É prematuro o pedido de avaliação *dos bens do espólio que foram alienados, se as impugnações não foram resolvidas e ainda não houve manifestação da Fazenda Pública, que pode concordar com os valores declarados e tornar a diligência dispensável. 4. Agravo de Instrumento conhecido, mas não provido. Unânime. (Acórdão n.976143, 20160020294149AGI, Relator: FÁTIMA RAFAEL 3ª TURMA CÍVEL, Data de Julgamento: 05/10/2016, Publicado no DJE: 28/10/2016. Pág.: 210/225)*

"AGRAVO DE INSTRUMENTO. DIREITO PROCESSUAL CÍVEL. PROCEDIMENTO DO INVENTÁRIO. ART. 982 E SEGUINTES DO CPC. DECISÃO POR ATO DA RELATORA (ART. 557 DO CPC). As impugnações às primeiras declarações do inventariante deverão ser analisadas somente depois da realização da citação de todos os herdeiros, nos termos do que disciplina o art. 1.000 do CPC, assim como as arguições de sonegação de bens opostas contra o inventariante só encontram momento adequado depois de encerradas as declarações que incumbem ao administrador da herança, nos termos do que disciplina o art. 994 do CPC. AGRAVO DE INSTRUMENTO DESPROVIDO. (Agravo de Instrumento Nº 70063278436, Sétima Câmara Cível, Tribunal de Justiça do RS, Relator: Sandra Brisolara Medeiros, Julgado em 22/01/2015)." (TJ-RS - AI: 70063278436 RS, Relator: Sandra Brisolara Medeiros, Data de Julgamento: 22/01/2015, Sétima Câmara Cível, Data de Publicação: Diário da Justiça do dia 26/01/2015).

"AGRAVO DE INSTRUMENTO. Ação de inventário. Decisão que determinou a partilha dos bens incontroversos, remetendo as demais questões de direito e de fato para as vias ordinárias. Decisão, porém, que não esclarece quais os fundamentos jurídicos que levaram o Magistrado de origem a considerar a inclusão de alguns bens na partilha e remeter outras questões para as vias ordinárias. Herdeiros que ofereceram detalhada impugnação às primeiras declarações, que não foi analisada em todos os seus

pontos. Ausência de fundamentação da decisão. Nulidade reconhecida. Decisão anulada, de ofício, prejudicado o recurso." (TJ-SP - AI: 21570272720148260000 SP 2157027-27.2014.8.26.0000, Relator: Viviani Nicolau, Data de Julgamento: 02/12/2014, 3ª Câmara de Direito Privado, Data de Publicação: 02/12/2014).

"Agravo de instrumento Inventário Impugnação às primeiras declarações Decisão que remeteu a controvérsia às vias autônomas, sob o fundamento de se tratar de questão de alta indagação Recurso da interessada Alegação de que a questão é apenas de direito, possibilitando seu enfrentamento Cabimento Questão que não demanda produção de provas além dos documentos já juntados Possibilidade de seu enfrentamento na demanda Deferimento do pedido de acompanhamento da abertura do cofre por legatária ? Alegação de que a legatária não possuiria o direito ao conteúdo do cofre, mas apenas de eventuais ativos financeiros vinculados à conta Descabimento ? Cofre que está inequivocamente vinculado à conta de que a parte é legatária, possuindo, portanto, direito à verificação de seu conteúdo Deferimento do pedido de renúncia de legado Alegação de que não é possível a renuncia nos termos do art. 1.943 do CC ? Agravante que, não sendo colegatária, não possui legitimidade para impugnar a decisão Decisão reformada apenas nos limites traçados AGRAVO PROVIDO EM PARTE." (TJ-SP - AI: 20912231520148260000 SP 2091223-15.2014.8.26.0000, Relator: Miguel Brandi, Data de Julgamento: 11/11/2014, 7ª Câmara de Direito Privado, Data de Publicação: 11/11/2014).

"Agravo de instrumento Inventário Impugnação às primeiras declarações Alegação de que bens que devem ser partilhados não foram incluídos na peça pela inventariante agravada Decisão que remeteu as partes às vias ordinárias por se tratar de questão de alta indagação Recurso do interessado Alegação de que a matéria pode ser enfrentada nos próprios

autos Cabimento Questão de alta indagação é aquela que demanda dilação probatória diversa da documental, a ser produzida necessariamente fora dos autos do inventário, sendo dever do Magistrado julgar todas as questões que não se enquadrem na hipótese Questão dos autos cinge-se à produção de prova documental, dispensando, ao menos até o momento, demais provas Decisão reformada AGRAVO PROVIDO." (TJ-SP - AI: 21099026320148260000 SP 2109902-63.2014.8.26.0000, Relator: Miguel Brandi, Data de Julgamento: 24/09/2014, 7ª Câmara de Direito Privado, Data de Publicação: 25/09/2014).

"AGRAVO DE INSTRUMENTO - Inventário - Decisão que acolheu parcialmente a impugnação às primeiras declarações - Inconformismo do impugnante - Desacolhimento com observação - Cônjuge sobrevivente que deve ser considerada herdeira em concorrência com os descendentes - Regime da separação convencional de bens - Exceção do inc. I do art. 1.829 do Código Civil aplicável somente ao regime da separação obrigatória de bens - Apuração das doações realizadas pelo de cujus a dois dos três filhos - Questão de alta indagação que deve ser discutida nas vias ordinárias - Decisão mantida - Recurso desprovido." (TJ-SP - AI: 02411652920128260000 SP 0241165-29.2012.8.26.0000, Relator: J.L. Mônaco da Silva, Data de Julgamento: 29/05/2013, 5ª Câmara de Direito Privado, Data de Publicação: 03/06/2013).

AGRAVO DE INSTRUMENTO – AÇÃO DE INVENTÁRIO – DECISÃO QUE JULGA IMPROCEDENTES OS EMBARGOS DE DECLARAÇÃO POR ESTAR A QUESTÃO RELATIVA À NOMEAÇÃO DA INVENTARIANTE E OS VÍCIOS ARGUÍDOS NAS PRIMEIRAS DECLARAÇÕES DIRIMIDAS EM DECISÕES ANTERIORES – ALEGAÇÃO DE NEGATIVA DA PRESTAÇÃO JURISDICIONAL E ERROR IN PROCEDENDO – INOCORRÊNCIA – IMPOSSIBILIDADE DE REDISCUSSÃO DE MATÉRIA JÁ DECIDIDA – PONTOS JÁ ALCANÇADOS PELA

PRECLUSÃO – VIOLAÇÃO AO ART. 1000, II, DO CPC NÃO CARACTERIZADA – AGRAVO CONHECIDO E DESPROVIDO – Estando a questão relativa à nomeação da inventariante e os vícios apontados nas primeiras declarações dirimidas em decisões anteriores, não há que se falar em negativa de prestação jurisdicional ou em error in procedendo, ou, ainda, em violação ao disposto no art. 1000, II, do CPC, mormente quando cediço que os aclaratórios, como apelo de integração que é, não admite rediscussão de matéria, razão pela qual só seria cabível o seu acolhimento, se no decisum objurgado restasse caracterizada qualquer das hipóteses ventiladas no art. 535, do Código de Ritos, porquanto o escopo do recurso sob enfoque é integrar o julgado, com o suprimento de omissões, o aclaramento de obscuridades e a eliminação de contradições, não comportando debate sobre temas já decididos, os quais foram alcançados pelo manto da preclusão. (TJRN – AI 2011.006460-6 – 1ª C.Cív. – Rel. Des. Amílcar Maia – DJe 15.12.2011 – p. 29).

AGRAVO DE INSTRUMENTO – PROCEDIMENTO DE INVENTÁRIO – PEDIDO DE SUBSTITUIÇÃO DO INVENTARIANTE – PRECLUSÃO – INOCORRÊNCIA – TRANSCURSO DO PRAZO LEGAL PARA REQUERIMENTO DE ABERTURA DE INVENTÁRIO – PERDA DO DIREITO DE PREFERÊNCIA – ORDEM TRAÇADA PELO ARTIGO 990 DO CPC – CARÁTER NÃO ABSOLUTO – RECURSO IMPROVIDO – 1- O prazo para questionar a nomeação do inventariante começa a fluir tão somente após a citação de todos os interessados, a teor do disposto no art. 1.000 do Código de Processo Civil. 2- Tendo o herdeiro que se encontrava na posse e administração do espólio deixado transcorrer in albis o prazo legal para a abertura do procedimento de inventário, não se pode mais falar na sua preferência para a inventariança, que passa a qualquer dos legitimados concorrentes previstos no artigo 988 do CPC. 3- A ordem traçada pelos incisos do artigo 990 do Código de Processo Civil não possui caráter absoluto, podendo ser relativizada. Precedentes do STJ. Recurso conhecido e improvido. (TJES –

AI 24119009967 – Rel. Des. José Paulo Calmon Nogueira da Gama – DJe 14.12.2011 – p. 94).

APELAÇÃO CÍVEL – ARROLAMENTO SUMÁRIO – COMPETÊNCIA TERRITORIAL – NATUREZA RELATIVA – DECLINAÇÃO DE OFÍCIO – IMPOSSIBILIDADE – PREVENÇÃO – AÇÃO CONEXA – DISCRICIONARIEDADE DO JULGADOR (105, CPC) – PROCESSO JULGADO (SÚMULA 235, STJ) – INCIDENTE DE FALSIDADE – DISCUSSÃO ACERCA DE QUALIDADE DE HERDEIRO – MATÉRIA DE ALTA INDAGAÇÃO – REMESSA ÀS VIAS ORDINÁRIAS – Existência de ação similar ajuizada anteriormente em outra comarca por herdeiros preferenciais (ART. 1829, CC). Fatos supervenientes capazes de influirem no julgamento da lide (ART. 462, CPC). Advento de litigiosidade da contenda. Incompatibilidade com a consensualidade do arrolamento sumário. Via procedimental inadequada. Extinção do processo. I- Em matéria de arrolamento de bens, sendo relativa a competência estabelecida no artigo 96 do cpc, inviável a declinação de ofício, pelo magistrado. Súmula nº 33, do stj. II- O pedido de prevenção, decorrente do trâmite em comarca longínqua de ação de inventário tida por conexa, objetivando a remissão do processo do arrolamento sumário para o juízo onde primeiro fora protocolizada aquela, revela-se inócuo, posto que os aludidos feitos encontram-se em fases processuais diferentes, porquanto no arrolamento já houve a prolação de sentença extintiva, situação que não determina a reunião dos feitos, conforme súmula 235, do stj. III- Havendo fatos supervenientes à propositura da ação, capazes de influírem no julgamento da lide, devem ser levados em consideração pelo julgador, 'ex vi' do artigo 462, do cpc. IV- Nesse contexto, surgindo no bojo dos autos de arrolamento de bens, incidente de falsidade dos documentos de identidade dos autores, levantando dúvida acerca da qualidade de herdeiros, tal incidente deve ser dirimido na via ordinária, posto se tratar de matéria de alta indagação concernente à elucidação da qualidade daqueles como herdeiros. V- Todavia, inobstante a dicção *do art. 1.000, parágrafo único, última parte, do cpc, preveja que, em se em se tratando de inventário e na hipótese de disputa sobre a qualidade de herdeiro, urge remeter as partes para os meios ordinários, sobrestando, assim, a entrega do quinhão que na partilha couber ao herdeiro admitido, até ultimada a ação; No caso em debate, dada a sumariedade do arrolamento, de rito célere, e considerando a exorbitância da quantia a ser levantada e partilhada, bem como o surgimento do incidente de falsidade e a informação constante nesses autos de inúmeras tentativas anteriores de saques fraudulentos na conta bancária do falecido, pertinente se mostra, na espécie, a extinção do processo, sem resolução de mérito, não se mostrando adequada a via eleita, ex VI do art. 267, VI, do cpc. Apelação conhecida e improvida. (TJGO – AC 200903646492 – 1ª C.Cív. – Rel. Des. Luiz Eduardo de Sousa – DJe 07.12.2011 – p. 265).*

AÇÃO DE INVENTÁRIO – DESPACHO DE EMENDA DA PETIÇÃO INICIAL – NÃO CUMPRIDO – DOCUMENTOS JUNTADOS PELA INVENTARIANTE – CONSIDERADOS INSUFICIENTES – EXTINÇÃO DO PROCESSO, SEM RESOLUÇÃO DO MÉRITO – DESCUMPRIMENTO DOS ARTIGOS 283 E 284 DO CPC – EXCESSO DE RIGOR TÉCNICO – PROCEDIMENTO DE JURISDIÇÃO VOLUNTÁRIA – PENALIDADES PREVISTAS NA LEI PROCESSUAL – SENTENÇA INSUBSISTENTE – RETORNO DOS AUTOS À ORIGEM PARA PROSSEGUIMENTO – RECURSO CONHECIDO E PROVIDO – 1- Em se tratando de ação de jurisdição voluntária como a de inventário, que pode ser realizada inclusive extrajudicialmente por escritura pública, não se pode privilegiar de forma exacerbada o rigor técnico em relação aos prazos processuais, mormente quanto à emenda da petição inicial em processo quase totalmente instruído, em detrimento do princípio do acesso à justiça, economia processual, celeridade e eficiência, sendo que a extinção do processo nessa fase vai de encontro ao objetivo maior do Poder Judiciário, qual seja, a prestação da tutela jurisdicional de forma célere e eficaz. 2- A lei processual prevê as penalidades para a má condução do processo de inventário, nos termos do art. 1.000 do CPC, onde será oportunizado às partes falar sobre as primeiras declarações, momento em que poderão arguir erros e omissões, reclamar contra a nomeação do inventariante e ainda contestar a qualidade de quem foi incluído no título de herdeiro, não sendo justificável a extinção do processo, sem resolução do mérito, por descumprimento dos artigos 283 e 284 do CPC. (TJMS – AC-Proc.Esp 2011.034610-6/0000-00 – 5ª T.Cív. – Rel. Des. Sideni Soncini Pimentel – DJe 06.12.2011 – p. 76).

"IMPUGNAÇÃO AS PRIMEIRAS DECLARAÇÕES. Falecimento do companheiro que não deixou descendentes ou ascendentes - pretensão de se afastar a concorrência dos colaterais na sucessão hereditária (art. 1790, III, CC)- Aplicação da Lei 9.728/96, que não revogou o artigo 2o da Lei 8.791/94, o qual assegurou à companheira sobrevivente o mesmo status hereditário do cônjuge supérstite - Prevalência da norma especial sobre a geral. Necessidade, porém, de declaração da existência da união estável, já que o patrimônio pré-existente não se comunica, para determinar o levantamento dos bens deixados pelo de cujus. Recurso parcialmente provido." (TJ-SP - AI: 5403234700 SP, Relator: Paulo Alcides, Data de Julgamento: 15/04/2008, 1ª Câmara de Direito Privado A, Data de Publicação: 17/04/2008)

"Processo civil. Recurso especial. Inventário. Falta de citação do testamenteiro. Ausência de nulidade. Finalidade atingida. - Tendo o falecido deixado testamento, é necessária a citação do testamenteiro no processo de inventário para que fiscalize o efetivo cumprimento das disposições testamentárias. - Entretanto, tendo o testamenteiro tomado ciência da tramitação do inventário, prescindível sua citação, não havendo nulidade, pois a finalidade da norma já teria sido atingida. - A falta de impugnação às primeiras declarações pelo testamenteiro implica em sua concordância tácita. Recurso especial não conhecido."

(STJ - REsp: 277932 RJ 2000/0094184-0, Relator: Ministra NANCY ANDRIGHI, Data de Julgamento: 07/12/2004, T3 - TERCEIRA TURMA, Data de Publicação: DJ 17.12.2004 p. 514LEXSTJ vol. 186 p. 105).

4.1 Dos que forem preteridos

Estabelece o art. 628 do CPC que aquele que se julgar preterido poderá demandar a sua admissão no inventário, requerendo-o antes da partilha.

Esclarece PONTES DE MIRANDA, ob. cit., p. 112, que se "alguém não foi incluído na qualidade de herdeiro, ou de legatário, ou de beneficiário por algum encargo, antes da partilha pode requerer a admissão, isto é, a inclusão. As partes tem dez dias para se manifestarem e o juiz decide, após isso, a favor ou contra, em parte ou na totalidade. Se decide contra, no todo ou em parte, tem de remeter o requerente às vias ordinárias."

Ouvidas as partes no prazo de 15 (quinze) dias, o juiz decidirá.

Se para a solução da questão for necessária a produção de provas que não a documental, o juiz remeterá o requerente para os meios ordinários, mandando reservar, em poder do inventariante, o quinhão do herdeiro excluído até que se decida o litígio. Entenda-se, até que passe em julgado aquela sentença.

Note-se que o remédio apontado pelo art. 628 do CPC é verdadeiramente uma medida cautelar inserta no bojo do inventário e, como adverte, em comentário ao art. 1001 do CPC/1973, THEOTONIO NEGRÃO, ob. cit., nota 1 a., conforme decidido pela 4ª Turma do STJ no REsp n° 34.323-2/MG, Rel. Ministro BARROS MONTEIRO, v.u., DJU 11/12/95, p. 43.223, "exigível o preenchimento de seus pressupostos : *'fumus boni júris'* e *'periculum in mora'*." (no mesmo sentido STJ - REsp 17.806 - MG - 4ª T. - Rel. Min. CÉSAR ASFOR ROCHA - DJU 01.09.1997).

Do relatório do Ministro BARROS MONTEIRO no REsp acima, temos os limites da lide que buscou solução no STJ, nos seguintes termos:

"(...) requereu a sua habilitação como herdeira no inventário dos bens deixados por (...), alegando haver ajuizado ação de investigação de paternidade, cumulada com petição de herança, contra os sucessores do "*de cujus*". Pleiteou outrossim, a proibição de alienação ou transação dos bens inventariados, reservando-se-os à requerente. Indeferida a pretensão, a postulante interpôs agravo de instrumento no curso do qual, em juízo de retratação, o Magistrado reformou a decisão agravada para determinar o sobrestamento da partilha ou da venda de bens do Espólio até o desate da ação investigatória. Nos termos do disposto no art. 527, § 6°, do CPC, requereu o Espólio de (...) a remessa dos autos à instância superior.

O Tribunal de Justiça de Minas Gerais deu provimento ao agravo para restabelecer a primitiva decisão, sob o fundamento nuclear de que a reserva somente é de ser aplicada em favor do herdeiro caso já julgada procedente a ação de investigação de paternidade.

Inconformada, a recorrente manifestou recurso constitucional. Por primeiro, alegou contrariedade aos arts. 398, 525, parágrafo único, do CPC, e 5°, LV, da CF, ao argumento de que foi admitida a juntada de documento pela parte "*ex-adversa*", sem que tivesse ela oportunidade de sobre os mesmo pronunciar-se. Depois argüi a vulneração do art. 1.001 do Código de Processo Civil, aduzindo que a lei não restringe a reserva do quinhão àquele que teve reconhecida a qualidade de herdeiro, estendendo-a aos pretensos herdeiros. Como discrepante, trouxe à colação aresto proferido pelo mesmo Tribunal no julgamento do Mandado de Segurança, com a qual se buscou atribuir efeito suspensivo ao agravo supra aludido."

O voto do Ministro Relator, foi nos seguintes termos:

"A interpretação que se coaduna com o espírito e sistema de nossa lei processual civil é, a meu ver, aquela conferida pela 1° Câmara Cível do Tribunal de Justiça do Estado do Rio Grande do Sul quando da apreciação do Agravo de Instrumento n° 28.868. O Relator do referido Agravo, então Desembargador, hoje Ministro Aposentado desta Casa ATHOS GUSMÃO CARNEIRO ressaltou naquele seu voto que a reserva, a que alude o art. 1.001 do CPC, é sem dúvida medida cautelar inserta na ação de inventário. E consequentemente, - prossegue S. Exa. - "o deferimento das medidas cautelares está sujeito aos dois pressupostos, o *fumus boni iuris* e o *periculum in mora*" (cfr. Revista de Jurisprudência do Tribunal de Justiça do Estado do Rio Grande do Sul, vol. n° 70, tomo I, pág-185).

Conquanto que no mencionado precedente, o Tribunal gaúcho tenha acolhido o pedido do pretenso herdeiro, tenho para mim que no caso em exame deve prevalecer a doutrina que resultou daquele julgado, qual seja, a de que se trata de uma verdadeira medida cautelar inserta em autos de inventário, exigindo-se a presença dos dois requisitos citados: *"fumus boni iuris"* e o *"periculum in mora".*

Ora, dos mesmos pressupostos não cogitou o Acórdão recorrido, o mesmo ocorrendo com o decisório de 1º instância que dera ensejo ao agravo (cuidara ele tão só do *"fumus boni iuris"* e, assim mesmo, porque ajuizada a ação investigatória de paternidade após a prolação do primeiro *"decisum"* a propósito do assunto, que fora denegatório). Perquirir-se a esta altura se se satisfazem os dois requisitos aludidos da ação cautelar implicaria em sede inidônea o reexame de matéria probatória (Súmula nº 07 STJ). Na realidade, poder-se-ia até mesmo invocar-se a inexistência da aparência do bom direito, uma vez que julgada em 1º grau de jurisdição a indigitada ação de investigação de paternidade, cumulada com petição de herança, o processo foi extinto, sem conhecimento do mérito, por impossibilidade jurídica do pedido (fls. 84/85).

Por tais motivos, não se verifica *"in casu"* a alegada afronta ao art. 1.001 do Código de Processo Civil. Tampouco é hipótese de reconhecer-se o dissídio interpretativo, pois o paradigma invocado é oriundo do mesmo Tribunal prolator da decisão recorrida (...)".

Assim, v.g., com base no art. 1.001 CPC, é possível a reserva de bens, no inventário, para assegurar o pagamento do quinhão de eventual herdeiro, que está buscando o reconhecimento dessa condição em ação de investigação de paternidade, demonstrando-se, como vimos acima, os requisitos para a de medida cautelar, ou seja, a fumaça do bom direito e o perigo na demora do provimento jurisdicional.

A propósito das ações concernentes à qualidade de herdeiro, PONTES DE MIRANDA, ob. cit., p. 114/115, assevera que "Se houve declaração do inventariante, em que se não incluiu algum herdeiro, tem esse : a) a *impugnação* da declaração, que é feita no juízo do inventário e partilha, onde a declaração foi prestada e se tem como verdadeira, até prova em contrário; b) a *ação de petição de herança*, que há de ser proposta no juízo competente do último domicílio do decujo, mas a competência por matéria, ou territorial, ou por outra razão, se rege pela lei de organização judiciária; c) a *ação declaratória*. O juiz, na espécie a), ou julga de plano, segundo a regra do art. 1.000, parágrafo único, ou remete o interessado às vias ordinárias, isto é, entende que é o caso de se propor c), ou b).

As ações a) e c) são ações declaratórias, aquela embutida no processo de inventário, essa, de per si. A 1º Turma do Supremo Tribunal Federal, a 12 de agosto de 1.952 (J. e D., 11,71), cometeu grave erro quando enunciou : "... só quando se tratar de hipótese controvertida é que se remetem as partes as vias contenciosas. A ação declaratória é própria àquele objetivo".

A ação de petição de herança é ação executiva em que há a questão prévia (declaratória) da qualidade de herdeiro. Em relação à ação declaratória, que se contém na postulação de impugnação da declaração feita pelo inventariante, em relação à ação declaratória comum, é *plus*. Nada obsta a que o herdeiro prefira propor a ação b) ou a ação c), podendo, após a propositura (Conselho de Justiça do Tribunal de Justiça do Distrito Federal, 24 de setembro de 1951, D. da J., de 22 de abril de 1952), requerer reserva de quota no processo de inventário e partilha.

A decisão na ação a), favorável ao herdeiro, tem força de coisa julgada. Se desfavorável, não; porque apenas o remete às vias ordinárias.".

Passado 15 (quinze) dias após a vista de que trata o art. 627, a Fazenda Pública, informará ao juízo, de acordo com os dados que constam de seu cadastro imobiliário, o valor dos bens de raiz descritos nas primeiras declarações (art. 629, CPC).

> *AGRAVO DE INSTRUMENTO – Inventário – Decisão que indeferiu o pedido de suspensão do processo requerida por terceira por entender que havendo testamento a forma de sucessão deve ser aquela determinada pelo testador – Sucessão testamentária que ocorreu no momento do falecimento da testadora – Posterior falecimento de um dos herdeiros – Nova abertura de sucessão aos seus respectivos herdeiros – Ajuizamento de ação de investigação de paternidade que não implica em suspensão do inventário*

– Reserva de bens deferida nos termos do art. 628, § 2º do CPC – Precedente desta C. 3ª Câmara - Decisão reformada – Recurso parcialmente provido. (TJSP; Agravo de Instrumento 2186472-85.2017.8.26.0000; Relator (a): Egidio Giacoia; Órgão Julgador: 3ª Câmara de Direito Privado; Foro de Itapira - 2ª Vara; Data do Julgamento: 20/02/2018; Data de Registro: 20/02/2018)

INVENTÁRIO – INDEFERIMENTO DO PEDIDO DE ADMISSÃO DE HERDEIROS E DE RESERVA DE QUINHÃO HEREDITÁRIO – NÃO COMPROVAÇÃO DO VÍNCULO DE PARENTESCO – Agravantes que afirmam que a "de cujus" possuía um irmão unilateral ("Jayme") e que são descendentes dele, sendo, portanto, sobrinhos e sobrinhos-netos da falecida – Probabilidade de os coagravantes Myriam, Marcia e Marcus serem sobrinhos da falecida – Ação de investigação de paternidade "post mortem" pendente de julgamento – Agravada (irmã da inventariada) que reconhece o fato de possuir um irmão unilateral, chamado "Jayme" – Reconhecimento, pela agravada, da existência de irmão unilateral que, para o que por ora importa, é suficiente para conferir o "fumus boni iuris" à alegação dos pretensos sobrinhos – "Periculum in mora" consistente no prejuízo decorrente do prosseguimento do inventário sem a reserva de quinhão dos herdeiros preteridos – Necessidade de reserva de quinhão, nos termos do art. 628, § 2º, do CPC/2015 (art. 1.001 do CPC/1973) – Demais coagravantes (possíveis sobrinhos-netos) que não podem concorrer na sucessão – Direito de representação que se dá, apenas, na linha reta descendente e na linha transversal em favor dos filhos de irmãos do falecido, quando com irmãos deste concorrerem – Arts. 1.851 e 1.852 do CC – Sobrinhos que, se julgada procedente a ação de investigação de paternidade, farão jus a apenas 33,33% da herança – Concorrendo à herança do falecido, irmãos bilaterais com irmãos unilaterais, cada um destes herdará metade do que cada um daqueles herdar (Art. 1.841 do CC) – Os representantes só podem herdar, como tais, o que *herdaria o representado, se vivo fosse (art. 1.854 do CC) – Decisão reformada – RECURSO PARCIALMENTE PROVIDO. (TJSP; Agravo de Instrumento 2086023-22.2017.8.26.0000; Relator (a): Angela Lopes; Órgão Julgador: 9ª Câmara de Direito Privado; Foro de Atibaia - 2ª Vara Cível; Data do Julgamento: 19/09/2017; Data de Registro: 21/09/2017)*

Agravo de instrumento – Inventário – Averbação junto às matrículas dos imóveis inventariados da existência de ação investigatória de paternidade – Deferimento – Insurgência dos herdeiros – Alegação de que mera expectativa de direito das requerentes da ação de investigação de paternidade não tem o condão de interferir nos seus direitos e que a medida deveria ter sido postulada naquela demanda, não competindo ao Juízo do inventário decidir sobre a questão – Desacolhimento – Medida que não é irreversível, tampouco acarreta qualquer prejuízo aos insurgentes – Necessidade de preservação de eventuais interesses de terceiros de boa-fé e dos próprios recorridos, vez que a outra demanda não se restringe a investigar a paternidade do marido falecido da autora da herança (com ela casado em comunhão de bens), restando a ação cumulada com petição de herança – Juízo do inventário que pode decidir a respeito, com base no art. 628 do CPC – Decisão mantida – AGRAVO DESPROVIDO. (TJSP; Agravo de Instrumento 2037375-11.2017.8.26.0000; Relator (a): Miguel Brandi; Órgão Julgador: 7ª Câmara de Direito Privado; Foro de Batatais - 2ª Vara Cível; Data do Julgamento: 31/08/2017; Data de Registro: 31/08/2017)

"AGRAVO DE INSTRUMENTO. INVENTÁRIO. UNIÃO ESTÁVEL HOMOAFETIVA. DISCUSSÃO NAS VIAS ORDINÁRIAS. PROSSEGUIMENTO DO FEITO. RESERVA DE BENS. CABIMENTO, EM TESE. ART. 1.001 DO CPC. MEDIDA A SER EVENTUALMENTE LEVADA A EFEITO NA ORIGEM. A tramitação de ação de reconhecimento de união estável não inviabiliza o prosseguimento do inventário. Embora em tese cabível eventual reserva de bens para assegurar o

sucesso que vier a ser obtido pelo sedizente companheiro na esfera própria (art. 1.001 do CPC), à míngua de melhores informações sobre o tema, tal medida deverá ser operada ocasionalmente na origem. AGRAVO DE INSTRUMENTO PROVIDO. (Agravo de Instrumento Nº 70064995590, Oitava Câmara Cível, Tribunal de Justiça do RS, Relator: Ricardo Moreira Lins Pastl, Julgado em 20/08/2015)." (TJ-RS , Relator: Ricardo Moreira Lins Pastl, Data de Julgamento: 20/08/2015, Oitava Câmara Cível).

"AGRAVO DE INSTRUMENTO - INVENTÁRIO - PEDIDO DE RESERVA DE BENS FORMULADO POR TERCEIROS - SIMPLES PETIÇÃO - PENDÊNCIA DE AÇÃO DE INVESTIGAÇÃO DE PATERNIDADE E DE AÇÃO DE RECONHECIMENTO DE UNIÃO ESTÁVEL - HERDEIRO E MEEIRA SUPOSTAMENTE PRETERIDOS - CAUTELARIDADE DA MEDIDA - REQUISITOS DO FUMUS BONI IURIS E DO PERICULUM IN MORA - DEMONSTRAÇÃO NOS AUTOS DO INVENTÁRIO - AUSÊNCIA - DESCABIMENTO - RECURSO PROVIDO. - A reserva de bens em inventário é medida de natureza cautelar, pelo que o seu deferimento não prescinde da demonstração dos requisitos do fumus boni iuris e periculum in mora. - Destarte, se os supostos herdeiro e meeira preteridos no inventário atravessam simples petição nos autos, com pedido de reserva de quinhão para salvaguardar seus pretensos direitos sucessórios, sem demonstrar, todavia, minimamente, a plausibilidade da postulação e a necessidade de urgência no provimento, arguindo apenas a pendência de ação de investigação de paternidade e de ação de reconhecimento de união estável, a medida não pode ser deferida. Precedentes. - Recurso provido." (TJ-MG, AGRAVO DE INSTRUMENTO CV Nº 1.0693.12.007213-9/001, Relator: Eduardo Andrade, Data de Julgamento: 29/04/2014, Câmaras Cíveis / 1ª CÂMARA CÍVEL).

"HERDEIROS. INVENTÁRIO EXTRAJUDICIAL. LESÃO A DIREITO DE AÇÃO DE HERDEIROS PRETERIDOS. VENDA

POSTERIOR DO BEM. DIREITO A RECEBIMENTO DE 50% DO VALOR DA VENDA DO BEM. Feito o inventário extrajudicialmente com exclusão voluntária e ilegal de herdeiros concorrentes, não se anula a venda posterior do único bem adjudicado, mas reconhece-se o direito dos herdeiros preteridos no valor de 50% da venda sucessiva do bem inventariado." (TJ-MG - AC: 10024110118445001 MG , Relator: Tiago Pinto, Data de Julgamento: 03/04/2014, Câmaras Cíveis / 15ª CÂMARA CÍVEL, Data de Publicação: 11/04/2014)

"INVENTÁRIO. HERDEIRO PRETERIDO QUE NÃO PARTICIPOU DO PROCESSO. NULIDADE DA PARTILHA. 1. A agravante é filha do inventariado conforme comprova a certidão de nascimento copiada aos autos. O inventário se processou à sua revelia e a partilha foi realizada mediante consenso entre a viúva meeira e suas duas filhas, também filhas do inventariado, ambas maiores de idade. 2. Após homologada a partilha, a agravante ingressou nos autos com a prova da sua qualidade de herdeira e pediu a nulidade do processo. A decisão agravada indeferiu o pedido, considerando que a rescisão da sentença que homologou a partilha deve ser deduzida em sede própria. 3. A sentença de partilha que excluiu herdeiro necessário é nula por ausência de litisconsórcio unitário necessário, de forma que sobre ela não pesa autoridade de coisa julgada. 4. No caso, tudo indica que sequer há necessidade de ação de petição de herança, porquanto a autora apresentou prova pré-constituída de sua qualidade de herdeira, filha do "de cujus". Logo, o pedido de nulidade do processo não pode ser indeferido antes de se ouvir a outra parte, de forma que a decisão agravada foi prematura. 5. É certo que, eventualmente, a nulidade da partilha pode alcançar interesses de terceiros, que devem ser chamados ao processo, o que impossibilitaria decidir sobre os efeitos da nulidade nos mesmos autos, tornando-se imprescindível o ajuizamento de demanda autônoma. No caso, a partilha foi homologada em 2012 e não há notícia nos autos de qualquer impedimento para que se faça

logo a sua retificação, incluindo a agravante na herança. Tanto que as agravadas não se opuseram à realização de nova partilha, nos mesmos autos, aproveitando-se os atos já praticados. Penso que no processo devem as partes e o julgador extrair o máximo proveito com o menor esforço, sem o sacrifício, evidentemente, das garantias constitucionais. Se é possível decidir a respeito da nulidade da partilha nos mesmo autos, respeitado o contraditório e evitando a multiplicação de demandas, por que não o fazê-lo? Recurso provido para determinar que o Douto Magistrado ouça a outra parte para após decidir sobre a alegada nulidade da partilha." (TJ-SP - AI: 00706060520138260000 SP 0070606-05.2013.8.26.0000, Relator: Carlos Alberto Garbi, Data de Julgamento: 18/06/2013, 10ª Câmara de Direito Privado, Data de Publicação: 20/06/2013).

AGRAVO DE INSTRUMENTO Inventário judicial Sentença que homologou a partilha amigável - Trânsito em julgado Posterior pedido de inclusão de herdeiro preterido na partilha Impossibilidade Eventual direito deve ser objeto de ação autônoma Decisão mantida Recurso não provido. (Processo: AI 2427340220118260000 SP 0242734-02.2011.8.26.0000 - Relator(a): Luís Francisco Aguilar Cortez - Julgamento: 03/07/2012 - Órgão Julgador: 2ª Câmara de Direito Privado - Publicação: 05/07/2012).

AGRAVO DE INSTRUMENTO - HERDEIRO PRETERIDO EM PARTILHA DE BENS AUSÊNCIA DE CITAÇÃO Herdeiro deve ajuizar a demanda adequada (petição de herança), porque não tomou parte no processo e, por isso, não pode pedir a rescisão do julgado, nem a anulação da partilha Julgada procedente a petição de herança, a consequência direta será o reconhecimento da invalidade da partilha RECURSO IMPROVIDO. (Processo: AI 3001684620118260000 SP 0300168-46.2011.8.26.0000 - Relator(a): Flavio Abramovici - Julgamento: 31/01/2012 - Órgão Julgador: 2ª Câmara de Direito Privado - Publicação: 31/01/2012).

ACAO DE RECONHECIMENTO DE MATERNIDADE INVENTARIO RESERVA DE BENS IMPOSSIBILIDADE INEXISTENCIA DE PREVISAO LEGAL TESTAMENTO – Deferimento do pedido de reserva de bens em virtude da propositura da Ação de Reconhecimento de Maternidade e Paternidade, baseada na affectio familiae e em anterior guarda Impossibilidade. Falta de interesse da testadora em converter a guarda em adoção - Fumus boni iuris não configurado. Inexiste amparo legal para a pretensão da recorrida em ver reconhecida a condição de filha baseado na affectio familiae, já que a disposição de vontade do testador é requisito indispensável para a ocorrência da adoção póstuma, também não havendo que se falar, em periculum in mora. O artigo 1.001 do Código de Processo Civil permite a reserva de bens apenas na hipótese de exclusão de herdeiro preterido no inventário onde está sendo discutida a filiação biológica, não se aplicando em relação à suposta filiação sócio afetiva Provimento do Agravo de Instrumento. *(TJRJ – AI 0039293-26.2010.8.19.0000 – 1ª C.Cív. – Rel. Des. Camilo Ribeiro Ruliere – DJe 21.07.2011 – p. 13).*

INVENTÁRIO – RESERVA DE BENS – COMPANHEIRA – "Agravo de instrumento. Inventário que se processa sob o rito de arrolamento. Determinação judicial de reserva de bens em prol da ex-companheira do de cujus. Possibilidade. Inteligência do artigo 1.001 do Código de Processo Civil. Decisão acertada. Recurso desprovido. É possível a reserva de bens em favor da companheira do autor da herança no processo de arrolamento de bens deste, consoante disposto no art. 1.001 do Código de Processo Civil." *(TJPR – AI 0462588-3 – 11ª C.Cív – Rel. Juiz Subst. Luiz Antônio Barry – J. 27.08.2008).*

INVENTÁRIO – INVESTIGAÇÃO DE PATERNIDADE – ARROLAMENTO DE BENS – RESERVA – "Agravo de instrumento. Abertura de inventário. Arrolamento bens. Ação de investigação de paternidade. Reserva de bens. I –

O agravo de instrumento e um recurso secundum eventum litis, devendo limitar-se ao exame do acerto ou desacerto do que ficou decidido pelo juiz monocrático, não podendo extrapolar o seu âmbito para matéria estranha ao ato judicial. II – A reserva de quinhão prevista no artigo 1.001 do CPC pode ser determinada de oficio pelo juiz. III – Desponta incensurável a decisão de reservar bens, voltada na premissa em assegurar quinhão de eventual herdeiro, apos comprovada a interposição de ação investigatória de paternidade, onde, a filiação esta sendo questionada, não havendo agressão ao estatuído no artigo 1.101 do digesto instrumental. Recurso conhecido e improvido." (TJGO – Ag 62190-8/180 – 4ª C.Cív. – Rel. Des. Carlos Escher – DJe 18.07.2008).

UNIÃO ESTÁVEL – Ação cautelar objetivando a reserva de bens em inventário. Admissibilidade. Com o advento das Leis nº 8.971/94 e 9.278/96, os concubinos passaram a ostentar qualidade de herdeiros, com inegável direito, pois, ao pedido de reserva de bens, com fundamento no citado art. 1.001 do CPC. (TJSP – AC 93.280-4 – 2ª CDPriv. – Rel. Des. Guimarães e Souza – J. 26.01.2000).

INVENTÁRIO. Insurgência contra determinação de seu prosseguimento até partilha, com reserva de quinhão. Inadmissibilidade. Ausência de incompatibilidade dos dispositivos das Leis 8.971/94 e 9.278/96, como argüido pela recorrente. Reserva imposta pela norma do artigo 1001 do Código de Processo Civil, que há de ser bem interpretada tendo-se como "herdeiro excluído" aquele que se julgar preterido. (TJSP - AI 126.495-4 - 4ª CDPriv. - Rel. Dês. Fonseca Tavares. - J. 30.09.1999).

INVENTÁRIO–HABILITAÇÃO–AGRAVO DE INSTRUMENTO – USUFRUTO VIDUAL – SEDIZENTE COMPANHEIRA – TUMULTO PROCESSUAL – A sedizente companheira, cuja habilitação foi impugnada pelos herdeiros, nos autos do inventário, deve obter a declaração judicial da existência de união estável nas vias ordinárias. O processo de inventário não é a via adequada para discutir existência de união estável, nem determinar quais os bens que, porventura, devam ser objeto de meação ou usufruto legal. Essa questão deve ser discutida em ação própria, nos termos do art. 1.001, do CPC. O tumulto processual foi causado pela indevida participação da sedizente companheira, a respeito da qual inexiste sentença declaratória de união estável, nem determinação judicial de meação de bens, tendo havido, aos revés, oposição dos herdeiros. Agravo desprovido. (TJRS – AC 599.378.932 (SJ) – 7ª C.Cív. – Rel. Des. Sérgio Fernando de Vasconcellos Chaves – DOERS 08.09.1999).

INVENTARIO. HERDEIRO PRETERIDO. REMESSA AS VIAS ORDINÁRIAS. RESERVA DO QUINHÃO. ART. 1.001 DO CPC. "FUMUS BONI IURIS" E "PERICULUM IN MORA". Tratando-se de verdadeira medida cautelar inserta no bojo do inventário, exigível o preenchimento de seus pressupostos: "fumus boni iuris" e "periculum in mora". Matéria de prova (Súmula n° 7/STJ). Ação investigatória de paternidade, ademais, declarada em 1° grau de jurisdição extinta, sem conhecimento do mérito, por impossibilidade jurídica do pedido. Recuso especial não conhecido. (STJ - RESP 34323/MG - 4ª T. - Rel. Min. Barros Monteiro - DJU 11.12.1995, p. 43223).

5. Da avaliação e do cálculo do imposto

Passado aquele prazo de que trata o art. 627 do CPC, quinze dias após as citações, sem impugnação ou decidida a que houver sido oposta, o juiz nomeará, se for o caso, um perito para avaliar os bens do espólio, se não houver na comarca avaliador judicial, sendo que no caso de o finado ter deixado firma individual ou ser sócio em sociedade que não anônima o juiz nomeará um contador para levantar o balanço ou apurar os haveres, conforme o caso (art. 630, CPC), sendo que para a avaliação dos bens do espólio, o perito observará, no que for aplicável, o disposto nos artigos 872 e 873 do CPC.

Quando o bem se tratar de título da dívida pública, de ações das sociedades e dos títulos de crédito negociáveis em bolsa, o seu valor será o da cotação oficial do dia, provada por certidão ou publicação no órgão oficial.

No caso de bens situados fora da comarca, em sendo eles de pequeno valor ou perfeitamente conhecidos do perito nomeado, não se expedirá carta precatória para a sua avaliação (art. 632 CPC).

Sendo capazes todas as partes, conforme prevê o art. 633 do CPC, não se procederá à avaliação, se a Fazenda Pública, intimada pessoalmente, concordar expressamente com o valor atribuído, nas primeiras declarações, aos bens do espólio, sendo que, se os herdeiros concordarem com o valor dos bens declarados pela Fazenda Pública, a avaliação cingir-se-á aos demais (art. 634 CPC).

Entregue o laudo de avaliação, estabelece o art. 635, CPC, o juiz mandará que sobre ele se manifestem as partes no prazo de 15 (quinze) dias, que correrá em cartório. Impugnado o laudo, se ela versar sobre o valor dado pelo perito, o juiz a decidirá de plano, à vista do que constar dos autos e, julgando procedente a impugnação, determinará que o perito retifique a avaliação, observando os fundamentos da decisão.

Aceito o laudo ou resolvidas as impugnações suscitadas a seu respeito lavrar-se-á em seguida o termo de últimas declarações, no qual o inventariante poderá emendar, aditar ou completar as primeiras (art. 636, CPC), quando então, ouvidas as partes sobre as últimas declarações no prazo comum de 15 (quinze) dias, proceder-se-á ao cálculo do imposto (art. 637 CPC), que será calculado sobre o valor encontrado na avaliação (Súmula 113 do STF), corrigido monetariamente (REsp n° 17.132-0/PR), e na alíquota vigente ao tempo da abertura da sucessão (Súmula 112 do STF).

Feito o cálculo, sobre ele serão ouvidas todas as partes no prazo comum de 5 (cinco) dias, que correrá em cartório e, em seguida, a Fazenda Pública. Se houver impugnação julgada procedente, ordenará o juiz novamente a remessa dos autos ao contador, determinando as alterações que devam ser feitas no cálculo. Cumprido o despacho, o juiz julgará o cálculo do imposto e, após a sua homologação passará a ser exigível (Súmula 114 do STF).

A 1ª T. do STJ, no REsp 111566 - RJ, Rel. Min. MILTON LUIZ PEREIRA - DJU 09.08.1999 - p. 153, assentou entendimento de que competindo "ao juiz do inventário julgar o cálculo do imposto, apreciando questões de direito e de fato, permite-se-lhe declarar a isenção."

Do voto do I. Ministro Relator se abstrai as seguintes lições:

"(...): da leitura das peças informativas, sublinha-se que, homologados os cálculos pertinentes ao Imposto de Transmissão *causa mortis*, foi reconhecida a inserção, provocando agravo, improvido cônsono estadeado no vergastado v. Acórdão, assim resumido:

> *- "Agravo de Instrumento. Inventário. Cálculo do imposto de transmissão causa-mortis. Sentença que julga o cálculo e declara a isenção. Não tendo a Fasenda estadual impunado a avaliação e o cálculo do imposto, que se situa aquém da faixa que a lei considera isenta dotributo, pode o juiz, ao julgar o cálculo, reconhecer a isenção. Seria excessivo formalismo, a retardar a marcha do processo, aguardar a manifestação da autoridade administrativa, ainda mais quando não se trouxe aos autos qualquer argumento que denotasse não fazerem jus os herceiros à referida isenção. Desprovimento do recurso." (fls. 25).*

Presentes os requisitos de admissibilidade, desembaraçado o exame, de pronto, sublinha-se que o motivo básico da controvérsia já mereceu solução na via Especial. De efeito, em questão semelhante, no julgamento do REsp. 114.461/RJ, Rel. Min. Ruy Rosado de Aguiar, ficou assentado:

> *"... cumpre deixar registrado que a regra inserida no art. 179 do CTN regula a atividade administrativa para a concessão da isenção, sem conflitar com o regramento da atividade jurisdicional no processo de inventário, onde cabe ao juiz, depois de ouvida a Fazenda Pública, 'julgar o cálculo do imposto' (art. 1013 do CPC). Pertinente, portanto, a fundamentação do despacho de fls. 22 v. Dr. Juiz de Direito : Competente o Juízo para fixar o valor do tributo, competente para declarar a isenção. Estando sub judice a apreciação*

de tributo estadual, inadmissível o entendimento segundo o qual o juízo deverá condicionar o seu decisum à instância administrativa". (DJ de 18.8.97).

Mais não é preciso para convencer da improcedência da pretensão recursal. Daí porque, reavivando as razões postas nos precedentes trazidos à colação, ficando integradas como fonte do conhecimento, voto negando provimento ao recurso."

Importante, para fins de incidência de imposto, distinguirmos renúncia e desistência da herança. No primeiro caso, o herdeiro abre mão da herança sem preocupação com a destinação que vai ter. No segundo, desistência, que importa dizer que inicialmente aceitou a herança, a recebe e ao depois lhe dá a destinação que pretender.

Na desistência ocorre a incidência do imposto *"causa mortis"* e *"inter vivos"*, enquanto que no caso de renúncia a incidência do imposto *"causa mortis"*.

Nesse sentido decidiu, por maioria, a 1ª Turma do STJ no REsp n° 20.183 (1992/0006357-8), Relator Min. HUMBERTO GOMES DE BARROS, DJ 07/02/94, p. 1.131, que "Se todos os filhos do autor da herança renunciam a seus respectivos quinhões, beneficiando a viúva, que era a herdeira subsequente, é incorreto dizer que a renúncia foi antecedida por aceitação tácita da herança. Não incidência de Imposto de Transmissão."

No caso acima, o *"de cujus"*, que à época do falecimento já não tinha ascendentes vivos, deixou viúva-meeira e três filhos solteiros. Os filhos renunciaram à seus respectivos quinhões, que, por ordem fática foram para a mãe. O Estado do Rio de Janeiro, afirmando que na hipótese teria ocorrido renuncia translativa, exigiu o pagamento do imposto de transmissão relativo à transferência daqueles quinhões, da viúva, que ingressou com ação buscando o reconhecimento da não exigência daquele imposto, que foi julgada procedente em primeira instância, tendo como razão de decidir o seguinte : - "Se todos herdeiros de uma mesma classe renunciaram, ou seja não aceitaram a herança, passa-se à classe seguinte. Se não havia descendentes, nem ascendentes, o chamado a aceitação é o cônjuge. Assim, a viúva quando aceitou a herança, em razão da desistência de seus filhos, o fez segundo a ordem sucessória legal. O termo de renúncia não teve pois o condão de ser ato traslativo, daí ser indevido o imposto de transmissão *inter vivos*, tal como reclamado pelo fisco que entendeu ter ocorrido na hipótese cessão de direitos hereditários."

O Tribunal de Justiça do Rio de Janeiro reformou a sentença, resumindo-se o v. Acórdão na seguinte ementa:

> *"Tributário. Renúncia ou cessão de direitos à herança, por termo nos autos em favor da mãe comum dos três únicos herdeiros-filhos. Incidência de imposto "causa mortis". Se os cedentes transferiram sua cota hereditária em favor da mãe comum, realizaram dupla ação: aceitaram a herança e a doaram, em seguida, à pessoa designada. Isto não equivale a renúncia. E se de renúncia se tratasse, a viúva-mãe não estaria na ordem sucessória, e sim os descendentes dos renunciantes (Art. 1.589, in fine, do Cód. Civil)."*

A par da situação, a viúva manejou recurso especial com base no permissivo constitucional da alíneas "a" e "c", afirmando negativa de vigência aos artigos 1.582 e 1.589 do CC/16, e trazendo dois acórdãos para confronto, um do Tribunal de Justiça de Minas Gerais e outro do Tribunal de Justiça do Distrito Federal.

O Ministro CÉSAR ASFOR ROCHA, que votou vencedor juntamente com o Ministro Relator, asseverou que "há uma diferença entre renúncia e desistência, e o principal ponto está em que, na renúncia, o herdeiro abre mão da herança sem se preocupar com a destinação que os bens vão ter. Já na desistência, que importa em uma prévia aceitação, os herdeiros recebem os bens deixados pelo *de cujus* e, posteriormente, dão a eles a destinação que quiserem. Na desistência, há evidentemente a incidência de dois impostos : o primeiro *causa mortis*, que é decorrente na transferência dos bens do falecido para eles herdeiros, e segundo o *inter vivos*, que é quando os herdeiros transferem os bens por não quererem mais ficar com eles para uma outra pessoa, que pode ser um outro herdeiro ou um terceiro qualquer; normalmente é feito através da cessão de direitos hereditários. Já com relação à renúncia há apenas uma transferência de bens, estes se transferem do *de cujus* diretamente para quem vai ficar com eles.

No caso, como bem salientou o Eminente Ministro-Relator, os bens se transferiram diretamente do *de cujus* para a sua esposa, em face da renúncia, expressa, de seus filhos, que seriam os primeiros chamados à colação."

> *APELAÇÃO CÍVEL – Mandado de Segurança – Determinação de valor venal de imóvel para cobrança de ITCMD, com adoção de base de cálculo de ITBI, nos termos do que dispõe o Decreto Estadual n° 55.002/09 – Alteração de base de cálculo e subsequente majoração de tributo que só pode ser realizada por meio de lei – Ofensa ao princípio da Legalidade, violação ao art. 150, inciso I, da Constituição Federal e art. 97, II, §1º, do Código Tributário Nacional – Sentença que julgou procedente o pedido – Manutenção – Recursos oficial e voluntário não providos. (TJSP; Apelação / Reexame Necessário 1047485-24.2017.8.26.0053; Relator (a): Antonio Celso Faria; Órgão Julgador: 8ª Câmara de Direito Público; Foro Central - Fazenda Pública/Acidentes - 16ª Vara da Fazenda Pública; Data do Julgamento: 02/04/2018; Data de Registro: 02/04/2018)*

> *INVENTÁRIO. ITCMD. CÁLCULO DO TRIBUTO. VALOR VENAL DO IMÓVEL. LANÇAMENTO DE IPTU. Decisão que acolheu embargos de declaração do inventariante, corrigindo contradição para ratificar recolhimento de ITCMD, calculado com base no valor venal dos bens do espólio, do lançamento do IPTU, na data de abertura da sucessão, com o óbito, e não na data de abertura do inventário. Agravo interposto pela Fazenda Estadual. Alegação de cálculo do imposto com base no valor venal de mercado do imóvel, ou pelo lançamento de ITBI. Ilegalidade das disposições do artigo 16, § único, item 2, do Decreto estadual nº 46.655/2002. Decreto que não pode fixar base de cálculo distinta da prevista em lei (art. 150, I, CF). Base de cálculo do ITCMD com base no valor venal do imóvel, pelo lançamento do IPTU (arts. 9º, §1º, e 13, I, da Lei estadual nº 10.705/2000). Precedentes. Recurso desprovido. (TJSP;*

Agravo de Instrumento 3000219-35.2018.8.26.0000; Relator (a): Carlos Alberto de Salles; Órgão Julgador: 3ª Câmara de Direito Privado; Foro de Itapetininga - 1ª Vara da Família e das Sucessões; Data do Julgamento: 27/03/2018; Data de Registro: 27/03/2018)

Mandado de Segurança – Base cálculo de ITCMD de imóvel urbano – Artigo 13 da Lei Estadual nº 10.705/2000 que estabelece base de cálculo mínima para o imposto sem, no entanto, determiná-la – Decreto Estadual nº 46.655/2002, com redação dada pelo Decreto Estadual nº 55.002/2009 que, ao regulamentar a matéria, viola o princípio da legalidade tributária – Idoneidade do procedimento de apuração do valor venal do IPTU – Dívidas do espólio que devem ser excluídas da base de cálculo do ITCMD – Reexame necessário e recurso não provido. (TJSP; Apelação / Reexame Necessário 1041321-43.2017.8.26.0053; Relator (a): Aliende Ribeiro; Órgão Julgador: 1ª Câmara de Direito Público; Foro Central - Fazenda Pública/Acidentes - 16ª Vara da Fazenda Pública; Data do Julgamento: 02/04/2018; Data de Registro: 02/04/2018)

APELAÇÃO CÍVEL – REPETIÇÃO DE INDÉBITO – ITCMD (Imposto sobre Transmissão Causa Mortis e Doação) – Imóveis urbanos e rural – Alteração da base de cálculo para que incida sobre o valor venal de referência do ITBI (imóvel urbano) e sobre o valor médio da terra nua e das benfeitorias, divulgado pela Secretaria Estadual de Agricultura e Abastecimento (imóvel rural) – Descabimento – Decreto Estadual n.º 55.002/09, que modificou o RITCMD, aprovado pelo Decreto Estadual n.º 46.655/02 – Inaplicabilidade – Decreto que não pode definir base de cálculo diversa da lei – Ofensa ao princípio da legalidade – Precedentes – O ITCMD deve incidir sobre o monte partível e não sobre a integralidade do monte-mor, deduzindo-se o passivo da herança, sob pena de tributação de dívida. JUROS DE MORA E CORREÇÃO MONETÁRIA – Incidência da Lei n.º

11.960/09, que alterou a redação do artigo 1.º-F da Lei n.º 9.494/97 – Definição da matéria pelo Supremo Tribunal Federal no RE n.º 870.947/SE (Plenário, j. 20.09.2017, p. 20.11.2017) – Tema n.º 810 – A correção monetária, a partir do trânsito em julgado, deve ser calculada pela taxa SELIC; antes do trânsito em julgado, conforme estabelecido pelo mencionado Tema n.º 810 – Os juros de mora, como se trata de relação jurídico-tributária, devem ser calculados somente a partir do trânsito em julgado, de acordo com a taxa SELIC. HONORÁRIOS ADVOCATÍCIOS – Inteligência do artigo 85 do Novo Código de Processo Civil – Manutenção da verba de sucumbência – Pedido inicial julgado procedente – Reforma da sentença apenas no que tange à correção monetária – Recurso provido em parte. (TJSP; Apelação 1025418-65.2017.8.26.0053; Relator (a): Osvaldo de Oliveira; Órgão Julgador: 12ª Câmara de Direito Público; Foro Central - Fazenda Pública/Acidentes - 3ª Vara de Fazenda Pública; Data do Julgamento: 28/03/2018; Data de Registro: 28/03/2018)

FAZENDA PÚBLICA. TRIBUTÁRIO. IMPOSTO DE TRANSMISSÃO CAUSA MORTIS E DOAÇÃO (ITCMD). TERMO A QUO DECADENCIAL PARA LANÇAMENTO DO TRIBUTO. HOMOLOGAÇÃO DO CÁLCULO (SOBREPARTILHA). IPTU. DECADÊNCIA DA CONSTITUIÇÃO DO CRÉDITO. I. O ITCMD tem como fato gerador nas transmissões causa mortis, na data da abertura da sucessão legítima ou testamentária (Decreto 34.982/2013, Art. 3º, I, ?a?), o que ocorre com a morte do autor da herança (CC, Art. 1.784). II. O direito da Fazenda Pública constituir o crédito tributário será no prazo decadencial de cinco anos, contados "do primeiro dia do exercício seguinte àquele em que o lançamento poderia ter sido efetuado" (CTN, Art. 173, I). Nesse particular, o entendimento firmado pelo STJ estabelece que o prazo para o lançamento do tributo inicia-se no ano seguinte à homologação dos cálculos da partilha, porquanto, apenas a partir desse momento ?é possível identificar perfeitamente os aspectos material, pessoal e quantitativo da hipótese normativa? (AgRg no REsp 1274227/ MS, Rel. Ministro HERMAN BENJAMIN, SEGUNDA TURMA, julgado em 07/02/2012, DJe 13/04/2012). No mesmo sentido se posiciona o STF por meio da Súmula 114 (?O imposto de transmissão causa mortis não é exigível antes da homologação do cálculo?). III. No presente caso, verifica-se que o fato gerador ocorreu em 12.12.1998 e a homologação da sobrepartilha em 16.9.2005. Todavia, em detida análise dos autos, constata-se que a Fazenda Pública não tomou conhecimento do referido crédito, quer seja pelo douto Juízo sentenciante da sobrepartilha (CPC, Art. 638), quer seja pelos requerentes, consoante determinação judicial consignada em sentença, nos seguintes termos: ?... que a parte interessada dirija-se à repartição fiscal (Secretaria de Finanças) para recolhimento do imposto devido ou sua isenção, se for o caso ...? (ID. 1189260 ? pág. 4). Portanto, escorreita a sentença que não reconheceu a decadência tributária em relação ao ITCMD. IV. Noutro giro, no que concerne ao IPTU e TLP dos anos de 2009, 2010 e 2011, relativos ao imóvel situado na SHIS QI 1, Brasília-DF, tem-se que estão fulminados pelo prazo decadencial, nos termos do Art. 173, I do CTN, conforme consignado em sentença. Importante destacar que em relação ao IPTU referente ao exercício de 2011, a considerar a inexistência de constituição de crédito tributário pelo lançamento até 1º de janeiro de 2017, forçoso declarar extinta a respectiva obrigação tributária. Ademais, não há de se falar que o lançamento do tributo foi feito com base no registro de propriedade do imóvel, pois, consoante informações constantes nos autos (cobrança indevida dos tributos em nome do genitor dos requerentes - ID. 1189275 ? pág. 1), foi o que resultou na extinção das ações executivas. Recursos de ambas as partes conhecidos. Improvido o do requerido. Parcialmente provido o dos requerentes para que seja declarada extinta a obrigação tributária decorrente do IPTU/TLP do ano de 2011, por estar fulminada pela decadência. No mais, sentença confirmada por seus próprios fundamentos (Lei 9.099/95, Art. 46). Sem custas processuais. Condenada a recorrente integralmente vencida ao pagamento dos honorários advocatícios fixados em 10% sobre o valor da causa (Lei 9.099/95, Art. 55). (Acórdão n.1004176, 07120669220168070016, Relator: FERNANDO ANTONIO TAVERNARD LIMA 3ª Turma Recursal dos Juizados Especiais do Distrito Federal, Data de Julgamento: 16/03/2017, Publicado no PJe: 22/03/2017. Pág.: Sem Página Cadastrada.)

AGRAVO DE INSTRUMENTO Nº. 0822748-5, DA 1ª VARA CÍVEL DA COMARCA DE PATO BRANCO – AGRAVANTE – INÉ ARMY CARDOSO DA SILVA – AGRAVADA – FAZENDA PÚBLICA DO ESTADO DO PARANÁ – RELATOR – DESEMBARGADOR PAUL O HABITH – TRIBUTÁRIO – AGRAVO DE INSTRUMENTO – ITCMD – IMPOSTO CUJO LANÇAMENTO SE DÁ POR HOMOLOGAÇÃO – INÍCIO DO PRAZO DECADENCIAL QUANDO DA HOMOLOGAÇÃO DO LANÇAMENTO – APLICAÇÃO DA SÚMULA 114 DO STF – NÃO OCORRÊNCIA DE DECADÊNCIA OU PRESCRIÇÃO – RECURSO PROVIDO PARCIALMENTE – "O imposto de transmissão causa mortis não é exigível antes da homologação do cálculo" (Súmula 114 do STJ). (TJPR – AI 0822748-5 – Rel. Des. Paulo Habith – DJe 12.07.2012 – p. 132).

MANDADO DE SEGURANÇA – INVENTÁRIO – RECOLHIMENTO DE ITCD – IMPOSSIBILIDADE ANTES DE HOMOLOGADO O CÁLCULO – ART. 1.013 DO CÓDIGO DE PROCESSO CIVIL – SÚMULA 114 DO STF – DEMONSTRADO DIREITO LÍQUIDO E CERTO – A apuração do cálculo do ITCD só poderá ser efetivada após a abertura do inventário e da avaliação dos bens constantes do patrimônio deixado pelo de cujus. Nos termos da Súmula nº 114 do Supremo Tribunal Federal, "o imposto de transmissão causa mortis não é exigível antes da homologação do cálculo". (TJMG – RN 1.0024.09.587201-6/001 – 5ª C.Cív. – Rel. Manuel Saramago – DJe 11.05.2012).

INVENTARIO INCIDENCIA DO I.T.C.M.D – BASE DE CALCULO LEI ESTADUAL Nº 5440, DE 2009 SUMULA 112, DO STF – APLICACAO ANALOGICA EMENTA – AGRAVO DE INSTRUMENTO – INVENTÁRIO E PARTILHA – ITCM – BASE DE CÁLCULO – APLICAÇÃO DA LEI ESTADUAL Nº 5440/2009 QUE ATRIBUI AO VALOR VENAL DO IPTU O VALOR MÍNIMO PARA A BASE DE CÁLCULO DO IMPOSTO CAUSA MORTIS – MERA ADEQUAÇÃO AO DISPOSTO NO ART. 38 DO CTN – NECESSIDADE DE SE CONSIDERAR O VALOR VENAL À ÉPOCA DO ÓBITO – APLICAÇÃO ANALÓGICA DA SÚMULA Nº 112 DO SUPREMO TRIBUNAL FEDERAL – INCIDÊNCIA DO ART. 150, INCISO III, ´A´, DA CONSTITUIÇÃO FEDERAL – PROVIMENTO DO RECURSO – 1- Com a alteração introduzida pela Lei Estadual nº 5440/2009, deve o juízo do inventário exigir o espelhos do IPTU dos imóveis vencidos à época do óbito, para efeito de consistirem base de cálculo do ITCM e conseqüente homologação (CPC, art. 1013, §2º), nada impedindo, no entanto, que a Fazenda Estadual, na forma do art. 1002 do CPC, impugne o valor venal do IPTU, sob o argumento de sua desatualização econômica. 2- Uma vez argüida a desatualização econômica do bem e sua distorção com o verdadeiro valor venal (haja vista estar defasada a base de cálculo do IPTU), adota-se o procedimento inaugurado pelo art. 1003 do CPC, devendo a avaliação judicial buscar o valor venal do bem à época do óbito, desconsiderando as valorizações econômicas posteriores à data do fato gerador, porquanto este se consubstancia no exato momento da abertura da sucessão (CTN, art. 35, I), na forma do art. 1784 do Código Civil, e não pode sofrer qualquer retroação. 3- Necessidade de se diferenciar valor venal atual e valor venal atualizado, já que aquele consiste no valor venal do IPTU do último exercício, enquanto que este é o valor venal (ou de mercado) do bem à época do óbito, acrescido de correção monetária, e é exatamente este, o valor venal atualizado, que se impõe como base de cálculo do imposto de transmissão causa mortis. 4- Provimento do recurso, para fixação da base de cálculo do ITCM com lastro na avaliação judicial dos bens, que deve levar em consideração o valor dos mesmos à época do óbito (CTN, art. 38 c/c art. 144). (TJRJ – AI 0015020-46.2011.8.19.0000 – 12ª C.Cív. – Rel. Des. Mario Guimaraes Neto – DJe 24.11.2011 – p. 60).

6. Das colações

CARVALHO SANTOS, ob. cit, v. 9, p. 318, ensina que a colação "É o ato mediante o qual se procede à reconstituição do patrimônio do autor da herança, reunindo ao monte partível as doações ou os dotes feitos aos descendentes, a fim de que todos os herdeiros recebam igual quinhão. Por isso mesmo diz a lei que a colação tem por fim igualar a legitimados herdeiros (Cód. Civ., art. 1.785)."

Tudo o que se recebeu do ascendente, a título gratuito, há de vir para colação.

Citando lições de CUNHA GONÇALVES e CLÓVIS BEVILÁQUA, assinala que a colação só é de interesse dos herdeiros necessários, descendentes, de forma que só a eles cabe a legitimidade de exigir que se traga os bens doados pelo autor da herança. Note bem, doações feitas àqueles que concorrerão no monte deixado pelo falecido.

"Não tem interesse no objeto da colação, não são obrigados e, pois, não podem exigi-la: a) os credores, para quem é indiferente que as legítimas sejam ou não igualadas. Podem, porém, usar da ação pauliana, se for caso disso e não estiver prescrita (CLÓVIS, Código Civil Com., vol. 6, obs. n. 4 ao art. 1.795); b) os herdeiros testamentários e os legatários quer parentes quer estranhos; os legados sobrecarregam a metade disponível, não as legítimas; c) ascendentes e colaterais; d) os que renunciaram a herança ou foram dela excluídos por indignidade ou incapacidade. O Código Civil, impropriamente, dá a entender, no art. 1.790, que tais pessoas são chamadas à colação. A impropriedade é evidente: conferir é somar ao acervo líquido, para partilhar; o que eles fazem é oferecer os bens havidos por doação, a fim de se reduzirem na parte inoficiosa ou seja a que exceda a legítima e mais a metade disponível. A colação tem por fim a igualação dos quinhões de toda a herança, ainda que exceda a respectiva metade, a redução por inoficiosidade visa a manter a integridade da legítima. Colação e redução se distinguem, em suma, pelo fim, pelas pessoas e pelo objeto: trazer para somar, a fim de partilhar não é trazer para que se pode o demasiado (CUNHA GONÇALVES, Tratado, n. 1.576; CLÓVIS, obr. e loc. cits.).

Os bens que vem à colação, explica JOÃO LUIZ ALVES, não fazem parte do patrimônio do *de cujus*; constituem doações que já produziram a transferência da propriedade para os donatários (Cod. Civ., art. 1.786) e cujo valor só é conferido para um motivo, os bens que vem à colação não respondem pelos encargos da herança, salvo se a doação tiver sido feita em fraude de credores (Cód. Civ. Anot., pág. 305)."

Temos do art. 2.002 do CC, a determinação de que os descendentes que concorrerem à sucessão do ascendente comum são obrigados, para igualar as legítimas, a conferir o valor das doações que dele em vida receberam, sob pena de sonegação, sendo que para cálculo da legítima, o valor dos bens conferidos será computado na parte indisponível, sem aumentar a disponível.[1]

A finalidade da colação, como o próprio CC diz no art. 2.003, e vimos da lição acima, é igualar, na proporção estabelecida pelo CC, as legítimas dos descendentes e do cônjuge sobrevivente, obrigando também os donatários que, ao tempo do falecimento do doador, já não possuírem os bens doados. Existe, verdadeiramente, a presunção de que qualquer liberalidade do autor da herança tenha sido antecipação da legítima, mormente porque o princípio da igualdade norteia o direito sucessório.[2]

Como ensina PONTES DE MIRANDA, "Tratado de Direito Privado", Editor Borsoi, Rio de Janeiro, 1968, v. 55, p. 309, "O que se doou, ou por outro ato de liberalidade se prestou ao sucessível, tem-se como adiantamento da legítima necessária. Aí, em vez de haver a cláusula de adiantamento da legítima, que pode ser inserta no negócio jurídico gratuito, ou no testamento, há a regra jurídica implícita, de que o dever de colação é um dos efeitos da incidência. A lei estatui que tudo se passe, nos cálculos, como se a liberalidade não tivesse ocorrido e haja de ser incluída no quinhão.

A 3ª Câmara do Tribunal de Apelação do Distrito Federal, a 4 de janeiro de 1941 (R.F. 98,371), falou de presunção da vontade do de

---

[1] CC/16 - Art. 1785 - A colação tem por fim igualar as legítimas dos herdeiros. Os bens conferidos não aumentam a metade disponível (arts. 1721 e 1722).
CC/16 - Art. 1786. Os descendentes, que concorrerem à sucessão do ascendente comum, são obrigados a conferir as doações e os dotes, que dele em vida receberam.
[2] CC/16 - Art. 1785 - A colação tem por fim igualar as legítimas dos herdeiros. Os bens conferidos não aumentam a metade disponível (arts. 1721 e 1722).
CC/16 - Art. 1787. No caso do artigo antecedente, se ao tempo do falecimento do doador, os donatários já não possuírem os bens doados, trarão à colação o seu valor.

cujo, repetindo o que disse Clóvis Beviláqua; mas logo adiante citou a Teixeira de Freitas, que, em nota ao art. 1.206 da sua Consolidação das Leis Civis, dizia, acertadamente, que a obrigação de trazer à colação, "não depende de nenhuma declaração do ascendente doador". Esse, em verdade, está diante de regra jurídica dispositiva, de jeito que pode fazer declaração em contrário, que afaste a incidência do princípio.

A quota necessária só aumenta, com as colações, porque não se sabe, na ordinariedade dos casos, qual o seu valor total. O que se revela ser colacionável figura, pelo valor, como elemento da cota necessária, e nenhum negócio jurídico ocorre com o cálculo.

Para que o de cujo possa manifestar a vontade de que o valor da doação, ou de qualquer outra liberalidade, se inclua na metade disponível, basta que o faça em vida ou no testamento. Se o valor não cabe na porção disponível, nada feito."

Se, computados os valores das doações feitas em adiantamento de legítima, não houver no acervo bens suficientes para igualar a dos descendentes e do cônjuge, os bens assim doados serão conferidos em espécie, ou, quando deles já não disponha o donatário, pelo seu valor ao tempo da liberalidade.

Note bem, trata-se, na última figura, do valor do bem na data da liberalidade, ou seja, o real valor do bem, ou bens, àquela época.

Como regra, temos que o valor de colação dos bens doados será aquele, certo ou estimativo, que lhes atribuir o ato de liberalidade. Entretanto, se do ato de doação não constar valor certo, nem houver estimação feita naquela época, os bens serão conferidos na partilha pelo que então se calcular valessem ao tempo da liberalidade.

Ressalte-se que só o valor dos bens doados entrará em colação, ficando a salvo qualquer benfeitoria que realizou, a qual pertencerá ao herdeiro donatário, correndo também à conta deste os rendimentos ou lucros, assim como os danos e perdas que eles sofrerem.

Temos do disposto no art. 2.005 CC, que são dispensadas da colação as doações que o doador determinar saiam da parte disponível, contanto que não a excedam, computado o seu valor ao tempo da doação, presumindo-se imputada na parte disponível a liberalidade feita a descendente que, ao tempo do ato, não seria chamado à sucessão na qualidade de herdeiro necessário, sendo certo, também, que a dispensa da colação pode ser outorgada pelo doador em testamento, ou no próprio título de liberalidade.[3]

Ensina PONTES DE MIRANDA, ob. cit., p. 323, que a dispensa da colação consiste, "em verdade, no afastamento da regra jurídica explícita de que se irradia o princípio do adiantamento da legitima necessária. O que se doa, ou se dá em dote, ou se dá em outro ato de benefício, ao descendente, herdeiro legítimo necessário, tem de ser colacionado, porque se entende em adiantamento. Para que se afaste a incidência do princípio, basta que no próprio título da liberalidade ou testamento se diga que o objeto do benefício é tirado daquilo de que podia dispor, no momento da liberalidade, o doador ou beneficiante. Se há excesso em relação à suposta metade disponível, é ilegal o excesso. Se o de cujo não disse, no ato beneficiante, que pré-excluía a incidência do princípio, pode fazê-lo, depois, e.g., em testamento. O que dera, gratuitamente, estava compreendido como adiantamento da legítima necessária, mas ele - no testamento - transfere a colação da dádiva, ou das dádivas, à metade disponível. Riscou o adiantamento. Para isso, é preciso que o quanto caiba na parte disponível. Se não cabe, a marca do adiantamento continua no que é excesso."

Estabelece o art. 2007, CC, que estão sujeitas à redução as doações em que se apurar excesso quanto ao que o doador poderia dispor, no momento da liberalidade, sendo ele apurado com base no valor que os bens doados tinham, no momento da liberalidade.[4]

A redução da liberalidade far-se-á pela restituição ao monte do excesso assim apurado; a restituição será em espécie, ou, se não mais

---

3 CC/16 - Art. 1792. Os bens doados, ou dotados, imóveis, ou móveis, serão conferidos pelo valor certo, ou pela estimação que deles houver sido feita na data da doação. § 1° Se do ato de doação, ou do dote, não constar valor certo, nem houver estimação feita naquela época, os bens serão conferidos na partilha pelo que então se calcular valessem ao tempo daqueles atos.
§ 2° Só o valor dos bens doados ou dotados entrará em colação; não assim o das benfeitorias acrescidas, as quais pertencerão ao herdeiro donatário, correndo também por conta deste os danos e perdas, que eles sofrerem.
CC/16 - Art. 1788. São dispensados da colação os dotes ou as doações que o doador determinar que saiam de sua metade, contanto que não a excedam, computado o seu valor ao tempo da doação.
4 CC/16 - Art. 1789. A dispensa de colação pode ser outorgada pelo doador, ou dotador, em testamento, ou no próprio título da liberalidade.
CC/16 - Art. 1790. O que renunciou à herança, ou foi dela excluído, deve, não obstante, conferir as doações recebidas, para o fim de repor a parte inoficiosa.
Parágrafo único. Considera-se inoficiosa a parte da doação, ou do dote, que exceder a legítima e mais a metade disponível.

existir o bem em poder do donatário, em dinheiro, segundo o seu valor ao tempo da abertura da sucessão, observadas, no que forem aplicáveis, as regras deste Código sobre a redução das disposições testamentárias, sujeitando-se essa redução, também, a parte da doação feita a herdeiros necessários que exceder a legítima e mais a quota disponível.

Em sendo várias as doações a herdeiros necessários, feitas em diferentes datas, serão elas reduzidas a partir da última, até a eliminação do excesso. Aquele que renunciou a herança ou dela foi excluído, deve, não obstante, conferir as doações recebidas, para o fim de repor o que exceder o disponível. Quando os netos, representando os seus pais, sucederem aos avós, serão obrigados a trazer à colação, ainda que não o hajam herdado, o que os pais teriam de conferir (art. 2.009).[5]

Inobstante a lei só se referir ao neto, é fato que também o são o bisneto, o trinetos, etc, estando a razão no fato de que a representação em linha reta é ilimitada obrigando-se, portanto, à colação qualquer descendentes que represente um ascendente intermediário e donatário do autor da herança.

Assim, são obrigados à colação os herdeiros donatários ou dotados, sendo que, se ocorrer o falecimentos deste antes da abertura da sucessão do doador, ou dotador, o seu herdeiro haverá de trazer à colação a liberalidade recebida pelo representado (CLÓVIS BEVILÁCQUA, ob. cit., obs. n. 01 ao art. 1.791).

Entretanto, o pai não está obrigado a trazer à colação o que o avô, autor da herança, tenha doado diretamente ao neto, haja vista o neto não ser herdeiro do avô, senão por representação ao pai caso esse faleça antes da abertura da sucessão do avô.

"Herda-se não só o dever de conferir como também o direito correspondente a exigir a colação.

Do princípio de que o neto só é obrigado à colação dos bens doados ao pai quando o representa, decorre a conclusão de que, sucedendo o avô por direito próprio, o que acontece no caso de haver o seu pai renunciado à herança, o neto só colaciona os bens que tenha

---

[5] CC/16 - Art. 1791. Quando os netos, representando seus pais, sucederem aos avós, serão obrigados a trazer à colação, ainda que o não hajam herdado, o que os pais teriam de conferir.

recebido, diretamente do avô. No caso de indignidade do pai, não se dá a sucessão por direito próprio: o neto sucede o avô representando-o, como se aquele morto fosse (CARLOS MAXIMINIANO, obr. e loc. cit.).

Se o herdeiro renunciou à herança, ou foi dela excluído, deve, não obstante, conferir as doações recebidas, para o fim de repor a parte inoficiosa, considerando-se inoficiosa a parte da doação, ou dote, que exceder a legítima e mais a metade disponível (Cód. Civ., artigo 1.790)." Tal obrigação está inserida no art. 2.008 do CC.

Não virão à colação, consoante estipula o art. 2.010, os gastos ordinários do ascendente com o descendente, enquanto menor, na sua educação, estudos, sustento, vestuário, tratamento nas enfermidades, enxoval, assim como as despesas de casamento, ou as feitas no interesse de sua defesa em processo-crime.[6]

Também não estão sujeitas à colação as doações remuneratórias de serviços feitos ao ascendente, consoante se observa do disposto no art. 2.011, sendo certo que, conforme determina o art. 2.012, sendo feita a doação por ambos os cônjuges, no inventário de cada um se conferirá por metade.[7]

Assim, pela regra vertida pelo art. 639 do CPC, no prazo dado ao herdeiro para falar sobre as primeiras declarações (art. 627 CPC), o herdeiro obrigado à colação conferirá por termo nos autos ou por petição à qual o termo se reportará, os bens que recebeu ou, se já os não possuir, trar-lhes-á o valor. Os bens que devem ser conferidos na partilha, assim como as acessões e benfeitorias que o donatário fez, calcular-se-ão pelo valor que tiverem ao tempo da abertura da sucessão.

O herdeiro que renunciou à herança ou o que dela foi excluído não se exime, conforme art. 640 do CPC e parágrafos, pelo fato da renúncia ou da exclusão, de conferir, para o efeito de repor a parte inoficiosa, as liberalidades que obteve do doador, sendo lícito ao donatário escolher, dos bens doados, tantos quantos bastem para perfazer a legítima e a

---

6 CC/16 - Art. 1793. Não virão também à colação os gastos ordinários do ascendente com o descendente, enquanto menor, na sua educação, estudos, sustento, vestuário, tratamento nas enfermidades, enxoval e despesas de casamento e livramento em processo-crime, de que tenha sido absolvido.
7 CC/16 - Art. 1794. As doações remuneratórias de serviços feitos ao ascendente também não estão sujeitas à colação.
CC/16 - Art. 1795 - Sendo feita a doação por ambos os cônjuges, no inventário de cada um se conferirá por metade. (Redação dada pelo Dec. Leg. 3725/1919)

metade disponível, entrando na partilha o excedente para ser dividido entre os demais herdeiros.

Se a parte inoficiosa da doação recair sobre bem imóvel, que não comporte divisão cômoda, o juiz determinará que sobre ela se proceda entre os herdeiros à licitação; o donatário poderá concorrer na licitação e, em igualdade de condições, preferirá aos herdeiros.

Se vê do disposto no art. 641, CPC, que se o herdeiro negar o recebimento dos bens ou a obrigação de os conferir, o juiz, ouvidas as partes no prazo comum de 15 (quinze) dias, decidirá à vista das alegações e provas produzidas.

Declarada improcedente a oposição, se o herdeiro, no prazo improrrogável de 15 (quinze) dias, não proceder à conferência, o juiz mandará sequestrar-lhe, para serem inventariados e partilhados, os bens sujeitos à colação, ou imputar ao seu quinhão hereditário o valor deles, seja os não possuir.

Se a matéria exigir dilação probatória diversa da documental, o juiz remeterá as partes para os meios ordinários, não podendo o herdeiro receber o seu quinhão hereditário, enquanto pender a demanda, sem prestar caução correspondente ao valor dos bens sobre que versar a conferência.

Como bem assinala CARVALHO SANTOS, ob cit., p. 321, não é só as doações e dotes que estão sujeitos à colação.

"O texto legal precisa ser entendido com alguma amplitude, como aconselha CLÓVIS BEVILÁQUA, para abranger todas as liberalidades com que tenha sido o herdeiro gratificado direta ou indiretamente: assim, as quantias com que os pais solvem, gratuitamente, as dívidas do filho.

Por sua vez, o ensinamento do mestre requer entendimento hábil. Porque, tomado literalmente, conduziria a equívocos, como é fácil ver, no exemplo seguinte: o pai em lugar de doar ao filho, gratifica a mulher deste, sua nora; ou em vez de beneficiar a filha, faz a liberalidade ao seu genro. Deve o filho ou a filha trazer à colação essa liberalidades, que sem dúvida lhes aproveita indiretamente?

A lição de CARLOS MAXIMILIANO a esse respeito, apoiada em PLAINOL, DIAS FERREIRA, RÉBORA, SEGÓVIA e outros, é concludente:

"A colação é instituto sucessório apenas; jamais sofre a repercussão das normas concernentes ao regime matrimonial. O beneficiado não confere as dádivas recebidas, porque não herda, e ao que herda, não outorgaram doações. O prejuízo dos co-herdeiros, não é grande; porque a liberalidade prevalece até o limite da cota disponível; equivale, pois, a um legado ou uma dádiva com a dispensa da colação. Toda vez que o pai pretendesse prejudicar outros sucessores, bastaria fazer uso desta prerrogativa: dispensar ou lagar" (Obr. Citada, n. 1.577)".

Assim, só colaciona liberalidades quem e herdeiro.

Após detida explicação dos motivos, sob a égide do CC anterior, CARVALHO SANTOS, ob. cit., aponta como dispensados da colação:-

"a) os dotes ou as doações, que o testador determinar que saiam de sua metade, contento que não a excedam, computando o seu valor ao tempo da doação (Cód. Civ., artigo l .788).

A obrigação legal da colação pode dispensar-se mediante declaração expressa do testador a exemplo do que já se fazia no direito romano: *Cessat collatio si parens hoc ducit expressim.*

A determinação do testador não pode ser tácita, como sustentam antigos jurisconsultos. Nos termos do dispositivo legal, só se admite a dispensa expressa, para a qual, todavia, não há forma sacramental, bastando expressões que signifiquem claramente a resolução do doador de dispensar da colação o donatário.

b) os gastos ordinários do ascendente com o descendente, enquanto menor, na sua educação, estudos, sustento, vestuário, tratamento nas enfermidades, enxoval e despesas de casamento e livramento em processo crime, de que tenha sido absolvido (Cód. Civ., artigo 1.793).

O Código refere-se ao descendente enquanto menor, querendo significar que, uma vez atingida a maioridade, quando passa ele a ter sua economia própria, tais gastos, em vez de serem o cumprimento de um dever jurídico, assumem o caráter de liberalidade. Feitos em benefício do descendente menor, não lhe aumentam o patrimônio e correspondem ao cumprimento da obrigação que incumbe aos pais, com relação aos filhos (CLÓVIS BEVILÁQUA, obr. cit., obs. ao art. 1.793).

(...)

c) as doações remuneratórias não são liberalidades, mas, ao contrário, revestem feição de pagamento. Se o filho presta serviços ao pai, se o auxilia eficientemente, ainda que por entender que esta cumprindo um dever filial, que dispensa remuneração, pode o pai gratificá-lo, mediante doação que suponha compensadora do auxílio que recebeu. Liberalidade não há, nem podem os demais herdeiros alegar prejuízo na doação apontada, da mesma forma por que não poderiam impugnar o pagamento feito pelo pai a estranho, como retribuição de serviços recebidos.

Provando-se, porém, que a doação remuneratória é excessiva para retribuir o serviço a que visou gratificar, deve ser reduzido aos seus termos justos.

Igualmente, ficando demonstrada a falta de motivo para a doação, de forma a caracterizá-la como o disfarce de uma liberalidade, dever ser trazida à colação.

A dispensa da colação pode ser outorgada pelo doador ou dotador, em testamento, ou no próprio título da liberalidade (Cód. Civ., art. 1789).

A prerrogativa de conceder a dispensa é do autor da liberalidade, embora possam os co-herdeiros capazes libertar da exigência legal o donatário, transigindo sobre o assunto, deixando de exigir a colação, ou renunciando à reclamação já iniciada (CARLOS MAXIMILIANO, obr. cit., n. 1.586; BAUDRY-LANCANTINERIE e WAHL, 3, ns. 278222.941)."

PONTES DE MIRANDA, ob. cit, vol. 55, p. 316/317, ensina que "A colação tem por finalidade mostrar se houve, ou não adiantamento.

Doações podem dar ensejo a infração do princípio da inatingibilidade das legítimas necessárias em liberalidade a favor de herdeiros necessários. O que se doou a herdeiros necessários, ostensivamente ou com disfarce, entende-se que foi em adiantamento da quota necessária. Daí Ter-se de conferir (colação, *collatio*, vem de *conferre*). A igualdade das quotas necessárias é que está, após isso, em causa. O que foi doado, ou dado em qualquer ato de liberalidade, ao herdeiro necessário descendente, entende-se que o foi em adiantamento da quota necessária. PASCHOAL JOSÉ DE MELO FREIRE (*Institutiones Iuris Civilis Lusitani*, III, 163) precisamente o disse : "...*collatio lucri a vivo parente suscepti in communem hereditatem a liberis facta illatio*". O que o ascendente atribuíra, em vida, ao herdeiro tem de ser levado à herança comum. Só há dever de colação para herdeiro necessários descendentes. Para quaisquer outros, o que existe é outro dever, o dever correspondente ao direito dos herdeiros necessários, quaisquer que sejam, à redução do que foi disposto, além do quanto disponível.

O que se colaciona não é o bem. É o lucro, o valor. Há collatio lucri. Tem-se de distinguir da operação ou das operações aritméticas da colação pelo herdeiro legítimo descendente o que ele, ou outrem, recebeu acima do que perfaz a metade necessária, ou acima da própria metade disponível. O que cabe no quinhão do herdeiro legítimo descendente fica, em valor, no todo partilhável e, em virtude dela, no quinhão do herdeiro legítimo necessário, descendente. No quinhão do beneficiado pelas liberalidades pode só estar o valor do que lhe fora dado em vida pelo de cujo, ou isso e mais o que perfaça o total do quinhão. O que excede entra na quota.

O crédito que, por efeito da colação, entra na massa hereditária, para se fazer a partilha, já existia na data da morte do de cujo. É erro dizer-se que ainda não existia, e só nasce com a colação. O que se pode dizer é que não estava no patrimônio do de cujo. Não estava, sim; mas entrou com a morte, porque adiantar a legítima necessária é estabelecer que o valor entre na massa hereditária no momento da morte do de cujo. Há elevação patrimonial ex collatione. A lei assim o impôs. Dizer-se que, na espécie, não há atribuição sucessória, porque o valor não estava ou os valores não estavam no patrimônio do defunto, é inadmissível. A colação opera como operaria a compra e venda a retro, ou a doação com cláusula de volta. Apenas a volta é à quota hereditária, porque faleceu o de cujo.

Uma das consequências da estrutura da colação está em que, apesar da volta dos valores à quota, os credores do d ecujo não podem penhorar os bens que foram objeto das liberalidades, nem pelas dívidas contra a massa executar sentença ou propor ação executiva de títulos extrajudiciais com atingimento dos bens que foram objeto das liberalidades.

Qualquer herdeiro, a quem aproveite a quota necessária, tem direito, pretensão e ação para a redução das disposições, a fim de que só se tenha disposto do que era disponível. Não importa quem foi o beneficiado, à diferença do que se passa com a colação, que só interessa a quem é descendente, herdeiro necessário."

No julgamento do REsp n° 10.428/SP (1991/0007915-4), Relator Ministro Waldemar Zveiter, DJ de 17/01/1992, p. 1.373 (RSTJ 37/405; RT 683/185), decidiu-se que acerca da necessidade de se atualizar o valor do bem doado, da data daquela disposição até abertura da sucessão, para que se evitasse, tanto quanto possível, qualquer distorção. "O instituto da colação tem por objetivo igualar a legítima, trazendo a partilha os bens ausentes ao acervo. Curial dizer-se que, em ciclo inflacionário, na conferência, se o bem doado já fora vendido antes da abertura da sucessão, seu valor há de ser atualizado na data desta, eis que a correção monetária tem por objeto precípuo elevar o valor nominal da moeda ao seu nível real."

Enunciado n° 119 do Conselho Federal de Justiça (CFJ) -Art. 2.004: para evitar o enriquecimento sem causa, a colação será efetuada com base no valor da época da doação, nos termos do caput do art. 2.004, exclusivamente na hipótese em que o bem doado não mais pertença ao patrimônio do donatário. Se, ao contrário, o bem ainda integrar seu patrimônio, a colação se fará com base no valor do bem na época da abertura da sucessão, nos termos do art. 1.014 do CPC, de modo a preservar a quantia que efetivamente integrará a legítima quando esta se constituiu, ou seja, na data do óbito (resultado da interpretação sistemática do art. 2.004 e seus parágrafos, juntamente com os arts. 1.832 e 884 do Código Civil).

AGRAVO DE INSTRUMENTO – INVENTÁRIO – DOAÇÕES DE IMÓVEIS A DOIS HERDEIROS, EM DETRIMENTO DO QUINHÃO DA TERCEIRA HERDEIRA – DECISÃO QUE DETERMINA A COLAÇÃO DE 50% DOS IMÓVEIS – INCONFORMISMO – REJEIÇÃO – Cabe ao juiz do inventário efetivar a igualdade dos quinhões hereditários, determinando a colação dos bens doados em vida para apenas alguns herdeiros, em detrimento dos quinhões dos demais – Colação de 50% dos imóveis doados, em conformidade com a legítima e independentemente de os cônjuges dos herdeiros também figurarem como donatários – Decisão mantida - NEGARAM PROVIMENTO AO RECURSO. (TJSP; Agravo de Instrumento 2121755-64.2017.8.26.0000; Relator (a): Alexandre Coelho; Órgão Julgador: 8ª Câmara de Direito Privado; Foro de José Bonifácio - 2ª Vara; Data do Julgamento: 30/11/2017; Data de Registro: 30/11/2017)

Inventário. Controvérsia atinente à suposta sonegação de bens do inventário, consistentes em um apartamento adquirido pelo de cujus em vida e cujos direitos foram cedidos ao coerdeiro agravante, além de três sociedades empresárias atuantes no mesmo ramo da empresa de titularidade do falecido. Decisão acertada. Imóvel adquirido pelo de cujus e sua esposa em 2007 e cedido ao agravante sem comprovação de que houve efetivo pagamento pela cessão de direitos. Prova que é, sobretudo, documental, tendo os agravantes diversas oportunidades no decorrer do feito para juntá-la. Configuração de doação que caracteriza adiantamento da legítima em prejuízo dos demais herdeiros. Sociedades empresárias sob administração comum. Inexistência de Franquia porquanto ausentes as suas características típicas. Confusão entre as empresas no atinente às despesas, pagamento de funcionários, titularidade, administração. E-mails trocados entre os litigantes que demonstram a existência de um mesmo Grupo, sendo todas as sociedades pertencentes ao patrimônio do espólio. Ocultação de bens que permite a remoção da inventariante com base no art. 622, VI, do CPC. Decisão mantida. Recurso improvido. (TJSP; Agravo de Instrumento 2077480-30.2017.8.26.0000; Relator (a): Maia da Cunha; Órgão Julgador: 4ª Câmara de Direito Privado; Foro Regional I - Santana - 4ª Vara da Família e Sucessões; Data do Julgamento: 19/10/2017; Data de Registro: 23/10/2017)

RECURSO ESPECIAL. DIREITO DAS SUCESSÕES. INVENTÁRIO. 1. OMISSÃO DO ACÓRDÃO RECORRIDO. INEXISTÊNCIA. 2. DOAÇÃO EM VIDA DE TODOS OS BENS IMÓVEIS AOS FILHOS E CÔNJUGES FEITA PELO AUTOR DA HERANÇA E SUA ESPOSA. HERDEIRO NECESSÁRIO QUE NASCEU POSTERIORMENTE AO ATO DE LIBERALIDADE. DIREITO À COLAÇÃO. 3.

PERCENTUAL DOS BENS QUE DEVE SER TRAZIDO À CONFERÊNCIA. 4. RECURSO PARCIALMENTE PROVIDO. 1. Embora rejeitados os embargos de declaração, tem-se que a matéria controvertida foi devidamente enfrentada pelo Colegiado de origem, que sobre ela emitiu pronunciamento de forma fundamentada, ainda que sucinta, com enfoque suficiente a autorizar o conhecimento do recurso especial, não havendo que se falar, portanto, em ofensa ao art. 535, II, do CPC. 2. Para efeito de cumprimento do dever de colação, é irrelevante o fato de o herdeiro ter nascido antes ou após a doação, de todos os bens imóveis, feita pelo autor da herança e sua esposa aos filhos e respectivos cônjuges. O que deve prevalecer é a ideia de que a doação feita de ascendente para descendente, por si só, não é considerada inválida ou ineficaz pelo ordenamento jurídico, mas impõe ao donatário obrigação protraída no tempo de, à época do óbito do doador, trazer o patrimônio recebido à colação, a fim de igualar as legítimas, caso não seja aquele o único herdeiro necessário (arts. 2.002, parágrafo único, e 2.003 do CC/2002). 3. No caso, todavia, a colação deve ser admitida apenas sobre 25% dos referidos bens, por ter sido esse o percentual doado aos herdeiros necessários, já que a outra metade foi destinada, expressamente, aos seus respectivos cônjuges. Tampouco, há de se cogitar da possível existência de fraude, uma vez que na data da celebração do contrato de doação, o herdeiro preterido, ora recorrido, nem sequer havia sido concebido. 4. Recurso especial parcialmente provido. (3ª. Turma do STJ, REsp 1298864/SP, Relator Ministro Marco Aurélio Bellizze, DJe 29/05/2015, RT vol. 961 p. 501).

AGRAVO DE INSTRUMENTO INVENTÁRIO PARTE DOS HERDEIROS QUE NO PRAZO DA COLAÇÃO, NÃO HAVIAM INFORMADO OS BENS QUE JÁ HAVIAM RECEBIDO OBRIGATORIEDADE (ART. 1.014, CPC, COLAÇÃO DE BENS) ALEGAÇÃO QUE ESSA PRETENSÃO ESTARIA PRESCRITA INEXISTÊNCIA DE PRETENSÃO ANULATÓRIA, LOGO, INAPLICABILIDADE DO PRAZO VINTENÁRIO

MERA EQUIPARAÇÃO DE PARTILHA COLAÇÃO OPERADA NOS TERMOS DAS PRIMEIRAS DECLARAÇÕES AUSÊNCIA DE IMPUGNAÇÃO INSURGÊNCIA PRECLUSA FALTA DE INTERESSE DE AGIR INOCORRÊNCIA AQUISIÇÃO DE BEM DURANTE UNIÃO ESTÁVEL, O QUAL DEVE SER OBJETO DE PARTILHA – *A colação se opera tão somente para conferir os bens dos herdeiros recebidos anteriormente a abertura da sucessão, cujo escopo é igualar as legítimas a serem recebidas. É de se ressalvar que o ato da colação não possui, na sua essência, eficácia anulatória do ato de liberalidade do sucedido, de sorte que não cabe em face disso qualquer discussão acerca de haver ou não se operado a prescrição. AGRAVO NÃO PROVIDO. (TJPR – AI 0800556-3 – 11ª C.Cív. – Rel. Des. Gamaliel Seme Scaff – DJe 13.12.2011 – p. 480).*

AGRAVO DE INSTRUMENTO – INVENTÁRIO – BENS DOADOS EM VIDA PELO FALECIDO – COLAÇÃO – AVALIAÇÃO – ABERTURA SUCESSÃO – RECURSO IMPROVIDO – *Se ocorreu doação em vida, de bem do falecido, após a sua morte deverá ser esse bem apresentado nos autos do inventário, a fim de igualar as legítimas dos demais herdeiros e partilhar com igualdade de condições. Os bens trazidos à colação devem ser avaliados com base no valor que possuírem à época da abertura da sucessão, conforme o disposto no art. 1.014, parágrafo único, do CPC. Precedentes do STJ. (TJMS – AG 2010.031754-2/0000-00 – 4ª T.Cív. – Rel. Des. Rêmolo Letteriello – DJe 17.12.2010 – p. 64).*

INVENTÁRIO E PARTILHA – DOAÇÃO – BENS EXCLUÍDOS DO INVENTÁRIO – COLAÇÃO – "*Agravo de instrumento. Inventário e partilha. Doação. Bens excluídos do inventário. Colação. Valor dos bens colacionados. Conflito de normas. Art. 1.014, parágrafo único, do Código de Processo Civil e art. 2.004 do Código Civil. Direito intertemporal. Inteligência do art. 1.787 do Código Civil. Doação inoficiosa. Inocorrência.*

1. O autor da herança pode dispor de seus bens em vida desde que observe a porção disponível do seu patrimônio. 2. Os bens doados em vida devem ser colacionados para se igualar a legítima dos herdeiros necessários. 3. O Código de Processo Civil, art. 1.014, parágrafo único, dispõe que os bens devem ser colacionados no valor que tiverem ao tempo da abertura da sucessão, ao passo que o Código Civil, art. 2.004, estabelece que os bens colacionados devem ser computados pelo valor existente à época da liberalidade. 4. Diante do conflito de normas, aplica-se a regra de direito intertemporal do art. 1.787 do Código Civil, segundo a qual se aplica a lei vigente ao tempo da abertura da sucessão. Logo, se a morte do autor da herança ocorreu após a vigência do Código Civil, aplica-se para a colação a regra do art. 2.004 do Código Civil, devendo os bens doados em vida serem colacionados pelo valor correspondente ao tempo da liberalidade. 5. Caracteriza-se a doação inoficiosa se os bens doados ultrapassarem a quota que o doador, no momento da liberalidade, poderia dispor em testamento, o que não ocorre no caso vertente, visto que ao tempo da doação os bens transferidos não ultrapassavam a metade do patrimônio do doador. Agravo conhecido e desprovido." (TJGO – Ag 97480-06.2010.8.09.0000 – 3ª T. – Rel. Des. Fausto Moreira Diniz – DJe 13.10.2010).

RECURSO ESPECIAL. SUCESSÕES. INVENTÁRIO. PARTILHA EM VIDA. NEGÓCIO FORMAL. DOAÇÃO. ADIANTAMENTO DE LEGÍTIMA. DEVER DE COLAÇÃO. IRRELEVÂNCIA DA CONDIÇÃO DOS HERDEIROS. DISPENSA. EXPRESSA MANIFESTAÇÃO DO DOADOR. - Todo ato de liberalidade, inclusive doação, feito a descendente e/ou herdeiro necessário nada mais é que adiantamento de legítima, impondo, portanto, o dever de trazer à colação, sendo irrelevante a condição dos demais herdeiros: se supervenientes ao ato de liberalidade, se irmãos germanos ou unilaterais. É necessária a expressa aceitação de todos os herdeiros e a consideração de quinhão de herdeira necessária, de modo que a inexistência da formalidade que o negócio jurídico exige não o caracteriza como partilha em vida. - A dispensa do dever de colação só se opera por expressa e formal manifestação do doador, determinando que a doação ou ato de liberalidade recaia sobre a parcela disponível de seu patrimônio. Recurso especial não conhecido. (STJ - REsp 730483 - MG - 3ª T. - Rel. Min. Nancy Andrighi - DJU 20.06.2005 p. 287)

CIVIL E PROCESSUAL. ACÓRDÃO ESTADUAL. NULIDADE NÃO CONFIGURADA. AÇÃO DE RECONHECIMENTO DE SIMULAÇÃO CUMULADA COM AÇÃO DE SONEGADOS. BENS ADQUIRIDOS PELO PAI, EM NOME DOS FILHOS VARÕES. INVENTÁRIO. DOAÇÃO INOFICIOSA INDIRETA. PRESCRIÇÃO. PRAZO VINTENÁRIO, CONTADO DA PRÁTICA DE CADA ATO. COLAÇÃO DOS PRÓPRIOS IMÓVEIS, QUANDO AINDA EXISTENTES NO PATRIMÔNIO DOS RÉUS. EXCLUSÃO DAS BENFEITORIAS POR ELES REALIZADAS. CC ANTERIOR, ARTS. 177, 1.787 E 1.732, § 2°. SUCUMBÊNCIA RECÍPROCA. REDIMENSIONAMENTO. CPC, ART. 21.1. Não padece de nulidade o acórdão que enfrentou as questões essenciais ao julgamento da controvérsia, apenas com conclusões desfavoráveis à parte. II. Se a aquisição dos imóveis em nome dos herdeiros varões foi efetuada com recursos do pai, cm doação inoficiosa, simulada, em detrimento dos direitos da filha autora, a prescrição da ação de anulação é vintenária, contada da prática de cada ato irregular. III. Achando-se os herdeiros varões ainda na titularidade dos imóveis, a colação deve se fazer sobre os mesmos e não meramente por seu valor, ao teor dos arts. 1.787 e 1.792, parágrafo 2o, do Código Civil anterior. IV. Excluem-se da colação as benfeitorias agregadas aos imóveis realizadas pelos herdeiros que os detinham (art. 1.792, parágrafo 2o). V. Sucumbência recíproca redimensionada, cm face da alteração decorrente do acolhimento parcial das teses dos réus. VI. Recurso especial conhecido em parte e provido. (STJ - REsp 259406 - PR - 4ª T. - Rel. Min. Aldir Passarinho Júnior - DJU 04.04.2005 p. 314)

COLAÇÃO - HERDEIRO RECONHECIDO EM AÇÃO DE INVESTIGAÇÃO DE PATERNIDADE - DIREITO SUCESSÓRIO - SENTENÇA DECLARATÓRIA - EFEITO EX TUNC - A sentença proferida em ação de investigação de paternidade é de natureza declaratória e produz efeitos retroativos. Daí resulta que os bens doados em vida a descendentes, em detrimento do herdeiro reconhecido por sentença judicial transitada em julgado antes do falecimento do autor da herança, devem ser trazidos à colação, para que possam ser objeto de partilha, na forma da lei. (TJMG - AC 1.0000.00.2551646/000 - 3ª C. Cív. -Rei Dês. Schalcher Ventura - DJMG 02.10.2004).

PROCESSO CIVIL RECURSO ESPECIAL. INVENTÁRIO. PRECLUSÂO. PREQUESTIONAMENTO. AUSÊNCIA. COLAÇÃO. AVALIAÇÃO DO BEM. VALOR À ÉPOCA DA ABERTURA DA SUCESSÃO. - Inviável o recurso especial na parte em que suscita questão federal não apreciada pelo Tribunal de origem. - Os bens trazidos à colação, para efeito de acertamento das legítimas, devem ser avaliados com base no valor que possuírem à época da abertura da sucessão, conforme o disposto no art. 1.014, parágrafo único, do CPC, dispositivo esse que corresponde à norma vigente à época da abertura das sucessões examinadas nos presentes autos. Recurso especial parcialmente conhecido e provido. (STJ -RESP 595742/SC - 3ª T. - Rela. Mina. Nancy Andrighi -DJU 01.12.2003, p. 356)

COLAÇÃO - ESCRITURA DE RATIFICAÇÃO -POSSIBILIDADE - MANIFESTAÇÃO DE VONTADE DO AUTOR DA HERANÇA - PRESERVAÇÃO -ARTIGOS 82, 148, 149 E 1.789 DO CÓDIGO CIVIL. 1. Realizada a escritura de ratificação das doações, que não ultrapassaram o limite da parte disponível, dispensando a colação, tudo compatível com a realidade vivida entre doador e donatário, pai e filho, não deve ser maculada a vontade do autor da herança. 2. A ratificação retroage à data das doações, preenchido, assim, o requisito do art. 1.789 do Código Civil. 3. Recurso especial conhecido e provido. (STJ - Resp 440128 - AM - 3ª T. - Rel. Min. Carlos Alberto Menezes Direito - DJU 01.09.2003).

INVENTARIO - De cujus viúvo que deixa três filhos e havia doado único bem ao único filho vivo ao tempo da doação. Segundo filho, de nova união, nascido dois meses após a doação cujo direito é protegido pelo art. 4º do Código Civil. Doação sem expressa dispensa da colação. Princípio da igualdade de direitos entre todos os herdeiros. Colação obrigatória da totalidade e não apenas da metade da parte disponível. Entendimento dos arts. 1.176,1.576,1.721,1.785, 1.788 e 1.789 do Código Civil. Agravo de instrumento provido para esse fim. (TJSP - AI 19039549/SP - 8ª C.Cív. - Rel. Dês. Silvio Marques - J. 09.11.2001).

AÇÃO DE SONEGADOS - COLAÇÃO DE BENS -HERDEIROS - Dever de restitui-los ao inventario -Extinção do processo por ausência de condições da ação -Inocorrência - Recurso provido. E obrigação do herdeiro, conferindo por termo nos autos, os bens que recebeu ou, se já não os possuir mais, trar-lhes-a o valor (art. 1.014 do CC), sendo obrigação do inventariante, sob pena de remoção, diligenciar para arrecadar todos os bens para evitar o perecimento do direito. Art. 995 do CPC. Apelação conhecida e provida. (TJPR - AC 17140 - 3ª C.Civ. - Rel. Dês. Juiz Jorge Wagih Massad - DJPR 15.05.2000).

INVENTÁRIO. BENS TRANSFERIDOS AOS FILHOS. ALEGAÇÃO DE DOAÇÃO COM RESERVAS DE USUFRUTO, HAVENDO NECESSIDADE DE COLAÇÃO. Escrituras que, embora tenham sido tituladas como doação, caracterizam partilha em vida. Contratos onde todos os herdeiros manifestaram-se expressa e simultaneamente com as cláusulas postas. Interpretação do negócio que deve ser feito conforme o disposto no artigo 85 do Código Civil, ou seja, onde deve prevalecer a intenção e não o nome e ao conteúdo e não à sua forma. (TJSP - AI 90.794-4 - 4ª CDPriv. - Rel. Dês. Barbosa Pereira -04.02.1999).

PROCESSUAL E CIVIL - INVENTARIO E PARTILHA - LEGITIMA-COLAÇÃO - CONFERÊNCIA DO BEM. I - O instituto da colação tem por objetivo igualar a legitima, trazendo a partilha os bens ausentes ao acervo. Curial dizer-se que, em ciclo inflacionário, na conferência, se o bem doado já fora vendido antes da abertura da sucessão, seu valor ha de ser atualizado na data desta, eis que a correção monetária tem por objeto precípuo elevar o valor nominal da moeda ao seu nível real. II - recurso não conhecido. (STJ - RESP 10428 - SP - 3ª T. - Rel. Min. Waldemar Zveiter-DJU 17.02.1992).

7. Do pagamento das dívidas

Assim como a lei garante ao herdeiro o direito de recebimento da herança, exige que antes da sua distribuição, sejam pagas as dívidas que o falecido tinha, ou melhor, com a herança que será distribuída se paga os débitos que o "*de cujus*" tinha. Desta forma, antes de se distribuir a herança, paga-se os credores, dívidas vencidas e habilitadas.

Nas palavras de WASHINGTON DE BARROS MONTEIRO, Curso de Direito Civil - Direito das Sucessões. Saraiva, 1966, p. 301, "Só haverá herança, suscetível de partilha, depois de atendidos todos os credores do extinto".

SÉRGIO SAHOINE FADEL, ob. cit., p. 173, ensina, com muita propriedade, que o falecido, "normalmente não deixa unicamente bens; com estes ficam as suas dívidas que devem ser solvidas preferencialmente.

Por isso é que se costuma dizer que a sucessão hereditária tem lugar unicamente em relação aos bens que sobram, depois de pagas as dívidas do espólio.

Sem prejuízo da ação ou execução que possam requerer, para haverem seus créditos, os credores do espólio podem dirigir-se ao juízo do inventário e pleitear o pagamento das dívidas vencidas e exigíveis. Só vencidas não, porque se não está liquidada, não é ainda exigível.

O momento adequado para o fazerem é sempre antes da partilha, uma vez que dela, responderão diretamente os herdeiros, cada qual proporcionalmente à parte que lhe couber na herança.

A petição do credor deve ser endereçada ao juiz do inventário, acompanhada de prova literal da dívida. Será distribuída por dependência e autuada em apenso ao inventário."

Ressalte-se que em se tratando de dívidas não habilitadas, a sua cobrança, posteriormente, só se poderá fazer em ação própria contra os herdeiros, na exata razão e proporção do quinhão que lhe tocou.

O CPC em seu art. 642, prevê a possibilidade dos credores do espólio requererem ao juízo do inventário o pagamento das dívidas vencidas e exigíveis. Para essa habilitação, que será distribuída por dependência e autuada em apenso aos autos do processo de inventário, o credor fará acompanhar de sua petição prova literal da dívida.

Sendo a habilitação de crédito em inventário, um incidente de conteúdo cautelar, não faz mister, conforme a doutrina e jurisprudência, haver documentação rigorosa, melhor dizendo, título líquido e certo, pois o que importa é o acordo expresso de todos os interessados, sem o que, o Juiz remeterá as partes para os meios ordinários.

Concordando as partes com o pedido, o juiz, ao declarar habilitado o credor, mandará que se faça a separação de dinheiro ou, em sua falta, de bens suficientes para o seu pagamento.

Separados os bens, tantos quantos forem necessários para o pagamento dos credores habilitados, o juiz mandará aliená-los, observando-se as disposições traçadas pelo CPC no que concerne à expropriação.

Pode o credor requerer que, em vez de dinheiro, lhe sejam adjudicados, para o seu pagamento, os bens já reservados, sendo que ao juiz caberá deferir o pleito caso haja concordância de todas as partes.

Caso não se observe esse ajuste, estar-se-á diante de um obstáculo, intransponível, ao reconhecimento administrativo do crédito, oportunidade em que o juiz mandará, reservar em poder do inventariante bens suficientes para pagar o credor, quando a dívida constar de documento que comprove suficientemente a obrigação e a impugnação não se fundar em quitação.

Ainda que seja credor de dívida líquida e certa, não vencida, poderá ele requerer a habilitação no inventário. Concordando as partes com o pedido, o juiz, ao julgar habilitado o crédito, mandará que se faça separação de bens para o futuro pagamento.

Independentemente da penhora que poderá ser feita no rosto dos autos, nos termos do art. 860 CPC, é lícito aos herdeiros, ao separarem bens para o pagamento de dívidas, autorizar que o inventariante os nomeie à penhora no processo em que o espólio for executado.

Estabelece o art. 1987, CC, que a herança responde pelo pagamento das dívidas do falecido; mas, feita a partilha, só respondem os herdeiros, cada qual em proporção da parte que na herança lhe coube. Quando, antes da partilha, for requerido no inventário o pagamento de dívidas constantes de documentos, revestidos de formalidades legais, constituindo prova bastante da obrigação, e houver impugnação, que não se funde na alegação de pagamento, acompanhada de prova valiosa, o juiz mandará reservar, em poder do inventariante, bens suficientes para solução do débito, sobre os quais venha a recair oportunamente a execução, sendo que, nesse caso, o credor será obrigado a iniciar a ação de cobrança no prazo de trinta dias, sob pena de se tornar de nenhum efeito a providência indicada.

Se vê do estipulado em lei que inexiste uma solidariedade entre os herdeiros pelo pagamento das dívidas do defunto; existe, sim, uma obrigação conjunta, na proporção do recebem deste.

Quando CARLOS MAXIMILIANO, ob. cit., vol. III, p. 340/341, nº 1.511, leciona acerca das responsabilidade pelas obrigações do sucedendo em função da partilha, ensina que cada um dos herdeiros a suporta proporcionalmente à sua cota hereditária; "fraciona-se deste modo o passivo entre os herdeiros; se o espólio foi todo distribuído em legados, é entre os legatários que se efetua o rateio. Estipulara a Lei das Doze Tábuas: "as dívidas sejam divididas entre os herdeiros na proporção dos quinhões hereditários" - *nimina inter heredes pró proportionibus hereditariis hercta cita sunto* (tábua V).

Também a Lei dos Visigodos - *Lês Wisigothorum* - reduzia a obrigação, dos sucessores, aos limites do que possuíssem havido do defunto - *juxta quod possident de rebus defuncti*.

Portanto, entre os beneficiários universais passa a existir apenas um obrigação conjunta; jamais uma obrigação solidária; a herança indivisa responde pela totalidade das dívidas; porém cada herdeiro só atende à fração (do passivo) correspondente à sua cota sucessória; não pode ser acionado pelo débito integral. Na verdade, os credores tem contra si uma ação pessoal e divisiva; o processo movido contra um é independente do intentado contra outro; cada sucessor paga unicamente a sua parte.

A divisibilidade entre os herdeiros prevalece até mesmo quando existe obrigação solidária contraída pelo *de cujus*; eles, em conjunto, suportam o total solidariamente com os outros co-devedores primitivos; porém cada sucessor só responde pelo débito, na proporção do seu quinhão. (...).

A solidariedade não se presume; só existe quando expressa em lei, contrato ou testamento; e a lei, não só se abstém de a impor aos sucessores; mas vai além — a excluí entre eles."

As despesas funerárias, haja ou não herdeiros legítimos, sairão do monte da herança; mas as de sufrágios por alma do falecido só obrigarão a herança quando ordenadas em testamento ou codicilo, consoante norma estampada no art. 1.998, CC.

Caso haja ação regressiva de uns contra outros herdeiros, prevê o art. 1999, CC, a parte do co-herdeiro insolvente dividir-se-á em proporção entre os demais.

Os legatários e credores da herança podem exigir que do patrimônio do falecido se discrimine o do herdeiro, e, em concurso com os credores deste, ser-lhes-ão preferidos no pagamento, conforme determina o art. 2.000.

Se o herdeiro for devedor ao espólio, sua dívida será partilhada igualmente entre todos, salvo se a maioria consentir que o débito seja imputado inteiramente no quinhão do devedor (art. 2.001).

Interessante a situação quando se trata de ação de alimentos proposta *"post mortem"*, quando, então, inexiste qualquer responsabilidade dos herdeiros em relação aos alimentos que se venceram após a morte do autor da herança, pois a responsabilidade é pelos alimentos vencidos até a sua morte, e obedecidas às forças da herança.

Em caso de investigação de paternidade c. c. alimentos, se o investigado, antes de sua morte, não era devedor de alimentos, tem-se que tal obrigação não pode ser transmitida a seus herdeiros.

Caso o credor do autor da herança seja a Fazenda Pública, na forma dos arts. 187 a 189 do Código Nacional Tributário, ela terá preferência a qualquer outro, sendo desnecessária a sua habilitação e, em ocorrendo divergência entre os herdeiros, haverá de se fazer a reserva de bens.

> *"Art. 187 - A cobrança judicial do crédito tributário não é sujeita a concurso de credores ou habilitação em falência, concordata, inventário ou arrolamento.*
>
> *Parágrafo único. O concurso de preferência somente se verifica entre pessoas jurídicas de direito público, na seguinte ordem:*
>
> *I - União;*
>
> *II - Estados, Distrito Federal e Territórios, conjuntamente e "pró rata";*
>
> *III - Municípios, conjuntamente e '"pró rata".*
>
> *Art. 188 - São encargos da massa falida, pagáveis preferencialmente a quaisquer outros e às dívidas da massa, os créditos tributários vencidos e vincendos, exigíveis no decurso do processo de falência.*
>
> *Parágrafo primeiro - Contestado o crédito tributário, o juiz remeterá as partes ao processo competente, mandando reservar bens suficientes à extinção total do crédito e seus acrescidos, se a massa não puder efetuar a garantia da instância por outra forma, ouvido, quanto à natureza e valor dos bens reservados, o representante da Fazenda Pública interessada.*
>
> *Parágrafo segundo - O disposto neste artigo aplica-se aos processos de concordata.*
>
> *Art. 189 - São pagos preferencialmente a quaisquer créditos habilitados em inventário ou arrolamento, ou a outros*

> *encargos do monte, os créditos tributários vencidos ou vincendos, a cargo do "de cujus" ou de seu espólio, exigíveis no decurso do processo de inventário ou arrolamento.*
>
> *Parágrafo único. Contestado o crédito tributário, proceder-se-á na forma do disposto no parágrafo primeiro do artigo anterior. "*

Quando o devedor for o herdeiro, consoante se observa do disposto no art. 860 CPC, o caminho do credor se materializará na cobrança judicial, no juízo cível, com penhora, por execução, no rosto dos autos do inventário.

> *Agravo de instrumento. Inventário. Pedido de habilitação de crédito. Alegado crédito que não se insere entre as hipóteses que autorizam a habilitação do crédito no inventário, porquanto não há prova literal da alegada (artigos 642 do CPC). Crédito que deve ser perseguido nas vias ordinárias, na forma do art. 643 do CPC, observando-se que a r. decisão agravada determinou a reserva de bens, assegurando o resultado útil de eventual ação de cobrança. Agravo desprovido. (TJSP; Agravo de Instrumento 2108048-29.2017.8.26.0000; Relator (a): Rômolo Russo; Órgão Julgador: 7ª Câmara de Direito Privado; Foro Central Cível - 4ª Vara da Família e Sucessões; Data do Julgamento: 19/03/2018; Data de Registro: 19/03/2018)*

> *APELAÇÃO – INVENTÁRIO – HABILITAÇÃO DE CRÉDITO – AUSÊNCIA DE IMPUGNAÇÃO DOS HERDEIROS – SENTENÇA DE IMPROCEDÊNCIA – INCONFORMISMO – SENTENÇA MANTIDA, MAS POR OUTROS FUNDAMENTOS – Em procedimento de habilitação de crédito em inventário, citados os herdeiros, a ausência de manifestação destes não pode servir de óbice ao acolhimento do pedido, pois o art. 1.197, §1º, do CC, exige impugnação acompanhada de prova valiosa para a rejeição do pedido – Contudo, o crédito habilitando deve corresponder a dívida do de cujus,*

ou seja, do próprio espólio, conforme dicção do art. 642, do CPC, e do próprio art. 1.197, do CC – No caso, a habilitação é incabível, pois o título que materializa a dívida não está em nome do de cujus ou de seu espólio - NEGARAM PROVIMENTO AO RECURSO. (TJSP; Apelação 0019264-62.2015.8.26.0071; Relator (a): Alexandre Coelho; Órgão Julgador: 8ª Câmara de Direito Privado; Foro de Bauru - 1ª. Vara de Família e Sucessões; Data do Julgamento: 14/03/2018; Data de Registro: 14/03/2018)

Ação anulatória Renúncia translativa de herança - Procedência Adequação Cerceamento de defesa - Inocorrência Legitimidade de parte do beneficiário da renúncia Caracterização Alegação de coisa julgada Descabimento Dívida decorrente de aluguel Sentença em ação de despejo proferida em 2005 Falecimento do pai do devedor em 2006 - Renúncia da herança em favor de irmão de molde a livrar o quinhão hereditário de constrição judicial Demonstração Fraude caracterizada Recurso improvido. (Processo: APL 632239020078260224 SP 0063223-90.2007.8.26.0224 - Relator(a): Jesus Lofrano - Julgamento: 30/10/2012 - Órgão Julgador: 3ª Câmara de Direito Privado - Publicação: 31/10/2012).

APELAÇÃO CÍVEL – HABILITAÇÃO DE CRÉDITO EM INVENTÁRIO – ART. 1.017 DO CÓDIGO DE PROCESSO CIVIL – ANTERIOR AÇÃO DE EXECUÇÃO EM TRÂMITE, TENDO POR OBJETO O MESMO DÉBITO – MORTE DO EXECUTADO – HIPÓTESE DE SUCESSÃO PROCESSUAL PELO ESPÓLIO – INTELIGÊNCIA DO ART. 43 DO CÓDIGO DE PROCESSO CIVIL – AUSÊNCIA DE INTERESSE DE AGIR – ART. 267, VI, DO CÓDIGO DE PROCESSO CIVIL – SENTENÇA EXTINTIVA DO FEITO MANTIDA – RECURSO CONHECIDO E DESPROVIDO – "A regra do art. 1.017 do CPC deve ser interpretada como mera faculdade concedida ao credor, podendo também optar por propor ação de cobrança ou de execução. Precedente específico. Tendo *o credor já ajuizado ação de execução contra a devedora principal e os demais co-obrigados, sobrevindo a morte do avalista do título cobrado, a hipótese é de suspensão do processo para habilitação dos sucessores do 'de cujus', na forma do art. 265, I, e 1055 e seguintes do CPC. Cuidado para evitar a reprodução de pretensões idênticas mediante procedimentos judiciais diversos" (REsp 615.077/SC, rel. Min. Paulo de Tarso Sanseverino, Terceira Turma, j. 16-12-2010). (TJSC – AC 2010.044409-0 – Rel. Des. Subst. Stanley da Silva Braga – DJe 09.07.2012).*

AGRAVO DE INSTRUMENTO – NEGÓCIOS JURÍDICOS BANCÁRIOS – PROCESSO DE HABILITAÇÃO – Deve o credor ingressar no processo de inventário do de cujus para cobrança de dívidas vencidas e exigíveis, respondendo os sucessores pelo limite da herança. Inteligência ao art. 1.017 do CPC e 1.997 do CC. AGRAVO DESPROVIDO. UNÂNIME. (TJRS – AI 70044330322 – 11ª C.Cív. – Rel. Des. Antônio Maria Rodrigues de Freitas Iserhard – J. 28.03.2012).

APELAÇÃO CÍVEL – AÇÃO DE COBRANÇA INTENTADA ANTES DA PARTILHA – LEGITIMIDADE PASSIVA AD CAUSAM DO ESPÓLIO – Substituição, no polo passivo, do espólio pelo único herdeiro. Possibilidade. I- O artigo 1.017, § 1º, do código de processo civil faculta aos credores do espólio requererem ao juízo de inventário, antes da partilha, o pagamento das dívidas vencidas e exigíveis. A petição inicial deverá estar acompanhada da prova da dívida e ser distribuída por dependência aos autos do processo de inventário. II- O apelante, credor do de cujus, procedeu nos exatos termos insertos no dispositivo legal, eis que, antes de realizada a partilha dos bens do espólio, promoveu a competente ação de cobrança em face dele. III- Ao tempo do ajuizamento da ação de cobrança, como ainda não havia se encerrado o inventário ou realizada a partilha, o espólio, era, de fato, parte legítima para figurar no polo passivo da referida ação. IV- Tendo em vista o encerramento da ação de inventário, correta é a substituição do polo passivo do espólio pelo único herdeiro declarado na referida ação, para responder pelas dívidas nos limites dos bens herdados. Apelação conhecida e provida. Sentença cassada. (TJGO – AC 200792798287 – 6ª C.Cív. – Rel. Des. Fausto Moreira Diniz – DJe 15.12.2011 – p. 252).

SUCESSÃO – EXECUÇÃO CONTRA ESPÓLIO – JUÍZO DO INVENTÁRIO – "Processual civil. Sucessão. Execução contra espólio. Juízo do inventário. Opção do credor. Nulidade da arrematação. Preço vil. Súmula nº 7. 1. A habilitação de crédito contra o espólio, no juízo do inventário, é mera faculdade concedida ao credor, que pode livremente optar por propor ação de cobrança e posterior execução. Inteligência do art. 1.017 do Código de Processo Civil. 2. Não compete ao Superior Tribunal de Justiça, em sede de recurso especial, revisar as premissas fáticas que nortearam o convencimento das instâncias ordinárias quanto à inexistência de valorização de bem penhorado, para efeito da caracterização de preço vil. 3. Recurso especial não conhecido." (STJ – REsp 921603/SC – (2007/0024926-6) – 4ª T. – Rel. Min. João Otávio de Noronha – DJe 15.10.2009).

CIVIL. PROCESSO CIVIL. AÇÃO DE COBRANÇA. DEVEDOR FALECIDO. ILEGITIMIDADE PASSIVA DOS HERDEIROS. NECESSIDADE DE ABERTURA DO ESPÓLIO, l. A ação de cobrança de dívida do devedor falecido deve ser promovida contra o espólio, a ser representado pelo inventariante, e não contra os supostos herdeiros. 2. Apelo conhecido e provido. 3. Sentença reformada. (TJDF - AC 2005.01.5.000086-8 - 1ª T. - Rel. Dês. Natanael Caetano - DJU 12.05.2005)

ALIMENTOS. RESPONSABILIDADE DO ESPÓLIO. TRANSMISSIBILIDADE DA OBRIGAÇÃO. Configurados os pressupostos necessidade-possibilidade, cabível a estipulação dos alimentos. Isso nos remete ao tema *da transmissibilidade da obrigação alimentar, agora tornada inquestionável pelo artigo 1.700 do Código Civil. E não se diga que a transmissão se restringe apenas às parcelas eventualmente vencidas, deixando de abranger as vincendas. É que, em primeiro lugar, esse dispositivo legal refere-se a obrigação e não a dívidas, o que, por si só, deve bastar. Há mais, porém. É que interpretá-lo como abrangendo apenas eventuais parcelas inadimplidas até o ensejo da morte do devedor de alimentos é tornar a regra inteiramente vazia, pelo simples fato de que o artigo 1.997 do CC já torna o Espólio responsável pelo pagamento das dívidas do falecido, não havendo, portanto, necessidade de que a mesma disposição constasse em local diverso. Por isso, e não podendo entender-se que a lei contém palavras inúteis, é evidente que o art. 1.700 determina a transmissão da obrigação, abrangendo parcelas que se vençam inclusive após o óbito do devedor, como no caso. LIMITE DA OBRIGAÇÃO. É certo que o apelante, como filho que é do autor da herança, é também seu herdeiro, em igualdade de condições com os demais descendentes. Logo, mais cedo ou mais tarde lhe serão atribuídos bens na partilha que se realizará no inventário recém iniciado. Nesse contexto, os alimentos subsistirão apenas enquanto não se consumar a partilha, pois, a partir desse momento desaparecerá, sem dúvida, a necessidade do alimentado. PROVERAM. UNÂNIME. (TJRS - AC 70007905524 - 7ª C.Cív. - Rel. Dês. Luiz Felipe Brasil Santos - J. 22.12.2004)*

PENHORA – INSUBSISTÊNCIA – MONTE HEREDITÁRIO – A penhora de bem pertencente ao monte hereditário da sócia da executada deve ser procedida no rosto dos autos do inventário, a teor do disposto no art. 1.017 do CPC. Agravo de petição a que se dá provimento para, declarando a insubsistência da penhora efetivada em moldes diferentes, liberar o bem da constrição judicial. (TRT 14ª R. – AP 00337.1998.002.14.00-6 – Relª Juíza Elana Cardoso Lopes Leiva de Faria – DOJT 11.11.2004).

HABILITAÇÃO DE CRÉDITO EM INVENTÁRIO. IMPUGNAÇÃO PROCEDENTE. REMESSA DA DISCUSSÃO À VIA ORDINÁRIA. RECURSO PROVIDO. - *É certo que a herança responde pelo pagamento das dívidas do falecido, respeitando o limite da força da herança, porém em sede de habilitação poderão ou não os herdeiros inventariantes, e, em certos casos legatários opor-se ao pagamento daquelas. E o que se conclui dos princípios de hermenêutica aos artigos 1.017, parágrafo 2º e l .018, todos da lei de ritos. Todavia, ao remeter o pedido às vias regulares, mandará o magistrado reservar em poder do inventariante bens suficientes para atender ao crédito, desde que comprovada suficientemente a obrigação, através de documento compentente, a impugnação não se funde em quitação e que o crédito seja suscetível de cobrança do espólio. Concorrendo estes três requisitos, como na hipótese sub examine, o juiz deverá, em caráter cautelar, mandar reservar bens suficientes para quitação da dívida, devendo o credor promover a competente ação no prazo de trinta dias, sob pena de caducidade da medida cautelar. (TJBA -AP. CÍV. 14.257-2/99,2ª C.Cív. - Rela. Desa. Maria Eleonora Cajahyba - J. 29.08.2000).*

8. Da partilha

A partilha é a divisão dos bens deixados pelo falecido, após o pagamento das dívidas, entre os seus herdeiros (legítimos e testamentários) e legatários. É o objetivo para o qual todos os demais atos no inventário convergem.

CLÓVIS BEVILÁCQUA ("Direito da Sucessões", 4ª ed. Rio, 1945, § 103), define a partilha como sendo "a divisão dos bens da herança segundo o direito hereditário dos que sucedem, e na consequente e imediata adjudicação dos quocientes assim obtidos aos diferentes herdeiros"

Excetuando-se os legados, com a morte do autor da herança, passa a existir uma comunhão dos herdeiros naqueles bens, assinalando ORLANDO GOMES, Sucessões, pg. 285 e 286, n. 246, que essa concorrência, "sobre a mesma coisa, de direitos de igual natureza expressa a figura jurídica que se conhece pelo termo genérico de comunhão. Deriva da vontade dos interessados ou da lei. A comunhão legal estabelece-se em virtude da indivisibilidade inevitável de certos bens ou em razão de circunstâncias que a fazem necessária. Nesta última hipótese, denomina-se comunhão fortuita ou incidente. É provisória e inintencional.

Quando, por morte de alguém, passa seu patrimônio a vários herdeiros, permanece ele indiviso até a partilha. Todos os sucessores a título universal, chamados a recolher a herança, tornam-se co-titulares dos direitos e obrigações integrantes do *universum jus*. Constitui-se, em suma, a comunhão hereditária.

Por sua natureza, é circunstancial e transitória. A menos que o autor da herança tenha dividido seus bens, em testamento, indicando os que devem compor o quinhão de cada herdeiro, não é possível saber-se, com a abertura da sucessão, a parte concreta de cada qual. Impõe-se a indivisão. Determinam-se as circunstâncias, somente não se estabelecendo quando o *auctor successionis*, solteiro, ou casado com separação de bens, não tem herdeiros necessários e, no testamento, distribui os bens em legados.

A comunhão hereditária é naturalmente provisória, permanecendo apenas enquanto se processem os atos que possibilitam a partilha. Esta é o seu ato extintivo. Distingue-se, sem dúvida, da divisão hereditária, existente apenas no inventário, do qual participem dois ou mais herdeiros, e na partilha judicial. A divisão é a distribuição dos bens entre os sucessores, mas, na prática, o vocábulo partilha não se emprega quando se trata de herdeiro único.

Formam a comunhão hereditária os direitos reais transmitidos pelo *de cujus*, créditos e débitos de que era titular como sujeito ativo ou passivo. Excluem-se, porém, os bens deixados a legatário, por ser ele sucessor a título singular.

Se o defunto foi casado pelo regime da comunhão de bens, universal ou parcial, a meação do cônjuge sobrevivente participa igualmente do estado de indivisão, conquanto não integre a herança propriamente dita. A consistência quantitativa e qualitativa da metade dos bens que lhe pertence somente se pode obter no processo de inventário e partilha.

Aplicam-se à comunhão hereditária os princípios e regras concernentes ao estado de indivisão dos bens estabelecidos fortuitamente (comunhão incidente)."

Dentre as regras que devem orientar a partilha, Sílvio Rodrigues, ob. cit., p. 285, destaca que deve-se observar a maior igualdade possível, seja quanto ao seu valor, seja quanto à natureza e qualidade dos bens.

"Isto é, não só os quinhões dos vários herdeiros devem ser equivalentes, como também devem, dentro do possível, compor-se de bens de igual natureza e qualidade. Assim, convém que cada herdeiro receba parte igual em móveis e imóveis, em créditos e ações, em coisas certas e coisas duvidosas, partilhando-se, igualmente, o bom e o ruim. Um sistema aconselhável, quando dois os herdeiros, é o de ajustar-se que um deles dividirá os quinhões, para que o outro escolha.

II. A partilha procurará prevenir litígios futuros. Para tanto, entendem os autores, cumpre evitar a indivisão, pois ao ver de quase todos, o condomínio é um ninho de desavenças e demandas.

Não raro para apressar o termo do processo sucessório, herdeiros concordam em receber parte ideal dos imóveis, do espólio, que ficam em comum. Tal solução, dentro do possível, e pelas apontadas razões, deve ser evitada.

III. Na distribuição dos quinhões deve-se atender à maior comodidade dos herdeiros. No sentido de que alguns bens, embora apresentem objetivamente certo valor, valem subjetivamente mais para alguns herdeiros, do que para outros. No aquinhoar, é sábio considerar esses fatos.

Assim, a área contígua à propriedade de uma pessoa vale mais para ela do que para os seus co-herdeiros. De modo que convém atribuir-lhe tal prédio, pois alcança-se sua comodidade, sem detrimento de quem quer que seja. Se do espólio constam muitos bens, inclusive quotas do capital de uma sociedade mercantil em que o autor da herança era sócio de um herdeiro, convém atribuir-se a este as quotas do falecido, desde que não se quebre o princípio da igualdade, pois se atenderá ao princípio da maior comodidade dos co-herdeiros.

IV. Quando no quinhão de qualquer dos herdeiros não couber imóvel pertencente ao espólio, que não admita divisão cômoda, abrem-se aos herdeiros diversas vias.

Podem deixar o mesmo em condomínio, cabendo a cada condômino parte ideal, participando cada qual e proporcionalmente, da renda por ele produzida.

Podem preferir vendê-lo, para dividir o preço. Nesse caso seguir-se-á o processo da venda judicial, referido nos arts. 704 e segts. do Cód. de Proc. Civil, dispensando-se a formalidade da praça ou leilão, se os interessados, sendo capazes, convierem na venda particular.

Pode, nesta última hipótese, qualquer herdeiro requerer a adjudicação, propondo-se tornar aos co-herdeiros, em dinheiro, a diferença entre o valor do prédio e o seu quinhão. Se mais de um dos co-herdeiros pleitear a adjudicação, o juiz ordenará que entre eles se estabeleça licitação, saindo vencedor o autor do maior lance."

Pode a partilha ser amigável ou judicial, ou ainda consistir em mera adjudicação dos bens a um só herdeiro, que, sendo o cônjuge, resume-se em meras declarações ao juízo. Não o sendo, utiliza-se o rito sumário. A partilha amigável, cujo instrumento pode ser escrito particular, homologado pelo juiz, ou escritura pública, trazida ao conhecimento judicial, para decisão homologatória da partilha, depende de serem os herdeiros maiores e capazes, e todos acordes, inclusive o cônjuge meeiro. A partilha judicial exige o rito ordinário.

Se vê do estabelecido no art. 2.013 CC, que o herdeiro pode sempre requerer a partilha, ainda que o testador o proíba, cabendo igual faculdade aos seus cessionários e credores.

Note bem, o fato de a lei ter facultado ao cessionário e/ou ao credor do herdeiro o requerimento de partilha, não significa que aquelas categorias devam figurar no formal como herdeiros.

Ao testador, como vimos, é dada a faculdade de indicar os bens e valores que devem compor os quinhões hereditários, deliberando ele próprio a partilha, que prevalecerá, salvo se o valor dos bens não corresponder às quotas estabelecidas (art. 2.014).

Em sendo todos os herdeiros capazes, poderão fazer partilha amigável, por escritura pública, termo nos autos do inventário, ou escrito particular, homologado pelo juiz (2.015). Caso ocorra divergência entre os herdeiros, assim como se algum deles for incapaz, a partilha será, sempre, judicial (art. 2.016).

No partilhar os bens, prevê o art. 2.017 e tiramos ensinamentos acima, observar-se-á, quanto ao seu valor, natureza e qualidade, a maior igualdade possível.

Se o valor dos bens que vieram para o inventário foram avaliados para meros fins tributários e não ocorrendo prévio acordo entre os herdeiros, se faz necessário a avaliação pelo valor de mercado, sejam eles bens móveis ou imóveis.

É fato que é válida a partilha feita por ascendente, por ato entre vivos ou de última vontade, contanto que não prejudique a legítima dos herdeiros necessários, conforme prevê o art. 2.018. Ressalte-se que não há de se confundir a partilha em vida com a doação, como já observamos acima.

A colação de bens é providência totalmente injustificada se "houve partilha em vida com distribuição equânime dos bens entre os herdeiros. Desnecessidade de expressa dispensa da colação pelo doador, no ato da liberalidade." (RT 662/83; RJTJESP 129/311).

Para os bens insuscetíveis de divisão cômoda, que não couberem na meação do cônjuge sobrevivente e ou no quinhão de um só herdeiro, determina o art. 2.019, serão vendidos judicialmente, partilhando-se o valor apurado, a não ser que haja acordo para serem adjudicados a todos.

Não se fará a venda judicial se o cônjuge sobrevivente ou um ou mais herdeiros requererem lhes seja adjudicado o bem, repondo aos outros, em dinheiro, a diferença, após avaliação atualizada. Se a adjudicação for requerida por mais de um herdeiro, observar-se-á o processo da licitação.

CARVALHO SANTOS, ao comentar esse dispositivo (ob. cit., vol. XXIV, 1961) ao comentar o artigo 1.777, CC/16, ensinava que "O dispositivo visa solucionar a dificuldade que surge na partilha, quando o imóvel não cabe no quinhão de um só herdeiro, ou não admitir divisão cômoda.

A providência facultada, ou seja a licitação admitida excepcionalmente pelo Código, em face de uma dificuldade quase impossível de superar por outra forma, é restrita, tão-somente, ao caso de o imóvel, nas condições a que se refere o texto.

Quanto aos mais bens, a partilha deve ser feita em espécie.

Será vendido em hasta pública, dividindo-se-lhe o preço... Não havendo meio de se proceder à partilha, ou porque seja impossível caber no quinhão de algum herdeiro, ou porque não admita divisão cômoda, a partilha só se fará através da licitação, que se destina a apurar o preço do imóvel, para distribuí-lo entre os herdeiros.

A licitação e a venda em hasta pública do imóvel praticamente impartilhável. Na hasta pública, a coisa pode ser vendida mesmo ao estranho. Os herdeiros que não quererem ver o imóvel passar às mãos de estranho têm a faculdade, também restritiva da licitação, de fazer adjudicar o imóvel.

Exceto se um ou mais herdeiros requererem lhe seja adjudicado, repondo aos outros, em dinheiro, o que sobrar. Assim, pois, a venda em hasta pública não tem lugar se algum dos herdeiros usar do direito de se fazer adjudicar o imóvel.

Enquanto na arrematação podem concorrer herdeiros e estranhos, a adjudicação só é disputada entre herdeiros.

A adjudicação é um direito do herdeiro e não está sujeito à aprovação dos demais : ocorridas as circunstâncias que a legitimam, é de deferir-se o requerimento do herdeiro interessado na adjudicação".

Estabelece o art. 2.020, que os herdeiros em posse dos bens da herança, o cônjuge sobrevivente e o inventariante são obrigados a trazer ao acervo os frutos que perceberam, desde a abertura da sucessão tendo, entretanto, o direito ao reembolso das despesas necessárias e úteis que fizeram, e respondendo pelo dano a que, por dolo ou culpa, deram causa.

Quando parte da herança consistir em bens remotos do lugar do inventário, litigiosos, ou de liquidação morosa ou difícil, poderá proceder-se, no prazo legal, à partilha dos outros, reservando-se aqueles para uma ou mais sobrepartilhas, sob a guarda e a administração do mesmo ou diverso inventariante, e consentimento da maioria dos herdeiros (art. 2.021).

Também ficam sujeitos à sobrepartilha os sonegados e quaisquer outros bens da herança que se descobrirem depois da partilha.

Estão sujeitos a sobrepartilha os bens sonegados e quaisquer outros bens da herança de que se tiver ciência após a partilha.

Determina o art. 647 do CPC que cumprido o prazo do art. 642, § 3°, o juiz facultará às partes que, no prazo comum de 15 (quinze) dias, formulem o pedido de quinhão; em seguida proferirá, no prazo de 10 (dez) dias, o despacho de deliberação da partilha, deliberação essa que cabe recurso de agravo - inobstante inúmeros julgados no sentido de que é irrecorrível, resolvendo os pedidos das partes e designando os bens que devam constituir quinhão de cada herdeiro e legatário.

O juiz poderá, conforme estabelece o parágrafo único do art. 647 CPC, em decisão fundamentada, deferir antecipadamente a qualquer dos herdeiros o exercício dos direitos de usar e fluir de determinado bem, com a condição de que, ao término da partilha, tal bem integre a cota desse herdeiro, cabendo a este, desde o deferimento, todos os ônus e bônus decorrentes do exercício daqueles direitos.

Na partilha (art. 648 CPC), serão observadas as seguintes regras: I – a máxima igualdade possível quanto ao valor, à natureza e à qualidade dos bens; II – a prevenção de litígios futuros; III – a máxima comodidade dos coerdeiros, do cônjuge ou do companheiro, se for o caso.

Os bens insuscetíveis de divisão cômoda que não couberem na parte do cônjuge ou companheiro supérstite ou no quinhão de um só herdeiro serão licitados entre os interessados ou vendidos judicialmente, partilhando-se o valor apurado, salvo se houver acordo para que sejam adjudicados a todos (art. 649 CPC).

No caso de um dos interessados ser nascituro, o quinhão que lhe caberá será reservado em poder do inventariante até o seu nascimento (art. 650 CPC).

O partidor, atendendo a determinação do juiz, conforme art. 651 CPC, organizará o esboço da partilha de acordo com a decisão judicial, observando nos pagamentos a seguinte ordem: I - dívidas atendidas; II - meação do cônjuge; III - meação disponível; IV - quinhões hereditários, a começar pelo co-herdeiro mais velho, sobre o que as partes se manifestarão, no prazo comum de 15 (quinze) dias, e, resolvidas as reclamações, a partilha será lançada nos autos (art. 652 CPC).

AGRAVO DE INSTRUMENTO – Inventário – Insurgência contra decisão que determina que a inventariante apresente novo plano de partilha fracionária – Discordância quanto à manutenção de condomínio com a coerdeira, ante a litigiosidade entre as partes – Não configurada a hipótese em que os bens constitutivos do monte-mor são passíveis de divisão cômoda, podendo ser adjudicados aos herdeiros, atribuindo-se fração ideal a cada um deles, ante a discordância da inventariante – Partilha individual que, por ora, melhor se coaduna com as regras do artigo 648, do CPC/2015 – Decisão reformada – RECURSO PROVIDO, com observação. (TJSP; Agravo de Instrumento 2230312-48.2017.8.26.0000; Relator (a): Rodolfo Pellizari; Órgão Julgador: 6ª Câmara de Direito Privado; Foro Central Cível - 6ª Vara da Família e Sucessões; Data do Julgamento: 09/02/2018; Data de Registro: 20/02/2018)

AGRAVO DE INSTRUMENTO – Inventário – Decisão que indeferiu o pedido de avaliação dos bens e determinou o prosseguimento da partilha – Insurgência de uma das herdeiras que não pretende permanecer em condomínio com os demais herdeiros – Inventariante que pretende a avaliação dos bens para o pagamento do quinhão da referida herdeira – Cabimento – Bens insuscetíveis de divisão cômoda – Herdeiro que discorda da adjudicação a todos – Arts. 2.019 do CC e art. 648 e 649 do CPC – Decisão reformada – Recurso provido. (TJSP; Agravo de Instrumento 2211791-89.2016.8.26.0000; Relator (a): Egidio Giacoia; Órgão Julgador: 3ª Câmara de Direito Privado; Foro de Araras - 3ª Vara Cível; Data do Julgamento: 19/05/2017; Data de Registro: 19/05/2017)

INVENTÁRIO. Decisão que indefere pedido de concessão aos herdeiros dos direitos de uso e fruição sobre quotas sociais das empresas que integram o Grupo THOMEU. Manutenção. Circunstancias do caso concreto que não possibilitam acolher a pretensão das herdeiras. Inteligência do art. 647, parágrafo único, do CPC/2015. Litigiosidade elevada entre as partes. Eficácia definitiva da medida que, em tese, poderia elevar ainda mais a carga litigiosa. Controvérsia entre herdeiros que não deve contaminar a administração das empresas. Recurso improvido. (TJSP;

Agravo de Instrumento 2143298-60.2016.8.26.0000; Relator (a): Francisco Loureiro; Órgão Julgador: 1ª Câmara de Direito Privado; Foro Central Cível - 7ª Vara da Família e Sucessões; Data do Julgamento: 09/09/2016; Data de Registro: 09/09/2016)

INVENTÁRIO E PARTILHA. *Insurgência dos autores contra decisão que teria nomeado inventariante judicial, bem como sobrestado o levantamento de valores pelo credor do espólio. Alegação de que a ordem legal (art. 670 do CPC/2015) deveria ser obedecida pelo juízo de origem. Questão não decidida. Decisão de origem não nomeou inventariante judicial, somente abriu a possibilidade de isso ocorre caso haja justificativa. Impossibilidade de manifestação do Tribunal, sob pena de supressão de instância. Agravantes não impugnaram corretamente os fundamentos da decisão agravada (art. 1.016, III do CPC/2015). Agravo, nesse ponto, não conhecido. Pedido para que haja levantamento de valores incontroversos pelos credores do espólio. Levantamento sobrestado pelo juízo de origem até que haja a sua inclusão na planilha, com a devida conferência do partidor e contador. Decisão que não comporta reforma. Dívida reconhecida pelos agravantes. Esboço da partilha deve incluir as dívidas atendidas (art. 651, I do CPC/2015), o que inclui as dívidas não descritas e apresentadas pelos credores. Levantamento de valores pelos credores apenas depois da conferência do esboço pelo partidor (art. 652 do CPC/2015). Agravo conhecido em parte e, na parte conhecida, nega-se provimento. (TJSP; Agravo de Instrumento 2186350-09.2016.8.26.0000; Relator (a): Carlos Alberto de Salles; Órgão Julgador: 3ª Câmara de Direito Privado; Foro Central Cível - 6ª Vara da Família e Sucessões; Data do Julgamento: 28/11/2016; Data de Registro: 28/11/2016)*

INVENTÁRIO E PARTILHA. *Insurgência da inventariante contra decisão que a obrigou a comprovar a quitação do débito ou a juntar decisão judicial declaratória de inexistência de débito. Decisão reformada. Habilitação de crédito em inventário. Possibilidade dada ao credor de exigir o pagamento de dívidas, desde que comprovadas e atendidas as formalidades legais (§1° do art. 642 do CPC/2015 e §1° do art. 1.997 do CC/2002). Caso em que a Caixa Econômica Federal e outras empresas cedidas não pleitearam habilitação de crédito. Documento nos autos não comprova suficientemente a obrigação (art. 643, parágrafo único do CPC/2015). Dívidas constantes em ofício, sem habilitação pela credora, são de desconhecimento pela inventariante, não devendo ser incluídas no esboço da partilha (art. 651, I do CPC/2015). Agravo de instrumento provido. (TJSP; Agravo de Instrumento 2103254-96.2016.8.26.0000; Relator (a): Carlos Alberto de Salles; Órgão Julgador: 3ª Câmara de Direito Privado; Foro de Guarujá - 2ª Vara da Família e das Sucessões; Data do Julgamento: 24/06/2016; Data de Registro: 24/06/2016)*

APELAÇÃO – INVENTÁRIO – NECESSIDADE DE INTERVENÇÃO DO MINISTÉRIO PÚBLICO ANTE O INTERESSE DE INCAPAZ – SENTENÇA HOMOLOGATÓRIA DE PARTILHA – AUSÊNCIA DE INTIMAÇÃO DOS HERDEIROS DO ESBOÇO APRESENTADO – INOBSERVÂNCIA DA REGRA DO ART. 1.024 DO CPC – Merece ser desconstituída a sentença homologatória do plano de partilha, porquanto não foi oportunizada a manifestação dos demais herdeiros sobre o esboço apresentado, bem como não houve a intervenção do Ministério Público após a notícia de que um dos herdeiros é incapaz. Sentença homologatória desconstituída. Apelação provida. (TJRS – AC 70042931147 – 7ª C.Cív. – Rel. Des. Jorge Luís Dall´agnol – J. 11.04.2012).

APELAÇÃO CÍVEL – INVENTÁRIO – ERROR IN PROCEDENDO – NÃO DELIBERAÇÃO SOBRE A PARTILHA – AUSÊNCIA DE ESBOÇO DE PARTILHA – INOBSERVÂNCIA AOS ARTIGOS 1.022, 1.023 E 1.024, DO CPC – SENTENÇA ANULADA – RECURSO CONHECIDO E

PROVIDO – DECISÃO UNÂNIME. (TJAL – AC 2011.000149-1 – (6-1482/2011) – Rel^a Des^a Nelma Torres Padilha – DJe 04.10.2011 – p. 40).

SENTENÇA MONOCRÁTICA ANULADA, EM EXAME PRELIMINAR, EM FACE DA AUSÊNCIA DE INTIMAÇÃO DO PATRONO DOS APELANTES PARA MANIFESTAÇÃO ACERCA DO ESBOÇO DE PARTILHA – Ferimento ao artigo 1024 do CPC. (TJPE – AC 32261-0 – Rel. Des. Santiago Reis – DJPE 20.12.2003).

"Não obstante a regra inserida no artigo 1.024 do CPC, não há inconveniente no fato de o Juiz julgar a partilha, na forma do esboço apresentado, sem a formalidade do lançamento, porquanto exige a época atual que o formalismo excessivo seja deixado de lado, sobretudo se aplicável o princípio do artigo 244 do mesmo Diploma Legal." (TJMG - AC 76.873 - 5ª C. - Rel. Dês. Guido de Andrade - J. 12.08.1988) (JM 104/232).

Da partilha, estabelece o art. 653, CPC, constará : I - de um auto de orçamento, que mencionará: a) os nomes do autor da herança, do inventariante, do cônjuge ou companheiro supérstite, dos herdeiros, dos legatários e dos credores admitidos; b) o ativo, o passivo e o líquido partível, com as necessárias especificações; c) o valor de cada quinhão; II - de uma folha de pagamento para cada parte, declarando a quota a pagar-lhe, a razão do pagamento, a relação dos bens que lhe compõem o quinhão, as características que os individualizam e os ônus que os gravam. O auto e cada uma das folhas serão assinados pelo juiz e pelo escrivão.

Pago o imposto de transmissão a título de morte, e junta aos autos certidão ou informação negativa de dívida para com a Fazenda Pública, nos moldes do art. 654 CPC, o juiz julgará por sentença a partilha, sendo que a existência de dívida com a Fazenda Pública não impedirá o seu julgamento, desde que o seu pagamento esteja devidamente garantido.

AGRAVO DE INSTRUMENTO – INVENTÁRIO E PARTILHA - Decisão que suspendeu o andamento do feito até decisão em sede de procedimento administrativo instaurado pela Fazenda para apurar a regularidade de planejamento tributário, e julgamento de Mandados de Segurança impetrados contra a Fazenda Pública pelos agravantes para não recolhimento de ITCMD sobre doação realizada no exterior. Controvérsia acerca de qual o montante de bens a inventariar e, portanto, incerteza quanto ao valor devido a título de ITCMD. Impossibilidade de homologação da partilha sem a inequívoca quitação tributária. Inteligência do art. 654, caput, do CPC. Decisão mantida. Recurso improvido. (TJSP; Agravo de Instrumento 2234769-60.2016.8.26.0000; Relator (a): Rodrigo Nogueira; Órgão Julgador: 6ª Câmara de Direito Privado; Foro Central Cível - 9ª Vara da Família e Sucessões; Data do Julgamento: 14/12/2017; Data de Registro: 23/02/2018)

Agravo de instrumento. Gratuidade judiciária. Espólio. Possibilidade condicionada à comprovação da insuficiência do monte partível. Ativos financeiros significativos de titularidade do espólio que obstam a identificação da alegada hipossuficiência econômica. Pretensão à transferência de ativos financeiros do espólio depositados em conta judicial à disposição do Juízo da 1ª Vara de Família e Sucessões de São José do Rio Preto para conta corrente de titularidade do de cujus. Transferência dos ativos financeiros para conta bancária comum de livre movimentação que equivale à concreta entrega de parte do monte mor aos sucessores, o que, em regra, deve ser precedido pelo trânsito em julgado da partilha e pela comprovação do pagamento de todos os tributos, na forma dos artigos 654 e 655 do CPC. Tratando-se de numerário expressivo (R$ 180.977,49), sem que tenha sido demonstrada a necessidade de acesso imediato a tal quantia, tampouco o pertinente recolhimento tributário, sua entrega deve ser precedida da homologação da partilha, excetuando-se levantamentos pontuais para o pagamento de despesas comprovadas do espólio. Recurso desprovido. (TJSP; Agravo de Instrumento 2223213-61.2016.8.26.0000; Relator (a): Rômolo Russo; Órgão Julgador: 7ª Câmara de

Direito Privado; Foro de São José do Rio Preto - 1ª Vara de Família e Sucessões; Data do Julgamento: 19/02/2018; Data de Registro: 19/02/2018)

INVENTÁRIO – Partilha – Sentença homologatória transitada em julgado – Formal expedido e, muito tempo depois, apresentado para retificação de dados não essenciais – Providência condicionada a pagamento de débitos fiscais que estão sendo discutidos judicialmente – Inadmissibilidade – Peculiaridades do caso que tornam inaplicáveis, a essa altura, os arts. 1026 do CPC e art. 192 do CTN – Recurso provido. (TJSP – AI 361.658-4/0 – 1ª CDPriv. – Rel. Des. Carlos Augusto de Santi Ribeiro – J. 21.12.2004).

Se vê do art. 655, CPC, que transitada em julgado a sentença mencionada no artigo 654, receberá o herdeiro os bens que lhe tocarem e um formal de partilha, do qual constarão as seguintes peças: I - termo de inventariante e título de herdeiros; II - avaliação dos bens que constituíram o quinhão do herdeiro; III - pagamento do quinhão hereditário; IV - quitação dos impostos; V - sentença.

Pode o formal de partilha ser substituído por certidão do pagamento do quinhão hereditário, quando este não exceder 5 (cinco) vezes o salário mínimo, caso em que se transcreverá nela a sentença de partilha transitada em julgado.

Ainda depois de transitada em julgado, a partilha pode, nos termos do art. 656, ser emendada nos mesmos autos do inventário, convindo todas as partes, quando tenha havido erro de fato na descrição dos bens; o juiz, de ofício ou a requerimento da parte, poderá, a qualquer tempo, corrigir-lhe as inexatidões materiais.

Sabemos que após prolatada a sentença, seu prolator não mais pode mudá-la, tocá-la ou retocá-la.

Entretanto, por dois meios, eventuais defeitos da sentença podem ser sanados. O um pelos embargos de declaração, nos moldes e termos traçados pela lei adjetiva em seu art. 1.022; o dois, em se observando na sentença inexatidões materiais ou erros de cálculo, conforme se observa do art. 494, I.

Ensina HAMILTON DE MORAES E BARROS, "Comentários ao Código de Processo Civil", Editora Forense, vol. IX, p. 259, que o art. 1.028 trata das correções da partilha, mesmo tendo transitado em julgado a sentença que a julgou.

"Duas hipótese figurou o legislador e lhes deu solução. A primeira delas e quando a partilha contiver inexatidões materiais. Aí o juiz pode corrigir, a qualquer tempo, seja a requerimento da parte, seja de iniciativa sua. E uma especialização do art. 463,1.

A segunda hipótese trata da correção dos erros de fato verificados na descrição dos bens. Nesse caso, não há incitava do juiz. Está, aqui, a emenda condicionada à anuência de todas as partes que, convindo nela, pedirão ao juiz as providências cabíveis. A emenda da partilha terá lugar, haja ou não o trânsito em julgado da sentença que a julgou, e o juiz realizará as correções, ainda que a sentença inicial esteja confirmada, ou reformada, pelas instâncias superiores, isto é, a ordinária e a extraordinária, se tiver ido até lá.

Essas emendas terão lugar nos próprios autos do inventário e, inexistindo recurso, irão determinar a expedição de outros formais, levados aos mesmos registros.

Não acordes as partes, a respeito da correção da partilha por erro de fato na descrição dos bens, deverão os interessados na emenda promover a anulatória de que trata o art. 1.029."

A esse propósito, já decidiu a 4º Turma do STJ, REsp nº 35.873-6, Relator Ministro RUY ROSADO AGUIAR, DJU de 29.05.95, que "Pode ser processado nos próprios autos do inventário o pedido de retificação da partilha, para nela constar nome do atual confrontante, sucessor daquele que figurava na matrícula do Imóvel partilhado, conforme prova fornecida pelo Registro de Imóveis."

9. Da garantia dos quinhões hereditários

Estabelece o art. 2.023, CC, que julgada a partilha, fica o direito de cada um dos herdeiros circunscrito aos bens do seu quinhão, sendo que, nos termos do art. 2.024, os co-herdeiros são reciprocamente obrigados a indenizar-se no caso de evicção dos bens aquinhoados.[8]

---

[8] CC/16 - Art. 1801 - Julgada a partilha, fica o direito de cada um dos herdeiros circunscrito aos bens do seu quinhão.

Essa obrigação mútua cessa, havendo convenção em contrário, e bem assim dando-se a evicção por culpa do evicto, ou por fato posterior à partilha (art. 2.025, CC), sendo que o evicto será indenizado pelos co-herdeiros na proporção de suas quotas hereditárias, mas, se algum deles se achar insolvente, responderão os demais na mesma proporção, pela parte desse, menos a quota que corresponderia ao indenizado (art. 2.026).[9]

10. Da anulação da partilha

Do estudo da partilha, desde logo, pudemos observar que ela pode se dar de forma amigável ou judicial.

Para a partilha amigável temos aquela onde os herdeiros, de comum acordo, propõe ao juízo do inventário a divisão daqueles bens que compõe a herança, quando então, temos a tutela jurisdicional limitada à homologação daquela vontade expressa pelos beneficiados pela herança.

No caso da partilha judicial, temos aquela em que não acordando sobre a partilha os herdeiros, quer pela impossibilidade de se dispor dos bens da herança, quer por não se conformarem com a divisão que entre si propuseram, o julgamento daquela divisão é feita pelo juízo do inventário, oportunidade em que a cognição e a tutela dada pelo Estado vai além da homologação, ou seja, o Estado Juiz é quem delibera acerca da forma da divisão, se conformando ou não os herdeiros acerca dela -lógico que considerando e respeitando o direito de recurso de cada herdeiro.

Assim, bem se vê, ou a partilha tem conteúdo decisório do juiz, partilha judicial, é um ato judicial de natureza decisória regulado e traçado pela lei processual, atacável na forma prescrita para esse tipo

---

CC/16 - Art. 1802. Os co-herdeiros são reciprocamente obrigados a indenizar-se, no caso de evicção, dos bens aquinhoados.

[9] CC/16 - Art. 1803. Cessa essa obrigação mútua, havendo convenção em contrário, e bem assim dando-se a evicção por culpa do evicto, ou por fato posterior à partilha. CC/16 - Art. 1804 - O evicto será indenizado pelos co-herdeiros na proporção de suas quotas hereditárias; mas, se algum deles se achar insolvente, responderão os demais, na mesma proporção, pela parte desse, menos a quota que corresponderia ao indenizado. (Redação dada pelo Dec. Leg. 3725/1919)

de ato, uma sentença, ou traz simplesmente conteúdo homologatório, partilha amigável, de um ato negocial resultante da vontade das partes, devendo ser tratado como se tratam os negócios jurídicos em geral.

Hamilton de Moraes e Barros, ob. cit., p. 260/261, aponta para o fato de que além da partilha que se faz no arrolamento e pelo modo ali disciplinado, "duas outras existem realizadas fora do procedimento do inventário e até antes dele. São elas a doação do pai ou da mãe, ou a de ambos, feita a todos os filhos, respeitadas, naturalmente, as legítimas, e o testamento, onde, também, é de se observar o direito às legítimas."

Mais adiante, aponta para o fato, inafastável, "de que a nulidade ou anulabilidade, tanto pode estar na partilha, e somente nela, como pode já estar vindo desde o inventário que a antecede e prepara, como nos casos em que é incompetente o juiz do inventário; em que não foi citado herdeiro necessário; em que foram arrolados bens que não pertenciam ao *de cujus*; em que houve omissão de herdeiro, omissão dolosa ou voluntária; inclusão de quem herdeiro não era; falta de avaliação.

Pode o defeito ser tão-somente da partilha, como seria a sua desigualdade.

Se o vício foi apenas da partilha, e não de todo o inventário, anulada a partilha, é de se fazer outra logo a seguir e nos mesmo autos, com a observância das regras descumpridas ou com os préstimos esperados."

No mesmo sentido temos lição de Carlos Maximiliano, ob. cit., vol. III, p. 451, n°s. 1.628 e 1629, para quem "As nulidades tanto podem existir só em partilha, como encontrar-se no inventário a que esta pertence, e por isto inutilizar o processo divisório final. Conhecem-se duas espécies : relativa e absoluta. Verificando-se a última, a nulidade manifesta, insanável; a divisão resulta como se nunca tivesse existido, e pode ser inutilizado ex ojficio, ou por provocação de qualquer interessado.

Dá-se a nulidade absoluta :

1°) por incapacidade de compartilhante;

2°) por se não revestir, o ato, de forma prescrita em lei;

3°) por preterição de solenidade essencial.

Nulo é o inventário e, em consequência, inoperante a partilha concernente ao mesmo, nos casos seguintes : 1°) incompetência do juiz; 2°) falta de citação do herdeiro ou do respectivo titular ou curador; 3°) falso procurador; 4°) suborno do juiz; 5°) avaliação inexistente; 6°) partilha contra outra já feita, julgada e não rescindida; 7°) enfim, preterição de ato ou formalidade essencial aos feitos de tal natureza. Exemplo de motivo de nulidade: processar-se tudo amigavelmente quando seja de rigor a forma judicial.

Infirmam a partilha as seguintes eivas ocasionadoras de nulidade relativa: erro substancial, dolo e coação."

Disso se vê, que para alcançarmos o fim objetivado do CPC quando trata da anulação da partilha, necessário tenhamos em mente os institutos da nulidade e da anulabilidade, quando então, abstraído da regra geral os fundamentos e elementos próprios, teremos uma visão ampla e precisa dos fatos que podem maculá-la.

PONTES DE MIRANDA, Comentários ao Código de Processo Civil, Tomo XIV, Editora Forense, Rio de Janeiro, 1977, p. 253, aponta para o fato de que a sentença de partilha "pode ser nula, nos casos em que o é qualquer sentença; anulável a partilha amigável como o é nos casos (art. 1.029, e parágrafo único) em que o são os negócios jurídicos em geral; rescindível a sentença, como o é nos casos em que o são nas outras sentença e nos termos do art. 1.030."

10.1 Da anulação da partilha amigável

Se vê do disposto no art. 1.027 CC que a partilha, uma vez feita e julgada, só é anulável pelos vícios e defeitos que invalidam, em geral, os negócios jurídicos, extinguindo-se o direito em anulá-la no prazo de um ano.[10]

---

10 CC/16-Art. 1805. A partilha, uma vez feita e julgada, só é anulável pelos vícios e

O CPC, no art. 657, estatui que a partilha amigável, lavrada em instrumento público, reduzida a termo nos autos do inventário ou constante de escrito particular homologado pelo juiz, pode ser anulada, por dolo, coação, erro essencial ou intervenção de incapazes, observado o disposto no § 4º do art. 966, deixando expresso em seu parágrafo único que o direito de propor a ação anulatória de partilha amigável prescreve em um ano, contando-se tal prazo, em caso de coação, do dia em que ela cessou; em caso de erro ou dolo, do dia em que se realizou o ato e; quanto ao incapaz, do dia em que cessar a incapacidade.

Cuida-se da anulabilidade da partilha amigável.

Assim, vemos, a partilha amigável, feita de comum acordo entre as partes, pode ser dar por três formas : a) por instrumento público; b) termos nos autos ou; c) instrumento particular homologado pelo juiz.

Em todas aquelas formas ela pode ser rescindida, no prazo decadencial de l (um) ano.

A esse propósito, o § 4º do art. 966 do CPC estabelece que os atos de disposição de direitos, praticados pelas partes ou por outros participantes do processo e homologados pelo juízo, bem como os atos homologatórios praticados no curso da execução, estão sujeitos à anulação, nos termos e limites da lei civil.

Tema bastante discutido na doutrina e, com a mesma intensidade, tormentosa na jurisprudência, é a questão do início do prazo prescricional em caso de erro ou dolo quando o acordo consta de documento particular homologado pelo juiz.

Ao julgar o REsp nº 168.399/RS (1998/0020712-0), Relator Min. ALDIR PASSARINHO JÚNIOR, DJ 13/08/01, p. 160(JBCC 193/269), a 4º Turma do STJ deixou assentado o entendimento de que o prazo para ação anulatória de partilha amigável por vício de vontade passa a fluir da data da sua homologação, pois é nessa data que ele começa a surtir seus efeitos.

---

defeitos que invalidam, em geral, os atos jurídicos (art. 178, § 6°, V).
CC/16 - Art. 178. Prescreve :
§ 6°. Em l (um) ano :
V - a ação de nulidade da partilha; contado o prazo da data em que a sentença da partilha passou em julgado (art. 1.805).

O I. Ministro Relator em seu voto nos dá lições de grande valia para o tema em estudo, nos seguintes termos:

"(...). O recurso especial, aviado pelas letras "a" e "c" do permissivo constitucional, discute sobre a data inicial do lapso prescricional previsto no art. 1.029, II, do CPC, para a ação de anulação de partilha.

A matéria se encontra prequestionada no aresto estadual, que decidiu por considerar como tal a homologação por sentença da partilha, achando-se, de outra parte, bem caracterizado o dissídio, pela citação de jurisprudência paradigmática que abriga a tese oposta.

O voto condutor do acórdão a quo, de relatoria do eminente Desembargador Sérgio FERNANDO DE VASCONCELLOS CHAVES, diz o seguinte (fls. 186/187):

> *"Trata-se de irresignação do autor e da sua esposa, que ingressou no feito como terceira interessada, com a decisão que extinguiu o processo sem o julgamento de mérito entendendo prescrita a ação, iniciando a contagem de prazo do acordo entabulado pelos herdeiros e não da data da homologação.*
>
> *Inicio examinando o recurso do autor e tenho que merece acolhida pois, como bem sustentou o douto parecer ministerial, de lavra do eminente Procurador de Justiça, Dra. Ida Sofia Schindler da Silveira, 'o lapso prescricional deveria ser contado da sentença homologatória e não como ocorreu'.*
>
> *Acompanho também o entendimento esposado pelo Ministro Ruy Rosado Aguiar Júnior no Recurso Especial n° 83.642-SP, publicado na Revista dos Tribunais n° 733, pág. 193/194, transcrito no parecer do Ministério Público e também nas razões de recurso, à fls. 146, no sentido de que o lapso prescricional tem início com a sentença homologatória pois 'não se investe apenas contra o escrito particular, mas contra o escrito homologado, pois estamos diante de um ato complexo, que se iniciou com a manifestação de vontade das partes, consubstanciada no escrito e se completou com o ato judicial de homologação. Quer dizer, enquanto não*

> *existir a homologação não há o atoa que a lei se refere, denominado de escrito particular homologado pelo juiz'.*
>
> *Assim, estou reformando a sentença para afastar a prescrição e determinar o curso do feito para que seja examinado o mérito.*
>
> *Em decorrência disso, tenho como prejudicada a pretensão recursal de (...), que é terceira interessada e deverá habilitar-se perante o juízo de primeiro grau.*
>
> *ISTO POSTO, em síntese, dou provimento ao recurso do autor, prejudicado o recurso da terceira interessada. "*

Conquanto não tenha participado do julgamento do mencionado precedente desta 4º Turma, alinho-me com a posição defendida pelo Min. RUY ROSADO DE AGUIAR, sintetizada na seguinte ementa dada ao REsp n. 83.642/SP, verbis :

> *"PARTILHA AMIGÁVEL. ANULAÇÃO. DIREITO FORMATIVO. DECADÊNCIA. INÍCIO DO PRAZO.*
>
> *O direito de promover a anulação de partilha amigável é da espécie dos direitos informativos extintivos e sofre o efeito do tempo pela decadência.*
>
> *O prazo anual, previsto no parágrafo único do artigo 1.029 do CPC, na hipótese de escrito particular homologado pelo juiz, viciado por erro ou dolo, conta-se da homologação, não da data em que a petição, com a proposta de partilha, foi apresentado em juízo.*
>
> *Recurso conhecido pela divergência, mas improvido. "*
>
> *(unânime, DJU de 29.04.96)*

De efeito, o ato é complexo e não basta o acordo para produzir o efeito jurídico desejado. Faz-se necessária a homologação.

Até lá, o herdeiro pode inclusive alterar o seu entendimento sobre a divisão dos bens e discordar do que já assinou. A formalidade do ato só se completa com a chancela judicial e, assim, penso que o prazo -

que é bastante exíguo - deve ser computado a partir da homologação, e não antes.

A Egrégia 3ª Turma segue orientação até mais liberal, a saber :

> *"PARTILHA AMIGÁVEL. ALEGAÇÃO DE VICIO. DECADÊNCIA. TERMO INICIAL.*
>
> *O prazo de decadência para ajuizamento da ação, tendente a anular partilha amigável, constante de escrito homologado pelo juiz, tem como termo inicial o trânsito em julgado da sentença homologatória. "*
>
> *(REsp n. 68.198-SP, Rel. Min. Eduardo Ribeiro, unânime, DJU de 23.06.97)*
>
> *Ante o exposto, conheço do recurso especial, mas nego-lhe provimento."*

Temos do voto do relator no REsp n° 83.642/SP (l9957 0068488-8), DJ 29/04/1996, p. 13.424 (LEXSTJ 85/200; RDR 7/256; RSTJ 89/325; RT 733/193), acima citado, e. Min. Ruy Rosado Aguiar, no mesmo sentido do REsp acima, além da lição acerca da distinção entre prescrição e decadência, o seguinte :

"1. O melhor caminho para a distinção ente prescrição e decadência começa com a definição dos direitos informativos, "também chamados de direitos reacionais ou de configuração, conhecidos na Itália como direitos potestativos, espécie de direito subjetivo, cujo conteúdo é o poder de formar relações concretas mediante ato unilateral do titular, ou, dito de outro modo, são os que têm como conteúdo a faculdade atribuída a um sujeito determinado para transformar um estado jurídico, mediante sua exclusiva manifestação de vontade", como se disse em outra sede. Já os direitos formados se distinguem dos primeiros por estarem providos de pretensão, podendo ser exercidos mediante a exigência de uma prestação a ser efetuada pelo outro. Agnelo Amorim Filho, no melhor trabalho escrito no país sobre o tema (RT 300/19) mostrou que o efeito do tempo, nos direitos armados de pretensão, atinge a pretensão, deixando incólume o direito, e isso é o que se chama de prescrição, -"o encobrimento da pretensão", na linguagem de PONTES DE MIRANDA, - enquanto que a decadência é o efeito do tempo sobre os direitos sem pretensão, isto é, os direitos formativos. Na espécie de direito formativo extintivo encontra-se o de promover ação anulatória, pois "o objeto as sentença de anulação é a existência do direito potestativo à anulação"(FERRARA, El negócio jurídico, p. 290), entre elas a ação de anulação da partilha (YUSSEF SAID CAHALI, Aspectos processuais da prescrição e da decadência, p. 28).

Portanto, o prazo de que se trata nos autos, para promover ação anulatória de partilha amigável, nos termos do artigo 1.029 do CPC, é de decadência, que não se interrompe nem se suspende.

2. Importa definir, agora, o termo a quo do período de um ano, a que se refere o parágrafo único do referido dispositivo legal.

O ato que se quer anular é a partilha amigável expressa em "escrito particular homologado pelo juiz". Não se investe apenas contra o escrito particular, mas contra o escrito homologado, pois estamos diante de um ato complexo, que se iniciou com a manifestação de vontade das partes, consubstanciada no escrito, e se completou com o ato judicial da homologação. Quer dizer, enquanto inexistir a homologação, não há o ato a que a lei se refere, denominado de "escrito particular homologado pelo juiz". Daí concluo que "o prazo de uma ano, contado do dia em que se realizou o ato" deve ser considerado do tempo da homologação, e não de quando foi escrito o documento. E não examino aqui, porque não interessa, se é do dia da homologação ou do trânsito em julgado da decisão judicial.

Na espécie, a proposta de partilha amigável foi apresentada em juízo no dia 13 de setembro de 1991, sendo homologada 16 daquele mês, e a ação de anulação veio a ser protocolada em 15 de setembro de 1992. Em tempo útil, portanto.

3. Assim, concluo que os recorrentes têm razão quando dizem que se trata de decadência. Mas, qualquer que seja a natureza do prazo, ele se conta da data da homologação da proposta de partilha, o que me impede de acolher a sua pretensão recursal, pois não houve ofensa ao artigo 1029, § único, do CPC.

4. Por tais fundamentos, não vislumbro na r. decisão recorrida, ao rejeitar a preliminar de prescrição ou decadência, violação ao direito federal.

Não conheço.

É o voto."

A 3ª Turma do STJ no REsp n° 68.198/SP (1995/0030229-2), DJ 23/06/97, p. 29.124 (LEXSTJ 99/134; RSTJ 96/253), deixou assentado o entendimento de que em ação visando anular partilha amigável constante de escrito homologado pelo juiz, tem como marco inicial da contagem daquele prazo decadencial o transito em julgado da sentença homologatória, sendo o voto-vista do Min. CARLOS ALBERTO MENEZES DIREITO, de fundamental importância para o tema em estudo, nos seguintes termos :

"Pedi vista para meditar sobre o termo inicial do prazo prescricional para o ajuizamento da ação anulatória de partilha amigável. Como mencionou o Relator, eminente Ministro EDUARDO RIBEIRO, a questão enseja divergência.

O voto do Relator entende que o "escrito particular não adquire eficácia antes da homologação ", considerando que a ausência da homologação tranca os seus efeitos.

Há precedente da 4ª Turma, Relator Ministro RUY ROSADO no mesmo diapasão do voto do ilustre Relator (REsp n° 83.642-SP), assinalando o voto condutor que *"não se investe apenas contra o escrito particular, mas contra o escrito homologado, pois estamos diante de um ato complexo, que se iniciou com a manifestação de vontade das partes, consubstanciada no escrito, e se completou com o ato judicial da homologação. Quer dizer, enquanto inexistir a homologação, não há o ato a que a lei se refere, denominado de escrito particular homologado pelo juiz"".* Daí conclui que *"o prazo de um ano, contado do dia em que se realizou o ato deve ser considerado do tempo da homologação, e não de quando foi escrito o documento. E não examino aqui - prossegue - porque não interessa, se é do dia da homologação ou do trânsito em julgado da decisão judicial."*

Na verdade, a disciplina do Código de Processo Civil, com a redação da Lei n° 5.925/73, alterou o sistema do Código Civil ao estabelecer a contagem diferenciada do prazo para a ocorrência da prescrição. Já o mestre ORLANDO GOMES, na 6ª ed., 2ª tiragem, de sua obra "Sucessões", adverte para esse aspecto ao escrever *"que a ação anulatória prescreve em um ano, variando o termo inicial conforme a causa da anulabilidade e não mais da sua homologação"*(pág. 324).

A questão, neste feito, transita, segundo a inicial, pelo inciso I do parágrafo único do artigo 1.029 do Código, ainda que o despacho agravado e o Acórdão recorrido tenham passado ao largo desse exame. Contudo, o Ministro EDUARDO RIBEIRO, cuidou do assunto ao mostrar a dificuldade exatamente quando se cuida de vício consistente em coação, com o que melhor entender- que "assim será, desde que já tenha ocorrido a homologação". No caso do precedente, o vício era, apenas, o do inciso II, assim o erro ou dolo.

A inicial, de fato, refere-se, expressamente, a coação, ao acentuar que a declaração dos autores *"foi obtida através de pressões irresistíveis, dir-se-ia mesmo COAÇÃO"* (fls. 19).

É certo que mais adiante, a inicial, apontando o artigo 147, II, do Código Civil (...), traz o elenco de todos os vícios até mesmo a simulação e a fraude, que estão fora do alcance do citando parágrafo único do artigo 1.029 do Código de Processo Civil.

E no caso de coação, o termo inicial do prazo anuo é o dia em que a mesma cessou.

Ocorre que, como já dito antes, o Acórdão recorrido assim não entendeu, deixando a questão no patamar do prazo previsto no inciso II do parágrafo único do artigo 1.029 do Código de Processo Civil.

A alteração que o Ministro SÁLVIO DE FIGUEIREDO TEIXEIRA tem por *"bem superior em relação ao anterior, inclusive dirimindo dúvidas ensejadas pelo direito material"* (Código de Processo Civil Anotado, Saraiva, 6ª ed., 1996, p. 659), de fato, afastou a literalidade da regra, a contagem do prazo da data da homologação , eis que se refere, expressamente, ao *"dia em que se realizou o ato"*.

E a regra faz sentido, eis que o vício está no ato e não na sentença que o homologou, sendo certo, como advertiu o relator, concluindo embora em sentido diverso, que seu raciocínio, sempre agudo, lúcido, autorizou, a *"existência desse é que constitui a razão de ser d pedido de anulação"*.

A partilha amigável, como o artigo 1.029 do Código de Processo Civil autoriza poder ser põe escritura pública ou reduzida a termo nos autos do inventário ou constante de escrito particular homologado pelo juiz. No primeiro caso, o ato se aperfeiçoa sem a intervenção do juiz.

A interpretação possível é a de considerar que o ato, em se tratando de partilha amigável que dependa da intervenção do Magistrado, não está completo antes do circuito judicial esgotar-se. Como assinalou o Ministro RUY ROSADO, no precedente já indicado investe-se *"contra o escrito homologado, pois estamos diante de um ato complexo, que se iniciou com a manifestação de vontade das partes, consubstanciada no escrito, e se completou com o ato judicial da homologação. Quer dizer, enquanto inexistir a homologação, não há o ato a que a lei se refere"*. Na verdade, enquanto a homologação não estiver livre de ataque recursal, não há falar-se em ato completo, eis que ainda dependente de revisão.

Ora, se a partilha, ao contrário, estiver consubstanciada em instrumento público, que não depende da homologação judicial, como exigido pelo próprio dispositivo sob interpretação (Cfr. ARNOLDO WALD, Curso de Direito Civil Brasileiro, Direito das Sucessões, RT, 10ª ed., 1994, atualizada com a colaboração de ROBERTO ROSAS), o ato está completo no dia em que foi realizado, daí se iniciando o prazo prescricional.

Em resumo: somente quando o ato depender da homologação do juiz, é que o prazo será contado do dia em que transitar em julgado a sentença homologatória, considerando que só então está aperfeiçoado, eis que não mais pode ser atacado.

Por tais razões, acompanho o voto do eminente Relator, o Senhor Ministro EDUARDO RIBEIRO, conhecendo do recurso e dando-lhe provimento para restabelecer a decisão de primeiro grau."

No julgamento do REsp nº 209.707/CE (1999/0029971-0), 3º Turma do STJ, Relator Min. ANTÔNIO DE PÁDUA RIBEIRO, ficou, novamente, assentado que a "ação para anular homologação de partilha prescreve em um ano e conta-se o prazo extintivo a partir da data em que a sentença homologatória transitou em julgado".

A incapacidade a que se refere o CPC, se vê do texto, tanto pode ser a relativa como aquela absoluta, cabendo citarmos que, caso a declaração de tal incapacidade se dê posteriormente à partilha, com respectiva sentença declaratória da incapacidade ou interdição, cujos efeitos retroagirem à data anterior àquela, a, partilha pode ser anulada.

É bom lembrarmos que, como o fez SÉRGIO SAHOINE FADEL, ob. cit., p. 188, que a partilha em que interveio incapaz é nula, porque é partilha que não poderia ter sido feita extrajudicialmente. "A ação, então, diz-se de nulidade de partilha, já que ela não é anulável simplesmente, mas nula."

ANULAÇÃO DE PARTILHA HOMOLOGADA JUDICIALMENTE NOS AUTOS DA AÇÃO DE DIVÓRCIO - "Prescrição" reconhecida de ofício, nos termos do art. 487, II, do CPC c/c o art. 657, parágrafo único, do CPC - Insurgência do autor - Alegação de que à hipótese se aplica o art. 178 do CC - Cabimento - Em acordo de partilha celebrado entre ex-casal e homologado judicialmente, com suposto vício de vontade a afetar um dos celebrantes, o prazo para apresentar o pedido judicial de anulação é de quatro anos, conforme estipula o artigo 178 do Código Civil - Prazo decadencial de um ano que é específico para a anulação de partilha do direito sucessório - Regra que limita direito que deve ser interpretada restritivamente - RECURSO PROVIDO, COM DETERMINAÇÃO. (TJSP; Apelação 1008243-08.2017.8.26.0005; Relator (a): Miguel Brandi; Órgão Julgador: 7ª Câmara de Direito Privado; Foro Regional V - São Miguel Paulista - 3ª Vara da Família e Sucessões; Data do Julgamento: 15/03/2018; Data de Registro: 15/03/2018)

RECURSO ESPECIAL. PROCESSUAL CIVIL E SUCESSÕES. PARTILHA AMIGÁVEL E PARTILHA JUDICIAL. ARROLAMENTO. AÇÃO ANULATÓRIA DE PARTILHA. POSSIBILIDADE (CPC, ART. 1.031). VIOLAÇÃO CARACTERIZADA. RECURSO PROVIDO. 1. Analisando a sentença e o v. acórdão estadual, que divergem ao interpretar a forma de partilha, é forçoso reconhecer a ocorrência de partilha amigável, pois presentes os seus requisitos. 2. A partilha amigável (CC/1916, art. 1.773; CC/2002, art. 2.015) é passível de anulação, nos termos dos arts. 486, 1.029 e

1.031 do CPC, enquanto a partilha judicial é rescindível, conforme preconizam os arts. 485 e 1.030 do CPC. 3. No caso em liça, ocorrida a partilha amigável, cabível é a ação de anulação da partilha. Assim, o pedido posto na exordial não é juridicamente impossível, motivo pelo qual deve ser reformado o v. acórdão estadual, reconhecendo-se não caracterizada a carência da ação. 4. Recurso especial provido. (REsp 803608/MG, 4ª. Turma STJ, Relator Ministro Raul Araújo, DJe 02/04/2014, RB vol. 609 p. 51).

"CIVIL E PROCESSO CIVIL. INVENTÁRIO. SENTENÇA HOMOLOGATÓRIA DE PARTILHA. DESCONSTITUIÇÃO. AÇÃO ANULATÓRIA. CABIMENTO. LEGITIMIDADE PASSIVA DE QUEM PARTICIPOU DA PARTILHA. ARTS. ANALISADOS: 486, 1.030 E 12, V, CPC. 1. Ação anulatória de partilha distribuída em 06/08/2002, da qual foi extraído o presente recurso especial, concluso ao Gabinete em 15/04/2013. 2. Discute-se a ação adequada para desconstituir a partilha homologada por sentença nos autos do inventário, assim como a legitimidade dos herdeiros para figurar no polo passivo. 3. A análise da ação adequada à invalidação da partilha tem por pressuposto a análise do conteúdo e dos limites da sentença proferida nos autos do inventário: se homologada, simplesmente, a partilha, mesmo que para aprovar o plano apresentado pelo inventariante, mas desde que ausente litigiosidade, deve-se ajuizar a ação anulatória; se, ao revés, na sentença forem resolvidas questões suscitadas pelos interessados quanto à divisão de bens e/ou à admissão de herdeiros, cabível é a ação rescisória. 4. Na espécie, a invalidação pretendida na ação anulatória é do ato homologado e não da sentença homologatória, porquanto ficou demonstrado nos autos que, ao elaborar as primeiras declarações e oesboço de partilha, a inventariante (recorrente), intencionalmente, omitiu a condição de meeira da então companheira do falecido, embora a tenha indicado na petição inicial do inventário, preterindo, assim, o seu direito à meação. 5. Transitada em julgado a sentença que homologou a partilha, cessa

o condomínio hereditário e os sucessores passam a exercer, exclusiva e plenamente, a propriedade dos bens e direitos que compõem o seu quinhão, nos termos do art. 2.023 do CC/02. Não há mais falar em espólio, sequer em representação em juízo pelo inventariante, de tal forma que a ação anulatória deve ser proposta em face daqueles que participaram da partilha; na espécie, a filha (recorrente) e a ex-mulher do falecido. 6. Recurso especial conhecido e desprovido." (REsp 1.238.684/SC, Rel. Ministra NANCY ANDRIGHI, TERCEIRA TURMA, julgado em 3/12/2013, REPDJe de 21/02/2014, DJe de 12/12/2013).

DIREITO CIVIL E PROCESSUAL CIVIL. RECURSO ESPECIAL. FAMÍLIA E SUCESSÕES. AÇÃO DE INVESTIGAÇÃO DE PATERNIDADE C/C PETIÇÃO DE HERANÇA. PEDIDO DE ANULAÇÃO DA PARTILHA AMIGÁVEL HOMOLOGADA. VIOLAÇÃO DOS ARTS. 128 E 460 DO CPC. INEXISTÊNCIA. ALEGAÇÃO DE ENRIQUECIMENTO SEM CAUSA. CÁLCULO DO QUINHÃO DEVIDO AO HERDEIRO PRETERIDO. MULTA POR LITIGÂNCIA DE MÁ-FÉ AFASTADA. 1. Se a decisão proferida pelo Tribunal de origem não extrapola, no plano horizontal, os limites impostos pelo objeto dos recursos levados a julgamento, não se pode qualifica-la de ultra, quiçá extra petita. 2. O herdeiro que não participou do processo de inventário não sofre os efeitos da coisa julgada, referente à sentença que homologou a partilha amigável. 3. A fim de evitar o enriquecimento sem causa, o cálculo da quota-parte a ser entregue pelos coerdeiros ao meio-irmão observará, quanto aos bens alienados antes da citação, o valor atualizado da venda, e, com relação àqueles dos quais ainda eram proprietários, na data em que foram citados, o valor atual de mercado. 4. A litigância de má-fé, à que alude o parágrafo único do art. 538 do CPC, nada mais é que uma forma de abuso do direito, e, portanto, só se concretiza quando demonstrado que a parte se vale do direito de recorrer, não para ver a reforma, invalidação ou integração da decisão impugnada, mas para postergar ou perturbar o resultado do processo. 5. Ainda que a pretensão recursal não tenha sido acolhida pelo Tribunal de origem, não se pode taxar o recurso de manifestamente protelatório, ou sem qualquer fundamento, especialmente ao se considerar que o acórdão embargado reformou a decisão de 1º grau e que se tratam dos primeiros - e únicos - embargos de declaração opostos, nos quais, ao menos em abstrato, foram apontadas contradições e obscuridades, além de vícios no julgamento. 6. Recurso especial conhecido e parcialmente provido. (REsp 1381655/SC, 3ª. Turma STJ, Relatora Ministra Nancy Andrighi, DJe 06/11/2013).

APELAÇÃO CÍVEL – AÇÃO DE NULIDADE DE PARTILHA AMIGÁVEL – BEM PARTILHADO GRAVADO DE INALIENABILIDADE – NON VENIRE CONTRA FACTUM PROPRIUM – PROIBIÇÃO – O princípio do non venire contra factum proprium, capitaneado pela doutrina civilista, proíbe que o sujeito aja de forma contraditória, violando comportamento anteriormente assumido, aplicando-se, a regra, in casu, pois o apelante dispôs livre e conscientemente de imóvel gravado com cláusula de inalienabilidade, em acordo consensual firmado com a apelada em ação de separação consensual, entretanto, em ato totalmente contraditório, veio às portas do Judiciário pedir a anulação da partilha, em verdadeira quebra de boa-fé objetiva, razão pela qual àquela que legitimamente acreditou na conduta alheia é assegurada a tutela da confiança. RECURSO CONHECIDO E IMPROVIDO. (TJGO – AC 200992811570 – 1ª C.Cív. – Rel. Gerson Santana Cintra – DJe 07.05.2012 – p. 106).

APELAÇÃO CÍVEL – AÇÃO DE INVENTÁRIO – ARROLAMENTO DE BENS – 1- PRELIMINAR DE INTEMPESTIVIDADE – REJEITADA – 2- PLEITO DE ANULAÇÃO DA SENTENÇA QUE HOMOLOGOU A PARTILHA AMIGÁVEL – DEFERIMENTO – 3- RECURSO PROVIDO – 1- Uma vez que o apelo foi interposto dentro do interregno legal, não há que se falar em intempestividade. 2- Merece prosperar o pleito de anulação da sentença que homologou a partilha amigável, visto que esta fora proferida sem o conhecimento e consentimento dos demais herdeiros, que não foram intimados em nenhuma fase do processo; 3- Recurso provido. (TJES – AC 24100149657 – Rel. Walace Pandolpho Kiffer – DJe 25.10.2011 – p. 65).

CIVIL – APELAÇÃO – INVENTÁRIO – PARTILHA AMIGÁVEL – ANULAÇÃO – IRREGULARIDADES – DISPOSITIVOS LEGAIS – AFRONTA – PROVIMENTO – 1- Segundo estabelece o art. 1.031, do Código de Processo Civil e o art. 192, do Código Tributário Nacional, a sentença homologatória de partilha amigável não será prolatada sem a prévia quitação dos tributos relativos aos bens pertencentes ao espólio, assim, conduta diversa deve ser declarada nula, pois afronta dispositivos legais que regem a espécie. 2- Apelo provido. (TJAC – Ap 0004548-15.2010.8.01.0002 – (11.030) – C.Cív. – Rel^a Des^a Eva Evangelista de Araujo Souza – DJe 14.09.2011 – p. 19).

"PROCESSUAL CIVIL. AUSÊNCIA DE INDICAÇÃO DO DISPOSITIVO LEGAL. SÚMULA N. 284□STF. VIOLAÇÃO DO ART. 535 DO CPC. NÃO-OCORRÊNCIA. ANULAÇÃO. PARTILHA AMIGÁVEL. DISCUSSÃO DE ERRO OU DOLO. (...) 3. A sentença que se limita a homologar a partilha amigável não pode ser desconstituída por meio de recurso de apelação, pois não possui cunho decisório e há necessidade de produção de prova acerca do vício alegado, sendo necessário o ajuizamento da ação anulatória prevista no art. 1.029 do CPC. 4. Recurso especial conhecido em parte e provido." (REsp 695.140/MG, Rel. Ministro JOÃO OTÁVIO DE NORONHA, QUARTA TURMA, julgado em 1º/9/2009, DJe de 14/09/2009)

APELAÇÃO CÍVEL INVENTARIO SOBREPARTILHA - AVALIAÇÃO DEFASADA PELO LAPSO TEMPORAL E OMISSÃO QUANTO A ALGUNS BENS DO ESPÓLIO -

SENTENÇA ANULADA - RECURSO PROVIDO. Transcorridos mais de quatro anos entre a avaliação judicial e a sentença homologatória da partilha, além de ser aquela incompleta, pois deixou de fora alguns bens que compõem o espólio, imperiosa sua anulação, a fim de evitar desequilíbrio econômico entre os herdeiros e prejuízo aos cofres públicos. (TJSC - AC 2003.025628-8 - 3ª C.Dir.Civ.. - Rel. Dês. Wilson Augusto do Nascimento - DJSC 22.04.2004).

PARTILHA – AÇÃO DECLARATÓRIA DE NULIDADE – USUFRUTO VIDUAL – CC, ART. 1.611, § 1º – LEGITIMIDADE DA USUFRUTUÁRIA – EXCEÇÃO DE INCOMPETÊNCIA – TRÂNSITO EM JULGADO – MATÉRIA DE PROVA – I – A usufrutuária não é considerada herdeira, contudo assiste-lhe o direito de promover a anulação de partilha amigável que lhe traga prejuízos. II – Julgada improcedente a exceção de incompetência, com trânsito em julgado, não pode a questão de competência ser objeto de análise por esta Corte. III – A alegação de inexistência de má-fé ao afastar do acervo hereditário as propriedades que, alegadamente, não faziam parte da partilha, envolve reexame de provas, incabível na via processual eleita (Súmula 07/STJ). IV – A partilha amigável pode ser anulada. A partilha judicial é que é rescindível. Assim, é perfeitamente cabível o pedido de anulação de partilha amigável que traga prejuízos à usufrutuária. (STJ – REsp 59.594 – MG – 3ª T. – Rel. Min. Antônio de Pádua Ribeiro – DJU 09.06.2003).

PARTILHA - ANULAÇÃO. Para a anulação de partilha amigável de bens homologada em Juízo é imprescindível prova cabal do vício do consentimento, não sendo bastante mera conjectura tirada pela desproporção entre as cotas dos aquinhoados que, em tais atos, a qualquer título, podem optar por receber menos, ou até, abrir mão de sua parte -Não realizada a prova remanesce o ato íntegro como se a vontade não fora viciada - Agravo retido improvido. Recurso improvido. (TJSP - AC 93.541-4 - 2ª C.D.Priv - Rel. Dês. Linneu Carvalho - J. 11.05.1999).

AÇÃO DECLARATORIA DE ANULAÇÃO DE ATO JURÍDICO. Cessão de direitos hereditários efetivada pela inventariante do espólio, antes da partilha, sem o consentimento dos demais herdeiros - Inadmissibilidade -Ato anulável consoante o disposto no artigo 1.580 do Código Civil, a requerimento de qualquer herdeiro não consultado, por implicar no desfazimento da indivisibilidade da universalidade da herança (parágrafo único) - Eventual prejuízo de terceiro de boa-fé poderá ser, no entanto, pleiteado junto a quem realizou o ato. Recursos não providos. (TJSP - AC 69.416-4 - 2ª C.D.Priv - Rel. Dês. Linneu Carvalho-J. 23.03.1999).

10.2 Da anulação da partilha judicial

Ao lado da partilha amigável, que pode ser anulada, também a partilha julgada por sentença, a judicial, pode ser atacada, mas por outro procedimento, consoante se observa do disposto no art. 658 do CPC. Ela pode ser rescindida.

A diferença procedimental entre uma e outra esta no fato de que enquanto aquela deverá ser objeto de discussão em todas as instâncias do judiciário, está terá início no Tribunal, ou seja, deverá ser manejada perante o órgão jurisdicional imediatamente superior àquele que julgou a partilha, pois sabemos que nenhum juiz de primeira instância pode arrogar-se na competência de rever a sentença que foi dada por outro magistrado de mesma instância.

Se o ato que se persegue, num plano fático, é aquela sentença de julgamento da partilha, o remédio legal a ser manejado será a ação rescisória, que é o único que o direito disponibiliza para a sua revisão.

Oportuna é a lição de CARPENTER:

"Com relação à partilha é preciso distinguir: ou se trata de uma partilha amigável (por instrumento público, por termo nos autos do inventário, por escrito particular homologado pelo juiz) que é um ato jurídico governado pela comunhão ou vontade das partes, ou se trata de uma partilha judicial, que é ato judicial governado pela vontade do juiz. No primeiro caso, a partilha pode ser nula (Código, art. 145) e, então, para desfazê-la caberá a ação de anulação. No segundo caso a partilha pode também ser nula, mas então não terão cabimento os preceitos do Código Civil sobre nulidade dos atos jurídicos, sim terão cabida as regras de direito processual sobre nulidade de processo e nulidade de sentença, e, pois, para desfazê-la caberá o recurso de apelação ou o recurso de ação rescisória, ou mesmo o recurso extraordinário. (Manual do Código Civil, vol. III, pp. 446/47 - n°s 250 e 251)

PONTES DE MIRANDA, ob. cit., vol. 60, p. 345, ao discorrer acerca das diferenças das partilhas, amigável e judicial, ensina :

"Há diferença inafastável entre a invalidade da partilha amigável, feita em escritura pública, e as outras partilhas (judicial ou homologada), como há entre essas. Se houve julgamento, ou por se tratar de partilha judicial (nela, judicialmente se partilha), ou por ter sido homologada a partilha amigável (nela, judicialmente se homologou a partilha amigável), tem-se de propor a ação de invalidade da partilha, mesmo quando se tenha de apreciar o que concerne à partilha amigável como ato jurídico. Houve coisa julgada e só se propõe a ação de invalidade (de nulidade ou de anulação), ou a ação rescisória, que, essa, sempre só é concernente à sentença."

Assim, temos do disposto no art. 658 do CPC que é rescindível a partilha julgada por sentença nos casos de coação, erro, dolo, ou intervenção de incapaz; se feita com preterição de formalidades legais ou; se preterido herdeiro ou incluído quem não o seja.

THEOTÔNIO NEGRÃO, ob. cit., p. 927, nota 2 ao art. 1.030 do CPC, hoje art. 658, traz a seguinte lição:

"Segundo acórdão em RTJ 103/706, à p. 709, a ação para anular ou desconstituir a partilha judicial (não a amigável) prescreve, ou o interessado decai do direito de propô-la:

- *em 1 ano, se anulável a partilha (CC 178 § 6º - V);*

- *em 2 anos, na hipótese de violação de direito expresso (CPC 495);*

- *em 20 anos, nos casos de nulidade absoluta.*"

HAMILTON DE MORAES E BARROS, ob. cit., p. 262/263, assinala que "O Código foi claro e obedeceu a bom sistema, ao reservar a ação anulatória (art. 1.029) para as partilhas amigáveis viciadas por dolo, coação, erro essencial ou intervenção de incapaz e ao dizer que é rescindível a partilha, julgada por sentença nos casos que menciona neste art. 1.030.

Conforme o vício de que padeçam, distinguem-se as sentenças em inexistentes, nulas, reformáveis (ainda recorríveis) e rescindíveis.

Para PONTES DE MIRANDA, "A sentença de partilha pode-se argüir inexistência, nulidade, rescindibilidade ou anulabilidade (art. 1.805 do Código Civil). Se existe e vale e se não há anulabilidade por vício comum aos negócios jurídicos, somente cabe a ação rescisória."(Comentários ao Código de Processo Civil, vol., VII, 2ª ed. Revista Forense, Rio, 1959, pág. 164).

A sentença de partilha pode ser nula, como qualquer outra sentença, ocorrendo uma causa de nulidade de sentença; pode ser simplesmente anulável quando são anuláveis os atos jurídicos em geral e, no caso da partilha amigável, é um desses atos jurídicos negociais. É também rescindíveis as sentenças.

Independe a ação de rescisão de partilha da interposição prévia de todos ou de um só dos recursos cabíveis contra ela. O que se quer, tão-somente, é que a sentença de partilha tenha passado em julgado, pois que a ação rescisória é exatamente o *remedium iuris* para o ataque à coisa julgada formal. Se a sentença ainda não passou em julgado, ela é recorrível, para se obter ou a sua nulidade ou a sua reforma. A ideia de reforma se liga à de recurso."

Note bem, quando se fala em ação rescisória há de se ter em mente, por princípio de direito, que ela está disponibilizada àquelas pessoas que participaram do processo, atendidos a todos os reclamos legais para a sua chamativa a ele. Contra quem não participou do processo como parte, não se pode falar em coisa julgada.

A esse propósito cabe citarmos, e transcrevermos abaixo, o voto do Ministro BARROS MONTEIRO, relator no REsp n° 21.377/MG (1992/0009633-6), com ementa oficial publicada no DJ de 22/11/1993, p. 24958 (LEXSTJ 56/206; RDC 75/171), onde os filhos, menores à época do inventário de sua mãe, intentaram contra o pai ação de nulidade de inventário e partilha, aduzindo, em suma, que : em 22 de março de 1953, faleceu na cidade de Belo Horizonte (...), primeira esposa do réu e mãe dos autores; apesar de achar-se o domicílio único da falecida e de toda a família em Belo Horizonte, o demandado requereu a abertura do inventário em Bom Despacho, cujo Juízo era, portanto, absolutamente incompetente; eram, de outro lado, os autores à época menores impúberes e, conquanto que colidentes os seus interesses com os do pai, não se lhes nomeou Curador à Lide, hoje Curador Especial; além disso, o réu praticou outros atos viciados por simulação, causando-lhes evidente prejuízo, ao sonegar bens e valores escorreitos no referido inventário, onde, de resto, habilitou indevidamente um crédito de Cr$ 164.000,00, representado por três notas promissórias, cujo emitente fora ele mesmo e supostos credores um tio e cunhado.

Tal feito foi julgado extinto nos termos do art. 269, IV, do CPC, pronunciando a prescrição. Em grau de recurso, contra o voto do Desembargador Relator, a Segunda Câmara do Tribunal de Justiça do Estado das Minas Gerais deu provimento à apelação dos réus para afastar a prescrição.

Consta do relatório do REsp que "Consideraram os votos majoritários que, cuidando-se de nulidade absoluta, o prazo prescricional é o vintenário, suscetível de ser invocado por aquele que não participou do inventário e da partilha, a tanto eqüivalendo a situação daquele que não se dera a devida curatela especial. Acentuaram que não flui a prescrição entre ascendentes e descendentes na vigência do pátrio poder, pelo que em relação aos autores (..) e (...) a prescrição não se verificou.

Oferecidos embargos infringentes pelos réus com arrimo no pronunciamento minoritário, foram eles recebidos, conforme voto condutor do Acórdão assim vazado:

"O exame que me foi imposto empreender, sobre as questões motivadoras da divergência verificada no julgamento da apelação e que constituem o conteúdo mesmo dos embargos e respectiva impugnação, me levou à conclusão inarredável de que não se lhes pode dar perfeito desate sem a devida apreciação dos fatos alegados como fundamento da ação proposta pelos embargados à luz da lei processual vigente ao tempo de sua ocorrência.

É que existe, no caso, um aspecto de direito intertemporal que não pode ser esquecido.

O inventário e partilha que os autores buscam invalidar foram processados e concluídos sob o regime do Código de Processo Civil de 1939. Assim, conquanto a ação por eles encetada deva obedecer à legislação processual nova, de 1973, os fatos constituídos no aspecto de sua regularidade devem ser examinados, no aspecto de sua regularidade ou validade, à luz da norma então vigente.

CAIO MARIO, que não é processualista, mas, sem favor algum, dos maiores civilistas de nosso tempo ensina : 'Finalmente, alei prevê a coisa julgada, ou caso julgado, que é a decisão judiciária de que já não cabe recurso. É princípio assentado que as leis de processo, com efeito imediato, regulam as ações no ponto em que se encontram, de tal forma que os trâmites já percorridos obedecem à lei antiga, mas os não efetuados automaticamente se sujeitam à lei moderna. Encerrada, porém, uma questão, seja principal, seja incidente, por sentença de que já não caiba mais recurso, ou porque todos se esgotaram, ou porque a parte deixou de manifestá-los, é inatingível por uma lei posterior, material ou formal' (INSTITUIÇÕES DE DIREITO CIVIL", Forense - 8ª edição, vol. I, tóp. 32).

Assim, a questão de competência do Juízo para o processamento do inventário e partilha deve ser vista segundo as regras dos artigos 135 e 279, do Código de Processo Civil de 1939. De igual modo, a nomeação do curador à lide a menores incapazes, expressamente prevista no art. 478.

O artigo 135 estabelecia que 'O foro do domicílio do *de cujus* será o competente para o inventário e partilha e todas as ações relativas à herança'. Já o art. 279 preceituava: 'No caso de incompetência do juiz somente os atos decisórios serão nulos'.

Afirmou-se que não se poderia estabelecer com certeza o domicílio do conjuge-virago, mas, no entanto, a mulher tinha dois domicílios, como seu marido. Acontece que este era sócio de (...), com sede em Bom Despacho e, segundo seus próprios filhos, encontrava-se em Belo Horizonte para instalar uma filial da empresa.

Mesmo que assim não fosse e que a nulidade fosse absoluta, somente em ação rescisória teriam os autores oportunidade para rescindir a partilha, já coberta pela *res judicata*. No entanto, não se trata de incompetência *ratione materiae*, mas de incompetência territorial.

A dissensão dos votos majoritários do voto minoritário, no entanto, é quanto à curadoria especial. Entendendo os primeiros que a falta de nomeação de curador à lide aos menores quando da abertura do inventário da sua falecida genitora, nos idos de 1953, era nulidade insanável, equiparando-os à falta de representação legal e mesmo a que não tivessem participado direta ou indiretamente do inventário e partilha, jogaram o disco muito além da barra, para permitirem um artificioso direito de ação pessoal de anulação de ato jurídico, com prescrição vintenária.

Da outra parte, se não houvesse partilha judicial obrigatória, com a participação do representante do Ministério Público, por nela se envolverem herdeiros maiores, aí sim teríamos uma nulidade insanável, mas, mesmo assim, suscetível de ser desconstituída a partilha, pela rescisória, por se tratar de partilha judicial, já coberta pela túnica da rés judicata.

A orientação jurisprudencial emanada do Supremo Tribunal Federal, à época do julgamento do inventário e da partilha dos bens da genitora dos embargos era da não obrigatoriedade de nomeação de curador à lide, quando não se vislumbrasse colisão de interesse dos menores com os de seu genitor ou genitora. Assim é que ALEXANDRE DE PAULA anota o seguinte julgado : '2. O juiz não pode, de ofício, nomear curador especial. Indispensável é requerimento em que se alegue a colisão de interesse do menor com os de seu representante legal. Nos inventários os interesses dos pais e filhos menores convergem, sendo incivil presumir-se intenção maligna de quem tem o pátrio poder (STF, RF 128/450)'(ALEXANDRE DE PAULA - Código de Processo Civil Anotado - 1ª edição - 2ª tiragem - Casuística até 1973 - Orientação do Supremo Tribunal Federal - pág. 31). Tal julgado vem transcrito, já em 1954, pelo Dês. LEÃO VIEIRA STARLING, no rodapé de fls. 241, do Clássico 'INVENTÁRIOS E PARTILHAS', da Editora Saraiva.

Pelo exame dos autos, nem vislumbro possível colidência de interesse. O pai, com quatro filhos menores, tinha somente quota ou quotas sociais de sociedade que os próprios filhos dizem modesta e um 'pastinho' de menos de l alqueire de terras, em Bom Despacho. Tal quota e o 'pastinho' foram avaliados por avaliador judicial e a partilha e a adjudicação contaram com a vigilante atenção do Dr. (...), na ocasião Promotor de Justiça da Comarca.

Mesmo que assim não fosse, ainda assim somente por ação rescisória é que poderiam anular o inventário e a partilha, que foi judicial.

O fato é que, cerca de 30 (trinta) anos após uma partilha com sentença transitada cm julgado, pretendem os herdeiros anularem-na, por via de ação de anulação do inventário e da partilha, por alegada violação literal de texto de lei e incompetência relativa de juiz, não tendo manejado a competente ação rescisória para isto, que na vigência do Código de 1939 era de 5 anos, a partir do trânsito cm julgado da sentença de partilha, e na vigência do atual Código de Processo Civil passou para dois anos.

Com o devido respeito não acolho a tese de que não tendo sido nomeado curador à lide aos menores, nos termos da lei processual vigente à época do inventário e partilha, isto eqüivaleria a não estarem ele representados direta ou indiretamente no inventário. Representados estavam e participaram diretamente. Se houve nulidade ou anulabilidade deste representação (estou falando de acordo com o Código de 1939), só por ação rescisória lograriam 'rescindir' a sentença de partilha.

Diante do exposto, com o devido respeito aos doutos votos majoritários, acompanho o douto voto minoritário, na sua conclusão, inclusive, para acolher os embargos infringentes e negar provimento ao recurso."

Na sequência foram oposto embargos declaratórios, não conhecidos e, ao depois, o Recurso especial.

Do voto do Min. BARROS MONTEIRO, tiramos as seguintes lições:

2. O inventário processou-se e a partilha foi julgada no regime do Código de Processo Civil de 1939. Consoante preleção do Prof. CLITO FORNACIARI JÚNIOR, tendo havido um decisão proferida sob a vigência do Código revogado, restou ela sujeita aos meios impugnativos previstos naquele diploma legal ou nas normas que, na época, regulavam a matéria ("Partilha Judicial, Via processual adequada à desconstituição", Rer. dos Tribs., vol. 551, pág. 55).

A sistematização legal, entretanto, não variou substancialmente da lei processual antiga para a lei nova. A partilha, nos termos do disposto nos arts. 511 e 512 do CPC de 1.939, e na esteira do que rezam os arts. 1.773 e 1.774 do Código Civil, podia realizar-se de forma judicial ou amigável, dicotomia que prevalece ainda hoje na legislação vigente.

"A partilha é feita judicialmente quando há divergência ou quando os herdeiros não são capazes. Nos casos de partilha judicial, que seja por um motivo, quer seja por outro, a participação do juiz é ativa, pois o mesmo tem que verificar a regularidade dos atos processuais praticados mas, acima de tudo, decidir sobre a partilha.

Quer se rotule esta partilha como um procedimento de jurisdição voluntária ou contenciosa, o fato objetivo é que se trata de uma fórmula onde há um litígio, como a própria lei caracteriza, nos casos em que o ponto autorizador da partilha judicial é a divergência entre os herdeiros.

Não desnatura a partilha judicial o fato de nenhum herdeiro ou interessado ter-se oposto ao esboço de partilha ou ao requerimento de adjudicação, como no presente caso, basta que haja potencialmente a possibilidade de litígio, para que a partilha seja caracterizada como judicial. Ninguém sustentaria que o processo contencioso deixa de o ser pelo fato da revelia.

A partilha é amigável, diversamente, nos caso em que não há divergência e desde que os herdeiros sejam capazes. Na partilha amigável, a participação do juiz, é dispensável, mesmo porque pode até ser feita por escritura pública, não dependendo, neste caso, nem de homologação judicial. Ainda quando o juiz participa da partilha, sem sendo ela feita por escrito particular homologado, sua atuação soma-se ao ato, tratando apenas de magistério de lhe dar rótulo, sem lhe acrescer nada e sem manifestar-se, em termos de colocar a sua vontade ou a da lei, em ponto algum. A substância do ato é ditada pela vontade das partes.

Nesse último caso, não há qualquer oposição entre os herdeiros e os participantes do inventário, por esteja levam pronta para o juiz a forma de distribuição dos bens; diversamente, nas partilhas judiciais, o conflito está contido na partilha, ou porque já há divergência ou porque há herdeiros incapazes, não tendo vontade juridicamente idônea, o que não permite se constatar se a mesma seria manifestada em um sentido ou outro.

O fato de nessa forma de partilha inexistir oposição real é irrelevante, pois potencialmente ela existe e isto já foi motivo suficiente para que o legislador previsse a partilha judicial. Como afirma Ernani Fidélis dos Santos, o Código contenta-se com a simples possibilidade de controvérsia na partilha'("Comentários ao Código de Processo Civil", vol. 6º/432, Forense, n. 343)" (CLITO FORNACIARI JÚNIOR, publicação citada, pág. 56).

Ora, na hipótese em exame, a partilha foi procedida judicialmente face à existência de menores impúberes - os próprios autores. A sentença então proferida era impugnável via ação rescisória e não através de ação anulatória.

O Código de Processo Civil de 1939 continha preceito símile ao art. 486 do atual *Codex*. Tratava-se do art. 800, parágrafo único, *in verbis* :

"Os atos judiciais que não dependerem de sentença, ou em que esta for simplesmente homologatória, poderão ser rescindidos como os atos jurídicos em geral, nos termos da lei civil."

Por conseguinte, se a partilha é amigável, tanto ao regime do Código anterior como no da lei processual vigente, é suscetível ela de ser anulada por ação ordinária submetida ao juiz singular. Nesse sentido extensa menção doutrinária e jurisprudencial aduzida em Acórdão prolatado pelo Tribunal de Justiça do Acre, relator Dês. JORGE ARAKEM FARIA DA SILVA, e que se acha publicada na Revista Forense, vol. 282, págs. 299-309.

Se se cogita, porém, de partilha judicial, o meio de impugnação cabível é o da ação rescisória, pouco importando que na legislação precedente o inventário e a partilha tenham sido insertos entre os procedimentos de jurisdição voluntária. O C. Supremo Tribunal Federal, aliás, já teve ocasião de decidir:

"Ação rescisória visando a rescisão de partilha em inventário (art. 485 do Código de Processo Civil). Conforme o art. 486 do Código de Processo Civil, quando simplesmente homologatória a sentença, os atos processuais podem ser anulados como os atos jurídicos em geral. Contudo, quando há incidentes e controvérsias judicial no processo de inventário cabe, então, a ação rescisória (artigo 485 do CPC)."(RTJ 113/273).

Em seu erudito voto, o Sr. Relator, Ministro DJACI FALCÃO deixara ressaltado :

"A decisão que julgou *in verbis*, a partilha, depois de esboçada nos autos e devidamente atermada, não foi ato meramente ou simplesmente homologatório. Ela absorveu todas as questões de fato e de direito surgidas nos trâmites do processo. Não se pode esquecer que, no CPC vigente, o inventário e a partilha formam duas etapas de um procedimento especial de jurisdição contenciosa (Livro IV, Título I, Cap. IX) - e o processo do inventário aqui focalizado talvez bem explique a razão de se ter nominado o procedimento como de jurisdição contenciosa. O Autor pede a anulação do inventário e da partilha, apontando vícios no primeiro e na segunda.

Já decidiu, com iniludível acerto, que 'sempre que a função do juiz ultrapassar do controle de legalidade do ato da integração da capacidade civil ou da homologação do negócio jurídico formado pela convergência da vontade adquire o processo a natureza contenciosa, a respeito da possível inexistência da lide, de modo que a sentença nela proferida, fazendo coisa julgada, se deve invalidar por via de ação rescisória'(ac. TJRS, CPC. Anotado, A. de Paula, vol. II, pág. 458, n° 19. (fls. 342 a 344, do 1° apenso).

Alega-se negativa de vigência ao art. 486 do Código de Processo Civil, que diz:

> *'Art. 486. Os atos judiciais, que não dependem de sentença, ou em que esta foi meramente homologatória, podem ser rescindidos como os atos jurídicos em geral, nos termos da lei civil.'*

Não resta dúvida de que consoante o ditado preceito quando simplesmente homologatória a sentença, os atos processuais podem ser desconstituídos, como os atos jurídicos em geral. Aí, a sentença apenas formaliza o 'ato de vontade' dos interessados. Se a sentença apenas homologa partilha amigável, pode ser anulada por ação ordinária. Para se chegar, contudo, a tal afirmação, impõe-se o exame e a análise de cada processo. Assim, quando há incidentes e controvérsias judiciais no processo de inventário cabe, então, a ação rescisória (artigo 485 do CPC)" (RTJ 113, págs. 281/282).

Tal como ali, aqui também era cabível a ação rescisória, motivo pelo qual não há falar-se em negativa de vigência ou contrariedade aos indigitados arts. 486 do CPC, 168, n° II, 177 c.c. o art. 179 do Código Civil. Por via de consequência, esgotado o prazo para que os recorrentes intentassem, no caso, a ação competente. Pouco importa ainda a alegação dos mesmos recorrentes no sentido de que na espécie o que está em jogo é a indenidade do processo de inventário. Claro é que eventual irregularidade havida no processamento do inventário há de repercutir na sentença de partilha, que *in casu* transitara em julgado e que, pelas razões expostas, desafiava a apresentação da ação rescisória.

Evidente, outrossim, que a ausência de nomeação de Curador Especial aos incapazes não equivale à falta de participação nos autos do inventário. Apenas neste último caso, sim, a jurisprudência tem admitido o cabimento da ação de nulidade ou petição de herança (cfr. RTJ 108/217; REsp n° 11.668-SP, relator Ministro Amos Carneiro). É que, como leciona ERNANI FIDÉLIS DOS SANTOS, "se a pessoa, no entanto, não participou do processo como parte, não pode falar de coisa julgada com relação a ela. Poderá, portanto, ser proposta a ação de petição de herança que, se procedente, tem como efeito necessário a declaração de nulidade de partilha, por sua completa ineficácia. E o prazo prescricional, no caso, será o comum de 20 anos"(Comentários ao Código de Processo Civil, vol. VI, pág. 433, ed. Forense, 1ª ed.)."

Nos parece muito apropriada a transcrição do voto do Ministro ATHOS CARNEIRO no julgamento do REsp n° 11.668/SP (1991/0011330-1), onde funcionou como relator, da 4°Turma do STJ, DJ de 16/03/1992 (LEXSTJ 38/99), em que ficou assentado que é "de vinte anos o prazo para o herdeiro, que não foi citado e não participou do processo de inventário, postular seu quinhão hereditário com a decorrente anulação da partilha em que foi preterido", quer porque ilucida o prazo prescricional dos demais incisos do art. 1.030, quer pela luz que traz para o nosso estudo.

No caso, conforme se vê do relatório, "(...) ajuizou, na comarca de Santos-SP, ação de petição de herança, exercendo direito de representação, pleiteando quinhão ideal dos bens deixados por (...) e (...), irmãs de seu falecido pai (...).

O MM. Juiz de primeiro grau julgou procedente a ação, declarando, consequentemente, a nulidade da partilha já realizada com preterição da autora. A eg. 4º Câmara Civil do Tribunal de Justiça de São Paulo, à unanimidade, negou provimento ao recurso dos réus, que argüíram "preliminarmente, presunção da pretensão ajuizada, ilegitimidade passiva, ausência de prova da filiação da autora", além de sustentarem não admissível o direito de representação, face à possibilidade de ser a autora filha adotiva. Deu a colenda Câmara outrossim, parcial provimento ao apelo da autora, majorando a verba honorária (fls. 166/168).

Rejeitados embargos declaratórios (fls. 175/176), apresentaram os sucumbentes recurso especial, com a fundamentação no art. 105, III, letra "a" da Constituição Federal, onde alegam negativa de vigência aos arts. 178, § 6°, V e 1580 do Código Civil. Sustentam, em resumo, que a ação em questão, de acordo com o pedido, não é a de petição de herança, mas sim a de nulidade de partilha; portanto, é de incidir o prazo prescricional de l (um) ano conforme a lei. Aduzem, ainda, que admitir a ação como de petição de herança significaria contrariar o art. 1.580, parágrafo único, do Código Civil."

Em seu voto, o I. Ministro, que não conheceu do recurso, assim se manifestou:

"A questão do prazo prescricional, aliás único objeto da irresignação, é argumentação que se repete desde a instância inicial, merecendo do douto juiz OSVALDO MAGALHÃES JÚNIOR, correta decisão, ver bis:

"Nesse sentido, registre-se, desde logo, que não subsistem as preliminares de prescrição da ação, uma vez que, na espécie, não se trata de ação de nulidade de partilha, pelos vícios e defeitos que invalidam os atos jurídicos, nem de ação de cunho reivindicatório, mas, isto sim, de ação de petição de herança, que efetivamente tem como pressuposto a nulidade da partilha, e prescreve somente em 20 anos."

É que para anular a partilha, o herdeiro dela excluído e que não participou do inventário deve deduzir sua pretensão por ação própria, nos exatos termos do art. 1.030 do Código de Processo Civil, o qual também tem por pressuposto a nulidade da partilha, mas que só prescreve em 20 anos, por ser de natureza pessoal e pelo fato de que a decisão do inventário é para o referido herdeiro "rés inter alios acta". (fls. 1157 116).

Não há dúvida tratar-se, "in casu", de ação de petição de herança de herdeira preterida em partilha em que lhe assiste direito a quinhão hereditário em representação de seu genitor, sendo a nulidade da partilha consequência óbvia do provimento da pretensão. Vale anotar o asseverado no parecer da ilustrada Subprocuradoria-Geral da República, *verbis*:

"Entretanto, o entendimento deste é sufragado pelo PRETÓRIO EXCELSO - como se pode ver do RE 94.302/SC (RTJ 103/706), RE 57.603/SP (RTJ 38/272), ERE 79.685/BA (RTJ 81/797) e ERE 79.603/RS (RTJ 82/800), p. ex., onde se estabeleceram as seguintes teses : 1º) a partilha que exclui herdeiro necessário é nula; 2º) três são os prazos prescricionais : a) em l (um) ano, quando se tratar de partilha "anulável", que é a que contém "vícios e defeitos que invalidam, em geral, os atos jurídicos" (CC art. 1.805)-aí incidindo o art. 178, § 6º, V do mesmo CC; b) em 2 (dois) anos (pelo atual CPC, art. 485), mediante ação de rescisão, nos casos de "violação" de direito expresso; c) em 20 (vinte) anos, quando se tratar de declaração de "nulidade" de partilha, por vicio(s) arrolado(s) no art. 145 do CC; 3ª) o julgamento da procedência da petição de herança importa na nulidade da partilha, esta como pressuposto daquela.

Ora, realmente "*in casu*" a nulidade da partilha foi absoluta, uma vez que a recorrida não foi citada para o processamento do inventário, sendo nula a "partilha, em que não intervenha herdeiro com direito à sucessão" (WASHINGTON DE MONTEIRO, "Curso de Direito Civil", vol. VI, 5ª ed., p. 315).

Cabe observar-se que o art. 1.030, III do CPC, quando se refere à "preterição de herdeiro", tem em mira aquele que participou do inventário, e, por conseguinte, dispõe de todos os elementos para propor ação rescisória - conforme acertadamente acentuou a Eg. 6ª CCTJRJ, na AC 9/047 (RT 543/211), sendo, portanto, o dito dispositivo inaplicável para que a decisão foi "*res inter alios acta*". (fls. 202/203).

Quanto à alegada ofensa ao artigo 1580, parágrafo único, do Código Civil, tal norma de lei não incide à espécie, pois cuida de vindicação por herdeiro contra "terceiro" que indevidamente possua a universalidade da herança, e não contra os "herdeiros"."

De grande valia, também, para este estudo trazermos o voto do Ministro CLÁUDIO SANTOS no REsp 1686/PB (1989/0012644-0), onde a 3ª Turma do STJ, à unanimidade não conheceram do recurso, DJ 267 03/90, p. 2174 (RSTJ 9/368), nos seguintes termos :

"No julgamento da apelação, decidiu a Segunda Câmara Cível do T.J. da Paraíba na conformidade da seguinte ementa :

"EMENTA: AÇÃO DE NULIDADE ABSOLUTA DE PARTILHA, CUMULADA COM ANULAÇÃO DE VENDA DE BENS DO ESPÓLIO. PROCEDÊNCIA. APELAÇÃO.

- A declaração judicial da paternidade retroage à data da abertura da sucessão, desde que esta se tenha verificado na vigência da Lei n° 883, de 1949. Não pode subsistir a partilha feita após a propositura da ação em fraude aos direitos do filho reconhecido. O art. 1.803 do CC só será de aplicar-se se a ação de investigação de paternidade, cumulada com petição de herança, for proposta após a homologação da partilha.

- É nula a partilha feita com exclusão de herdeiro legitimamente reconhecido.

- Declarada a nulidade, todos os bens do espólio devem voltar ao statu quo ante, inclusive os alienados, desde que nulificadas sejam as transações.

- Recurso não provido e manutenção da sentença pelos seus fundamentos", (fls. 292).

Votou vencido o Desembargador Luiz Pereira Diniz a sustentar que de acordo com o art. 153 do Código Civil, a meação da viúva poderia ser separada, visto ser válida e não sofrer as conseqüências da disputa do filho no inventariado, excluído do processo sucessório, matéria até então não versada.

Mantida em embargos infringentes foi o acórdão, sendo de destacar o seguinte trecho do voto do relator:

"Ninguém ignorava o que estava a pretender o ora embargado varão. Também ninguém tivera a iniciativa de promover a reserva de bens, como expresso no art. 1.001, Segunda parte do Código de Processo Civil, a fim de evitar a possibilidade de prejuízo acaso viesse, como veio, a ser julgada procedente a investigatória. Destarte, somente os quatro filhos legítimos, conjuntamente com a sua genitora, arrimados no art. 1.773 do Código Civil e na conformidade com o art. 1.029 do CPC, acordaram em fazer partilha amigável e por termo nos autos, devidamente homologada por sentença. Marginalizou-se o ora embargado. Preteriu-se um herdeiro que, não obstante filho natural, tem mesmo direito à herança, e em igualdade de condições aos que forem legítimos (art. 2° da Lei n° 883, de 21 de outubro de 1949, na redação dada pelo art. 51 da Lei do Divórcio n° 6.515, de 26.12.1977)". (fls. 356).

E, adiante:

"Não prosperam os embargos infringentes. A partilha amigável, declarada nula com base "nas decisões de Tribunais do País e nos ensinamentos da doutrina", como se houve e qualquer um percebe, não tem condições de sobrevivência, mesmo em parte. A meeira beneficiou-se com bastante mais do que lhe cabia e os herdeiros filhos legítimos ficaram com bem menos do que o direito lhes dava. Concordam nisso por dois motivos fundamentais : a) porque, filhos legítimos da viúva meeira, em algum tempo teriam todos os seus direitos de volta; b) porque, assim, porventura intocável a meação da cônjuge supérstite, a herança do filho natural resultaria emagrecida. Sairia não da metade da massa hereditária, mas tão apenas da parte com que, amigavelmente, se contentaram os embargantes. Convenha-se que, sob qualquer aspecto, não há a mais mínima justiça na pretensão - data vênia - dos recorrentes."(fls. 357).

Diante de tais considerações é fácil concluir-se pela ausência de qualquer infringência à norma substantiva invocada. (...)."

ANULAÇÃO DE PARTILHA HOMOLOGADA JUDICIALMENTE NOS AUTOS DA AÇÃO DE DIVÓRCIO - "Prescrição" reconhecida de ofício, nos termos do art. 487, II, do CPC c/c o art. 657, parágrafo único, do CPC - Insurgência do autor - Alegação de que à hipótese se aplica o art. 178 do CC - Cabimento - Em acordo de partilha celebrado entre ex-casal e homologado judicialmente, com suposto vício de vontade a afetar um dos celebrantes, o prazo para apresentar o pedido judicial de anulação é de quatro anos, conforme estipula o artigo 178 do Código Civil - Prazo decadencial de um ano que é específico para a anulação de partilha do direito sucessório - Regra que limita direito que deve ser interpretada restritivamente - RECURSO PROVIDO, COM DETERMINAÇÃO. (TJSP; Apelação 1008243-08.2017.8.26.0005; Relator (a): Miguel Brandi; Órgão Julgador: 7ª Câmara de Direito Privado; Foro Regional V - São Miguel Paulista - 3ª Vara da Família e Sucessões; Data do Julgamento: 15/03/2018; Data de Registro: 15/03/2018)

CIVIL E PROCESSO CIVIL. INVENTÁRIO. SENTENÇA HOMOLOGATÓRIA DE PARTILHA. DESCONSTITUIÇÃO. AÇÃO ANULATÓRIA. CABIMENTO. LEGITIMIDADE PASSIVA DE QUEM PARTICIPOU DA PARTILHA. ARTS. ANALISADOS: 486, 1.030 E 12, V, CPC. 1. Ação anulatória de partilha distribuída em 06/08/2002, da qual foi extraído o presente recurso especial, concluso ao Gabinete em 15/04/2013. 2. Discute-se a ação adequada para desconstituir a partilha homologada por sentença nos autos do inventário, assim como a legitimidade dos herdeiros para figurar no polo passivo. 3. A análise da ação adequada à invalidação da partilha tem por pressuposto a análise do conteúdo e dos limites da sentença proferida nos autos do inventário: se homologada, simplesmente, a partilha, mesmo que para aprovar o plano apresentado pelo inventariante, mas desde que ausente litigiosidade, deve-se ajuizar a ação anulatória; se, ao revés, na sentença forem resolvidas questões suscitadas pelos interessados quanto à divisão de bens e/ou à admissão de herdeiros, cabível é a ação rescisória. 4. Na espécie, a invalidação pretendida na ação anulatória é do ato homologado e não da sentença homologatória, porquanto ficou demonstrado nos autos que, ao elaborar as primeiras declarações e o esboço de partilha, a inventariante (recorrente), intencionalmente, omitiu a condição de meeira da então companheira do falecido, embora a tenha indicado na petição inicial do inventário, preterindo, assim, o seu direito à meação. 5. Transitada em julgado a sentença que homologou a partilha, cessa o condomínio hereditário e os sucessores passam a exercer, *exclusiva e plenamente, a propriedade dos bens e direitos que compõem o seu quinhão, nos termos do art. 2.023 do CC/02. Não há mais falar em espólio, sequer em representação em juízo pelo inventariante, de tal forma que a ação anulatória deve ser proposta em face daqueles que participaram da partilha; na espécie, a filha (recorrente) e a ex-mulher do falecido. 6. Recurso especial conhecido e desprovido. (3ª. Turma do STJ, REsp 1238684/SC, Relatora Ministra Nancy Andrighi, REP DJe 21/02/2014, DJe 12/12/2013, REVJUR vol. 434 p. 77).*

INVENTÁRIO. PARTILHA JUDICIAL. HERDEIRO MENOR. AÇÃO RESCISÓRIA. COMPORTABILIDADE. Tratando-se de partilha judicial, face à existência no inventário de interesse de menor, o meio impugnativo cabível da sentença proferida é o da ação rescisória e não o da ação de anulação. Recurso especial não conhecido. (STJ - RESP 586312 - SC - PROC 2003/0160064-0 - 3ª T. - Rel. Min. Castro Filho - DJU 16.08.2004, p. 260)

INVENTÁRIO - PEDIDO DE RETIFICAÇÃO DE PARTILHA - DESCABIMENTO - Mesmo sendo flagrante o erro na partilha ao incluir como herdeiro quem não ostentava tal condição, isto é, presumindo que as netas sucederiam a mãe pré-morta na herança da sogra dela, não é possível corrigi-lo mediante o mero pedido de retificação de partilha, sendo imperioso promover a ação de anulação de partilha ex vi do art. 1.030, inc. III, do CPC. Recurso desprovido. (TJRS - AI 70007238199 - 7ª C. - Rel. Dês. Sérgio Fernando de Vasconcellos Chaves - J. 03.12.2003)

INVENTÁRIO E PARTILHA. AUSÊNCIA DE NOMEAÇÃO DE CURADOR ESPECIAL A HERDEIROS INCAPAZES. HIPÓTESE EM QUE A DECISÃO QUE JULGOU A PARTILHA NÃO FOI ATO MERAMENTE HOMOLOGATORIO. Tratando-se de partilha judicial, face a existência no inventário de menores impúberes, o meio impugnativo cabível da sentença proferida é o da ação rescisória e não o da ação de anulação exercitável perante o juiz singular. Inaplicação ao caso do lapso prescricional vintenário. Recurso Especial não conhecido. Decisão. POR UNANIMIDADE, NÃO CONHECER DO RECURSO. (STJ - RESP 21377 - Proc. 1992.00.09633-6 - MG - QUARTA TURMA - Rel. BARROS MONTEIRO - DJ DATA: 22.11.1993 PÁGINA: 24958; LEXSTJ VOL.:00056 ABRIL/1994 PÁGINA:206; RDC VOL.:00075 PÁGINA: 171 REVJMG VOL.: 00126/ 127 PÁGINA: 450).

11. Do arrolamento

O arrolamento é, atendidos aos pressupostos que reclama, um inventário e partilha simplificado, através do qual se possibilita uma sensível abreviação para o seu término, face a dispensa de algumas solenidades, além do que é mais econômico.

Nesse sentido a lição de PONTES DE MIRANDA, ob. cit., p. 278/279, quando diz sobre a natureza da ação de arrolamento de bens de herança, ensina que no "sentido do direito material, é a mesma ação de inventário e partilha. O que muda é a "ação", no sentido do direito processual, o rito ou curso.

Arrolamento é o ato de por em rol. As legislações dos séculos passados somente falaram de arrolamento de vinho, aguardente e vinagres. Depois se passou a falar em arrolamento, em ação de inventário e partilha (e. g., ANTÔNIO DE MORAIS E SILVA, *Diccionario da Língua Portuguesa*, Lisboa, 1823, I, 307). A simplificação dos atos de inventário foi que sugeriu o emprego da expressão arrolamento. Para que isso aconteça exigiu-se ou a) que todos os herdeiros sejam capazes, mesmo no tocante à idade, e concordem em fazer a partilha amigável, qualquer que seja o valor dos bens do espólio, ou b) que o valor dos bens do espólio não exceda duzentas vezes o do salário mínimo vigente na sede do juízo. Na espécie b), os representantes e assistentes dos menores e outros incapazes podem pedir que se aplique o art. 1.031, II."

Em verdade o que diferencia o arrolamento do inventário é a sua forma, característica e procedimento. O arrolamento pode ser, por divisão legal, sumário ou comum.

11.1. Do arrolamento sumário.

O arrolamento sumário, previsto no art. 2.015 do CC, está disciplinado pelo CPC nos arts. 659 a 663, e reclama como condições básicas, que os herdeiros sejam maiores, capazes e tenham acordado a partilha entre si (art. 659), não importando o valor dos bens a partilhar, a sua qualidade ou natureza, e será homologada de plano pelo juiz, mediante prova da quitação dos tributos relativos aos bens do espólio e às suas rendas, cabendo a aplicação dessa regra, também, em se tratando de pleito de adjudicação, quando houver um único herdeiro (§ 1º). Transitada em julgado a sentença de homologação de partilha ou adjudicação, será lavrado o formal de partilha ou elaborada a carta de adjudicação e, em seguida, serão expedidos os alvarás referentes aos bens e às rendas por ele abrangidos, intimando-se o fisco para lançamento administrativo do imposto de transmissão e de outros tributos porventura incidentes, conforme dispuser a legislação tributária, nos termos do § 2º do art. 662 (§ 2º).

Atente-se que em ocorrendo de haver herdeiros ausentes, menores ou incapazes, o rito a ser seguido, ressalvada a hipótese de cabimento do arrolamento comum, é o do inventário.

Antes da edição da Lei n° 9.280/96, que já havia alterado o art. 1.031 do CPC, hoje art. 659, o entendimento do STJ no que concerne a questionamentos acerca do pagamento de tributos relativos à transmissão de bens *causa mortis*, está retratada no REsp n° 50.529/SP, julgado pela 1ª. Turma, a unanimidade, tendo como Relator o i. Ministro HUMBERTO GOMES DE BARROS, com ementa publicada no DJ de 20/02/95 (LEXSTJ 71/265), p. 3.156, nos seguintes termos :

> *"PROCESSUAL - TRIBUTÁRIO - ARROLAMENTO - INTERVENÇÃO DA FAZENDA PÚBLICA -PAGAMENTO DO IMPOSTO DE TRANSMISSÃO -HOMOLOGAÇÃO DA PARTILHA - AGRAVO DE INSTRUMENTO - JUÍZO DE RETRATAÇÃO. I - O acórdão que, embora declare prejudicado o agravo, reforma a decisão recorrida. Tal aresto, em verdade, conheceu o recurso e lhe deu provimento. II - No procedimento de arrolamento, disciplinado pelos arts. 1.031 e seguintes do CPC, a homologação da partilha depende apenas da prova de quitação dos tributos relativos aos bens e às rendas do espólio; III - No arrolamento não*

> *se admitem questões relativas ao lançamento de tributos relativos à transmissão; IV - O simples pagamento no valor obtido mediante aplicação das leis faz presumir a extinção resolúvel do crédito tributário. Reserva-se ao Estado o direito de reclamar em sede apropriada, eventual diferença; V – Esta presunção é compatível com o art. 192 do CTN. Ele se amolda ao sistema de lançamento por homologação, consagrado no art. 150 daquela Lei Complementar."*

Para que alcancemos o enunciado na ementa, de forma plena, necessário que se conheça do relatório e do voto do Ministro Relator, com o seguinte teor :

"Em procedimento de arrolamento, para sucessão *causa mortis*, o Estado de São Paulo interveio nos autos. Reclamou se complementasse o valor do imposto recolhido. Isto, porque o pagamento se fez, sem correção monetária.

O pedido foi acatado.

Os herdeiros interpuseram agravo de instrumento. O MM. Juiz retratou-se, por entender que o procedimento do arrolamento não admite discussão tributária : eventuais diferenças devem ser corrigidas "nos termos da legislação específica" (fls. 35/36).

O Estado provocou a remessa do instrumento de agravo ao E. Tribunal de Justiça. Desenvolveu esta linha de raciocínio :

a) *a teor dos Arts. 1.033 e 1.034 do Código de Processo Civil, não se admite, no arrolamento, discussão relativa ao lançamento ou ao pagamento de tributos incidentes sobre a transmissão dos bens que integram o espólio;*

b) *o Estado pode - caso entenda que o pagamento do tributo foi insuficiente - rever o lançamento, para cobrança posterior;*

c) *no entanto, o Art. 192 do Código Tributário Nacional impede se emita sentença de partilha ou adjudicação, sem que haja quitação de impostos relativos aos bens do espólio;*

d) *por outro lado, a correção monetária não traduz majoração do tributo (CTN - Art. 97, § 2°);*

e) *o Magistrado não podia deixar de ordenar a complementação do Tributo, em homenagem ao Art. 192 do CTN.*

O V. Acórdão concluiu por declarar, ex-offício. nula a decisão em que o Juiz se retratou e prejudicado o agravo (fls. 48/49).

Os ora recorrentes opuseram declaratórios argumentando :

a) *o agravo de instrumento que sobe ao Tribunal, enfrentando decisão onde o juiz se retrata, por efeito de agravo (CPC, Art. 527, § 5°) não é o mesmo que conduziu à retratação : é outro recurso, em que se invertem as posições de recorrente e recorrido;*

b) *nesta circunstância, o Acórdão não deveria Ter declarado a nulidade da retratação, mas dado como provido o agravo;*

c) *a se declarar nula aquela decisão, o processo haveria de retornar ao estado anterior, para a emissão de outra decisão;*

d) *é que a nulidade pressupõe existência de defeito formal;*

e) *no entanto, o Acórdão enfrentou a questão decidida pelo ato supostamente nulo, impedindo a emissão de novo pronunciamento pelo Juiz de primeiro grau;*

f) *tal situação leva a um dilema : a declaração de nulidade da retratação teria como efeito lógico, a subida do agravo originário; no entanto, as razões discutidas naquele recurso já foram examinadas pelo Tribunal, encontrando-se preclusas;*

g) *o Acórdão padece de omissão, por não haver examinado o tema relativo à ofensa do Art. 150, III, a e b, da Constituição Federal;*

Estes embargos foram repelidos.

O Tribunal esclareceu, contudo, que o ato do Juiz, determinando a quietação dos impostos foi praticado *ex officio*, não a requerimento do Estado.

Disse, mais :

"Cumpre ressaltar que a Fazenda do Estado poderia agravar da decisão, uma vez que foi chamada à lide pelo douto Magistrado. Porém, a Fazenda do Estado não deveria intervir no processo em atendimento aos arts. 1.033 e 1.034 do CPC, com a redação que lhe deu a Lei n. 7.019/82, intervindo, aqui, apenas por determinação judicial.

Desse modo, para atender ao disposto no art. 192 do CTN, o correto é determinar-se a providência de ofício, e não, como foi ressaltado a fls. 49, em atendimento ao pedido da Fazenda."(fls. 60/61)

Em Recurso Especial, os Embargantes dizem que o V. Acórdão negou vigência aos Artigos 498, VII; 522; 1.033 e 1.034 do CPC.

Este o relatório."

O voto tem o seguinte teor :

"Os artigos 498 e 522 do Código de Processo Civil não foram objeto de discussão, tanto no Acórdão que deslindou o Agravo, quanto naquele que decidiu os Embargos declaratórios.

Por isto, não há como apreciar, nestes recuso especial, as alegadas ofensas e seus dispositivos.

Conheço, entretanto, o Apelo, no que se refere aos Artigos 1.033 e 1.034 do CPC.

Anoto, por oportuno, que os Acórdãos complementares para declararem nula a retratação, em verdade, deram provimento ao agravo impulsionado pelo Estado.

Com efeito, não seria possível ao Tribunal, agindo espontaneamente, declarar nulo, ato praticado por Juiz de Direito no Âmbito de sua competência.

Não é lícito discutir-se, na estreita seara deste Recurso Especial, a legitimidade do Estado, para fazer subir o agravo, após exercício da retratação.

De qualquer modo, não seria despropósito admitir-se o apelo, com fundamento no Art. 499 do CPC : o Estado, sem dúvida pode-se considera-se, na hipótese, terceiro prejudicado.

Passo ao exame do mérito.

O Artigo l .033 do CPC veda a prática de qualquer avaliação dos bens do espólio, "para qualquer finalidade".

Já o Artigo 1.034 proíbe o conhecimento de questão relacionada com pagamento ou quitação de taxas judiciárias ou tributos incidentes sobre a transmissão dos bens integrantes do espólio.

No que respeita ao Imposto de transmissão, o § 2° deste artigo esclarece que o tributo será objeto de lançamento administrativo, nos termos do que dispuser a leu tributária. Ressalva, no entanto, que as autoridades fazendárias não se subordinam a estes valores.

Na interpretação do § 2°, se tem entendido que a Fazenda Pública não intervém no procedimento, mas deve ser intimada da Sentença, para, eventualmente, cobrar diferença de que se ache credora.

Tal cobrança, no entanto, não retira eficácia da Decisão que homologa a partilha : a diferença eventualmente apurada será objeto de cobrança em processo autônomo.

Nestes autos, o Juiz condicionou a homologação ao pagamento de diferença exigida pelo fisco.

O mesmo Juiz, alertado pelo agravo, retratou-se voltando atrás neste condicionamento.

O Tribunal a quo, restaurou o condicionamento.

Para tanto, conjugou os dispositivos do CPC com o Art. 192 do CTN.

Tenho para mim que semelhante conjugação leva à confirmação de que se decidiu no Juízo de retratação.

Com efeito, o dispositivo do Art. 1.034, § 1° do CPC presume corretos os valores encontrados mediante aplicação das leis tributárias. Considera, entretanto, que tais valores ficam expostos a homologação. Assim, reserva-se ao estado, o direito de haver o complemento que lhe seja devido.

Esta presunção é compatível com a modalidade do lançamento por homologação, prevista no Art. 150 do CTN. Esta modalidade de lançamento, o pagamento antecipado pelo contribuinte resulta em extinção resolúvel do crédito tributário : se no processo de homologação verifica-se que a antecipação for insuficiente, o Estado cobrará a diferença.

A R. decisão em que o Juiz se retratou está correta. Dou provimento ao recurso, para restaurá-la."

Bastante apropriado trazermos a este estudo o julgado no REsp 36.909/SP, da 4ª Turma do STJ, Relator Ministro Sálvio de Figueiredo Teixeira, com ementa oficial publicada no DJ de 16/12/1996, p. 50.873 (RT 739/210), nos seguintes termos :

> "*PROCESSUAL CIVIL. ARROLAMENTO DE BENS. DIREITO SUCESSÓRIO. DISCUSSÃO A RESPEITO DO VALOR DO IMPOSTO DE TRANSMISSÃO PAGO POR AUSÊNCIA DE CORREÇÃO MONETÁRIA. IMPOSSIBILIDADE. LEI 9.280/1996 QUE ALTEROU O ART. 1.031, CPC. RECURSO DESACOLHIDO. - Merece prestígio, mesmo na vigência da Lei 9.280/1996, que alterou o art. 1.031, CPC, a jurisprudência deste Tribunal no sentido de não se admitir, no arrolamento, questionamentos acerca do pagamento de tributos relativos à transmissão.*"

A ementa acima é resultante do não conhecimento do recurso interposto pela Fazenda do Estado de São Paulo contra sentença que julgou a partilha dos bens deixados pelo falecimento do pai da recorrida, sustentando que não poderia ser homologada a partilha sem que houvesse quitação integral do imposto de transmissão do bem imóvel inventariado, uma vez que o pagamento teria se dado cinco meses depois de calculado o imposto, sem fazer incidir a devida correção monetária. O Tribunal de Justiça de São Paulo não conheceu do recurso, sustentando que no arrolamento de bens não se conhece de questão relativa ao pagamento de tributo *causa mortis*.

Asseverou o Sr. Ministro Relator em seu voto que "Este Tribunal havia firmado posição no sentido de que, com a alteração do art. 1.034, CPC, promovida pela Lei 7.019/82, em inventários, que corriam sob o rito de arrolamento, não se poderia discutir a respeito do tributo devido pela transmissão dos bens, se o cálculo estava certo ou se teria sido pago a menor. Dentre outros, cita-se o REsp 50.529 (DJ 20.2.95), da Primeira Turma, de que foi relator o Sr. Ministro HUMBERTO GOMES DE BARROS, com a seguinte ementa, no ponto que interessa :

"II - *No procedimento de arrolamento, disciplinado pelos arts. 1.031 e seguintes do CPC, a homologação da partilha depende apenas da prova da quitação dos tributos relativos aos bens e às rendas do espólio;*

III - *No arrolamento não se admitem questões relativas ao lançamento de tributos relativos à transmissão;*

IV - *O simples pagamento do valor obtido mediante aplicação das leis faz presumir a extinção resolúvel do crédito tributário. Reserva-se ao Estado o direito de reclamar em sede apropriada, eventual diferença;*

V - *Esta presunção é compatível com o art. 192 do CTN. Ele se amolda ao sistema de lançamento por homologação, consagrado no art. 150 daquele Lei complementar".*

Dito entendimento estava consentâneo com a doutrina a respeito da matéria, de que são exemplos as obras de HAMILTON DE MORAES E BARROS, *Comentários ao Código de Processo Civil*, v. IX, 4ª ed., Forense, 1993, n. 195, p. 202; SILVA PACHECO, *Inventários e Partilhas*, 8ª ed., Forense, 1994, n. 1.333, p. 600; e SEBASTIÃO AROMAM e EUCLIDES DE OLIVEIRA, *Inventários e Partilhas*, 9ª ed., Leud, 1995, cap. VIII, n. 5, p. 241.

Todavia, em maio deste ano, foi sancionada a Lei n. 9.280, de 30.5.96, que alterou o art. 1.031 do Código de Processo Civil e prescreveu que, somente após a comprovação, verificada pela Fazenda Pública, do pagamento de todos os tributos devidos em decorrência da transmissão de bens no curso do arrolamento, podem ser expedidos formais ou alvarás.

A partir de então, deve-se levar em consideração essa matiz superveniente. Questiona-se, portanto, se a nova redação do art. 1.031 foi capaz de derrogar o art. 1.034, ambos do Código de Processo Civil.

Tenho para mim que negativa a resposta.

A intenção do legislador foi a de compatibilizar a celeridade do arrolamento com o pagamento dos impostos devidos à Fazenda

Pública. E, desta forma, exigiu, para a expedição de formais ou alvarás, a comprovação do seu pagamento.

Assim, a interpretação teletológica que se faz dos dois dispositivos legais sob enfoque permite concluir que, efetivamente, os formais não serão promovidos senão depois de comprovado o pagamento de todos os tributos devidos. No entanto, o cálculo dos impostos e respectivos pagamentos serão feitos na esfera administrativa, sede própria também para dirimir controvérsias porventura surgidas entre os particulares e a Fazenda Pública.

Destarte, enquanto se resolve administrativamente o pagamento do tributo, suspende-se a entrega dos formais e dos alvarás.

NELSON NERY JR., escrevendo depois da mencionada alteração, enfatiza a impossibilidade de expedição dos documentos comprobatórios da transferência da propriedade do falecido para os herdeiros, antes de constatado o pagamento dos tributos, sem tratar de eventual revogação do art. 1.034, CPC, *verbis* :

"O juiz só poderá determinar a expedição do formal de partilha ou adjudicação, ou alvará relativo a um dos bens por ele abrangidos, de pois de a parte comprovar o recolhimento de todos os tributos decorrentes da partilha ou da adjudicação. Além disso, a efetiva expedição dependerá da prévia ouvida da fazenda pública federal, estadual ou municipal, dependendo da natureza do tributo"(*Código de Processo Civil* Anotado, 2ª ed., RT, 1996, nota ao art. 1.031, p. 1.244).

A divergência, destarte, não se caracterizou, uma vez que a jurisprudência deste Tribunal já se sedimentou no mesmo sentido do aresto hostilizado, nos termos do enunciado n. 83 da súmula/STJ.

Em face do exposto, não conheço do recurso."

Em seu voto vogal o E. Ministro RUY ROSADO AGUIAR acrescentou que "Em razão das alterações introduzidas pela Lei 7.0191/82, as questões tributárias ficaram excluídas de apreciação no arrolamento, de tal sorte que o processo judicial atingiria o seu fim, sem levar em consideração a matéria fiscal.

Agora, a Lei 9.280/96 acrescentou um parágrafo ao artigo 1.031 do CPC, condicionando a expedição de formal e alvarás "à comprovação, verificada pela Fazenda Pública, do pagamento de todos os tributos".

Houve uma mudança substancial no sistema, pois aquilo que antes ficava fora de apreciação judicial, mas não impedia a conclusão do processo e expedição dos atos correspondentes, agora continua fora de apreciação do juiz, ma impede a expedição do formal, isto é, a parte ficaria subordinada à vontade da Fazenda, sem poder levar o tema à consideração do juiz, no processo de arrolamento, quando estabelecido litígio a respeito de questão fiscal.

Essa interpretação literal, contudo, não se afeiçoa ao sistema de controle judicial e simplificação dos instrumentos processuais, a recomendar que todas eu questões concernentes ao arrolamento sejam resolvidas pelo juiz, e, preferentemente, no próprio processo instaurado, salvo matéria de alta indagação.

Por isso, quero ressaltar que caberá ao juiz do arrolamento apreciar a eventual negativa da Fazenda quanto à comprovação do pagamento dos tributos decorrentes da partilha, e decidir sobre a expedição ou não dos atos respectivos. E isso significa que o juiz, para esse fim, deverá apreciar a questão fiscal e decidir sobre ela, pois essa decisão sobre a expedição do formal será sempre judicial, ainda que haja manifestação contrária da Fazenda. É por isso que a interpretação do art. 1.034 do CPC deve ser feita, a partir de agora, penso eu, com essa restrição."

ARROLAMENTO SUMÁRIO - Decisão que determinou a juntada, em 2 meses, de certidão positiva com efeito de negativa de dívida municipal e, no silêncio, autorizou a alienação judicial do único imóvel arrolado - Inconformismo - Acolhimento parcial - Certidões atualizadas da Municipalidade, dando conta da existência de dívidas, já acostadas aos autos - Desnecessidade da providencia requisitada - Partilha que poderá ser homologada, após a retificação das primeiras declarações para constar as referidas dívidas, desde que sejam reservados bens suficientes para o pagamento delas - Inteligência do art. 620, inc. IV, alínea "f", e do art. 663, ambos do Código de Processo Civil - Decisão parcialmente reformada - Recurso provido em parte. (TJSP; Agravo de Instrumento 2015244-08.2018.8.26.0000; Relator (a): J.L. Mônaco da Silva; Órgão

Julgador: 5ª Câmara de Direito Privado; Foro de Ibaté - Vara Única; Data do Julgamento: 02/04/2018; Data de Registro: 02/04/2018)

ALVARÁ JUDICIAL. Autor que pretende a expedição de alvará judicial para levantamento de valores deixados por sua genitora já falecida. Sentença de extinção do feito. Apelo do autor. Levantamento de valores deixados pela falecida em Conta Poupança, Vale-Alimentação e resíduos do INSS que pode ser deferido independentemente de inventário ou arrolamento, desde que não superem o montante equivalente a 500 OTN's (art. 666 do CPC/2015 e Lei nº 6.858/80). Hipótese em que o indeferimento da inicial se mostrou precipitado. Necessária a expedição dos ofícios requeridos para verificar se os valores superam ou não limite legal. Autor que, ademais, comprovou a inexistência de bens imóveis ou veículos em nome da falecida. Sentença anulada. Recurso provido. (TJSP; Apelação 1008910-38.2017.8.26.0637; Relator (a): Mary Grün; Órgão Julgador: 7ª Câmara de Direito Privado; Foro de Tupã - 3ª Vara Cível; Data do Julgamento: 02/04/2018; Data de Registro: 02/04/2018)

Agravo de instrumento. Arrolamento. Decisão que indeferiu gratuidade da justiça e determinou apresentação de certidões negativas de débitos fiscais. Espólio composto por bens suficientes para pagamento das custas e despesas processuais. Apresentação de certidões ficais negativas de débito. Manutenção. Providência necessária, nos termos do art. 664, §5º, CPC. Agravo não provido. (TJSP; Agravo de Instrumento 2050242-02.2018.8.26.0000; Relator (a): Edson Luiz de Queiróz; Órgão Julgador: 9ª Câmara de Direito Privado; Foro Central Cível - 4ª Vara da Família e Sucessões; Data do Julgamento: 02/04/2018; Data de Registro: 02/04/2018)

Agravo de Instrumento. Arrolamento sumário. Determinação na origem para que fosse aguardada decisão final em mandado de segurança, no qual se discute o recolhimento do imposto de transmissão, para expedição do formal de partilha. Tributos decorrentes da sucessão que deverão ser lançados administrativamente pelas Fazendas Estaduais. Após o trânsito em julgado da sentença homologatória, cumpre ao juízo tão somente intimar o fisco para cobrança. Inteligência do art. 659, § 2º, do CPC/15. Comprovação da quitação do ITCMD para a expedição do formal de partilha que não se revela mais necessária sob o rito do arrolamento sumário. Decisão reformada. Agravo provido. (TJSP; Agravo de Instrumento 2208177-42.2017.8.26.0000; Relator (a): Maria de Lourdes Lopez Gil; Órgão Julgador: 7ª Câmara de Direito Privado; Foro Regional III - Jabaquara - 2ª Vara da Família e Sucessões; Data do Julgamento: 28/03/2018; Data de Registro: 28/03/2018)

PROCESSO CIVIL. RECURSO ESPECIAL. ARROLAMENTO SUMÁRIO. EXPEDIÇÃO DO FORMAL DE PARTILHA CONDICIONADA À VERIFICAÇÃO DA QUITAÇÃO INTEGRAL DOS TRIBUTOS PELA FAZENDA PÚBLICA. ARTS. 1.031 E 1.034 DO CPC. VIOLAÇÃO DO ART. 535 DO CPC NÃO CONFIGURADA. ART. 1.572 DO CÓDIGO CIVIL. AUSÊNCIA DE PREQUESTIONAMENTO. 1. Inexiste violação ao art. 535 do CPC quando o Tribunal de origem, embora sucintamente, pronuncia-se de forma suficiente sobre a questão posta nos autos, sendo certo que o magistrado não está obrigado a rebater um a um os argumentos trazidos pela parte se os fundamentos utilizados tenham sido suficientes para embasar a decisão. 2. O requisito do prequestionamento é indispensável, por isso inviável a apreciação, em sede de recurso especial, de matéria sobre a qual não se pronunciou o Tribunal de origem, incidindo, por analogia, o óbice das Súmulas 282 e 356 do STF. 3. O arrolamento sumário, previsto no art. 1.031 do CPC, tem rito mais simplificado que o inventário e o arrolamento comum, este previsto no artigo 1.038, do mesmo diploma legal. 4. O *pedido de partilha amigável será homologado de plano pelo juiz, mediante a prova da quitação dos tributos relativos aos bens do espólio e às suas rendas (art. 1.031, caput, do CPC combinado com o art. 192 do CTN). 5. Antes do trânsito em julgado da sentença de homologação da partilha ou adjudicação proferida no procedimento de arrolamento sumário, inexiste intervenção da Fazenda Pública, a qual, contudo, condiciona a expedição dos respectivos formais, à luz do disposto no § 2º do artigo 1.031 do CPC. Precedentes. 6. Nessa linha, eventuais questões tributárias deverão ser resolvidas pela via adequada, ficando suspensa a expedição do formal de partilha e respectivos alvarás, ante a manifesta prejudicialidade do processo que discute a relação jurídico-tributária na esfera administrativa (art. 1.034 do CPC) ou judicial. 7. No caso em julgamento, insurge-se a Fazenda Pública quanto ao valor do tributo recolhido a menor, razão pela qual requer a suspensão ou anulação do formal de partilha e dos alvarás expedidos, sendo certo que, sem sua anuência, não há falar em expedição regular das autorizações, nos estritos termos do art. 1.031, § 2º do CPC, devendo o Estado do Paraná, no entanto, instaurar o devido processo para discussão do valor a ser recolhido a título dos tributos incidentes sobre a transmissão da propriedade. Precedentes. 8. Recurso especial parcialmente conhecido, e, nesta parte, provido. (REsp 910413/PR, 4ª. Turma do STJ, Relator Ministro Luis Felipe Salomão, j. 06/12/2011, DJe 15/03/2012).*

PROCESSO CIVIL – TRIBUTÁRIO – ARROLAMENTO – IMPOSTO SOBRE PROPRIEDADE PREDIAL E TERRITORIAL URBANA – EXPEDIÇÃO DE FORMAL DE PARTILHA – PARCELAMENTO – COMPROVAÇÃO DO PAGAMENTO DE TODOS OS TRIBUTOS – ARTIGOS 1031 E 1034 DO CPC – TEMA JÁ JULGADO PELO REGIME DO ART. 543-C DO CPC – 1- Trata-se o presente caso acerca da possibilidade de se admitir a expedição do formal de partilha independentemente da prova da liquidação de parcelamento do IPTU. 2- A partir da interpretação sistemática dos artigos 1031, §2º, e 1034 do CPC, conclui-se que a comprovação do pagamento de todos os tributos somente condiciona a expedição do formal de partilha e dos respectivos alvarás, mas não a tramitação do arrolamento sumário, ou seja, apenas após o trânsito em julgado da sentença de homologação de partilha é que há a necessidade de comprovação do pagamento de todos os tributos (não apenas dos impostos incidentes sobre os bens do espólio), inclusive aqueles que se encontram parcelados, para a expedição do formal de partilha. 3- No REsp 1.150.356/ SP, Rel. Ministro LUIZ FUX, julgado em 09/08/2010, DJe 25/08/2010, submetido ao Colegiado pelo regime da Lei nº 11.672/08 (Lei dos Recursos Repetitivos), que introduziu o art. 543-C do CPC, reafirmou-se o posicionamento acima exposto. 4- Recurso especial provido. (STJ – REsp 1.276.112 – (2011/0212211-0) – 2ª T. – Rel. Min. Mauro Campbell Marques – DJe 13.12.2011 – p. 705).

CIVIL – APELAÇÃO – INVENTÁRIO – PARTILHA AMIGÁVEL – ANULAÇÃO – IRREGULARIDADES – DISPOSITIVOS LEGAIS – AFRONTA – PROVIMENTO – 1- Segundo estabelece o art. 1.031, do Código de Processo Civil e o art. 192, do Código Tributário Nacional, a sentença homologatória de partilha amigável não será prolatada sem a prévia quitação dos tributos relativos aos bens pertencentes ao espólio, assim, conduta diversa deve ser declarada nula, pois afronta dispositivos legais que regem a espécie. 2- Apelo provido. (TJAC – Ap 0004548-15.2010.8.01.0002 – (11.030) – C.Cív. – Relª Desª Eva Evangelista de Araujo Souza – DJe 14.09.2011 – p. 19).

DIREITO TRIBUTÁRIO – AÇÃO DE INVENTÁRIO – FILHOS HERDEIROS – BENS RENUNCIADOS EM FAVOR DA VIÚVA MEEIRA – RENÚNCIA TRANSLATIVA – INCIDÊNCIA DO ICD – PRELIMINAR DE INTEMPESTIVIDADE DO RECURSO – REJEITADA – PRELIMINAR DE NULIDADE DA SENTENÇA – INOBSERVÂNCIA DO ARTIGO 1031, § 2º DO CPC – ACOLHIDA – RETORNO AO JUÍZO DE ORIGEM –

DETERMINAR O RECOLHIMENTO DO ICD SOBRE OS BENS RENUNCIADOS – À UNANIMIDADE – 1- A autora/apelada alega que o recurso interposto pelo Estado de Pernambuco encontra-se intempestivo, em virtude da sentença ter sido publicada em 25/04/2008 e o recurso somente ter sido distribuído em 20/01/2009. 2- Perlustrando os autos, verifica-se às fls. 132, certidão da secretaria de publicação e registro da sentença em livro de registro de sentença da referida Vara, no entanto, tal registro não configura publicação para efeito de intimação e ciência das partes do inteiro teor da sentença, para fins de contagem de prazo para interposição de recurso. 3- Apesar do grande lapso temporal, constata-se que o recurso interposto é tempestivo, pois da data que efetivamente a Fazenda Estadual tomou ciência da sentença (23/12/2008) para a data em que foi distribuído, não houve o transcurso do prazo legal, levando-se em conta o recesso de fim de ano que se deu entre 24/12/2008 até 01/01/2009. Preliminar rejeitada. 4- Alega a Fazenda Estadual que a sentença encontra-se eivada de nulidade por não observar os procedimentos dispostos no artigo 1031, § 2º do Código de Processo Civil, no tocante à exigência de comprovação de todos os tributos, particularmente o que se refere aos bens renunciados pelos filhos herdeiros do falecido em favor da viúva meeira, qual seja, ICD na alíquota de 2%. 5- Sabe-se que o instituto da renúncia, em matéria de direito das sucessões, é admitido e possui dois tipos: renúncia abdicativa (em favor do monte) e renúncia translativa (em favor de pessoa determinada). 6- Nos presentes autos, fica claro que os filhos herdeiros renunciaram seus quinhões em favor de sua mãe (viúva meeira), pessoa determinada, portanto, houve duas declarações de vontade: uma, no momento da aceitação da herança; Outra, na alienação simultânea ao favorecido. 7- Nesse caso, há dois fatos geradores e, portanto, duas tributações: o imposto de transmissão causa mortis, já devidamente pago e comprovado nos autos (fls. 121/125), incidente sobre a metade dos bens e na alíquota de 4%, conforme entendimento já consolidado desta Egrégia Corte de Justiça e o imposto de transmissão de doação, incidente sobre os bens renunciados pelos filhos *herdeiros e na alíquota de 2%, conforme estabelecido na Lei nº 13.427/2008. 8- Percebe-se que o juiz de primeiro grau, antes de prolatar a sentença e determinar a expedição da Carta de Adjudicação, além de não intimar a Fazenda Estadual para verificar o pagamento dos tributos devidos, não se atentou ao fato de que na renúncia translativa há a ocorrência do fato gerador do ICD, portanto, razão assiste à Fazenda Estadual quando alega a inobservância dos procedimentos elencados no artigo 1031, §2º do CPC. 9- ACOLHIDA a preliminar, para anular a sentença de 1º grau e determinar o retorno dos autos ao juízo de origem para que o mesmo determine o recolhimento do imposto de transmissão de doação - ICD na alíquota de 2% sobre os bens renunciados dos filhos herdeiros em favor da viúva meeira, conforme a Lei Estadual nº 13.427/08. À unanimidade. (TJPE – Ap 193724-6 – Rel. Des. Luiz Carlos Figueirêdo – DJ 14.12.2010).*

FORMAL DE PARTILHA – EXPEDIÇÃO – TRIBUTO – PROVA DA QUITAÇÃO – Para expedição de formal de partilha é obrigatória a prova do pagamento de todos os tributos relativos aos bens do espólio e às suas rendas (CPC, ART. 1031, CAPUT; CTN, ART. 192). Agravo provido. (TJDFT – Proc. 20100020162750 – (466531) – Rel. Des. Jair Soares – DJe 02.12.2010 – p. 212).

ARROLAMENTO – Imposto causa mortis – Necessidade de comprovação do recolhimento para a expedição do formal de partilha – Eventual impugnação da Fazenda do Estado que deve ser dirimida pelo juiz do arrolamento – Inteligência dos artigos 1.031, § 2º e 1.034 do Código de Processo Civil – Recurso provido. (TJSP – AI 267.172 -4 – Campinas – 3ª CDPriv. – Rel. Des. Waldemar Nogueira Filho – J. 10.12.2002).

Na petição de inventário, consoante art. 660 CPC, que se processará na forma de arrolamento sumário, *independentemente da lavratura de termos de qualquer espécie, os herdeiros requereram ao juiz a nomeação do inventariante que designarem; declararão os títulos dos herdeiros e os bens do espólio, observado o disposto no art. 630 CPC, ao qual já nos referimos anteriormente e; atribuirão o valor dos bens do espólio, para fins de partilha.*

Ressalvado a necessidade de avaliação dos valores dos bens para fins de pagamento de dívidas do espólio, ou de herdeiros, estabelece o art. 661 do CPC, não se procederá à avaliação de bens do espólio para qualquer finalidade.

No arrolamento, conforme art. 662 CPC, não serão conhecidas ou apreciadas questões relativas ao lançamento, ao pagamento ou à quitação de taxas judiciárias e de tributos incidentes sobre a transmissão da propriedade dos bens do espólio.

AGRAVO DE INSTRUMENTO. Arrolamento Sumário. ITCMD. Decisão que indeferiu o pedido de dilação de prazo para pagamento do Imposto de Transmissão "Causa Mortis e Doação" – ITCMD, por entender que o recolhimento do referido Imposto deve ocorrer no prazo legal, admitindo-se a dilação somente quando há justo motivo para tal, por outro lado, também não se mostra pertinente nos Autos a questão do pagamento ou quitação de taxas judiciárias e de tributos sobre a transmissão da propriedade dos bens do Espólio. Pleito de dilação de prazo para recolhimento do tributo. Descabimento. No Arrolamento Sumário não cabem discussões acerca do recolhimento ou cálculo do Imposto. O Fisco deve ser intimado para o lançamento administrativo do tributo após a homologação do plano de partilha. Inteligência dos artigos 659 e 662, ambos do Código de Processo Civil. Decisão mantida. RECURSO NÃO PROVIDO. (TJSP; Agravo de Instrumento 2013762-25.2018.8.26.0000; Relator (a): Penna Machado; Órgão Julgador: 9ª Câmara de

Direito Privado; Foro de São José dos Campos - 3ª Vara da Família e das Sucessões; Data do Julgamento: 28/03/2018; Data de Registro: 28/03/2018)

ARROLAMENTO – IMPOSTO DE TRANSMISSÃO CAUSA MORT1S – Suposta ex1sistência de obrigação tributária por parte da apelada. Discussão incabível. Sede inadequada. Inteligência do art. 1.034 do cpc. Continuidade do procedimento. Decisão reformada. Recurso provido. (TJSP – Ap 994.08.136038-2 – Ribeirão Preto – 2ª CD.Priv. – Rel. Neves Amorim – DJe 01.12.2011 – p. 1355).

PROCESSUAL CIVIL – TRIBUTÁRIO – AGRAVO REGIMENTAL NO RECURSO ESPECIAL – ARROLAMENTO – QUESTÕES TRIBUTÁRIAS – MATÉRIA DO ART. 192 DO CTN NÃO PREQUESTIONADA, MESMO COM A OPOSIÇÃO DE EMBARGOS DECLARATÓRIOS – SÚMULA 211 DO STJ – INCIDÊNCIA – 1- Acórdão do TJSP que decidiu pelo descabimento de discussão no âmbito do arrolamento sobre temas ligados aos tributos a propósito incidente, forte na aplicação da regra do artigo 1.034, § 2, do Código de Processo Civil. 2- Tem-se que o acórdão de origem não teceu juízo interpretativo acerca da matéria do art. 192 do CTN, nem sequer implicitamente. Incidência da Súmula 211 do Superior Tribunal de Justiça. 3- No âmbito deste Tribunal, não se admite o prequestionamento ficto, diferentemente do Supremo Tribunal Federal, ex vi da sua Súmula 356. Precedentes: b no d 653.055/SC, c no d 1.079.931/SP, c no Ag. 1.113.494/SP, c no d 727.857/RJ. 4- Agravo regimental não provido. (STJ – c-d 1.176.289 – (2010/0010869-9) – 1ª T. – Rel. Min. Benedito Gonçalves – DJe 25.11.2010 – p. 1453).

ARROLAMENTO DE BENS – Decisão que indeferiu pedido da agravante de que fosse juntada declaração dos herdeiros que afirmaram residir no imóvel para fins de isenção do imposto de transmissão causa mortis – Reconhecimento *da isenção que já ocorreu, pela secretaria da fazenda, nos termos do art. 6º, II, § 2º, n. 1, Lei n. 10.705/00 – Art. 1.034 CPC, que não permite, em se tratando de arrolamento, qualquer discussão relativas a tributos incidentes sobre a transmissão da propriedade dos bens do espólio – Recurso improvido. (TJSP – AI 319.055-4/6 – São José do Rio Preto – 3ª CDPriv. – Rel. Des. Flávio Pinheiro – J. 09.12.2003).*

ITBI – Partilha amigável de bens, sendo adotado o rito de arrolamento sumário. Disputa entre o Estado e o Município pelo recebimento do imposto, um sustentando que a partilha importou em ato de liberalidade, caracterizando doação, e outro afirmando que se tratou de ato oneroso. Atendimento pelo casal divorciado a determinação judicial anterior, no sentido de que comprovasse os pagamentos da taxa judiciária, exigida pelo Estado, e do ITBI, pugnado pelo Município. Nova decisão que determina que o imposto seja novamente recolhido, desta feita em favor do Estado. Discussão tributária que não se comporta no rito adotado (art. 1.034 e seus parágrafos do CPC), não se podendo onerar os agravantes com o pagamento de novo imposto. Agravo provido. (TJRJ – AI 3.394/2001 – 17ª C.Cív. – Rel. Des. Fabricio Paulo B. Bandeira Filho – DORJ 20.09.2001).

INVENTÁRIO – ARROLAMENTO – PARTILHA – Homologação sem a comprovação do pagamento do ITCD – Admissibilidade – Comprovação necessária somente para expedição dos formais de partilha – Inteligência dos arts. 1.031 e 1.031, § 2º, do CPC. (TJRN – AC 97.001.045-1 – Rel. Des. Aécio Marinho – J. 30.06.1997) (RT 749/399).

Nos termos do art. 663, se forem reservados bens suficientes para o pagamento da dívida, a existência de credores do espólio não impedirá a homologação da partilha. A reserva de bens será realizada pelo valor estimado pelas partes, salvo se o credor, regularmente notificado, impugnar a *estimativa, caso em que se promoverá a avaliação dos bens a serem reservados (vide art. 661 CPC).*

ARROLAMENTO SUMÁRIO - Decisão que determinou a juntada, em 2 meses, de certidão positiva com efeito de negativa de dívida municipal e, no silêncio, autorizou a alienação judicial do único imóvel arrolado - Inconformismo - Acolhimento parcial - Certidões atualizadas da Municipalidade, dando conta da existência de dívidas, já acostadas aos autos - Desnecessidade da providencia requisitada - Partilha que poderá ser homologada, após a retificação das primeiras declarações para constar as referidas dívidas, desde que sejam reservados bens suficientes para o pagamento delas - Inteligência do art. 620, inc. IV, alínea "f", e do art. 663, ambos do Código de Processo Civil - Decisão parcialmente reformada - Recurso provido em parte.

(TJSP; Agravo de Instrumento 2015244-08.2018.8.26.0000; Relator (a): J.L. Mônaco da Silva; Órgão Julgador: 5ª Câmara de Direito Privado; Foro de Ibaté - Vara Única; Data do Julgamento: 02/04/2018; Data de Registro: 02/04/2018)

11.2. Do arrolamento comum

Para o arrolamento comum, é reclamada apenas uma condição, que o valor dos bens a partilhar não ultrapassem o valor correspondente a 1.000 (um mil) salários-mínimos. Estejam ou não os herdeiros acordados acerca da partilha. Exista ou não menores e incapazes, desde que concordes todas as partes, ausentes ou testamento, casos em que será necessária a intervenção do Ministério Público (art. 665 CPC).

É a regra trazia pelo art. 664 do CPC, onde o inventariante, nomeado pelo juiz no despacho inicial da peça inaugural, independentemente da assinatura do termo de compromisso, apresentará, com suas declarações, a atribuição do valor dos bens do espólio e o plano de partilha, para o que obedecerá o emanado do art. 620 CPC, ao qual já nos referimos anteriormente.

Em ocorrendo de qualquer das partes ou o Ministério Público impugnar a estimativa, o juiz nomeará um avaliador que oferecerá laudo em 10 (dez) dias e, após, o juiz designará audiência e deliberará sobre a partilha, decidindo de plano todas as reclamações e mandando pagar as dívidas não impugnadas, lavrando-se tudo a termo, assinado pelo juiz, pelas partes presentes ou seus respectivos advogados.

A esse procedimento aplica-se, no que couber, as disposições do art. 662 e seus parágrafos, relativamente ao lançamento, ao pagamento e à quitação da taxa judiciária e do imposto sobre transmissão da propriedade dos bens do espólio.

Comprovada a quitação dos tributos relativos aos bens do espólio e às suas rendas, o juiz julgará a partilha.

Estabelece o art. 666 que independerá de inventário ou partilha o pagamento dos valores previstos na Lei n° 6.858, de 24 de novembro de 1.980.

> *Agravo de instrumento. Arrolamento. Decisão que indeferiu gratuidade da justiça e determinou apresentação de certidões negativas de débitos fiscais. Espólio composto por bens suficientes para pagamento das custas e despesas processuais. Apresentação de certidões ficais negativas de débito. Manutenção. Providência necessária, nos termos do art. 664, §5°, CPC. Agravo não provido. (TJSP; Agravo de Instrumento 2050242-02.2018.8.26.0000; Relator (a): Edson Luiz de Queiróz; Órgão Julgador: 9ª Câmara de Direito Privado; Foro Central Cível - 4ª Vara da Família e Sucessões; Data do Julgamento: 02/04/2018; Data de Registro: 02/04/2018)*

> *AGRAVO DE INSTRUMENTO. ARROLAMENTO DE BENS. REDUZIDO VALOR DA HERANÇA. Decisão agravada que determinou a alteração do rito de arrolamento de bens para inventário. Bens arrolados que totalizam R$ 126.934,86, valor inferior a 1.000 (mil) salários mínimos. Rito processual adotado pela agravante não comporta alteração (art. 664 do CPC). Recurso provido para autorizar o processamento*

do presente inventário sob o rito do arrolamento de bens, conforme proposto pela agravante. (TJSP; Agravo de Instrumento 2095635-81.2017.8.26.0000; Relator (a): J.B. Paula Lima; Órgão Julgador: 10ª Câmara de Direito Privado; Foro Regional V - São Miguel Paulista - 2ª Vara da Família e Sucessões; Data do Julgamento: 06/03/2018; Data de Registro: 06/03/2018)

Agravo de Instrumento. Arrolamento sumário. Pedido de avaliação judicial das benfeitorias havidas no imóvel, necessária à definição dos quinhões. Existência de acordo judicial entre as partes reconhecendo a existência de meação sobre parte dos valores pagos pela aquisição do imóvel e das benfeitorias nele realizadas. Ausência de estimativa consensual acerca do valor das benfeitorias. Hipótese que autoriza a nomeação de avaliador judicial para a aferição do valor deste bem específico. Exegese do art. 1.036, § 1º, do CPC de 1973 (atual art. 664, §1º, do CPC de 2015). Agravo provido. (TJSP; Agravo de Instrumento 2013938-38.2017.8.26.0000; Relator (a): Rômolo Russo; Órgão Julgador: 7ª Câmara de Direito Privado; Foro de Sorocaba - 3ª. Vara de Família e Sucessões; Data do Julgamento: 30/01/2018; Data de Registro: 30/01/2018)

ALVARÁ JUDICIAL. Autor que pretende a expedição de alvará judicial para levantamento de valores deixados por sua genitora já falecida. Sentença de extinção do feito. Apelo do autor. Levantamento de valores deixados pela falecida em Conta Poupança, Vale-Alimentação e resíduos do INSS que pode ser deferido independentemente de inventário ou arrolamento, desde que não superem o montante equivalente a 500 OTN's (art. 666 do CPC/2015 e Lei nº 6.858/80). Hipótese em que o indeferimento da inicial se mostrou precipitado. Necessária a expedição dos ofícios requeridos para verificar se os valores superam ou não limite legal. Autor que, ademais, comprovou a inexistência de bens imóveis ou veículos em nome da falecida. Sentença anulada. Recurso provido. (TJSP; Apelação 1008910-

38.2017.8.26.0637; Relator (a): Mary Grün; Órgão Julgador: 7ª Câmara de Direito Privado; Foro de Tupã - 3ª Vara Cível; Data do Julgamento: 02/04/2018; Data de Registro: 02/04/2018)

ALVARÁ JUDICIAL – Insurgência contra decisão que determinou o aditamento da inicial para o correto procedimento – Desnecessidade – Venda de único bem móvel deixado pelo "de cujus" – Possibilidade – Meio adequado – Dispensável conversão em inventário ou arrolamento – Hipótese que se assemelha aos pedidos de alvará que prescindem da abertura de sucessão (art. 666 do CPC) – Recurso provido. (TJSP; Agravo de Instrumento 2005633-31.2018.8.26.0000; Relator (a): Alvaro Passos; Órgão Julgador: 2ª Câmara de Direito Privado; Foro de Araçatuba - 1ª Vara de Família e Sucessões; Data do Julgamento: 13/03/2018; Data de Registro: 13/03/2018)

ADMINISTRATIVO E PROCESSUAL CIVIL – AGRAVO DE INSTRUMENTO – HABILITAÇÃO DE DEPENDENTE – LEI 6.858/80 – INVENTÁRIO – DESNECESSIDADE – 1- O cerne da questão diz respeito ao pretenso direito da agravante em receber os valores previstos no parágrafo único do artigo 1º do Decreto 85.845, independente da existência ou não de inventário, referentes a verbas não recebidas em vida por seu falecido marido. 2- Inicialmente, destaca-se que a viúva pleiteia direito próprio e não como representante do espólio do falecido, eis que não foi aberto o inventário, razão pela qual a própria deve ser encarada como agravante em virtude da sucessão processual. 3- Dispõe o art. 1º da Lei nº 6.858 que os valores não recebidos em vida serão pagos, em quotas iguais, "aos dependentes habilitados perante a Previdência Social ou na forma da legislação específica dos servidores civis e militares, e, na sua falta, aos sucessores previstos na lei civil, indicados em alvará judicial, independentemente de inventário ou arrolamento". 4- Assim, o pagamento dos referidos valores independe de inventário, nos termos *do art. 1.037, do Código de Processo Civil. Precedentes. 5- Todavia, não cabe a este tribunal ad quem analisar a presença dos requisitos legais necessários à habilitação da agravante, sob pena de supressão de instância, visto que a questão não foi apreciada pelo juízo a quo. 6- Agravo de instrumento conhecido e parcialmente provido. (TRF 2ª R. – AI 2011.02.01.011775-6 – Rel. Des. Fed. José Antonio Lisbôa Neiva – DJe 25.11.2011).*

AGRAVO DE INSTRUMENTO – PENSÃO ESTATUTÁRIA – VALORES NÃO RECEBIDOS EM VIDA PELO INSTITUIDOR – ÓBITO SUPERVENIVENTE DA COMPANHEIRA – NO CURSO DA EXECUÇÃO – HABILITAÇÃO DE HERDEIROS – LEI Nº 6.858/80 – ART. 1.037 DO CPC – POSSIBILIDADE – AGRAVO PROVIDO – 1- Agravo de instrumento manejado em face de decisão que indeferiu, em sede de execução, pedido de habilitação dos herdeiros da Agravante, entendendo ser necessária a substituição processual pelo espolio, porque não configurada exceção que justifique a habilitação dos herdeiros, consoante previsto no disposto no art. 43 do CPC. 2- Nos termos do art. 1.037 do CPC, podem os herdeiros integrar o pólo ativo da ação principal (processo de execução), tendo o vista o que reza a Lei nº 6.858, de 24 de novembro de 1980, que dispõe sobre o pagamento aos dependentes ou sucessores, de valores não recebidos em vida pelo respectivo titular, e estatui, expressamente, a teor do art. 1º, que os valores devidos aos servidores civis, depois do óbito, serão pagos, pela Administração Pública, aos dependentes habilitados, e, na falta desses, aos sucessores, independentemente de inventário ou arrolamento. 3- Com efeito, o art. 1.037 do Código de Processo Civil estabelece que independerá de inventário ou arrolamento o pagamento dos valores previstos no art. 1º da Lei 6.858/80, motivo pelo qual é imperioso assegurar a pretendida habilitação. 4- Agravo de instrumento provido. (TRF 2ª R. – AI 2011.02.01.010427-0 – Relª Juíza Fed. Conv. Carmen Silvia Lima de Arruda – DJe 16.11.2011 – p. 177).

APELAÇÃO CÍVEL – PEDIDO DE ALVARÁ JUDICIAL – EXTINÇÃO DO PROCESSO SEM RESOLUÇÃO DO MÉRITO – Levantamento de valores relativos a restituição de imposto de renda - Titular falecido - Interesse de agir - Configuração - Prévia ação de sobrepartilha - Desnecessidade - Inteligência do disposto nos arts. 1º e 2º da lei 6.858/1980 e 1.037 do cpc - Causa madura - Aplicação do art. 515, § 3º, do cpc - Recurso conhecido e provido - Decisão unânime - A lei nº 6.858/1980, que disciplina a liberação dos valores relativos à restituição do imposto de renda pelos descendentes e sucessores do titular falecido, mediante alvará judicial, não pressupõe a existência de inventário ou arrolamento, mostrando-se impertinente a exigência de prévia ação de sobrepartilha, nos termos do art. 1.037 do código de processo civil. (TJSE – AC 2010206770 – (13093/2011) – 1ª C.Cív. – Rel. Des. Cláudio Dinart Déda Chagas – DJe 03.10.2011 – p. 8).

RECLAMAÇÃO TRABALHISTA – PROPOSITURA PELO ESPÓLIO – DIFERENÇAS SALARIAIS – PAGAMENTO AOS SUCESSORES – RECONHECIMENTO – "Sucessão causa mortis de verbas decorrentes da relação de emprego. Habilitação incidente perante o juiz do trabalho. Desnecessidade de inventário. Na forma do artigo 1.037 do Código de Processo Civil, a sucessão causa mortis de direitos adquiridos ao longo da relação de emprego prescinde de inventário e se opera de maneira incidental perante o juiz do trabalho, a quem também incumbe a partilha, mediante os critérios fixados no artigo 1º da Lei nº 6.858, de 24-XI-1980. Preliminar suscitada pelo Ministério Público que se acolhe para o fim de reconhecer os filhos como sucessores da falecida, únicos habilitados perante o regime federal de previdência social." (TRT 02ª R. – RO 02161200206802001 – (Ac. 20080492309) – 6ª T. – Rel. Juiz Salvador Franco de Lima Laurino – DJe 13.06.2008).

APELAÇÃO CÍVEL – ALVARÁ JUDICIAL – PRELIMINAR – NULIDADE DO PROCESSO – TERCEIRA INTERESSADA

(APELANTE) – PARTICIPAÇÃO NO FEITO NÃO OPORTUNIZADA – AUSÊNCIA DE PREJUÍZO – APLICABILIDADE DO PRINCÍPIO DA INSTRUMENTALIDADE DOS ATOS PROCESSUAIS – EXEGESE DO ART. 244 DO CODEX INSTRUMENTALIS – PREFACIAL NÃO ACOLHIDA – MÉRITO – LEVANTAMENTO DE VALORES RELATIVOS AO FUNDO DE GARANTIA POR TEMPO DE SERVIÇO-FGTS DO DE CUJUS – EXPEDIÇÃO EM FAVOR DA COMPANHEIRA E FILHA DO TRABALHADOR INDEPENDENTEMENTE DE INVENTÁRIO OU ARROLAMENTO – POSSIBILIDADE – CONDIÇÃO DE DEPENDENTES DEMONSTRADA – INTELIGÊNCIA DOS ARTS. 1º DA LEI Nº 6.858/80 E 1.037 DO CÓDIGO DE PROCESSO CIVIL – SENTENÇA MANTIDA – RECURSO NÃO PROVIDO – Possível a concessão do alvará judicial à companheira e à filha do de cujus, para levantamento do depósito do fundo de garantia por tempo de serviço - FGTS do trabalhador, independentemente da existência de processo de inventário, se demonstrada a condição de dependentes daquelas, junto à previdência social. (TJSC – AC 2004.026893-4 – Curitibanos – 3ª CDCiv. – Rel. Des. Wilson Augusto do Nascimento – J. 18.11.2005).

PEDIDO DE ALVARÁ – Venda de veículo, em estado precário de conservação, único bem deixado pelo falecido - Petição inicial - Indeferimento - Impossibilidade jurídica do pedido - Inocorrência - Decreto de extinção afastado - Meio judicial adequado - Hipótese que se assemelha aos pedidos de alvará (independentes) que prescindem da abertura de sucessão (art. 1.037 do CPC) - Prosseguimento do feito na vara de origem - Apelo provido para esse fim. (TJSP – AC 313.352-4/8 – Guarulhos – 7ª CDPriv. – Rel. Des. Américo Izidoro Angélico – J. 27.10.2004).

CRÉDITOS PREVIDENCIÁRIOS EM RAZÃO DE ACORDO CELEBRADO EM AÇÃO DE REVISÃO DE BENEFÍCIOS – Falecimento do respectivo titular. Interpretação extensiva do disposto na Lei nº 6.858, de 24.11.1980. Existência de esposa supérstite. Direito que se transfere a ela como dependente (art. 10, caput, e § 1º, da Consolidação das Leis da Previdência), e que não integra o monte sucessório. Aplicação da regra do art. 1.037 do CPC. Inaplicabilidade, in casu, dos arts. 1.055 e seguintes do CPC. Writ concedido. (TRF 2ª R. – MS 93.02.00226-8/RJ – 2ª T – Rel. Des. Fed. D'Andréa Ferreira – DJU 04.08.1994).

O art. 667 do CPC estabelece que se aplica ao arrolamento todas as regras das seções anteriores, ou seja, as disposições gerais acerca do inventário e partilha (arts. 610 a 614), as regras acerca da legitimidade para requerer o inventário (arts. 615 e 616), as normas que regulamenta a nomeação do inventariante e as primeiras declarações (arts. 617 a 625), as regras acerca das citações e impugnações (arts. 626 a 629), as normas sobre a avaliação e o cálculo do imposto devido (arts. 630 a 638), as regras acerca das colações (arts. 639 a 641), a normatização acerca do pagamento das dívidas (arts. 642 a 646) e, as regras específicas acerca da partilha (arts. 647 a 648).

12. Da cessação da eficácia das medidas cautelares

Estabelece o art. 668, que cessa a eficácia da tutela provisória previstas no Capítulo que o CPC trata do inventário e da partilha, se a ação não for proposta em 30 (trinta) dias contados da data em que foi intimado o impugnante, o herdeiro excluído ou o credor não admitido (art. 627, § 1º), o herdeiro excluído (art. 628) ou o credor não admitido (art. 643); se o juiz declarar extinto o processo de inventário com ou sem julgamento do mérito.

O art. 309 CPC, inserido dentro das disposições gerais acerca das medidas cautelares, assim dispõe :

> *"Art. 309. Cessa a eficácia da tutela concedida em caráter antecedente, se:*
>
> *I – o autor não deduzir o pedido principal no prazo legal;*

II - não for efetivada dentro de trinta (30) dias;

III - o juiz julgar improcedente o pedido principal formulado pelo autor ou extinguir o processo sem resolução de mérito.

Parágrafo único. Se por qualquer motivo cessar a eficácia da tutela cautelar, é vedado à parte renovar o pedido, saldo sob novo fundamento.

Como vimos, o legislador estabeleceu prazos para o início e término do processo de inventário e partilha, sendo que o prazo dado para que o interessado intente a demanda que lhe compete em função da medida acauteladora concedida, é mais que suficiente para a providência e, com isso evita-se que o feito se arraste no tempo. Não proposta a demanda naquele tempo, cessa sua eficácia.

Apropriada a transcrição da lição dada por HAMILTON DE MORAES E BARROS, Comentários ao Código de Processo Civil, 2ª edição, Editora Forense, Rio de Janeiro, 1977, vol. IX, p. 343/344, nos seguintes termos:

"O processo cautelar se explica e se justifica pela insuficiência da tutela normativa.

Havendo, inevitavelmente, o decurso do tempo entre a lesão do direito e a sua reparação, há necessidade de evitar os males decorrentes dessa demora, de modo que o processo não flua em vão. Cumpre assegurar-lhe, no seu término, um resultado útil. Vêm daí o processo cautelar e o elenco das suas medidas nominadas ou não nominadas.

O processo cautelar é sempre dependente de uma ação que tenha por fundamento o direito acautelado. Pouco importa que a medida cautelar se peça e se obtenha no início do processo (medida antecedente) ou no seu curso (medida incidente). Ele está sempre na dependência de uma ação, já proposta, ou a propor-se, e se destina a assegurar-lhe a efetivação do resultado. O Código, no art. 796, proclama que o processo cautelar está sempre ligado a outro processo e é dependente dele.

Também é da disciplina geral do processo cautelar a obrigação de propor, em 30 dias, a ação principal, quem propôs a ação cautelar e logrou êxito nela. Essa obrigação é acompanhada da sanção de desaparecer a medida, caso o beneficiário dela não inicie, nos 30 dias, a ação principal."

13. Da sobrepartilha

Se, por qualquer motivo, deixarem de constar no inventário bens ou direitos do *"de cujus"*, estes ficaram sujeitos à sobrepartilha, ou seja, necessariamente todos os bens pertencentes ao autor da herança haverão de ser partilhados entre seus herdeiros.

ITABAIANA DE OLIVEIRA, ob. cit., vol. III, p. 910, aponta as seguintes regras a serem seguidas :

"I - *A sobrepartilha faz-se no inventário do autor da herança, sob a guarda e administração do mesmo, ou diverso inventariante, a aprazimento dos herdeiros.*

II - *E conveniente que o inventariante, no requerimento para a sobrepartilha, descreva especificadamente os bens não incluídos na primeira partilha, procedendo-se à avaliação daqueles que, ainda, não tenham sido avaliados.*

III - *A sobrepartilha obedece às mesmas regras e formalidades da partilha e, por isso:*

a) *observa-se, quanto ao valor, qualidade e natureza dos bens, a maior igualdade possível;*

b) *consulta-se a comodidade dos herdeiros e evitam-se litígios futuros."*

Estabelece o art. 2.021 CC que quando parte da herança consistir em bens remotos do lugar do inventário, litigiosos, ou de liquidação morosa ou difícil, poderá proceder-se, no prazo legal, à partilha dos outros, reservando-se aqueles para uma ou mais sobrepartilhas, sob a guarda e a administração do mesmo ou diverso inventariante, e consentimento da maioria dos herdeiros.

Estão também sujeitos à sobrepartilha, conforme se observa do art. 2.022 CC os bens sonegados e quaisquer outros bens da herança de que se tiver ciência após a partilha.

O CPC, no art. 669, prevê que correrá nos autos do inventário do autor da herança a sobrepartilha dos bens : "I - sonegados; II — da herança descobertos depois da partilha; III - litigiosos, assim como os de liquidação difícil ou morosa; IV - situados em lugar remoto da sede do juízo onde se processa o inventário. Parágrafo único. Os bens relacionados nos incisos III e IV deste artigo serão reservados à sobrepartilha sob a guarda e administração do mesmo ou de diverso inventariante, a consentimento da maioria dos herdeiros."

Para HAMILTON DE MORAES E BARROS, ob. cit., p. 278, a sobrepartilha "é nova partilha a que se é obrigado, seja porque surgiram novos bens a partilhar, bens até agora desconhecidos, seja porque se reservaram para ela bens já conhecidos, mas que, por dificuldades jurídicas ou fáticas, não puderam a tempo ser retalhadas entre os titulares dos direitos hereditários. É uma outra partilha que sobrevêm. Corre, por isso, nos mesmo autos. Tem a mesma natureza da partilha. Tem o mesmo fim, variando apenas as coisas a partilhar. Obedece às mesmas regras da partilha, visando aos seus objetivos nobres e superiores : a igualdade, a comodidade das partes, a prevenção de futuros litígios."

No caso de existirem bens sujeitos à sobrepartilha por serem litigiosos ou por estarem situados cm lugar remoto da sede do juízo onde se processa o inventário, o espólio permanece existindo, ainda que transitada cm julgado a sentença que homologou a partilha dos demais bens do espólio, sendo que neste sentido decidiu a 3º Turma do STJ, REsp 284.669-SP, rei. Min. NANCY ANDRIGHI, j. 10.4.01, deram provimento, v.u., DJU 13.08.01, p. 152.

> *CONFLITO NEGATIVO DE COMPETÊNCIA Ação de sobrepartilha de bem. Ajuizamento no Juízo onde tramitou a ação de divórcio. Declinação da competência sob alegação de prevenção por repetição de idêntico pedido julgado em ação precedente de extinção de condomínio. Impossibilidade. Causa regida pelos arts. 669, I, e 731, parágrafo único, ambos do CPC. Demanda acessória cuja propositura segue a ação principal, nos termos do art. 61 do diploma mencionado. Conflito Procedente. Competência do MM. Juízo suscitado. (TJSP; Conflito de competência 0057186-88.2017.8.26.0000; Relator (a): Evaristo dos Santos(Pres. da Seção de Direito Público); Órgão Julgador: Câmara Especial; Foro de Cotia - 3ª Vara Civel; Data do Julgamento: 26/03/2018; Data de Registro: 28/03/2018)*

Agravo de Instrumento – Ação de Sobrepartilha – Decisão que deferiu pedido de sobrepartilha, rejeitando pedido contraposto do Agravante e irmã de exclusão do irmão Agravado quanto ao seu quinhão hereditário – Princípio da congruência observado pelo d. juízo a quo – Alegação de prescrição afastada – Direito à sobrepartilha que não exige a anulação da declaração de inexistência de outros bens constante da escritura pública da partilha amigável – Lei garante aos herdeiros o direito de partilhar os bens sonegados (CPC 669 I), constituindo a própria natureza desses bens que tenham sido omitidos por quem conhecesse de sua existência (CC 1992) – Má-fé afastada – Decisão mantida – Recurso improvido. (TJSP; Agravo de Instrumento 2037323-15.2017.8.26.0000; Relator (a): Luiz Antonio Costa; Órgão Julgador: 7ª Câmara de Direito Privado; Foro Regional II - Santo Amaro - 7ª Vara da Família e Sucessões; Data do Julgamento: 23/01/2018; Data de Registro: 23/01/2018)

APELAÇÃO – AÇÃO CIVIL PÚBLICA – EXPURGOS INFLACIONÁRIOS – EXECUÇÃO INDIVIDUAL – Pedido de cumprimento de sentença proveniente de ação civil pública movida pelo IDEC relativamente a expurgos inflacionários em cadernetas de poupança – Dedução por legatário do falecido titular da conta poupança – Caso concreto em que não se fala mais em herdeiros, na medida em que, concluído o formal de partilha dos bens que compunham a herança, passaram aqueles a deter a titularidade daquilo que lhes foi atribuído, inexistindo a figura do espólio – Observação no sentido de que a ausência de indicação no inventário do direito postulado nesta demanda demandará sobrepartilha, consoante art. 669, do CPC/2015, cujo inventariante a ser nomeado poderá também ingressar nesta lide até que a questão envolvida se resolva. Recurso provido. (TJSP; Apelação 4008107-24.2013.8.26.0320; Relator (a): João Batista Vilhena; Órgão Julgador: 17ª Câmara de Direito Privado; Foro de Limeira - 1ª Vara Cível; Data do Julgamento: 22/01/2018; Data de Registro: 22/01/2018)

Inventário. Determinação de sobrepartilha do imóvel, cuja venda foi autorizada, e da dívida de uma das herdeiras. Desnecessidade. Questão que pode ser dirimida nestes autos. Valor da alienação que é desconhecido e, portanto, não se sabe se a quota da herdeira devedora seria suficiente para quitar sua dívida. Bem que não se insere do disposto no art. 669, III, do CPC. Partilha que deve integrar o imóvel e a dívida. Recurso provido. (TJSP; Agravo de Instrumento 2110096-58.2017.8.26.0000; Relator (a): Maia da Cunha; Órgão Julgador: 4ª Câmara de Direito Privado; Foro Central Cível - 7ª Vara da Família e Sucessões; Data do Julgamento: 19/10/2017; Data de Registro: 23/10/2017)

RECURSO ESPECIAL. SOBREPARTILHA. SONEGAÇÃO DE BENS. ART. 535, II, DO CPC. VIOLAÇÃO NÃO CARACTERIZADA. PRESCRIÇÃO. ART. 205 DO CC. CONHECIMENTO DO BEM PELA AUTORA. NÃO COMPROVAÇÃO. REEXAME. SÚMULA Nº 7/STJ. AUSÊNCIA DE PREQUESTIONAMENTO. SÚMULA Nº 211/ STJ. 1. Discute-se a natureza jurídica da ação originária - se anulatória de negócio jurídico ou sobrepartilha de bens -, para fins de definição do prazo prescricional. 2. O nome atribuído à ação é irrelevante para aferir sua natureza jurídica, que se define pelo pedido e pela causa de pedir. 3. A pretensão de incluir bens sonegados por um dos cônjuges à época do acordo da separação, para posterior divisão, enquadra-se em ação de sobrepartilha de bens, cujo prazo prescricional é decenal (art. 205 do Código Civil). 4. Inviável rever o entendimento do Tribunal de origem, que concluiu pela realização da sobrepartilha em virtude de os ativos financeiros dos cônjuges não terem constado no plano de partilha porque foram sonegados pelo cônjuge varão, ante o óbice da Súmula nº 7/STJ. 5. A concordância com os termos do acordo de separação judicial não implica renúncia à meação correspondente ao bem ocultado. 6. Recurso especial parcialmente conhecido e não provido. (3ª. Turma do STJ, REsp 1525501/MG, Relator Ministro Ricardo Villas Bôas Cueva, DJe 03/02/2016).

AGRAVO REGIMENTAL NO RECURSO ESPECIAL. AUSÊNCIA DE PREQUESTIONAMENTO. ENUNCIADO N. 282/STF. INVENTÁRIO. LEVANTAMENTO DE VALORES QUE NÃO FORAM OBJETO DE PARTILHA HOMOLOGADA JUDICIALMENTE. NECESSIDADE DE SOBREPARTILHA. PRECEDENTES. 1. Inadmissível o recurso especial, por ausência de prequestionamento, quanto não debatida pelo Tribunal de origem a tese trazida nas razões do recurso especial (Enunciado n. 282/STF). 2. Cabimento de sobrepartilha de todo e qualquer bem do espólio que deveria ter vindo à partilha, qualquer que seja a causa da omissão ou retardamento. Precedentes. 3. AGRAVO REGIMENTAL DESPROVIDO. (AgRg no REsp 1151143/RJ, 3ª. Turma do STJ,. Relator Ministro Paulo de Tarso Sanseverino, j. 04/09/2012, DJe 10/09/2012).

APELAÇÃO – AÇÃO DE SONEGADOS – PRELIMINAR DE NULIDADE AFASTADA – Não comprovada a interpelação do réu para declarar os bens ditos como sonegados. Um dos bens está relacionado no inventário. Outros bens são litigiosos e quanto a eles não há que se falar em sonegação, devendo submeter-se à sobrepartilha caso depois passem a integrar o espólio (Art. 1.040, inc. III, do CPC). Ausência de prova da propriedade do falecido com relação a alguns bens descritos na inicial e também de prova de alienações e anulações mencionadas, cujo ônus probatório era das partes e dele não se desincumbiram (Art. 333, do CPC). Existência de apenas um bem que já estava incorporado ao patrimônio do falecido quando prestadas as últimas declarações, mas não trazido à colação pelo réu. Não demonstrado, contudo, que houve dolo, sendo este imprescindível para a aplicação da pena de sonegados. Sentença mantida por seus próprios fundamentos (art. 252 do RITJSP). RECURSO DESPROVIDO. (TJSP – Ap 994.00.097075-7 – Ribeirão Preto – 7ª CDPriv. – Rel. Gilberto de Souza Moreira – DJe 06.12.2011 – p. 1474).

AGRAVO DE INSTRUMENTO – INVENTÁRIO – APURAÇÃO DE HAVERES – SOBREPARTILHA – 1- Na forma do art. 2021, *do Código Civil de 2002, quando parte da herança consistir em bens de liquidação morosa ou difícil, poderá proceder-se a partilha dos outros, reservando-se aqueles para uma ou mais sobrepartilhas, sob a guarda e administração do mesmo ou de diverso inventariante, e consentimento da maioria dos herdeiros. 2- Com efeito, o prosseguimento do inventário, com a partilha dos demais bens, em nada afeta os eventuais créditos ou bens apurados que poderão ensejar uma sobrepartilha. 3- A sobrepartilha tem por designo partilhar os bens que não puderam ser divididos entre os titulares dos direitos hereditários, devendo ser realizada nos mesmos autos do inventário (art. 1041, § único, do CPC). 4- Permanecem sujeitos à sobrepartilha os bens elencados no art. 1.040, inc. I a IV, e parágrafo único, do CPC e que, de certa forma, equivalem àqueles indicados no art. 2.021 do Código Civil. 5- Na hipótese, deve ser evitado o retardamento da partilha relativamente aos bens líquidos e certos, permitindo-se o regular prosseguimento do inventário e a posterior sobrepartilha dos bens apurados em relação às cotas da sociedade empresarial, uma vez que todos os herdeiros concordam com a providência pleiteada. 6- Provimento do recurso. (TJRJ – Proc. 0011028-14.2010.8.19.0000 – Rel^a Des^a Monica Maria Costa – J. 04.05.2010).*

AGRAVO DE INSTRUMENTO – INVENTÁRIO – CESSÃO DE DIREITOS HEREDITÁRIOS SOBRE IMÓVEL INTEGRANTE DO ESPÓLIO – DECISÃO QUE INDEFERE A EXPEDIÇÃO DE ALVARÁ DE LEVANTAMENTO E DETERMINA QUE A SOBREPARTILHA SEJA PROCESSADA POR INSTRUMENTO PÚBLICO, FORA DOS AUTOS – PARTILHA JÁ HOMOLOGADA – INTELIGÊNCIA DOS ARTIGOS 1.040 E 1.041 DO CPC – Os cessionários ostentam legitimidade para postular a adjudicação dos bens inventariados, desde que comprovem o pagamento dos tributos devidos, mormente quando não há oposição dos herdeiros e da Fazenda. Estando já ultimada a partilha, urge a execução de sobrepartilha, nos mesmos autos do inventário findo. Conhecimento e provimento do recurso. (TJRJ – Proc. 0005504-36.2010.8.19.0000 – Rel. Des. Rogerio de Oliveira Souza – J. 13.04.2010).

AÇÃO DECLARATÓRIA – ESPÓLIO – LEGITIMIDADE ATIVA – ISENÇÃO DE IMPOSTO DE RENDA – PENSÃO – BENEFICIO PERSONALÍSSIMO, QUE NÃO SE ESTENDE A HERDEIROS – Apesar de encerrado o processo de inventário com a homologação da partilha, pode ocorrer a sobrepartilha dos bens sonegados como estabelecem os arts. 2.021 do CC e 1.040 do CPC, tendo o espólio legitimidade para ajuizar ação referente a estes. O benefício de isenção de imposto de renda na fonte é personalíssimo e não se estende aos herdeiros da pensionista. (TJMG – AC 1.0024.08.083511-9/002 – 7ª C.Cív. – Rel. Wander Marotta – DJe 17.12.2009).

14. Do falecimento do cônjuge supérstite antes da partilha

Em ocorrendo de falecer o cônjuge ou companheiro meeiro supérstite antes da partilha dos bens do pré-morto, por economia processual, as duas heranças serão cumulativamente inventariadas e partilhadas, se os herdeiros de ambos forem os mesmos.

Se vê do disposto no art. 672, inciso II, que é lícita a cumulação de inventários para a partilha de heranças de pessoas diversas quando esta deixada pelos dois cônjuges ou companheiros, ou quando houver dependência de uma das partilhas em relação à outra (inciso III), sendo que neste caso, prevê o parágrafo único, se a dependência for parcial, por haver outros bens, é facultado ao juiz ordenar a tramitação separada, se melhor convier ao interesse das partes ou à celeridade processual.

Neste segundo processo, será inventariada a meação do cônjuge ou companheiro supérstite falecido, já inventariada no processo do pré-morto, bem como os bens direitos adquiridos antes do casamento ou união.

Agravo de instrumento. Decisão que indeferiu cumulação de inventário. Requisitos do art. 672, CPC não atendidos.

Ausência de identidade entre bens e herdeiros. Pluralidade de herdeiros dificultaria o andamento do processo. Tramitação conjunta afrontaria celeridade e economia processual. Agravo não provido. (TJSP; Agravo de Instrumento 2051735-14.2018.8.26.0000; Relator (a): Edson Luiz de Queiróz; Órgão Julgador: 9ª Câmara de Direito Privado; Foro de Franca - 2ª. Vara de Família e Sucessões; Data do Julgamento: 02/04/2018; Data de Registro: 02/04/2018)

Agravo de Instrumento. Inventário – Decisão que determinou sua suspensão até decisão acerca da união estável mantida pelo falecido – União estável que resta controvertida nos autos – Matéria que deve ser discutida nas vias ordinárias – Inteligência do artigo 612 do Código de Processo Civil – Inventário que deve ter regular seguimento por ser possível a reserva de bens para garantia da agravada na hipótese de reconhecimento definitivo da união estável com o falecido em ação autônoma – Inventário de Rosa e de Manuel que podem ser processados em conjunto – Inteligência do artigo 672 do Código de Processo Civil. Dá-se provimento ao recurso. (TJSP; Agravo de Instrumento 2211195-71.2017.8.26.0000; Relator (a): Christine Santini; Órgão Julgador: 1ª Câmara de Direito Privado; Foro de Mogi das Cruzes - 5ª Vara Cível; Data do Julgamento: 26/03/2018; Data de Registro: 26/03/2018)

INVENTÁRIO – Decisão que indeferiu o trâmite conjunto dos inventários dos falecidos, que eram cônjuges – Inconformismo do herdeiro requerente – Não acolhimento – Cônjuge varoa deixou testamento, presumidamente particular, conforme consta de sua certidão de óbito – Desconhecimento acerca do teor das disposições testamentárias – Apesar de serem os mesmos os herdeiros necessários, nada se sabe acerca da eventual existência de herdeiros testamentários por parte da varoa, tampouco é certa a identidade de acervos, tendo em vista o interregno de anos havido entre as datas dos falecimentos – Incerto o atendimento aos requisitos do art. 672 do Código de Processo Civil, não se pode concluir pelo desacerto da decisão recorrida – Recurso não provido

(TJSP; Agravo de Instrumento 2215407-38.2017.8.26.0000; Relator (a): Rui Cascaldi; Órgão Julgador: 1ª Câmara de Direito Privado; Foro Regional II - Santo Amaro - 7ª Vara da Família e Sucessões; Data do Julgamento: 15/02/2018; Data de Registro: 15/02/2018)

Processo de jurisdição voluntária. Inventário. A preclusão, na jurisdição voluntária, se apura "secundum eventum probationes". Se todos os interessados na sucessão estão concordes em que se proceda a inventários conjuntamente, em hipótese prevista em lei, não gera preclusão a decisão que isto anteriormente indeferiu, sem que se tivesse interposto, então, o recurso cabível. Reiteração do requerimento que se admite. Agravo de instrumento tempestivo. Caso em que é, realmente, admissível o que pretendem os herdeiros. Art. 672 do NCPC. Cumulação de inventários, a bem da economia processual e da efetividade do processo. Agravo de instrumento conhecido e, no mérito da questão processual posta a julgamento, provido, para que se dê efetividade ao art. 672 cit. (TJSP; Agravo de Instrumento 2161920-90.2016.8.26.0000; Relator (a): Cesar Ciampolini; Órgão Julgador: 10ª Câmara de Direito Privado; Foro de São José do Rio Preto - 2ª Vara de Família e Sucessões; Data do Julgamento: 17/10/2017; Data de Registro: 31/10/2017)

INVENTÁRIO – CÔNJUGE SUPÉRSTITE – FALECIMENTO – PROCESSAMENTO CONJUNTO – Nos termos do art. 1.043 do cpc, se o cônjuge meeiro supérstite falecer antes da partilha dos bens do pré-morto e se os herdeiros de ambos forem os mesmos, os inventários devem ser processados em conjunto, distribuindo-se o segundo por dependência (§ 2º). Apelação provida. (TJDFT – Proc. 20110610247089 – (599189) – Rel. Des. Jair Soares – DJe 05.07.2012 – p. 154).

AGRAVO DE INSTRUMENTO, DIREITO PROCESSUAL CIVIL E DE SUCESSÕES – CÔNJUGE SUPÉRSTITE – MORTE –

AJUIZAMENTO DE 02 (DOIS) INVENTÁRIOS – Nomeação de inventariante naquele ajuizado e distribuído em primeiro lugar. Decisão acertada. Aplicação do art. 1.043, do Código de Processo Civil. Litispendência do inventário ajuizado posteriormente. Agravo conhecido, mas improvido. 1- Recurso que pretende reformar decisão do juízo da 1ª Vara de Sucessões, que, diante do ajuizamento de dois inventários em torno do mesmo "de cujus", resolveu despachar e nomear inventariante no primeiro processo ajuizado. 2- Tramitava perante a 1ª Vara de Sucessões da Comarca de Fortaleza, o inventário dos bens deixados pelo falecimento da sra. Maria do Socorro Graça Ferreira, cujo inventariante era o cônjuge supérstite sr. Walter Martins Ferreira. 3- Sobrevindo a morte deste (Sr. Walter Martins Ferreira), foi protocolado pedido de abertura de inventário, na data de 09 de dezembro de 2004, pela herdeira Elani Graça Cavalcante Ferreira e, na data de 16 de dezembro de 2004, protocolizado o mesmo pedido, desta feita, pelo herdeiro Walbene Graça Ferreira. 4- A douta juíza despachou e nomeou inventariante o herdeiro que ajuizou o primeiro inventário, no caso, a sra. Elani Graça Cavalcante Ferreira. 5- Agiu, pois, com acerto e aprumo, porque obedeceu estritamente ao disposto no art. 1.043, do Código de Processo Civil, que prevê, in verbis: "Falecendo o cônjuge meeiro supérstite antes da partilha dos bens do pré-morto, as duas heranças serão cumulativamente inventariadas e partilhadas, se os herdeiros de ambos forem os mesmos. § 1º Haverá um só inventariante para os dois inventários. § 2º O segundo inventário será distribuído por dependência, processando-se em apenso ao primeiro". 6- Este segundo pedido, proposto pelo herdeiro Walbene Graça Ferreira, impõe, certamente, a aplicação dos efeitos da litispendência. 7- Neste sentido, vejamos ensinamentos jurisprudenciais deste egrégio Sodalício e do Tribunal de Justiça do Rio Grande do Sul, ipsis litteris: "EMENTA: CIVIL E PROCESSUAL CIVIL. APELAÇÃO CÍVEL. DOIS INVENTÁRIOS. COMPANHEIRA. IRMÃOS DO DE CUJUS. LITISPENDÊNCIA. INTELIGÊNCIA DOS ARTS. 267, INCISO V, 987 E 988 DO CPC. 1- Diante da universalidade do juízo do inventário, descabido o ajuizamento de duas ações para debater transmissão causa mortis de bens deixados por uma só pessoa. 2- É sabido que a lei não estabelece ordem preferencial para o ingresso do inventário, limitando-se a apontar a legitimidade concorrente. 3- O ajuizamento do segundo inventário caracteriza litispendência. 4- Recurso de apelação conhecido e desprovido" - Apelação Cível nº 60845730200080600011. TJCE. Rel.: Des. ANTÔNIO ABELARDO BENEVIDES DE MORAES. 08/03/2010. "EMENTA: INVENTÁRIO. ABERTURA DO PROCESSO. LITISPENDÊNCIA. 1- A lei não estabelece ordem preferencial para promover a abertura do inventário, limitando-se a apontar quem deve pedir a sua abertura, cuidando de estabelecer a legitimação concorrente. 2- Se o processo de inventário já foi aberto, então o novo pedido enseja o reconhecimento de litispendência. Inteligência do artigos 301, § 3º, 987 e 988 do CPC. Recurso desprovido" - APELAÇÃO CÍVEL Nº 70027130392. TJRS. Rel. Desembargador Sérgio Fernando de Vasconcelos Chaves, SÉTIMA CÂMARA CÍVEL, julgado em 13/05/2009. 8- Agravo conhecido, mas improvido. (TJCE – AI 11080-46.2005.8.06.0000/0 – Rel. Emanuel Leite Albuquerque – DJe 27.09.2011 – p. 30).

INVENTÁRIO - ARROLAMENTO - CÔNJUGE SUPERSTITE QUE FALECE ANTES DE HOMOLOGADA A PARTILHA - AUSÊNCIA DE ABERTURA DE INVENTÁRIO CUMULATIVO - INTELIGÊNCIA DO ARTIGO 1043, CPC - FILHO HERDEIRO QUE FALECE NO CURSO DO PROCESSO - INEXISTÊNCIA DE CITAÇÃO DOS SUCESSORES DO HERDEIRO FALECIDO - NULIDADE RECONHECIDA DE OFÍCIO RESTANDO PREJUDICADA A ANÁLISE DO APELO E DO AGRAVO RETIDO. I) Falecendo o cônjuge meeiro supérstite antes da partilha dos bens do pré-morto, as duas heranças serão cumulativamente inventariadas e partilhadas, se os herdeiros forem os mesmos. II) Ocorrendo o falecimento de herdeiro, no curso do inventário, necessário se faz a citação de seus sucessores, sob pena de nulidade da partilha. (Processo: AC 5689396 PR 0568939-6 - Relator(a): Rafael Augusto Cassetari - Julgamento: 05/08/2009 - Órgão Julgador: 12ª Câmara Cível - Publicação: DJ: 203).

15. Da morte do herdeiro na pendência do inventário

Estabelecia o art. 1.044 ao CPC anterior que ocorrendo a morte de algum herdeiro na pendência do inventário em que foi admitido e não possuindo outros bens além daquele quinhão na herança, poderá ser partilhado juntamente com os bens do monte.

Pensamos que tal situação está contemplada no disposto do inciso III do art. 672, notadamente porque a divisão da herança de herdeiro morto se enquadra no referido dispositivo legal.

Ensinam Arruda Alvim, Araken de Assis e Eduardo Arruda Alvim, que "(...) vindo a falecer algum herdeiro no curso do inventário, antes da partilha, e não havendo bens a inventariar, a não ser o quinhão que lhe tocaria no processo pendente, caberá partilhá-lo entre os herdeiros do herdeiro falecido, juntamente com a partilha dos bens do monte. O art. 1044 auxilia, ao fim e ao cabo, o exercício do direito de representação (arts. 1.851 a 1.856 do CC/02)" (Comentários ao Código de Processo Civil, 1ª ed, GZ, Rio de Janeiro, 2012, p.1521).

Sérgio Sahoine Fadel, ob. cit., p. 205, leciona que "A regra do art. 1.044 é meramente dispositiva, e está enunciada em termos de faculdade, que pode ou não ser exercida. Não há, no caso, incompetência, de outro juízo, a quem seja distribuído o inventário do herdeiro falecido no curso do primeiro inventário.

Há ou pode haver, tão-somente, conveniência em serem processados juntos. Cada caso será um caso, para os interessados e o juiz resolverem.

Se, no inventário em que foi admitido, o herdeiro, que não possua outros bens além do seu quinhão da herança, poder-se-á partilhar o seu quinhão juntamente com os bens do monte.

Não importa que os herdeiro do herdeiro falecido sejam outros; por outro lado, não há obrigação nem conveniência em se efetivar uma única partilha se os herdeiros dos sois espólios são diversos."

Cabe lembramos, na linha dos ensinamentos do autor acima citado, que relativamente ao imposto de transmissão ele será devido na proporção da cota que o herdeiro falecido transfere aos seus herdeiros, haja vista fato gerador diverso daquele sobre o qual incidiu o imposto no primeiro inventário.

AGRAVO DE INSTRUMENTO – INVENTÁRIO – RENOVAÇÃO DE PEDIDO, PELA INVENTARIANTE, PARA PROCESSAMENTO CONJUNTO COM OUTROS PROCEDIMENTOS, ABERTOS EM RAZÃO DO FALECIMENTO DE HERDEIROS NO CURSO PROCESSUAL – ALEGAÇÃO DE ALTERAÇÃO LEGISLATIVA A ABARCAR A PRETENSÃO. Recurso em face de decisão, proferida em autos de inventário do qual a agravante é inventariante, que indeferiu pedido de processamento conjunto com outros inventários, abertos pelo falecimento de herdeiros, fundamentando-se na anterior decisão que negou o pleito, sob a égide do CPC/1973 – Renovação do pedido, alegando a aplicação do novel artigo 672, do CPC/2015, que se rejeita – Ainda que não mais se exija a inexistência de outros bens, além daqueles que compõem o quinhão, o processamento conjunto se recomenda quando militar a favor da economia e celeridade processual – Diversos herdeiros falecidos, cujos respectivos inventários contêm outros bens e sucessores, é circunstância a demonstrar a inconveniência da pretensão, que só causaria tumulto – Acervo partível que é composto por um único bem imóvel, tramitando há anos, cuja finalização pode ser providenciada, sem a medida pretendida. Recurso desprovido. (TJSP; Agravo de Instrumento 2114289-53.2016.8.26.0000; Relator (a): Costa Netto; Órgão Julgador: 9ª Câmara de Direito Privado; Foro de Catanduva - Vara de Família e Sucessões; Data do Julgamento: 10/10/2017; Data de Registro: 17/10/2017)

INVENTÁRIO – DECISÃO QUE INDEFERIU O PROCESSAMENTO EM CONJUNTO DOS INVENTÁRIOS DE HERDEIROS PÓS-MORTOS EM RAZÃO DA EXISTÊNCIA DE BENS PARTICULARES – INTELIGÊNCIA DO ART. 1.044 DO CPC – PEDIDO DE EXPEDIÇÃO DE CARTA DE ADJUDICAÇÃO DO IMÓVEL INVENTARIADO EM FAVOR DOS CESSIONÁRIOS – PLEITO SUBSIDIÁRIO DE CONCESSÃO DE ALVARÁ JUDICIAL PARA OUTORGA DE ESCRITURA PÚBLICA – INVIABILIDADE – EXISTÊNCIA DE DILIGÊNCIAS A SEREM EFETUADAS – PROCURADOR

QUE NÃO SE MANIFESTOU ACERCA DA AUTENTICIDADE DE TODAS AS PEÇAS COLIGIDAS AOS AUTOS, NOS TERMOS DO INC. IV DO ART. 365 DO CPC – AGRAVANTE DISPENSADA Da apresentação de DOCUMENTOS PESSOAIS (RG) DE DOIS "DE CUJUS", porquanto tenha coligido aos autos suas CERTIDÕES DE ÓBITO E DE INSCRIÇÃO PERANTE O CADASTRO DE PESSOAS FÍSICAS DO MINISTÉRIO DA FAZENDA – inteligência do art. 176, § 1º, inc. ii, 4, alínea "a", da Lei nº 6.015/73 - RECURSO PARCIALMENTE PROVIDO (TJSP; Agravo de Instrumento 2074499-96.2015.8.26.0000; Relator (a): Theodureto Camargo; Órgão Julgador: 9ª Câmara de Direito Privado; Foro de Catanduva - 1ª Vara da Familia e Sucessões; Data do Julgamento: 16/11/2015; Data de Registro: 17/11/2015)

INVENTÁRIO - Apuração dos bens deixados por pai e mãe - Herdeiro que falece no curso do inventário sem deixar testamento, descendentes ou patrimônio - Desnecessidade de abertura de seu inventário, já que os irmãos recolherão por cabeça o seu quinhão, consistente em fração de imóvel - Inteligência do art. 1.044 do Código de Processo Civil - Recurso provido para dispensar o inventário do herdeiro (TJ-SP - AI: 01058968120138260000 SP 0105896-81.2013.8.26.0000, Relator: Mendes Pereira, Data de Julgamento: 11/12/2013, 7ª Câmara de Direito Privado, Data de Publicação: 12/12/2013)

INVENTÁRIO - Herdeira pós-morta Partilha de seu patrimônio conjuntamente com os bens do monte Possibilidade Acervo conhecido da herdeira que se resume ao quinhão hereditário Partilha ainda não efetuada Inteligência do art. 1044 do Código de Processo Civil Decisão reformada, neste ponto; INVENTÁRIO Decisão que determinou o recolhimento imediato do ITCMD Autor da herança falecido em 1996. (TJ-SP - AI: 20270025720138260000 SP 2027002-57.2013.8.26.0000, Relator: Rui Cascaldi, Data de Julgamento: 26/11/2013, 1ª Câmara de Direito Privado, Data de Publicação: 30/11/2013)

> *INVENTÁRIO. Falecimento dos pais e de um dos herdeiros. Decisão de primeiro grau que indefere o processamento conjunto de inventários do casal. Pretensão de reforma da decisão. Viabilidade. Acervo do inventário restrito a um imóvel. Aplicação dos artigos 1.043 e 1.044 do Código de Processo Civil. Observância dos princípios da economia e da celeridade processual Agravo provido. (AI 0199204-11.2012.8.26.0000 São Paulo 4ª Câmara de Direito Privado Rel. DES. CARLOS TREVISAN j. 8-11-2012, v.u.).*

Arrolamento. Morte de herdeira no curso do processo de inventário. Determinação do processamento conjunto do inventário da herdeira falecida. Pedido de herdeiro vivo para efetuar doação por termo no autos negado. Inconformismo. Herdeira falecida não deixou outros bens além do seu quinhão na herança. Cabível o processamento do inventário conjunto (1.044 CPC). Possível a renúncia translativa por termos nos autos (1806 CPC). Recurso parcialmente provido. (Processo: AI 1676379320118260000 SP 0167637-93.2011.8.26.0000 - Relator(a): Piva Rodrigues - Julgamento: 23/08/2011 - Órgão Julgador: 9ª Câmara de Direito Privado - Publicação: 29/08/2011).

16. Do inventário negativo

Vimos que o inventário tem por objetivo a legalização/legitimação da entrega da herança deixada, em decorrência da morte e do princípio da saisine, aos sucessores do extinto, regularizando o seu ingresso no patrimônio individual do herdeiro.

Assim, em princípio, não existindo bens a partilhar, ou mesmo obrigações pendentes, é totalmente desnecessária a instauração da abertura do processo de inventário.

Inobstante tal realidade de direito, a falta de previsão legal para a instauração do inventário negativo, existem algumas hipóteses, de fato e de direito, em que ele se faz necessário, até mesmo para que seja possível o atendimento a situações reclamadas pelo próprio ordenamento jurídico.

"No direito das sucessões", na lição de GLAUCO PEREIRA ALMEIDA, "o verbo "inventariar" sugere a ideia de bens deixados pelos *de cujus*, assim como "partilhar" a divisão desses bens, de modo que, em um primeiro momento, poderíamos dizer que onde não há bens não pode existir nem inventários nem partilha.

Em outras palavras, inventário em sua acepção técnica não se compadece com o complemento do vocábulo negativo. Entendimento esse que já orientou alguns julgados da Corte Superior, como se observa abaixo:

> *Inventário Negativo: Não tem sentido jurídico nem vernáculo; inventário exige como condição precípuo a existência de alguma coisa a inventariar.*
>
> *(RE 30145, Relator(a): Min. Afrânio Costa – Convocado, Primeira Turma, julgado em 07/01/1957, DJ 30-01-1957 PP-*****EMENT VOL-00298-01 PP-00303)*

Desse modo, o inventário sem bens, ativos ou passivos, pode parecer em si contraditório, pois o significado é "relação de bens".

Ocorre que, embora a legislação não preveja expressamente a possibilidade do inventário negativo, a doutrina e a jurisprudência o tem como juridicamente possível, quando a comprovação da inexistência de bens alcance o mundo jurídico.

A lei contenta-se com o fato de a inexistência de bens produzir efeito pelo seu conhecimento comum. O inventário negativo é providência facultativa utilizada para afastar de plano a controvérisa, não podendo o juiz ou o cartório competente negar seu prosseguimento." ("Considerações sobre o Inventário Negativo", Revista Jus Navigandi, Teresina, ano 14, n. 2265, 13 set. 2009. Disponível em: <https://jus.com.br/artigos/13499>. Acesso em: 24 dez. 2015).

HAMILTON DE MORAES E BARROS, citado pelo autor acima, ensina que "Pode acontecer que um morto não deixe bens e que seu conjugê ou seus herdeiros tenham necessidade da certeza jurídica desse fato. O meio jurídico de positiver isso é recorrer o interessado ao inventário negativo. Muito embora o Código não o discipline, o inventário negativo é, às vezes, uma necessidade do cônjuge sobrevivo ou dos herdeiros. Por isso, os juízes e a praxe o admitim como o modo judicial de provar-se, para determinado fim, a inexistência de bens".

"Com ele, não pretende inventariar o nada. Cuida-se, exatamente, de utilizá-lo para fazer certo que nada existe a inventariar. Concebido para inventariar o nada seria, sem dúvida, uma onerosa inutilidade. Usado, entretanto, para firmar que nada existiu que devesse ser inventariado, paa fazer certo que inexiste herança, é uma necessidade do Direito, pois que produzir para efeitos jurídicos." ("Comentários ao Código de Processo Civil: lei nº 5.869, de 11 de janeiro de 1973", 4ª. Edição, Rio de Janeiro, Editora Forense, 1993, v. 9).

Para ITABAIANA DE OLIVEIRA, citado por MARIA HELENA DINIZ, "o inventário negativo é o modo judicial de se provar, para determinado fim, a inexistência de bens do extinto casal." (Curso de Direito Civil Brasileiro, 6º Vol. Direito das Sucessões, Ed. Saraiva, p. 314).

CARLOS ROBERTO GONÇALVES ensina que "Tal modalidade torna-se, em alguns casos, necessária, especialmente para evitar a imposição de certas sanções com que o Código Civil pune a infração de algumas disposições." (Direito Civil Brasileiro, Vol. VII, 2ª ed., São Paulo, Ed. Saraiva, 2008, p. 496).

Na lição de HUMBERTO THEODORO JÚNIOR, "O inventário negativo é, nessa conjuntura, o expediente criado pela praxe forense para provar que o óbito se deu sem deixar bens a partilhar. Trata-se de medida de jurisdição voluntária, que preenche lacuna da lei e merece aplausos da doutrina e jurisprudência. O procedimento sumário instituído pela experiência do foro consiste em acusar, em petição, o óbito ao juiz, assumindo o requerente o compromisso de inventariante, com citação dos demais interessados e audiência do Ministério Público e da Fazenda Pública. Prestadas as declarações com a menção de ausência total de bens a inventariar, e havendo concordância de todos os convocados ao processo (que tanto pode ser expressa como tácita), o feito se encerra com sentença de homologação do declarado pelo inventariante a qual, através de certidão, servirá de documento para instruir o processo de casamento do cônjuge viúvo, ou para qualquer outro fim legal." (Curso de direito processual civil. 32. ed. Rio de Janeiro: Forense, 2004. v. III, p. 228/229).

Ensina SÉRGIO SAHOINE FADEL, "Código de Processo Civil Comentado", José Konfino Editor, Rio de Janeiro, 1974, Tomo V, 2ª tiragem, p. 1257126, que embora "a lei processual não contenha disposição expressa acerca da necessidade de se abrir inventário negativo, isto é, quando o falecido não deixou bens, mas deixou cônjuge supérstite e/ou descendentes tem-se admitido, na doutrina e na jurisprudência, esse procedimento.

É ele cabível tanto por iniciativa do herdeiro, para caracterizar ou tornar público que o *de cujus* nada lhe deixou, prevenindo assim evitar fiquem seus bens sujeitos às dívidas suportáveis pela herança, quanto pelo viúvo, que tenha filhos do falecido, para que não fique proibido de casar antes de inventariar os bens do casal (Código Civil, arts. 258,1 e 183, XIII).

Não há, porém, obrigação de abrir o inventário negativo. Pode haver conveniência."

Decidiu a 2º Câmara Cível do Tribunal de Justiça do Estado de São Paulo na Apelação nº 251.940, de 25.05.1976, Relator Desembargador LAFAYETTE SALLES JÚNIOR, que "O inventário negativo é admitido pela doutrina e pela jurisprudência e é de interesse para o cônjuge sobrevivente e herdeira. Para o cônjuge sobrevivente, com o fim de positivar a inexistência de infração do art. 183, III do C.Civil, (*omissis*) Para os parentes, na finalidade de sucessores do extinto, regularizarem o passivo por ele deixado, e evitarem que os bens particulares deles sejam responsabilizados por dívidas do finado...." (RT 488/97).

O art. 28 da Resolução nº 35 do CNJ. De 24/04/2007, que disciplina a aplicação da Lei nº 11.441/07 pelos serviços notariais e de registro prevê a possibilidade de inventário negativo por escritura pública.

Contrato de leasing. Inadimplência. Ação ajuizada contra devedor pré morto. Irrelevância, bastando a substituição processual regular pelo Espólio. Veículo devolvido e prova de que as herdeiras nada devem, pois aberto inventário negativo, homologado, não respondendo elas senão pelas forças da herança (Código Civil, artigo 1792). Ausência de condenação em verbas de sucumbência, pois não deram causa à demanda. Preliminar rejeitada, apelo provido.

Apelação digital. Embargos à Execução. Cédula de Crédito Bancário. Execução. Óbito do Executado. Habilitação determinada (art. 779, II, do CPC). Alegada ilegitimidade passiva dos herdeiros do Executado. Obrigação que deve ser cumprida pelos herdeiros, até as forças da herança.

Inteligência do artigo 1.997 do Código Civil. Ausência de formulação de inventário negativo. Alegação de inexistência de bens por parte do "de cujus" que não restou conclusiva. Sentença mantida. Honorários sucumbenciais adequados. Recurso não provido, com observação. (TJSP; Apelação 1012769-77.2016.8.26.0223; Relator (a): João Pazine Neto; Órgão Julgador: 37ª Câmara de Direito Privado; Foro de Guarujá - 3ª Vara Cível; Data do Julgamento: 06/06/2017; Data de Registro: 07/06/2017)

INVENTÁRIO. INVENTÁRIO NEGATIVO. EXISTÊNCIA DE BENS. ITCMD. BASE CÁLCULO. 1- A sentença julgou extinto o inventário, reconhecendo como sendo inventário negativo, pois o valor das dívidas é superior ao valor do patrimônio transferido em razão de morte. 2- A existência de bens, mesmo que de valor inferior às dívidas, descaracteriza o inventário negativo, que pressupõe a inexistência de bens. 3- Necessidade de prosseguimento do inventário, pois compete ao inventariante representar os espólios em juízo, ativa e passivamente, bem como pagar as dívidas do espólio (CPC/1973, arts. 991, I, e 992, III; CPC/2015, arts. 618, I, e 619, III). Apelação provida para afastar a extinção do inventário. 4- ITCMD. O imposto incide sobre o monte partível e não sobre o montemor total. Inteligência do art. 12 da Lei Estadual n. 10.705/2000 e dos arts. 1.792 e 1.997 do Código Civil. Precedentes. Como monte partível, considera-se somente o patrimônio líquido recebido pelos herdeiros, ou seja, depois de pagas todas as dívidas do espólio, incluídas as tributárias. Apelação não provida nessa parte. 5- Apelação parcialmente provida. (TJSP; Apelação 0005051-37.2005.8.26.0189; Relator (a): Alexandre Lazzarini; Órgão Julgador: 9ª Câmara de Direito Privado; Foro de Fernandópolis - 3ª Vara Cível; Data do Julgamento: 18/10/2016; Data de Registro: 18/10/2016)

(TJSP; Apelação 0010462-70.2011.8.26.0506; Relator (a): Soares Levada; Órgão Julgador: 34ª Câmara de Direito

Privado; Foro de Ribeirão Preto - 7ª Vara Cível; Data do Julgamento: 10/01/2018; Data de Registro: 10/01/2018)

INVENTÁRIO NEGATIVO - INEXISTÊNCIA DE BENS - PRESENÇA DE INTERESSE. 1- A parte que objetiva a declaração de inexistência de bens, tem interesse ao requerimento de inventário negativo. (TJ-MG - AC: 10702100771725001 MG, Relator: Rogério Coutinho, Data de Julgamento: 27/02/2014, Câmaras Cíveis / 8ª CÂMARA CÍVEL, Data de Publicação: 13/03/2014)

APELAÇÃO CÍVEL. INVENTÁRIO. NEGATIVA DE PRESTAÇÃO JURISDICIONAL. A sentença determinou o arquivamento do inventário por ausência de bens a inventariar. Contudo, para além de haver bens a inventariar, é possível a realização de inventario negativo, como já reconhecido pelo próprio juízo apelado. Logo, é de rigor a desconstituição da sentença para prosseguimento do processo. DERAM PROVIMENTO. (Apelação Cível Nº 70054865696, Oitava Câmara Cível, Tribunal de Justiça do RS, Relator: Rui Portanova, Julgado em 01/08/2013) (TJ-RS - AC: 70054865696 RS, Relator: Rui Portanova, Data de Julgamento: 01/08/2013, Oitava Câmara Cível, Data de Publicação: Diário da Justiça do dia 06/08/2013)

INVENTÁRIO NEGATIVO – INTERESSE DOS SUCESSORES EM CRÉDITOS DO FALECIDO A SEREM DISCUTIDOS NA JUSTIÇA DO TRABALHO – EXTINÇÃO AFASTADA – PRESENÇA DO INTERESSE PROCESSUAL – RECURSO CONHECIDO E PROVIDO – SENTENÇA REFORMADA – O inventário negativo, construção doutrinária-jurisprudencial, pode ser aviado pelo cônjuge sobrevivente ou herdeiro para comprovar a inexistência de bens do de cujus. (TJMT – Ap 7991/2011 – Relª Desª Maria Helena Gargaglione Póvoas – DJe 27.03.2012 – p. 18).

AGRAVO INTERNO – HABILITAÇÃO DE HERDEIROS – INEXISTÊNCIA DE BENS A INVENTARIAR – DESNECESSIDADE DE INVENTÁRIO NEGATIVO – I- Inexistindo bens a inventariar, podem os herdeiros se habilitar em nome próprio. Precedentes do STJ. II- Desnecessária a abertura de inventário negativo, não havendo que ser exigido, ordinariamente, em sede de sucessão processual. III- Agravo Interno não provido. (TRF 2ª R. – AC 1984.51.01.699287-0 – Relª Fátima Maria Novelino Sequeira – DJe 22.11.2011).

RECURSO DE APELAÇÃO CÍVEL – INVENTÁRIO NEGATIVO – INTERESSE DOS SUCESSORES EM CRÉDITOS DO FALECIDO A SEREM DISCUTIDOS NA JUSTIÇA DO TRABALHO – EXTINÇÃO AFASTADA – RECURSO CONHECIDO E PROVIDO – SENTENÇA REFORMADA – O inventário negativo, construção doutrinário-jurisprudencial, pode ser aviado pelo cônjuge sobrevivente ou herdeiro para comprovar a inexistência de bens com que faleceu o de cujus. Caso o falecido não tenha deixado bens a inventariar, ainda assim pode suceder de o seu cônjuge ou herdeiros terem de demonstrar tal circunstância, valendo-se, para tanto, do chamado inventário negativo. (TJMT – Ap 30507/2011 – Rel. Des. Sebastião de Moraes Filho – DJe 20.09.2011 – p. 19).

INVENTÁRIO NEGATIVO – BEM ADQUIRIDO DURANTE O CASAMENTO – SEPARAÇÃO OBRIGATÓRIA – "Inventário negativo. Bem concretamente apontado pela viúva como adquirido durante o casamento, mas tido por reservado, em razão do regime de separação obrigatória, estando em seu nome exclusivo. Decisão que, colocando em dúvida a assertiva e invocando em princípio a Súmula nº 377 do STF, determina desde logo o processamento como inventário positivo. Descabimento. Questão que, no caso, desborda do plano meramente formal, exigindo decisão específica sobre a situação jurídica do bem apontado (único em tese deixado), previamente à definição da instauração do procedimento de partilha por força da sucessão. Agravo da requerente provido para tal fim." (TJSP – AI 990.10.525109-9 – Santos – 2ª CDPriv. – Rel. Fabio Tabosa – DJe 25.03.2011)

INVENTÁRIO NEGATIVO - Extinção do processo - Aplicação dos arts. 267, I e VI e 295, II, do Código de Processo Civil - Inadmissibilidade - Inexistência de bens deixados pelo de cujus - Irrelevancia - Embora não previsto na lei, pacífica sua admissão pela doutrina e jurisprudência - Sentença afastada -Recurso provido.(TJ-SP - APL: 56591220088260292 SP 0005659-12.2008.8.26.0292, Relator: Silvério Ribeiro, Data de Julgamento: 28/01/2011, 5ª Câmara de Direito Privado, Data de Publicação: 04/02/2011)

APELAÇÃO CÍVEL – EXPURGOS INFLACIONÁRIOS – INVENTÁRIO NEGATIVO – INEXISTÊNCIA DE BENS A PARTILHAR – INTERESSE DOS SUCESSORES EM CRÉDITOS DO DE CUJUS – ADMINISTRADOR PROVISÓRIO – LEGITIMIDADE ATIVA – RECURSO PROVIDO – 1- De acordo com o art. 985 do CPC c/c o art. 1.979 do CC, até que o inventariante preste o compromisso, o espólio continuará na posse do administrador provisório, cuja função pode recair sobre o cônjuge do de cujus ao tempo da abertura da sucessão. 2- A inexistência de bens a inventariar quando da abertura da sucessão não inviabiliza o inventário, notadamente quando há interesse na demonstração de sua ausência. 3- Trata-se da figura do inventário negativo, um procedimento já consagrado pela doutrina e jurisprudência, apesar de não previsto expressamente no ordenamento jurídico. 4- Logo, ainda que não haja bens a inventariar, até que os herdeiros instaurem processo de inventário, ocasião em que será nomeado um inventariante, o administrador provisório será responsável pela administração dos bens. 5- Recurso provido. (TJES – AC 14090008534 – Rel. Des. José Paulo Calmon Nogueira da Gama – DJe 24.11.2010 – p. 81).

INVENTÁRIO – ALEGAÇÃO DE INEXISTÊNCIA DE BENS – DECLARAÇÃO – NECESSIDADE – "Inventário. Sentença *terminativa, indeferindo a petição inicial. Apelação. Alegação de que necessita da declaração de inexistência de bens a inventariar, e a nomeação da viúva como inventariante a fim de regularizar sua representação processual em processo em trâmite perante a Justiça do Trabalho. Não se trata de inventário negativo. Existência de reclamação trabalhista, ajuizada pelo de cujus. Interesse dos herdeiros de que a sucessão seja promovida pelo Espólio, representada por seu inventariante. Égide do art. 43 do CPC. Visa evitar a intervenção de todos os herdeiros. Feito que não se encontra maduro. Anulação da sentença que se impõe. Recurso provido." (TJRJ – AC 2007.001.61194 – 16ª C.Cív. – Relª Desª Monica Costa Di Piero – J. 04.03.2008)*

RESPONSABILIDADE CIVIL – Indenização. Erro médico. Não tendo o de cujus deixado bens ou obrigações pendentes de cumprimento, desnecessário inventário ou arrolamento negativo para propositura de ação de indenização pela sua morte. Legitimidade da viúva e os descendentes. Regularização do pólo ativo, em consonância com os arts. 13 e 47, parágrafo único, do CPC, que se impõe. (TJSP – AI 86.170-4 – 10ª CDPriv. – Rel. Juiz Des. Marcondes Machado – J. 02.03.1999).

AÇÃO DA REGRA. NECESSIDADE DIANTE DOS RECLAMES DA PRESTAÇÃO JURISDICIONAL. 1.Embora sem previsão legal, o inventário negativo consiste em prática consagrada no meio forense. Pode ser manejado, na hipótese em que o viúvo ou a viúva deseje contrair núpcias, nos moldes do artigo 1.523, inciso I, do Código Civil, ou, ainda, de herdeiro ou herdeira que receie responsabilidade além das forças da herança, com espeque no Código Civil, no artigo 1.792. 2. Porém, dada a riqueza e a variedade dos fatos da vida como a necessidade maior da Justiça de prestar a jurisdição, viável mitigar a regra imposta pela praxe forense, a fim de deferir processamento de inventário negativo, com o fito de nomear a viúva como inventariante, para perseguir direitos trabalhistas do cie cujos, junto a Justiça Obreira"(Ap. Cível nº 2007 03 1 020326-2/TJDF, rei Des. Flávio Rostirola, j. em 19.12.2007).

"INVENTÁRIO - Requerimento indeferido - Inadmissibilidade - Processo que visa à administração da herança e deve ter seguimento ainda que esta seja negativa - Irrelevância da nota de inexistência de bens a inventariar constante da certidão de óbito - Processamento determinado. O inventário é a administração da herança, e esta, sendo patrimônio pessoal deixado por morte, consiste na unidade abstrata de todos os bens, direitos, obrigações e ações, ativas ou pasivas, existentes na abertura da sucessão. Assim, mesmo negativa, subsiste como unidade patrimonial, a cuja autonomia só a partilha porá fim. Dessa forma, requerimento de inventário nunca poderá ser indeferido, mesmo que o patrimônio deixado pareça ser nada ou constando da certidão de óbito nota de inexistência de bens a inventariar, pois o inventário é para por ordem e liquidar situação econômica residual de quem faleceu" (RT 639/79).

17. Do imposto de transmissão

MOACYR ARAÚJO PEREIRA, in "Repertório Enciclopédico do Direito Brasileiro por J. M. DE CARVALHO SANTOS", ob. cit., vol. 25, p. 229/229, de forma bastante objetiva, assevera que o imposto é uma parte de nossa renda entregue obrigatoriamente, destinada a constituir a receita do poder público, para atender, às suas despesas, em benefício da coletividade e, possui um fim político, um fim social e um fim jurídico.

"6 - Fim político.

Trata-se de uma contribuição incondicional e sem contrapartida, com fim financeiro porque é a fonte de recursos monetários do Estado. Nesse fim está implícita a qualidade política do imposto, cujos objetivos são os benefícios econômicos e sociais do povo em geral.

7 - Fim social.

E assim relevante a importância do imposto porque se destina às necessidades estatais, da coletividade. Por isso parece-nos a figura material mais pública do Estado, intervindo pela sua técnica na estrutura econômica, mediante o fornecimento de meios pecuniários para poder movimentar os serviços públicos. Nessa estrutura a sua influência sobressai na produção, no capital, nas rendas, nos preços e no consumo onde vai a sua incidência refletir, afetando o custo de vida e o preço de venda.

8 - Fim jurídico.

Sendo uma contribuição pecuniária do indivíduo, imposta obrigatoriamente pela autoridade, é uma manifestação da soberania do Estado. Emanando de lei, é consentida pelos indivíduos porque elaborada pelos seus representantes no Congresso Nacional."

Assimilada essa premissas, sabemos, existem duas espécies de imposto por transmissão imobiliária : 1°) a que se verifica quando a transmissão do bem se dá por ato *inter vivos*, ou seja, a resultante de compra e venda, cessão de direitos, doação, etc.; 2°) aquela que se verifica quando a transmissão se dá *causa mortis*, ou seja, resultante da transferência dos bens do falecido para seus herdeiros ou legatários.

A Constituição Federal estabelece no art. 155, inciso I, que compete aos Estados e ao Distrito Federal instituir imposto sobre a transmissão *causa mortis* e doação, de quaisquer bens ou direitos, sendo que o § 1° oferece as regras gerais, nos seguintes termos :

> "*§ 1° O imposto previsto no inciso I:*
>
> *I - relativamente a bens imóveis e respectivos direitos, compete ao Estado da situação do bem, ou ao Distrito Federal;*
>
> *II - relativamente a bens móveis, títulos e créditos, compete ao Estado onde se processar o inventário ou arrolamento, ou tiver domicílio o doador, ou ao Distrito Federal;*
>
> *III - terá a competência para sua instituição regulada por lei complementar:*
>
> *a) se o doador tiver domicílio ou residência no exterior;*

b) se o de cujus possuía bens, era residente ou domiciliado ou teve seu inventário processado no exterior;

IV - terá suas alíquotas máximas fixadas pelo Senado Federal."

Atendendo ao comando constitucional do § 1º, inciso IV, do art. 155, o Senado Federal editou a Resolução nº 9/92, onde limitou a alíquota máxima em 8%, podendo ser progressivas em função do quinhão que cada herdeiro efetivamente receber.

Se vê do disposto no art. 156, II, da CF, que compete aos municípios instituir imposto sobre a transmissão *inter vivos*, a qualquer título, por ato oneroso, de bens imóveis, por natureza ou acessão física, e de direitos reais sobre imóveis, exceto os de garantia, bem como cessão de direitos a sua aquisição.

A esse propósito é bom relembrarmos as normas traçadas pelo Código Tributário Nacional, nos arts. 32 a 42, nos termos : -

"SEÇÃO II - IMPOSTO SOBRE A PROPRIEDADE PREDIAL E TERRITORIAL URBANA.

Art. 32. O imposto, de competência dos Municípios, sobre a propriedade predial e territorial urbana tem como fato gerador a propriedade, o domínio útil ou a posse de bem imóvel por natureza ou por acessão física, como definido na lei civil, localizado na zona urbana do Município.

§ 1º Para os efeitos deste imposto, entende-se como zona urbana a definida em lei municipal, observado o requisito mínimo da existência de melhoramentos indicados em pelo menos 2 (dois) dos incisos seguintes, construídos ou mantidos pelo Poder Público :

I - meio-fio ou calçamento, com canalização de águas pluviais;

II - abastecimento de água;

III - sistema de esgotos sanitários;

IV - rede de iluminação pública, com ou sem posteamento para distribuição domiciliar;

V - escola primária ou posto de saúde a uma distância máxima de 3 (três) quilômetros do imóvel considerado.

§ 2° A lei municipal pode considerar urbanas as áreas urbanizadas, ou de expansão urbana, constantes de loteamentos aprovados pelos órgãos competentes, destinados à habitação, à indústria e ao comércio, mesmo que localizados fora das zonas definidas nos termos do parágrafo anterior.

Art. 33. A base de cálculo do imposto é o valor venal do imóvel.

Parágrafo único. Na determinação da base do cálculo, não se considera o valor dos bens móveis mantidos, em caráter permanente ou temporário, no imóvel, para efeito de sua utilização, exploração, aformoseamento ou comodidade.

Art. 34. Contribuinte do imposto é o proprietário do imóvel, o titular do seu domínio útil, ou o seu possuidor a qualquer título.

SEÇÃO III - IMPOSTO SOBRE A TRANSMISSÃO DE BENS IMÓVEIS E DE DIREITOS A ELES RELATIVOS.

Art. 35. O imposto, de competência dos Estados, sobre a transmissão de bens imóveis e de direitos a eles relativos tem como fato gerador :

I - a transmissão, a qualquer título, da propriedade ou do domínio útil de bens imóveis, por natureza ou por acessão física, como definidos na lei civil;

II - a transmissão, a qualquer título, de direitos reais sobre imóveis, exceto os direitos reais de garantia;

III - a cessão de direitos relativos às transmissões referidas nos incisos I e II.

Parágrafo único. Nas transmissões causa mortis, ocorrem tantos fato geradores distintos quantos sejam os herdeiros ou legatários.

Art. 36. Ressalvado o disposto no artigo seguinte, o imposto não incide sobre a transmissão dos bens ou direitos referidos no artigo anterior:

I - quando efetuado para sua incorporação ao patrimônio de pessoa jurídica em pagamento de capital nela subscrito;

II - quando decorrente de incorporação ou da fusão de uma pessoa jurídica por outra ou com outra.

Parágrafo único. O imposto não incide sobre a transmissão aos mesmos alienantes dos bens e direitos adquiridos na forma do inciso I deste artigo, em decorrência da sua desincorporação do patrimônio da pessoa jurídica a quem foram conferidos.

Art. 37. O disposto no artigo anterior não se aplica quando a pessoa jurídica adquirente tenha como atividade preponderante a venda ou locação da propriedade imobiliária ou a cessão de direitos relativos à sua aquisição.

§ 1º Considera-se caracterizada a atividade preponderante referida neste artigo quando mais de 50% (cinqüenta por cento) da receita operacional da pessoa jurídica adquirente, nos 2 (dois) anos anteriores e nos 2 (dois) anos subsequentes à aquisição, decorrer de transações mencionadas neste artigo.

§ 2º Se a pessoa jurídica adquirente iniciar suas atividades após a aquisição, ou menos de 2 (dois) antes dela, apurar-se-á a preponderância referida no parágrafo anterior, levando em conta os 3 (três) primeiros anos seguintes à data da aquisição.

§ 3º Verificada a preponderância referida neste artigo, tomar-se-á devido o imposto, nos termos da lei vigente à data da aquisição, sobre o valor do bem ou direito nessa data.

§ 4º O disposto neste artigo não se aplica à transmissão de bens ou direitos quando realizada em conjunto com a da totalidade do patrimônio da pessoa jurídica alienante.

Art. 38. A base de cálculo do imposto é o valor venal dos bens ou direitos transmitidos.

Art. 39. A alíquota do imposto não excederá os limites fixados em resolução do Senado Federal, que distinguira, para efeito de aplicação de alíquota mais baixa, as transações que atendam à política nacional de habitação.

Art. 40. O montante do imposto é dedutível do devido à União, a título de imposto de que trata o art. 43, sobre o provento decorrente da mesma transmissão.

Art. 41. O imposto compete ao Estado da situação do imóvel transmitido, ou sobre que versarem os direitos cedidos, mesmo que a mutação patrimonial decorra de sucessão no estrangeiro.

Art. 42. Contribuinte do imposto é qualquer das partes na operação tributada, como dispuser a lei."

Se vê, além da definição de fato gerador, casos de não incidência, base de cálculo, fixação de alíquota teto, que cabe aos Estados da Federação a regulamentação específica acerca da transmissão de bens por *causa mortis* e doação, e aos municípios acerca da transmissão da propriedade por ato *inter vivos*.

No Estado de São Paulo, o imposto incidente sobre a transmissão da herança e a doação, é regulamentada pela Lei Estadual n° 10.705, de 28 de dezembro de 2.000, consolidada com a Lei 10.992 de 21 de dezembro de 2.001, Decreto 46655/02 e Portaria CAT 15/03, que, revogando as disposições anteriores, nominou-se o recolhimento como Imposto sobre Transmissão *Causa Mortis* e Doação - ITCMD.

Para fatos geradores anteriores a 2001, o tributo devido é o ITBI estadual - Imposto sobre Transmissão de Bens Imóveis e Direitos a Eles Relativos -, regido pela Lei 9.591/66 e suas alterações, com regulamentação do Decreto 32.635/90.

17.1 Da incidência

Consoante se observa do disposto no art. 2°, da Lei Paulista, o imposto incide sobre a transmissão de qualquer bem ou direito havido por :

a) sucessão legítima ou testamentária, inclusive a sucessão provisória, assegurada a sua restituição caso o ausente retorne, se observando tantos fatos geradores, distintos, quantos forem os herdeiros, legatários ou donatários, inclusive o fideicomisso, ainda que a legítima dos herdeiros seja gravada e a doação com encargo;

b) doação.

Estabelece o parágrafo 5° do referido art., que estão compreendidos na incidência do imposto os bens que, na divisão de patrimônio, na partilha ou na adjudicação, forem atribuídos a um dos cônjuges, a um dos conviventes, ou a qualquer herdeiro, acima da respectiva meação ou quinhão.

Do art. 3° abstraímos que também sujeita-se ao imposto a transmissão de : I - qualquer título ou direito representativo do patrimônio ou capital de sociedade e companhia, tais como ação, quota, quinhão, participação civil ou comercial, nacional ou estrangeira, bem como, direito societário, debênture, dividendo e crédito de qualquer natureza; II -dinheiro, haver monetário em moeda nacional ou estrangeira e título que o represente, depósito bancário e crédito em conta corrente, depósito em caderneta de poupança e a prazo fixo, quota ou participação em fundo mútuo de ações, de renda fixa, de curto prazo, e qualquer outra aplicação financeira e de risco, seja qual for o prazo e a forma de garantia; III - bem incorpóreo em geral, inclusive título e crédito que o represente, qualquer direito ou ação que tenha de ser exercido e direitos autorais.

Nos termos do seu § 1°, a transmissão de propriedade ou domínio útil de bem imóvel e de direito a ele relativo, situado no Estado, sujeita-se ao imposto, ainda que o respectivo inventário ou arrolamento seja processado em outro Estado, no Distrito Federal ou no exterior; e, no caso de doação, ainda que doador, donatário ou ambos não tenham domicílio ou residência no Estado de São Paulo.

Seu § 2°, por sua vez, estatui que também estão sujeitos ao imposto o bem móvel, o título e o direito em geral, inclusive os que se encontram em outro Estado ou no Distrito Federal, no caso de o inventário ou arrolamento processar-se no Estado de São Paulo ou nele tiver domicílio o doador.

O art. 4° assim dispõe :

> *"O imposto é devido nas hipóteses abaixo especificadas, sempre que o doador residir ou tiver domicílio no exterior, e, no caso de morte, se o de cujus possuía bens, era residente ou teve seu inventário processado fora do país :*
>
> *I — sendo corpóreo o bem transmitido : quando se encontrar no território do Estado;*
>
> *quando se encontrar no exterior e o herdeiro, legatário ou donatário tiver domicílio neste Estado;*
>
> *II - sendo incorpóreo o bem transmitido :*
>
> *quando o ato de sua transferência ou liquidação ocorrer neste Estado;*
>
> *quando o ato referido na alínea anterior ocorrer no exterior e o herdeiro, legatário ou donatário tiver domicílio neste Estado."*

Os casos de não incidência do imposto vem estampados no art. 5°, ou seja, não haverá a incidência de imposto em caso de renúncia pura e simples de herança ou legado, sobre o fruto e rendimento do bem do espólio havidos após o falecimento do autor da herança ou legado, ou ainda, sobre a importância deixada ao testamenteiro, a título de prêmio ou remuneração, até o limite legal.

17.2 Das isenções

Com a redação dada ao artigo 6° pelo inciso I do art. 1° da Lei 10.992 de 21-12-2001, DOE 22-12-2001, com efeitos a partir de 01-01-2002, no Estado de São Paulo, fica isenta do imposto:

I - a transmissão "causa mortis":

a) de imóvel de residência, urbano ou rural, cujo valor não ultrapassar 5.000 (cinco mil) Unidades Fiscais do Estado de São Paulo - UFESPs e os familiares beneficiados nele residam e não tenham outro imóvel;

b) de imóvel cujo valor não ultrapassar 2.500 (duas mil e quinhentas) UFESPs, desde que seja o único transmitido;

c) de ferramenta e equipamento agrícola de uso manual, roupas, aparelho de uso doméstico e demais bens móveis de pequeno valor que guarneçam os imóveis referidos nas alíneas anteriores, cujo valor total não ultrapassar 1.500 (mil e quinhentas) UFESPs;

d) de depósitos bancários e aplicações financeiras, cujo valor total não ultrapassar 1.000 (mil) UFESPs;

e) de quantia devida pelo empregador ao empregado, por Institutos de Seguro Social e Previdência, oficiais ou privados, verbas e prestações de caráter alimentar decorrentes de decisão judicial em processo próprio e o montante de contas individuais do Fundo de Garantia do Tempo de Serviço e do Fundo de Participações PIS-PASEP, não recebido em vida pelo respectivo titular;

f) na extinção do usufruto, quando o nu-proprietário tiver sido o instituidor;

II - a transmissão por doação:

a) cujo valor não ultrapassar 2.500 (duas mil e quinhentas) UFESPs;

b) de bem imóvel para construção de moradia vinculada a programa de habitação popular;

c) de bem imóvel doado por particular para o Poder Público.

§ 1º - Para fins de reconhecimento das isenções previstas nas alíneas "a", "b" e "c" do inciso I, e na alínea "a" do inciso II, poderá ser exigida a apresentação de declaração, conforme dispuser o regulamento.

§ 2º - Ficam também isentas as transmissões "causa mortis" e sobre doação de quaisquer bens ou direitos a entidades cujos objetivos sociais sejam vinculados à promoção dos direitos humanos, da cultura ou à preservação do meio ambiente, observado o seguinte:

1 - o reconhecimento dessa condição deverá ser feito, de forma cumulativa, pela Secretaria da Fazenda e, conforme a natureza da entidade, pela Secretaria da Justiça e da Defesa da Cidadania, pela Secretaria da Cultura ou pela Secretaria do Meio Ambiente, de acordo com disciplina a ser estabelecida pelo Poder Executivo;

2 - deverão ser observados os requisitos do artigo 14 do Código Tributário Nacional e os demais previstos na legislação tributária.

Prevê a Lei 10.992/2001

[...]

Artigo 3º - Fica cancelado o débito fiscal decorrente do ITCMD devido pelas entidades indicadas no § 2º do artigo 6º, com a redação dada pelo artigo 1º, decorrente de fatos geradores ocorridos no exercício de 2001.

Artigo 4º - Esta lei entra em vigor na data de sua publicação, produzindo efeitos a partir do dia 1º de janeiro do ano seguinte ao da sua publicação.

Não é permitido ao judiciário o reconhecimento da isenção do ITCMD, além das já previstas no artigo 6º da Lei 10.992 de 21-12-2001, por ser uma atribuição da autoridade administrativa.

> *APELAÇÃO CÍVEL – Mandado de Segurança - ITCMD – Herança oriunda do exterior - Artigo 155, §1°, inciso III, alínea "b" da Constituição Federal que determina que lei complementar regulará a competência para instituição do ITCMD no caso – Lei Complementar não editada – Impossibilidade da cobrança do tributo pelo Estado de São Paulo – Inconstitucionalidade da alínea "b", do inciso II, do artigo 4°, da Lei Estadual n° 10.705/00 reconhecida pelo Órgão Especial deste E. Tribunal de Justiça – Sentença que concedeu a segurança mantida – Reexame necessário e recurso da Fazenda Estadual desprovidos. (TJSP; Apelação / Reexame Necessário 1028270-96.2016.8.26.0053; Relator (a): Maria Laura Tavares; Órgão Julgador: 5ª Câmara de Direito Público; Foro Central - Fazenda Pública/Acidentes - 7ª Vara de Fazenda Pública; Data do Julgamento: 13/03/2018; Data de Registro: 13/03/2018)*

Tributário – Imposto de Transmissão Causa Mortis e Doações – ITCMD – Doação em dinheiro feita por doadora residente em outro Estado – Circunstância que torna indevido o pagamento ocorrido do tributo em favor do Estado de residência da donatária, que então deixa de se caracterizar como contribuinte – Inteligência dos arts. 3º, inciso II e § 1º, e 7º, inciso III, da lei nº 10.705/00 e 155, inciso I e § 1º, da Constituição Federal – Precedente – Ação de repetição de indébito julgada procedente – Recurso da Fazenda do Estado de São Paulo desprovido. (TJSP; Apelação 1034199-58.2015.8.26.0114; Relator (a): Ferreira Rodrigues; Órgão Julgador: 4ª Câmara de Direito Público; Foro de Campinas - 1ª Vara da Fazenda Pública; Data do Julgamento: 05/02/2018; Data de Registro: 21/02/2018)

MANDADO DE SEGURANÇA – ITCMD – Base de cálculo prevista na Lei Estadual nº 10.705/00, que, nos imóveis urbanos, é o valor do Imposto Predial e Territorial Urbano - IPTU, e não outro qualquer – Majoração do tributo que deve observar os estritos termos da Lei e não por via de Decreto (art. 97, do CTN). ISENÇÃO TRIBUTÁRIA – ITCMD – A base de cálculo prevista no art. 38, do CTN, e na Lei Estadual nº 10.705/00, que corresponde ao bem ou direito efetivamente transmitido – Tributo que incidirá apenas sobre a quota parte transmitida aos herdeiros, cujo montante não ultrapassa a 2.500 (duas mil e quinhentas) UFESP's – Isenção tributária admitida nos termos do art. 6º, I, 'b', da Lei Estadual nº 10.705/00 – Precedentes desta c. Câmara e Corte de Justiça – Concessão total da segurança decretada pelo Colegiado – Reexame necessário e apelo da Fazenda improvidos, recurso dos impetrantes provido. (TJSP; Apelação / Reexame Necessário 1004529-30.2017.8.26.0073; Relator (a): Rebouças de Carvalho; Órgão Julgador: 9ª Câmara de Direito Público; Foro de Avaré - 1ª Vara Cível; Data do Julgamento: 28/02/2018; Data de Registro: 28/02/2018)

"TRIBUTÁRIO. AGRAVO REGIMENTAL NO AGRAVO REGIMENTAL NO RECURSO ESPECIAL. ARROLAMENTO

SUMÁRIO POST MORTEM . ITCD. ISENÇAO. RECONHECIMENTO JUDICIAL. IMPOSSIBILIDADE. ART. 179 DO CTN. RESP 1.150.356/SP, PROCESSADO SOB O RITO DO ART. 543-C DO CPC. AGRAVO NAO PROVIDO. 1. A Primeira Seção do Superior Tribunal de Justiça, no julgamento do REsp 1.150.356/SP, de relatoria do Ministro LUIZ FUX, publicado em 25/8/10, processado sob o rito do art. 543-C, do CPC, manifestou-se no sentido de ser incompetente o juízo do inventário processado sob a modalidade de arrolamento sumário para reconhecer a isenção do ITCMD. Nos termos do art. 179 do CTN, é atribuição da autoridade administrativa aferir o direito do contribuinte à isenção não concedida em caráter geral. 2. Agravo regimental não provido. (AgRg no AgRg no RECURSO ESPECIAL Nº 1.205.265 - SP (2009/0133837-2) – RELATOR: MINISTRO ARNALDO ESTEVES LIMA - Data de Publicação: 27 de Novembro de 2012).

PROCESSO CIVIL. RECURSO ESPECIAL REPRESENTATIVO DE CONTROVÉRSIA. ARTIGO 543-C, DO CPC. ARROLAMENTO SUMÁRIO POST MORTEM. RECONHECIMENTO JUDICIAL DA ISENÇÃO DO ITCMD. IMPOSSIBILIDADE. ARTIGO 179, DO CTN. 1. O juízo do inventário, na modalidade de arrolamento sumário, não detém competência para apreciar pedido de reconhecimento da isenção do ITCMD (Imposto sobre Transmissão Causa Mortis e Doação de quaisquer Bens ou Direitos), à luz do disposto no caput do artigo 179, do CTN, verbis: "Art. 179. A isenção, quando não concedida em caráter geral, é efetivada, em cada caso, por despacho da autoridade administrativa, em requerimento com o qual o interessado faça prova do preenchimento das condições e do cumprimento dos requisitos previstos em lei ou contrato para concessão. (...)" 2. Como cediço, a abertura da sucessão (morte do autor da herança) reclama a observância do procedimento especial de jurisdição contenciosa denominado "inventário e partilha", o qual apresenta dois ritos distintos: "um completo, que é o inventário propriamente dito (arts. 982 a

1.030) e outro, sumário ou simplificado, que é o arrolamento (arts. 1.031 a 1.038)" (Humberto Theodoro Júnior, in "Curso de Direito Processual Civil: Procedimentos Especiais", Vol.. III, 36ª Ed., Ed. Forense, pág.. 240). 3. O artigo 1.013, do CPC, rege o procedimento para avaliação e cálculo do imposto de transmissão causa mortis no âmbito do inventário propriamente dito, assim dispondo: "Art. 1.013. Feito o cálculo, sobre ele serão ouvidas todas as partes no prazo comum de 5 (cinco) dias, que correrá em cartório e, em seguida, a Fazenda Pública. § 1o Se houver impugnação julgada procedente, ordenará o juiz novamente a remessa dos autos ao contador, determinando as alterações que devam ser feitas no cálculo. § 2o Cumprido o despacho, o juiz julgará o cálculo do imposto." 4. Consequentemente, em sede de inventário propriamente dito (procedimento mais complexo que o destinado ao arrolamento), compete ao Juiz apreciar o pedido de isenção do Imposto sobre Transmissão Causa Mortis, a despeito da competência administrativa atribuída à autoridade fiscal pelo artigo 179, do CTN (Precedentes do STJ: REsp 138.843/RJ, Rel. Ministro Castro Meira, Segunda Turma, julgado em 08.03.2005, DJ 13.06.2005; REsp 173.505/RJ, Rel. Ministro Franciulli Netto, Segunda Turma, julgado em 19.03.2002, DJ 23.09.2002; REsp 143.542/RJ, Rel. Ministro Milton Luiz Pereira, Primeira Turma, julgado em 15.02.2001, DJ 28.05.2001; REsp 238.161/SP, Rel. Ministra Eliana Calmon, Segunda Turma, julgado em 12.09.2000, DJ 09.10.2000; e REsp 114.461/ RJ, Rel. Ministro Ruy Rosado de Aguiar, Quarta Turma, julgado em 09.06.1997, DJ 18.08.1997). 5. É que a prévia oitiva da Fazenda Pública, no inventário propriamente dito, torna despiciendo o procedimento administrativo, máxime tendo em vista o teor do artigo 984, do CPC, verbis: "Art. 984. O juiz decidirá todas as questões de direito e também as questões de fato, quando este se achar provado por documento, só remetendo para os meios ordinários as que demandarem alta indagação ou dependerem de outras provas." 6. Por seu turno, os artigos 1.031 e seguintes, do CPC, estabelecem o procedimento a ser observado no âmbito do arrolamento sumário, cujo rito é mais simplificado que o do arrolamento comum previsto no artigo 1.038 e o do inventário propriamente dito, não abrangendo o cálculo judicial do imposto de transmissão causa mortis. 7. Deveras, o caput (com a redação dada pela Lei 7.019/82) e o § 1º (renumerado pela Lei 9.280/96) do artigo 1.031, do CPC, preceituam que a partilha amigável (celebrada entre partes capazes) e o pedido de adjudicação (formulado por herdeiro único) serão homologados de plano pelo juiz, mediante a prova da quitação dos tributos relativos aos bens do espólio e às suas rendas. 8. Entrementes, o artigo 1.034, do CPC (com a redação dada pela Lei 7.019/82), determina que, "no arrolamento, não serão conhecidas ou apreciadas questões relativas ao lançamento, ao pagamento ou à quitação de taxas judiciárias e de tributos incidentes sobre a transmissão da propriedade dos bens do espólio" (caput), bem como que "o imposto de transmissão será objeto de lançamento administrativo, conforme dispuser a legislação tributária, não ficando as autoridades fazendárias adstritas aos valores dos bens do espólio atribuídos pelos herdeiros" (§ 2º). 9. Outrossim, é certo que, antes do trânsito em julgado da sentença de homologação da partilha ou adjudicação (proferida no procedimento de arrolamento sumário), inexiste intervenção da Fazenda Pública, a qual, contudo, condiciona a expedição dos respectivos formais, à luz do disposto no § 2º, do artigo 1.031, do CPC, verbis: "Art. 1.031. (...) § 2o Transitada em julgado a sentença de homologação de partilha ou adjudicação, o respectivo formal, bem como os alvarás referentes aos bens por ele abrangidos, só serão expedidos e entregues às partes após a comprovação, verificada pela Fazenda Pública, do pagamento de todos os tributos. (Incluído pela Lei nº 9.280, de 30.5.1996)" 8. Consectariamente, nos inventários processados sob a modalidade de arrolamento sumário (nos quais não cabe o conhecimento ou a apreciação de questões relativas ao lançamento, pagamento ou quitação do tributo de transmissão causa mortis, bem como tendo em vista a ausência de intervenção da Fazenda até a prolação da sentença de homologação da partilha ou da adjudicação), revela-se incompetente o Juízo do inventário para reconhecer a isenção do ITCMD, por força do disposto no artigo 179, do CTN, que confere, à autoridade administrativa, a atribuição para aferir o direito do contribuinte à isenção não concedida em caráter geral. 9. Ademais, prevalece o comando inserto no artigo 192, do CTN, segundo o qual "nenhuma sentença de julgamento de partilha ou adjudicação será proferida sem prova da quitação de todos os tributos relativos aos bens do espólio, ou às suas rendas", impondo-se o sobrestamento do feito de arrolamento sumário até a prolação do despacho administrativo reconhecendo a isenção do ITCMD. 10. Assim, falecendo competência ao juízo do inventário (na modalidade de arrolamento sumário), para apreciar pedido de reconhecimento de isenção do ITCMD, impõe-se o sobrestamento do feito até a resolução da quaestio na seara administrativa, o que viabilizará à adjudicatária a futura juntada da certidão de isenção aos autos. 12. Recurso especial fazendário provido, anulando-se a decisão proferida pelo Juízo do inventário que reconheceu a isenção do ITCMD. Acórdão submetido ao regime do artigo 543-C, do CPC, e da Resolução STJ 08/2008." (REsp 1150356/SP, Primeira Seção dp STJ, Relator Ministro Luiz Fux, j. 09/08/2010, DJe de 25/08/2010).

INVENTÁRIO - Recolhimento de ITCMD - Isenção concedida de ofício - Descabimento - Necessidade de prévia manifestação da autoridade administrativa - Observância da legislação estadual pertinente (Lei nº 10.705/00)- Agravo provido. (Processo: AG 994093224078 SP - Relator(a): Luiz Antonio de Godoy - Julgamento: 02/03/2010 - Órgão Julgador: 1ª Câmara de Direito Privado – Publicação: 17/03/2010)

Embora haja entendimento jurisprudencial no sentido contrario que, analisando o fato concreto, o Judiciário poderia reconhecer a isenção do ITCMD:

"Agravo de instrumento. Arrolamento sumário. Isenção do ITCMD concedida pelo magistrado. Possibilidade, em razão das peculiaridades do caso, especialmente a *intervenção da Fazenda Pública no feito. Aplicação do art. 984 do CPC ao caso. Recurso desprovido. (Processo: AI 1315028220118260000 SP 0131502-82.2011.8.26.0000 - Relator(a): Pedro Baccarat - Julgamento: 03/08/2011 - Órgão Julgador: 7ª Câmara de Direito Privado - Publicação: 05/08/2011)*

Em regra, não está o magistrado autorizado a conceder a isenção do ITCMD, em razão do disposto no art. 179 do CTN: "A isenção, quando não concedida em caráter geral, é efetivada, em cada caso, por despacho da autoridade administrativa, em requerimento com o qual o interessado faça prova do preenchimento das condições e do cumprimento dos requisitos previsto em lei ou contrato para concessão.". Inafastável, portanto, a necessidade de adotar o procedimento administrativo para a verificação da isenção, especialmente no arrolamento, conforme também se extrai do art. 1034 do CPC: "No arrolamento, não serão conhecidas ou apreciadas questões relativas ao lançamento, ao pagamento ou à quitação de taxas judiciárias e de tributos incidentes sobre a transmissão da propriedade dos bens do espólio".

Entretanto, uma peculiaridade no caso impõe seja adotada solução diversa. É que, embora tratando-se de arrolamento sumário, a Fazenda Pública interveio no processo, conforme fls. 26/33, 38 e 41, circunstância que autoriza sejam aplicadas à hipótese algumas regras referentes ao inventário, especialmente o art. 984, que dispõe: "o juiz decidirá todas as questões de direito e também as questões de fato, quando este se achar provado por documento, só remetendo para os meios ordinários as que demandarem alta indagação ou dependerem de outras provas.".

Dentre tais questões de menor complexidade, certamente está o reconhecimento da isenção do ITCMD, já que depende apenas da prova de que o valor do imóvel não supera o equivalente a 2.500 UFESPs, realidade, como visto, demonstrada pelos Agravados. Portanto, não havia óbice, neste caso excepcional de arrolamento, ao reconhecimento da isenção do tributo.

Neste sentido o entendimento do Superior Tribunal de Justiça: "(...). 4. Consequentemente, em sede de inventário propriamente dito (procedimento mais complexo que o destinado ao arrolamento), compete ao Juiz apreciar o pedido de isenção do Imposto sobre Transmissão Causa Mortis, a despeito da competência administrativa atribuída à autoridade fiscal pelo artigo 179, do CTN (Precedentes do STJ: REsp 138.843/RJ, Rei. Ministro Castro Meira, Segunda Turma, julgado em 08.03.2005, DJ 13.06.2005; REsp 173.505/RJ, Rei. Ministro Franciulli Netto, Segunda Turma, julgado em 19.03.2002, DJ 23.09.2002; REsp 143.542/ RJ, Rei. Ministro Milton Luiz Pereira, Primeira Turma, julgado em 15.02.2001, DJ 28.05.2001; REsp 238.161/SP, Rei. Ministra Eliana Calmon, Segunda Turma, julgado em 12.09.2000, DJ 09.10.2000; e REsp 114.461/RJ, Rei. Ministro Ruy Rosado de Aguiar, Quarta Turma, julgado em 09.06.1997, DJ 18.08.1997). 5. É que a prévia oitiva da Fazenda Pública, no inventário propriamente dito, torna despiciendo o procedimento administrativo, máxime tendo em vista o teor do artigo 984, do CPC, verbis: Art. 984. O juiz decidirá todas as questões de direito e também as questões de fato, quando este se achar provado por documento, só remetendo para os meios ordinários as que demandarem alta indagação ou dependerem de outras provas." (REsp. 1.150.356/SP, relator Ministro Luiz Fux)."

INVENTÁRIO - ITCMD - Isenção em razão do valor venal do imóvel - Isenção de caráter geral e eficácia imediata - Instauração de prévio procedimento administrativo cabível somente no caso de expressa discordância nos autos da Fazenda Estadual quanto ao valor dos bens declarados - Inteligência dos arts. 6° e 11,da Lei Estadual n° 10.705/2000 - Competência do juiz do processo de inventário de declarar a isenção do imposto - Afastamento do dever da agravante de se deslocar ao posto fiscal para instauração do procedimento administrativo -Recurso provido. (Processo: AI 990101945657 SP - Relator(a): Luiz Antonio de Godoy - Julgamento: 10/08/2010 - Órgão Julgador: 2ª Turma Cível - Publicação: 17/08/2010)

MANDADO DE SEGURANÇA Isenção de ITCMD Apenas parte de imóvel será transmitido aos herdeiros, dessa forma, considera-se para verificação da isenção o valor venal da fração do bem a ser acrescida ao patrimônio dos recorridos - Ressalte-se que o fragmento ostenta valor venal inferior ao limite de 2500 UFESPS, fazendo os apelados jus à benesse legal Aplicabilidade do art. 6º, I, "b" da Lei 10.705/00. Recurso improvido (Processo: APL 6423093200682601114 SP 0064230-93.2006.8.26.0114 - Relator(a): Carlos Eduardo Pachi - Julgamento: 06/02/2012 - Órgão Julgador: 6ª Câmara de Direito Público - Publicação: 07/02/2012)

Agravo de instrumento Inventário Isenção ITCMD - Determinação para que a isenção seja pleiteada diretamente no Posto Fiscal responsável - Formalidade dispensável - Caso em que não se justifica exigir da parte providência que não encontra previsão em legislação federal - Isenção que pode ser analisada diretamente pelo Juízo do Inventário - Decisão reformada Recurso provido. (Processo: AI 1593054020118260000 SP 0159305-40.2011.8.26.0000 - Relator(a): João Pazine Neto - Julgamento: 16/08/2011 - Órgão Julgador: 3ª Câmara de Direito Privado - Publicação: 17/08/2011)

Agravo de instrumento. Inventário. Recolhimento do Imposto de Transmissão Causa Mortis. (ITCMD). Isenção sobre os depósitos e aplicações financeiras cujo valor total não ultrapasse 1.000 (mil) UFESP'S (art. 6º, alínea d da Lei Estadual n. 10.705/00). Isenção de caráter geral e eficácia imediata. Desnecessidade de prévio requerimento do interessado no Posto Fiscal. Decisão mantida. AGRAVO IMPROVIDO. (Processo: AI 990104355842 SP - Relator(a): Donegá Morandini - Julgamento: 19/10/2010 - Órgão Julgador: 3ª Câmara de Direito Privado - Publicação: 03/11/2010)

17.3 Dos contribuintes e responsáveis

Estabelece o art. 7º que são contribuintes do imposto : -

a) na transmissão *causa mortis* : o herdeiro ou o legatário;

b) no fideicomisso : o fiduciário;

c) na doação : o donatário, sendo que se este não residir nem for domiciliado no Estado, o contribuinte será o doador (parágrafo único);

d) na cessão de herança ou de bem ou direito a título não oneroso : o cessionário.

Nos atos que intervirem ou nas omissões de que forem responsáveis, no caso de impossibilidade de exigência do cumprimento da obrigação principal pelo contribuinte responsável, apontado pelo art. 7°, respondem solidariamente com estes : a) em razão do ofício, o tabelião, escrivão e demais serventuários de ofício, em relação aos atos tributáveis praticados por eles ou perante eles; b) a empresa, instituição financeira e bancária e todo aquele a quem couber a responsabilidade do registro ou a prática de ato que implique na transmissão de bem móvel ou imóvel e respectivo direito ou ação; c) o doador, cedente de bem ou direito, e, no caso do donatário não residir nem ter domicílio no Estado, o donatário; d) qualquer pessoa física ou jurídica que detiver o bem transmitido ou estiver na sua posse, na forma da Lei 10.705/00; e) os pais, pelos tributos devidos pelos seus filhos menores; f) os tutores e curadores, pelos tributos devidos pelos seus tutelados ou curatelados; g) os administradores de bens de terceiro, pelos tributos devidos por estes; h) o inventariante, pelos tributos devidos pelo espólio.

DIREITO TRIBUTÁRIO – Ação Anulatória - ITCMD - Pretensão de ver declarada a nulidade do débito fiscal representado no AIIM nº 4.062.945-4, bem como ter reconhecida a repetição do indébito do valor indevidamente pago, sob o argumento de bitributação – Ausência de bitributação – Cobranças que recaem sobre fatos geradores distintos – 1. Cobrança referente à notificação nº 62235/2015 que retrata doação de quantia efetuada pelo autor (doador) a pessoa domiciliada no Estado do Rio de Janeiro (donatário) – Quando o donatário residir em outro Estado Federação, caberá ao doador, residente no Estado de São Paulo, o recolhimento do tributo – Cobrança hígida, válida e legal – Inteligência do parágrafo único do art. 7º da Lei nº 10.705/00 – 2. Cobrança referente ao AIIM nº 4.062.945-4 que representa o recebimento, pelo autor (donatário), de quantia doada por pessoa domiciliada no Estado do Rio de Janeiro (doador) - Caso em que a cobrança do ITCMD compete ao Estado-membro onde tiver domicílio o doador – Inteligência do § 2º do art. 7º da Lei Estadual nº 10.705/2000 e do art. 155, I e § 1º, da CF – Precedentes – Sentença de improcedência reformada. Recurso provido em parte. (TJSP; Apelação 1029789-72.2017.8.26.0053; Relator (a): Oscild de Lima Júnior; Órgão Julgador: 11ª Câmara de Direito Público; Foro Central - Fazenda Pública/Acidentes - 6ª Vara de Fazenda Pública; Data do Julgamento: 21/03/2018; Data de Registro: 21/03/2018)

17.4 Da base de cálculo

O art. 9º determina que a base de cálculo do imposto devido é o valor venal do bem ou direito transmitido, expresso em moeda nacional ou em UFESPs, considerando-se como tal o seu valor de mercado na data da abertura da sucessão ou da realização do ato ou contrato de doação.

No estado de São Paulo, alguns municípios adotam o valor referência em substituição ao valor venal do imóvel por ser considerado um valor mais próximo ao praticado pelo mercado, valor este adotado pela Fazenda para o cálculo do imposto ITCMD, todavia tal procedimento vem sendo reiteradamente afastado por nossos tribunais.

APELAÇÃO. MANDADO DE SEGURANÇA. Recolhimento do ITCMD com base no valor venal do imóvel, apurado no lançamento para fins de ITR. Possibilidade. A alteração da base de cálculo de tributo só pode ser efetuada por lei. O ITCMD deve ser recolhido com base no valor venal do imóvel lançado para fins de ITR. Incidência do artigo

38, do CTN e artigos 9º, § 1º e 13, II, da Lei Estadual nº 10.750/00. Inaplicabilidade do Decreto nº 52.002/09. Sentença mantida. Apelação não provida. (TJSP; Apelação / Reexame Necessário 1011607-71.2016.8.26.0506; Relator (a): Marcelo Semer; Órgão Julgador: 10ª Câmara de Direito Público; Foro de Ribeirão Preto - 2ª Vara da Fazenda Pública; Data do Julgamento: 29/01/2018; Data de Registro: 31/01/2018)

"CONSTITUCIONAL E TRIBUTÁRIO – MANDADO DE SEGURANÇA – ITCMD – BASE DE CÁLCULO – ALTERAÇÃO – PRINCÍPIO DA RESERVA LEGAL. A base de cálculo do ITCMD é o valor venal do bem ou direito transmitido na data da abertura da sucessão ou da realização do ato ou contrato de doação. Impossibilidade de aplicação do Decreto nº 55.002/09 que alterou a forma de cobrança do tributo, extrapolando os limites da Lei nº Estadual nº 10.705/00 (RITCMD, Decreto nº 46.655/02). Ofensa ao princípio da reserva legal. Ordem concedida. Sentença confirmada. Reexame necessário desacolhido. Recurso desprovido." (TJSP - Ap 0017112-37.2011.8.26.0053 - 9ª Câm. Dir. Prub. - Rel. Décio Notarangeli -03/02/2016 -V.U.).

"ITCMD – PROCESSO DE INVENTÁRIO – O CÁLCULO DO VALOR DO IMPOSTO É FEITO COM BASE NO VALOR VENAL DO IMÓVEL À ÉPOCA ABERTURA DA SUCESSÃO - PRETENDIDA EXIGÊNCIA DO FISCO DE ADOTAR O VALOR VENAL DE REFERÊNCIA DO ITBI – DESCABIMENTO, POR FALTA DE APOIO NA LEI - PRECEDENTES - RECURSO PROVIDO." (TJSP - AI 2187223-43.2015.8.26.0000 - Itapetininga - 9ª Câm. Dir. Priv. - Rel. Theodureto Camargo -11/01/2016-V.U.).

No caso de transmissão não onerosa do domínio útil, a base de cálculo é 1/3 (um terço) do valor do bem; na transmissão não onerosa do domínio direito será de 2/3 (dois terços) do valor do bem; tratando-se de instituição de usufruto, por ato não oneroso, o cálculo se dará sobre 1/3 (um terço) do valor do bem; e, finalmente, na transmissão não onerosa da nua-propriedade, a incidência se dará sobre 2/3 (dois terços) do valor do bem.

Foram acrescentados os §§ 3º e 4º pelo inciso I do art. 2º da Lei 10.992 de 21-12-2001; DOE 22-12-2001; efeitos a partir de 01-01-2002:

> *§ 3º- Na hipótese de sucessivas doações entre os mesmos doador e donatário, serão consideradas todas as transmissões realizadas a esse título, dentro de cada ano civil, devendo o imposto ser recalculado a cada nova doação, adicionando-se à base de cálculo os valores dos bens anteriormente transmitidos e deduzindo-se os valores dos impostos já recolhidos.*
>
> *§ 4º - Para a apuração da base de cálculo poderá ser exigida a apresentação de declaração, conforme dispuser o regulamento.*

Se vê do art. l0, que o valor do bem ou direito na transmissão *causa mortis* é o atribuído na avaliação judicial e homologado pelo juiz, sendo que se não couber ou for prescindível a avaliação, o valor será o declarado pelo inventariante, desde que haja expressa anuência da Fazenda, observadas as disposições do art. 9º, ou o proposto por esta e aceito pelos herdeiros, seguido, em ambos os casos, da homologação judicial.

Em caso de avaliação judicial ou administrativa, estabelece o § 2°, será considerado o valor do bem ou direito na data de sua realização, sendo certo que prevê o § 3° que as disposições do referido art. se aplicam, no que couber, às demais partilhas ou divisões de bens sujeitas a processo judicial das quais resultem atos tributáveis.

Ocorrendo de a Fazenda não concordar com o valor declarado ou atribuído a bem ou direito do espólio, nos termos do disposto no art. 11, instaurar-se-á o respectivo procedimento administrativo de arbitramento da base de cálculo, para fins de lançamento e notificação do contribuinte, que poderá impugná-lo.

INADEQUAÇÃO DA VIA ELEITA. Mandado de Segurança. Insurgência pela ausência de direito líquido e certo. Inocorrência. Existência de prova pré-constituída do direito alegado. Questão que, ademais, confunde-se com o mérito. Preliminar rejeitada. MANDADO DE SEGURANÇA. ITCMD. Base de cálculo. Imóvel urbano. Tributo que deve ser recolhido com base no valor venal do bem, constante do IPTU. Cobrança para recolhimento de valor complementar, com base no Decreto nº 55.002/2009. Inadmissibilidade. Base de cálculo do ITCMD que deve ser calculada pelo valor venal do bem, nos termos da Lei Estadual nº 10.705/2000. Decreto nº 55.002/2009 que excede seu poder regulamentar, ao alterar a base de cálculo do tributo, majorando o valor devido. Inteligência do art. 97, II e IV c.c. § 1º, do CTN. Precedentes. Direito do Fisco (art. 11 da lei nº 10.705/2000), no entanto, de instaurar procedimento administrativo para verificar o imposto recolhido, observando que o valor venal é o valor de mercado do bem, como prevê a lei, independente do valor venal do IPTU. Recurso voluntário e reexame necessário parcialmente providos. (TJSP; Apelação / Reexame Necessário 1035048-48.2017.8.26.0053; Relator (a): Claudio Augusto Pedrassi; Órgão Julgador: 2ª Câmara de Direito Público; Foro Central - Fazenda Pública/Acidentes - 15ª Vara da Fazenda Pública; Data do Julgamento: 01/12/2017; Data de Registro: 01/12/2017)

Prevê o art. 12 que no cálculo do imposto não se dará qualquer abatimento em função de dívidas que onerem o bem transmitido, nem as do espólio.

Estabelece o art. 13 que em se tratando de imóvel urbano ou direito relativo, o valor da base de cálculo não será inferior ao fixado para o lançamento do Imposto sobre a Propriedade Predial e Territorial Urbana - IPTU e, em se tratando de imóvel rural ou direito a ele relativo, a base não poderá ser inferior ao valor total declarado pelo contribuinte para efeito de lançamento do Imposto sobre a Propriedade Territorial Rural - ITR.

Nos casos de transmissão de bem móvel ou direito não abrangido pelo disposto nos arts. 9°, 10 e 13, a base de cálculo será o valor de mercado do bem, título, crédito ou direito, na data da transmissão ou do ato translativo, sendo admitido, nos termos do § 1º, em caso de o mercado não o prever o valor declarado pelo interessado, ressalvada à autoridade competente a possibilidade de revisão, nos termos do art. 11.

Tratando o bem de ações representativas do capital da sociedade, seu valor será o da cotação média alcançada na Bolsa de Valores nos 30 (trinta) dias anteriores à ocorrência da transmissão e, em caso de tratar-se de ação, quota, participação ou qualquer outro título representativo do capital social que não seja objeto de negociação, admitir-se-á o respectivo valor patrimonial.

> *MANDADO DE SEGURANÇA. ITCMD. Discussão sobre a base de cálculo - Pretensão dos impetrantes de que que se considere como base de cálculo o ITR, nos termos do o art. 13 da Lei nº 10/705/00 – Possibilidade. Exigência do fisco quanto à alteração da base de cálculo do ITCMD, nos termos do Decreto Estadual nº 46.655/02, alterado pelo Decreto nº 55.002/09. Inadmissibilidade. Base de cálculo do Imposto de Transmissão "causa mortis" que corresponde ao valor venal do imóvel, na data da abertura da sucessão, devidamente atualizado, com base no ITR lançado no exercício. Inteligência do §1º, do artigo 9º, da Lei Estadual nº 10.705/00. Sentença concessiva integralmente mantida. RECURSO DA FESP E REEXAME NECESSÁRIO DESPROVIDOS. (TJSP; Apelação / Reexame Necessário 1001330-15.2016.8.26.0629; Relator (a): Flora Maria Nesi Tossi Silva; Órgão Julgador: 13ª Câmara de Direito Público; Foro de Sorocaba - Vara da Fazenda Pública; Data do Julgamento: 22/11/2017; Data de Registro: 24/11/2017)*

Conforme disposto no art. 15: "o valor da base de cálculo é considerado na data da abertura da sucessão, do contrato de doação ou da avaliação, devendo ser atualizado monetariamente, a partir do dia seguinte, segundo a variação da Unidade Fiscal do Estado de São Paulo - UFESP, até a data prevista na legislação tributária para o recolhimento do imposto"(Redação dada ao art. 15 pelo inciso III do art. 1º da Lei 10.992 de 21-12-2001; DOE 22-12-2001; efeitos a partir de 01-01-2002).

> *MANDADO DE SEGURANÇA ITCMD. Discussão sobre a base de cálculo - Pretensão do impetrante de que que se considere como base de cálculo o ITR, nos termos do o art. 13 da Lei nº 10/705/00 – Possibilidade. Exigência do fisco quanto à alteração da base de cálculo do ITCMD, nos termos do Decreto Estadual nº 46.655/02, alterado pelo Decreto nº 55.002/09. Inadmissibilidade. Base de cálculo do Imposto de Transmissão "causa mortis" que corresponde ao valor venal do imóvel, na data da abertura da sucessão, devidamente atualizado, com base no ITR lançado no exercício. Inteligência do §1º, do artigo 9º, da Lei Estadual nº 10.705/00. R. SENTENÇA CONCESSIVA DA SEGURANÇA MANTIDA. RECURSO VOLUNTÁRIO E REEXAME NECESSÁRIO DESPROVIDOS (TJSP; Apelação / Reexame Necessário 1006455-17.2017.8.26.0309; Relator (a): Flora Maria Nesi Tossi Silva; Órgão Julgador: 13ª Câmara de Direito Público; Foro de Jundiaí - Vara da Fazenda Pública; Data do Julgamento: 07/03/2018; Data de Registro: 08/03/2018)*

> *APELAÇÃO – Mandado de segurança –ITCMD – Imóvel rural – Base de cálculo - A base de cálculo do ITCMD é o valor venal apurado para fins do ITR – Entendimento do art. 13, inc. II, da Lei Estadual nº 10.705/00 - Alteração da base de cálculo do tributo por decreto, com adoção de valores divulgados pela Secretaria de Agricultura e Abastecimento do Estado de São Paulo ou por outro órgão de reconhecida idoneidade – Impossibilidade - Ofensa ao princípio da legalidade – Precedentes jurisprudenciais - Sentença mantida – Reexame necessário desacolhido e recurso voluntário da Fazenda do Estado não provido. (TJSP; Apelação / Reexame Necessário 1053845-55.2017.8.26.0576; Relator (a): Bandeira Lins; Órgão Julgador: 8ª Câmara de Direito Público; Foro de São José do Rio Preto - 1ª Vara da Fazenda Pública; Data do Julgamento: 07/03/2018; Data de Registro: 07/03/2018)*

17.5 Da alíquota

Acerca da alíquota a ser aplicada para a aferição do valor a recolher assim dispõe o art. 16 : -

"O imposto é calculado aplicando-se a alíquota de 4% (quatro por cento) sobre o valor fixado para a base de cálculo." (Redação dada ao art. 16 pelo inciso IV do art. 1º da Lei 10.992 de 21-12-2001; DOE 22-12-2001; efeitos a partir de 01-01-2002)

17.6 Do recolhimento do imposto

Em se tratando de imposto devido em função de transmissão *causa mortis*, deverá ser pago em até 30 (trinta) dias após a decisão homologatória do cálculo ou do despacho do juiz determinando o seu pagamento, sendo certo que o prazo para o seu recolhimento não poderá ser superior a 180 (cento e oitenta) dias contados da abertura da sucessão, sob pena de sujeitar-se o débito à taxa de juros prevista no art. 20, abaixo apontado, acrescido das penalidades cabíveis ressalvando por motivo justo, o caso de dilação desse prazo pela autoridade judicial.

> *Inventario. Decisão que indefere o afastamento de encargos legais pelo atraso no recolhimento do ITCMD. Inconformismo por parte da inventariante. Não acolhimento. Fatos alegados que não constituem o justo motivo para o atraso – art. 17, caput e parágrafo primeiro, da Lei Estadual nº 10.705/00. Decisão mantida. Agravo de instrumento não provido. (TJSP; Agravo de Instrumento 2090148-33.2017.8.26.0000; Relator (a): Piva Rodrigues; Órgão Julgador: 9ª Câmara de Direito Privado; Foro de Maracaí - Vara Única; Data do Julgamento: 05/02/2018; Data de Registro: 05/02/2018)*

Relativamente às doações, estabelece o art. 18:-

> *"Na doação, o imposto será recolhido antes da celebração do ato ou contrato correspondente.*
>
> *§ 1º - Na partilha de bens ou divisão de patrimônio comum, quando devido, o imposto será pago no prazo de 15 (quinze)*

dias do trânsito em julgado da sentença ou antes da lavratura da escritura pública.

§ 2º - Os tabeliões e serventuários, responsáveis pela lavratura de atos que importem em doação de bens, ficam obrigados a exigir dos contratantes a apresentação da respectiva guia de recolhimento de imposto, cujos dados devem constar do instrumento de transmissão.

§ 3º - No contrato de doação por instrumento particular, os contratantes também ficam obrigados a efetuar o recolhimento antes da celebração e mencionar, em seu contexto a data, valor e demais dados da guia respectiva.

§ 4º - À doação ajustada verbalmente, aplicam-se, no que couber, as disposições deste artigo, devendo os contratantes, na forma estabelecida em regulamento, fazer constar da guia de recolhimento dados suficientes para efetivar o ato jurídico efetivado.

§ 5º - Todo aquele que praticar, registrar ou intervir em ato ou contrato, relativo à doação de bem, está obrigado a exigir dos contratantes a apresentação da respectiva guia de recolhimento do imposto."

Em se tratando de transmissão realizada por termo judicial, em virtude de sentença judicial, ou fora do Estado, o imposto será pago dentro de 30 (trinta) dias contados da data da assinatura do termo, do trânsito em julgado da sentença ou da celebração do ato ou contrato, conforme o caso.

Segundo o artigo 19:-

"Quando não recolhido nos prazos previstos na legislação tributária, o débito do imposto fica sujeito à incidência de multa, no percentual de 0,33% (trinta e três centésimos por cento) por dia de atraso, limitado a 20% (vinte por cento)". (Redação dada ao art. 19 pelo inciso V do art. 1º da Lei 10.992 de 21-12-2001; DOE 22-12-2001; efeitos a partir de 01-01-2002)

O art. 20 trata dos casos onde o imposto não foi recolhido no prazo, nos seguintes termos:-

> *"Quando não pago no prazo, o débito do imposto fica sujeito à incidência de juros de mora, calculados de conformidade com as disposições contidas nos parágrafos deste artigo.*
>
> *§ 1º - A taxa de juros de mora é equivalente :*
>
> *1. por mês, à taxa referencial do Sistema Especial de Ligação e de Custódia (SELIC) para títulos federais, acumuladas mensalmente;*
>
> *2. por fração, a 1% (um por cento).*
>
> *§ 2º - Considera-se, para efeito deste artigo :*
>
> *1. mês, o período iniciado no dia 1º e findo no respectivo dia útil;*
>
> *2. fração, qualquer período de tempo inferior a um mês, ainda que igual a um dia.*
>
> *§ 3º - Em nenhuma hipótese, a taxa de juros prevista neste artigo poderá ser inferior a 1% (um por cento) ao mês.*
>
> *§ 4º - Ocorrendo a extinção, substituição ou modificação da taxa a que se refere o § 1º, o Poder Executivo adotará outro indicador oficial que reflita o custo do crédito no mercado financeiro.*
>
> *§ 5º - O valor dos juros deve ser fixado e exigido na data do pagamento do débito, incluindo-se esse dia.*
>
> *§ 6º - A decretaria da Fazenda divulgará, mensalmente, a taxa a que se refere este artigo."*

Transmissão causa mortis e Doação de Quaisquer Bens ou Direitos - ITCMD, fica sujeito às seguintes penalidades:

I - no inventário e arrolamento que não for requerido dentro do prazo de 60 (sessenta) dias da abertura da sucessão, o imposto será calculado com acréscimo de multa equivalente a 10% (dez por cento) do valor do imposto; se o atraso exceder a 180 (cento e oitenta) dias, a multa será de 20% (vinte por cento);

II - na exigência de imposto mediante lançamento de ofício, em decorrência de omissão do contribuinte, responsável, serventuário de justiça, tabelião ou terceiro, o infrator fica sujeito à multa correspondente a uma vez o valor do imposto não recolhido;

III - apurando-se que o valor atribuído à doação, em documento particular ou público, tenha sido inferior ao praticado no mercado, aplicar-se-á aos contratantes multa equivalente a uma vez a diferença do imposto não recolhido, sem prejuízo do pagamento desta e dos acréscimos cabíveis;

IV - o descumprimento de obrigação acessória, estabelecida nesta lei em regulamento, sujeita o infrator à multa de 10 (dez) UFESPs.

Agravo de instrumento INVENTÁRIO Imposto sobre Transmissão Causa Mortis (ITCMD) Recolhimento Pedido de isenção de multa quando já expirado o prazo de 180 dias previsto no parágrafo 1º do art. 17 da Lei Estadual nº 10.705/2000 Inadmissibilidade Ausência de justo motivo Recurso desprovido. (Processo: AI 5397605201282600000 SP 0053976-05.2012.8.26.0000 - Relator(a): Milton Carvalho - Julgamento: 26/04/2012 - Órgão Julgador: 4ª Câmara de Direito Privado - Publicação: 03/05/2012)

AGRAVO DE INSTRUMENTO - Inventário - Pedido de dilação do prazo para recolhimento de ITCMD e de isenção da multa incidente - Descabimento - Expedição de alvará liberando à alienação de dois apartamentos, um veículo e três terrenos -Demora na venda que supera um ano e que não pode servir de motivo justificador para o não recolhimento do tributo -Aplicação do art. 17, § 1º da Lei Estadual nº 10.705/00 -Recurso desprovido. (Processo: AI 2651280320118260000 SP 0265128-03.2011.8.26.0000 - Relator(a): Mendes Pereira - Julgamento: 18/04/2012 - Órgão Julgador: 7ª Câmara de Direito Privado - Publicação: 24/04/2012)

INVENTÁRIO - Imposto sobre Transmissão Causa Mortis (ITCMD) - Recolhimento - Pedido de isenção de multa e juros - Justo motivo alegado - Inocorrência - Alegação deduzida quando já expirado o prazo previsto no parágrafo 1º do art. 17 da Lei Estadual n. 10.705/2000 - Precedentes Decisão mantida - Recurso improvido. (Agravo de Instrumento nº 0120144-5/5 23.2011.8.26.0000, 8ª Câmara de Direito Privado, Relator Salles Rossi, j. 14/03/2012)

TRIBUTÁRIO - Imposto de transmissão - Atraso no processamento do inventário debitável aos herdeiros - Incidência da multa de que cuida o art. 17 da Lei paulista 10.705/2000 - Agravo desprovido (Agravo de Instrumento nº 0468362- 43.2010.8.26.0000, 6ª Câmara de Direito Privado, Relator Roberto Solimene, j. 14/01/2011)

Agravo de Instrumento. Arrolamento - ITCMD - Pretensão da inventariante de obter dilação de prazo para pagamento do imposto, com exclusão de encargos da mora - Inexistência de motivo justo para a demora no recolhimento - Configura motivo justo para a dilação do prazo de 180 (cento e oitenta) dias para o recolhimento do ITCMD, na forma do artigo 17, parágrafo único, da Lei Estadual nº 10.705/2000, tão-só a demora imputável exclusivamente ao serviço judiciário. Nega-se provimento ao recurso. (Agravo de Instrumento nº 0418876- 89.2010.8.26.0000, 5ª Câmara de Direito Privado, Relator Christine Santini Anafe, j. 15/12/2010)

17.7 Das penalidades

As penalidades a que se fica sujeito pelo não cumprimento das obrigações tratadas pela Lei n° 10.705/00, estão previstas nos artigos 21 a 24, nos seguintes termos: -

"Artigo 21 - O descumprimento das obrigações principal e acessórias, instituídas pela legislação do Imposto sobre Transmissão "Causa Mortis" e Doação de Quaisquer Bens ou Direitos - ITCMD, fica sujeito às seguintes penalidades:

I - no inventário e arrolamento que não for requerido dentro do prazo de 60 (sessenta) dias da abertura da sucessão, o imposto será calculado com acréscimo de multa equivalente a 10% (dez por cento) do valor do imposto; se o atraso exceder a 180 (cento e oitenta) dias, a multa será de 20% (vinte por cento);

II - na exigência de imposto mediante lançamento de ofício, em decorrência de omissão do contribuinte, responsável, serventuário de justiça, tabelião ou terceiro, o infrator fica sujeito à multa correspondente a uma vez o valor do imposto não recolhido;

III - apurando-se que o valor atribuído à doação, em documento particular ou público, tenha sido inferior ao praticado no mercado, aplicar-se-á aos contratantes multa equivalente a uma vez a diferença do imposto não recolhido, sem prejuízo do pagamento desta e dos acréscimos cabíveis;

IV - o descumprimento de obrigação acessória, estabelecida nesta lei ou em regulamento, sujeita o infrator à multa de 10 (dez) UFESPs.

Artigo 22 - O débito decorrente de multa fica também sujeito à incidência de juros de mora, quando não pago no prazo fixado em auto de infração ou notificação, observadas no respectivo cálculo, as disposições estabelecidas nos parágrafos do artigo 20, podendo o regulamento dispor que a fixação do valor dos juros se faça em mais de um momento.

Artigo 23 - Apurada qualquer infração à legislação do imposto instituído por esta lei, será lavrado auto de infração e de imposição de multa.

§ 1º - A lavratura de auto de infração e a imposição de multa são atos da competência privativa dos Agentes Fiscais de Rendas.

§ 2º - Aplica-se, no que couber, ao procedimento decorrente de autuação e imposição de multa, a disciplina processual

estabelecida na legislação do Imposto sobre Operações Relativas à Circulação de Mercadoria e Sobre Prestação de Serviços de Transporte Interestadual e Intermunicipal e de Comunicação - ICMS.

Artigo 24 - Poderá ser autuado pagar a multa fixada no auto de infração e imposição de multa com desconto de :

I - 50% (cinqüenta por cento), dentro do prazo de 30 (trinta) dias, contados da notificação da sua lavratura;

II - 30% (trinta por cento), até 30 (trinta) dias contados da intimação da decisão de primeira instância administrativa;

III - 20% (vinte por cento), antes de sua inscrição na dívida ativa.

Parágrafo único - O pagamento efetuado nos termos deste artigo:

1. implica renúncia à defesa ou recursos previstos na legislação;

2. não dispensa, nem elide a aplicação dos juros de mora devidos."

APELAÇÃO – Mandado de segurança – ITCMD – Afastamento da multa de mora, multa por atraso de protocolização, juros de mora e correção monetária – Segurança denegada - Pretensão de reforma – Admissibilidade – Abertura do procedimento de inventário extrajudicial dentro de 60 dias contados da abertura da sucessão – Observância do prazo estabelecido no artigo 21, I, da Lei nº 10.705/00 e no artigo 38, I, do Decreto nº 46.655/02 – Precedentes – Recurso provido. (TJSP; Apelação 1033756-28.2017.8.26.0053; Relator (a): Maria Olívia Alves; Órgão Julgador: 6ª Câmara de Direito Público; Foro Central - Fazenda Pública/Acidentes - 16ª Vara da Fazenda Pública; Data do Julgamento: 05/03/2018; Data de Registro: 06/03/2018)

18. Inventário e a partilha por via administrativa (Lei nº 11.441/07)

"Para tornar o instrumento judicial célere, é necessário concentrar a atividade do Magistrado, afastando do Judiciário questões de somenos importância, nas quais inexistem conflitos entre os interessados. Desse modo, evitar-se-á a intervenção judicial em situações nas quais ela, a rigor, não é necessária. A legislação processual precusa ser adequada a essa realidade.

Entre as alterações realizadas no CPC insere-se a que foi propiciada pela Lei nº 11.441/07. Esse diploma normativo afastou do Judiciário a realização do inventário e partilha, quando os interessados foram maiores e capazes e houver acordo quanto a divisão, ... Pretende-se, com isso, reduzir a intervenção judicial em situações secundárias, liberano-se, desse modo, o Magistrado para autar em questões que, efetivamente, demanda a sua intervenção." (DANIEL ROBERTO HERTEL, "Inventário, Separação e Divórcio pela Via Administrativa", publicada no Juris Síntese nº 78, Jul/Ago de 2.009).

"Embora se possa argumentar que a intenção da lei tenha sido a de facilitar a vida das pessoas, permitindo que questões de baixa complexidade ou descontaminadas de litígio pudessem ser resolvidas fora do Judiciário, e sem dúvida também o foi, na verdade a lei surgiu muito mais por uma imposição ditada pela dura realidade da crise do Judiciário.

No sistema brasileiro, como ocorre em outros países, sucede o fenômeno da explosão da demanda muito além da capacidade máxima do Judiciário, resultando na inevitável e contínua queda em sua velocidade de resposta. O grande número de ações, no entanto, não significa sucesso do modelo democrático de amplo acesso à Justiça, mas reflete uma cultura demandista adequada aos tempos medíocres que vivemos.

A resposta contra a crise tem sido, essencialmente, localizada na busca de um modelo que torne ágil o sistema. Nesse desiderato, foi criada a Secretaria de Reforma do Judiciário do Ministério da Justiça, e, nos últimos anos, têm sido promulgadas diversas leis instrumentais que simplificam procedimentos, atacam o excesso de formalismo, reduzem as possibilidades de recursos meramente protelatórios, tudo como o escopo de dar uma feição célere e moderna ao processo.

Ao lado das providências instrumentais, existe uma preocupação subjacente de identificar e definir o que compete, ao Poder Judiciário, (re)descobrindo sua função institucional pura, de forma a eliminar funções atípicas e estabelecer um modelo distributivo mais eficiente. Esse processo compreende uma verdadeira mudança paradigmática no formato da Justiça pública, e se materializa no fenômeno da desjudicialização. É na esteira dessa perspectiva que surge a Lei 11.441/2007.

É da natureza no novo uma carga de incerteza, vício e virtude do não experimentado. Perquirições, dúvidas e interpretações conflitantes são inerentes à novidade legislativa, circunstâncias que, não raras vezes, cobrem a exegese simples e objetiva com um manto de perplexidades aparentes. No caso da novidade procedimental existem ainda algumas dúvidas e incertezas, para cuja solução procuraremos contribuir.

A Lei 11.441/2007, mais que mera engrenagem da reforma do Judiciário, é uma peça importante no desenho do paradigma moderno do acesso à justiça, na medida em que contribui para a nitidez ao que interessa, e principalmente ao que não interessa ao Poder Judiciário. A desjudicalização de procedimentos inaugura vias alternativas de solução de interesses, desafogando o Judiciário e contribuindo para a formação de sua nova identidade." (PAULO HERMANO SOARES RIBEIRO, "Novo Direito Sucessório Brasileiro", JH Mizuno, Leme, 2.009, p. 583).

Assim, a partir da alteração dos artigos 982, 983 e 1.031 do CPC anterior, introduzidas pela Lei 11.331/2007, hoje arts. 610, 611 e 659, o legislador, com o firme propósito de diminuir o número de processos, desafogar o Judiciário, proporcionar celeridade aos jurisdicionados, e minimizar custos, possibilitou, atendidos os requisitos que reclama, a realização de inventário e partilha por via administrativa, extrajudicialmente em Cartórios de Notas, reconhecidamente mais barato e menos burocrático que o judicial, dotando o notário, verdadeiro agente de prevenção de litígios, com um novo perfil, "mais jurídico e menos burocrata, e porque não dizer mais capaz de prestar um serviço público com qualidade técnica e a eficiência esperada pelos cidadãos." (CLÓVIS TENÓRIO CAVALCANTI NETO, "O notário moderno no cenário jurídico brasileiro e seu aspecto garantidor da prestação jurisdicional", **Jus Navigandi**, Teresina, ano 16, n. 2858, 29 abr. 2011

. Disponível em: <http://jus.com.br/revista/texto/19008>. Acesso em: 26 fev. 2013).

As escrituras públicas de inventário e partilha, que podem se referir a abertura de sucessão antes da vigência da lei, não depende de homologação judicial e é título hábil para o registro civil e o registro imobiliário, para a transferência de bens e direitos, bem como para promoção de todos os atos necessários à materialização das transferências de bens e levantamento de valores (DETRAN, Junta Comercial, Registro Civil de Pessoas Jurídicas, instituições financeiras, companhias telefônicas, etc.)

Entretanto, inobstante as facilidades, em exíguo espaço de tempo, em razão de abusos, e omissões da própria norma, o Conselho Nacional da Justiça, logo no início de suas atividades, com a finalidade de viabilizar e padronizar o novel de jurisdição voluntária estatuído, ouvido o Conselho Federal da Ordem dos Advogados do Brasil, a Associação dos Notários e Registradores do Brasil, os Corregedores-Gerais de Justiça dos Estados e do Distrito Federal, editou, em 24 de abril de 2.007, a Resolução nº 35, regulamentando a aplicação da Lei nº 11.441/07.

Assim, na Seção I, artigos 1 a 10, trouxe as regras de caráter geral, e na Seção 2, artigos 11 a 32, as disposições referentes aos inventários e partilhas.

Se abstrai da dicção do artigo 982 do CPC anterior, e do art. 610 do atual, que existem alguns pré-requisitos, para que o inventário e partilha extrajudicial possa ser levado a cabo, notadamente:-

a) inexistência de testamento;

b) inexistência de interessado incapaz;

c) concordância de todos os herdeiros;

d) que os herdeiros sejam assistidos por advogado.

Superados esses pré-requisitos, existe a necessidade do atendimento a outras exigências:- a) quitação dos tributos incidentes; b) apresentação de documentos; c) pagamento dos emolumentos; d) certeza do notário em relação à declaração de vontade dos herdeiros e ausência de indícios de fraude.

18.1 Dos pré-requisitos para o inventário extrajudicial.

Sem a superação dos reclamos legais abaixo, inexiste a possibilidade da realização do inventário e partilha pelo notário, que é de livre escolha dos interessados, não se aplicando a regra de competência fixada pelo CPC (art. 48). Assim:-

a) **inexistência de testamento;**

Pensamos que a simples existência do testamento, por si só, não deve ser tido como fato impeditivo da via extrajudicial, mormente porque, em alguns casos, ele não envolve qualquer questão patrimonial, mas única e exclusivamente situação de cunho pessoal do testador.

Neste sentido temos a lição de MARIA HELENA DINIZ, "Curso de direito civil brasileiro: direito das sucessões", 23ª. ed. Reformulada, São Paulo, 2009, Editora Saraiva, p. 83. v. 6, para quem para "que se aplique o regime notarial na sucessão *causa mortis*, será preciso que: *a)* todos os interessados sejam maiores e capazes ou emancipados; *b)* a sucessão seja legítima, pois o *de cujus* não pode ter deixado testamento contendo disposições de ordem patrimonial. Logo, nada obsta a que o inventário se dê administrativamente, se o testamento por ele feito contiver disposições pessoais, p. ex., emancipação de filho; reconhecimento de prole ou de união estável; instituição de tutor testamentário (CC, art. 1.729, parágrafo único) ou de bem de família convencional (CC, art. 1.711); revogação de testamento anterior, para que sejam aplicáveis as normas da sucessão legítima [...]".

b) **inexistência de interessado incapaz;**

Leciona CHRISTIANO CASSETTARI, "Separação, Divórcio e Inventário por Escritura Pública", Editora Método, São Paulo, 2007, p. 48, que "Isso impede a realização do inventário por escritura no caso de herdeiro incapaz representar herdeiro pré-morto capaz. Também inviabiliza a escritura de inventário se um dos herdeiros fizer cessão de direitos hereditários a um incapaz.

A análise da menoridade ou incapacidade é feita no momento da lavratura da escritura, e não no momento da abertura da sucessão. No caso em tela não se aplica o *droit to saisine*, mas sim a lei vigente no momento da realização do ato, já que a escritura de inventário pode ser feita a qualquer prazo, arcando os herdeiros com as sanções tributárias que isso acarretar, como, acertadamente, apontou a Corregedoria Geral da Justiça do Estado de São Paulo, na conclusão 4.27".

Aqui, entretanto, não podemos nos olvidar que, inobstante a capacidade civil se dê aos 18 (dezoito) anos, existem duas outras formas de adquiri-la:- a) com o casamento; b) com a emancipação.

Esse, aliás, o tor do artigo 12 da Resolução 35 do CNJ.

> *Art. 12. Admitem-se inventário e partilha extrajudiciais com viúvo(a) ou herdeiro(s) capazes, inclusive por emancipação, representado(s) por procuração formalizada por instrumento público com poderes especiais, vedada a acumulação de funções de mandatário e de assistente das partes.*

c) **concordância de todos os herdeiros;**

Essa exigência é a demonstração da evolução do pensamento do legislador, a muito reclamada pelos operadores do direito.

De fato, em se tratando de pessoas capazes, onde não existe litigio a ser composto ou resolvido, não é necessária a intervenção do Judiciário, que pode se dedicar a afazeres de maior complexidade, delegando a tarefa a "operadores de direito habituados e preparados para proporcionar segurança jurídica: os notários." (PAULO HERMANO SOARES RIBEIRO, obra citada).

Entendo que nesta exigência está implícita a de que a partilha deve ser feita sobre todos os bens deixados pelo defunto, sob pena de afronta ao disposto no artigo 1.791, parágrafo único, e artigo 1.808 do CC, sendo neste sentido a lição de CHRISTIANO CASSETTARI, obra citada.

d) **que os herdeiros sejam assistidos por advogado.**

O advogado é fundamental para a realização da Justiça, não só porque consta como indispensável na administração da justiça na Carta Magna, art. 133, mas porque ao longo da história da humanidade sempre foi o pilar de sustentação mais brilhante desta.

Não há como afastar a realidade de que a colaboração do advogado com o notário, ao qual é vedada a indicação deste, produzirá fruto bom, livre de vício, com a maturidade necessária e reclamada pela própria sociedade.

Considerado isso, a presença de advogado para assistir às partes é indispensável para a própria validade do ato (art. 166, V, do CC), mormente porque os interesses das partes devem ser protegidos, sendo certo que este, tal qual o notário (art. 22 a 24 da Lei 8.935/94), responde em caso de ser o causador de prejuízo às partes.

Não tendo o herdeiro condições de arcar com o pagamento das despesas relativas ao advogado, deverá procurar a Defensoria Pública, ou, na sua falta, a Seccional da Ordem dos Advogados do Brasil local, para que obtenha assistência jurídica gratuita.

Essa a determinação do § 2º. do art. 610, CPC, sendo certo que a Resolução nº 35 do CNJ, nos artigos 8º. e 9º., são no mesmo sentido.

> *Art. 8º É necessária a presença do advogado, dispensada a procuração, ou do defensor público, na lavratura das escrituras decorrentes da Lei 11.441/07, nelas constando seu nome e registro na OAB.*
>
> *Art. 9º É vedada ao tabelião a indicação de advogado às partes, que deverão comparecer para o ato notarial acompanhadas de profissional de sua confiança. Se as partes não dispuserem de condições econômicas para contratar advogado, o tabelião deverá recomendar-lhes a Defensoria Pública, onde houver, ou, na sua falta, a Seccional da Ordem dos Advogados do Brasil.*

18.2 Das outras exigências

A par e cumulativamente à existência dos pré-requisitos acima, cuja inobservância é causa para a nulidade do ato (art. 166, VII, CC), reclama o atendimento a outras:-

a) **quitação dos tributos incidentes;**

Antes da lavratura da escritura, os impostos relativos à transferência, seja *causa mortis* ou *inter vivos* (doações, renúncia translativa ou abdicativa cessão de direitos), devem estar recolhidos, mormente porque, a teor do disposto no artigo 289 da Lei nº 6.015/73, e artigo 30, XI, da Lei n° 8.935/94, é dever do notário, fiscalizar o recolhimento dos impostos relativos ao objeto dos atos que intervenha, e o artigo 15 da Resolução 35, estabelece que o recolhimento dos tributos deve anteceder a lavratura da escritura.

b) apresentação de documentos

1º.) Comprovante de pagamento do Imposto de transmissão de bens imóveis ITBI e ITCD, quanto houver doação ou transmissão translativa;

2º.) Certidões negativas de tributos em nome do Espólio (Municipal, Estadual e Federal);

3º.) Certidão de óbito do autor da herança;

4º.) Documento de Identidade Oficial e CPF dos interessados e do autor da herança;

5º.) certidão de casamento do cônjuge sobrevivente e dos herdeiros casados, assim como do pacto antenupcial registrado, se houver;

6º.) Certidões de propriedade dos bens imóveis, fornecidas pelos CRI das Comarcas onde estiverem localizados os bens;

7º.) documentos comprobatórios dos bens móveis, direitos e ações, inclusive de cotas em empresas e aqueles trazidos à colação pelos herdeiros;

8º.) certidão negativa da inexistência de testamento, onde houver Cartório específico de registro, o que poderá ser suprido por declaração das partes no corpo da Escritura;

9º.) procuração com poderes específicos para os interessados que não puderem comparecer pessoalmente ao ato notarial;

10º.) minuta da Escritura apresentada pelo(s) Advogado(s) das partes, sendo esta facultativa;

11º.) Carnê do IPTU dos bens imóveis;

12º.) Indicação do Inventariante.

c) **Pagamento dos emolumentos**

O valor dos emolumentos deverá corresponder ao efetivo custo e à adequada e suficiente remuneração dos serviços prestados (parágrafo único do art. 1º. da Lei nº 10.169/2000, observando-se quanto a sua fixação as regras traçadas pelo art. 2º. da referida lei, sendo vedada, art. 3º., II, a sua fixação em percentual incidente sobre o valor do negócio jurídico dos serviços notariais e de registro.

"Art. 4º O valor dos emolumentos deverá corresponder ao efetivo custo e à adequada e suficiente remuneração dos serviços prestados, conforme estabelecido no parágrafo único do art. 1º da Lei nº 10.169/2000, observando-se, quanto a sua fixação, as regras previstas no art. 2º da citada lei.

Art. 5º É vedada a fixação de emolumentos em percentual incidente sobre o valor do negócio jurídico objeto dos serviços notariais e de registro (Lei nº 10.169, de 2000, art. 3º, inciso II)." Resolução 35 do CNJ

Para a obtenção da gratuidade dos emolumentos, basta a declaração dos interessados de que não possuem condições de arcar com os mesmos, ainda que as partes estejam assistidas por advogado constituído.

"Art. 6º A gratuidade prevista na Lei n° 11.441/07 compreende as escrituras de inventário, partilha, separação e divórcio consensuais.

Art. 7º Para a obtenção da gratuidade de que trata a Lei nº 11.441/07, basta a simples declaração dos interessados de que não possuem condições de arcar com os emolumentos, ainda que as partes estejam assistidas por advogado constituído." Resolução 35 do CNJ.

d) **certeza do notário em relação à declaração de vontade dos herdeiros e ausência de indícios de fraude.**

Importante ter em mente que o notário deverá se recusar a promover a lavratura da escritura de inventário e partilha quando verificar indícios de fraude ou dúvida sobre a manifestação de vontade de algum dos herdeiros, fundamentando sua recusa por escrito.

PARTE
PRÁTICA

1 - PEDIDO DE ABERTURA DE INVENTÁRIO REQUERIDO PELO CÔNJUGE SUPERSTITE, QUE, CUMULATIVAMENTE ESTÁ NA ADMINISTRAÇÃO DOS BENS.

Excelentíssimo Senhor Doutor Juiz de Direito de Uma das Varas Cíveis (ou Vara de Família e Sucessões) da Comarca de _____.

José Ronaldo, brasileiro, viúvo, contador, portador do RG n° 11.111.111-1 SSP/SP e do CPF/MF n° 22.222.222-22, residente e domiciliado na Rua São José n° 222, centro, nesta cidade, por seu advogado ao final assinado, consoante instrumento de mandato incluso (doc. n° 01, 02 e 03), com escritório na Rua São José n° 221, centro, nesta urbe, vem, mui respeitosamente, a ilustre presença de Vossa Excelência denunciar o **FALECIMENTO** de sua mulher, **Joana Ronaldo**, brasileira, professora, com 64 (sessenta e quatro) anos de idade, RG n° 33.333.333-3 SSP/SP e CPF/MF n° 44.444.444-44 (docs. n°s. 04 e 05), no dia 16 p.p., conforme se observa da inclusa certidão de óbito (doc. n° 06), com quem era casado sob o regime de comunhão universal do bens, anteriormente à Lei 6.515/77 (doc. n° 07).

A finada deixou herdeiros, menores e maiores, e bens a inventariar, sem que, contudo, tenha deixado testamento ou qualquer outra manifestação de última vontade.

Isto posto, por estar na administração dos bens da defunta e, cumulativamente, ser o cônjuge supérstite, conforme determina os artigos 615 e 616, I, do Código de Processo Civil, incumbe-lhe dar os bens para inventário e a partilha, requerendo se digne Vossa Excelência nomeá-lo inventariante e determinando que preste compromisso, no prazo legal, prosseguindo-se em todos os ulteriores termos, até final partilha.

Termos em que, dando-se à causa o valor de RS. 150.000,00 (cento e cinquenta mil reais),

Pede deferimento.

_____, ___de _____ de _____

(Nome do advogado; n° de identificação; n° de CPF/MF; assinatura)

2 - PRIMEIRAS DECLARAÇÕES

EXCELENTÍSSIMO SENHOR DOUTOR JUIZ DE DIREITO DA _
_ VARA CÍVEL (ou Vara de Família e Sucessões) DA COMARCA _____

José Ronaldo, inventariante nos autos do processo n° / , Inventário dos Bens deixados por Joana Ronaldo, em trâmite por esse E. Juízo, por seu advogado ao final subscrito, com fulcro no artigo 620 do Código de Processo Civil, vem, mui respeitosamente, a ilustre presença de Vossa Excelência apresentar as PRIMEIRAS DECLARAÇÕES, nos termos e moldes a seguir alinhados : -

DA AUTORA DA HERANÇA : -

Joana Ronaldo, brasileira, casada sob o regime de comunhão universal de bens, anteriormente à Lei n° 6.515/77, com o inventariante, professora, com 64 (sessenta e quatros) anos de idade, que residia na Rua São José n° 222, centro, nesta urbe, e portava o Rg n° 33.333.333-3 SSP/SP e o CPF/MF n° 44.444.444-44, teve óbito no dia 16 de janeiro p.p., as 8:30 horas, na Santa Casa de Misericórdia local, não tendo deixado testamento ou qualquer outra manifestação de última vontade (doc. __).

Do viúvo MEEIRO : -

José Ronaldo, brasileiro, casado sob o regime de comunhão universal de bens, anteriormente à lei n° 6.5 1 5/77, com a extinta, contador, portador do Rg n° 11.111.111-1 SSP/SP e do CPF/MF n° 22.222.222-22, residente e domiciliado na Rua São José n° 222, centro, nesta cidade (docs. fls. __ a _).

DOS HERDEIROS : -

José Ronaldo Júnior, brasileiro, com 37 (trinta e sete) anos de idade, operador de máquinas, portador do RG n° 12.123.123-4 SSP/SP e do CPF/MF n° 123.456.789-0, casado com Tereza **MATHEUS**

RONALDO, brasileira, professora, portadora do RG n° 21.321.321-5 SSP/SP e do CPF/MF n° 321.654.987-11, residentes e domiciliados na Rua São José n° 220, centro, nesta cidade (doc. n° __a__);

RONALDO RONALDO, brasileiro, com 35 (trinta e cinco) anos de idade, comerciante, portador do RG n° 34.345.678-9 SSP/SP e do CPF/MF n° 987.654.323-3, casado com ROSE THOMAM RONALDO, brasileira, professora, portadora do RG n° 43.432.432-5 SSP/SP e do CPF/MF n° 541.642.754-34, residentes e domiciliados na Rua Santo Antônio n° 121, centro, nesta cidade (doc. n°__a__);

ROSEMARA RONALDO KISS, brasileira, com 33 (trinta e três) anos de idade, bancária, portadora do RG n° 98.765.434-3 SSP/SP e do CPF/MF n° 332.345.678-9, casada com **Marcelo Kiss**, brasileiro, cirurgião dentista, portador do RG n° 45.454.545-6 SSP/SP e do CPF/MF n° 213.546.879-0, residentes e domiciliados na Rua São João n° 145, centro, nesta cidade (doc. n°__a____).

RAQUEL RONALDO, brasileira, solteira, com 13 (treze anos) anos de idade, estudante, portadora do RG n° 15.252.364-9 SSP/SP, residente e domiciliada na Rua São José n° 222, centro, nesta cidade (doc. n° _ a___).

Dos BENS : -

l °) - UM IMÓVEL RESIDENCIAL edificado sobre o terreno do lote n° 5 (cinco) da quadra E do loteamento denominado Vila São João, nesta cidade, com área de 162,50 metros quadrados, medindo 3,00 metros de frente para a Rua Tal Tal; 12,00 metros nos fundos, confrontando com a fração B; 15,00 metros do lado direito e 6,00 metros do lado esquerdo, confrontando com a Rua Tal Tal Júnior, com a qual faz esquina; 14,00 metros em curva entre as ruas Tal Tal Júnior e Batatais, com escritura pública devidamente averbada no Cartório de Registro de Imóveis sob n° 11.111 Imóvel este cadastrado na Prefeitura Municipal sob n° 11.111 com valor venal tributável de RS 65.000,00 (sessenta e cinco mil reais) - doc. n°__;

2°) - UM IMÓVEL RESIDENCIAL edificado sobre o lote n° 22 do loteamento denominado Portal das Pérolas, nesta cidade, com área de 300 (trezentos) metros quadrados, medindo 10,00 metros de frente para a Rua Pé Pé; 30,00 metros do lado direito confrontando com o lote de n° 21 e 30,00 metros do lado esquerdo em reta confrontando com o lote n° 23 e 5,00 m com o lote n° 03, nos fundos 10,00 metros em reta confrontando com o lote n° 06. Imóvel cadastrado na Prefeitura Municipal sob n° 122.221, com valor venal tributável de R$ 35.000,00 (trinta e cinco mil reais) - doc. n°___;

3°) - UM IMÓVEL RESIDENCIAL de tijolos, coberto com telhas, contendo seis cômodos internos, um corredor, contendo de frente um vitraux e uma janela e seu respectivo terreno designado pelo n° 27 da quadra 19, sito à Rua "27° (hoje, Rua Mão Mão) sob n° 34 - Jardim Nono, nesta cidade e comarca, com área de 300,00 metros quadrados; medindo 12,00 metros de frente para a citada rua 27; 25,00 metros do lado esquerdo confrontando com o lote n° 26; 25,00 metros do lado direito confrontando com o lote n° 28 e 12,00 metros nos fundos onde confronta com os fundos do lote n° 03; Imóvel este cadastrado na Prefeitura Municipal sob n.° 13.131, devidamente registrado no Cartório de Imóveis desta Comarca sob n° 13.131, com valor venal tributável de RS 42.000,00 (quarenta e dois mil reais) - doc. n°___;

4°) - UM IMÓVEL RESIDENCIAL edificado UM IMÓVEL RESIDENCIAL edificado sobre o lote n° 77 do loteamento denominado Jardim Flamboyant, nesta cidade, com área de 300 (trezentos) metros quadrados, medindo 10,00 metros de frente para a Rua João João; 30,00 metros do lado direito confrontando com o lote de n° 76 e 30,00 metros do lado esquerdo em reta confrontando com o lote n° 78 e 5,00 m com o lote n° 41, nos fundos 10,00 metros em reta confrontando com o lote n° 44. Imóvel cadastrado na Prefeitura Municipal sob n° 13.245, com valor venal tributável de RS 27.800,00 (vinte e sete mil e oitocentos reais) - doc. n°___;

5°) - UM VEÍCULO AUTOMOTOR marca GM, tipo camioneta, modelo D-20, placas_____, chassis n°_____, ano de fabricação _____, no valor estimado de RS 21.000,00 (vinte e um mil reais)- doc. n °__;

6°) UM VEÍCULO AUTOMOTOR marca VW, tipo passeio, modelo PASSAT, placas_____, chassis n°_____, ano de fabricação _____, no valor estimado de RS 28.000,00 (vinte e oito mil reais) - doc. n °__;

7°) - SALDO NA CONTA CORRENTE n°_____, junto ao Banco_____, no valor de R$ 178,34 (cento e setenta e oito reais, trinta e quatro centavos) - doc. n°___;

8º) - CADERNETA DE POUPANÇA nº_____, junto ao Banco_____, no valor de R$ 5.723,00 (cinco mil setecentos e vinte e três reais) - doc. nº___;

DAS DÍVIDAS (ATIVAS E PASSIVAS) : -

Não há dívidas ativas ou passivas.

Isto posto, requer sejam tomadas por termo as presentes declarações e dada vista ao DD. Curador de Menores, com vistas ao interesse da herdeira menor, e, por derradeiro, a citação dos herdeiros acima nominados e qualificados, e da Fazenda Pública, para, no prazo de 15 (quinze) dias, nos termos dos arts. 626 e 627, do Código de Processo Civil, se manifestarem a seu respeito.

Termos em que, protestando por eventual aditamento por ocasião das últimas declarações,

Pede deferimento.

_____, ___de _____ de _____

(Nome do advogado; nº de identificação; nº de CPF/MF; assinatura)

3 - PEDIDO DE REMOÇÃO DO INVENTARIANTE POR NÃO PRESTAR, NO PRAZO LEGAL, AS PRIMEIRAS DECLARAÇÕES.

Excelentíssimo Senhor Doutor Juiz de Direito da (ou Vara de Família e Sucessões) da Comarca de_____ Vara Cível

A ser autuado em apenso aos autos do processo n°__/__, nos termos do parágrafo único do art. 623.

RONALDO RONALDO, brasileiro, com 35 (trinta e cinco) anos de idade, comerciante, portador do RG n° 34.345.678-9 SSP/SP e do CPF/MF n° 987.654.323-3, casado com **ROSE THOMAM RONALDO**, brasileira, professora, portadora do RG n° 43.432.432-5 SSP/SP e do CPF/MF n° 541.642.754-34, residentes e domiciliados na Rua Santo Antônio n° 121, centro, nesta cidade (docs. n°s.__a__), herdeiro legítimo de **JOANA RONALDO**, cujo inventário tramita por esse E. Juízo e Cartório, processo n° ___/__, por seu advogado ao final subscrito, com escritório na Rua São José n° 221, nesta urbe, consoante instrumento de mandato incluso (doc. n° 01), com fundamento no art. 622, I, do Código de Processo Civil, vem, mui respeitosamente, a ilustre presença de Vossa Excelência requerer a REMOÇÃO DO INVENTARIANTE, pelos motivos de ordem fática e jurídicos a seguir alinhados : -

No dia 15 de abril p.p., **JOSÉ RONALDO** foi nomeado inventariante, tendo prestado compromisso no dia seguinte.

Passados mais de 60 (sessenta) dias da assinatura daquele compromisso, não prestou, ainda, as primeiras declarações.

Demonstra o inventariante, d.m.v., dissídio e intenção de inibir a divisão dos bens que compõe o espólio.

Se extrai da conjugação do disposto no art. 139 c. art. 622 do CPC, que cabe ao juiz, no exercício dos seus poderes de promoção, prevenção e repressão, ao velar pelo regular andamento do inventário, remover, de ofício, o inventariante e nomear-lhe substituto.

Nesse sentido:

INVENTÁRIO. REMOÇÃO DE INVENTARIANTE. INÉRCIA. 1. O inventariante deve proceder com diligência e transparência, administrando os bens do espólio e adotando as providências necessárias para o desfecho célere do inventário. 2. É cabível a remoção da inventariante quando esta procede de forma desidiosa, deixando de dar curso regular ao processo de inventário. 3. A nomeação de inventariante dativo justifica-se quando inexistem herdeiros em condições de exercerem tal *munus*. Recurso desprovido. (Agravo de Instrumento Nº 70062276787, Sétima Câmara Cível, Tribunal de Justiça do RS, Relator: Sérgio Fernando de Vasconcellos Chaves, Julgado em 30/11/2015).(TJ-RS - AI: 70062276787 RS, Relator: Sérgio Fernando de Vasconcellos Chaves, Data de Julgamento: 30/11/2015, Sétima Câmara Cível, Data de Publicação: Diário da Justiça do dia 02/12/2015)

Desta forma, por total desrespeito ao disposto no art. 620 do CPC, vem, requerer, nos moldes e termos do art. 622,I, da Lei Adjetiva, seja o inventariante removido, nomeando-se para exercer tal munus o peticionário.

Pede deferimento.

_____, ___de _____ de _____

(Nome do advogado; n° de identificação; n° de CPF/MF; assinatura)

4 - CONTESTAÇÃO DO INVENTARIANTE AO PEDIDO DE REMOÇÃO POR NÃO TER PRESTADO AS PRIMEIRAS DECLARAÇÕES NO PRAZO ESTIPULADO PELO ART. 620 DO CPC.

Excelentíssimo Senhor Doutor Juiz de Direito da Vara Cível (ou Vara de Família e Sucessões) da Comarca de_____.

Apenso n°__/__

JOSÉ RONALDO, inventariante nos autos do processo n°__/__, inventário dos bens deixados por **JOANA RONALDO**, por esse E. Juízo e Cartório, atendendo ao r. despacho que determinou manifestação acerca do pedido de remoção de fls., por seu advogado ao final subscrito, tempestivamente, vem, mui respeitosamente, a ilustre presença de Vossa Excelência se DEFENDER da imputação que busca removê-lo do cargo de inventariante, nos moldes e termos a seguir alinhados : -

Consoante se observa dos inclusos documentos (comprovante de pedido de averbação no registro da matrícula do imóvel n°__; comprovante de pedido de levantamento de dívida junto à Selaria Chico de Paula; comprovante de pedido de levantamento junto ao Supermercado São João), em momento algum o inventariante, ora contestante, teve ou tem a intenção de inibir a divisão dos bens que compõe o espólio.

Em polo totalmente contrário, buscou junto à credores do espólio a situação fática que se apresentava no momento da "passagem" de **JOANA** para que se pudesse proceder à divisão daquele monte da melhor forma possível.

Buscou, também, acertar todas as pendências existentes sobre os imóveis no que concerne aos seus títulos.

Foi obrigado, também, a buscar documentos junto à Cartórios de Registros de Imóveis em outras localidades, inclusive no Estado do Amazonas, donde está aguardando documentos relativos a demanda de usucapião que, juntamente com a finada, movia em face de_____.

Essas as razões que impediram a apresentação das primeiras declarações no prazo, sendo plenamente justificável a demora.

Aliás Excelência, fatos esses de total conhecimento do requerente.

Nesse sentido:

AGRAVO DE INSTRUMENTO. INVENTÁRIO. REMOÇÃO DE INVENTARIANTE. JUSTIFICATIVA NA DEMORA DA APRESENTAÇÃO DAS PRIMEIRAS DECLARAÇÃOES. AUSÊNCIA DE DESÍDIA DA INVENTARIANTE. Agravo de instrumento provido. (Agravo de Instrumento N° 70054900733, Sétima Câmara Cível, Tribunal de Justiça do RS, Relator: Jorge Luís Dall'Agnol, Julgado em 28/08/2013) (TJ-RS - AI: 70054900733 RS, Relator: Jorge Luís Dall'Agnol, Data de Julgamento: 28/08/2013, Sétima Câmara Cível, Data de Publicação: Diário da Justiça do dia 05/09/2013)

AGRAVO DE INSTRUMENTO - PEDIDO DE REMOÇÃO DE INVENTARIANTE - ALEGAÇÃO DE DESÍDIA POR PARTE DO INVENTARIANTE - AUSÊNCIA DE PROVA CONTUNDENTE - IMPOSSIBILIDADE DE REMOÇÃO DO INVENTARIANTE - DECISÃO MANTIDA - RECURSO DESPROVIDO. A remoção de inventariante somente se mostra possível acaso reste comprovado que está atuando em desacordo com suas atribuições na gestão dos bens, descumprindo com as incumbências estabelecidas no artigo 991 do Diploma Processual Civil.

(TJ-PR - AI: 4929659 PR 0492965-9, Relator: Costa Barros, Data de Julgamento: 20/08/2008, 12ª Câmara Cível, Data de Publicação: DJ: 7689)

Isso posto, requerendo seja aceita as escusas apresentas, mantendo-se o peticionário no cargo de inventariante, requer, seja concedido por Vossa Excelência um prazo de mais 30 (trinta) dias para a apresentação das primeiras declarações, haja vista a documentação relativa ao bem que o espólio possuí no Estado do Amazonas ainda não lhe ter sido entregue.

Pede deferimento.

_____, ___ de _____ de _____

(Nome do advogado; n° de identificação; n° de CPF/MF; assinatura)

5 - PEDIDO DE HERDEIRO PARA QUE O JUIZ NOMEIE TERCEIRO COMO INVENTARIANTE FACE A GRAVES INCIDENTES AFERÍVEIS DENTRO DOS PRÓPRIOS AUTOS DO INVENTÁRIO.

Excelentíssimo Senhor Doutor Juiz de Direito da (ou Vara de Família e Sucessões) da Comarca de_____ Vara Cível

A ser autuado em apenso aos autos do processo n°__/__, nos termos do parágrafo único do art. 623, do CPC.

ROSEMARA RONALDO KISS, devidamente qualificada no rol de herdeiros de **JOANA RONALDO**, cujo inventário tramita por esse E. Juízo e Cartório, processo n°___/__, por seu advogado ao final subscrito, com escritório na Avenida Sete n° 17, centro, nesta urbe, consoante instrumento de mandato incluso (doc. n° 01), vem, mui respeitosamente, a ilustre presença de Vossa Excelência expor, ponderar e ao final requerer o quanto segue : -

Observa-se dos autos em apenso, Ação de Sonegados, proposta pelo herdeiro **RONALDO RONALDO** em face do inventariante, bem como dos reiterados pedidos de remoção do inventariante, que a contenciosidade entre os herdeiros está se acirrando de tal forma que, d.m.v., faz com que a peticionária não consiga enxergar o término do presente feito com a brevidade e objetividade que o instituto do inventário e partilha reclama.

Observa-se, ainda, que da prestação de contas de fls.__, resulta cristalino que o inventariante praticou atos lesivos à legítimas dos demais herdeiros.

Lamentavelmente os desencontros retratados nos mais variados momentos do feito estão a apontar para a necessidade de que a administração do espólio se dê por pessoa totalmente alheia aos quadros de herdeiros e legatários, pois, a continuar assim, de se imaginar os demais tumultos e as seqüelas que, certamente, serão resolvidas em outros processos que se instalaram, sendo desnecessária qualquer ilação aos males que tais fatos vem causando à família.

Se abstrai dos autos, assim, que inexiste qualquer isenção do inventariante no desempenho de suas funções, o que desequilíbrio as relações entre os demais herdeiros.

Assim Excelência, não tendo a peticionária interesse no encargo de inventariante, face a exigência da pronta e eficiente obtenção da tutela jurisdicional aliada a contenciosidade dos autos, requer a nomeação de inventariante dativo.

Encontramos na jurisprudência inúmeros julgados onde se observava situações com igual envergadura, e o deslinde foi no sentido do acolhimento do pedido acima, pois é preferível que o juiz, na função pacificadora dos interesses e preventiva de litígios, no exercício dos seus poderes de promoção, prevenção e repressão, ao velar pelo regular andamento do inventário, entregue, nessas condições, o *munus* a terceiro, de sua confiança e sob o seu controle, do que se veja na direção de um processo onde alguns dos herdeiros, membros de uma família, se degradeiem, desestruturando a célula mãe da sociedade.

Não se diga que tal pleito encontra obstáculo na ordem estabelecida pelo art.617 do CPC, pois ela só há de ser seguida em casos onde a normalidade impera.

> *"Inventariante. Remoção. Nomeação de dativo. Cód. de Pr. Civil. Arts. 995 e 990. A ordem de nomeação não é absoluta. O fato de não se observar a ordem não implica ofensa ao art. 990. Precedente do STJ : REsp-520, DJ de 4.12.89. Caso em que a nomeação do inventariante dativo se deveu 'a necessidade de eliminar as discórdias atuais e prevenir outra'. Recurso especial não conhecido." (REsp 88.296/SP, Relator Ministro Nilson Naves, DJ de 08/02/99).*

> *"PROCESSUAL CIVIL. NOMEAÇÃO DE INVENTARIANTE. ART. 990 DO CPC. ORDEM NÃO ABSOLUTA. OFENSA NÃO CONFIGURADA. DIVERGÊNCIA NÃO CONFIRMADA. - A ordem de nomeação de inventariante insculpida no art. 995 do Código de Processo Civil deve ser rigorosamente observada, excetuando-se as hipóteses em que o magistrado tenha fundadas razões para desconsiderá-la, com o fim*

de evitar tumultos processuais desnecessários ou mesmo a sonegação de bens, como no caso, em face da patente litigiosidade existente entre as partes. -Divergência jurisprudencial não caracterizada, pois carente de demonstração analítica, com a transcrição dos trechos que identifiquem ou assemelhem as hipóteses confrontadas. Recurso especial não conhecido." (REsp n° 283.994/SP, Relator Ministro César Asfor Rocha, DJ 07/05/2001, p. 150).

AGRAVO DE INSTRUMENTO. INVENTÁRIO. REMOÇÃO DO INVENTARIANTE. ALEGAÇÃO DE DESÍDIA E SONEGAÇÃO DE BENS.1. Agravante que foi nomeado inventariante por ser cônjuge do de cujus.2. A prestação de contas incumbe ao inventariante porque administra os bens do espólio, como seu representante legal, conforme dispõe o art. 991 do Código de Processo Civil e art. 1991 do Código Civil. 3. O inventariante não se preocupou em apresentar qualquer documento capaz de comprovar as suas alegações, tudo a demonstrar que, de fato, não prestou as contas da sua administração, conforme anterior determinação, e não deu ao feito o devido andamento, circunstâncias que justificam a remoção do cargo de inventariante.4. A existência de conflito de interesses entre as partes e ausentes outros herdeiros, justificava-se a nomeação de inventariante dativo.Decisão mantida. Recurso não provido.(TJ-SP - AI: 1950435520128260000 SP 0195043-55.2012.8.26.0000, Relator: Carlos Alberto Garbi, Data de Julgamento: 13/11/2012, 10ª Câmara de Direito Privado, Data de Publicação: 14/11/2012)

AGRAVO DE INSTRUMENTO - AÇÃO INCIDENTAL DE REMOÇÃO DE INVENTARIANTE - DESTITUIÇÃO - DISSENSÃO ENTRE OS HERDEIROS - INOBSERVÂNCIA A ORDEM ESTABELECIDA NO ART. 990 DO CPC - POSSIBILIDADE - NOMEAÇÃO DE UM TERCEIRO COMO INVENTARIANTE JUDICIAL - IRRETOCABILIDADE DA DECISÃO VERGASTADA - INSURGÊNCIA RECURSAL

DESPROVIDA Patente a situação conflituosa entre os herdeiros, é recomendável a nomeação de um inventariante judicial, consubstanciado na pessoa de um terceiro, que não possua interesse direto na destinação do patrimônio a ser administrado, e que esteja distante dos contornos do conflito familiar inerente ao inventário. A respeito da ordem de nomeação do inventariante, esposada no art. 990 do CPC, é certo que não constitui um mandamento absoluto, podendo ser relativizado se as circunstâncias do caso assim o exigirem. Havendo desavenças entre os sucessores, é forçoso observar que a nomeação de um deles para o encargo da inventariança pode gerar outros pontos de discordância, postergando ainda mais a conclusão do feito.(TJ-SC - AI: 249926 SC 2002.024992-6, Relator: José Volpato de Souza, Data de Julgamento: 04/04/2003, Terceira Câmara de Direito Civil, Data de Publicação: Agravo de instrumento n. , da Capital.)

Isto posto, requer a Vossa Excelência a remoção do inventariante e a nomeação de um dativo, nos termos do art. 617, VII ou VIII, do Código de Processo Civil.

Termos em que

Pede deferimento.

_____, ___de _____ de _____

(Nome do advogado; n° de identificação; n° de CPF/MF; assinatura)

6 - ARGUIÇÕES DE ERROS, OMISSÕES E SONEGAÇÕES DE BENS NAS PRIMEIRAS DECLARAÇÕES.

Excelentíssimo Senhor Doutor Juiz de Direito da (ou Vara de Família e Sucessões) da Comarca de_____ Vara Cível

RONALDO RONALDO, devidamente qualificado na relação de herdeiros no espólio de **JOANA RONALDO**, processo n° __/__, em trâmite por esse E. Juízo, por seu advogado ao final subscrito, com escritório na Rua São José n° 221, nesta urbe, consoante instrumento de mandato incluso (doc. n° 01), com fundamento no art. 627, I, do Código de Processo Civil, vem, mui respeitosamente, a ilustre presença de Vossa Excelência expor, ponderar e ao final requerer o quanto segue : -

Ocorre Excelência que o inventariante, ao descrever os bens que fazem parte do espólio se equivocou na discrição do imóvel sito na cidade de Santos/SP, bem como se olvidou de declarar a propriedade que, inobstante somente se tenha o compromisso de compra e venda, esta situada na cidade de_____/SP.

No que tange ao imóvel na cidade de Santos, item 7.1 das primeiras declarações, por ação de usucapião o espólio adquiriu o terreno contíguo, que passou a fazer parte da mesma matrícula, inobstante não tenha sido, a tempo, providenciado o registro e retificação no C.R.I. daquela Comarca.

Assim, consoante se pode observar dos inclusos documentos (fotocópia da ação de usucapião e respectiva carta de sentença), a discrição do referido imóvel deve ser feita de maneira a compatibilizar a situação posta, haja vista tal fato influenciar, sobremaneira, na valoração do imóvel.

Relativamente ao imóvel situado na cidade de _____, que efetivamente faz parte do espólio, conforme se observa dos inclusos documentos (compromisso de compra e venda e certidão da matrícula do imóvel), o inventariante esqueceu-se de relacioná-lo dentre aqueles que fazem parte da massa comum.

Isto posto, embora o art. 636 da Lei Adjetiva faculte ao inventariante a possibilidade de aditar, emendar ou complementar as primeiras declarações, no uso do direito assegurado pelo art. 627, II, da mesma Lei, o peticionário/herdeiro, impugnando as primeiras declarações, requer a Vossa Excelência que, ouvido os demais interessados, intime o inventariante para se manifestar acerca da presente omissão, assim como do erro inicialmente apontado.

Termos em que,

Pede deferimento.

_____, ___de _____ de _____

(Nome do advogado; n° de identificação; n° de CPF/MF; assinatura)

7- **RECLAMAÇÃO CONTRA A NOMEAÇÃO DO INVENTARIANTE, CASO OUTRA PESSOA QUE NÃO AQUELE QUE DETINHA A POSSE DOS BENS TIVESSE REQUERIDO A ABERTURA DO INVENTÁRIO E SIDO NOMEADO INVENTARIANTE.**

Excelentíssimo Senhor Doutor Juiz de Direito da (ou Vara de Família e Sucessões) da Comarca de____ Vara Cível

José Ronaldo, devidamente qualificado na relação de herdeiros no espólio de **Joana Ronaldo**, processo n° __/_, em trâmite por esse E. Juízo, por seu advogado ao final subscrito, com escritório na Rua São José n° 221, nesta urbe, consoante instrumento de mandato incluso (doc. n° 01), com fundamento no art. 627, II, do Código de Processo Civil, vem, mui respeitosamente, a ilustre presença de Vossa Excelência expor, ponderar e ao final requerer o quanto segue : -

Consoante se observa à fls.__, foi nomeado inventariante **José Ronaldo Júnior**, filho mais velho da finada, comum com o peticionário, que afoitamente, dois dias após o enterro de sua mãe, requereu a abertura do inventário, inobstante não se encontrar na administração e posse dos bens do espólio e existir cônjuge supérstite, o seu pai.

Em verdade, a posse e administração dos bens do espólio estavam, como sempre estiveram, com o peticionário, cônjuge supérstite da finada, conforme documentos ofertados pelo próprio inventariante à fls.__, que administrou os bens do casal ao longo da existência da sociedade conjugal.

Assim, inobstante o requerente ser meeiro e herdeiro, casado com a finada pelo regime de comunhão universal de bens (fls.__), está sendo privado de seu direito em administrar o espólio. Entenda-se aqui, também, tendo dificultado a administração do que já lhe pertence em função da meação, sendo perfeitamente previsível a possibilidade de conflitos, o que os princípios norteadores do instituto do inventário e partilha repelem.

Por outro lado, além do desrespeito à ordem estabelecida pelos artigos 615 e 616, I do Código de Processo Civil, no que tange ao requerimento da abertura do inventário, afrontou-se, também de forma deslavada, a ordem estabelecida pelo artigo 617,1 e II, da Lei Processual.

Já decidiu a 4° Turma do Superior Tribunal de Justiça, REsp n° 283.994/SP, Relator Ministro César Rocha, DJU de 07 de maio de 2.001, p. 150, que a ordem de nomeação de inventariante insculpida no art. 990 do CPC "deve ser rigorosamente observada, excetuando-se as hipóteses em que o magistrado tenha fundadas razões para desconsiderá-la, com o fim de evitar tumultos processuais desnecessários ou mesmo a sonegação de bens, (...)."

Isto posto, vem RECLAMAR contra a nomeação do inventariante e requer a Vossa Excelência seja acolhido o pedido de nomeação do peticionário para que exerça o "munus" de inventariante.

Termos em que, protestando por eventual aditamento por ocasião das últimas declarações,

Pede deferimento.

_____, ___de _____ de _____

(Nome do advogado; n° de identificação; n° de CPF/MF; assinatura)

8 - CONTESTAÇÃO À QUALIDADE DE HERDEIRO DE QUEM FOI INCLUÍDO NO TÍTULO DE HERDEIRO.

Excelentíssimo Senhor Doutor Juiz de Direito da (ou Vara de Família e Sucessões) da Comarca de____ Vara Cível

José Ronaldo, devidamente qualificado na relação de herdeiros no espólio de **Joana Ronaldo**, processo n° __/_, em trâmite por esse E. Juízo, por seu advogado ao final subscrito, com escritório na Rua São José n° 221, nesta urbe, consoante instrumento de mandato incluso (doc. n° 01), com fundamento no art. 627, III, do Código de Processo Civil, vem, mui respeitosamente, a ilustre presença de Vossa Excelência IMPUGNAR A QUALIDADE DE HERDEIRO dada a **Beltrano de Tal**, com vistas aos fatos a seguir alinhados : -

Inicialmente cabe deixar expresso que inexiste nos autos qualquer documento que comprove a qualidade de herdeiro de **Beltrano de Tal**, fato que, por si só, já afasta a sua pretensão.

Aliás, nos moldes e termos do disposto no art. 612 do CPC, as questões de fato só serão decididas no juízo do inventário se comprovadas documentalmente, remetendo-se para os meios ordinários as que demandarem alta indagação ou dependerem de outras provas.

Desta forma, IMPUGNADA A QUALIDADE DE HERDEIRO conferida a **Beltrano de Tal**, requer a Vossa Excelência a exclusão deste daquele rol de herdeiros e, se for o caso, remetê-lo para as vias ordinárias.

Termos em que,

Pede deferimento.

_____, ___ de _____ de _____

(Nome do advogado; n° de identificação; n° de CPF/MF; assinatura)

9 - PEDIDO DE ADMISSÃO NO INVENTÁRIO.

Excelentíssimo Senhor Doutor Juiz de Direito da Vara Cível (ou Vara de Família e Sucessões) da Comarca de _____.

José José, brasileiro, solteiro, de serviços gerais, maior, portador do Rg n° 323.323.232-3 SSP/SP e do CPF/MF n° 323.323.323-23, residente e domiciliado na Avenida Dr. Antônio José n° 254, Bairro Laranjal, nesta cidade e Comarca, por seu advogado ao final subscrito, com escritório na Dr. Antônio José n° 253, 7° andar, conj. 7, nesta urbe, consoante instrumento de mandato incluso (doc. n° 01), com fundamento no art. 628, do Código de Processo Civil, vem, mui respeitosamente, a ilustre presença de Vossa Excelência requerer sua ADMISSÃO COMO HERDEIRO nos autos do processo n° __/__, inventário dos bens deixados por José Ronaldo, em trâmite por esse E. Juízo e Cartório, pelos motivos de ordem fática e jurídicos a seguir alinhados : -

Consoante se pode observar da inclusa escritura pública declaratória, em __ de __ de ___ a falecida reconheceu o peticionário como filho legítimo (doc. n°__), sendo certo que, em função disso, o mesmo tornou-se herdeiro do finado, apto a sucedê-lo.

Inobstante o fato acima, de total conhecimento do inventariante e dos demais herdeiros, não foi incluído como herdeiro nas primeiras declarações prestadas pelo administrador do espólio.

"INVENTÁRIO HERDEIRO TESTAMENTÁRIO -ADMISSÃO EM INVENTÁRIO - ARTIGOS 999 E 1.001 DO CÓDIGO DE PROCESSO CIVIL - Comprovada a condição de herdeiro testamentário, legitimado está esse interessado a participar de inventário, a fim de recolher os bens que lhe foram conferidos no testamento."

(TJSP - AI 122.470-4 - São Paulo - 6ª CDPriv. - Rel. Dês. Ernani de Paiva-J. 14.10.1999 - v.u.)

Isto posto, requer a Vossa Excelência, após manifestação do inventariante e demais herdeiros, seja ele admitido como herdeiro nos autos do inventário de seu pai, tendo assim garantido todos os direitos que lhe são assegurados por lei.

Termos em que,

Pede deferimento.

_____, ___de _____ de _____

(Nome do advogado; n° de identificação; n° de CPF/MF; assinatura)

10 - ÚLTIMAS DECLARAÇÕES.

Excelentíssimo Senhor Doutor Juiz de Direito da __ Vara Cível (ou Vara de Família e Sucessões) da Comarca de _____.

José Ronaldo, inventariante nos autos do processo n° _/_, inventário dos bens deixados por **Joana Ronaldo**, em trâmite por esse E. Juízo e Cartório, com fundamento no art. 636 do Código de Processo Civil, por seu advogado ao final subscrito, tempestivamente, vem, mui respeitosamente, a ilustre presença de Vossa Excelência PRESTANDO AS ÚLTIMAS DECLARAÇÕES, dizer que ratifica todas as prestadas por ocasião das PRIMEIRAS DECLARAÇÕES, pois estão corretas.

Termos em que, da juntada,

Pede deferimento.

_____, ___ de _____ de _____

(Nome do advogado; n° de identificação; n° de CPF/MF; assinatura)

11- ARGUIÇÃO DE SONEGAÇÃO DE BENS PELO INVENTARIANTE.

Excelentíssimo Senhor Doutor Juiz de Direito da __ Vara Cível (ou Vara de Família e Sucessões) da Comarca de _____.

RONALDO RONALDO, já qualificado no rol de herdeiros dos bens deixados por **JOANA RONALDO**, cujo inventário tramita por esse E. Juízo e Cartório, processo n° ___/__, por seu advogado ao final subscrito, vem, mui respeitosamente, a ilustre presença de Vossa Excelência propor AÇÃO DE SONEGADOS contra **JOSÉ RONALDO**, brasileiro, viúvo, contador, portador do Rg n° 11.111.111-1 S SP/SP e do CPF/MF n° 22.222.222-22, residente e domiciliado na Rua São José n° 222, centro, nesta cidade, pelos motivos de ordem fática e jurídicos a seguir alinhados:

Se observa dos inclusos documentos que no processo de inventário dos bens deixados por **JOANA RONALDO** que o requerido foi nomeado inventariante, bem como que o requerente é herdeiro legítimo da extinta (doc. n° a __).

Ocorre que, inobstante as obrigações legais impostas ao requerido, notadamente aquela de informar e apresentar para partilha todos os bens da falecida, o suplicado omitiu, nas primeiras e nas últimas declarações (doc. n°__ e __).

Para que procedesse acertadamente, ou seja, trouxesse para a partilha tais bens, o suplicante, em atitude que nem seria necessária para a caracterização da sonegação, haja vista a ratificação das primeiras declarações feita nas últimas, ou seja, de que inexistiam outros bens a inventariar, notificou o suplicado.

Não há que se afastar o dolo com que o requerido pautou sua atitude, sendo desnecessário maiores dilações acerca disso.

> "Sonegação é tudo aquilo que deveria entrar em partilha, porém foi ciente e conscientemente omitido na descrição de bens pela inventariante. A falta propositada constitui ato

de má-fé. A intenção dolosa do sonegador não terá que ser alegada e provada pelo interessado em arguir de sonegação ao inventariante. A este, ao contrário, é que tocará o ônus de provar que agiu inocentemente. O dolo não se presume, é certo, mas é ontológico na ideia de sonegação. Apelo improvido." (TJGO - AC 9.118 - 2ª C - 3ª T. - Rel. Dês. Celso Fleury).

AÇÃO DE SONEGADOS - EXCLUSÃO INDEVIDA DE BEM DA PARTILHA - ATO SIMULADO - DOLO DO INVENTARIANTE - PROVAS DOS AUTOS - INTUITO DE SONEGAÇÃO EVIDENTE - REMOÇÃO DO INVENTARIANTE E INCLUSÃO DO BEM. A ação de sonegados é cabível quando o inventariante deixa de arrolar bem susceptível de partilha. Não obstante, este instrumento também figura-se pertinente quando o inventariante logra êxito em excluir do inventário bem divisível. O dolo fica claro, impondo a inarredável aplicação das sanções previstas no artigo 1.992 do CC, se comprovadamente, a exclusão do bem tiver sido baseada em alegações inverídicas, provas fraudulentas e má-fé. (TJ-MG 104390504440330011 MG 1.0439.05.044403-3/001(1), Relator: VANESSA VERDOLIM HUDSON ANDRADE, Data de Julgamento: 16/10/2007,Data de Publicação: 31/10/2007)

Ante o exposto, requer a Vossa Excelência a citação do requerido para responder aos termos da presente, para que, querendo, na oportunidade legal, conteste o feito, pena de revelia, devendo a demanda ser julgada totalmente procedente ao final para os fins de:- a) condenar o requerido à restituição dos bens sonegados; b) cominar a pena de sonegados, com a perda do que lhe caberia nos referidos bens sonegados (art. 1994 CC); c) remoção do cargo de inventariante (art. 622, VI, CPC); d) pagamento de custas e despesas processuais; e) pagamento de honorários advocatícios na base de 20% (vinte por cento) do valor da causa.

Protesta e requer provar o alegado por todos os meios de provas em direito admitidos, notadamente pelo depoimento pessoal do requerido, oitava de testemunhas, juntada de novos documentos, perícias e tudo mais o que se fizer necessário para o esclarecimento da presente demanda.

Dá-se à causa o valor de R$ ____ (_____).

Termos em que,

Pede deferimento.

_____, ___de _____ de _____

(Nome do advogado; n° de identificação; n° de CPF/MF; assinatura)

12 - PEDIDO PARA QUE HERDEIRO TRAGA BENS À COLAÇÃO.

Excelentíssimo Senhor Doutor Juiz de Direito da__Vara Cível (ou Vara de Família e Sucessões) da Comarca de_____.

ROSEMARA RONALDO KISS, devidamente qualificada no rol de herdeiros dos bens deixados por **JOANA RONALDO**, cujo inventário tramita por esse E. Juízo e Cartório, processo n°___/__, por seu advogado ao final subscrito, vem, mui respeitosamente, a ilustre presença de Vossa Excelência expor, ponderar e ao final requerer o quanto segue:-

A requerente tem conhecimento de que em 20/09/85 a finada beneficiou, através de doação, o herdeiro **RONALDO RONALDO** com a propriedade objeto da matrícula n°_____ do 2° Cartório de Registro de Imóveis da Comarca de_____, consoante se observa da inclusa certidão (doc. n° 01).

Sobre a colação de bens e necessidade de igualar as legítimas:

> *AGRAVO DE INSTRUMENTO - AÇÃO DE INVENTÁRIO - COLAÇÃO DE BENS - PRECLUSÃO - ART. 1.011 DO CPC - INOCORRÊNCIA - BENS ADQUIRIDOS COM RECURSOS DO FALECIDO - NECESSIDADE DE IGUALAR LEGÍTIMAS - DECISÃO MANTIDA Não ocorre preclusão consumativa do direito da parte recorrida à colação dos bens, tendo em vista que, nos termos do art. 1011 do CPC, a descrição dos bens a serem inventariados somente finda com o termo de últimas declarações, nas quais as primeiras declarações podem ser editadas. Demonstrado nos autos que, apesar do veículo e do apartamento terem sido registrados em nome do agravante, foram adquiridos por recursos do falecido, necessária a colação dos bens para igualar as legítimas. (TJ-MG - AI: 10024081950040001 MG, Relator: Afrânio Vilela, Data de Julgamento: 19/08/2014, Câmaras Cíveis / 2ª CÂMARA CÍVEL, Data de Publicação: 02/09/2014)*

CIVIL E PROCESSO CIVIL. APELAÇÃO CÍVEL. COLAÇÃO DE BENS. INTERESSE DE AGIR. AUSÊNCIA. DEBATE DE ALTA INDAGAÇÃO. VIAS ORDINÁRIAS. 1. A colação de bens pode ser postulada por simples requerimento no bojo dos autos do inventário. 2. A negativa do herdeiro beneficiado pela doação inoficiosa oportuniza o direito para o prejudicado, no caso, ação de sonegados. 3. Eventuais debates de alta indagação deverão ser solucionados nas vias ordinárias, conforme determina o artigo 1.016, § 2º, do Código de Processo Civil. 4. Recurso desprovido.(TJ-DF - APC: 20130111594188 DF 0040433-23.2013.8.07.0001, Relator: MARIO-ZAM BELMIRO, Data de Julgamento: 21/01/2015, 2ª Turma Cível, Data de Publicação: Publicado no DJE : 02/02/2015 . Pág.: 280)

Assim, com o propósito de que se iguale a legítima, nos termos do art. 639 do Código de Processo Civil, requer a Vossa Excelência que determine a citação do herdeiro **RonaldoRonaldo** para que traga aos autos o bem que recebeu para que se reduza na parte inoficiosa, ou, se já não mais o possuir, traga o valor, sob pena de responder por sonegação.

Termos em que Pede deferimento.

_____, ___de _____ de _____

(Nome do advogado; nº de identificação; nº de CPF/MF; assinatura)

13 - CONTESTAÇÃO À IMPUTAÇÃO DE OBRIGAÇÃO DE TRAZER BENS À COLAÇÃO.

Excelentíssimo Senhor Doutor Juiz de Direito da (ou Vara de Família e Sucessões) da Comarca de____ Vara Cível

RONALDO RONALDO, já qualificado no rol de herdeiros dos bens deixados por **JOANA RONALDO**, cujo inventário tramita por esse E. Juízo e Cartório, processo n° ___/_, por seu advogado ao final subscrito, vem, mui respeitosamente, a ilustre presença de Vossa Excelência CONTESTAR a imputação de obrigação de trazer o bem apontado na petição de fls.__ à colação, pelos motivos de ordem fática e jurídicos a seguir alinhados: -

Consoante se observa da inclusa certidão da matrícula, o imóvel apontado pela requerente de fls.__ como tendo sido doado pela finada ao peticionário, em verdade, o foi para seu filho, **RONALDO RONALDO JÚNIOR**, que não é herdeiro da finada, (doc. n°__).

Assim, com a devida vênia, não está obrigado a trazer à colação tal bem, haja vista a liberalidade ter se dado a favor do neto, que só herdaria por representação ao pai se esse tivesse falecido antes da abertura da sucessão da avó.

> *"Os netos, não sendo herdeiros legítimos dos ascendentes, em decorrência de serem vivos o pai ou a mãe, não conferem o que houverem do avô, estando isentos daquele dever mesmo ainda que sejam herdeiros testamentários, se existir o herdeiro legítimo, o pai ou a mãe dos beneficiários. Não é obrigado o pai a trazer à colação o que o avô haja diretamente doado ao neto, pois este, não sendo herdeiro, não está sujeito à colação." (TJMG - AC 82.796/5 - 5ª C - Rel. Dês. ARTUR MAFRA-J. 27.09.1990)-JM 113/158.*

Isto posto, bem se vê, qualquer reclamo relativamente à doação retro citada haverá de ser feita em ação própria, não podendo ser neste feito discutida, à vista da documentação ofertada.

Termos em que

Pede deferimento.

_____, ___ de _____ de _____

(Nome do advogado; n° de identificação; n° de CPF/MF; assinatura)

14 - IMPUGNAÇÃO AO LAUDO PERICIAL DE VALORAÇÃO DOS BENS.

Excelentíssimo Senhor Doutor Juiz de Direito da__Vara Cível (ou Vara de Família e Sucessões) da Comarca de_____.

José Ronaldo, devidamente qualificado na relação de herdeiros no espólio de **Joana Ronaldo**, processo nº __/_, em trâmite por esse E. Juízo, por seu advogado ao final subscrito, com fulcro no disposto no art. 635 do Código de Processo Civil, vem, mui respeitosamente, a ilustre presença de Vossa Excelência IMPUGNAR O LAUDO DE AVALIAÇÃO DO SR. PERITO de fls. _, pelos motivos de ordem fática a seguir alinhados : -

Especificamente a presente impugnação está voltada contra a avaliação do imóvel descrito à fls.__, item__, bem como ao esdrúxulo valor atribuído ao veículo descrito à fls.__, item__.

Relativamente à casa (fls.__, item__), de se ressaltar que embora situada em bairro nobre de nossa cidade, ela não se encontra sequer em estado de habitação. Tanto assim que está fechada a mais de 6 (seis) anos.

Consoante se pode observar das inclusas declarações, com discrição pormenorizada do imóvel, de empresas voltadas à exploração imobiliária, nesta cidade, assinadas por corretores de imóveis que desfrutam do mais alto conceito na comunidade, a propriedade não vale mais que R$ 35.000,00 (trinta e cinco mil reais), isso considerando a mais alta avaliação.

Desta forma Excelência, de se ver, de plano, que não é possível prevalecer a avaliação do Sr. Perito relativamente a esse bem, no importe de RS 150.000,00 (cento e cinquenta mil reais).

No que tange ao veículo descrito à fls.__, item__, de igual forma o Sr. Perito hipervalorizou o bem, pois deixou de considerar, inobstante trate-se de um carro de luxo e com grande procura no mercado, suas condições.

Só para que Vossa Excelência tenha uma ideia, o motor está a reclamar retifica total, o que, de lado o estado de conservação interno, já aponta para que seu valor seja pelo menos a metade do que lhe fora atribuído, ou seja, R$ 15.000,00 (quinze mil reais).

Assim, requer a Vossa Excelência, após intimação do Sr. Perito para se manifestar acerca da presente, a adequação dos valores atribuídos àqueles bens e, se entender Vossa Excelência, com a repetição da avaliação nos moldes e termos do disposto no art. 635, parágrafo 2º do Codex.

Termos em que, Pede deferimento.

Pede deferimento.

_____, ___de _____ de _____

(Nome do advogado; nº de identificação; nº de CPF/MF; assinatura)

15 - PETIÇÃO DE HERDEIRO TRAZENDO BENS À COLAÇÃO.

Excelentíssimo Senhor Doutor Juiz de Direito da__Vara Cível (ou Vara de Família e Sucessões) da Comarca de_____.

José Ronaldo, devidamente qualificado na relação de herdeiros no espólio de **Joana Ronaldo**, processo nº___/__, em trâmite por esse E. Juízo, por seu advogado ao final subscrito, no prazo estabelecido pelo art. 627 do CPC, e na forma determinada pelo art. 639 da Lei Adjetiva, com o fim de igualar a legítima, vem, mui respeitosamente, a ilustre presença de Vossa Excelência TRAZER À COLAÇÃO o bem imóvel a seguir descritos : -

UM IMÓVEL RESIDENCIAL edificado sobre o lote nº 22 do loteamento denominado Portal das Pérolas, nesta cidade, com área de 300 (trezentos) metros quadrados, medindo 10,00 metros de frente para a Rua Pé Pé; 30,00 metros do lado direito confrontando com o lote de nº 21 e 30,00 metros do lado esquerdo em reta confrontando com o lote nº 23 e 5,00 m com o lote nº 03, nos fundos 10,00 metros em reta confrontando com o lote nº 06. Imóvel cadastrado na Prefeitura Municipal sob nº____, com valor venal tributável de R$___(___) - doc. nº

De se ressaltar que o herdeiro donatário realizou acessões e benfeitorias no imóvel (doc. nº__a__), fato que lhe dá o direito, ex vi do disposto no parágrafo único do art. 639 do CPC, a ver tais valores calculados na mesma forma do bem a ser conferido.

Termos em que,

Pede deferimento.

_____, ___de _____ de _____

(Nome do advogado; nº de identificação; nº de CPF/MF; assinatura)

16 - PETIÇÃO DE HERDEIRO FAZENDO USO DA FACULDADE DE ESCOLHER DENTRE OS BENS DOADOS, PARA EFEITO DE REPOSIÇÃO DA PARTE INOFICIOSA.

Excelentíssimo Senhor Doutor Juiz de Direito de Uma das Varas Cíveis (ou Vara de Família e Sucessões) da Comarca de_____.

José Ronaldo, devidamente qualificado na relação de herdeiros no espólio de **Joana Ronaldo**, processo n°___/__, em trâmite por esse E. Juízo, por seu advogado ao final subscrito, vem, mui respeitosamente, a ilustre presença de Vossa Excelência expor, ponderar e ao final requerer o quanto segue :

Consoante se observa do disposto no art. 640, § 1°, do CPC, é faculdade do donatário escolher, dentre os bens doados, quantos bastem para perfazer a legítima e a metade disponível, entrando na partilha o excedente para ser devido entre os demais herdeiros.

Desta forma, em consonância com os valores atribuídos aos bens, para a satisfação de sua legítima bem como da doação, até o que podia dispor o *"de cujus"*, escolhe os bens abaixo indicados : -

1. O IMÓVEL RESIDENCIAL edificado UM IMÓVEL RESIDENCIAL edificado sobre o lote n° 77 do loteamento denominado Jardim Flamboyant, nesta cidade, com área de 300 (trezentos) metros quadrados, medindo 10,00 metros de frente para a Rua João João; 30,00 metros do lado direito confrontando com o lote de n° 76 e 30,00 metros do lado esquerdo em reta confrontando com o lote n° 78 e 5,00 m com o lote n° 41, nos fundos 10,00 metros em reta confrontando com o lote n° 44. Imóvel cadastrado na Prefeitura Municipal sob n°____, com valor venal tributável de R$___(___), descrito à fls.__, item__;

2. O VEÍCULO AUTOMOTOR marca GM, tipo camioneta, modelo D-20, placas_____, chassis n°_____, ano de fabricação item ; _____, no valor de R$___(___), descrito a fls.

3. O VEÍCULO AUTOMOTOR marca VW, tipo passeio, modelo PASSAT, placas_____, chassis n°_____, ano de fabricação _____, no valor de R$____(____), descrito à fls.__item__.

Termos em que, após manifestação dos demais herdeiros, requer o prosseguimento do feito, com regular partilha.

Pede deferimento.

_____, ___de _____ de _____

(Nome do advogado; n° de identificação; n° de CPF/MF; assinatura)

17 - PETIÇÃO DE HERDEIRO SE NEGANDO A TRAZER À COLAÇÃO BENS PARA A CONFERÊNCIA.

Excelentíssimo Senhor Doutor Juiz de Direito da __ Vara Cível (ou Vara de Família e Sucessões) da Comarca de _____ .

José Ronaldo, devidamente qualificado na relação de herdeiros no espólio de Joana Ronaldo, processo n° __ / __ , em trâmite por esse E. Juízo, por seu advogado ao final subscrito, vem, mui respeitosamente, a ilustre presença de Vossa Excelência expor, ponderar e ao final requerer o quanto segue :

Foi determinado que o peticionário/herdeiro se manifestasse acerca da petição de fls. __ , que apontava para a necessidade de que se trouxesse para conferência o bem imóvel objeto da matrícula n° 1.112 do CRI local, melhor descrito na inclusa certidão da matrícula (doc. n° 01).

Entretanto, conforme se observa dos inclusos documentos, na mesma oportunidade foram aquinhoados todos os seus irmãos, com bens de igual valor.

Tratou-se de verdadeira partilha em vida, não tendo que se falar em colação.

A esse respeito o STJ já foi chamado a se manifestar, e o fez nos seguintes termos:-

> *"Assentado tratar-se, no caso, de partilha em vida (partilhados todos os bens dos ascendentes, em um mesmo dia, no mesmo cartório e mesmo livro, com o expresso consentimento dos descendentes), não ofendeu os arts. 1.171, 1.785, 1.786 e 1.776, do CC, acórdão que confirmou sentença indeferitória da pretensão de colação. Não se cuidando, portanto, de doação, não se tem como aplicar princípio que lhe é próprio. Inocorrentes ofensa à lei Federal ou dissídio, a Turma não conheceu do recurso especial."* (STJ - REsp 6.528 - RJ - 3ª T. - Rel. Mm. Nilson Naves - DJU 12.08.1991)

O Tribunal de Justiça do Estado de São Paulo, acerca desse fato, também se manifestou:

> "Colação de bens. Providência injustificada se houve partilha em vida com distribuição equânime dos bens entre os herdeiros. Desnecessidade de expressa dispensa da colação pelo doador, no ato da liberalidade. Inteligência e aplicação do art. 1.776 do CC." (TJSP - AI 130.745-1 - 6ª C - Rel. Dês. Ernani de Paiva - J. 09.08.1990) (RT 6627 83)

> "Partilha em vida e distribuição equânime dos bens, com a concordância dos herdeiros. Irrelevância da falta de expressa dispensa por parte do doador. Art. 1.776 do CC. Recurso provido." (TJSP - AI 130.745-1 - 6ª C - Rel. Dês. Ernani de Paiva - J. 09.08.1990) (RJTJESP 129/311)

> "APELAÇÃO CÍVEL. SUCESSÕES. AÇÃO ORDINÁRIA DE COLAÇÃO. PARTILHA FEITA POR ATO INTER VIVOS. ESCRITURA PÚBLICA. DISCREPÂNCIA ENTRE OS VALORES DOS QUINHÕES HEREDITÁRIOS. Tratando-se de partilha em vida, não há falar em colação de bens, e sim, tão somente, em redução de quinhão hereditário quando afrontada a legítima de algum dos herdeiros. Todavia, no caso concreto, nem mesmo a perseguição da afronta à legítima é possível. Isso porque, no momento da partilha em vida, todos os herdeiros necessários eram maiores e capazes, e o direito à herança é direito patrimonial disponível. Assim, ainda que tenha havido distribuição não equânime do patrimônio, havendo concordância expressa de todos, não há falar em revisão posterior" (Apelação Cível nº 70038022372, Oitava Câmara Cível do Tribunal de Justiça do Rio Grande do Sul, DJ: 01/12/2011).

Isto posto, entende o peticionário não estar obrigado a trazer à colação o bem indicado e apontado à fls.

Termos em que,

Pede deferimento.

_____, ___de _____ de _____

(Nome do advogado; n° de identificação; n° de CPF/MF; assinatura)

18 - PETIÇÃO DE CREDOR DO ESPÓLIO REQUERENDO AO JUÍZO DO INVENTÁRIO O PAGAMENTO DE DÍVIDA VENCIDA E EXIGÍVEL.

Excelentíssimo Senhor Doutor Juiz de Direito da (ou Vara de Família e Sucessões) da Comarca de____ Vara Cível

A ser distribuído por dependência e autuada em apenso ao inventário dos bens deixados por **JOANA RONALDO**, processo n° __/__, da _ Vara Cível desta Comarca.

ANTÔNIO JOSÉ RONALDO, brasileiro, casado, comerciante, portador do Rg n° 00.000.000-0 SSP/SP e do CPF/MF n° 11.111.111-11, residente e domiciliado na Rua Roque Pinto n° 24, centro, neste cidade, por seu advogado ao final assinado, consoante instrumento de mandato incluso (doc. n° 01), possuindo crédito, líquido certo e exigível, junto ao Espólio de **JOANA RONALDO**, em trâmite por esse E. Juízo e Cartório, vem, mui respeitosamente, a presença de Vossa Excelência expor, ponderar e ao final requerer o quanto segue :

Consoante se observa da inclusa nota promissória, o requerente é credor do Espólio de **JOANA RONALDO** na importância de R$ 25.000,00 (vinte e cinco mil reais), vencida no dia 25 p.p.

Tal crédito, face a autonomia que lhe confere a lei, é líquido, certo e exigível.

Referida dívida é originária de valor tomado emprestado pela falecida e seu marido, **JOSÉ RONALDO**, para aquisição de uma propriedade no município de_____/ .

Assim, nos moldes e termos do art. 642 do Código de Processo Civil, requer a Vossa Excelência, após oitiva dos interessados, na forma do § 2° do referido dispositivo legal, determine que se faça a separação de dinheiro ou, em sua falta, de bens suficientes para o seu pagamento.

Termos em que,

Pede deferimento.

_____, ___de _____ de _____

(Nome do advogado; n° de identificação; n° de CPF/MF; assinatura)

19 - PETIÇÃO DO HERDEIRO NÃO ANUINDO AO PEDIDO DE PAGAMENTO DO CREDOR DO ESPÓLIO.

Excelentíssimo Senhor Doutor Juiz de Direito da__Vara Cível (ou Vara de Família e Sucessões) da Comarca de_____.

Apenso n° _/_ - PEDIDO DE PAGAMENTO Antônio José Ronaldo.

José Ronaldo, inventariante nos autos do processo n°/, inventário dos bens deixados por Joana Ronaldo, em trâmite por esse E. Juízo, por seu advogado ao final subscrito, vem, mui respeitosamente, a ilustre presença de Vossa Excelência se opor ao pedido de pagamento de dívida requerida por Antônio José Ronaldo, pelos motivos de ordem fática e jurídica a seguir alinhados:

Consoante se observa do incluso documento (doc. n° 01), anteriormente ao seu falecimento, Joana Ronaldo havia intentado ação de nulidade de título c.c. pedido de indenização em face do requerente Antônio José Ronaldo com vistas ao fato de que o título, ora apontado como líquido, certo e exigível, é fruto da pratica de agiotagem.

No E. Juízo da__Vara Cível desta Comarca, onde corre a referida demanda, em função das provas colacionadas, foi deferido, liminarmente, a suspensão da exigibilidade de tal título.

Assim, com a devida vênia, não existe o referido crédito ou, na pior da hipóteses, a sua validade está sendo discutida em Juízo.

Isto posto, impugna-se referido pedido devendo, d.m.v, ser o aludido pleito remetido para as vias ordinárias, haja vista a possibilidade, posteriormente, de tal valor ser cobrado dos herdeiros, na razão e proporção do que tiverem recebido.

Termos em que,

Pede deferimento.

_____, ___de _____ de _____

(Nome do advogado; n° de identificação; n° de CPF/MF; assinatura)

20 - PETIÇÃO DE CREDOR DO ESPÓLIO REQUERENDO AO JUÍZO DO INVENTÁRIO A HABILITAÇÃO DE CRÉDITO.

Excelentíssimo Senhor Doutor Juiz de Direito da Vara Cível (ou Vara de Família e Sucessões) da Comarca de_____.

A ser distribuído por dependência e autuada em apenso ao inventário dos bens deixados por JOANA RONALDO, processo n° __/__, da _ Vara Cível desta Comarca.

KISS&KISS LTDA., empresa estabelecida na Rua Dois n° 222, centro, nesta urbe, inscrita no CNPJ sob n° 00.000.000/0000-00 e Inscrição Estadual n° 11.111.111-11, por seus advogados ao final subscritos, consoante instrumento de mandato incluso (doc. n° 01), com fulcro no art. 1.019 do Código de Processo Civil, vem, mui respeitosamente, a ilustre presença de Vossa Excelência expor, ponderar e ao final requerer o quanto segue : -

Conforme se observa dos inclusos documentos, o requerente é credor do Espólio de JOANA RONALDO da importância de R$ 14.350,00 (quatorze mil, trezentos e cinquenta reais), a vencer no dia 15 de julho p.f., representada por duplicata devidamente aceita.

Tal crédito, consoante se observa dos referidos documentos, é resultante da aquisição de materiais de construção utilizados na reforma de sua propriedade sito à Rua Nove n° 74, nesta cidade.

Assim, sendo credor de dívida líquida e certa, ainda não vencida, nos moldes e termos da lei processual, requer a Vossa Excelência a habilitação de seu crédito.

Termos em que,

Pede deferimento.

_____, ___ de _____ de _____
(Nome do advogado; n° de identificação; n° de CPF/MF; assinatura)

21 - PETIÇÃO DE HERDEIRO REQUERENDO QUE SE EMENDE A PARTILHA, NOS PRÓPRIOS AUTOS DO INVENTÁRIO, EM FUNÇÃO DE ERRO DE FATO NA DISCRIÇÃO DOS BENS DO ESPÓLIO.

Excelentíssimo Senhor Doutor Juiz de Direito da (ou Vara de Família e Sucessões) da Comarca de____ Vara Cível

José Ronaldo, inventariante nos autos do processo n°__/__, inventário dos bens deixados por **Joana Ronaldo**, em trâmite por esse E. Juízo, por seu advogado ao final subscrito, com fulcro no art. 656 do Código de Processo Civil, vem, mui respeitosamente, a ilustre presença de Vossa Excelência expor, ponderar e ao final requerer o quanto segue:

Quando da discrição do imóvel sito na Avenida Nove n° 638, centro, nesta urbe, objeto da matrícula n° 2222, fls.__, item__, por equívoco, constou como confrontante do lado esquerdo de quem da rua olha para os fundos do imóvel o lote n° 15, de propriedade o Sr. **José** de Tal.

Entretanto, em verdade o confrontante do lado esquerdo de quem da rua olha para os fundos do imóvel é o lote n° 16, de propriedade o Sr. João de Tal (doc. n°__).

Também por equívoco, quando apontou a dimensão do imóvel, o fez a menor, ou seja, apontou-se 620 metros quadrados quando em verdade o imóvel possui 720 metros quadrados (doc. Anexo).

"SENTENÇA HOMOLOGATÓRIA - PARTILHA - EMENDA - CORREÇÃO - ART. 1.028, DO CPC - Ainda depois de passar em julgado a sentença homologatória da partilha, pode ser feita sua emenda, nos próprios autos do inventário, convindo as partes, havido erro de fato na descrição dos bens, de acordo com o art. 1.028, do CPC. E, pela mesma norma, pode o juiz, de ofício ou a requerimento da parte, corrigir-lhe as inexatidões materiais." (TJDF - AI 7.252 - DF - (Reg. Ac. 92.117) - 3ª T. - Rel. Dês. Mário Machado - DJU 05.03.1997).

DIREITO PROCESSUAL CIVIL – RETIFICAÇÃO DE PARTILHA – AUSÊNCIA DE INEXATIDÕES MATERIAIS – INTELIGÊNCIA DO ART. 1.028 DO CPC – DECISÃO MANTIDA – 1- Nos moldes do artigo 1.028 do Código de Processo Civil, a partilha poderá ser emendada, ainda que a sentença houver transitado em julgado, nos mesmos autos do inventário, convindo todas as partes, desde que presentes erro de fato da descrição dos bens ou diante de inexatidões materiais a respeito. 2- Não comprovada nenhuma inexatidão material apta a dar azo à emenda à partilha, acertado o seu indeferimento. 3- Agravo de Instrumento conhecido e desprovido. (TJDFT – Proc. 20150020034645 – (866398) – 5ª T.Cív. – Rel. Des. Carlos Rodrigues – DJe 15.05.2015 – p. 149)

Assim, inobstante já ter transitado em julgado a sentença da partilha, requer a Vossa Excelência seja a emenda da partilha para retificação dos equívocos acima apontados, haja vista tratarem-se de inexatidões materiais.

Termos em que,

Pede deferimento.

_____, ___de _____ de _____

(Nome do advogado; nº de identificação; nº de CPF/MF; assinatura)

22 - AÇÃO DE NULIDADE DE PARTILHA JUDICIAL EM FUNÇÃO DE PRETERIÇÃO DE HERDEIRO LEGÍTIMO.

Excelentíssimo Senhor Doutor Juiz de Direito de Uma das Varas Cíveis (ou Vara de Família e Sucessões) da Comarca de _____.

RONALDO RONALDO, brasileiro, solteiro, comerciante, portador do RG n° 34.345.678-9 SSP/SP e do CPF/MF n° 987.654.323-3, residente e domiciliado na Rua Santo Antônio n° 121, centro, ____/__, por seu advogado ao final subscrito, consoante instrumento de mandato incluso (does. n° 01), com escritório na Rua São José n° 523, 7° andar, cj. 123, centro, nesta urbe, com fundamento no disposto no art. 658, III, do Código de Processo Civil, vem, mui respeitosamente, a ilustre presença de Vossa Excelência propor a presente AÇÃO DE NULIDADE DE PARTILHA JUDICIAL em face de JOSÉ RONALDO, brasileiro, viúvo, contador, portador do Rg n° 11.111.111-1 SSP/SP e do CPF/MF n° 22.222.222-22, residente e domiciliado na Rua São José n° 222, centro, JOSÉ RONAL DO JÚNIOR, brasileiro, com 37 (trinta e sete) anos de idade, operador de máquinas, portador do RG n° 12.123.123-4 SSP/SP e do CPF/MF n° 123.456.789-0, e sua mulher TEREZA MATHEUS RONALDO, brasileira, professora, portadora do RG n° 21.321.321-5 SSP/SP e do CPF/MF n° 321.654.987-11, residentes e domiciliados na Rua São José n° 220, centro, todos com endereço nesta cidade, pelo motivos de ordem fática e jurídicos a seguir alinhados : -

Se observa dos inclusos documentos, que em 16 de janeiro de _____, faleceu a Sra. JOANA RONALDO, brasileira, professora, com 64 (sessenta e quatros) anos de idade, casada sob o regime de comunhão universal de bens, anteriormente à Lei n° 6.515/77, com JOSÉ RONALDO, que residia na Rua São José n° 222, centro, nesta urbe, e portava o Rg n° 33.333.333-3 SSP/SP e o CPF/MF n° 44.444.444-44.

Ocorre que inobstante o requerente ser herdeiro necessário da extinta (doc.__a___), foi procedido ao inventário de seus bens sem que o mesmo dele tivesse participado ou, até mesmo, sido incluído no rol de herdeiros, sendo certo que a partilha já transitou em julgado a mais de 5 (cinco) anos (doc. n°__a__).

Assim, tendo sido preterido herdeiro necessário, que, repita-se, não participou do processo de inventário, é nulo de pleno direito o inventário c, consequentemente a partilha, haja vista a partilha não poder atingir direito de quem dela não participou.

> *"Para anular a partilha, os herdeiros dela excluídos, que não participaram do inventário, devem utilizar-se da ação de nulidade ou de petição de herança vintenárias, e não da ação rescisória." (STF-RTJ 108/217 e RT 567/235).*

> *Ação de anulação Inclusão de herdeiro preterido - Nova partilha deve igualar a situação dos herdeiros Bens alienados devem ser indenizados segundo valor que os demais herdeiros receberam, devidamente corrigidos Vedação de enriquecimento sem causa Juros, entretanto, devidos desde a citação - Recurso parcialmente provido. (TJ-SP - APL: 00005886719958260362 SP 0000588-67.1995.8.26.0362, Relator: Eduardo Sá Pinto Sandeville, Data de Julgamento: 14/03/2013, 6ª Câmara de Direito Privado, Data de Publicação: 16/03/2013)*

Isto posto, requer a Vossa Excelência que determine a citação dos requeridos, por oficial de justiça, para que, querendo, no prazo legal, contestem o feito, pena de revelia, devendo a demanda, ao final, ser julgada totalmente procedente para o fim de declarar nulo o inventário e, consequentemente, a partilha levada a cabo, condenando-se os requeridos nas verbas decorrentes da sucumbência.

Protesta e requer provar o alegado por todos os meios de provas em direito admitidos, notadamente o depoimento pessoal do requeridos, juntada de novos documentos e tudo mais o que se fizer necessário para o esclarecimento da presente demanda.

Dá-se à causa o valor de R$_____(_____).

Termos em que,

Pede e espera deferimento,

_____, ____de _____ de _____

23 - AÇÃO DE SOBREPARTILHA

Excelentíssimo Senhor Doutor Juiz de Direito Da (ou Vara de Família e Sucessões) da Comarca de_____ Vara Cível

José Ronaldo, inventariante nos autos do processo n°__/__, inventário dos bens deixados por **Joana Ronaldo**, que tramitou por esse E. Juízo, por seu advogado ao final subscrito, com fulcro no art. 669 e 670 do Código de Processo Civil, vem, mui respeitosamente, a ilustre presença de Vossa Excelência propor AÇÃO DE SOBREPARTILHA, pelas razões de fato e de direito a seguir alinhados : -

Os herdeiros de **Joana Ronaldo**, no dia 15 p.p., tomaram conhecimento, através do Sr. Tal Tal que o *"de cujus"*, através de instrumento particular de compra e venda, havia, 12 dias antes da sua passagem, adquirido o Sítio Santo Antônio, no município de_____/__ (doc. anexo).

Tal bem tem as seguintes características : -

(descrever).

Sobre a possibilidade e processamento da sobrepartilha os tribunais tem decidido:

> *"CONFLITO DE COMPETÊNCIA – SOBREPARTILHA – COMPETÊNCIA DO JUÍZO DO INVENTÁRIO – Conforme o disposto no parágrafo único do art. 1.041 do Código de Processo Civil, a sobrepartilha deve correr nos autos do inventário do autor da herança, assim, compete ao juízo que processou e julgou inventário processar e julgar ação de sobrepartilha. Conflito de competência conhecido para declarar a competência do Juízo de Direito da Vara de Família Órfãos e Sucessões Infância e Juventude e Primeiro Cível de Planaltina/GO." (STJ – CC 54.801 – (2005/0152391-7) – 2ª S. – Rel. Min. Sidnei Beneti – J 27.05.2009)*

Ante o exposto, requer a Vossa Excelência, nos termos do parágrafo único do art. 670, o apensamento do presente ao inventário acima referido, seja mantido o requerente como inventariante, determinada a citação do Ministério Público, da Fazenda Pública e dos demais herdeiros.

Termos em que, dando-se à causa o valor de RS. 150.000,00 (cento e cinquenta mil reais),

Pede deferimento.

_____, ___de _____ de _____

(Nome do advogado; nº de identificação; nº de CPF/MF; assinatura)

24 - INVENTÁRIO NEGATIVO

Excelentíssimo Senhor Doutor Juiz de Direito de Uma das Varas Cíveis (ou Vara de Família e Sucessões) da Comarca de _____.

José Ronal do Júnior, brasileiro, com 37 (trinta e sete) anos de idade, operador de máquinas, portador do RG n° 12.123.123-4 SSP/SP e do CPF/MF n° 123.456.789-0, casado com **Tereza Matheus Ronaldo**, brasileira, professora, portadora do RG n° 21.321.321-5 SSP/SP e do CPF/MF n° 321.654.987-11, residentes e domiciliados na Rua São José n° 220, **Ronaldo Ronaldo**, brasileiro, com 35 (trinta e cinco) anos de idade, comerciante, portador do RG n° 34.345.678-9 SSP/SP e do CPF/ MF n° 987.654.323-3, casado com **Rose Thomam Ronaldo**, brasileira, professora, portadora do RG n° 43.432.432-5 SSP/SP e do CPF/MF n° 541.642.754-34, residentes e domiciliados na Rua Santo Antônio n° 121, centro, e **Rosemara Ronaldo Kiss**, brasileira, com 33 (trinta e três) anos de idade, bancária, portadora do RG n° 98.765.434-3 SSP/SP e do CPF/MF n° 332.345.678-9, casada com **MARCELO KISS**, brasileiro, cirurgião dentista, portador do RG n° 45.454.545-6 SSP/SP e do CPF/ MF n° 213.546.879-0, residentes e domiciliados na Rua São João n° 145, centro, todos com endereço nesta cidade, por seu advogado ao final subscrito, consoante instrumentos de mandato inclusos (doc. n°_ a __), com escritório na Rua Santa Júlia n° 248, centro, nesta urbe, vem, mui respeitosamente, a ilustre presença de Vossa Excelência expor, ponderar e ao final requerer o quanto segue :

No dia 16 p.p. faleceu a mãe, e respectivamente sogra, dos peticionários, a Sra. **Joana Ronaldo**, brasileira, professora, viúva, com 64 (sessenta e quatro) anos de idade, RG n° 33.333.333-3 SSP/SP e CPF/MF n° 44.444.444-44 (docs. n°s. 04 e 05), no dia 16 p.p., conforme se observa da inclusa certidão de óbito (doc. n°__).

Inobstante ter deixado os herdeiros, não deixou qualquer bem a partilhar.

Para os fins do exposto na segunda parte do art. 1.792 do Código Civil, com vista no exposto, requerem a Vossa Excelência seja a presente tomada por termo, e, após manifestação do Ministério Público e Fazenda Pública, seja homologada por sentença, para todos os efeitos legais.

Dá-se à causa, para fins fiscais, o valor de R$_____

Termos em que,

Pede deferimento.

_____, ____de _____ de _____

(Nome do advogado; n° de identificação; n° de CPF/MF; assinatura)

25 - REQUERIMENTO DE EXTINÇÃO DE FIDEICOMISSO.

Excelentíssimo Senhor Doutor Juiz de Direito Da__Vara Cível (ou Vara de Família e Sucessões) da Comarca de_____.

José Ronaldo, inventariante nos autos do processo n°/, inventário dos bens deixados por **Joana Ronaldo**, que tramitou por esse E. Juízo, por seu advogado ao final subscrito, vem, mui respeitosamente, a ilustre presença de Vossa Excelência expor e requerer o quanto segue:

Em função de disposição testamentária, no inventário dos bens deixados por **Joana Ronaldo**, coube ao suplicante o imóvel situado na Avenida Dezenove n° 134, Bairro Pedreiras, nesta cidade, melhor descrito na inclusa certidão da matrícula (doc. n° 01), onde figura como fideicomissária a Sra. Tal de Tal.

Ocorre que no dia 17 p.p., conforme se observa do incluso documento, através de documento público, a fideicomissária renunciou ao fideicomisso instituído a seu favor (doc. n° 02).

Estabelece o art. 1.955 do Código Civil que o fideicomissário pode renunciar a herança ou o legado e, neste caso, o fideicomisso caduca, deixando de ser resolúvel a propriedade do fiduciário, se não houver disposição contrária do testador.

Assim, requer a Vossa Excelência, cumprida as formalidades legais, ouvido o Ministério Público e a Fazenda Pública, requer o cancelamento do fideicomisso, com a determinação de expedição de mandado de averbação ao Cartório de Registro de Imóveis da Comarca.

Termos em que,

Pede deferimento.

_____, ____de _____ de _____

(Nome do advogado; n° de identificação; n° de CPF/MF; assinatura)

26 - PEDIDO DE BUSCA E APREENSÃO DE BENS NA POSSE DO INVENTARIANTE DESTITUÍDO.

Excelentíssimo Senhor Doutor Juiz de Direito Da__ Vara Cível (ou Vara de Família e Sucessões) da Comarca de_____.

Ronaldo Ronaldo, inventariante nos autos do processo n°__/ __, inventário dos bens deixados por **Joana Ronaldo**, que tramita por esse E. Juízo, por seu advogado ao final subscrito, vem, mui respeitosamente, a ilustre presença de Vossa Excelência expor e requerer o quanto segue: -

Em função da decisão desse E. Juízo o Sr. **José Ronaldo** foi removido do cargo de inventariante, tendo sido nomeado para tal exercer "munus" o peticionário, que prestou compromisso no dia 10 p.p. (fls.__, _ e _).

No cumprimento de seu encargo, tomou junto aos empregados do Sítio Santo Antônio, descrito nas primeiras declarações no item__, providências para que se efetivasse a colheita da lavoura de milho lá plantada.

Qual o seu espanto quando foi informado que tal providência só não tinha sido ainda tomada em função de que o Sr. **José Ronaldo** tinha levado o trator, relacionado no item__ das primeiras declarações, para o Sítio São João, de sua propriedade, e não tinha devolvido.

Com essa informação o inventariante entrou em contato com o Sr. **José Ronaldo** que lhe asseverou que não entregaria aquele bem móvel.

Diante do impasse notificou-se o Sr. **José Ronaldo**, para que entregasse aquele bem no prazo de 3 (três) dias, sob pena de buscar junto ao Juízo do inventário a medida judicial cabível, o que não surtiu o efeito desejado.

Nessas condições, consoante permissivo do art. 625 do Código de Processo Civil, requer a Vossa Excelência que se digne determinar a medida satisfativa de busca e apreensão do bem, melhor descrito nas primeiras declarações, que se encontra no Sítio São João, Estrada do Oito, nesta cidade e Comarca, para entrega ao inventariante substituto fixando desde logo a multa de que trata referido artigo no dispositivo final.

Termos em que,

Pede deferimento.

_____, ___de _____ de _____

(Nome do advogado; n° de identificação; n° de CPF/MF; assinatura)

27 - APRESENTAÇÃO DE TESTAMENTO PARTICULAR PARA HOMOLOGAÇÃO.

Excelentíssimo Senhor Doutor Juiz de Direito de Uma das Varas Cíveis (ou Vara de Família e Sucessões) da Comarca de _____.

TAL TAL DE TAL, brasileiro, solteiro, operador de máquinas, portador do RG n° 12.123.123-4 SSP/SP e do CPF/MF n° 123.456.789-0, residente e domiciliado na Rua São José n° 222, por seu advogado ao final subscrito, consoante instrumento de mandato incluso (doc. n° _), com escritório na Rua Santa Júlia n° 248, centro, nesta urbe, com estribo no art. 737 e seguintes do Código de Processo Civil, vem, mui respeitosamente, a ilustre presença de Vossa Excelência apresentar o testamento particular da Sra. JOANA RONALDO, brasileira, viúva, professora, com 64 (sessenta e quatro) anos de idade, RG n° 33.333.333-3 SSP/SP e CPF/MF n° 44.444.444-44, falecida no dia 16 p.p., conforme se observa da inclusa certidão de óbito (doc. n° _ e _).

Requer, outrossim, que para a audiência de inquirição das testemunhas testamentárias, na forma do disposto no art. 737, § 1, a intimação dos abaixo relacionados, herdeiros da falecida, bem como do peticionário, seu legatário.

1°)JOSÉ RONALDO JÚNIOR, brasileiro, com 37 (trinta e sete) anos de idade, operador de máquinas, portador do RG n° 12.123.123-4 SSP/SP e do CPF/MF n° 123.456.789-0, casado com TEREZA MATHEUS RONALDO, brasileira, professora, portadora do RG n° 21.321.321-5 SSP/SP e do CPF/MF n° 321.654.987-11, residentes e domiciliados na Rua São José n° 220, centro, nesta cidade;

2°)RONALDO RONALDO, brasileiro, com 35 (trinta e cinco) anos de idade, comerciante, portador do RG n° 34.345.678-9 SSP/SP e do CPF/MF n° 987.654.323-3, casado com ROSE THOMAM RONALDO, brasileira, professora, portadora do RG n° 43.432.432-5 SSP/SP e do CPF/MF n° 541.642.754-34, residentes e domiciliados na Rua Santo Antônio n° 121, centro, nesta cidade;

3°)ROSEMARA RONALDO, brasileira, solteira, com 33 (trinta e três) anos de idade, bancária, portadora do RG n° 98.765.434-3 SSP/SP e do CPF/MF n° 332.345.678-9, residente e domiciliada na Rua São João n° 145, centro, nesta cidade;

4°)**RAQUEL RONALDO**, brasileira, solteira, com 25 (vinte e cinco) anos de idade, estudante, portadora do RG n° 15.252.364-9 SSP/SP e do CPF/MF n° 334.556.778-1, residente e domiciliada na Rua São José n° 222, centro, nesta cidade.

Ressalta a jurisprudência de nossos tribunais, no sentido de:

> *RECURSO ESPECIAL. TESTAMENTO PARTICULAR. NEGATIVA DE PRESTAÇÃO JURISDICIONAL. ARTIGOS 458 E 535 DO CPC. NÃO OCORRÊNCIA. ATO JURÍDICO PERFEITO. OFENSA NÃO CONFIGURADA. ASSINATURA DO TESTADOR. REQUISITO ESSENCIAL DE VALIDADE. ABRANDAMENTO. IMPOSSIBILIDADE. 1. Cuida-se de procedimento especial de jurisdição voluntária consubstanciado em pedido de abertura e registro de testamento particular. 2. Cinge-se a controvérsia a determinar se pode subsistir o testamento particular formalizado sem todos os requisitos exigidos pela legislação de regência, no caso, a assinatura do testador e a leitura perante as testemunhas. 3. A jurisprudência desta Corte tem flexibilizado as formalidades prescritas em lei no tocante às testemunhas do testamento particular quando o documento tiver sido escrito e assinado pelo testador e as demais circunstâncias do autos indicarem que o ato reflete a vontade do testador. 4. No caso dos autos, o testamento é apócrifo, não sendo, portanto, possível concluir, de modo seguro, que o testamento redigido de próprio punho exprime a real vontade do testador. 5. Recurso especial provido. (STJ - REsp: 1444867 DF 2013/0344880-0, Relator: Ministro RICARDO VILLAS BÔAS CUEVA, Data de Julgamento: 23/09/2014, T3 - TERCEIRA TURMA, Data de Publicação: DJe 31/10/2014)*

APELAÇÃO CÍVEL. AÇÃO DE REGISTRO DE TESTAMENTO. TESTAMENTO PARTICULAR. DEFEITOS FORMAIS. RELATIVIZAÇÃO. Os defeitos formais do testamento particular devem ser relativizados quando comprovada a declaração de última vontade do testador através de outras provas colhidas nos autos. NEGARAM PROVIMENTO AO RECURSO. (Apelação Cível Nº 70058894486, Oitava Câmara Cível, Tribunal de Justiça do RS, Relator: Alzir Felippe Schmitz, Julgado em 26/06/2014)(TJ-RS - AC: 70058894486 RS, Relator: Alzir Felippe Schmitz, Data de Julgamento: 26/06/2014, Oitava Câmara Cível, Data de Publicação: Diário da Justiça do dia 04/07/2014)

Por derradeiro, requer que, após as formalidades legais, homologue e de cumprimento à aludida manifestação de última vontade.

Termos em que, Pede deferimento.

Pede deferimento.

_____, ___de _____ de _____

(Nome do advogado; n° de identificação; n° de CPF/MF; assinatura).

28 - CONTESTAÇÃO A TESTAMENTO PARTICULAR

Excelentíssimo Senhor Doutor Juiz de Direito da __ Vara Cível (ou Vara de Família e Sucessões) da Comarca de _____.

PROCESSO Nº

José Ronaldo Júnior, brasileiro, com 37 (trinta e sete) anos de idade, operador de máquinas, portador do RG n° 12.123.123-4 SSP/SP e do CPF/MF n° 123.456.789-0, casado com Tereza Matheus Ronaldo, brasileira, professora, portadora do RG n° 21.321.321-5 SSP/SP e do CPF/MF n° 321.654.987-11, residentes e domiciliados na Rua São José n° 220, centro, nesta cidade, por seu advogado ao final subscrito, consoante instrumento de mandato incluso (doc. n° _), com escritório na Rua Santo Antônio n° 222, centro, nesta urbe, com fulcro no art. 1.132, do Código de Processo Civil, vem, mui respeitosamente, a ilustre presença de Vossa Excelência CONTESTAR O TESTAMENTO PARTICULAR da Sra. Joana Ronaldo, pelos motivos de ordem fática e jurídicos a seguir alinhados :-

(expor os motivos)

Por derradeiro, requer que, após as formalidades legais, homologue e de cumprimento à aludida manifestação de última vontade.

Termos em que, Pede deferimento.

Pede deferimento.

_____, ___ de _____ de _____

(Nome do advogado; n° de identificação; n° de CPF/MF; assinatura)

29 - AÇÃO DE PETIÇÃO DE HERANÇA C/C ANULATÓRIA DE PARTILHA

EXCELENTÍSSIMO SENHOR DOUTOR JUIZ DE DIREITO DA _ VARA CÍVEL DA COMARCA DE

José Edson Ronaldo, brasileiro, com 19 (dezenove) anos de idade, operador de carregadeira, portador do RG n° 14.144.444-5 SSP/SP e do CPF/MF n° 321.321.321-21, residente e domiciliado na Rua Santo Antônio n° 321, centro, nesta cidade, por seu advogado ao final subscrito, consoante instrumento de mandato incluso (doc. n° _), com escritório na Rua Santo Antônio n° 222, centro, vem, mui respeitosamente, a ilustre presença dt Vossa Excelência propor AÇÃO DE PETIÇÃO DE HERANÇA c/c ANULATÓRIA DE PARTILHA em face de Tereza Ronaldo, brasileira, viúva, portadora do Rg n° 12.234.567-5 e do CPF/ MF n° 125.125.125-52, e Raquel Ronaldo, brasileira, solteira, portadora do Rg n° 32.324.324-4 e do CPF/MF n° 432.432.432-32, residentes e domiciliadas na Rua São José n° 222, nesta cidade, pelos motivos de ordem fática e jurídicos a seguir.

A despeito de o requerente ter sido reconhecido judicialmente como filho em investigação de paternidade (doc. n° 02), veio a ser alijado do inventário de seu pai, Ronaldo Ronaldo, cuja partilha contemplou apenas a viúva Tereza Ronaldo e a filha Raquel Ronaldo (doc. n° 03).

Assim, à viúva, que era casada com o "*de cujus*" sob o regime de comunhão universal de bens, coube simplesmente a meação, sendo certo que a sua colocação no polo passivo desta demanda está se verifica na exata razão de que em função da partilha levada a cabo nos autos do inventário, processo n° 5.555/01, que tramitou perante o E. Juízo da 3° Vara de Família e Sucessões desta Comarca, não existe a possibilidade de nova partilha no que coube à filha sem prejuízo da justeza e igualdade.

A esse propósito, decidiu o STJ no Resp n° 12.824/MS, DJ de 04 de maio de 1992, que a "invalidação da partilha não opera necessariamente apenas a metade atribuída aos herdeiros, mas pode atingir a própria meação da viúva, dês que questionada a justeza e igualdade na divisão entre o cônjuge supérstite e os herdeiros. Assim, a meeira é parte legítima na ação cautelar incidental de arrolamento de bens." (REsp n° 12.824/MS, DJ de 04/5/92). Sendo que em seu voto o I. Ministro Relator, Athos Carneiro, assim se pronunciou:

> "No alusivo à legitimidade 'ad causam' da meeira, cumpre anotar que o v. aresto proferido pelo Pretório Excelso no RE 64.581, invocado pela recorrente (cópia a fls. 193/195), foi prolatado sob fundamentos marcadamente pragmáticos, como decorre do voto do saudoso e eminentíssimo Min. ALIOMAR BALEEIRO. O asserto de que a procedência de ação investigatória de paternidade não poderá conduzir à invalidação da partilha, no tocante à meação atribuída à viúva meeira, mas sim que apenas incide a nulidade sobre a metade pertencente aos herdeiros, tal asserto parte certamente do pressuposto de que o (s) herdeiro (s) reconhecido (s) aceita (m) como 'regular' a divisão inicial dos bens entre meeira e sucessores. Não assim se a própria justeza de tal divisão é objeto de controvérsia, pois perfeitamente possível que, no dividir o espólio entre a condômina viúva e os herdeiros, haja sido descumprida a regra basilar da igualdade na partilha."

Justificada a pretensão da nulidade de toda a partilha, o que justifica a presença da cônjuge supérstite no feito, cabe asseverar que o direito está com o requerente, notadamente porque ao tempo da passagem do *"de cujus"* já era herdeiro e não foi chamado à sucessão.

> *INVENTÁRIO POR MORTE - ADJUDICAÇÃO DOS BENS REQUERIDA POR MEEIRA SOB O FUNDAMENTO DE INEXISTÊNCIA DE HERDEIROS - AÇÃO DE PETIÇÃO DE HERANÇA INTENTADA COM A ALEGAÇÃO DE NULIDADE DA ADJUDICAÇÃO PORQUE FOI EXCLUÍDA A MÃE DO AUTOR DA HERANÇA, QUE SERIA A ÚNICA HERDEIRA - ARGÜIÇÃO DE PRESCRIÇÃO CUJO PRAZO SERIA DE UM ANO, ACOLHIDA PELA SENTENÇA - 1. Sendo nula a sentença que não contemplou na partilha a herdeira necessária que não participou do processo, o prazo prescricional é de vinte*

anos, conforma doutrina e jurisprudência. 2. Apelo provido. (APG) (TJRJ -AC 3.360/2000 - 16ª C. Civ. - Rel. Dês. Nilson de Castro Dião-DORJ 22.02.2001).

DIREITO CIVIL - INVENTÁRIO - HERDEIRO EXCLUÍDO - AÇÃO DE NULIDADE DA PARTILHA DOS BENS. Para anular a partilha, o herdeiro dela excluído, que não participou do inventário, deve utilizar-se da ação de nulidade da decisão que se manifesta como rés interalios acta, ou petição de herança, ambas vintenárias, e não da rescisória. (TJDF - AC 5199899 - (127576) - 2ª T.Cív. - Rel. Dês. Edson Alfredo Smaniotto - DJU 02.08.2000).

Como corolário dos fatos articulados ao longo desta exordial, preterido no seu direito herdeiro necessário, requer a Vossa Excelência a procedência da presente demanda, com a respectiva ANULAÇÃO DA PARTILHA retro citada, elevada a cabo no processo n° 5.555/01, requerendo, ainda:

a) a manifestação do Ministério Público;

b) citação do requeridos;

c) nova partilha, com a expedição do competente formal de partilha, anulando-se, consequentemente, as averbações anteriormente realizadas;

d) Procedência da demanda, condenado-se as requeridas nas verbas de estilo.

Dá-se a causa o valor de R$_____.

Termos em que,
Pede e espera deferimento.

_____, ____ de _____ de _____
(Nome do advogado; n° de identificação; n° de CPF/MF; assinatura)

30 - PETIÇÃO DE ALVARÁ JUDICIAL PARA LEVANTAMENTO DE VALOR EM CONTA DE PIS/PASEP, FUNDO DE GARANTIA POR TEMPO DE SERVIÇO E SALDO EM CONTA DE CADERNETA DE POUPANÇA.

Excelentíssimo Senhor Doutor Juiz de Direito de Uma das Varas Cíveis da Comarca de _____

RAQUEL RONALDO, brasileira, solteira, menor impúbere, representada por sua mãe, TEREZA RONALDO, brasileira, do lar, viúva, portadora do Rg n° 12.123.123-4 SSP/SP. E do CPF/MF n° 123.123.123.4, residentes e domiciliadas na Rua São José n° 222, centro, nesta urbe, por seu advogado ao final subscrito, consoante instrumento de mandato incluso, com fulcro na Lei n° 6.858/80, vem, mui respeitosamente, a ilustre presença de Vossa Excelência, requerer expedição de ALVARÁ JUDICIAL, pelas razões de fato e de direito a seguir alinhadas.

Consoante se afere dos inclusos documentos (atestado de óbito e certidão de nascimento da requerente), o Sr. REINALDO RONALDO, pai da requerente, faleceu no dia 05 de maio p.p., deixando a peticionária como sua única herdeira.

Não há qualquer bem a inventariar, a não ser um saldo de R$ 758,00 (setecentos e cinquenta e oito reais) na conta de caderneta de poupança, do qual era titular o *"de cujus"*, saldo em conta vinculada do FGTS e do PIS (docs. anexos).

De fato, observa-se das declarações anexas e do comprovante de aposentadoria, a genitora da requerente tem relativa dificuldade na manutenção da família, agora a seu encargo, o que significa dizer que a situação financeira da genitora da requerente é delicada, fazendo-se desnecessárias ilações acerca da premência do levantado daqueles valores.

O direito da requerente está consubstanciado nas disposições emanadas da Lei n° 6.858, de 24 de novembro de 1.980, arts. 1° e 2°. "Art. 1° Os valores devidos pelos empregadores aos empregados e os montantes das contas individuais do Fundo de Garantia do Tempo de Serviço e do Fundo de Participação PIS-PASEP, não recebidos em vida pelos respectivos titulares, serão pagos, em quotas iguais, aos dependentes habilitados perante a Previdência Social ou na forma da legislação específica dos servidores civis e militares, e, na sua falta, aos sucessores previstos na lei civil, indicados em alvará judicial, independentemente de inventário ou arrolamento.

(...)

Art. 2° O disposto nesta Lei se aplica às restituições relativas ao Imposto de Renda e outros tributos, recolhidos por pessoa física, e, não existindo outros bens sujeitos a inventário, aos saldos bancários e de contas de cadernetas de poupança e fundos de investimento de valor até 500 (quinhentas) Obrigações do Tesouro Nacional."

A jurisprudência de nossos Tribunais é tranquila no sentido da pretensão da pretensão da requerente.

> *CONFLITO DE COMPETÊNCIA. PIS. VALOR NÃO RECEBIDO EM VIDA. LIBERAÇÃO AOS SUCESSORES. LEI N. 6.858, DE 1980. Os montantes das contas individuais do Fundo de Garantia do Tempo de Serviço e do Fundo de Participação PIS/PASEP, não recebidos em vida pelos respectivos titulares, devem ser liberados aos dependentes habilitados, independentemente de inventário ou arrolamento; o levantamento só depende de autorização judicial se não houver dependentes habilitados, hipótese em que serão recebidos pelos sucessores previstos na lei civil, mediante alvará a ser requerido mediante o juízo competente para o inventário ou arrolamento. Conflito de competência conhecido para declarar a competência do MM Juízo de Direito de Tubarão/ SC. (STJ - CC 15367/SC - 1ª S. - Rel. Min. Ari Pargendler -DJU 04.12.1995, p. 42.073).*

> *APELAÇÃO CÍVEL. ALVARÁ JUDICIAL. LEVANTAMENTO DE SALDO BANCÁRIO DO DE CUJUS. EXISTÊNCIA DE OUTROS BENS A INVENTARIAR. LEI N° 6.858/80. IMPOSSIBILIDADE. O art. 2° da Lei n.° 6.858/80 determina*

que não existindo outros bens sujeitos a inventário, saldos bancários e contas de cadernetas de poupança e fundos de investimento de valor até 500 (quinhentas) Obrigações do Tesouro Nacional, poderá ser expedido alvará judicial para recebimento dos valores, sem a necessidade de inventário. Recurso conhecido e não provido. (TJ-MG - AC: 10024122721624001 MG, Relator: Albergaria Costa, Data de Julgamento: 08/05/2014,Câmaras Cíveis / 3ª CÂMARA CÍVEL, Data de Publicação: 23/05/2014)

ALVARÁ DE LEVANTAMENTO. SALDOS DE CONTA CORRENTE. LEI N. 6.858/80. AUSÊNCIA DOS PRESSUPOSTOS. INDEFERIMENTO. Prevê a Lei n° 6.858, de 24.11.1980, em seu art. 2°, que para os dependentes ou sucessores levantarem saldos bancários com valor superior a 500 (quinhentas) obrigações reajustáveis do tesouro nacional (ORTN), independentemente de inventário ou arrolamento, não podem existir outros bens sujeitos a inventário. Havendo outros bens, que é a hipótese dos presentes autos, urge seja ultimada a abertura prévia de inventário para que o Alvará Judicial seja expedido. Apelação improvida. (TJDF - AC 19990710115627 -(125384) - 3ª T.Cív. - Rel. Dês. Jeronymo de Souza - DJU 24.05.2000).

CIVIL E PROCESSUAL CIVIL. PROCEDIMENTO DE JURISDIÇÃO VOLUNTÁRIA. PEDIDO DE ALVARÁ JUDICIAL PARA LEVANTAMENTO, PELOS PAIS DE EX-SERVIDORA ESTADUAL, DE SALDO DE CONTA CORRENTE BANCÁRIA EM NOME DE FILHA PRÉ-MORTA. Indeferimento do pedido em decorrência de informação do estabelecimento bancário, no sentido de tratar-se de conta conjunta não solidária, importando em atribuir-se a titularidade do saldo ao correntista supérstite. Violação as disposições da Lei 6.858 de 24/11/80 (arts. 1° e 2°), que asseguram aos requerentes a titularidade de, no mínimo, metade do saldo remanescente. Anulação da sentença para complementação da prova quanto a extensão do direito postulado. Provimento da *apelação. (TJRJ - AC 2000.001.08913 - 3ª C.Cív. - Rel. Dês. Luiz Fernando de Carvalho - J. 20.02.2001).*

SÚMULA STJ Nº 161 - É da competência da Justiça Estadual autorizar o levantamento dos valores relativos ao PIS/ PASEP e FGTS, em decorrência do falecimento do titular da conta. Referência : Lei nº 6.858, de 24.11.80, art. 1º; Dec. nº 85.845, de 26.03.81, arts. 1º, parágrafo único, item III e 2º; CC 4.142-AL (la S 20.04.93 - DJ 10.05.93); CC 7.594-SC (1ª S 22.03.94 - DJ 25.04.94).; CC 8.457-SC (1ª S 10.05.94 - DJ 30.05.94); CC 8.852-SC (1ª S 17.05.94 - DJ 13.06.94); CC 8.417-SC (1ª S 07.06.94 - DJ 27.06.94); CC 10.912-SP (1ª S 25.10.94 - DJ 15.05.95). (DJU 19.06.96 - Pag. 21.940).

Ante o exposto, requer a Vossa Excelência, após manifestação do Ministério Público, seja determinado a expedição dos competentes alvarás.

Requer, outrossim, nos termos da Lei nº 1.060/50, por se tratar de pessoa reconhecidamente pobre, os benefícios da Justiça Gratuita.

Dá-se á causa o valor de R$

Termos em que,

Pede e espera deferimento,

_____, ___de _____ de _____

(nome do advogado; nº de identificação; nº de CPF/MF; assinatura).

31 - AÇÃO DE EXCLUSÃO DE HERDEIRO POR INDIGNIDADE

Excelentíssimo Senhor Doutor Juiz de Direito de Uma das Varas Cíveis da Comarca de _____

RONALDO RONALDO, brasileiro, casado, operador de máquinas portador do Rg n° 12.123.123-4 SSP/SP. e do CPF/MF n° 123.123.123.4, residente e domiciliado na Rua São José n° 222, centro, nesta urbe, por seu advogado ao final subscrito, consoante instrumento de mandato incluso, com fundamento no disposto no art. 1.814 e 1.815 do Código Civil, vem, mui respeitosamente, a ilustre presença de Vossa Excelência propor AÇÃO DE EXCLUSÃO DE HERDEIRO POR INDIGNIDADE em face de **JOSÉ RONALDO**, brasileiro, solteiro, portador do Rg n°21.321.321-3SSP/SP, e do CPF/MF n°321.321.321-4, que se encontra preso na Delegacia de local, Rua João de Deus n° 121, pelas razões de fato e de direito a seguir alinhadas.

Consoante se observa dos inclusos documentos (doc. n° _ a__), o requerente é irmão do requerido, sendo certo.

No dia 15 de maio de 2.000, **JOSÉ JOSÉ RONALDO**, pai do requerente e do requerido, foi brutalmente assassinado.

Após investigações levadas a cabo pela polícia civil, conclui-se que o responsável por aquele homicídio foi o requerido e sua amiga, **Keith Keith**, o que ensejou o processo criminal n° 111/00, que culminou com a condenação do requerido por latrocínio (doc. n°__).

Assim, d. v., levado ao pé da letra o disposto no art. 1.814, I, do Código Civil, o requerido deve ser excluído da sucessão de seu pai, **JOSÉ JOSÉ RONALDO**, devendo ser declarada por sentença, consoante ordem emanada do Art. 1.815, CC.

Nesse sentido os tribunais decidem:

Meação. Divórcio. Indignidade. Quem matou o autor da herança fica excluído da sucessão. Este é o princípio consagrado no inc. I do art. 1595 do CC, que revela a repulsa do legislador em contemplar com direito sucessório quem atenta contra a vida de alguém, rejeitando a possibilidade de que, quem assim age, venha a ser beneficiado com seu ato. Esta norma jurídica de elevado teor moral deve ser respeitada ainda que o autor do delito não seja herdeiro legítimo. Tendo o genro assassinado o sogro, não faz jus ao acervo patrimonial decorrente da abertura da sucessão. Mesmo quando do divórcio, e ainda que o regime do casamento seja o da comunhão de bens, não pode o varão receber a meação constituída dos bens percebidos por herança. Apelo provido por maioria, vencido o Relator. (Segredo de Justiça). (Tribunal de Justiça do Estado do Rio Grande do Sul – Sétima Câmara Cível/ Apelação Cível Nº 70005798004/ Relator: Desembargador Luiz Felipe Brasil Santos/ Julgado em 09.04.2003)

Ante o exposto, como requer a Vossa Excelência que determine a citação do requerido para responder aos termos da presente demanda, sob pena de revelia, devendo ao final, contestada o não a demandada, ser ela julgada totalmente procedente, julgando o Réu indigno de receber por sucessão qualquer direito no que tange à herança deixada por seu finado pai, condenado-o, ainda, nas verbas de estilo.

Requer e protestar por provar o alegado por todos os meios de provas admitidos em direito.

Termos em que, dando à causa o valor de R$ _____

Pede deferimento.

_____, ___ de _____ de _____

(Nome do advogado; nº de identificação; nº de CPF/MF; assinatura)

32 - MODELO DE MINUTA DE ESCRITURA DE INVENTÁRIO E PARTILHA COM CESSÃO DE DIREITOS PARA OUTRO HERDEIRO

ESCRITURA DE INVENTÁRIO E PARTILHA DO ESPÓLIO DE

SAIBAM quantos esta pública escritura virem que aos ____ (__) dias do mês de _____ do ano 201_ (_____), da ERA CRISTÃ, nesta cidade e comarca de _____, Estado de São Paulo, neste 2º Tabelionato de Notas, perante mim, Substituto do Tabelião, compareceram partes entre si, justas e contratadas, como OUTORGANTES E RECIPROCAMENTE OUTORGADOS, a VIÚVA MEEIRA: _____ (qualificar) e os HERDEIROS FILHOS: _____ (qualificar)

Comparece ainda, como **ASSISTENTE**, o advogado (qualificar)

Todos identificados pelos documentos apresentados em seus respectivos originais e cuja capacidade reconheço e dou fé. Assim, pelos outorgantes e reciprocamente outorgados, todos devidamente assistidos pelo(a) advogado(a) acima nomeado(a), me foi requerido seja feito o inventário e a partilha dos bens deixados por falecimento de _____, na forma preconizada pela Lei Federal n. 11.441, de 04 de janeiro de 2007, e artigo 610, § 1º., do Código de Processo Civil, pelo que declararam o seguinte:

1 - DO AUTOR DA HERANÇA:

1.1 - QUALIFICAÇÃO:

1.2 - DO FALECIMENTO: O autor da herança faleceu no dia __ de ___ de 201_, em domicilio, conforme certidão de óbito expedida aos __ de ___ de 201_, pelo Oficial do Registro Civil das Pessoas Naturais desta cidade, óbito registrado no livro C – 60, Fls. 123vº - termo nº 22.458;

1.3 - DA INEXISTÊNCIA DE TESTAMENTO: o "de cujus" não deixou testamento, conforme informação prestada pelo Colégio Notarial do Brasil - seção de São Paulo, responsável pelo Registro Central de Testamentos do Estado de São Paulo, emitida em __/__/__;

1.4 - DO ESTADO CIVIL: como mencionado, o "de cujus" era casado sob o regime da comunhão parcial de bens, na vigência da Lei 6.515/77, com a Sra. _____, já qualificada, razão pela qual é sua meeira;

1.5 - HERDEIROS: de seu casamento, o falecido possuía CINCO (05) filhos, retro nomeados e qualificados, que são seus únicos herdeiros;

1.6 – DAS DÍVIDAS – O "de cujus" não possuía dívidas, ativas ou passivas, por ocasião da abertura da sucessão;

2 - DA NOMEAÇÃO DE INVENTARIANTE: Os herdeiros nomeiam inventariante do espólio de _____, nos termos do art. 617 do Código de Processo Civil, **a meeira** _____, conferindo-lhe todos os poderes que se fizerem necessários para representar o espólio em juízo ou fora dele, podendo praticar todos os atos de administração dos bens que possam eventualmente estar fora deste inventário e que serão objeto de futura sobrepartilha, nomear advogado em nome do espólio, ingressar em juízo, ativa ou passivamente, podendo enfim praticar todos os atos que se fizerem necessários à defesa do espólio e do cumprimento de suas eventuais obrigações formais. O(a) nomeada declara que aceita o encargo, prestando compromisso de cumprir eficazmente seu mister, comprometendo-se desde já, a prestar conta aos herdeiros, se por eles solicitado. O(a) inventariante declara estar ciente da responsabilidade civil e criminal pela declaração de bens e herdeiros e veracidade de todos os fatos aqui relatados;

3.- DOS BENS: O "de cujus" e a viúva possuíam, por ocasião da abertura da sucessão, os seguintes bens:

a) - **UM LOTE DE TERRENO sob nº 05 (cinco), da quadra "A", do loteamento denominado "JARDIM _____", nesta cidade**, objeto da matrícula nº ____ do CRI local, _____;

b) – **VEÍCULO VW FUSCA 1300 L, _____**; e

c) – **VEÍCULO VW GOL I,** que é o atribuído pelas partes neste inventário (conforme tabela FIPE);

4.- DO MONTE MOR E DOS QUINHÕES: - O total líquido dos bens e haveres do espólio neste inventário monta em **R$ 55.467,08** (cinquenta e cinco mil quatrocentos e sessenta e sete reais e oito centavos), competindo **À VIUVA MEEIRA** uma quota parte ideal equivalente a metade (50,00%) do patrimônio líquido do espólio, num total de R$ 27.733,54 e **À CADA HERDEIRO FILHO** caberá parte ideal equivalente a 10,00% do acervo hereditário, perfazendo cada quinhão o valor de R$ 5.546,71;

5.- DA CESSÃO DOS DIREITOS HEREDITÁRIOS – Pelas herdeiras _____, me foi dito que por esta escritura e na melhor forma de direito **cedem e transferem** gratuitamente ao irmão _____, já qualificado, todos os direitos hereditários que possuem relativamente ao imóvel inventariado, descrito e caracterizado na letra "a" do item "3" desta escritura, atribuindo à presente cessão/doação, para efeitos fiscais, o valor de R$ 11.093,42 (onze mil noventa e três reais e quarenta e dois centavos), declarando elas cedentes possuírem bens outros e rendimentos suficientes às suas subsistências;

6.- DOS PAGAMENTOS DOS QUINHÕES: 1º PAGAMENTO à viúva meeira – _____ - em pagamento de seu quinhão no valor de R$ 27.733,54 (vinte e sete mil setecentos e trinta e três reais e cinquenta e quatro centavos), receberá:

1 - parte ideal equivalente a **50,00%** do imóvel inventariado, descrito e caracterizado na letra "a" do item "3" desta escritura, no valor de R$ 19.540,04; **2** - parte ideal equivalente a **50,00%** do veículo inventariado, descrito e caracterizado na letra "b" do item "3" desta escritura, no valor de R$ 3.500,00 e **3** - parte ideal equivalente a **50,00%** do veículo inventariado, descrito e caracterizado na letra "c" do item "3" desta escritura, no valor de R$ 4.693,50;

2º PAGAMENTO ao herdeiro filho _____ - em pagamento de seu quinhão no valor de R$ 13.362,73 (treze mil trezentos e sessenta e dois reais e setenta e três centavos), **receberá: 1** - parte ideal equivalente a **30,00%** do imóvel inventariado, descrito e caracterizado na letra "a" do item "3" desta escritura, no valor de R$ 11.724,03; **2** - parte ideal equivalente a **10,00%** do veículo inventariado, descrito e caracterizado na letra "b" do item "3" desta escritura, no valor de R$ 700,00 e **3** - parte ideal equivalente a **10,00%** do veículo inventariado, descrito e caracterizado na letra "c" do item "3" desta escritura, no valor de R$ 938,70;

3º PAGAMENTO ao herdeiro filho _____ - em pagamento de seu quinhão no valor de R$ 5.546,71 (cinco mil quinhentos e quarenta e seis reais e setenta e um centavos), **receberá: 1** - parte ideal equivalente a **10,00%** do imóvel inventariado, descrito e caracterizado na letra "a" do item "3" desta escritura, no valor de R$ 3.908,01; **2** - parte ideal equivalente a **10,00%** do veículo inventariado, descrito e caracterizado na letra "b" do item "3" desta escritura, no valor de R$ 700,00 e **3** - parte ideal equivalente a **10,00%** do veículo inventariado, descrito e caracterizado na letra "c" do item "3" desta escritura, no valor de R$ 938,70;

4º PAGAMENTO à herdeira filha _____ - em pagamento de seu quinhão no valor de R$ 5.546,71 (cinco mil quinhentos e quarenta e seis reais e setenta e um centavos), **receberá: 1** - parte ideal equivalente a **10,00%** do imóvel inventariado, descrito e caracterizado na letra "a" do item "3" desta escritura, no valor de R$ 3.908,01; **2** - parte ideal equivalente a **10,00%** do veículo inventariado, descrito e caracterizado na letra "b" do item "3" desta escritura, no valor de R$ 700,00 e **3** - parte ideal equivalente a **10,00%** do veículo inventariado, descrito e caracterizado na letra "c" do item "3" desta escritura, no valor de R$ 938,70;

5º PAGAMENTO à herdeira filha _____ - em pagamento de seu quinhão no valor de R$ 1.638,70 (mil seiscentos e trinta e oito reais e setenta centavos), **receberá: 1** - parte ideal equivalente a **10,00%** do veículo inventariado, descrito e caracterizado na letra "b" do item "3" desta escritura, no valor de R$ 700,00 e **2** - parte ideal equivalente a **10,00%** do veículo inventariado, descrito e caracterizado na letra "c" do item "3" desta escritura, no valor de R$ 938,70 e

6º PAGAMENTO à herdeira filha _____ - em pagamento de seu quinhão no valor de R$ 1.638,70 (mil seiscentos e trinta e oito reais e setenta centavos), **receberá: 1** - parte ideal equivalente a **10,00%** do veículo inventariado, descrito e caracterizado na letra "b" do item "3" desta escritura, no valor de R$ 700,00 e **2** - parte ideal equivalente a **10,00%** do veículo inventariado, descrito e caracterizado na letra "c" do item "3" desta escritura, no valor de R$ 938,70;

7 - DAS CERTIDÕES E DEMAIS DOCUMENTOS APRESENTADOS – certidão negativa de tributos municipais sob n° ____/201_, passada pela Divisão de Rendas da Prefeitura Municipal desta cidade; certidão conjunta negativa de débitos relativos a tributos federais e à dívida ativa da união emitida via internet pela Secretaria da Receita Federal do Brasil – código de controle _____, válida até _____; certidão da MATRÍCULA n° _____, passada pelo Cartório de Registro de Imóveis desta Comarca de _____-SP, datada de __/__/__ e cópias dos certificados de propriedade dos veículos inventariados e respectivas avaliações;

8 - DAS DECLARAÇÕES DAS PARTES - As partes declaram que o imóvel partilhado se encontra livre e desembaraçado de quaisquer ônus, dívidas, tributos de quaisquer naturezas e débito condominial; que não existem feitos ajuizados fundados em ações reais ou pessoais reipersecutórias que afetem os bens e direitos partilhados e que não está(ão) vinculado(s) ao INSS e ao FUNRURAL como empregadores, não estando, portanto, sujeito(s) às exigências e restrições da Lei n° 8.212/91 e do Decreto Regulamentar da Previdência Social n° 3.048, de 06.05.99, alterado pelos Decretos Federais n. 3.265, de 29.11.1999 e n. 4.845, de 24.09.2003;

9 - DECLARAÇÕES DO(A) ASSISTENTE: Pelo advogado _____ me foi dito que na qualidade de advogado da meeira e dos herdeiros, assessorou e aconselhou seus constituintes, tendo conferido a correção da partilha e seus valores de acordo com a Lei;

9 - DO ITBI (IMPOSTO SOBRE TRANSMISSÃO DE BENS IMÓVEIS E DE DIREITOS A ELES RELATIVOS) – relativamente ao óbito de _____ – pelas partes me foi apresentada a Declaração de Transmissão por Escritura Pública n° _____, emitida eletronicamente em _____ pela Secretaria da Fazenda do Estado de São Paulo, juntamente com o respectivo Demonstrativo de Cálculos do ITCMD, onde consta a JUSTIFICATIVA DE ISENÇÃO DO ITCMD com base no Art. 6, item I, letra "b" do Decreto n° 46.655, de 1°.04.2002, alterado pelo Decreto n° 56.693, de 27.01.2011 e

10 - DO ITCMD relativamente a cessão gratuita dos direitos hereditários - Pelo cessionário _____ me foi dito que aceitava

a cessão/doação que lhe fizeram, declarando que deixa de recolher o ITCMD, porquanto isento na forma da Lei nº 10.705/2000 e seu regulamento, Decreto n. 46.655/02, art. 6º, II-a, declarando igualmente, na forma do mesmo Decreto nº 46.655/02, artigo 6º, parágrafo 3º e Portaria CAT – 15, de 06.02.03, não ter recebido qualquer outra cessão/doação das mesmas cedentes/doadoras neste exercício, exibindo-me a DECLARAÇÃO DE DOAÇÃO nº _____, emitida eletronicamente pela Secretaria da Fazenda do Estado de São Paulo. **DECLARAÇÕES FINAIS:** As partes requerem ao Oficial do Cartório Imobiliário a prática de todos os atos que se fizerem necessários ao registro da presente, ficando a inventariante **autorizada** a representar o espólio nas transferências dos veículos inventariados, agindo perante as autoridades de trânsito em geral e respectivas autarquias, requerendo, promovendo e assinando o que preciso for, inclusive os respectivos recibos de venda. Assim o disseram e dou fé. **"FICAM RESSALVADOS EVENTUAIS ERROS, OMISSÕES OU DIREITOS DE TERCEIROS".** A pedido das partes lhes lavrei esta escritura que feita e lhes sendo lida, foi achada em tudo conforme, aceitaram e assinam, dispensando a presença e assinatura de testemunhas instrumentárias. Todas as certidões e documentos exibidos e mencionados nesta escritura ficam arquivados nestas notas sob nº __ na pasta própria nº __ relativa a inventários. Provimento CG 13/2012 – art. 12 – RESULTADO NEGATIVO - código(s) hash: _____.
Emitida a DOI – DECLARAÇÃO SOBRE OPERAÇÃO IMOBILIÁRIA – CONFORME IN/SRF. Eu, _____ Substituto do Tabelião, a digitei, conferi e assino.

_____, ___ de _____ de _____

33 - MODELO DE MINUTA DE ESCRITURA DE INVENTÁRIO ÚNICO HERDEIRO, ADJUDICAÇÃO

ESCRITURA DE INVENTÁRIO **DO ESPÓLIO DE**

SAIBAM quantos esta pública escritura virem que aos _____ (___) dias do mês de _____ do ano 201_ (_____), da ERA CRISTÃ, nesta cidade e comarca de _____, Estado de São Paulo, neste 2º Tabelionato de Notas, perante mim Substituto do Tabelião, compareceu como outorgante e reciprocamente outorgado o único filho, herdeiro universal e adjudicatário: (qualificar)

. Comparece também, como <u>ASSISTENTE</u>, a advogada (qualificar)

. Ambos maiores e capazes, identificados pelos documentos apresentados em seus respectivos originais e cuja capacidade reconheço e dou fé. Assim, pelo outorgante referido, devidamente assistido pelo(a) advogado(a) acima nomeado(a), me foi requerido seja feito o inventário dos bens deixados por falecimento de _____, na forma preconizada pela Lei Federal nº 11.441, de 04 de janeiro de 2007, e artigo 610, § 1º., do Código de Processo Civil, pelo que declara o seguinte:

1.- DO AUTOR DA HERANÇA:

1.1.- QUALIFICAÇÃO:

1.2.- DO FALECIMENTO: faleceu no dia __ de _____ de 201_, em domicilio, nesta cidade, conforme certidão de óbito expedida aos __ de _____ de 201_, pelo Cartório do Registro Civil das Pessoas Naturais desta cidade, óbito registrado no livro __ - __, Fls. ____ - termo nº _____;

1.3.- DA INEXISTÊNCIA DE TESTAMENTO: o "de cujus" não deixou testamento, conforme informação prestada pelo Colégio Notarial do Brasil - seção de São Paulo, responsável pelo Registro Central de Testamentos do Estado de São Paulo, emitida aos __ de _____ de 201_;

1.4 - DO ÚNICO HERDEIRO/INVENTARIANTE: o "de cujus" deixou um único filho, herdeiro universal, _____, adjudicatário do acervo, o qual, nos termos do art. 617 do Código de Processo Civil, neste ato fica investido dos poderes de inventariante, todos que se fizerem necessários para representar o espólio em juízo ou fora dele, podendo praticar todos os atos de administração dos bens que possam eventualmente estar fora deste inventário e que serão objeto de futura sobrepartilha, nomear advogado em nome do espólio, ingressar em juízo, ativa ou passivamente, podendo enfim praticar todos os atos que se fizerem necessários à defesa do espólio e do cumprimento de suas eventuais obrigações formais, declarando o(a) mesmo(a) inventariante/adjudicatário(a) que aceita o encargo, prestando compromisso de cumprir eficazmente seu mister, comprometendo-se desde já, a prestar conta aos herdeiros, se por eles solicitado. O(a) inventariante declara estar ciente da responsabilidade civil e criminal pela declaração de bens e herdeiros e veracidade de todos os fatos aqui relatados.-

3 - DOS BENS: O "de cujus" possuía, por ocasião da abertura da sucessão, parte ideal equivalente a 33,333% de **UM LOTE DE TERRENO**, _____; **AQUISIÇÃO:** referida parte ideal houve o autor da herança conforme título registrado sob nº __ na MATRÍCULA nº ____ do Cartório de Registro de Imóveis desta Comarca; **CADASTRO E VALOR:** está o imóvel cadastrado na Prefeitura Municipal sob a IC - _____, com o valor venal/201_ de R$ 22.245,04, sendo atribuída à parte ideal inventariada o valor de R$ 7.415,01 (sete mil quatrocentos e quinze reais e um centavo).

4 - DAS DÍVIDAS - O "de cujus" não possuia dívidas, ativas ou passivas, por ocasião da abertura da sucessão;

5 - DO MONTE MOR E DA ADJUDICAÇÃO – O total líquido dos bens e haveres do espólio neste inventário monta em R$ 7.415,01 (sete mil quatrocentos e quinze reais e um centavo) e, considerando tratar-se de herdeiro único, nos termos do §1º do Artigo 659 do Código de Processo Civil, o acervo hereditário é **ADJUDICADO** para _____, pelo mesmo valor de R$ 7.415,01 (sete mil quatrocentos e quinze reais e um centavo);

6 - DAS CERTIDÕES E DOCUMENTOS APRESENTADOS: Foram-me apresentadas as seguintes certidões:

6.1 - de propriedade do imóvel inventariado, passada pelo Cartório de Registro de Imóveis desta Comarca, datada de __/__/____;

6.2 - positiva com efeitos de negativa de tributos municipais, emitida pela Prefeitura Municipal desta cidade, sob n° ____ e

6.3 - Certidão Conjunta Negativa de Débitos relativos a Tributos Federais e à Dívida Ativa da União – código de controle: _____, também emitida via internet pela Secretaria da Receita Federal do Brasil em nome do autor da herança, válida até __/__/____.

7 - DAS DECLARAÇÕES DA ADJUDICATÁRIA – O herdeiro adjudicatário declara que: **7.1.:** o imóvel inventariado se encontra livre e desembaraçado de quaisquer ônus, dívidas, tributos de quaisquer naturezas e débitos condominiais; **7.2.:** não existem feitos ajuizados fundados em ações reais ou pessoais reipersecutórias que afetem os bens e direitos inventariados e **7.3.-** que não está(ão) vinculado(s) ao INSS e ao FUNRURAL, não estando, portanto, sujeito(s) às exigências e restrições da Lei n° 8.212/91 e do Decreto Regulamentar da Previdência Social n° 3.048, de 06.05.99, alterado pelos Decretos Federais n. 3.265, de 29.11.1999 e n. 4.845, de 24.09.2003.

8 - DECLARAÇÕES DA ADVOGADA: Pela advogada _____ me foi dito que na qualidade de advogada do herdeiro adjudicatário, assessorou e aconselhou seu constituinte, tendo conferido a correção dos valores de acordo com a Lei;

9 - DO ITCMD - (IMPOSTO DE TRANSMISSÃO CAUSA MORTIS E DOAÇÃO DE QUAISQUER BENS OU DIREITOS) - pelo adjudicatário me foi apresentada a Declaração de Transmissão por Escritura Pública n° _____, emitida eletronicamente em __/__/____ pela Secretaria da Fazenda do Estado de São Paulo, juntamente com o respectivo Demonstrativo de Cálculos do ITCMD, onde consta a JUSTIFICATIVA DE ISENÇÃO DO ITCMD com base no Art. 6, item I, letra "b" do Decreto n° 46.655, de 1°.04.2002, alterado pelo Decreto n° 56.693, de 27.01.2011 e

10.- DECLARAÇÕES FINAIS: O adjudicatário requer e autoriza o Oficial do Registro Imobiliário competente a praticar todos os atos que se fizerem necessários ao registro da presente escritura. Assim o disseram e dou fé. **"FICAM RESSALVADOS EVENTUAIS ERROS, OMISSÕES OU OS DIREITOS DE TERCEIROS".** Todas as certidões e documentos exibidos e mencionados nesta escritura, ficam arquivados nestas Notas sob n° __, na pasta própria correspondente a inventários de n° __. A pedido das partes lhes lavrei esta escritura que feita e lhes sendo lida, foi achada em tudo conforme, aceitaram e assinam, dispensando expressamente a presença e assinatura de testemunhas instrumentárias, conforme facultam as Normas de Serviço da Egrégia Corregedoria Geral da Justiça do Estado de São Paulo. Emitida a DOI. Eu, _____, Substituto do Tabelião, a digitei, conferi e assino.

_____, ___de _____ de _____

34 - MODELO DE MINUTA DE ESCRITURA DE INVENTÁRIO E PARTILHA COM RECONHECIMENTO DE SOCIEDADE DE FATO

ESCRITURA DE INVENTÁRIO E PARTILHA **DO ESPÓLIO DE**

SAIBAM quantos esta pública escritura virem que, aos ___ (__) dias do mês de _____ do ano de ____ (_____), da ERA CRISTÃ, nesta cidade e comarca de _____, Estado de São Paulo, neste 2º Tabelionato de Notas, perante mim Substituto do Tabelião, compareceram partes entre si justas e contratadas, como OUTORGANTES E RECIPROCAMENTE OUTORGADOS, a companheira meeira e herdeira: (qualificar) e OS HERDEIROS FILHOS: (qualificar)

Comparece ainda, como ADVOGADO ASSISTENTE, (qualificar)

Todos maiores e capazes, identificados pelos documentos apresentados em seus respectivos originais, do que dou fé. Assim, pelos outorgantes e reciprocamente outorgados, devidamente assistidos pelo advogado comum ora nomeado, me foi requerido seja feito o inventário e a partilha dos bens deixados por falecimento de **DORACI DOS SANTOS,** na forma estabelecida pela Lei Federal 11.441, de 04 de janeiro de 2007, e artigo 610, § 1º., do Código de Processo Civil, pelo que declaram o seguinte:

1 - DO AUTOR DA HERANÇA:

1.1 - QUALIFICAÇÃO – _____, era brasileiro, aposentado, companheiro de _____ HÁ QUASE QUARENTA (40) ANOS, portador da CIRG nº _____, expedida pela SSP/SP, inscrito no CPF sob o nº _____, residia e domiciliava na Rua _____;

1.2 – DO FALECIMENTO – O autor da herança faleceu nesta cidade em __ de _____ de 201_, na Irmandade da Santa Casa de Misericórdia, nesta cidade, conforme certidão de óbito expedida aos __ de _____ de 201_, pelo Oficial do Registro Civil das Pessoas Naturais de _____/SP, óbito registrado no livro ____, fls. ___, sob nº _____;

1.3 – DA INEXISTÊNCIA DE TESTAMENTO - O "de cujus"

não deixou testamento, conforme informação negativa de existência de testamento expedida pelo Colégio Notarial do Brasil seção de São Paulo, responsável pelo Registro Central de Testamentos do Estado de São Paulo, emitida aos __ de _____ de 201_;

1.4 – DO ESTADO CIVIL e DO RECONHECIMENTO DA SOCIEDADE DE FATO: o falecido, como mencionado, faleceu no estado civil de solteiro, porém mantinha UNIÃO ESTÁVEL com _____ desde ___, portanto há _____ (__) anos, união essa ora RECONHECIDA pelos herdeiros, filhos comuns, na forma do artigo 18 da RESOLUÇÃO 35, de 24.04.2007, DO CONSELHO NACIONAL DA JUSTIÇA e

1.5 – DOS HERDEIROS – Além da companheira, também são herdeiros do "de cujus" três filhos, já nomeados e qualificados;

2 – DA NOMEAÇÃO DE INVENTARIANTE - Os herdeiros nomeiam inventariante do espólio de _____, a companheira, meeira e herdeira _____, nos termos do Artigo 617 do Código de Processo Civil, conferindo-lhe todos os poderes que se fizerem necessários para representar o espólio em Juízo ou fora dele, podendo praticar todos os atos de administração dos bens que possam eventualmente estar fora deste inventário e que serão objeto de futura sobrepartilha, nomear advogado em nome do espólio, ingressar em Juízo, ativa e passivamente, podendo enfim praticar todos os atos que se fizerem necessários à defesa do espólio e do cumprimento de suas eventuais obrigações formais. O(a) nomeado(a) declara que aceita este encargo, prestando compromisso de cumprir eficazmente seu mister, comprometendo-se desde já, aprestar contas aos herdeiros, se por eles solicitado. O(a) inventariante declara estar ciente da responsabilidade civil e criminal pela declaração de bens e herdeiros e veracidade de todos os fatos aqui relatados;

3 - DOS BENS -

3.1 - BEM PARTICULAR - O "de cujus" possuía, por ocasião da abertura da sucessão, unicamente como seu **UM LOTE DE TERRENO**; imóvel esse havido pelo autor da herança conforme Transcrição Número ____, Livro __ de transcrições, do Cartório de Registro de Imóveis, Títulos e Documentos de _____/SP e está Cadastrado na Prefeitura Municipal de _____/SP sob a IC nº _____, com o valor venal/201_ de R$ 51.986,52 (Cinquenta e um mil, novecentos e oitenta e seis reais e cinquenta e dois centavos) e de com o valor venal de 201_(época do falecimento) de R$ 52.364,77 (cinquenta e dois mil trezentos e sessenta e quatro reais e setenta e sete centavos), que é o atribuído pelas partes neste inventário;

3.2. - **BENS COMUNS -** O "de cujus" e a companheira possuíam, por ocasião da abertura da sucessão, os seguintes bens comuns:

a) – os direitos de promissários compradores de **UM LOTE DE TERRENO**; imóvel esse constante do referido loteamento, objeto da matrícula número 16.093, do Cartório de Registro de Imóveis desta Comarca, Cadastrado na Prefeitura Municipal de _____/SP sob a IC _____, com o valor venal de R$ 6.455,70, **atribuindo as partes para este inventário o valor de R$ 7.034,40 (sete mil trinta e quatro reais e quarenta centavos);** que referido imóvel foi havido pelo autor da herança por INSTRUMENTO PARTICULAR DE CESSÃO DE DIREITOS E OBRIGAÇÕES firmado com _____ e sua mulher em _/_/___, os quais por sua vez o haviam adquirido da empresa TERRA BOA EMPREENDIMENTOS IMOBILIÁRIOS LTDA por CONTRATO DE COMPROMISSO DE VENDA E COMPRA datado de __ de _____ de ___;

b) - os direitos de promissários compradores de **UM LOTE DE TERRENO**; imóvel esse constante do referido loteamento, objeto da matrícula número 16.093, do Cartório de Registro de Imóveis desta Comarca, Cadastrado na Prefeitura Municipal de _____/SP sob a IC _____, com o valor venal de R$ 6.455,70, **atribuindo as partes para este inventário o valor de R$ 7.034,40 (sete mil trinta e quatro reais e quarenta centavos);** que referido imóvel foi havido pelo autor da herança por INSTRUMENTO PARTICULAR DE CESSÃO DE DIREITOS E OBRIGAÇÕES firmado com _____ e sua mulher em 20.06.2007, os quais por sua vez o haviam adquirido da empresa TERRA BOA EMPREENDIMENTOS IMOBILIÁRIOS LTDA por CONTRATO DE COMPROMISSO DE VENDA E COMPRA datado de 08 de fevereiro de 2000;

c) – **UM AUTOMÓVEL**, Wolkswagen, Brasília, Ano/Fabricação 1975, gasolina, cor branca, placa _____, chassi _____, com valor médio, segundo avaliações obtidas, de R$ 1.750,00;

d) – **UMA MOTOCICLETA**, Honda CG 125, Ano/Fabricação 1985, gasolina, cor azul, placa _____, chassi _____, com valor médio, segundo a tabela FIPE, de R$ 2,000,00;

e) – **UM VEÍCULO** - Micro ônibus, /Kia Besta GS Grand, Ano/Fabricação 2000, Diesel, cor branca, placa _____, chassi _____, com valor médio, segundo a tabela FIPE, de R$ 30.841,00;

f) – **UM VEÍCULO** - Micro ônibus, /Kia Besta GS Grand, Ano/Fabricação 2000, Diesel, cor branca, placa _____, chassi _____, com valor médio, segundo a tabela FIPE, de R$ 30.841,00;

g) - **APLICAÇÕES FINANCEIRAS** junto ao Banco Bradesco – Agência ____, Conta Poupança _____, com saldo em __/__/____, de R$ 190.679,50;

h) **SALDO BANCÁRIO** junto a Caixa Econômica Federal, Agência ____, Conta Corrente _____, com saldo em __/__/___, de R$ 785,37;

i) – **SALDO BANCÁRIO** junto a Caixa Econômica Federal, Agência ____, Conta Poupança _____, com saldo em __/__/____, de R$ 39.793,29 e

j) – **SALDO BANCÁRIO** junto a Caixa Econômica Federal, Agência ____, Conta Poupança _____, com saldo em __/__/____, de R$ 5.957,09;

4 - DAS DÍVIDAS - O "de cujus" não deixou dividas, ativas e passivas, por ocasião da abertura da sucessão;

5 - DO MONTE MOR E DA PARTILHA – O valor total dos bens e haveres do espólio neste inventário monta em **R$ 369.080,82** *(trezentos e sessenta e nove mil oitenta reais e oitenta e dois centavos)*, sendo **R$ 52.364,77** referente ao bem particular e **R$ 316.716,05** *relativos aos bens comuns*, e será partilhado na forma do artigo 1.829 c/c artigo 1.790, do Código Civil Brasileiro, ou seja, à companheira, **MEEIRA E HERDEIRA**, competirá parte ideal equivalente a 62,50% do patrimônio liquido comum, no valor de R$ 197.947,53 e à CADA HERDEIRO FILHO (3) caberá uma quota parte ideal equivalente 12,50% dos bens comum e 33,333% do bem particular, perfazendo cada quinhão o valor de R$ 57.044,42;

6 - DOS PAGAMENTOS DOS QUINHÕES –

1º PAGAMENTO que se faz à companheira _____– EM PAGAMENTO DE SEU QUINHÃO no valor de R$ 197.947,53 (cento e noventa e sete mil novecentos e quarenta e sete reais e cinquenta e três centavos): **receberá:**

1) - parte ideal equivalente a **62,50%** do imóvel inventariado, descrito e caracterizado na letra "a" do item "3-2" desta escritura, no valor de R$ 4.396,50;

2) - parte ideal equivalente a **62,50%** do imóvel inventariado, descrito e caracterizado na letra "b" do item "3-2" desta escritura, no valor de R$ 4.396,50;

3) - parte ideal equivalente a **62,50%** do veículo inventariado, descrito e caracterizado na letra "c" do item "3-2" desta escritura, no valor de R$ 1.093,74;

4) - parte ideal equivalente a **62,50%** do veículo inventariado, descrito e caracterizado na letra "d" do item "3-2" desta escritura, no valor de R$ 1.250,00;

5) - parte ideal equivalente a **62,50%** do veículo inventariado, descrito e caracterizado na letra "e" do item "3-2" desta escritura, no valor de R$ 19.275,63;

6) - parte ideal equivalente a **62,50%** do veículo inventariado, descrito e caracterizado na letra "f" do item "3-2" desta escritura, no valor de R$ 19.275,63 e

7) - parte ideal equivalente a **62,50%** dos depósitos e aplicações financeiras inventariadas, descritas nas letra "g, h, i e j" do item "3-2" desta escritura, no valor total de R$ 148.259,53;

2º PAGAMENTO que se faz ao herdeiro filho _____ - EM PAGAMENTO DE SEU QUINHÃO no valor de R$ 57.044,42 (cinquenta e sete mil quarenta e quatro reais e quarenta e dois centavos): **receberá:**

1) - parte ideal equivalente a **33,333%** do imóvel inventariado, descrito e caracterizado no item "3-1" desta escritura, no valor de **R$ 17.454,92**;

2) - parte ideal equivalente a **12,50%** do imóvel inventariado, descrito e caracterizado na letra "a" do item "3-2" desta escritura, no valor de **R$ 879,30**;

3) - parte ideal equivalente a **12,50%** do imóvel inventariado, descrito e caracterizado na letra "b" do item "3-2" desta escritura, no valor de **R$ 879,30**;

4) - parte ideal equivalente a **12,50%** do veículo inventariado, descrito e caracterizado na letra "c" do item "3-2" desta escritura, no valor de **R$ 218,75**;

5) - parte ideal equivalente a **12,50%** do veículo inventariado, descrito e caracterizado na letra "d" do item "3-2" desta escritura, no valor de **R$ 250,00**;

6) - parte ideal equivalente a **12,50%** do veículo inventariado, descrito e caracterizado na letra "e" do item "3-2" desta escritura, no valor de **R$ 3.855,13**;

7) - parte ideal equivalente a **12,50%** do veículo inventariado, descrito e caracterizado na letra "f" do item "3-2" desta escritura, no valor de **R$ 3.855,12** e

8) - parte ideal equivalente a **12,50%** dos depósitos e aplicações financeiras inventariadas, descritas nas letra "g, h, i e j" do item "3-2" desta escritura, no valor total de R$ **29.651,90**;

3º PAGAMENTO que se faz à herdeira filha _____ - EM PAGAMENTO DE SEU QUINHÃO no valor de R$ 57.044,42 (cinquenta e sete mil quarenta e quatro reais e quarenta e dois centavos): **receberá:**

1) - parte ideal equivalente a **33,333%** do imóvel inventariado, descrito e caracterizado no item "3-1" desta escritura, no valor de **R$ 17.454,92**;

2) - parte ideal equivalente a **12,50%** do imóvel inventariado, descrito e caracterizado na letra "a" do item "3-2" desta escritura, no valor de **R$ 879,30**;

3) - parte ideal equivalente a **12,50%** do imóvel inventariado, descrito e caracterizado na letra "b" do item "3-2" desta escritura, no valor de **R$ 879,30**;

4) - parte ideal equivalente a **12,50%** do veículo inventariado, descrito e caracterizado na letra "c" do item "3-2" desta escritura, no valor de **R$ 218,75**;

5) - parte ideal equivalente a **12,50%** do veículo inventariado, descrito e caracterizado na letra "d" do item "3-2" desta escritura, no valor de **R$ 250,00**;

6) - parte ideal equivalente a **12,50%** do veículo inventariado, descrito e caracterizado na letra "e" do item "3-2" desta escritura, no valor de **R$ 3.855,13**;

7) - parte ideal equivalente a **12,50%** do veículo inventariado, descrito e caracterizado na letra "f" do item "3-2" desta escritura, no valor de **R$ 3.855,12** e

8) - parte ideal equivalente a **12,50%** dos depósitos e aplicações financeiras inventariadas, descritas nas letra "g, h, i e j" do item "3-2" desta escritura, no valor total de R$ **29.651,90** e

4º PAGAMENTO que se faz ao herdeiro filho _____ - EM PAGAMENTO DE SEU QUINHÃO no valor de R$ 57.044,42 (cinquenta e sete mil quarenta e quatro reais e quarenta e dois centavos): **receberá**:

1) - parte ideal equivalente a **33,333%** do imóvel inventariado, descrito e caracterizado no item "3-1" desta escritura, no valor de **R$ 17.454,92**;

2) - parte ideal equivalente a **12,50%** do imóvel inventariado, descrito e caracterizado na letra "a" do item "3-2" desta escritura, no valor de **R$ 879,30**;

3) - parte ideal equivalente a **12,50%** do imóvel inventariado, descrito e caracterizado na letra "b" do item "3-2" desta escritura, no valor de **R$ 879,30**;

4) - parte ideal equivalente a **12,50%** do veículo inventariado, descrito e caracterizado na letra "c" do item "3-2" desta escritura, no valor de **R$ 218,75**;

5) - parte ideal equivalente a **12,50%** do veículo inventariado, descrito e caracterizado na letra "d" do item "3-2" desta escritura, no valor de **R$ 250,00**;

6) - parte ideal equivalente a **12,50%** do veículo inventariado, descrito e caracterizado na letra "e" do item "3-2" desta escritura, no valor de **R$ 3.855,13**;

7) - parte ideal equivalente a **12,50%** do veículo inventariado, descrito e caracterizado na letra "f" do item "3-2" desta escritura, no valor de **R$ 3.855,12** e 8) - parte ideal equivalente a **12,50%** dos depósitos e aplicações financeiras inventariadas, descritas nas letra "g, h, i e j" do item "3-2" desta escritura, no valor total de R$ **29.651,90**;

7 - DAS DECLARAÇÕES DAS PARTES - As partes declaram que os imóveis partilhados se encontram livres e desembaraçados de quaisquer ônus, dívidas, tributos de quaisquer naturezas; que não existem feitos ajuizados fundados em ações reais ou pessoais reipersecutórias que afetem os bens e direitos partilhados e que não está(ão) vinculado(s) ao INSS e ao FUNRURAL como empregadores, não estando, portanto, sujeito(s) às exigências e restrições da Lei nº 8.212/91 e do Decreto Regulamentar da Previdência Social nº 3.048, de 06.05.99, alterado pelos Decretos Federais n. 3.265, de 29.11.1999 e n. 4.845, de 24.09.2003;

8 - DAS DECLARAÇÕES DO ADVOGADO: Pelo Dr. _____ me foi dito que na qualidade de advogado comum da companheira e dos herdeiros, assessorou e aconselhou seus constituintes, tendo conferido a correção da partilha e seus valores de acordo com a Lei;

9 - DAS CERTIDÕES E DOCUMENTOS APRESENTADOS - certidões da transcrição e das Matrículas relativas aos Imóveis inventariados, emitidas pelo Cartório de Registro de Imóveis desta Comarca, datadas de _____; Certidão Conjunta Negativa de Débitos relativos a Tributos Federais e à Dívida Ativa da União – em nome do "de cujus", código de controle: _____, emitida via internet pela Secretaria da Receita Federal em __/__/____, válida até __/__/____; certidões Negativas de Débitos de Tributos Municipais emitidas pela Secretaria da Fazenda do Município de _____, sob nºs __, __ e __/201_; cópias dos certificados de propriedade dos veículos inventariados, juntamente com as respectivas avaliações (tabela FIPE) e extratos das contas e aplicações financeiras inventariadas e

10 - DO ITCMD - IMPOSTO SOBRE TRANSMISSÃO " *CAUSA MORTIS* **" E DOAÇÃO DE QUAISQUER BENS OU DIREITOS -** pelas partes me foi apresentada a Declaração de Transmissão por Escritura Pública nº _____, emitida eletronicamente em __/__/____ pela Secretaria da Fazenda do Estado de São Paulo, juntamente com o respectivo Demonstrativo de Cálculos do ITCMD e quatro (04) guias GARE/ITCMD no valor de R$ 1.580,28 cada uma, recolhidas no dia __/__/____ na agência ____ da Caixa Econômica Federal – CEF, sob as autenticações mecânicas ____, ____ e ____. **DECLARAÇÕES FINAIS:** As partes requerem ao Oficial do Cartório de Registro Imobiliário desta Comarca de _____/SP, sejam praticados todos os atos que se fizerem necessários ao registro da presente, requerendo igualmente à empresa

TERRA BOA EMPREENDIMENTOS IMOBILIÁRIOS LTDA lhes seja conferido o respectivo título definitivo dos terrenos compromissados à venda, ficando a inventariante _____ **autorizada** a: 1 - representar o espólio nas transferências ou regularizações dos veículos inventariados, agindo perante as autoridades de trânsito em geral e respectivas autarquias, requerendo, promovendo e assinando o que preciso for, inclusive os respectivos recibos e 2 - representar o espólio perante os bancos e estabelecimentos de créditos respectivos, promovendo o resgate dos valores encontrados em nome do espólio, objeto deste inventário, dando recibos e quitação e encerrando mencionadas contas. Assim o disseram e dou fé. "**FICAM RESSALVADOS EVENTUAIS ERROS, OMISSÕES OU OS DIREITOS DE TERCEIROS**".

Toda documentação utilizada na lavratura desta escritura, exibida e mencionada, fica arquivada nestas notas sob **nº** ___ na pasta própria relativa a inventários de **nº** ___. A pedido das partes, na forma preconizada pela Lei Federal n. 11.441, de 04 de janeiro de 2007, lavrei esta escritura que feita e lhes sendo lida, acharam-na em tudo conforme, aceitaram, outorgaram e assinam, dispensando a presença e assinatura de testemunhas instrumentárias, conforme facultam as Normas de Serviço da Egrégia Corregedoria Geral da Justiça do Estado de São Paulo. Emitida a DOI, conforme IN/SRF.

Eu, _____, Substituto do Tabelião, a digitei, conferi, subscrevi e assino.

_____, ___ de _____ de _____

REFERENCIAS BIBLIOGRÁFICAS

MARIA HELENA DINIZ, Código Civil Anotado, Editora Saraiva, 5ª edição, p. l.000

WASHINGTON DE BARROS MONTEIRO, "Curso de Direito Civil - Direito das Sucessões", p. l0, Editora Saraiva, 17ª Edição, 1981

CUNHA GONÇALVES, Tratado de Dir. Civil, vol I, pág. 169, n° 29

MARIA HELENA DINIZ, Novo Código Civil Comentado, 2ª. Edição, Editora Saraiva, Maria Helena Diniz, Coordenação de Ricardo Fiúza

ALOYSIO MARIA TEIXEIRA in "Repertório Enciclopédico do Direito Brasileiro", por J. M. DE CARVALHO SANTOS, Editor Borsoi, v. 34, p. 15,

WALTER MORAES, "Teoria Geral e Sucessão Legítima", Editora Revista do Tribunais, 1980, págs. 56-57,

LUIZ DA CUNHA GONÇALVES, Tratado de Direito Civil - em comentário ao Código Civil Português, com adaptação do direito brasileiro complementada sob a supervisão dos Ministros OROZIMBO NONATO, LAUDO DE CAMARGO e prof. VICENTE RÁO, anotado por ACÁCIO REBOUÇAS, 2ª edição, Max Limonad, São Paulo, vol. X, Tomo I, p. 294,

ANTÔNIO CHAVES "Tratado de Direito Civil", vol. 2, tomo 2, Direito das Obrigações, São Paulo, Revista dos Tribunais, 1984, 3ª edição, n° 84, 7, pá. 1702

CARVALHO SANTOS "Código Civil Brasileiro Interpretado", vol. III, Rio de Janeiro, Freitas Bastos, 1961, pg. 112).

OSMAR MENDES PAIXÃO CÔRTES, "Código de Processo Civil Anotado" AASP, 2015,

ARNALDO RIZZARDO, "Direito das Sucessões", vol. II, p. 580).

ARNOLDO WALD, Curso de Direito Civil Brasileiro, Direito das Sucessões, RT, 10ª ed., 1994, atualizada com a colaboração de ROBERTO ROSAS

ERNANI FIDÉLIS DOS SANTOS, Comentários ao Código de Processo Civil, vol. VI, pág. 433, ed. Forense, 1ª ed.)."

SEBASTIÃO AMORIM e EUCLIDES DE OLIVEIRA, *Inventários e Partilhas*, 9ª ed., Leud, 1995, cap. VIII, n. 5, p. 241.

ARRUDA ALVIM, ARAKEN DE ASSIS e EDUARDO ARRUDA ALVIM, Comentários ao Código de Processo Civil, 1ª ed, GZ, Rio de Janeiro, 2012, p.1521).

GLAUCO PEREIRA ALMEIDA, Considerações sobre o Inventário Negativo", Revista Jus Navigandi, Teresina, ano 14, n. 2265, 13 set. 2009. Disponível em: <https://jus.com.br/artigos/13499>. Acesso em: 24 dez. 2015).

CARLOS ROBERTO GONÇALVES Direito Civil Brasileiro, Vol. VII, 2ª ed., São Paulo, Ed. Saraiva, 2008, p. 496).

MOACYR ARAÚJO PEREIRA, in "Repertório Enciclopédico do Direito Brasileiro por J. M. DE CARVALHO SANTOS", ob. cit., vol. 25, p. 229/229,

DANIEL ROBERTO HERTEL, "Inventário, Separação e Divórcio pela Via Administrativa", publicada no Juris Síntese nº 78, Jul/Ago de 2.009.

CLÓVIS TENÓRIO CAVALCANTI NETO, "O notário moderno no cenário jurídico brasileiro e seu aspecto garantidor da prestação jurisdicional", Jus Navigandi, Teresina, ano 16, n. 2858, 29 abr. 2011. Disponível em: <http://jus.com.br/revista/texto/19008>. Acesso em: 26 fev. 2013.

ÍNDICE REMISSIVO

A

ABERTURA DA SUCESSÃO PROVISÓRIA 104
AÇÃO ANULATÓRIA DE PARTILHA 98
AÇÃO DE ANULAÇÃO DE TESTAMENTO CERRADO. 342
AÇÃO DE DECLARAÇÃO DE NULIDADE – HERDEIRAS 244
AÇÃO DE INVESTIGAÇÃO DE PATERNIDADE 90, 218
AÇÃO DE USUCAPIÃO 88
ACEITAÇÃO E RENÚNCIA DA HERANÇA 161
ACIDENTE AUTOMOBILÍSTICO 78
ADJUDICAÇÃO COMPULSÓRIA 70
ADMINISTRADOR PROVISÓRIO 477
AGRAVO DE INSTRUMENTO 147, 149, 207, 304
AGRAVO DE INSTRUMENTO. TESTAMENTO 439
AGRAVO REGIMENTAL 59, 206
ALIENAÇÃO FIDUCIÁRIA DE IMÓVEL 154
ALÍQUOTA 740
ANULAÇÃO DA PARTILHA 630
ANULAÇÃO DA PARTILHA JUDICIAL 647
ANULAÇÃO DE ATO JURÍDICO 98
ANULAÇÃO DE REGISTRO PÚBLICO 221
ANULAÇÃO DE TESTAMENTO 297
APELAÇÃO CÍVEL 77
APRESENTAÇÃO DE DOCUMENTOS 753
ARROLAMENTO 98, 664
ARROLAMENTO DE BENS 128
ARROLAMENTO SUMÁRIO 665
AVALIAÇÃO E DO CÁLCULO DO IMPOSTO 577

B

BASE DE CÁLCULO 734

C

CADUCIDADE DOS LEGADOS 390
CAPACIDADE PARA TESTAR 289
CESSAÇÃO DA EFICÁCIA DAS MEDIDAS CAUTELARES 690
CESSÃO DE DIREITOS HEREDITÁRIOS 70, 96, 97
CESSÃO DOS DIREITOS HEREDITÁRIOS 83
CITAÇÕES E DAS IMPUGNAÇÕES 555
CODICILOS 359
COLAÇÕES 588
COMORIÊNCIA 37
COMPETÊNCIA DO JUÍZO DO INVENTÁRIO 466
CONCORDÂNCIA DE TODOS OS HERDEIROS 751
CONFLITO DE COMPETÊNCIA. INVENTÁRIO 128
CONFLITO NEGATIVO DE COMPETÊNCIA 129
CÔNJUGE SUPÉRSTITE 245, 507
CONTRATO PARTICULAR DE COMPROMISSO DE COMPRA E VENDA 72
CONTRIBUINTES E RESPONSÁVEIS 733

D

DA ABERTURA, DO REGISTRO E DO CUMPRIMENTO 451
DAS OUTRAS EXIGÊNCIAS 752
DESERDAÇÃO 420
DIREITO DE ACRESCER ENTRE HERDEIROS E LEGATÁRIOS 394
DIREITO DE FAMÍLIA 117
DIREITO DO NASCITURO 73
DIREITOS E OBRIGAÇÕES 109
DIREITOS POSSESSÓRIOS 88
DISPOSIÇÕES TESTAMENTÁRIAS 370
DISSOLUÇÃO DE UNIÃO ESTÁVEL 126
DIVERGÊNCIA ENTRE HERDEIROS 515
DOAÇÃO INOFICIOSA 89
DOS QUE FOREM PRETERIDOS 566

E

EFEITOS DO LEGADO E DO SEU PAGAMENTO 386
ELEMENTOS DEFINIDORES DO TESTAMENTO 279
EMBARGOS INFRINGENTES. 343
EXCLUÍDOS DA SUCESSÃO 184
EXCLUSÃO DE HERDEIRO POR INDIGNIDADE 191

F

FALECIMENTO DA HERDEIRA TESTAMENTÁRIA ANTES DA TESTADORA 209
FALECIMENTO DO DEVEDOR 155
FALECIMENTO DO EXECUTADO 483
FILHA HERDEIRA MENOR 244, 250
FORMAL DE PARTILHA 95
FORMAS DE TESTAMENTO 280
FORMAS ORDINÁRIAS DO TESTAMENTO 302

G

GARANTIA DOS QUINHÕES HEREDITÁRIOS 629

H

HERANÇA 98
HERANÇA E DE SUA ADMINISTRAÇÃO 150
HERANÇA JACENTE 197, 205, 208
HERDEIRO E LEGATÁRIO 29
HERDEIROS NECESSÁRIOS 265
HERDEIROS SEJAM ASSISTIDOS POR ADVOGADO 751
HOMICÍDIO DOLOSO PRATICADO CONTRA CÔNJUGE 188

I

IMISSÃO DE POSSE 205
IMISSÃO DE POSSE JULGADA 122
IMÓVEIS DOADOS PELOS ASCENDENTES 93
IMPOSTO DE TRANSMISSÃO 715
INCIDÊNCIA 721
INDIVISIBILIDADE DA HERANÇA 62
INEXISTÊNCIA DE INTERESSADO INCAPAZ 750
INEXISTÊNCIA DE TESTAMENTO 750
INVENTARIANTE E DAS PRIMEIRAS DECLARAÇÕES 499
INVENTÁRIO E A PARTILHA POR VIA ADMINISTRATIVA (LEI Nº 11.441/07) 747
IRRESIGNAÇÃO 97
ISENÇÕES 722
ITCMD 553, 724

L

LEGADOS 384
LEGÍTIMA 30

M

MODOS DE SUCEDER 55
MORTE DE UMA DAS PARTES. 155

O

OBRIGAÇÕES DO INVENTARIANTE 517
ORDEM DE VOCAÇÃO HEREDITÁRIA 224

P

PAGAMENTO DAS DÍVIDAS 606
PAGAMENTO DOS EMOLUMENTOS 754
PARENTESCO 31
PARTILHA 616
PENALIDADES 744
PETIÇÃO DE HERANÇA 124, 149, 212, 216, 221, 247
PRÉ-REQUISITOS PARA O INVENTÁRIO EXTRAJUDICIAL 750
PRESTAÇÃO DE CONTAS 484
PRETENSÃO A BENEFÍCIO PREVIDENCIÁRIO 106
PRETERIÇÃO DO DIREITO DOS DEMAIS HERDEIROS 72
PRIMEIRAS DECLARAÇÕES 532
PROPOSITURA PELA AVÓ EM FACE DA NETA 192

Q

QUITAÇÃO DOS TRIBUTOS INCIDENTES 752

R

RECOLHIMENTO DO IMPOSTO 740
RECONHECIMENTO DE UNIÃO ESTÁVEL *POST MORTEM* 129
RECURSO IMPROVIDO 510
REDUÇÃO DAS DISPOSIÇÕES TESTAMENTÁRIAS 425
REEXAME NECESSÁRIO 463

REMOÇÃO DO INVENTARIANTE 545
RESERVA DE QUINHÃO 263
RESPONSABILIDADE CIVIL 216
REVOGAÇÃO DO TESTAMENTO 428
ROMPIMENTO DO TESTAMENTO 434

S

SEGURO OBRIGATÓRIO (DPVAT) 77
SEGURO OBRIGATÓRIO. DPVAT. 78
SENTENÇA QUE EXTINGUIU O PROCESSO 105
SOBREPARTILHA 692
SUBSTITUIÇÃO FIDEICOMISSÁRIA 404
SUBSTITUIÇÃO VULGAR 402
SUBSTITUIÇÃO VULGAR E DA RECÍPROCA 401
SUCESSÃO DA COMPANHEIRA 124
SUCESSÃO DOS BENS DO AUSENTE 99
SUCESSÃO LEGÍTIMA E TESTAMENTÁRIA 22
SUCESSÃO TESTAMENTÁRIA 141
SUCESSÃO TESTAMENTÁRIA. CONFLITO DE NORMAS 441
SUCESSÃO UNIVERSAL E A TÍTULO SINGULAR 28

T

TESTAMENTEIRO 432, 442

TESTAMENTO CERRADO 330, 343
TESTAMENTO EM GERAL 282
TESTAMENTO MARÍTIMO E DO TESTAMENTO AERONÁUTICO 368
TESTAMENTO MILITAR 369
TESTAMENTO PARTICULAR 304, 346
TESTAMENTO PARTICULAR (LEGITIMIDADE) 457
TESTAMENTO PÚBLICO 292, 300, 308, 330
TESTAMENTOS ESPECIAIS 368
TRANSFERÊNCIA DE VEÍCULO PERTENCENTE Á COMPANHEIRA, JÁ FALECIDA 236

U

UNIÃO ESTÁVEL 119
UNIAO ESTAVEL *POST MORTEM* 123
UNIÃO HOMOAFETIVA RECONHECIDA POST MORTEM 237
USUCAPIÃO 210
USUFRUTO 126
USUFRUTO DE AÇÕES DE SOCIEDADE. 142

V

VIÚVA – SEPARAÇÃO DE FATO HÁ MAIS DE DOIS ANOS 249
VOCAÇÃO HEREDITÁRIA 156

ACESSO A PARTE PRÁTICA

Acesse o link para fazer o download da Parte Prática

http://www.edijur.com.br/pratica-on-line/inventario

- Na página da parte prática clique em **comprar.**

- Clique em **Avançar** na janela que aparecer.

- Na página **Meu Carrinho** clique em **Continuar.**

Informe seus dados para cadastro.

Clique em **FECHAR PEDIDO**

Código do cupom:

DO83IP25

TUDO EM LETRA MAIÚSCULA

Com o código do cupom o acesso é Gratuito

1 - Na aba Forma de Pagamento clique em **Valide seu cupom.**
2 - Digite o código do cupom no campo e clique em **Validar cupom.**
3 - Clique em **Finalizar Pedido.**
Com isso seu pedido será realizado e você terá acesso a Parte Prática gratuitamente.

EM INSTANTES VOCÊ RECEBERÁ O ACESSO NO E-MAIL CADASTRADO